D0831827

Italian
Pocket Dictionary

Italian – English
Inglese – Italiano

Berlitz Publishing
New York · Munich · Singapore

Original edition edited by the
Langenscheidt editorial staff

Compiled by LEXUS

Book in cover photo: © Punchstock/Medioimages

© 2011 Berlitz Publishing/APA Publications GmbH & Co.
Verlag KG, Singapore Branch, Singapore

Printed in Germany
ISBN 978-981-246-871-0

11050 (97886)

Contents
Indice

Abbreviations / Abbreviazioni

vedi	☞	see
marchio registrato	®	registered trademark
aggettivo	*adj*	adjective
avverbio	*adv*	adverb
aggettivo	*agg*	adjective
agricoltura	AGR	agriculture
inglese americano	*Am*	American English
anatomia	ANAT	anatomy
architettura	ARCHI	architecture
articolo	*art*	article
astronomia	AST	astronomy
astrologia	ASTR	astrology
uso attributivo	*attr*	attributive usage
automobilismo	AUTO	motoring
aviazione	AVIA	civil aviation
avverbio	*avv*	adverb
biologia	BIO	biology
botanica	BOT	botany
inglese britannico	*Br*	British English
chimica	CHEM	chemistry
chimica	CHIM	chemistry
commercio	COM	commerce, business
informatica	COMPUT	computers, IT term
congiunzione	*cong*	conjunction
congiunzione	*conj*	conjunction
diritto	DIR	law
eccetera	*ecc*	et cetera
educazione	EDU	education

elettricità, elettronica	EL	electricity, electronics
elettricità, elettronica	ELEC	electricity, electronics
specialmente	*esp*	especially
eccetera	*etc*	et cetera
eufemismo	*euph*	euphemistic
familiare	F	familiar, colloquial
femminile	*f*	feminine
sostantivo femminile e aggettivo	*f/agg*	feminine noun and adjective
ferrovia	FERR	railways
figurato	*fig*	figurative
finanze	FIN	financial
fisica	FIS	physics
uso formale	*fml*	formal usage
fotografia	FOT	photography
femminile plurale	*fpl*	feminine plural
femminile singolare	*fsg*	feminine singular
gastronomia	GASTR	cooking
generalmente	*gen*	generally
geografia	GEOG	geography
geologia	GEOL	geology
grammatica	GRAM	grammatical
informatica	INFOR	IT term
interiezione	*int*	interjection
invariabile	*inv*	invariable
diritto	LAW	law
maschile	*m*	masculine
sostantivo maschile e aggettivo	*m/agg*	masculine noun and adjective
marineria, navigazione	MAR	nautical

matematica	MAT	mathematics
matematica	MATH	mathematics
medicina	MED	medicine
maschile e	*m/f*	masculine and
femminile		feminine
militare	MIL	military
mineralogia	MIN	mineralogy
automobilismo	MOT	motoring
maschile plurale	*mpl*	masculine plural
maschile singolare	*msg*	masculine singular
musica	MUS	music
sostantivo	*n*	noun
marineria,	NAUT	nautical
navigazione		
sostantivo plurale	*npl*	plural noun
sostantivo singolare	*nsg*	singular noun
sé, se stesso	o.s.	oneself
popolare	P	popular, slang
spregiativo	*pej*	pejorative
fotografia	PHOT	photography
fisica	PHYS	physics
pittura	PITT	painting
plurale	*pl*	plural
politica	POL	politics
participio passato	*pp*	past participle
preposizione	*prep*	preposition
pronome	*pron*	pronoun
preposizione	*prp*	preposition
psicologia	PSI	psychology
psicologia	PSYCH	psychology
qualcosa	qc	something

qualcuno	qu	someone
radio	RAD	radio
ferrovia	RAIL	railways
religione	REL	religion
sci	SCI	skiing
singolare	*sg*	singular
qualcuno	s.o.	someone
sport	SP	sports
uso spiritoso	*spir*	humorous
uso spregiativo	*spreg*	pejorative
qualcosa	sth	something
congiuntivo	*subj*	subjunctive
teatro	TEA	theatre
tecnica	TEC	technology
tecnica	TECH	technology
telecomunicazioni	TELEC	telecommunications
teatro	THEA	theatre
tipografia	TIP	typography, typesetting
televisione	TV	television
volgare	V	vulgar
verbo ausiliario	*v/aus*	auxiliary verb
verbo ausiliario	*v/aux*	auxiliary verb
verbo intransitivo	*v/i*	intransitive verb
verbo transitivo	*v/t*	transitive verb
zoologia	ZO	zoology

Pronuncia delle parole inglesi

Vocali e dittonghi

[ɑ:]   *a* molto lunga, più che in *mare: far* [fɑ:(r)]

[ʌ]   simile alla seconda *a* in *mamma* non accentata:
      mother ['mʌθə(r)]

[æ]   simile alla prima *a* in *mamma: man* [mæn]

[ɛə]   dittongo composto da una *e* molto aperta e
       lunga e da [ə]: *care* [kɛə(r)]

[aɪ]   dittongo composto da [a] e [ɪ]: *time* [taɪm]

[aʊ]   dittongo composto da [a] e [ʊ]: *cloud* [klaʊd]

[e]   *e* aperta e breve, più che in *bello: get* [get]

[eɪ]   dittongo composto da una *e* lunga, seguita da
       un leggero suono di *i: name* [neɪm]

[ə]   suono atono simile alla *e* nell'articolo francese
      le: about [ə'baʊt]

[ɜ:]   forma più prolungata del suono anteriore:
       bird [bɜ:d]

[ɪ]   suono molto breve tra la *i* di *fitto* e la *e* di *fetta:*
      city ['sɪtɪ]

[i:]   *i* molto lunga, più che in *vino: tea* [ti:]

[ɪə]   dittongo composto da [ɪ] e [ə]: *here* [hɪə(r)]

[ɒ]   simile alla *o* di *lotta: not* [nɒt]

[ɔ:]   *o* aperta e lunga, più che in *noto: ball* [bɔ:l]

[ɔɪ]   dittongo composto da [ɔ] e [ɪ]: *boy* [bɔɪ]

[əʊ]   dittongo composto da una *o* lunga, seguita da
       un leggero suono di *u: boat* [bəʊt]

[ʊ]   suono molto breve tra la *u* di *tutto* e la *o* di *rotto:*
      book [bʊk]

| [uː] | *u* lunga, più che in *fiume*: *fruit* [fruːt] |
| [ʊə] | dittongo composto da [ʊ] e [ə]: *sure* [ʃʊə(r)] |

Consonanti

*Le consonanti si pronunciano nella maggior parte dei casi
quasi come in italiano. Le doppie si pronunciano come se
fossero semplici.*

[b]	come la *b* in *burro*: *bag* [bæg]
[d]	come la *d* in *dare*: *dear* [dɪə(r)]
[f]	come la *f* in *forte*: *coffee* ['kɒfɪ]
[g]	come la *g* in *gatto*: *give* [gɪv]
[h]	suono aspirato simile a quello della *c* di *casa* dei fiorentini: *head* [hed]
[j]	come la *i* in *ieri*: *yes* [jes], *use* [juːz]
[k]	ome la *c* in *casa*: *come* [kʌm]
[l]	come la *l* in *lungo*: *land* [lænd]
[m]	come la *m* i *madre*: *summer* ['sʌmə(r)]
[n]	come la *n* in *no*: *night* [naɪt]
[p]	come la *p* in *pane*: *top* [tɒp]
[r]	una *r* gutturale che si pronuncia soltanto quando precede una vocale: *right* [raɪt], *carol* ['kærəl]
[s]	*s* aspra come in *sono*: *cycle* ['saɪkl], *sun* [sʌn]
[t]	come la *t* in *torre*: *take* [teɪk]
[v]	come la *v* in *valore*: *vain* [veɪn]
[w]	come la *u* in *uomo*: *wait* [weɪt], *quaint* [kweɪnt]
[z]	*s* dolce come in *rosa*: *rose* [rəʊz]
[ŋ]	come la *n* in *banca*: *bring* [brɪŋ]

10

[ʃ]	come *sce* in *scena*: *she* [ʃiː]
[ʧ]	come *ce* in *cento*: *chair* [ʧeə(r)], *rich* [rɪʧ]
[dʒ]	come *ge* in *gente*: *join* [dʒɔɪn], *range* [reɪndʒ]
[ʒ]	non esiste in italiano, simile alla *j* francese in *je*: *leisure* ['leʒə(r)], *usual* ['juːʒʊəl]
[θ]	lingua tra i denti: *think* [θɪŋk]
[ð]	lingua dietro l'arcata superiore dei denti: *the* [ðə], *lather* ['lɑːðə(r)]
'	il segno dell'accento viene sempre collocato prima della sillaba accentata, es. *ability* [ə'bɪlətɪ]

Italian pronunciation

Vowels

a	mare	as in **f**a**ther** but shorter
e	bello	as in bed
	neve	like the *e* sound in they
i	vino	as in machine
o	lotta	as in pot
	nome	like the *o* sound in blow
u	fiume	as *oo* in cool but shorter

Consonants

b, d, f, l, m, n, p, t and **v** are pronounced as in English.
When a word has double consonants, each consonant is
pronounced separately: conta**t-t**o.

c	certo	before *e* and *i* as *ch* in **ch**urch
	canto	before *a, o, u* (almost) as in **c**ake
ch	chiamare	before *e* and *i* to make *c* hard as in **c**at
g	gelo	before *e* and *i* as in **g**eneral
	gatto	before *a, o, u* as in **g**ate
gh	laghi	before *e* and *i* to make *g* hard as in **g**ot
gl	biglietto	like English *lli* in mi**lli**on
gn	ogni	like English *ni* in o**ni**on
h	hanno	not pronounced
r	rotto	with the tongue against the upper teeth
s	sole	unvoiced as in case
	rosa	voiced as in cheese
sc	uscire	before *e* and *i* like *sh* in **sh**ip
z	prezzo	unvoiced as *ts* in ha**ts**
	mezzo	voiced as *ds* in mai**ds**
j, k, w,		these letters do not belong to the
x, y		Italian alphabet and are found only in
		foreign words

Italian-English
Italiano-Inglese

A

A (= *autostrada*) M (= motorway), *Am* I (= interstate)

a ◇ *stato in luogo* at; **~ Roma** in Rome; **~ casa** at home ◇ *moto a luogo* to; **andare ~ Roma** go to Rome ◇ *tempo*: **alle quattro** at four o'clock; **~ Natale** at Christmas; **~ maggio** in May; **~ vent'anni** at the age of twenty; **~ due ~ due** two at a time ◇ *modo*: **~ piedi** on foot ◇ *mezzo*: **ricamato ~ mano** embroidered by hand ◇ *prezzo, misura*: **~ che prezzo** at what price; **al metro** by the metre; **100 km all'ora** 100 km an hour

abate *m* abbot

abbacchio *m* GASTR young lamb

abbagliante 1 *agg* dazzling **2** *m gen pl* **-i** AUTO full beam; **abbagliare** dazzle

abbaiare bark

abbandonare abandon; *radio* turn down; **abbandonarsi** (*chinarsi*) bend down; *di prezzo* come down; *fig* **~ a** stoop to; **ab-basso**: **~ la scuola!** down with school!

abbastanza enough; (*alquanto*) quite

abbattere knock down; *casa* demolish; *albero* cut down; *aereo* shoot down; *fig* dishearten; **abbattersi** fall; *fig* become disheartened; **abbattuto** disheartened

abbazia *f* abbey

abbellire embellish

abbi, abbia *☞* **avere**

abbigliamento *m* clothing; **~ sportivo** sportswear

abbinare match; (*combinare*) combine

abboccare *di pesce* bite; *fig* swallow the bait

abbonamento *m* **a giornale**, TEA subscription; *a treno*, *bus* season ticket; **abbonare** take out a subscription for; (*condonare*) deduct; **abbonarsi** subscribe; **abbonato** *m* subscriber; TELEC **elenco** *m* **degli -i** telephone directory, phone book

abbondante abundant; *porzione* generous; *vestito* loose; *nevicata* heavy

abbordabile *persona* approachable; *prezzo* reasonable; **abbordare 1** *v/t persona* approach; F *persona dell'altro sesso* chat up F, Am come on to; *argomento* tackle **2** *v/t* MAR board

abbottonare button up

abbozzo *m* sketch

abbracciare embrace, hug; *fig* take up; **abbracciarsi** embrace, hug; **abbraccio** *m* embrace, hug; **un ~ a** *fine lettera* love

abbreviare abbreviate; **abbreviazione** *f* abbreviation

abbronzante *m* sun-tan lotion; *lettino m* ~ sunbed; **abbronzare** *pelle* tan; **abbronzarsi** get a tan; **abbronzato** tanned; **abbronzatura** *f* tan

abbrustolire roast

abbuffarsi stuff o.s. (*di* with)

abdicare abdicate

abete *m* fir

abile good (*in* at); fit (*a* for); **abilità** *f inv* ability

abilitazione *f* qualification

abisso *m* abyss

abitacolo *m* AUTO passenger compartment

abitante *mf* inhabitant; **abitare 1** *v/t* live in **2** *v/i* live; **abitato 1** *agg* inhabited **2** *m* built-up area; **abitazione** *f* house

abiti *mpl* clothes; **abito** *m* dress; *da uomo* suit; **~ da sera** evening dress

abituale usual; **abituarsi: ~ a**

get used to; **abitudinario 1** *agg* of fixed habits **2** *m* creature of habit; **abitudine** *f* habit

abolire abolish; **abolizione** *f* abolition

abominevole abominable

aborigeno *m/agg* aboriginal

abortire MED miscarry; *volontariamente* have an abortion; *fig* fail; **aborto** *m* MED miscarriage; *provocato* abortion

abrogare repeal

abusare: ~ di abuse; (*approfittare*) take advantage of; **~ nel bere** drink to excess; **abusivo** illegal; **abuso** *m* abuse

a.C. (= *avanti Cristo*) BC (= before Christ)

accademia *f* academy; **~ di belle arti** art college; **accademico** academic

accadere happen; **accaduto** *m*: *raccontami l'~* tell me what happened

accaldato overheated

accampamento *m* camp; **accampare 1** *v/t*: **~ scuse** come up with excuses **2** *v/i* e **accamparsi** camp

accanimento *m* (*tenacia*) tenacity; (*furia*) rage; **accanirsi** (*ostinarsi*) persist; **~ contro qu** rage against s.o.; **accanito** *odio* fierce; *fumatore* inveterate

accanto 1 *prp* **~ a** next to **2** *avv* near, nearby; *abitare* next door

accantonare put aside

accappatoio m bathrobe; *da mare* beachrobe

accarezzare caress; *speranza* cherish; *animale* stroke

accasciarsi flop down

accattone m beggar

accavallare cross; **accavallarsi** fig overlap

accecare 1 v/t blind **2** v/i be blinding

accedere: *~ a* enter

accelerare speed up; AUTO accelerate; **acceleratore** m AUTO accelerator, Am gas pedal; **accelerazione** f acceleration

accendere light; RAD, TV turn on; **accendersi** light up; *apparecchio* come on; **accendino** m (cenno) gesture; **accendisigari** m inv (cigarette) lighter

accennare indicate; *con parole* mention; *~ a fare qc* show signs of doing sth; **accenno** m (cenno) gesture; *(indizio)* sign; *(allusione)* hint

accensione f ignition

accento m accent; **accentuare** accentuate

accertare check; **accertarsi:** *~ di qc* check sth

acceso *colore* bright; *motore* running; *TV, luce* on

accessibile accessible; *prezzo* reasonable; **accesso** m access; fig e MED fit; *divieto d'~* no entry

accessori mpl accessories; **accessoriato** AUTO complete with accessories

accetta f axe, Am ax

accettabile acceptable; **accettare** accept; **accettazione** f acceptance; *di albergo* reception; *~ bagagli* check-in

acchiappare catch

acciaio m steel; *~ inossidabile* stainless steel

accidentale accidental

accidentato terreno rough

accidenti F damn! F; *di sorpresa* wow!

accigliato frowning

accingersi: *~ a fare qc* be about to do sth

acciottolato m cobbles

acciuffare grab

acciuga f anchovy

acclimatarsi get acclimatized

accludere enclose; **accluso** enclosed; *qui ~* enclosed

accogliente welcoming; **accogliere** welcome; *richiesta* grant

accollarsi take on

accollato abito high-necked

accoltellare knife

accolto pp → **accogliere**

accomodante accommodating; **accomodare** *(riparare)* mend; *lite* resolve; **accomodarsi** make o.s. at home; *si accomodi!* come in!; *(sedersi)* have a seat!

accompagnare accompany; **accompagnatore** m, **-trice** f escort; MUS accompanist

acconciatura f hairdo

acconsentire consent (*a* to)

accontentare satisfy; **accontentarsi** be happy (*di* with)

acconto *m* deposit

accorciare shorten; **accorciarsi** get shorter

accordare grant; MUS tune; (*armonizzare*) harmonize; **accordarsi** agree; *di colori* match; **accordo** *m* agreement; (*armonia*) harmony; MUS chord; **essere d'~** agree; **mettersi d'~** reach an agreement; **d'~!** OK!

accorgersi: **~ di** notice

accorrere hurry; **~ in aiuto di qu** rush to help s.o.

accortezza *f* forethought

accorto 1 *pp* ☞ **accorgersi 2** *agg* shrewd

accostare approach; *porta* leave ajar; **accostarsi** get close

accreditare confirm; FIN credit; **accredito** *m* credit

accrescere increase; **accrescersi** grow bigger

accudire 1 *v/t* look after **2** *v/i*: **~ a qc** attend to sth

accumulare accumulate; **accumulatore** *m* battery

accuratezza *f* care; **accurato** careful

accusa *f* accusation; DIR charge; **accusare** accuse; DIR charge; **accusato** *m*, **-a** *f* accused

acerbo unripe

acero *m* maple

aceto *m* vinegar

acetone *m* nail varnish remover

ACI *m* (= **Automobile Club d'Italia**) Automobile Club of Italy

acidità *f* acidity; **~ di stomaco** heartburn; **acido 1** *agg* acid; *fig* sour **2** *m* acid

acne *f* acne

acqua *f* water; **~ minerale** mineral water; **~ potabile** drinking water; **~ di rubinetto** tap water; **~ ossigenata** hydrogen peroxide; **-e** *pl* **territoriali** territorial waters; *fig* **in cattive -e** in deep water

acquaforte *f* etching

acquaio *m* sink

acquaragia *f* turpentine

acquario *m* aquarium; ASTR **Acquario** Aquarius

acquatico aquatic

acquavite *f* brandy

acquazzone *m* downpour

acquedotto *m* aqueduct

acqueo: *vapore m* **~** water vapour *o* Am vapor

acquerello *m* watercolour, *Am* watercolor

acquirente *m/f* purchaser; **acquisizione** *f* acquisition; **acquistare 1** *v/t* buy; *fig* gain **2** *v/i* improve; **acquisto** *m* purchase

acquolina *f*: **mi viene l'~ in bocca** my mouth's watering

acre sour; *voce* harsh

acrilico acrylic

acrobata *m/f* acrobat

acustica *f* acoustics; **acustico** acoustic

acuto *agg* intense; *nota, dolore* sharp; *suono, voce* shrill; MED acute **2** *m* MUS high note

ad ☞ **a** (*before vowels*)

adagiarsi lie down; **adagio 1** *avv* slowly; **con cautela** cautiously **2** *m* MUS adagio

adattamento *m* adaptation; (*rielaborazione*) reworking; **adattare** adapt; **adattarsi** (*adeguarsi*) adapt (**a** to); (*addirsi*) be suitable (**a** for); **adattatore** *m* adaptor; **adatto** right (**a** for)

addebitare: FIN ~ **qc a qu** debit s.o. with sth; *fig* ascribe sth to s.o.; **addebito** *m* FIN debit; **nota** *f* **di** ~ debit note

addensarsi thicken

addestramento *m* training; **addestrare** train

addetto 1 *agg* assigned (**a** to) **2** *m*, **-a** *f* person responsible; *vietato l'ingresso ai non* -*i* authorized personnel only

addio 1 *int* goodbye **2** *m* goodbye, farewell

addirittura (*assolutamente*) absolutely; (*perfino*) even

additivo *m* additive; **addizionare** add; **addizione** *f* addition

addobbare decorate; **addobbo** *m* decoration

addolcire sweeten; *fig* soften

addolorare grieve

addome *m* abdomen

addomesticare tame

addominale abdominal

addormentarsi fall asleep; **addormentato** asleep; (*assonnato*) sleepy

addossare (*appoggiare*) lean (**a** on); *fig: colpa* put, lay (**a** on); **addossarsi** lean (**a** on); *fig* shoulder; **addosso 1** *prp* on; *vicino* next to **2** *avv: avere* ~ *vestiti* have on; *avere* ~ *qu* have s.o. breathing down one's neck

adeguarsi conform; **adeguato** adequate

adempiere: ~ **a** *dovere* carry out, do

aderente 1 *agg vestito* tight **2** *m/f* follower; **aderire:** ~ **a** adhere to; *partito* support; *richiesta* agree to; **adesione** *f* adhesion; (*consenso*) agreement; **adesivo 1** *agg* adhesive **2** *m* sticker

adesso now; *da* ~ *in poi* from now on; *fino a* ~ up to now; *per* ~ for the moment

adiacente adjacent; ~ **a** next to, adjacent to

adirato angry

adolescente *m/f* adolescent, teenager; **adolescenza** *f* adolescence, teens

adoperare use

adorare adore

adottare adopt; **adottivo** *genitori* adoptive; *figlio* adopted; **adozione** *f* adoption

adrenalina *f* adrenalin

adriatico Adriatic; *mare m* **Adriatico** Adriatic Sea

adulare flatter

adulterio *m* adultery; **adulto 1** *agg* adult **2** *m*, *-a f* adult

adunare assemble

aerare air; **aereo 1** *agg* air *attr*; *fotografia* aerial; *compagnia f -a* airline; *posta f -a* airmail **2** *m* plane

aerobica *f* aerobics *sg*

aerodinamico aerodynamic

aeronautica *f*: ~ *militare* Air Force

aeroplano *m* plane, aeroplane, *Am* airplane

aeroporto *m* airport

aerosol *m inv contenitore* aerosol

aerostazione *f* air terminal

afa *f* closeness, mugginess

affabile affable

affaccendarsi busy o.s. (*in* with); **affaccendato** busy

affacciarsi appear

affamato starving

affannato breathless; **affanno** *m* breathlessness; *fig* anxiety

affare *m* matter, business; FIN transaction; *-i pl* business; *non sono -i tuoi* it's none of your business; *uomo m d'-i* businessman

affascinante fascinating; **affascinare** fascinate

affaticarsi tire o.s. out

affatto completely; *non ... ~* not ... at all

become established; **affermazione** *f* assertion; (*successo*) achievement

afferrare seize, grab; (*comprendere*) grasp; **afferrarsi** cling (*a* to)

affettare (*tagliare*) slice

affettato[1] *m* sliced meat

affettato[2] *agg* affected

affetto *m* affection; **affettuoso** affectionate; **affezionarsi**: ~ *a qu* become fond of s.o.; **affezionato**: ~ *a qu* fond of s.o.

affibbiare: ~ *qc a qu* saddle s.o. with sth

affidabilità *f* dependability; **affidamento** *m* trust; *fare ~ su* rely on; **affidare** entrust; **affidarsi**: ~ *a* rely on

affiggere *avviso* put up

affilare sharpen; *fig* make thinner; **affilato** sharp; *naso* thin

affiliato *m*, *-a f* member

affinché so that

affine similar

affinità *f inv* affinity

affiorare *dall'acqua* emerge; *fig* (*mostrarsi*) appear

affissione *f* bill-posting; **affisso 1** *pp* ☞ *affiggere* **2** *m* bill

affittacamere *m/f* landlord; *donna* landlady; **affittare** rent; **affittasi** to rent; **affitto** *m* rent; *dare in ~* rent (out); *prendere in ~* rent

affliggere distress; *di malattia* trouble, plague; **afflitto** distressed

affluente *m* tributary; **affluenza** *f fig* influx

affogare drown

affollare, affollarsi crowd; **affollato** crowded

affondare sink

affrancare free; *posta* frank; **affrancatura** *f* franking; *(tassa di spedizione)* postage

affresco *m* fresco

affrettarsi hurry

affrontare face, confront; *spese* meet

affumicare *stanza* fill with smoke; *alimenti* smoke; **affumicato** smoked

afoso sultry

Africa *f* Africa; **africano 1** *agg* African **2** *m*, **-a** *f* African

afroamericano 1 *agg* African-American **2** *m*, **-a** *f* African-American

afrodisiaco *m/agg* aphrodisiac

agenda *f* diary

agente *m/f* agent; **~ immobiliare** estate agent, *Am* realtor; **~ di pubblica sicurezza** police officer

agenzia *f* agency; **~ di cambio** bureau de change; **~ immobiliare** estate agency, *Am* real estate office,; **~ di viaggi** travel agency

agevolare make easier; **agevolazione** *f* FIN special term

agganciare hook; *cintura, collana* fasten

aggeggio *m* gadget

aggettivo *m* adjective

agghiacciante spine-chilling

aggiornamento *m* updating; *(rinvio)* postponement; **corso** *m* **d'~** refresher course;

aggiornare *(mettere al corrente)* update; *(rinviare)* postpone; **aggiornarsi** keep up to date

aggirare surround; *fig ostacolo* get around

aggirarsi hang around; FIN be in the region of

aggiudicare award; **all'asta** knock down

aggiungere add; **aggiunta** *f* addition

aggiustare *(riparare)* repair; *(sistemare)* settle

agglomerato *m*: **~ urbano** built-up area

aggrapparsi cling, hold on (**a** to)

aggravare *punizione* increase; *(peggiorare)* make worse; **aggravarsi** worsen, deteriorate

aggraziato graceful

aggredire attack; **aggressione** *f* aggression; *(attacco)* attack; **aggressività** *f* aggressiveness; **aggressivo** aggressive; **aggressore** *m* attacker; MIL aggressor

agguato *m* ambush

agguerrito hardened

agiato comfortable, well-off; *(comodo)* comfortable

agibile fit for human habitation

agile agile; **agilità** f agility; *fig* liveliness

agio m ease; **sentirsi a proprio ~** feel at ease

agire act; *di medicina* take effect

agitare shake; *fazzoletto* wave; *fig (turbare)* upset, agitate; **agitato** agitated; *mare* rough; **agitazione** f agitation

agli = **a** and *art* **gli**

aglio m garlic

agnello m lamb

agnolotti mpl type of ravioli

ago m needle

agonia f agony

agonistico competitive

agopuntura f acupuncture

agorafobia f agoraphobia

agosto m August

agricolo agricultural; **agricoltore** m farmer; **agricoltura** f agriculture

agrifoglio m holly

agriturismo m farm holidays

agrodolce bittersweet; GASTR sweet and sour

agrumi mpl citrus fruit

aguzzare sharpen; **~ la vista** keep one's eyes peeled; **aguzzo** pointed

ahi! ouch!

ai = **a** and *art* **i**

Aids m o f Aids

airbag m *inv* airbag

airone m heron

aiuola f flower bed

aiutante m/f assistant; **aiutare** help; **aiuto** m help, assist-

ance; *persona* assistant

aizzare incite

al = **a** and *art* **il**

ala f wing

alabastro m alabaster

alano m Great Dane

alba f dawn; **all'~** at dawn

albanese *agg, m/f* Albanian; **Albania** f Albania

alberato tree-lined

alberghiero hotel *attr*; **albergo** m hotel

albero m tree; MAR mast; AUTO shaft; **~ genealogico** family tree; **~ di Natale** Christmas tree

albicocca f apricot; **albicocco** m apricot (tree)

albo m notice board, *Am* bulletin board; *(registro)* register; **radiare dall'~** strike off

album m *inv* album

alcol m alcohol; **alcolico 1** *agg* alcoholic **2** m alcoholic drink; **alcolismo** m alcoholism; **alcolizzato** m, **-a** f alcoholic; **alcoltest** m *inv* Breathalyzer®

alcuno 1 *agg* any; **non ~** no, not any **2** *pron* any; **-i** pl some, a few

aldilà m: **l'~** the next world

aletta f fin

alfabetico alphabetical; **alfabeto** m alphabet

alfiere m *scacchi* bishop

alga f seaweed

algebra f algebra

Algeria f Algeria; **algerino 1** *agg* Algerian **2** m, **-a** f Algerian

aliante *m* glider

alice *f* anchovy

alienato 1 *agg* alienated **2** *m*, **-a** *f* madman; *donna* madwoman; **alienazione** *f* alienation; **~ mentale** madness

alimentare 1 *v/t* feed **2** *agg* food *attr*; **generi** *mpl* **-i** foodstuffs; **alimentazione** *f* feeding; **alimento** *m* food; **-i** *pl* DIR alimony

aliquota *f* share; **~ d'imposta** rate of taxation

aliscafo *m* hydrofoil

alito *m* breath

all. (= **allegato**) enc(l). (= enclosed)

all', alla = **a** and *art* **l', la**

allacciamento *m* TEC connection; **allacciare** fasten; TEC connect

allagamento *m* flooding; **allagare** flood

allargare widen; *vestito* let out; *braccia* open; **allargarsi** widen

allarmare alarm; **allarmarsi** become alarmed; **allarme** *m* alarm; **dare l'~** raise the alarm

allattare *bambino* feed

alle = **a** and *art* **le**

alleanza *f* alliance; **allearsi** ally o.s.; **alleato 1** *agg* allied **2** *m*, **-a** *f* ally

allegare *documento* enclose; INFOR attach; **allegato** *m* enclosure; INFOR attachment; **qui ~** enclosed

alleggerire lighten; *fig: dolore* ease

allegria *f* cheerfulness; **allegro 1** *agg* cheerful; *colore* bright **2** *m* MUS allegro

allenamento *m* training; **allenare, allenarsi** train (**per** for; **a** in); **allenatore** *m*, **-trice** *f* trainer

allentare 1 *v/t* loosen **2** *v/i e* **allentarsi** loosen

allergia *f* allergy; **allergico** allergic (**a** to)

allestimento *m* preparation; MAR fitting out; TEA **~ scenico** sets, scenery; **allestire** prepare; MAR fit out; TEA stage

allevamento *m* BOT, ZO breeding; **allevare** BOT, ZO breed; *bambini* bring up, raise; **allevatore** *m*, **-trice** *f* breeder

alleviare alleviate

allievo *m*, **-a** *f* pupil, student

alligatore *m* alligator

allineare line up; FIN adjust; TIP align

allo = **a** and *art* **lo**

allodola *f* skylark

alloggiare 1 *v/t* put up **2** *v/i* stay, put up; **alloggio** *m* accommodation, *Am* accommodations; **vitto e ~** bed and board

allontanarsi go away; *fig* grow apart

allora then; **da ~ in poi** from then on; **fin d'~** since then

alloro *m* laurel; GASTR bay

alluce *m* big toe

allucinante F incredible, mind-blowing F; **allucinazione** *f* hallucination

alludere allude (*a* to)

alluminio *m* aluminium, *Am* aluminum

allungare lengthen; (*diluire*) dilute; *mano* put out; **allungarsi** *di giorni* get longer; *di persona* stretch out, lie down

allusione *f* allusion

alluvione *f* flood

almeno at least

alogena *f* halogen

Alpi *fpl* Alps; **alpinismo** *m* mountaineering; **alpinista** *m/f* mountain climber; **alpino** Alpine

alquanto 1 *agg* some **2** *avv* a little, somewhat

alt stop

altalena *f* swing

altare *m* altar

alterare alter; **alterarsi** (*guastarsi*) go bad *o* off; (*irritarsi*) get angry

alternare, alternarsi alternate; **alternativa** *f* alternative; **alternativo** alternative; **alternato**: *corrente f* **-a** alternating current; **alterno**: *a giorni pl -i* on alternate days

altezza *f* height; *titolo* Highness

alticcio tipsy

altitudine *f* altitude

alto 1 *agg* high; *persona* tall; *a voce* **-a** in a loud voice; *leg-*

gere aloud; *in ~* at the top; *moto* up **2** *m* top

altoatesino 1 *agg* South Tyrolean **2** *m*, **-a** *f* South Tyrolean

altoparlante *m* loudspeaker

altopiano *m* plateau

altrettanto as much; **-i** *pl* as many

altrimenti (*in modo diverso*) differently; (*in caso contrario*) otherwise

altro 1 *agg* other; *un ~* another; *l'altr'anno* last year; *l'~ ieri* the day before yesterday **2** *pron* other; *l'un l'~* one another; *gli altri* other people; *tra l'~* what's more, moreover; *desidera ~?* anything else?; *tutt'~ che* anything but; *qualcun'~* someone *o* somebody else

altronde: *d'~* on the other hand

altrove elsewhere

altruismo *m* altruism

altura *f* hill

alunno *m*, **-a** *f* pupil, student

alzacristallo *m inv* AUTO window winder

alzare raise; **alzarsi** stand up, rise; *da letto* get up; *di sole* rise

amaca *f* hammock

amalgamare amalgamate

amante *m/f* lover; *amico* love; *amico* be fond of

amareggiato embittered

amarena *f* sour black cherry

amarezza *f* bitterness; **amaro**

1 *agg* bitter **2** *m* liquore bitters

ambasciata *f* embassy; **ambasciatore** *m*, **-trice** *f* ambassador

ambedue both

ambientale environmental; **ambientalista 1** *agg* environmental **2** *m/f* environmentalist; **ambientarsi** become acclimatized; **ambiente** *m* environment

ambiguità *f inv* ambiguity; **ambiguo** ambiguous

ambito *m* sphere

ambizione *f* ambition; **ambizioso** ambitious

ambo 1 *agg* both **2** *m* lotteria double

ambulante 1 *agg* travelling, *Am* traveling **2** *m/f* pedlar; **ambulanza** *f* ambulance; **ambulatorio** *m* MED outpatients

America *f* America; **americano 1** *agg* American **2** *m*, **-a** *f* American **3** *m* American English

ametista *f* amethyst

amianto *m* asbestos

amichevole friendly; **amicizia** *f* friendship; **amico 1** *agg* friendly **2** *m*, **-a** *f* friend

amido *m* starch

ammaccare dent; *frutta* bruise; **ammaccatura** *f* dent; *su frutta* bruise

ammaestrare teach; *animali* train

ammalarsi fall sick; **ammala-**

to 1 *agg* sick **2** *m*, **-a** *f* sick person

ammarare *di aereo* put down in the water; *di navetta spaziale* splash down

ammassare, **ammassarsi** mass; **ammasso** *m* pile; GEOL mass

ammazzare kill; *animali* slaughter; **ammazzarsi** (*suicidarsi*) kill o.s.

ammenda *f* (*multa*) fine

ammesso *pp* ☞ **ammettere**; **ammettere** admit; (*supporre*) suppose; (*riconoscere*) acknowledge; **ammesso che ...** supposing (that) ...

amministrare administer; *azienda* manage, run; **amministrativo** administrative; **amministratore** *m*, **-trice** *f* administrator; *di azienda* manager; **amministrazione** *f* administration

ammirare admire; **ammiratore** *m*, **-trice** *f* admirer; **ammirazione** *f* admiration; **ammirevole** admirable

ammobiliare furnish; **ammobiliato** furnished

ammollo: *in ~* soaking

ammonimento *m* reprimand, admonishment; (*consiglio*) warning; **ammonire** reprimand, admonish; (*avvertire*) warn; DIR caution; **ammonizione** *f* reprimand, admonishment; SP warning; DIR caution

ammontare: *~ a* amount to

ammorbidire soften

ammortizzare FIN pay off; **ammortizzatore** *m* AUTO shock absorber

ammucchiare pile up

ammuffire go mouldy, *Am* go moldy; *fig* moulder away, *Am* molder away

ammutolire be struck dumb

amnesia *f* amnesia

amnistia *f* amnesty

amo *m* hook; *fig* bait

amore *m* love; **fare l'~ con qu** make love to s.o.; **amoroso** loving; *sguardo* amorous; *lettera, poesia* love *attr*

ampiezza *f* *di stanza* spaciousness; *di gonna* fullness; *fig* ~ *di cultura* breadth; *fig* ~ *di vedute* broadmindedness; **ampio** *stanza* spacious, large; *abito* roomy; *gonna* full

ampliamento *m* broadening, widening; *di edificio* extension; **ampliare** broaden, widen; *edificio* extend

amplificare TEC *suono* amplify; **amplificatore** *m* amplifier

amputare amputate

amuleto *m* amulet

anabbagliante dipped, *Am* low-beam

anacronistico anachronistic

anagrafe *f* *ufficio* registry office

analcolico 1 *agg* non-alcoholic **2** *m* non-alcoholic drink

anale anal

analfabeta *m/f* illiterate person, person who cannot read or write; **analfabetismo** *m* illiteracy

analgesico *m/agg* analgesic

analisi *f inv* analysis; ~ **del sangue** blood test; **analista** *m/f* analyst; ~ **programmatore** systems analyst

analizzare analyse, *Am* analyze

analogia *f* analogy; **analogo** analogous

ananas *m inv* pineapple

anarchia *f* anarchy; **anarchico 1** *agg* anarchic **2** *m*, **-a** *f* anarchist

anatomia *f* anatomy; **anatomico** anatomical

anatra *f* duck

anca *f* hip

anche too, also; *(perfino)* even; ~ **se** even if

ancora[1] *avv* still; *di nuovo* again; *di più* (some) more; **non** ~ not yet; ~ **una volta** once more; **dammene** ~ **un po'** give me a bit more

ancora[2] *f* anchor

andamento *m di vendite* performance

andare 1 *v/i* go; *(funzionare)* work; ~ **via** *(partire)* leave; *di macchia* come out; ~ **bene** suit; *taglia* fit; ~ **a male** go off; *come va?* how are you?; **non mi va** *di vestito* it doesn't fit me; **non mi va di venire** I don't feel like coming **2** *m*: *a lungo ~* in the long run; **andarsene** go away; **andata** *f* outward journey; *(biglietto m di) ~* single (ticket), *Am* oneway ticket, *(biglietto m di) ~ e ritorno* return (ticket), *Am* round-trip ticket; **andatura** *f* walk; SP pace

androne *m* hallway

aneddoto *m* anecdote

anello *m* ring

anemia *f* anaemia, *Am* anemia; **anemico** anaemic, *Am* anemic

anestesia *f sostanza* anaesthetic, *Am* anesthetic; **anestetico** *m* anaesthetic, *Am* anesthetic

anfibio 1 *agg* amphibious **2** *m* ZO amphibian; MIL amphibious vehicle

anfiteatro *m* amphitheatre, *Am* amphitheater

anfora *f* amphora

angelo *m* angel

anglicano 1 *agg* Anglican **2** *m*, *-a f* Anglican

angolo *m* corner; MAT angle; *~ cottura* kitchenette; MAT *~ retto* right angle

angoscia *f* anguish; **angoscioso** anguished; *che da angoscia* heart-rending

anguilla *f* eel

anguria *f* water melon

angusto narrow

anice *m* aniseed

anidride *f*: *~ carbonica* carbon dioxide

anima *f* soul

animale *m* animal; *~ domestico* pet

animare give life to; *conversazione* liven up; *(promuovere)* promote; **animato** *strada* busy; *conversazione*, *persona* animated; **animatore** *m*, *-trice f di gruppo* leader; **animazione** *f* animation; INFOR *~ al computer* computer animation

animo *m* nature; *(coraggio)* heart; *perdersi d'~* lose heart

anitra *f* duck

annaffiare water; **annaffiatoio** *m* watering can

annata *f* vintage; *(anno)* year; *importo* annual amount

annegare 1 *v/t* drown **2** *v/i e* **annegarsi** drown

annerire, **annerirsi** turn black, blacken

annessione *f* POL annexation

annidarsi nest

anniversario *m* anniversary

anno *m* year; *buon ~!* Happy New Year!; *quanti -i hai?* how old are you?; *ho 33 -i* I'm 33 (years old)

annodare tie (together); *cravatta* tie, knot

annoiare bore; *(dare fastidio a)* annoy; **annoiarsi** get bored; **annoiato** bored

annotare make a note of; *testo* annotate; **annotazione** *f* note; *in testo* annotation

annuale annual, yearly; *di un*

anno year-long

annuire (*assentire*) assent (*a* to)

annullamento *m* cancellation; *di matrimonio* annulment; **annullare** cancel; *matrimonio* annul; *gol* disallow; (*vanificare*) cancel out

annunciare announce; **annunciatore** *m*, **-trice** *f* RAD, TV announcer; **Annunciazione** *f* REL Annunciation; **annuncio** *m* announcement; *in giornale* advertisement; **-i** *pl* **economici** classifieds

annuo annual, yearly

annusare sniff; *fig* smell

anomalo anomalous

anonimo anonymous

anoressia *f* anorexia; **anoressico** anorexic

anormale abnormal

ansia *f* anxiety

ansimare wheeze

ansioso anxious

antagonismo *m* antagonism; **antagonista** *m/f* antagonist

antartico Antarctic *attr*

antecedente 1 *agg* preceding **2** *m* precedent

antenato *m*, **-a** *f* ancestor

antenna *f* RAD, TV aerial, *Am* antenna; *partenza, riunione ecc* bring forward; **anticipo** *m* advance; (*caparra*) deposit; *in ~* ahead of time, early

antico ancient; *mobile* antique

anticoncezionale *m/agg* contraceptive

anticonformista *m/f* nonconformist

anticostituzionale unconstitutional

antidoto *m* antidote

antifurto 1 *agg* antitheft **2** *m* anti-theft device

antigas *inv* gas *attr*

antincendio *inv* fire *attr*

antinebbia *m inv* foglamp

antiorario: *in senso ~* anticlockwise, *Am* counterclockwise

antipasto *m* starter

antipatia *f* antipathy; **antipatico** disagreeable

antiquariato *m* antique business; *negozio di ~* antique shop; **antiquario** *m*, **-a** *f* antique dealer; **antiquato** antiquated

antiriflesso *inv* anti-glare

antiruggine *m* rust inhibitor

antisemitismo *m* anti-Semitism

anticamente in ancient times; **antichità** *f inv* antiquity

anticiclone *m* anticyclone

anticipato: *pagamento m ~* advance payment; **anticipare** anticipate; *denaro* pay in advance; **antenna** *f* RAD, TV aerial, *Am* antenna; ZO antenna; *~ parabolica* satellite dish

anteprima *f* preview

anteriore front; *precedente* previous

anti ... anti ...

antibiotico *m/agg* antibiotic

antisettico *m/agg* antiseptic

antisismico earthquake-proof

antologia *f* anthology

anulare *m* ring finger

anzi in fact; (*o meglio*) (or) better still

anzianità *f* old age; ~ *di servizio* seniority; **anziano 1** *agg* elderly; *per servizio* (most) senior **2** *m*, -**a** *f* old man; *donna* old woman; **gli -i** *pl* the elderly *pl*

anziché rather than

anzitutto first of all

aorta *f* aorta

apatia *f* apathy; **apatico** apathetic

ape *f* bee

aperitivo *m* aperitif

aperto 1 *pp* ☞ **aprire 2** *agg* open; **all'** ~ *piscina* open-air; *mangiare all'* ~ eat in the open air, eat outside; **apertura** *f* opening; FOT aperture

apice *m* apex; *fig* height

apicoltura *f* bee-keeping

apnea *f* SP free diving

apostolo *m* apostle

apostrofo *m* apostrophe

appagare satisfy

appalto *m* (*contratto*) contract; **dare in** ~ contract out; **prendere in** ~ win the contract for; **gara** *f di* ~ call for tenders

appannarsi *di vetro* mist up; *di vista* grow dim

apparato *m* apparatus; ~ *di-*

gerente digestive system

apparecchiare *tavola* set; (*preparare*) prepare; **apparecchio** *m* TEC device; AVIA *F* per *denti* brace

apparenza *f* appearance; **apparire** appear; **appariscente** striking

appartamento *m* flat, *Am* apartment

appartarsi withdraw

appartenere belong

appassionare excite; (*commuovere*) move; **appassionarsi** become excited (*a* by); **appassionato** passionate

appassire wither

appellarsi appeal (*a* to; *contro* against); **appello** *m* appeal; *fare* ~ *a qu* appeal to s.o

appena 1 *avv* just **2** *cong* as soon as

appendere hang

appendiabiti *m* hatstand

appendice *f* appendix; **appendicite** *f* appendicitis

Appennini *mpl* Apennines

appesantire make heavier

appeso *pp* ☞ **appendere**

appetito *m* appetite; *buon* ~! enjoy (your meal)!; **appetitoso** appetizing

appiattire flatten

appiccicare stick; **appiccicarsi** stick; **appiccicoso** sticky; *fig* clingy

appiglio *m* per *mani* fingerhold; *per piedi* toehold; *fig* excuse

applaudire applaud; **applauso** *m* applause

applicare *etichetta* attach; *regolamento* apply; **applicazione** *f* application

appoggiare lean (*a* against); (*posare*) put; *fig* support, back; **appoggiarsi:** ~ *a* lean on; *fig* rely on; **appoggiatesta** *m inv* headrest; **appoggio** *m* support

apporre put; ~ *la firma su qc* put one's signature to sth

apportare bring; *fig* (*causare*) cause

apposito appropriate

apposta deliberately, on purpose; (*specialmente*) specifically

apprendere learn; *notizia* hear

apprendistato *m* apprenticeship

apprensione *f* apprehension; **apprensivo** apprehensive

appreso *pp* ☞ **apprendere**

appresso 1 *prp* close, near; (*dietro*) behind. **2** *avv* near, close by; *portarsi qc* ~ bring sth (with one)

apprezzare appreciate

approccio *m* approach

approdare land; *di barca* moor

approdo *m* landing; *luogo* landing stage

approfittare: ~ *di qc* take advantage of sth

approfondire deepen; *fig*

study in depth

appropriarsi: ~ *di qc* appropriate sth; **appropriato** appropriate

approvare approve of; *legge* approve; **approvazione** *f* approval

appuntamento *m* appointment

appuntito pointed; *matita* sharp

appunto 1 *m* note; *prendere -i* take notes **2** *avv*: (*per l'*) ~ exactly

apribottiglie *m inv* bottle opener

aprile *m* April

aprire open; *rubinetto* turn on; **aprirsi** open; **apriscatole** *m inv* can-opener, *Br anche* tin-opener

aquila *f* eagle

aquilone *m* kite

arabesco *m* arabesque; *spir* scrawl, scribble

Arabia Saudita *f* Saudi (Arabia)

arabo 1 *agg* Arab **2** *m*, -*a f* Arab **3** *m* Arabic

arachide *f* peanut

aragosta *f* lobster

arancia *f* orange; **aranciata** *f* orangeade

arancio 1 *agg inv* orange **2** *m albero* orange tree; *colore* orange; **arancione** *m/agg* orange

arare plough, *Am* plow; **aratro** *m* plough, *Am* plow

arazzo *m* tapestry

arbitrario arbitrary

arbitro *m* arbiter; SP referee

arbusto *m* shrub

arcaico archaic

arcata *f* arch

archeologia *f* archaeology, *Am* archeology; **archeologo** *m*, **-a** *f* archaeologist, *Am* archeologist

archetto *m* MUS bow

architetto *m* architect; **architettonico** architectural

archiviare file; **archivio** *m* archives

arcipelago *m* archipelago

arcivescovo *m* archbishop

arco *m* bow; ARCHI arch; **~ di tempo** period of time; **arcobaleno** *m* rainbow

ardere burn

area *f* surface; *zona* area; **~ di servizio** service area

arena *f* arena

arenarsi run aground; *fig* come to a halt

areo ... ☞ **aereo ...**

argano *m* winch

argentato silver-plated; **argenteria** *f* silver(ware)

Argentina *f* Argentina; **argentino 1** *agg* Argentinian **2** *m*, **-a** *f* Argentinian

argento *m* silver

argilla *f* clay; **argilloso** clayey

arginare embank; **argine** *m* embankment

argomento *m* argument; (*contenuto*) subject

arguto witty; (*perspicace*) shrewd

aria *f* air; (*aspetto*) appearance; MUS tune; *di opera* aria; **~ condizionata** air conditioning; **all'~ aperta** in the fresh air; **mandare all'~** ruin sth; **aver l'~ stanca** look tired; **darsi delle -e** give o.s. airs

arido dry, arid

arieggiare *stanza* air

ariete *m* ZO ram; ASTR **Ariete** Aries

aringa *f* herring

arista *f* GASTR chine of pork

aristocratico 1 *agg* aristocratic **2** *m*, **-a** *f* aristocrat

aritmetica *f* arithmetic

arma *f* weapon; **~ da fuoco** firearm; **chiamare alle -i** call up; *fig* **essere alle prime -i** be a beginner

armadio *m* cupboard; **~ a muro** fitted cupboard

armamento *m* armament; **armarsi** arm o.s. (*di* with); **armato** armed

armatura *f* armour, *Am* armor; (*struttura*) framework

armistizio *m* armistice

armonia *f* harmony

armonica *f* harmonica; **~ a bocca** mouth organ, harmonica

armonioso harmonious

arnese *m* tool

arnia *f* beehive

aroma *m* aroma; **aromaterapia** *f* aromatherapy; **aromatico** aromatic

aromatizzare flavour, *Am*

flavor

arpa f harp

arpione m harpoon

arrabattarsi do everything one can

arrabbiarsi get angry; **arrabbiato** angry; (*idrofobo*) rabid

arrampicarsi climb; **arrampicata** f climb

arrangiarsi (*accordarsi*) agree (**su** on); (*destreggiarsi*) manage

arrecare bring; *fig* cause

arredamento m décor; *mobili* furniture; *arte* interior design; **arredare** furnish; **arredatore** m, **-trice** f interior designer

arrendersi surrender; *fig* give up; **arrendevole** soft, yielding

arrestare stop; DIR arrest; **arrestarsi** stop; **arresto** m coming to a stop; DIR arrest

arretrato 1 agg in arrears; *paese* underdeveloped **2 -i** mpl arrears

arricchire *fig* enrich; **arricchirsi** get rich

arricciare *capelli* curl; **~ il naso** turn up one's nose

arringa f DIR closing speech for the defence o Am defense

arrivare arrive, come; **~ a** reach, get to; **~ a fare qc** manage to do sth

arrivederci, **arrivederla** goodbye

arrivista m/f social climber

arrivo m arrival; SP finish line

arrogante arrogant; **arroganza** f arrogance

arrossire blush

arrosto m roast

arrotolare roll up

arrotondare round off; *stipendio* supplement

arroventato red-hot

arruffato ruffled

arrugginire 1 v/t rust **2** v/i e **arrugginirsi** rust; *fig* get rusty

arruolarsi enlist

arsenale m arsenal; MAR dockyard

arso 1 pp ☞ **ardere 2** agg burnt; (*secco*) dried-up

arte f art; (*abilità*) gift

artefice m/f fig author, architect

arteria f artery; **arterioso** arterial

artico Arctic

articolazione f ANAT joint

articolo m item, article; GRAM **~ determinativo** definite article; GRAM **~ indeterminativo** indefinite article

artificiale artificial; **artificio** m artifice; **artificioso** *maniere* artificial

artigianale handmade; **artigianato** m craftsmanship; **artigiano** m, **-a** f craftsman; *donna* craftswoman

artiglieria f artillery

artiglio m claw

artista m/f artist; **artistico** artistic

arto *m* limb

artrite *f* arthritis

artrosi *f* rheumatism

ascella *f* armpit

ascendente 1 *agg* ascending; *strada* sloping upwards; *movimento* upwards **2** *m* ASTR ascendant; *fig* influence; **ascensione** *f* ascent; REL Ascension; **ascensore** *m* lift, *Am* elevator; **ascesa** *f* ascent

ascesso *m* abscess

ascia *f* axe, *Am* ax

asciugacapelli *m* hairdryer; **asciugamano** *m* towel; **asciugare** dry; **asciugarsi** dry o.s.; ~ *i capelli* dry one's hair; **asciugatrice** *f* tumble dryer; **asciutto** dry

ascoltare listen to; **ascoltatore** *m*, **-trice** *f* listener; **ascolto** *m* listening; **dare** ~ listen (**a** to)

asettico aseptic

asfaltare asphalt; **asfalto** *m* asphalt

asfissiare asphyxiate

Asia *f* Asia; **asiatico 1** *agg* Asian **2** *m*, **-a** *f* Asian

asilo *m* shelter; ~ *politico* political asylum; ~ *nido* day nursery, *Am* day care center

asimmetrico asymmetrical

asino *m* ass (*anche fig*)

asma *f* asthma

asociale antisocial

asola *f* buttonhole

asparago *m* spear of aspara-

gus; **-gi** asparagus

aspettare wait for; ~ *un bambino* be expecting a baby; **aspettarsi** expect; **aspettativa** *f* expectation; *da lavoro* unpaid leave

aspetto[1] *m* look, appearance; *di problema* aspect

aspetto[2]: *sala f d'~* waiting room

aspirapolvere *m* vacuum cleaner

aspirare 1 *v/t* inhale; TEC suck up **2** *v/i*: ~ *a qc* aspire to sth

aspirina *f* aspirin

asportare take away

aspro sour; (*duro*) harsh; *litigio* bitter

assaggiare taste; **assaggio** *m* taste, sample

assai 1 *agg* a lot of **2** *avv con verbo* a lot; *con aggettivo* very; (*abbastanza*) enough

assalire attack; **assalto** *m* attack; *fig* **prendere** *d'~* storm

assassinare murder; POL assassinate; **assassinio** *m* murder; POL assassination; **assassino 1** *agg* murderous **2** *m*, **-a** *f* murderer; POL assassin

asse[1] *f* board; ~ *da stiro* ironing board

asse[2] *m* TEC axle; MAT axis

assecondare support; (*esaudire*) satisfy

assediare besiege; **assedio** *m* siege

assegnare *premio* award; (*destinare*) assign; **assegno** *m* cheque, *Am* check; **~ in bianco** blank cheque; **~ turistico** traveller's cheque, *Am* traveler's check; **contro ~** cash on delivery, *Am* collect on delivery; **-i familiari** child benefit; **emettere un ~** write a cheque

assemblea *f* meeting

assentarsi go away, leave; **assente** absent, away; *fig* absent-minded; **assenza** *f* absence; **~ di qc** lack of sth

assessore *m* councillor, *Am* councilor; **~ comunale** local councillor

assicurare insure; (*legare*) secure; *lettera, pacco* register; **assicurarsi** make sure, ensure; **assicurata** *f* registered letter; **assicurato 1** *agg* insured; *lettera, pacco* registered **2** *m,* **-a** *f* person with insurance, insured party; **assicurazione** *f* insurance

assideramento *m* exposure

assieme together

assillante nagging; **assillare** pester; **assillo** *m fig: persona* pest **F,** nuisance; (*preoccupazione*) nagging thought

assistente *m/f* assistant; **~ sociale** social worker; **~ di volo** flight attendant; **assistenza** *f* assistance; **~ medica** medical care; **assistere 1** *v/t* assist, help; (*curare*) nurse **2** *v/i* (*essere presente*) be pre-

sent (**a** at)

asso *m* ace

associare take into partnership; *fig* **~ qu a qc** associate s.o. with sth; **associarsi** enter into partnership (**a** with); (*unirsi*) join forces; (*iscriversi*) subscribe (**a** to); (*prendere parte*) join (**a** sth); **associazione** *f* association

assolo *m inv* MUS solo

assolto *pp* ☞ **assolvere**

assolutamente absolutely; **assoluto** absolute; **assoluzione** *f* DIR acquittal; REL absolution; **assolvere** DIR acquit; *da un obbligo* release; *compito* carry out; REL absolve, give absolution to

assomigliare: **~ a qu** be like s.o., resemble s.o.; **assomigliarsi** be like *o* resemble each other

assonnato sleepy

assorbente 1 *agg* absorbent **2** *m*: **~ igienico** sanitary towel, *Am* sanitary napkin; **assorbire** absorb

assordante deafening; **assordare 1** *v/t* deafen **2** *v/i* go deaf

assortimento *m* assortment

assorto engrossed

assuefatto *pp* ☞ **assuefare**; **assuefazione** *f* resistance, tolerance; *agli alcolici, alla droga* addiction

assumere *impiegato, incarico* take on

assunzione *f di impiego* employment; REL ***Assunzione*** Assumption

assurdità *f inv* absurdity; **assurdo** *m* absurd

asta *f* pole; FIN auction; ***mettere all'~*** sell at auction

astemio 1 *agg* abstemious **2** *m*, *-a f* abstemious person; **astenersi: ~ da** abstain from

asterisco *m* asterisk

astigmatico astigmatic; **astigmatismo** *m* astigmatism

astinenza *f* abstinence

astio *m* rancour, *Am* rancor

astratto abstract

astringente *m/agg* MED astringent

astro *m* star; **astrologia** *f* astrology; **astronauta** *m/f* astronaut; **astronave** *f* spaceship; **astronomia** *f* astronomy; **astronomico** astronomical

astuccio *m* case

astuto astute

ateo *m*, *-a f* atheist

atlante *m* atlas

atlantico Atlantic; ***Oceano m Atlantico*** Atlantic Ocean

atleta *m/f* athlete; **atletica** *f* athletics; **~ *leggera*** track and field (events); **atletico** athletic

atmosfera *f* atmosphere; **atmosferico** atmospheric

atomico atomic; **atomo** *m* atom

atrio *m* foyer, *Am* lobby

atroce atrocious; **atrocità** *f inv* atrocity

attaccabrighe *m o f inv* F troublemaker; **attaccante** *m* SP forward; **attaccapanni** *m inv* clothes hook; *a stelo* clothes hanger; **attaccare 1** *v/t* attach; (*incollare*) stick; (*appendere*) hang; (*assalire*) attack **2** *v/i* stick; **attaccarsi** stick; (*aggrapparsi*) hold on (*a* to); **attacco** *m* attack; (*punto di unione*) junction; SCI binding; MED fit

atteggiamento *m* attitude; **atteggiarsi: ~ a** pose as

attendere 1 *v/t* wait for **2** *v/i: ~ a* attend to

attendibile reliable

attenersi stick (*a* to)

attentare: ~ a attack; **~ alla vita di** make an attempt on s.o.'s life; **attentato** *m* attempted assassination

attento 1 *agg* attentive; ***stare ~ a*** be careful of **2** *int* **~!** look out!, (be) careful!

attenuante *f* extenuating circumstance; **attenuare** reduce; *colpo* cushion; **attenuarsi** lessen

attenzione *f* attention; **~!** look out!, (be) careful!; ***far ~ a qc*** mind *o* watch sth

atterraggio *m* landing; **atterrare 1** *v/t avversario* knock down **2** *v/i* land

attesa *f* waiting; (*tempo d'attesa*) wait; (*aspettativa*) expectation

atteso pp ☞ **attendere**

attestato m certificate

attico m attic

attimo m moment; **un ~!** just a moment!

attirare attract

attitudine f attitude; **avere ~ per qc** have an aptitude for sth

attivare activate; **attività** f inv activity; pl FIN assets; **attivo 1** agg active **2** m FIN assets; GRAM active (voice)

atto m act; (gesto) gesture; documento deed; **mettere in ~** carry out; **prendere ~ di** note

attorcigliare, attorcigliarsi twist

attore m, **-trice** f actor; donna anche actress

attorno: **~ a qc** around sth; **qui ~** around here

attraccare MAR berth, dock

attraente attractive; **attrarre** attract; **attrattiva** f attraction; **attratto** pp ☞ **attrarre**

attraversare strada, confine cross; **un momento difficile** be going through a bad patch; **attraverso** across

attrazione f attraction

attrezzare equip; **attrezzarsi** get o.s. kitted out; **attrezzato** equipped; **attrezzatura** f equipment, gear F; **attrezzo** m piece of equipment

attribuire attribute

attrice f actress

attuale current; **attualità** f inv news sg; **d'~** topical; **attuare** put into effect; **attuazione** f putting into effect

audace bold

audioleso 1 agg hearing-impaired **2** m, **-a** f person who is hearing-impaired

audiovisivo audiovisual

audizione f audition

augurare wish; **augurio** m wish; **tanti -ri!** all the best!

aula f di scuola class room; di università lecture room

aumentare increase; **aumento** m increase

aureola f halo

auricolare m earphone

aurora f dawn

ausiliare m/agg auxiliary

australe southern

Australia f Australia; **australiano 1** agg Australian **2** m, **-a** f Australian

Austria f Austria; **austriaco 1** agg Austrian **2** m, **-a** f Austrian

autenticare authenticate; **autentico** authentic

autista m/f driver

auto f inv ☞ **automobile**

autoadesivo 1 agg self-adhesive **2** m sticker

autoambulanza f ambulance

autobiografia f autobiography

autobomba f car bomb

autobus m bus; **~ di linea** city bus

autocarro m truck, Br anche lorry

autocisterna f tanker
autocontrollo m self-control
autodidatta m/f self-taught person
autodifesa f self-defence, Am self-defense
autodromo m motor racing circuit
autogol m inv own goal
autografo m autograph
autogrill m inv roadside café
autolavaggio m car-wash
automa m robot
automatico 1 agg automatic **2** m bottone press-stud, Am snap fastener
automezzo m motor vehicle
automobile f car, Am anche automobile; **automobilismo** m driving; SP motor racing; **automobilista** m/f driver
autonoleggio m car rental; azienda car-rental firm
autonomia f autonomy; TEC battery life; **autonomo** autonomous
autoradio f inv car radio
autore m, **-trice** f author; DIR perpetrator; **autorevole** authoritative
autorimessa f garage
autorità f inv authority; **autoritario** authoritarian; **autorizzare** authorize; **autorizzazione** f authorization
autoscuola f driving school
autostop m: **fare l'~** hitch-hike; **autostoppista** m/f hitchhiker

autostrada f motorway, Am highway
autovettura f motor vehicle
autrice f ☞ **autore**
autunno m autumn, Am fall
avambraccio m forearm
avanguardia f avant-garde; azienda leading-edge
avanti 1 avv in front, ahead; **d'ora in ~** from now on; **andare ~** di orologio be fast; **essere ~ nel programma** be ahead of schedule **2** int **~!** come in!
avanzare 1 v/i advance; fig make progress; (rimanere) be left over **2** v/t put forward
avanzo m remainder; FIN surplus; **gli ~i pl** the leftovers
avaria f failure; **avariato** damaged; cibi spoiled
avarizia f avarice; **avaro 1** agg miserly **2** m, **-a** f miser
avena f oats
avere 1 v/t have; **~ 20 anni** be 20 (years old); **~ fame / sonno** be hungry / sleepy; **~ caldo / freddo** be hot / cold; **avercela con qu** have it in for s.o **2** v/aus have; **hai visto Tony?** have you seen Tony?; **hai visto Tony ieri?** did you see Tony yesterday? **3** m FIN credit; **-i** mpl wealth
avi mpl ancestors
aviazione f aviation; MIL Air Force
avidità f avidness; **avido** avid
avocado m avocado

avorio *m* ivory

avvalersi: ~ **di qc** avail o.s. of sth

avvantaggiare favour, *Am* favor; **avvantaggiarsi:** ~ **di qc** take advantage of sth

avveduto astute

avvelenamento *m* poisoning; **avvelenare** poison; **avvelenarsi** poison o.s.

avvenimento *m* event; **avvenire 1** *v/i* (*accadere*) happen **2** *m* future

Avvento *m* Advent

avventura *f* adventure; **avventurarsi** venture; **avventuriero** *m*, **-a** *f* adventurer; *donna* adventuress; **avventuroso** adventurous

avvenuto *pp* ☞ **avvenire**

avverarsi come true

avverbio *m* adverb

avversario 1 *agg* opposing **2** *m*, **-a** *f* opponent, adversary

avversione *f* aversion (*per* to)

avvertenza *f* (*ammonimento*) warning; (*premessa*) foreword; **-e** *pl* (*istruzioni per l'uso*) instructions

avvertimento *m* warning; **avvertire** warn; (*percepire*) catch

avviamento *m* introduction; TEC, AUTO start-up; **avviare** start; **avviarsi** set out, head off; **avviato** established

avvicendarsi alternate

avvicinare approach; ~ **qc a qc** move sth closer to sth; **avvicinarsi** approach, near (**a** sth)

avvilire depress; (*mortificare*) humiliate; **avvilirsi** demean o.s.; (*scoraggiarsi*) get depressed; **avvilito** (*scoraggiato*) depressed

avvio *m*: **dare l'~ a qc** get sth under way

avvisare inform, advise; (*mettere in guardia*) warn; **avviso** *m* notice; **a mio ~** in my opinion

avvitare screw in; *fissare* screw

avvocato *m* lawyer

avvolgere wrap; **avvolgibile** *m* roller blind; **avvolto** *pp* ☞ **avvolgere**

avvoltoio *m* vulture

azienda *f* business; **aziendale** company *attr*

azionare activate; *allarme* set off; **azionario** share *attr*; **azione** *f* action; (*effetto*) influence; FIN share; **azionista** *m/f* stockholder, shareholder

azoto *m* nitrogen

azzannare bite into

azzardarsi dare; **azzardo** *m* hazard; **gioco** *m* **d'~** game of chance

azzerare TEC reset

azzuffarsi come to blows

azzurro 1 *agg* blue **2** *m* blue; SP **gli -i** *pl* the Italian national team

B

babbo *m* F dad F, pop F; ***Babbo Natale*** Santa (Claus), *Br anche* Father Christmas

babordo *m* MAR port (side)

baby-sitter *m/f inv* baby-sitter

bacato wormeaten

bacca *f* berry

baccalà *m inv* dried salt cod

baccano *m* din

bacchetta *f* rod; MUS *del direttore d'orchestra* baton; *per suonare il tamburo* (drum) stick; ~ ***magica*** magic wand

bacheca *f* notice board, *Am* bulletin board; *di museo* showcase

baciare kiss; **baciarsi** kiss (each other)

bacillo *m* bacillus

bacinella *f* basin; FOT tray

bacino *m* basin; ANAT pelvis; MAR port

bacio *m* kiss

baco *m* worm; ~ ***da seta*** silkworm

bada: *tenere a ~ qu* keep s.o. at bay; **badare**: ~ ***a*** look after; *(fare attenzione a)* look out for, mind

baffo *m*: **-*i*** *pl* moustache, *Am* mustache; *di animali* whiskers

bagagliaio *m* FERR luggage van, *Am* baggage car; AUTO boot, *Am* trunk; **bagaglio** *m* luggage, baggage; ***fare i -i*** pack

bagliore *m* glare; *di speranza* glimmer

bagnante *m/f* bather; **bagnare** wet; *(immergere)* dip; *(inzuppare)* soak; *(annaffiare)* water; *di fiume* flow through; **bagnarsi** get wet; **bagnato** wet; **bagnino** *m*, **-*a*** *f* lifeguard; **bagno** *m* bath, *Am* (bath)tub; *stanza* bathroom; *gabinetto* toilet; ***fare il ~*** have a bath; ***mettere a ~*** soak; **bagnomaria** *m inv* double boiler, bain marie

baia *f* bay

baita *f* mountain chalet, *Am* mountain lodge

balaustra *f* balustrade

balbettare stammer; *di bambino* babble; **balbettio** *m* stammering; *di bambino* babble, prattle

balbuzie *f* stutter; **balbuziente** *m/f* stutterer

balconata *f* TEA dress circle, *Am* balcony; **balcone** *m* balcony

baldoria *f* revelry; ***fare ~*** have a riotous time

balena *f* whale

balenare: *fig* ***gli è balenata un'idea*** an idea flashed through his mind; **baleno** *m* lightning; ***in un ~*** in a

flash
balia f: **in ~ di** at the mercy of
balla f bale; fig F (frottola) fib
F
ballare dance
ballata f MUS ballad
ballerina f dancer; di balletto
ballet dancer; di rivista chorus girl; scarpa ballet shoe;
ballerino m dancer; di balletto ballet dancer
balletto m ballet
ballo m dance; (il ballare)
dancing; (festa) ball; **essere
in ~** persona be involved; (essere in gioco) be at stake; **tirare in ~ qc** bring sth up
balneare centro seaside attr
balordo 1 agg ragionamento
shaky; idea stupid; tempo,
consiglio unreliable **2** m (teppista) lout
balsamico aceto balsamic;
aria balmy; **balsamo** m per
i capelli hair conditioner
balzare jump, leap; **balzo** m
jump, leap; fig **cogliere la
palla al ~** jump at the chance
bambinaia f nanny; **bambino**
m, -a f child; in fasce baby
bambola f doll; **bambolotto**
m baby boy doll
bambù m bamboo
banale banal; **banalità** f inv
banality
banana f banana
banca f bank; INFOR **~ dati**
data bank
bancarella f stall
bancario 1 agg istituto, segreto

banking attr; deposito, estratto conto bank attr **2** m, -a f
bank employee
bancarotta f bankruptcy
banchetto m banquet
banchiere m banker
banchina f FERR platform;
MAR quay; di strada verge
banchisa f ice floe
banco m FIN bank; di scuola
desk; di bar bar; di chiesa
pew; di negozio counter;
bancomat® m inv (distributore) ATM; carta cash card,
debit card
bancone m (work)bench
banconota f banknote, Am
bill
banda f band; di delinquenti
gang; **banda** f **larga** broadband
banderuola f weathercock
(anche fig)
bandiera f flag
bandire proclaim; concorso
announce; (esiliare) banish;
fig (abolire) dispense with;
bandito m bandit; **bando**
m proclamation; (esilio) ban-
ishment
bar m inv bar
bara f coffin
baracca f hut; spreg hovel;
baraccopoli f inv shanty
town
barare cheat
baratro m abyss
barattare barter
barattolo m can, Br anche tin;
di vetro jar

barba f beard; **farsi la ~** shave; fig **che ~!** what a pain! F

barbabietola f beetroot; **Am** red beet; **~ da zucchero** sugar beet

barbarico barbaric; **barbaro 1** agg barbarous **2** m barbarian

barbecue m inv barbecue

barbiere m barber

barboncino m (miniature) poodle

barbone[1] m cane poodle

barbone[2] m, -a f (vagabondo) tramp, **Am** hobo

barca f boat; **~ a remi** rowing boat, **Am** rowboat; **~ a vela** sailing boat, **Am** sail boat

barcaiolo m boatman

barcollare stagger

barcone m barge

barella f stretcher

barile m barrel

barista m/f barman; donna barmaid; **Am** bartender; proprietario bar owner

baritono m baritone

barocco m/agg Baroque

barometro m barometer

barone m, -essa f baron; donna baroness

barra f bar

barricata f barricade

barriera f barrier (anche fig)

barzelletta f joke

basare base; **basarsi** be based (**su** on)

basco m (berretto) beret

base f base; fig basis; **in ~ a** on the basis of

basette fpl sideburns

basilica f basilica

basilico m basil

basso 1 agg low; di statura short; **MUS** bass; fig despicable **2** avv: **in ~** stato down below; **da ~** in una casa downstairs **3** m **MUS** bass; **basso-piano** m **GEOG** lowland; **bassorilievo** m bas-relief; **bassotto** m dachshund

basta ☞ **bastare**

bastardo m, **-a** f cane mongrel; fig bastard

bastare be enough; (durare) last; **basta!** that's enough; **basta che** (purché) as long as

bastonare beat; **bastone** m stick; di pane baguette, French stick

battaglia f battle (anche fig)

battello m boat

battente m di porta wing; di finestra shutter

battere 1 v/i (bussare, dare colpi) knock **2** v/t beat; record break; **~ le mani** clap (one's hands); **~ al computer** key

batteri mpl bacteria

batteria f battery; **MUS** drums; **batterista** m/f drummer

battersela run off; **battersi** fight

battesimo m christening, baptism; **battezzare** christen, baptize

battibecco m argument; **batticuore** m palpitations; fig **con un gran ~** with great anxiety; **battipanni** *m inv* carpet beater

battistero *m* baptistry

battistrada *m inv* AUTO tread

battito *m* beating, beat; **~ cardiaco** heartbeat

battuta *f* beat; *in dattilografia* keystroke; MUS bar; TEA cue; *nel tennis* service; **~ (di spirito)** wisecrack

baule *m* trunk; AUTO boot, *Am* trunk

bavaglino *m* bib

bavaglio *m* gag

bavero *m* collar

bazzecola *f* trifle

bazzicare 1 *v/t un posto* haunt; *persone* associate with **2** *v/i* hang about

beatificare beatify; **beato** happy; REL blessed; **~ te!** lucky you!

beauty-case *m inv* toilet bag

bebè *m inv* baby

beccare peck; F *fig (cogliere sul fatto)* nab F; F *fig: malattia* catch, pick up F; **beccarsi** F *malattia* catch, pick up F

becchino *m* grave digger

becco *m* beak; *di teiera ecc* spout

befana *f* kind old witch who brings presents to children on Twelfth Night; REL Twelfth Night; *fig* old witch

beffa *f* hoax; **farsi -e di qu** make a fool of s.o.; **beffardo** scornful; **beffare** mock; **beffarsi: ~ di** mock

bega *f (litigio)* fight, argu-

ment; *(problema)* can of worms

begli ☞ **bello**

bei ☞ **bello**

belare bleat

belga *agg, m/f* Belgian; **Belgio** *m* Belgium

bellezza *f* beauty

bellico *(di guerra)* war *attr*; *(del tempo di guerra)* wartime *attr*

bello 1 *agg* beautiful; *uomo* handsome; *tempo* fine, nice, beautiful; **questa è -a!** that's a good one!; **nel bel mezzo** right in the middle **2** *m* beauty; **sul più ~** at the worst possible moment

belva *f* wild beast

belvedere *m inv* viewpoint

bemolle *m inv* MUS flat

benché although

benda *f* bandage; *per occhi* blindfold; **bendare** MED bandage

bene 1 *avv* well; **~!** good!; **per ~** proper; **stare ~** *di salute* be well; *di vestito* suit; **ben ti sta!** serves you right!; **va ~!** OK!; **andare ~ a qu** *di abito* fit s.o.; *di orario, appuntamento* suit s.o; **sentirsi ~** feel well **2** *m* good; **fare ~ alla salute** be good for you; **per il tuo ~** for your own good; **voler ~ a qu** *(amare)* love s.o.; **-i** *pl* assets, property; **-i** *pl* **immobili** real estate

benedetto 1 *pp* ☞ **benedire 2** *agg* blessed; REL **acqua -a**

holy water; **benedire** bless; **benedizione** f blessing

beneducato well-mannered

beneficenza f charity; ***spettacolo*** m **di ~** benefit (performance)

beneficio m benefit; ***a ~ di*** for the benefit of; **benefico** beneficial; *organizzazione, istituto* charitable; *spettacolo* charity attr

benessere m well-being; *(agiatezza)* affluence; **benestante 1** agg well-off **2** m/f person with money

benigno MED benign

beninteso of course; **~ che** provided that

benone splendid

benpensante m/f moderate; *spreg* conformist

bensì but rather

benvenuto 1 agg welcome **2** m welcome; ***dare il ~ a qu*** welcome s.o.

benvolere: *farsi ~ da qu* win s.o. over

benzina f petrol, Am gas; ***fare ~*** get petrol; **benzinaio** m, **-a** f petrol o Am gas station attendant

bere drink; *fig* swallow

berlina f AUTO saloon, Am sedan

bermuda mpl Bermuda shorts

bernoccolo m bump

berretto m cap

berrò ☞ **bere**

bersaglio m target; *fig: di*

scherzi butt

bestemmia f swear-word; **bestemmiare 1** v/i swear (**contro** at) **2** v/t curse

bestia f animal; *fig* **andare in ~** fly into a rage; **bestiale** bestial; F *(molto intenso)* terrible; **bestiame** m livestock

bettola f spreg dive

betulla f birch

bevanda f drink

beve ☞ **bere**

biada f fodder

biancheria f linen; **~ intima** underwear

bianco 1 agg white; *foglio* blank **2** m white; **~ d'uovo** egg white; **mangiare in ~** avoid rich food; ***in ~ e nero*** *film* black and white

biasimare blame; **biasimo** m blame

bibbia f bible

biberon m inv baby's bottle

bibita f soft drink

bibliografia f bibliography

biblioteca f library; *mobile* book-case; **bibliotecario** m, **-a** f librarian

bicamerale POL two-chamber

bicarbonato m: **~** (**di sodio**) bicarbonate of soda

bicchiere m glass

bicentenario m bicentenary, Am bicentennial

bici f inv F bike F; **bicicletta** f bike, bicycle; ***andare in ~*** go by bike, Br anche cycle

bidè m inv bidet

bidone *m* drum; *della spazzatura* (dust)bin, *Am* garbage can; F (*imbroglio*) swindle

biennale biennial; (*che dura due anni*) two-year; **biennio** *m* two-year period

bietola *f* beet

biforcarsi fork; **biforcazione** *f* fork

bigamo *m*, **-a** *f* bigamist

bigiotteria *f* costume jewellery *o Am* jewelry; *negozio* jeweller's, *Am* jewelry store

bigliettaio *m*, **-a** *f* ticket seller; *sul treno*, *tram* conductor, *Am* guard; **biglietteria** *f* ticket office; *di cinema*, *teatro* box office; **biglietto** *m* ticket; ~ **d'auguri** (greetings) card; ~ **da visita** business card; **un** ~ **da 10 dollari** a ten-dollar bill; **fare il** ~ buy the ticket

bigodino *m* roller

bigotto 1 *agg* bigoted **2** *m*, **-a** *f* bigot

bikini *m inv* bikini

bilancia *f* scales; ASTR **Bilancia** Libra; **bilanciare** balance; (*pareggiare*) equal; *fig* weigh up; FIN ~ **un conto** balance an account; **bilanciarsi** balance; **bilancio** *m* balance; (*rendiconto*) balance sheet; ~ **preventivo** budget; **fare il** ~ draw up a balance sheet; *fig* take stock

bile *f* bile; *fig* rage

biliardo *m* billiards *sg*, *Am* pool

bilico *m*: **essere in** ~ be precariously balanced; *fig* be undecided

bilingue bilingual

bilocale *m* two-room flat *o Am* apartment

bimbo *m*, **-a** *f* child

bimotore *m* twin-engine plane

binario 1 *agg* binary **2** *m* track; (*marciapiede*) platform

binocolo *m* binoculars

biochimica *f* biochemistry

biodegradabile biodegradable

biografia *f* biography; **biografico** biographical; **biografo** *m*, **-a** *f* biographer

biologia *f* biology; **biologico** biological; *alimento* organic; **biologo** *m*, **-a** *f* biologist

biondo blonde

biossido *m* dioxide

birbante *m* rascal

birichino 1 *agg* naughty **2** *m*, **-a** *f* little devil

birillo *m* skittle

biro® *f inv* ballpoint (pen), *Br* anche biro

birra *f* beer; ~ **alla spina** draught *o Am* draft beer; **birreria** *f* pub that sells only beer; *fabbrica* brewery

bis *m inv* encore

bisbetico bad-tempered

bisbigliare whisper

bisca *f* gambling den

biscia *f* grass snake

biscotto *m* biscuit, *Am* cookie

bisessuale bisexual

bisestile: *anno* m ~ leap year

bisnonno m, **-a** f great-grand-father; *donna* great-grand-mother

bisognare: *bisogna farlo* it must be done, it needs to be done; *non bisogna farlo* it doesn't have to be done, there's no need to do it; **bisogno** m need; *(mancanza)* lack; *(fabbisogno)* requirements; *avere* ~ *di qc* need sth; **bisognoso** needy

bisonte m ZO bison

bistecca f steak

bisticciare quarrel; **bisticcio** m quarrel

bisturi m inv MED scalpel

bitter m inv aperitif

bivio m junction; *fig* crossroads sg

bizantino Byzantine

bizzarro bizarre

bizzeffe: *a* ~ galore

blando mild, gentle

blatta f cockroach

blindato armoured, Am armored

blitz m inv blitz

bloccare block; MIL blockade; *(isolare)* cut off; *prezzi, conto* freeze; **bloccarsi** di ascensore, persona get stuck; *di freni, porta* jam; **blocca-ruota** m AUTO wheel clamp, Am Denver boot; *mettere il* ~ *a* clamp; **bloccasterzo** m AUTO steering lock

blocchetto m *per appunti* notebook

blocco m block; *di carta* pad; ~ *stradale* road block

bloc-notes m inv writing pad

blu blue

blusa f blouse

boa[1] m inv ZO boa constrictor

boa[2] f MAR buoy

boato m rumble

bob m inv SP bobsleigh, bobsled; **bobbista** m/f bobsledder

bobina f spool

bocca f mouth; *(apertura)* opening; *in* ~ *al lupo!* good luck!; **boccaccia** f *(smorfia)* grimace; **boccaglio** m *di maschera per il nuoto* mouthpiece

boccale m jug; *da birra* tankard

boccetta f small bottle

boccheggiare gasp

bocchino m *per sigarette* cigarette holder; MUS, *di pipa* mouthpiece

boccia f *(palla)* bowl; **bocciare** *(respingere)* reject, vote down; EDU fail; *boccia* hit, strike; **bocciatura** f failure

bocciolo m bud

bocconcino m morsel; **boccone** m mouthful

bocconi face down

body m inv body(suit)

boia m inv executioner; F *fa un freddo* ~ it's freezing

boicottaggio m boycott; **boicottare** boycott

bolide m meteor; *come un ~* like greased lightning

bolla[1] f bubble; MED blister

bolla[2] f documento note, docket; *~ di consegna* delivery note

bollare stamp; fig brand

bollente boiling hot

bolletta f bill; *~ della luce* electricity bill

bollettino m: *~ meteorologico* weather forecast

bollire boil; **bollito 1** agg boiled **2** m boiled meat; **bollitore** m kettle

bollo m stamp

bomba f bomb; **bombardamento** m shelling, bombardment; (*attacco aereo*) air raid; fig bombardment; **bombardare** bomb; fig bombard

bombola f cylinder

bomboniera f wedding keepsake

bonaccia f MAR calm

bonaccione m, -a f kindhearted person

bonario m kind-hearted

bonificare FIN (*scontare*) discount; (*accreditare*) credit; AGR reclaim; (*prosciugare*) drain; **bonifico** m (*trasferimento*) (money) transfer

bontà f inv goodness; (*gentilezza*) kindness

bora f bora (*a cold north wind*)

borbottare mumble

bordello m brothel; fig F bedlam F; (*disordine*) mess

bordo m (*orlo*) edge; *a ~* on board

boreale northern; *aurora f ~* northern lights

borgata f village; (*rione popolare*) suburb

borghese middle-class; *in ~* in civilian clothes; **borghesia** f middle classes pl

borgo m village

borraccia f flask

borsa f bag; (*borsetta*) handbag, Am purse; *per documenti* briefcase; FIN Stock Market; *~ di studio* scholarship; **borsaiolo** m, -a f pickpocket; **borsellino** m purse, Am coin purse; **borsetta** f handbag, Am purse

borsista m/f speculatore speculator; *studente* scholarship holder

boscaiolo m woodcutter; **bosco** m wood

bossolo m di proiettili (shell) case

botanico 1 agg botanical **2** m, -a f botanist

botola f trapdoor

botta f blow; (*rumore*) bang; *fare a -e* come to blows

botte f barrel

bottega f shop; (*laboratorio*) workshop; **bottegaio** m, -a f shopkeeper; **botteghino** m box office; (*del lotto*) sales outlet for lottery tickets

bottiglia f bottle

bottino m loot

brioche

botto m (*rumore*) bang

bottone m button; **~ automatico** press-stud, *Am* snap fastener

bovino 1 agg bovine **2** m: **-i** pl cattle pl

box m inv per auto lock-up (garage); per bambini play-pen; per cavalli loose box

boxe f boxing

bozza f draft; TIP proof; **bozzetto** m sketch

bozzolo m cocoon

braccetto: **a ~** arm in arm

bracciale m bracelet; (*fascia*) armband; di orologio watch strap; **braccialetto** m bracelet; **bracciante** m/f day labourer, *Am* day laborer

bracciata f nel nuoto stroke; **braccio** m arm; **portare in ~ qu** carry s.o.; **bracciolo** m arm(rest)

bracconiere m poacher

brace f embers; **alla ~** char-grilled, *Am* char-broiled

braciola f GASTR chop

branca f branch (*anche fig*)

branchia f gill

branco m di cani, lupi pack; di pecore, uccelli flock; fig spreg gang

brancolare grope

branda f camp-bed, *Am* cot

brandello m shred, scrap; **a -i** in shreds o tatters

brano m di testo, musica passage

brasato m di manzo braised beef

Brasile m Brazil; **brasiliano 1** agg Brazilian **2** m, **-a** f Brazilian

bravata f boasting; azione bravado

bravo good; (*abile*) clever, good; **~!** well done!; **bravura** f skill

bretella f (*raccordo*) slip road, *Am* ramp; **-e** pl braces, *Am* suspenders

breve short; **in ~** briefly, in short

brevettare patent; **brevetto** m patent; di pilota licence, *Am* license

brezza f breeze

bricco m jug, *Am* pitcher

briciola f crumb; **briciolo** m fig grain, scrap

bricolage m do-it-yourself, DIY, *Am* home improvement

briga f: **darsi la ~ di fare qc** take the trouble to do sth; **attaccar ~ con qu** pick a quarrel with s.o.

brigadiere m MIL sergeant

brigante m bandit

briglia f rein

brillante 1 agg sparkling; colore bright; fig brilliant **2** m diamond; **brillare** shine

brillo tipsy

brina f hoar-frost

brindare drink a toast (**a** to); **~ alla salute di qu** drink to s.o.'s health; **brindisi** m inv toast

brioche f inv brioche

britannico 1 agg British **2** m,
-a f Briton, Brit F

brivido m di freddo, spavento
shiver; di emozione thrill

brizzolato capelli greying,
Am graying

brocca f jug, Am pitcher

broccato m brocade

broccoli mpl broccoli sg

brodo m (clear) soup; di pollo, di manzo, di verdura
stock; **brodoso** watery, thin

bronchite f bronchitis

broncio m: avere il ~ sulk

broncopolmonite f bronchi-
al pneumonia

brontolare grumble; di stomaco rumble; **brontolio** m
grumble; di stomaco rumble;
brontolone 1 agg grumbling
2 m, -a f grumbler

bronzo m bronze

bruciapelo: a ~ point-blank;
bruciare 1 v/t burn; (incendiare) set fire to **2** v/i burn;
fig: di occhi sting; **bruciarsi**
burn o.s.; **bruciato** burnt;
dal sole scorched, parched;
bruciatura f burn; **bruciore**
m burning sensation; **~ di
stomaco** heartburn

bruco m grub; (verme) worm

brufolo m spot

brulicare swarm

brullo bare

bruno brown; capelli dark

brusco sharp; persona, modi
brusque, abrupt; (improvviso) sudden

brutale brutal; **brutalità** f inv
brutality

brutta f: (copia f) ~ rough
copy; **bruttezza** f ugliness;
brutto ugly; (cattivo) bad;
tempo, tipo, affare nasty

Bruxelles f Brussels

buca f hole; (avvallamento)
hollow; del biliardo pocket;
~ delle lettere letter-box,
Am mailbox; **bucare** make
a hole in; (pungere) prick;
biglietto punch; **~ una gomma** have a flat (tyre); **bucar-
si** prick o.s.; con droga shoot
up

bucato m washing, laundry;
fare il ~ do the washing

buccia f peel

bucherellare make holes in;
bucherellato dai tarli
riddled with woodworm

buco m hole

budello m gut; (vicolo) alley

budget m inv budget

budino m pudding

bue m ox; carne beef

bufalo m buffalo

bufera f storm

buffet m inv buffet; mobile
sideboard, Am buffet

buffo funny; **buffone** m, -a f
buffoon, fool; di corte fool,
jester

bugia f (menzogna) lie; **bugiardo 1** agg lying **2** m, -a f
liar

buio 1 agg dark **2** m darkness;
al ~ in the dark

bulbo m BOT bulb

Bulgaria f Bulgaria; **bulgaro**

1 *agg* Bulgarian **2** *m*, **-a** *f* Bulgarian
bullone *m* bolt
buoi ☞ **bue**
buon ☞ **buono**
buonafede *f*: **in ~** in good faith
buonanotte good night
buonasera good evening
buongiorno good morning, hello
buongustaio *m*, **-a** *f* gourmet; **buongusto** *m* good taste; **di ~** in good taste
buono 1 *agg* good; *momento* right; **alla -a** informal, casual **2** *m* good; FIN bond; *(tagliando)* voucher; **~ regalo** gift voucher, *Am* gift certificate; **~ sconto** discount voucher
buonsenso *m* common sense
buonuscita *f* *(liquidazione)* golden handshake
burattino *m* puppet
burbero gruff, surly
burla *f* practical joke, trick; **burlarsi**: **~ di qu** make fun

of s.o.; **burlone** *m*, **-a** *f* joker
burocratico bureaucratic; **burocrazia** *f* bureaucracy
burrasca *f* storm; **burrascoso** stormy
burro *m* butter
burrone *m* ravine
bussare knock
bussola *f* compass
busta *f* *per lettera* envelope; *per documenti* folder; *(astuccio)* case; **~ paga** pay packet
bustarella *f* bribe
bustina *f*: **~ di tè** tea bag
busto *m* ANAT torso; *scultura* bust; *(corsetto)* girdle
buttafuori *m inv* TEA callboy; *di locale notturno* bouncer; **buttare 1** *v/i* BOT sprout **2** *v/t* throw; **~ via** throw away; *fig* waste; **~ giù** knock down; *lettera* scribble down; *boccone* gulp down; F **~ la pasta** put the pasta on; **buttarsi** throw o.s.; *fig* have a go (**in** at)
by-pass *m inv* by-pass
byte *m inv* INFOR byte

C

ca (= **circa**) ca (= circa)
c.a. (= **corrente alternata**) AC (= alternating current)
cabina *f di nave, aereo* cabin; *di ascensore, funivia* cage; **~ telefonica** phone box, *Am* pay phone
cabriolè, cabriolet *m inv* con-

vertible
cacao *m* cocoa
caccia *f* hunting; **cacciagione** *f* GASTR game; **cacciare** hunt; *(scacciare)* drive out; *(ficcare)* shove; **~ (via)** chase away; **cacciarsi**: **dove ti eri cacciato?** where did you

get to?; **cacciatora** *f: alla ~* stewed; **cacciatore** *m*, **-trice** *f* hunter; **cacciavite** *m inv* screwdriver

cachemire *m inv* cashmere

cactus *m inv* cactus

cadavere *m* corpse

cadente: *stella f ~* falling star; **cadere** fall; *di edificio* fall down; *di capelli, denti* fall out; *di aereo* crash; **caduta** *f* fall

caffè *m inv* coffee; *locale* café; *~ corretto* espresso with a shot of alcohol; *~ macchiato* espresso with a splash of milk; **caffeina** *f* caffeine; *senza ~* caffeine-free; **caffellatte** *m inv* hot milk with a small amount of coffee; **caffettiera** *f* (*bricco*) coffee pot; (*macchiato*) coffee maker

cafone *m* boor

cagna *f* bitch

calabrese *agg, m/f* Calabrian

calabrone *m* hornet

calamari *mpl* squid

calamità *f inv* calamity; *~ naturale* natural disaster

calamita *f* magnet

calante: *luna f ~* waning moon; **calare 1** *v/t* lower **2** *v/i di vento* drop; *di prezzi, sipario* fall; *di sole* set, go down

calca *f* throng

calcagno *m* heel

calcare[1] (*pigiare*) press down; *con i piedi* tread; *parole* emphasize

calcare[2] *m* limestone

calcareo chalky

calce *f* lime

calcestruzzo *m* concrete

calciatore *m* football *o* soccer player

calcina *f* (*malta*) mortar; **calcinaccio** *m* (*intonaco*) bit of plaster; *di muro* bit of rubble

calcio[1] *m* kick; *attività* football, soccer; MIL butt; *~ di rigore* penalty kick

calcio[2] *m* CHIM calcium

calco *m* mould, *Am* mould

calcolare calculate; (*valutare*) weigh up; **calcolatore** *m* calculator; *fig* calculating person; *elettronico* computer; **calcolatrice** *f* calculator; **calcolo** *m* calculation

caldaia *f* boiler

caldarrosta *f* roast chestnut

caldo 1 *agg* warm; (*molto caldo*) hot **2** *m* warmth; *molto caldo* heat; *ho ~* I'm warm; I'm hot

calendario *m* calendar

calibro *m* calibre, *Am* caliber; TEC callipers

calice *m* goblet; REL chalice

calle *f a Venezia* lane

calligrafia *f* calligraphy

callo *m* corn

calma *f* calm; *prendersela con ~* take it easy; **calmante** *m* sedative; **calmare** calm; *dolore* soothe; **calmarsi** *di dolore* ease (off); **calmo** calm

calo *m di peso* loss; *dei prezzi*

drop, fall

calore *m* warmth; *intenso* heat

caloria *f* calorie

caloroso *fig* warm

calpestare walk on; *fig* trample over

calunnia *f* slander

calvario *m* REL Calvary; *fig* ordeal

calvizie *f* baldness; **calvo** bald

calza *f da donna* stocking; *da uomo* sock; **calzamaglia** *f* tights, *Am* pantyhose; *da ginnastica* leotard; **calzare 1** *v/t scarpe* put on; *(indossare)* wear **2** *v/i fig* fit; **calzascarpe** *m* shoehorn; **calzatoio** *m* shoehorn; **calzature** *fpl* footwear; **calzettone** *m* knee sock; **calzino** *m* sock; **calzolaio** *m* shoemaker

calzoncini *mpl* shorts; *da bagno* (swimming) trunks

calzone *m* GASTR folded-over pizza

calzoni *mpl* trousers, *Am* pants

camaleonte *m* chameleon

cambiale *f* bill (of exchange)

cambiamento *m* change; **cambiare 1** *v/t* change; *(scambiare)* exchange **2** *v/i e* **cambiarsi** change; **cambio** *m* change; FIN, *(scambio)* exchange; AUTO, TEC gear; *in* in exchange (*di* for)

camera *f* room; *da letto* bedroom; *singola* single

room; *matrimoniale* double room; *Camera dei Deputati* House of Commons, *Am* House of Representatives; *d'aria* inner tube; *dell'industria e del commercio* chamber of commerce; **camerata** *f stanza* dormitory; *in ospedale* ward

cameriera *f* waitress; *(domestica)* maid; **cameriere** *m* waiter

camerino *m* dressing room

camice *m di medico* white coat; *di chirurgo* gown; **camicetta** *f* blouse; **camicia** *f* shirt; *da notte* nightdress

caminetto *m* fireplace; **camino** *m* chimney; *(focolare)* fireplace

camion *m inv* truck, *Br anche* lorry; **camioncino** *m* van; **camionista** *m* lorry driver, *Am* truck driver

cammello *m* camel; *stoffa* camel hair

camminare walk; *(funzionare)* work, go; **camminata** *f* walk; **cammino** *m*: *un'ora di* an hour's walk; *mettersi in* set out

camomilla *f* camomile; *(infuso)* camomile tea

camoscio *m* chamois; *scarpe fpl di* suede shoes

campagna *f* country; *fig,* POL campaign

campana *f* bell; **campanello** *m* bell; *della porta* doorbell; **campanile** *m* bell tower

campare live

campeggiatore *m* camper; **campeggio** *m* camping; *posto* camp site; **camper** *m inv* camper van; **camping** *m* camp site

campionario *m* samples

campionato *m* championship

campione *m* sample; (*esemplare*) specimen; SP champion

campo *m* field; ~ **da golf** golf course; ~ **da calcio** football *o* soccer pitch; ~ **da tennis** tennis court; ~ **profughi** refugee camp; **camposanto** *m* cemetery

Canada *m* Canada; **canadese 1** *agg* Canadian **2** *m/f* Canadian **3** *f half-litre bottle of beer*

canale *m* channel; *artificiale* canal

canapa *f* hemp

canarino *m* canary

cancellare cross out; *con gomma* erase; INFOR delete; *appuntamento* cancel

cancellata *f* railings

cancelleria *f*: **articoli** *mpl* **di** ~ stationery

cancelliere *m* chancellor; DIR clerk of the court

cancello *m* gate

cancerogeno carcinogenic

cancrena *f* gangrene

cancro *m* MED cancer; ASTR **Cancro** Cancer

candeggina *f* bleach

candela *f* candle; **candelabro** *m* candelabra; **candeliere** *m* candlestick

candidarsi stand (for election), *Am* run; **candidato** *m*, -**a** *f* candidate; **candidatura** *f* candidacy, candidature

candido pure white; (*sincero*) frank; (*innocente*) innocent, pure; (*ingenuo*) naive

canditi *mpl* candied fruit

cane *m* dog

canestro *m* basket

canguro *m* kangaroo

canile *m* (*casotto*) kennel; *luogo* kennels

canino 1 *agg* dog *attr* **2** *m* (*dente*) canine (tooth)

canna *f* reed; (*bastone*) stick; P joint P; ~ **da pesca** fishing rod

cannella *f* GASTR cinnamon

cannelloni *mpl* cannelloni *sg*

cannibale *m* cannibal

cannocchiale *m* telescope

cannone *m* MIL gun, cannon; (*asso*) ace

cannuccia *f* straw

canoa *f* canoe

canone *m* FIN rental (fee); RAD, TV licence (fee); (*norma*) standard

canottaggio *m a pagaie* canoeing; *a remi* rowing

canottiera *f* vest, *Am* undershirt

canotto *m* rowing boat, *Am* rowboat; ~ **pneumatico** rubber dinghy

cantante *m/f* singer; **cantare** sing; **cantautore** *m*, **-trice** *f* singer-songwriter

cantiere *m* building site; MAR shipyard

cantina *f* cellar; *locale* wine-shop

canto¹ *m* song; (*il cantare*) singing

canto² *m*: **d'altro** ~ on the other hand

cantone *m* POL canton

canzonare tease

canzone *f* song

caos *m* chaos; **caotico** chaotic

C.A.P. *m* (= *Codice di Avviamento Postale*) postcode, *Am* zip code

capace (*abile*) capable; (*ampio*) large; ~ **di fare qc** capable of doing sth; **capacità** *f inv* ability; (*capienza*) capacity

capanna *f* hut; **capannone** *m* shed; AVIA hangar

caparra *f* deposit

capello *m* hair; **-i** *pl* hair

capezzolo *m* nipple

capiente large, capacious; **capienza** *f* capacity

capigliatura *f* hair

capillare MED capillary

capire understand; **capisco** I see; **ho capito** I see

capitale 1 *agg* capital; *fig* major **2** *f città* capital **3** *m* FIN capital; **capitalismo** *m* capitalism; **capitalista** *agg*, *m/f* capitalist

capitaneria *f*: ~ **di porto** port authorities

capitano *m* captain

capitare *di avvenimento* happen; *di persona* find o.s.; ~ **a proposito** come along at the right time

capitolo *m* chapter

capo *m* head; *persona* head, chief, boss; GEOG cape; ~ **di vestiario** item of clothing; **da** ~ from the beginning; **andare a** ~ start a new paragraph; **capodanno** *m* New Year's Day; **capofamiglia** *m/f* head of the family; **capofitto**: **a** ~ headlong; **capogiro** *m* dizzy spell; **capogruppo** *m/f* group leader; POL leader; **capolavoro** *m* masterpiece; **capolinea** *m* terminus; **capoluogo** *m* principal town; **caporeparto** *m/f di fabbrica* foreman; *donna* forewoman; *di ufficio* superintendent; **caposala** *m/f in ospedale* ward sister; *uomo* charge nurse; **capostazione** *m/f* station master; **capostipite** *m/f* founder; **capotavola**: **a** ~ at the head of the table; **capotreno** *m/f* guard, *Am* conductor; **capoufficio** *m/f* supervisor; **capoverso** *m* paragraph; TIP indent; **capovolgere** turn upside down; *piani* upset; *situazione* reverse; **capovolgersi** turn upside down; *di barca* capsize; **capovolgimento**

m complete change; **capovolto** *pp* ☞ **capovolgere**

cappa *f* (*mantello*) cloak; *di cucina* hood; **~ del camino** cowl

cappella *f* chapel

cappelletti *mpl* pasta, *shaped like little hats, with meat, cheese and egg filling;* **cappello** *m* hat

cappero *m* caper

cappio *m* noose

cappone *m* capon

cappotto *m* coat

cappuccino *m bevanda* cappuccino

cappuccio *m* hood; *di penna* top, cap

capra *f* (nanny)goat; (*cavalletto*) trestle; **capretto** *m* kid

capriccio *m* whim; *di bambini* tantrum; **fare i -i** have tantrums; **capriccioso** capricious; *bambino* naughty; *tempo* changeable

Capricorno ASTR Capricorn

capriola *f* somersault

capriolo *m* roe deer; GASTR venison; **capro** *m* billy goat; **~ espiatorio** scapegoat

capsula *f* capsule; *di dente* crown

captare RAD pick up

carabiniere *m* police officer

caraffa *f* carafe

caramella *f* sweet

caramello *m* caramel

carato *m* carat

carattere *m* character; (*caratteristica*) characteristic; **-i** *pl*

TIP font; **caratteristica** *f* characteristic; **caratteristico** characteristic; **caratterizzare** characterize

caravan *m inv* caravan

carboidrato *m* carbohydrate

carbone *m* coal; **carbonella** *f* charcoal

carburante *m* fuel

carburatore *m* carburettor, *Am* carburetor

carcassa *f* carcass; TEC (*intelaiatura*) frame; MAR, F wreck

carcerato *m*, **-a** *f* prisoner; **carcerazione** *f* imprisonment; **~ preventiva** preventive detention; **carcere** *m* jail, prison

carciofo *m* artichoke

cardiaco cardiac, heart *attr*

cardinale *m/agg* cardinal

cardiologo *m* ~ *f* heart specialist, cardiologist

cardo *m* thistle

carena *f* MAR keel

carenza *f* lack (**di** of)

carestia *f* shortage

carezza *f* caress; **carezzare** caress

cariato: **dente** *m* **~** decayed tooth

carica *f* (*incarico*) office; (*slancio, energia*) drive; TEC load; MIL (*attacco*) charge; SP tackle; **caricare** load; MIL charge; *orologio* wind up; **caricarsi** overload o.s. (**di** with)

caricatura *f* caricature

cartellone

carico 1 agg loaded; EL charged **2** m load; MAR cargo

carie f inv tooth decay

carino (grazioso) pretty; (gentile) nice

carisma m charisma

carità f charity

carnagione f complexion

carne f flesh; GASTR meat; ~ **di maiale / manzo** pork / beef; ~ **tritata** mince, Am ground beef; **carneficina** f slaughter

carnevale m carnival

carnivoro m carnivore

caro 1 agg dear; (costoso) dear, expensive **2** avv a lot; **costare** ~ be very expensive; fig have a high price

carogna f carrion; F swine

carota f carrot

carotide f carotid artery

carovana f caravan

carovita m high cost of living; **indennità f di** ~ cost of living allowance

carpa f carp

carpire: ~ **qc a qu** get sth out of s.o.

carponi on all fours

carrabile ☞ **carraio**

carraio: **passo** m ~ driveway

carreggiata f roadway

carrello m trolley, Am cart; AVIA undercarriage

carretto m cart

carriera f career

carriola f wheelbarrow

carro m cart; AST Bear; ~ **armato** tank; ~ **attrezzi** tow truck, Am wrecker

carrozza f FERR carriage, Am car; ~ **con cuccette** sleeping car; ~ **ristorante** restaurant car

carrozzella f per bambini pram, Am baby carriage; per invalidi wheelchair

carrozzeria f bodywork, coachwork; **carrozziere** m AUTO (progettista) (car) designer; (costruttore) coachbuilder; chi fa riparazioni panel beater; **carrozzina** f pram, Am baby carriage

carta f paper; (menù) menu; ~ **geografica** map; ~ **da gioco** (playing) card; ~ **da parati** wallpaper ~ **di credito** credit card; ~ **d'identità** identity card; ~ **d'imbarco** boarding card; ~ **igienica** toilet paper; ~ **stagnola** silver paper; GASTR tinfoil; ~ **telefonica** phone card; **cartamodello** m pattern; **cartapesta** f papier-mâché; **cartastraccia** f waste paper

cartella f (borsa) briefcase; di alunno schoolbag; per documenti folder, file; **cartellino** m (etichetta) label; con prezzo price tag; (scheda) card

cartello m sign; nelle dimostrazioni placard; FIN cartel; ~ **stradale** road sign

cartellone m pubblicitario hoarding, Am billboard; TEA bill

cartiera f paper mill

cartilagine f cartilage

cartina f GEOG map; (*bustina*) packet; *per sigarette* cigarette paper

cartoccio m paper bag; *a cono* paper cone; GASTR *al ~* baked in tinfoil

cartoleria f stationer's, *Am* stationery store

cartolina f postcard

cartoncino m (thin) cardboard; (*biglietto*) card

cartone m cardboard; *-i pl animati* cartoons

cartuccia f cartridge

casa f edificio house; (*abitazione*) home; *~ di cura* nursing home; *~ editrice* publishing house; *cambiare ~* move (house); *fatto in ~* homemade; *andare a ~* go home; *essere a ~* be at home; SP *giocare in / fuori ~* play at home / away; **casalinga** f housewife; **casalingo** domestic; (*fatto in casa*) home-made; *persona* home-loving; *-ghi mpl* household goods

cascare fall (down); *fig* **cascarci** fall for it; **cascata** f waterfall

cascina f (*casa colonica*) farmhouse; (*caseificio*) dairy farm

casco m helmet; *dal parrucchiere* hair dryer

caseggiato m (*edificio*) block of flats, *Am* apartment block

caseificio m dairy

casella f di schedario pigeonhole; (*quadratino*) square; *~ postale* post office box; **casellario** m pigeon holes; **casellario giudiziario** criminal records (office); **casello** m autostradale toll booth, pay station

casereccio homemade

caserma f barracks

casinò m inv casino

casino m P brothel; (*rumore*) din, racket; (*disordine*) mess

caso m case; (*destino*) chance; (*occasione*) opportunity; *~ d'emergenza* emergency; *per ~* by chance; *a ~* at random; *in ~ contrario* should that not be the case; *in ogni ~* in any case, anyway; *in nessun ~* under no circumstances

casolare m farmhouse

caspita! good heavens!

cassa f case; *di legno* crate; *di negozio* till; *sportello* cash desk; (*banca*) bank; *~ toracica* ribcage; **cassaforte** f safe; **cassapanca** f chest

casseruola f (*sauce*)pan

cassetta f box; *per frutta, verdura* crate; (*musicassetta*) cassette; *~ delle lettere* (*buca*) post box, *Am* mailbox; (*casella*) letterbox, *Am* mailbox

cassetto m drawer; **cassettone** m chest of drawers

cassiere m, **-a** f cashier; *di*

banca teller; *di supermercato* checkout assistant

cassonetto *m* dustbin, *Am* garbage can

casta *f* caste

castagna *f* chestnut; **casta-gno** *m* chestnut (tree)

castano *capelli* chestnut; *occhi* brown

castello *m* castle

castigo *m* punishment

castità *f* chastity

castoro *m* beaver

castrare castrate; *gatto* neuter; *femmina di animale* spay

casual 1 *agg* casual **2** *m* casual clothes, casual wear; **casuale** chance *attr*, casual

cataclisma *m* disaster

catacomba *f* catacomb

catalizzatore *m* catalyst; AUTO catalytic converter

catalogare catalogue, *Am* catalog; **catalogo** *m* catalogue, *Am* catalog

catapecchia *f* shack

catarifrangente *m* reflector; *lungo la strada* cat's eye, *Am* reflector

catarro *m* catarrh

catasto *m* land register

catastrofe *f* catastrophe; **catastrofico** catastrophic

categoria *f* category; *di albergo* class; **categorico** categoric(al)

catena *f* chain; **-e da neve** snow chains; **~ montuosa** mountain range, chain of mountains

cateratta *f* sluice(gate); (*cascata*) falls

catino *m* basin

catrame *m* tar

cattedra *f* (*scrivania*) desk

cattedrale *f* cathedral

cattiveria *f* wickedness; *di bambini* naughtiness; *azione* nasty thing to do; *parole crudeli* nasty thing to say; **cattivo** bad; *bambino* naughty, bad

cattolicesimo *m* (Roman) Catholicism; **cattolico 1** *agg* (Roman) Catholic **2** *m*, **-a** *f* (Roman) Catholic

cattura *f* capture; (*arresto*) arrest; **catturare** capture; (*arrestare*) arrest

caucciù *m* rubber

causa *f* cause; (*motivo*) reason; DIR lawsuit; **a ~ di** because of; **causare** cause

cautela *f* caution; (*precauzione*) precaution; **cauto** cautious; **cauzione** *f* (*deposito*) security; *per la libertà provvisoria* bail

cava *f* quarry

cavalcare ride; **cavalcavia** *m inv* flyover, *Am* overpass; **cavalcioni**: **a ~** astride; **cavaliere** *m* rider; *accompagnatore* escort; *al ballo* partner

cavalla *f* mare; **cavalletta** *f* grasshopper; **cavalletto** *m* trestle; FOT tripod; *da pittore* easel; **cavallo** *m* horse; *scacchi* knight; *dei pantaloni* crotch; **andare a ~** go riding;

cavallone *m* breaker; **cavalluccio** *m*: **~ marino** sea horse

cavare take out; **cavarsela** manage, get by; **cavarsi: ~ da un impiccio** get out of trouble; **cavatappi** *m inv* corkscrew

caverna *f* cave

cavia *f* guinea pig (*anche fig*)

caviale *m* caviar

caviglia *f* ANAT ankle

cavillo *m* quibble

cavità *f inv* cavity

cavo 1 *agg* hollow **2** *m* cable; (*fune*) rope

cavolfiore *m* cauliflower

cavolo *m* cabbage; **~ di Bruxelles** Brussels sprout

cazzo *m* V prick V; **~!** fuck! V

CC (= **Carabinieri**) Italian police force

cc (= **centimetri cubici**) cc (= cubic centimetres)

c.c. (= **corrente continua**) DC (= direct current)

c/c (= **conto corrente**) current account, *Am* checking account

CD *m inv* CD; **lettore** *m* **~** CD player; **CD-Rom** *m inv* CD-Rom; **drive** *m* **per ~** CD-Rom drive

ce = **ci** (*before* **lo, la, li, le, ne**)

c'è = **ci è** there is

cecchino *m* sniper

cece *m* chickpea

ceco 1 *agg* Czech **2** *m*, **-a** *f* Czech

cedere 1 *v/t* (*dare*) hand over,

give up; (*vendere*) sell; **~ il posto** give up one's seat **2** *v/i* give in, surrender (**a** to); *muro, terreno* collapse, give way; **non ~!** don't give in!

cedola *f* coupon

cedro *m del Libano* cedar

ceffone *m* slap

celebrare celebrate; **celebrazione** *f* celebration; **celebre** famous; **celebrità** *f inv* fame; *persona* celebrity

celeste sky blue; (*divino*) heavenly (*anche fig*)

celibato *m* celibacy; **celibe 1** *agg* single, unmarried **2** *m* bachelor

cella *f* cell

cellula *f* cell; **cellulare 1** *agg* cell *attr;* **telefono** *m* **~** mobile (phone), *Am* cell(ular) phone **2** *m* prison van; *telefono* mobile, *Am* cell (phone); **~ con fotocamera** camera phone

cellulite *f* cellulite

cemento *m* cement; **~ armato** reinforced concrete

cena *f* supper, evening meal; *importante, con ospiti* dinner; **cenacolo** *m* PITT Last Supper; **cenare** have supper; *formalmente* dine

cencio *m* rag; *per spolverare* duster; **bianco come un ~** white as a sheet

cenere *f* ash; **le Ceneri** *fpl* Ash Wednesday

cenno *m* sign; *della mano*

wave; *del capo* nod; *con gli occhi* wink; *(breve notizia)* mention; *(allusione)* hint

cenone *m* feast, banquet

censimento *m* census

censura *f* censorship; **censurare** censor

centenario 1 *agg* hundred-year-old **2** *m persona* centenarian; *anniversario* centenary, *Am* centennial; **centesimo 1** *agg* hundredth **2** *m* FIN cent

centigrado *m* centigrade; **centimetro** *m* centimetre, *Am* centimeter; **~ cubo** cubic centimetre; **~ quadrato** square centimetre; **centinaio** *m* hundred; **un ~ di** about a hundred; **centinaia** *fpl* hundreds; **a centinaia** in their hundreds; **per ~** per cent

centrale 1 *agg* central **2** *f* station, plant; **centralinista** *m/f* switchboard operator; **centralino** *m* switchboard; **centrare** centre, *Am* center; **~ il bersaglio** hit the bull's eye

centrifuga 1 *agg* centrifugal **2** *f* spin-dryer; TEC centrifuge; **centrifugare** spin-dry; TEC centrifuge

centro *m* centre, *Am* center; *di bersaglio* bull's eye; **~ commerciale** shopping centre, *Am* downtown; **~ storico** old (part of) town

ceppo *m*: **~ bloccaruota** wheel clamp, *Am* Denver boot

cera *f* wax; *per lucidare* polish

ceramica *f* ceramics *sg*; *oggetto* piece of pottery

cerata *f* oilskins

cerca *f*: **in ~ di ...** in search of ...; **cercare 1** *v/t* look for **2** *v/i*: **~ di fare** try to do

cerchio *m* circle; **cerchione** *m* TEC rim

cereale 1 *agg* grain *attr* **2** **-i** *mpl* grain, cereals

cerebrale: **commozione** *f* **~** concussion

cerimonia *f* ceremony; REL service; **-e** *pl (convenevoli)* pleasantries

cerino *m* (wax) match

cernia *f* grouper

cerniera *f* hinge; **~ lampo** zip (fastener), *Am* zipper

cernita *f* selection, choice

cero *m* (large) candle

cerotto *m* (sticking) plaster, *Am* Bandaid®

certezza *f* certainty

certificare certify; **certificato** *m* certificate

certo 1 *agg (sicuro)* certain, sure; **un ~ signor Federici** a (certain) Mr Federici; **ci vuole un ~ coraggio** it takes (some) courage; **di una -a età** of a certain age; **-i** some **2** *avv (certamente)* certainly; *(naturalmente)* of course; **~ che ...** surely ... **3** *pron*: **-i, -e** some, some people

certosa *f* Carthusian monastery

cervello *m* brain; GASTR brains

cervo m deer; *carne* venison
cesareo: taglio m ~ Caesarean, *Am* Cesarean
cesoie *fpl* shears
cespuglio m bush, shrub
cessare stop, cease; *cessate il fuoco* m ceasefire; **cessazione** *f di contratto* termination
cessione *f* transfer, handover
cesso m P bog P, *Am* john F
cesta *f* basket
cestinare throw away, bin F;
cestino m little basket; *per la carta* wastepaper basket, *Am* waste basket; **cesto** m basket
ceto m (social) class; ~ *medio* middle class
cetriolino m gherkin; **cetriolo** m cucumber
che 1 *agg* what; *a ~ cosa serve?* what is that for?; ~ *brutta giornata!* what a filthy day! **2** *pron persona: soggetto* who; *persona: oggetto* who, that, *fml* whom; *cosa* that, which; *ciò* ~ what; *non c'e di* ~ don't mention it, you're welcome **3** *cong dopo il comparativo* than
check-in m *inv* check-in
chemioterapia *f* chemotherapy, chemo F
chi who; *di ~ è il libro?* whose book is this? *a ~ ha venduto la casa?* who did he sell the house to?; *c'è ~ dice che* some people say that; ~ ... ~ some ... others

chiacchiera *f* chat; *(maldicenza)* gossip; *(notizia infondata)* rumour, *Am* rumor; **chiacchierare** chat, chatter; *spreg* gossip; **chiacchierata** *f* chat; **chiacchierone 1** *agg* talkative, chatty; *(pettegolo)* gossipy **2** m, -*a f* chatterbox; *(pettegolo)* gossip
chiamare m din, racket; *andare a ~ qu* go and get s.o., fetch s.o.; **chiamarsi** be called; *come ti chiami?* what's your name?; *mi chiamo ...* my name is ...; **chiamata** *f* call; TELEC (telephone) call, (phone)call
chiara *f* egg white; **chiarezza** *f* clarity; **chiarimento** m clarification; **chiarire** clarify; **chiarirsi** become clear; **chiaro** clear; *colore* light, pale; *(luminoso)* bright; ~*!* obviously!; **chiaroscuro** m chiaroscuro
chiasso m din, racket; *fare ~* make a din *o* racket; **chiassoso** noisy
chiatta *f* barge; *ponte m di -e* pontoon bridge
chiave *f* *agg inv* key **2** *f* key; MUS clef; ~ *inglese* spanner, *Am* monkey wrench; **chiavistello** m bolt
chiazza *f (macchia)* stain; *sulla pelle, di colore* patch
chic *inv* chic, stylish
chicco m grain; *di caffè* bean; ~ *d'uva* grape
chiedere *per sapere* ask *(di*

about); *per avere* ask for; (*esigere*) demand, require; **~ qc a qu** ask s.o. sth; **~ di qu** (*chiedere notizie di*) ask about s.o.; *per parlargli* ask for s.o; **~ un piacere a qu** ask s.o. a favour; **~ scusa a qu** apologize to s.o.; **chiedersi** wonder (*se* whether)

chiesa *f* church

chiesto *pp* ☞ **chiedere**

chiglia *f* MAR keel

chilo *m* kilo; **chilogrammo** *m* kilogram; **chilometraggio** *m* AUTO *mileage*; **chilometro** *m* kilometre, *Am* kilometer; **-i pl all'ora** kilometres per hour

chilowatt *m inv* kilowatt

chimica *f* chemistry; **chimico 1** *agg* chemical **2** *m*, *-a f* chemist

chinare *testa* bend; *occhi* lower; **chinarsi** stoop, bend down

chincaglierie *fpl* knick-knacks

chioccia *f fig* mother hen

chiocciola *f* snail; *in indirizzo e-mail* at; *scala* **f a ~** spiral staircase

chiodato: SP *scarpe fpl* **-e** spikes

chiodo *m* nail

chioma *f* mane; *di cometa* tail

chiosco *m* kiosk

chiostro *m* cloister

chiromante *m/f* palmist

chirurgia *f* surgery; **chirurgo** *m* surgeon

chissà who knows; (*forse*) maybe

chitarra *f* guitar; **chitarrista** *m/f* guitarist

chiudere close, shut; *a chiave* lock; *strada* close off; *gas, luce* turn off; *fabbrica, negozio per sempre* shut down; **chiudersi** *di porta, ombrello* close, shut; *di ferita* heal up

chiunque anyone; *relativo* whoever; **~ lo vede** whoever sees it

chiuso 1 *pp* ☞ **chiudere 2** *agg* closed, shut; *a chiave* locked; *persona* reserved; **chiusura** *f* closing, shutting

choc *m inv* shock

ci 1 *pron* ◇ us; **non ~ ha parlato** he didn't speak to us; **~ siamo divertiti molto** we had a great time; **~ vogliamo bene** we love each other ◇: **~ penso** I'm thinking about it **2** *avv* here; (*lì*) there; **c'è ...** there is ...; **~ sono ...** there are ...

ciabatta *f* slipper

cialda *f* wafer

ciambella *f* GASTR *type of cake, baked in a ring-shaped mould*; (*salvagente*) lifebelt

cianfrusaglia *f* knick-knack

ciao! hi!; *nel congedarsi* bye!

ciarpame *m* junk

ciascuno 1 *agg* each; (*ogni*) every **2** *pron* everyone

ciber... cyber...

cibo *m* food; **-i pl** foodstuffs, foods; **~ pronto** fast food

cicala f insetto cicada

cicalino m buzzer, bleeper

cicatrice f scar; **cicatrizzare, cicatrizzarsi** heal

cicca f (mozzicone) stub, butt; (gomma da masticare) (chewing) gum

ciccia f (grasso) flab; **ciccione** m, **-a** f fatty

ciclamino m cyclamen

ciclismo m cycling; **ciclista** m/f cyclist; **ciclistico** bike attr, cycle attr; **ciclo** m cycle; **ciclomotore** m moped

ciclone m cyclone

cicloturismo m cycling holidays

cicogna f stork

cicoria f chicory

cieco 1 agg blind; **vicolo** m ~ dead end, blind alley **2** m, **-a** f blind man; **donna** f **-a** blind woman

cielo m sky; REL heaven; **grazie al** ~ thank heavens

cifra f figure; (monogramma) monogram; (somma) amount, sum; (codice) cipher, code

ciglio m ANAT eyelash; (bordo) edge

cigno m swan

cigolare squeak; **cigolio** m squeak

Cile m Chile

cilecca f: **far** ~ **di arma da fuoco** misfire

cileno 1 agg Chilean **2** m, **-a** f Chilean

ciliegia f cherry; **ciliegio** m cherry (tree)

cilindro m cylinder; (cappello) top hat

cima f top; **in** ~ **a** on top of; **da** ~ **a fondo** from top to bottom; fig from beginning to end

cimentarsi: ~ **in** embark on

ciminiera f smokestack

cimitero m cemetery

cin cin! F cheers!

Cina f China

cineforum m inv film followed by a discussion; (club) film club

cinema m inv cinema, luogo cinema, Am movie theater; **cinematografico** film attr, movie attr

cinepresa f cine-camera

cinese agg, m/f Chinese

cinghia f strap; (cintura) belt

cinghiale m wild boar

cinguettare twitter

cinico 1 agg cynical **2** m **-a** f cynic; **cinismo** m cynicism

cinquanta fifty; **cinquantenne** m/f 50-year-old; **cinquantesimo** fiftieth; **cinquantina** f: **una** ~ **di** about 50; **cinque** five; **cinquecento 1** agg five hundred **2** m: **il Cinquecento** the sixteenth century; **cinquemila** five thousand

cintura f belt; (vita) waist; ~ **di sicurezza** seatbelt; **cinturino** m strap

ciò (questo) this; (quello) that; ~ **che** what; ~ **nonostante**

nevertheless

ciocca *f di capelli* lock

cioccolata *f* chocolate; **cioc-colatino** *m* chocolate; **cioc-colato** *m* chocolate

cioè that is, i.e.

ciondolo *m* pendant

ciotola *f* bowl

ciottolo *m* pebble

cipolla *f* onion; *di pianta* bulb; **cipollina** *f* small onion

cipresso *m* cypress (tree)

cipria *f* (face) powder

circa about

circo *m* circus

circolare 1 *v/i* circulate; *di persone* move along **2** *agg* circular **3** *f lettera* circular; **circolazione** *f* traffic; MED circulation; **mettere in ~** *voci* spread

circolo *m* circle; *(club)* club

circondare surround

circonferenza *f* circumference

circonvallazione *f* ring road, *Am* beltway

circoscrizione *f* area, district; **~ elettorale** constituency

circostante surrounding; **circostanza** *f* circumstance; *(occasione)* occasion

circuito *m* SP *(percorso)* track; EL circuit; EL **corto ~** short circuit

cisterna *f* cistern; *(serbatoio)* tank; **nave** *f* **~** tanker

cisti *f* cyst; **cistifellea** *f* gall bladder; **cistite** *f* cystitis

citare quote; *come esempio* cite, quote; DIR *testimone* summons; **citazione** *f* quotation, quote; DIR summons *sg*

citofono *m* entry phone; *in uffici* intercom

città *f inv* town; *grande* city; **Città del Vaticano** Vatican City; **cittadina** *f* (small) town; **cittadinanza** *f* citizenship; *(popolazione)* citizens; **cittadino 1** *agg* town *attr*, city *attr* **2** *m*, *-a f* citizen; *(abitante di città)* city dweller

ciuccio *m* F *(succhiotto)* dummy, *Am* pacifier

ciuffo *m* tuft

civetta *f* ZO (little) owl; *fig far la ~* flirt

civico *della città* municipal, town *attr*; *delle persone* civic

civile 1 *agg* civil; *civilizzato* civilized; *(non militare)* civilian **2** *m* civilian; **civiltà** *f inv* civilization

clacson *m inv* horn

clamoroso *fig* sensational

clandestino 1 *agg* clandestine; *(illegale)* illegal **2** *m*, *-a f* stowaway

clarinetto *m* clarinet

classe *f* class; *(aula)* classroom

classico 1 *agg* classical; *(tipico)* classic **2** *m* classic

classifica *f* classification; *(elenco)* list; *sportiva* league standings, league table; *musicale* charts; **classificare**

classify; **classificatore** *m*
(*cartella*) folder; *mobile* filing
cabinet, *Am* file cabinet
classismo *m* class consciousness
clausola *f* clause; (*riserva*)
proviso
claustrofobia *f* claustrophobia
clavicola *f* collar-bone
clero *m* clergy
clessidra *f* hourglass
cliccare INFOR click (*su* on);
~ due volte double-click
cliché *m inv* fig cliché
cliente *m/f* customer; *di professionista* client; *di albergo* guest; MED patient; **clientela** *f* customers, clientele; *di professionista* clients; *di medico* patients
clima *m* climate; **climatico** climate *attr*, climatic; **stazione** *f* **climatica** health resort
clinica *f* (*ospedale*) clinic; (*casa di cura*) nursing home; **clinico 1** *agg* clinical **2** *m* clinician
clip *m inv* clip
clonare BIO clone; **clonazione** *f* cloning; **clone** *m* clone
cloro *m* chlorine
clorofilla *f* chlorophyl(l)
cloroformio *m* chloroform
club *m inv* club
coabitare share a flat *o Am* an apartment
coagularsi *di sangue* coagulate, clot; *di latte* curdle; **coalizione** *f* coalition; **gover-**

no *m* **di ~** coalition government; **coalizzarsi** join forces; POL form a coalition
cobra *m inv* cobra
cocaina *f* cocaine
coccinella *f* ladybird, *Am* ladybug
coccio *m* earthenware; *frammento* fragment (of pottery); **cocciuto** stubborn, obstinate
cocco *m albero* coconut palm
coccodrillo *m* crocodile
coccolare F cuddle; (*viziare*) spoil
cocktail *m inv* cocktail; *festa* cocktail party
cocomero *m* water melon
coda *f* tail; (*fila*) queue, *Am* line; *di veicolo, treno* rear; MUS coda; **fare la ~** queue (up), *Am* stand in line
codardo 1 *agg* cowardly **2** *m*, **-a** *f* coward
codice *m* code; **~ di avviamento postale** postcode, *Am* zip code; **~ fiscale** tax code; **~ segreto** PIN; **codificare** *dati* encode; DIR codify
codino *m* pigtail, plait, *Am* braid
coerente coherent; *fig* consistent; **coerenza** *f* coherence; *fig* consistency
coetaneo 1 *agg* the same age (*di* as) **2** *m*, **-a** *f* contemporary
cofanetto *m* casket
cofano *m* AUTO bonnet, *Am* hood

cogliere pick; (*raccogliere*) gather; (*afferrare*) seize; (*occasione*) take, seize; (*capire*) grasp

cognac *m inv* cognac

cognato *m*, **-a** *f* brother-in-law; *donna* sister-in-law

cognizione *f* knowledge; *filosofia* cognition; **parla con ~ di causa** he knows what he's talking about

cognome *m* surname, family name

coi = **con** and *art* **i**

coincidenza *f* coincidence; FERR connection; **coincidere** coincide

coinquilino *m*, **-a** *f* in *condominio* fellow tenant; *in appartamento* flatmate, *Am* roommate

coinvolgere involve; **coinvolto** *pp* ☞ **coinvolgere**

col = **con** and *art* **il**

colapasta *m inv* colander

colare 1 *v/t* strain; *pasta* drain **2** *v/i* drip; (*perdere*) leak; *di naso* run; *di cera* melt; **~ a fondo** *o* **a picco** sink, go down; **colazione** *f prima* breakfast; *di mezzogiorno* lunch; **far ~** have breakfast

colei *pron f* the one; **~ che** the one that

colera *m* cholera

colesterolo *m* cholesterol

colica *f* colic

colino *m* strainer

colla *f* glue; *di farina* paste

collaborare co-operate, collaborate; *con giornale* contribute; **collaboratore** *m*, **-trice** *f* collaborator; *di giornale* contributor; **collaborazione** *f* co-operation, collaboration

collana *f* necklace; *di libri* series *sg*

collant *m inv* tights, *Am* pantyhose

collare *m* collar

collasso *m* collapse

collaudare test; *fig* put to the test; **collaudo** *m* test

colle *m* hill; (*valico*) pass

collega *m/f* colleague, co-worker

collegamento *m* connection; MIL liaison; RAD, TV link; **collegare** connect, link; **collegarsi** RAD, TV link up

collegio *m* boarding school

collera *f* anger; **essere in ~ con qu** be angry with s.o.

colletta *f* collection; **collettività** *f* community; **collettivo** *m/agg* collective

colletto *m* collar

collezionare collect; **collezione** *f* collection; **fare ~ di qc** collect sth; **collezionista** *m/f* collector; **~ di francobolli** stamp collector

collina *f* hill

collirio *m* eyewash

collisione *f* collision

collo *m* neck; (*bagaglio*) piece of luggage; (*pacco*) package

collocamento *m* placing; (*impiego*) employment;

agenzia f di ~ employment agency; **collocare** place, put

colloquiale colloquial

colloquio *m* talk, conversation; *ufficiale* interview; (*esame*) oral (exam)

colluttazione *f* scuffle

colmare fill (*di* with); *fig: di gentilezze* overwhelm (*di* with); **colmo** full (*di* of)

colomba *f* ZO, *fig* dove

colombo *m* pigeon

colon *m* colon

colonia *f* colony; *per bambini* holiday camp, *Am* summer camp; **colonizzare** colonize

colonna *f* column; ~ *vertebrale* spinal column; **colonnato** *m* colonnade

colonnello *m* colonel

colorante *m* dye; **senza -i** with no artificial colouring *o Am* coloring; **colorare** colour, *Am* color; *disegno* colour in; **colorato** coloured, *Am* colored, *Am* color; **colore** *m* colour, *Am* color; *carte* suit; *a -i film, televisione* colour *attr*; **colorito 1** *agg volto* rosy-cheeked; *fig* (*vivace*) colourful, *Am* colorful **2** *m* complexion

coloro *pron pl* the ones; ~ *che* those who

colossale colossal

colpa *f* fault; REL sin; *dare a qu la* ~ *di qc* blame s.o. for sth; *per* ~ *tua* because of you; **colpevole 1** *agg* guilty **2** *m/f* culprit, guilty party

colpire hit, strike; *fig* impress; **colpo** *m* blow; *di pistola* shot; MED stroke; ~ *di telefono* phonecall; *di* ~ suddenly

coltellata *f ferita* stab wound; **coltello** *m* knife

coltivare AGR, *fig* cultivate; **coltivazione** *f* cultivation; *di prodotti agricoli e piante* growing; *campi coltivati* crops

colto[1] cultured, learned

colto[2] *pp* ☞ **cogliere**

coltura *f* growing; *piante* crop

colui *pron m* the one; ~ *che* the one that

coma *m* coma

comandante *m* commander; AVIA, MAR captain; **comandare 1** *v/t* (*ordinare*) order, command; *esercito* command; *nave* captain, be captain of; TEC control **2** *v/i* be in charge; **comando** *m* order, command; TEC control

combaciare fit together; *fig* correspond

combattere fight; **combattimento** *m* fight

combinare combine; (*organizzare*) arrange; ~ *un guaio* make a mess; **combinazione** *f* combination; (*coincidenza*) coincidence; *per* ~ by chance

combustibile 1 *agg* combustible **2** *m* fuel

come 1 *avv* as; (*in modo simile o uguale*) like; *interrogativo, esclamativo* how; (*prego?*)

pardon?, *Am* pardon me?; **fa'** ~ **ti ho detto** do as I told you; ~ **me** like me; **un cappello** ~ **il mio** a hat like mine; ~ **sta?** how are you?; ~ **mai?** how come?, why?; ~ **se** as if 2 *cong* (*come se*) as if, as though; (*appena, quando*) as (soon as)

cometa *f* comet

comfort *m inv* comfort; **dotato di tutti i** ~ **moderni** with all mod cons

comico 1 *agg* funny, comical; *genere* ~ comedy; **donna** *f* comedienne

comignolo *m* chimney pot

cominciare start, begin (**a** to)

comitato *m* committee; ~ **direttivo** steering committee; **comitiva** *f* group, party

comizio *m* meeting

commedia *f* comedy; *fig* playacting; **commediografo** *m*, **-a** *f* playwright

commemorare commemorate; **commemorazione** *f* commemoration

commentare comment on; **commento** *m* comment

commerciale commercial; *relazioni, trattative* trade *attr*; *lettera* business *attr*; **commercialista** *m/f* accountant; **commercializzare** market; **commerciante** *m/f* merchant; (*negoziante*) shopkeeper, *Am* storekeeper; **commercio** *m* trade, business; *di droga* traffic; **essere**

in ~ be available

commesso *m*, **-a** *f* shop assistant, *Am* sales clerk

commestibile 1 *agg* edible 2 **-i** *mpl* foodstuffs

commettere commit; *errore* make

commiserare feel sorry for

commissariato *m*: ~ (*di pubblica sicurezza*) police station; **commissario** *m di polizia* police superintendent, *Am* police chief; *membro di commissione* commissioner

commissione *f* commission; (*incarico*) errand; **-i** *pl* shopping

commosso 1 *pp* ☞ **commuovere 2** *agg fig* moved, touched

commovente moving, touching; **commozione** *f* emotion; ~ **cerebrale** concussion; **commuovere** move, touch; *o* touched; **commuoversi** be moved *o* touched

comò *m inv* chest of drawers; **comodino** *m* bedside table

comodità *f inv* comfort; (*vantaggio*) convenience

comodo 1 *agg* comfortable; (*facilmente raggiungibile*) easy to get to; (*utile*) useful, handy; F *persona* laidback F; *di tempo* ~! take your time!; 2 *m* comfort; **con** ~ at one's convenience; **far** ~ *di denaro* come in useful; **le fa** ~ **così** she finds it easier that way;

fare il propio ~ do as one pleases

compagnia *f* company; (*gruppo*) group; ~ *aerea* airline; *far* ~ *a qu* keep s.o. company

compagno *m*, -a *f* companion; (*convivente*) partner; POL comrade; ~ *di scuola* schoolfriend

comparativo *m/agg* comparative

comparire appear; (*far figura*) stand out; **comparizione** *f*: DIR *mandato m di* ~ summons *sg*; **comparsa** *f* appearance; TEA person with a walk-on part; *in film* extra; **comparso** *pp* ☞ *comparire*

compartimento *m* compartment

compassione *f* compassion, pity; *avere* ~ *per qu* feel sorry for s.o.

compasso *m* compass

compatibile compatible; **compatibilità** *f* compatibility

compatire: ~ *qu* feel sorry for s.o.

compatto compact; *folla* dense; *fig* united

compensare (*controbilanciare*) compensate for, make up for; (*ricompensare*) reward; (*risarcire*) pay compensation to; **compenso** *m* (*ricompensa*, *risarcimento*) compensation; (*retribuzione*)

fee; *in* ~ (*d'altra parte*) on the other hand

compera *f* purchase; *fare le* *-e* go shopping

competente competent; (*responsabile*) appropriate; **competenza** *f* (*esperienza*) competence; *essere di* ~ *di qu* be s.o.'s responsibility

competere (*gareggiare*) compete; **competitivo** competitive; **competizione** *f* competition

compiacere please; **compiacersi** (*provare piacere*) be pleased (*di* with); **compiaciuto** *pp* ☞ *compiacere*

compiangere pity; *per lutto* mourn; **compianto** *pp* ☞ *compiangere*

compiere (*finire*) complete, finish; (*eseguire*) carry out; ~ *gli anni* have one's birthday

compilare compile; *modulo* complete

compito *m* task; EDU *-i -i pl* homework

compiuto *lavoro*, *opera* completed, finished; *ha 10 anni* *-i* he's 10

compleanno *m* birthday; *buon* ~*!* happy birthday!

complementare complementary; **complemento** *m* complement; GRAM object

complessato full of complexes, uptight F; **complessivo** all-in; **complesso 1** *agg* complex **2** *m* complex;

comunicare

MUS group; *di circostanze* set, combination; *in* o *nel ~* on the whole

completare complete; **completo 1** *agg* complete; (*pieno*) full; TEA sold out **2** *m* set; (*vestito*) suit; *al ~* (*pieno*) full (up); TEA sold out

complicare complicate; **complicarsi** get complicated; **complicato** complicated; **complicazione** *f* complication

complice *m/f* DIR accomplice

complimentarsi: *~ con qu* congratulate s.o. (*per* on); **complimento** *m* compliment; *-i!* congratulations!; *non fare -i!* help yourself!

componente 1 *m* component **2** *m/f* (*persona*) member; **componibile** modular; *cucina* fitted; **comporre** (*mettere in ordine*) arrange; MUS compose; *~ un numero* dial a number

comportamento *m* behaviour, *Am* behavior; **comportare** involve; **comportarsi** behave

compositore *m*, **-trice** *f* composer; **composizione** *f* composition; *di fiori* arrangement; DIR settlement

composto 1 *pp* ☞ **comporre 2** *agg* compound; *abiti*, *capelli* tidy, neat; *~ da* made up of **3** *m* compound

comprare buy, purchase; (*corrompere*) bribe, buy off;

compratore *m*, **-trice** *f* buyer, purchaser; **compravendita** *f* buying and selling

comprendere (*includere*) comprise, include; (*capire*) understand; **comprensibile** understandable, comprehensible; **comprensione** *f* understanding; **comprensivo** (*tollerante*) understanding; *~ di* inclusive of; **compreso 1** *pp* ☞ **comprendere 2** *agg* inclusive; (*capito*) understood; *tutto ~* all in; *~ te* including you

compressa *f* (*pastiglia*) tablet; *di garza* compress

compresso *pp* ☞ **comprimere**; **comprimere** press; (*reprimere*) repress; FIS compress

compromesso 1 *pp* ☞ **compromettere 2** *m* compromise; **compromettere** compromise; **compromettersi** compromise o.s.

computer *m inv* computer; *~ portatile* laptop

comunale *del comune* municipal, town *attr*; **comune 1** *agg* common; *amico* mutual; (*ordinario*) ordinary, common; *in ~* in common; *fuori del ~* out of the ordinary **2** *m* municipality; **comunemente** commonly

comunicare 1 *v/t notizia* pass on, communicate; *contagio* pass on; REL give Communion to **2** *v/i* (*esprimersi*) communicate; *di persone* keep in touch, communicate; **comunicato** *m* announcement; **~ stampa** press release; **comunicazione** *f* communication; (*annuncio*) announcement; TELEC (*collegamento*) connection

comunione *f* REL communion; *di idee* sharing

comunismo *m* Communism; **comunista** *m/f* Communist

comunità *f inv* community; **comunitario** community *attr, dell'Ue* Community *attr*

comunque 1 *cong* however, no matter how **2** *avv* (*in ogni modo*) in any case, anyhow; (*in qualche modo*) somehow; (*tuttavia*) however

con with; (*mezzo*) by

conato *m*: **~ di vomito** retching

concedere grant; *premio* award; **concedersi**: **~ qc** treat o.s. to sth

concentramento *m* concentration; **concentrare, concentrarsi** concentrate; **concentrazione** *f* concentration

concentrico concentric

concepibile conceivable; **concepimento** *m* conception; **concepimento** *m* conception; **concepire** conceive

concernere concern

concerto *m* concert; *composizione* concerto

concessionario *m* agent

concesso *pp* ☞ **concedere**

concetto *m* concept; (*giudizio*) opinion

conchiglia *f* shell

conciare *pelle* tan; (*sistemare*) arrange; **come ti sei conciato!** what a state you're in!; **~ qu per le feste** tan s.o.'s hide

conciliare reconcile; *multa* pay, settle

concimare *pianta* feed; **concime** *m* manure

conciso concise

concittadino *m*, **-a** *f* fellow citizen

concludere conclude; (*portare a termine*) achieve, carry off; **~ un affare** clinch a deal; **concludersi** end, close; **conclusione** *f* conclusion; **in ~** in short; **conclusivo** conclusive; **concluso** *pp* ☞ **concludere**

concordare 1 *v/t* agree (on); GRAM make agree **2** *v/i* agree; (*coincidere*) tally; **concorde** in agreement; (*unanime*) unanimous

concorrente 1 *agg* (*rivale*) competing, rival *attr* **2** *m/f in una gara, gioco* competitor, contestant; FIN competitor; **concorrenza** *f* competition; **concorrere** (*contribuire*) concur; (*competere*) compete (**a** for); *di strade* converge; **concorso** *m* (*competizione*) competition, contest

concreto concrete; (*pratico*) practical

condanna *f* DIR sentence;

condannare condemn (*a* to); DIR sentence (*a* to)

condensare, condensarsi condense

condimento *m* seasoning; *di insalata* dressing; **condire** season; *insalata* dress; **condito** seasoned

condividere share; **condiviso** *pp* ☞ **condividere**

condizionale 1 *m/agg* conditional **2** *f* suspended sentence; **condizionamento** *m* PSI conditioning; **~ dell'aria** air conditioning; **condizionare** PSI condition; **condizionato: con aria -a** air-conditioned; **condizionatore** *m* air conditioner; **condizione** *f* condition; **a ~ che** on condition that

condoglianze *fpl* condolences; **fare le ~ a qu** express one's condolences to s.o.

condominio *m* (*comproprietà*) joint ownership; *edificio* block of flats, *Am* condo(-minium); **condomino** *m* owner-occupier, *Am* condo owner

condono *m* remission; **~ fiscale** conditional amnesty for tax evaders

condotta *f* (*comportamento*) behaviour, *Am* behavior, conduct; (*canale*) piping; **condotto 1** *pp* ☞ **condurre 2** *m* pipe; ANAT duct

conducente *m/f* driver; **condurre** lead; (*accompagnare*)

take; *veicolo* drive; **conduttore** *m*, **-trice** *f* RAD, TV presenter; **conduttura** *f* (*condotto*) pipe

confederazione *f* confederation

conferenza *f* conference; **~ stampa** press conference; **conferire 1** *v/t* (*dare*) confer; *premio* award **2** *v/i*: **~ con qu** confer with s.o.

conferma *f* confirmation; **confermare** confirm

confessare, confessarsi confess; **confessione** *f* confession

confetto *m* GASTR sugared almond; MED pill

confettura *f* jam, *Am* jelly

confezione *f* wrapping, packaging; *di abiti* making; **~ regalo** gift wrap; **-i** *pl* (*abiti*) garments

conficcare hammer, drive

confidare 1 *v/t* confide **2** *v/i*: **~ in** trust in, rely on; **confidarsi: ~ con** confide in; **confidenza** *f* (*familiarità*) familiarity, trust; **avere ~ con qu** be familiar with s.o.; **prendere ~ con qc** familiarize o.s. with sth; **confidenziale** (*riservato*) confidential

configurazione *f* configuration

confinante neighbouring, *Am* neighboring

confinare border (*con* sth); *fig* confine; **confine** *m* border; *fra terreni, fig* boundary

confisca f seizure; **confiscare** confiscate

conflitto m conflict

confluire merge

confondere confuse, mix up; (*imbarazzare*) embarrass; **confondersi** get mixed up

conformarsi: ~ **a** conform to; (*adattarsi*) adapt to; **conforme** (*simile*) similar; ~ **a** in accordance with; **conformismo** m conformity; **conformista** m/f conformist; **conformità** f conformity; **in** ~ **a** in accordance with

confortare comfort; **confortevole** comfortable; **conforto** m comfort

confrontare compare; **confronto** m confrontation; (*comparazione*) comparison; **a** ~ **di, in** ~ **a** compared with; **nei -i di** towards

confusione f confusion; (*disordine*) muddle, mess; (*baccano*) noise; (*imbarazzo*) embarrassment; **confuso 1** pp ☞ **confondere 2** agg (*non chiaro*) confused, muddled; (*imbarazzato*) embarrassed

congedare dismiss; MIL discharge; **congedarsi** take leave (**da** of); **congedo** m (*permesso*) leave; MIL ~ **assoluto** discharge

congelare v/t freeze **2** v/i e **congelarsi** freeze; **congelato** frozen; **congelatore** m freezer

congenito congenital

congestionato congested; *volto* flushed; **congestione** f congestion

congettura f conjecture

congiungere join; **congiungersi** join (up)

congiuntivite f conjunctivitis

congiuntivo m GRAM subjunctive; **congiunto 1** pp ☞ **congiungere** 2 m, -a f relative, relation; **congiunzione** f GRAM conjunction

congiura f conspiracy, plot

congratularsi: ~ **con qu** congratulate s.o. (**per** on); **congratulazioni** fpl: **fare le proprie** ~ **a qu** congratulate s.o.; **-i!** congratulations!

congressista m/f convention participant; **Am** conventioneer; **congresso** m convention

conguaglio m balance

coniare mint; *fig* coin

coniglio m rabbit

coniugare conjugate; **coniugato** married; **coniugazione** f conjugation; **coniuge** m/f spouse; **-i** pl husband and wife; **i -i Rossi** Mr and Mrs Rossi

connazionale m/f compatriot

connessione f connection

connotati mpl features

cono m cone; ~ **gelato** ice-cream cone

conoscente m/f acquaintance; **conoscenza** f knowledge; *persona* acquaintance;

(*sensi*) consciousness; *perdere* ~ lose consciousness, faint; **conoscere** know; *fig* (*fare la conoscenza di*) meet; **conosciuto** well-known

conquista *f* conquest; **conquistare** conquer; *fig* win

consacrare consecrate; *sacerdote* ordain; (*dedicare*) dedicate

consanguineo *m*, **-a** *f* blood relative

consapevole: ~ *di* conscious of, aware of; **consapevolezza** *f* consciousness, awareness; **conscio** conscious, aware

consecutivo consecutive; **tre giorni -i** three consecutive days, three days in a row

consegna *f di lavoro, documento* handing in; *di prigioniero, ostaggio* handover; ~ *bagagli* left luggage, *Am* baggage checkroom; **consegnare** *lavoro, documento* hand in; *prigioniero, ostaggio* hand over; *merci, posta* deliver

conseguenza *f* consequence; *di* ~ consequently; **conseguire 1** *v/t* achieve; *laurea* obtain **2** *v/i* follow

consenso *m* (*permesso*) consent, permission; **consentire 1** *v/i* (*accondiscendere*) consent **2** *v/t* allow

conserva *f* preserve; ~ *di pomodoro* tomato purée; ~ *di frutta* jam, *Am* jelly; **con-**

servante *m* preservative; **conservare** keep; GASTR preserve; **conservarsi** keep; *in salute* keep well; **conservatore** *m*, **-trice** *f* conservative; **conservatorio** *m* music school, conservatoire

considerare consider; **considerazione** *f* consideration; (*osservazione*) remark, comment; *prendere in* ~ take into consideration; **considerevole** considerable

consigliare advise; (*raccomandare*) recommend; **consigliarsi** seek advice; **consigliere** *m* adviser; ~ *municipale* town councillor, *Am* councilman; **consiglio** *m* piece of advice; (*organo amministrativo*) council; ~ *d'amministrazione* board (of directors); ~ *dei ministri* Cabinet; **consigli** *pl* advice

consistente substantial; (*denso*) thick; **consistenza** *f* (*densità*) consistency, thickness; *di materiale* texture; *di argomento* basis; **consistere** consist (*in, di* of)

consolare[1] *v/t* console, comfort

consolare[2] *agg* consular

consolarsi console o.s.

consolato *m* consulate

consolazione *f* consolation

console *m diplomatico* consul

consolidare consolidate; **consolidarsi** stabilize

consonante f consonant

consorte m/f spouse; **principe** m ~ prince consort

consorzio m di imprese consortium

constatare ascertain, determine; (notare) note; **constatazione** f statement

consueto usual

consulente m/f consultant; ~ **legale** legal adviser; ~ **tributario** tax consultant; **consulenza** f consultancy; **consultare** consult; **consultarsi**: ~ **con qu** consult (with) s.o.; **consultazione** f consultation; **consultorio** m family planning clinic

consumare acqua, gas use, consume; (logorare) wear out; (mangiare) eat, consume; (bere) drink; **consumarsi** wear out; **consumatore** m, -**trice** f consumer; **consumazione** f food; (bevanda) drink; **consumismo** m consumerism; **consumo** m consumption; (usura) wear

contabile m/f book-keeper; **contabilità** f FIN disciplina accounting; ufficio accounts department; **tenere la** ~ keep the books

contachilometri m inv mileometer, Am odometer

contadino 1 agg rural, country attr 2 m, -**a** f farmer; (bracciante) farm labourer o Am laborer

contagiare infect; **contagio** m infection; per contatto diretto contagion; (epidemia) outbreak; **contagioso** infectious; per contatto contagious

contagiri m inv rev(olution) counter; **contagocce** m inv dropper

container m inv container

contaminare contaminate, pollute; **contaminazione** f contamination, pollution

contante m cash; **in -i** cash

contare 1 v/t count 2 v/i count; ~ **di fare qc** plan on doing sth; **contascatti** m inv time meter on phone; **contatore** m meter

contatto m contact

conte m count

contemplare contemplate

contemporaneamente at the same time; **contemporaneo 1** agg contemporary (di with); movimenti simultaneous 2 m, -**a** f contemporary

contendersi contend for, compete for

contenere contain, hold; (reprimere) repress; (limitare) limit; **contenersi** contain o.s.; **contenitore** m container

contentezza f happiness; **contento** pleased (di with); (lieto) glad, happy

contenuto m contents

contesa f dispute

conteso pp ☞ **contendere**

contessa f countess

contestare protest; DIR serve; **contestazione** f protest

contesto m context

contiene ☞ **contenere**

continentale continental; **continente** m continent

continuare 1 v/t continue 2 v/i continue, carry on (**a fare** doing); **continuazione** f continuation; **di film** sequel; **in ~** over and over again; (*ininterrottamente*) non stop; **continuità** f continuity; **continuo** (*ininterrotto*) continuous; (*molto frequente*) continual; **di ~** (*ininterrottamente*) continuously; (*molto spesso*) continually

conto m (*calcolo*) calculation; FIN account; *in ristorante* bill, Am check; **~ corrente** current account, Am checking account; **rendere ~ di** qc account for sth; **rendersi ~ di** qc realize sth; **tenere ~ di** qc take sth into account; **~ alla rovescia** countdown; **in fin dei -i** when all's said and done, after all

contorcersi: **~ dal dolore / dalle risate** roll about in pain / laughing

contorno m outline, contour; GASTR accompaniment

contorto twisted

contrabbandare smuggle; **contrabbandiere** m smug-

gler; **contrabbando** m contraband

contrabbasso m MUS double bass

contraccambiare return

contraccettivo m contraceptive

contraccolpo m rebound; **di arma da fuoco** recoil

contraddire contradict; **contraddizione** f contradiction

contraffare (*falsificare*) forge; (*imitare*) imitate; **contraffatto** forged; **voce** imitated; **contraffazione** f (*imitazione*) imitation; (*falsificazione*) forgery

contralto m MUS contralto

contrappeso m counterbalance

contrapporre set against; **contrapposizione** f opposition; **mettere in ~** contrast; **contrapposto** pp ☞ **contrapporre**

contrariamente: **~ a** contrary to

contrariare *piani* thwart, oppose; *persona* irritate, annoy; **contrariato** irritated, annoyed

contrarietà fpl difficulties

contrario 1 agg contrary; *direzione* opposite; *vento* adverse; **essere ~** be against (**a** sth) 2 m contrary, opposite; **al ~** on the contrary

contrarre contract; **contrarsi** contract

contrassegnare mark;

contrassegno *m* mark; FIN (*in*) ~ cash on delivery, *Am* collect on delivery

contrastante contrasting; **contrasto** *m* contrast; (*litigio, discordia*) dispute

contrattacco *m* counter-attack

contrattare negotiate; *persona* hire

contrattempo *m* hitch

contratto 1 *pp* ☞ **contrarre 2** *m* contract

contravvenire contravene; **contravvenzione** *f* contravention; (*multa*) fine

contrazione *f* contraction; (*riduzione*) reduction

contribuente *m/f* taxpayer; **contribuire** contribute; **contributo** *m* contribution

contro against

controbattere (*replicare*) answer back; (*confutare*) rebut

controcorrente 1 *agg* nonconformist **2** *avv* against the current; *in fiume* upstream

controffensiva counter-offensive

controfigura *f in film* stand-in

controindicazione *f* MED contraindication

controllare control; (*verificare*) check; **controllo** *m* control; (*verifica*) check; MED check-up; ~ (*dei*) **passaporti** passport control; **controllore** *m* controller; *di bus, treno*

ticket inspector

controluce *f*: *in* ~ against the light

contromano: *andare a* ~ be going the wrong way

controproducente counter-productive

contrordine *m* counterorder

controsenso *m* contradiction in terms; (*assurdità*) nonsense

controversia *f* controversy, dispute; DIR litigation; **controverso** controversial

controvoglia unwillingly

contusione *f* bruise; **contuso** bruised

convalescente 1 *agg* convalescent **2** *m/f* person who is convalescent; **convalescenza** *f* convalescence; *essere in* ~ be convalescing

convalidare validate

convegno *m* convention; *luogo* meeting place

convenevoli *mpl* pleasantries

conveniente (*vantaggioso*) good; (*opportuno*) appropriate; **convenienza** *f di prezzo, offerta* good value; *di gesto* appropriateness; *fare qc per* ~ do sth out of self-interest

convenire 1 *v/i* gather, meet; (*concordare*) agree; (*essere opportuno*) be advisable, be better **2** *v/t* (*stabilire*) stipulate

convento *m di monache* con-

vent; *di monaci* monastery
convenuto *pp* ☞ **convenire**
convenzionale conventional; **convenzione** *f* convention; *(accordo)* agreement,
convention
convergere converge
conversare talk, make conversation; **conversazione** *f*
conversation
conversione *f* conversion;
AUTO U-turn; **convertirsi**
be converted
convincere convince; **con-**
vinto *pp* ☞ **convincere**;
convinzione *f* conviction
convivente *m/f* common-law
husband; *donna* common-
law wife; **convivenza** *f* living
together, cohabitation; **con-**
vivere live together
convocare call, convene
convoglio *m* MIL, MAR convoy; FERR train
cooperare co-operate (*a* in);
(contribuire) contribute (*a*
to); **cooperativa** *f*: *(società*
f) ~ co-operative; **coopera-**
zione *f* cooperation
coordinamento *m* co-ordination; **coordinare** co-ordi-
nate; **coordinatore** *m*, *-trice*
f co-ordinator; **coordinazio-**
ne *f* co-ordination
coperchio *m* lid, top
coperta *f* blanket; MAR deck;
copertina *f* cover; **coperto 1**
pp ☞ **coprire 2** *agg* covered
(*di*) with); *cielo* overcast,
cloudy **3** *m* cover, shelter;

piatti e posate place; *prezzo*
cover charge; **essere al ~**
be under cover, be sheltered
copertone *m* AUTO tyre, *Am*
tire
copia *f* copy; **copiare** copy
copione *m per attore* script
copisteria *f* copy centre *o Am*
center
coppa *f* cup; *(calice)* glass; ~
(di) gelato dish of ice-
cream; **coppetta** *f di gelato*
tub
coppia *f* couple, pair
copricapo *m inv* head covering; **copricostume** *m inv*
beachrobe; **coprifuoco** *m*
curfew; **copriletto** *m inv*
bedspread; **coprire** cover;
errore, suono cover up; **co-**
prirsi *(vestirsi)* put something on; *(rannuvolarsi)* become overcast
coraggio *m* courage; *(sfaccia-*
taggine) nerve; **coraggioso**
brave, courageous
corallo *m* coral
Corano *m* Koran
corda *f* cord; *(fune)* rope; *(cor-*
dicella), MUS string; **essere**
giù (di) di *fune* feel down; **tagliare**
la ~ cut and run
cordiale 1 *agg* cordial; *-i salu-*
ti mpl kind regards **2** *m* cordial
cordoglio *m (dolore)* grief;
(condoglianze) condolences
cordone *m* cord; *di marciapie-*
di kerb, *Am* curb; *(sbarra-*
mento) cordon; **~ ombelica-**

le umbilical cord
coreografo *m*, **-a** *f* choreographer
coriandolo *m* BOT coriander; **-i** *mpl* carnival *sg*
coricarsi lie down
cornacchia *f* crow
cornamusa *f* bagpipes
cornea *f* cornea
cornetta *f* del telefono receiver
cornetto *m* (brioche) croissant; (gelato) cone, cornet
cornice *f* frame
cornicione *m* ARCHI cornice
corno *m* horn; *ramificate* antlers; *fig* F **fare le -a a qu** cheat on s.o.; **facciamo le -a!** touch wood!; **cornuto** F cheated, betrayed
coro *m* chorus; *cantori* choir; **in ~** (insieme) all together
corona *f* crown; (rosario) rosary
corpo *m* body; MIL corps; (a) **~ a ~** hand-to-hand; **corporatura** *f* build
corpulento stout, corpulent
corredo *m* equipment; *da sposa* trousseau; *da neonato* layette
correggere correct; **correggersi** correct o.s.
correlazione *f* correlation
corrente 1 *agg* current; *acqua* running; *lingua* fluent; **2** *m*: **essere al ~** know (*di* sth); **tenere qu al ~** keep s.o. up to date, keep s.o. informed **3** *f* current; *fig*: *di opinione*

trend; *fazione* faction; **~ d'aria** draught, *Am* draft
correre 1 *v/i* run; **~ il pericolo** run the risk **2** *v/i* run; (affrettarsi) hurry; *di veicolo* speed; *di tempo* fly; **lascia ~!** let it go!; **corre voce** it is rumoured *o Am* rumored
correttezza *f* correctness; (onestà) honesty; **corretto 1** *pp* ☞ **correggere 2** *agg* correct; **correzione** *f* correction
corridoio *m* corridor; *in aereo, teatro* aisle
corridore *m* *in auto* racing driver; *a piedi* runner
corriera *f* bus
corriere *m* courier
corrispondente 1 *agg* corresponding **2** *m/f* correspondent; **corrispondenza** *f* correspondence; (posta) mail; **corrispondere 1** *v/t* (pagare) pay; (ricambiare) reciprocate **2** *v/i* correspond; (coincidere) coincide; (equivalere) be equivalent; **corrisposto 1** *pp* ☞ **corrispondere 2** *agg* reciprocated
corrodere, corrodersi corrode, rust
corrompere corrupt; *con denaro* bribe; **corroso** *pp* ☞ **corrodere**; **corrotto 1** *pp* ☞ **corrompere 2** *agg* corrupt
corrugare wrinkle; **~ la fronte** frown
corruzione *f* corruption; *con denaro* bribery

costo

corsa f run; *attività* running; *di autobus* trip, journey; *(gara)* race; **di ~** at a run; *in fretta* in a rush; **fare una ~** rush, dash; **-e** pl races

corsia f aisle; *di ospedale* ward; AUTO lane; **~ di emergenza** emergency lane; **~ di sorpasso** fast lane; **a tre ~** three-lane

Corsica f Corsica

corsivo m italics

corso¹ 1 *agg* Corsican 2 *m*, -a *f* Corsican

corso² 1 *m* course; *(strada)* main street; FIN *di moneta* circulation; *di titoli* rate; **~ d'acqua** watercourse; **~ di lingue** language course; FIN **fuori ~** out of circulation; **lavori** *mpl* **in ~** work in progress

corte f court

corteccia f bark

corteggiare court

corteo m procession

cortese polite, courteous; **cortesia** f politeness, courtesy; **per ~!** please!

cortile m courtyard

corto short; **essere a ~ di** be short of; **cortocircuito** m short (circuit)

corvo m rook; **~ imperiale** raven

cosa f thing; *(che)* **~** what; **qualche ~** something; **dimmi una ~** tell me something; **una ~ da nulla** a trifle

coscia f thigh; GASTR leg

cosciente conscious; **coscienza** f conscience; *(consapevolezza)* consciousness; **coscienzioso** conscientious

così so; *(in questo modo)* like this; **~ ~** so-so; **e ~ via** and so on; **per ~ dire** so to speak; **proprio ~!** exactly!; **basta ~!** that's enough!; **cosicché** and so; **cosiddetto** so-called

cosmetico m/agg cosmetic

cosmo m cosmos

cosmopolita cosmopolitan

coso m F what-d'you-call-it F

cospargere sprinkle; *(coprire)* cover (**di** with); **cosparso** pp ☞ **cospargere**

cospiratore m, **-trice** f conspirator; **cospirazione** f conspiracy

costa f coast, coastline; *(pendio)* hillside; ANAT rib

costante constant, steady; **costanza** f perseverance

costare cost; **~ caro** be expensive, cost a lot; *fig* cost dear; **quanto costa?** how much is it?

costata f rib steak; **~ di agnello** lamb chop

costeggiare skirt, hug

costellazione f constellation

costiero coastal

costituire constitute; *società* form, create; **costituirsi** give o.s. up; **costituzionale** constitutional; **costituzione** f constitution

costo m cost; **~ della vita** cost of living; **ad ogni ~** at all costs

costola f rib; *di libro* spine; **costoletta** f GASTR cutlet

costoso expensive, costly

costretto pp ☞ **costringere**; **costringere** force, compel

costruire build, construct; **costruttivo** fig constructive; **costruttore** m, **-trice** f builder; (*fabbricante*) manufacturer; **costruzione** f building, construction; GRAM construction

costume m (*usanza*) custom; (*condotta*) morals; (*indumento*) costume; **~ da bagno** swimming costume, swimsuit; *da uomo* (swimming) trunks

cotechino m kind of pork sausage

cotoletta f cutlet; **~ alla milanese** breaded cutlet fried in butter

cotone m cotton; MED **~ idrofilo** cotton wool, *Am* absorbent cotton

cotta f F crush

cottimo m: **lavorare a ~** do piecework

cotto 1 pp ☞ **cuocere 2** agg done, cooked; F **fig** head over heels in love (*di* with); **cottura** f cooking

covare 1 v/t sit on, hatch; fig: *malattia* sicken for; *rancore* harbour, *Am* harbor **2** v/i sit on eggs; *covo* m den; (*nido*) nest; fig hideout

covone m sheaf

cozza f mussel

C.P. (= **Casella Postale**) PO Box (= Post Office Box)

crampo m cramp

cranio m skull

cratere m crater

cravatta f tie, *Am anche* necktie

creare create; fig (*causare*) cause; **creatività** f creativity; **creativo 1** agg creative **2** m copywriter; **creatore 1** agg creative **2** m Creator **3** m, **-trice** f creator; **creatura** f creature; **creazione** f creation

credente m/f believer

credenza¹ f belief

credenza² f mobile dresser

credenziali fpl credentials

credere 1 v/t believe; (*pensare*) believe, think; **lo credo bene!** I should think so too!; **credersi** believe o think o.s. to be **2** v/i believe; **~ a qu** believe s.o.; **~ in qu** believe in s.o; **non ci credo** I don't believe it; **credibile** credible; **credibilità** f credibility

credito m credit; fig trust; (*attendibilità*) reliability; **creditore** m, **-trice** f creditor

crema f cream; *di latte e uova* custard; **~ da barba** shaving foam; **~ idratante** moisturizer, moisturizing cream; **~ solare** suntan lotion

cremare cremate; **cremazione** f cremation

cren *m* horseradish
crepa *f* crack; **crepaccio** *m* cleft; *di ghiacciaio* crevasse; **crepare** (*spaccarsi*) crack; F (*morire*) kick the bucket F
crêpe *f inv* pancake
crepitare crackle
crepuscolo *m* twilight
crescente growing; *luna* crescent; **crescere 1** *v/t* bring up, raise **2** *v/i* grow
crescione *m* watercress
crescita *f* growth
cresima *f* confirmation
crespo *capelli* frizzy
cresta *f* crest; *di montagna* peak
creta *f* clay
cretino F **1** *agg* stupid, idiotic **2** *m*, **-a** *f* idiot, cretin
cric *m inv* AUTO jack
criminale *agg*, *m/f* criminal; **criminalità** *f* crime; **crimine** *m* crime
criniera *f* mane
cripta *f* crypt
crisantemo *m* chrysanthemum
crisi *f inv* crisis; MED fit
cristallizzare, **cristallizzarsi** crystallize; **cristallo** *m* crystal
cristianesimo *m* Christianity; **cristiano 1** *agg* Christian **2** *m*, **-a** *f* Christian; **Cristo** *m* Christ
criterio *m* criterion; (*buon senso*) common sense
critica *f* criticism; **criticare** criticize; **critico 1** *agg* critical **2** *m*, **-a** *f* critic

croato 1 *agg* Croatian **2** *m*, **-a** *f* Croat, Croatian; **Croazia** *f* Croatia
croccante 1 *agg* crisp, crunchy **2** *m* GASTR nut brittle
crocchetta *f* GASTR potato croquette
croce *f* cross; *Croce Rossa* Red Cross; **crociata** *f* crusade; **crociera** *f* cruise; **crocifiggere** crucify; **crocifisso** *m* crucifix
crollare collapse; **crollo** *m* collapse
cronaca *f* chronicle; *di partita* commentary; *fatto di ~* news item; *~ nera* crime news *sg*
cronico chronic
cronista *m/f* reporter; *di partita* commentator
cronologico chronological
cronometrare time; **cronometro** *m* chronometer; SP stopwatch
crosta *f* crust; MED scab; *di formaggio* rind
crostacei *mpl* shellfish *pl*
crostata *f* GASTR tart
crostino *m* GASTR crouton
cruciale crucial
cruciverba *m inv* crossword (puzzle)
crudele cruel; **crudeltà** *f* cruelty
crudo raw
crumiro *m*, **-a** *f* scab
crusca *f* bran
cruscotto *m* dashboard; *scomparto* glove compart-

ment

Cuba f Cuba; **cubano 1** agg Cuban **2** m, **-a** f Cuban

cubetto m (small) cube; **~ di ghiaccio** ice cube; **cubo 1** agg cubic **2** m cube

cuccagna f: **(paese m della) ~** land of plenty

cuccetta f FERR couchette; MAR berth

cucchiaiata f spoonful; **cucchiaino** m teaspoon; **cucchiaio** m spoon; **~ da tavola** tablespoon

cuccia f dog's basket; **esterna** kennel

cucciolo m cub; **di cane** puppy

cucina f kitchen; (cibi) food; (il cucinare) cooking; **~ a gas** gas cooker; **cucinare** cook; **cucinino** m kitchenette

cucire sew; **cucito 1** agg sewn **2** m sewing; **cucitura** f seam

cuffia f da piscina swimming cap; RAD, TV headphones; **~ da bagno** shower cap

cugino m, **-a** f cousin

cui persona who, whom fml; cose which; **la casa in ~ abitano** the house they live in, the house in whose they live; **il ~ nome** whose name; **per ~** so

culinario cookery attr, culinary; **arte** f **-a** culinary art, cookery

culla f cradle; **cullare** rock

culminante: punto m **~** cli-

max; **culmine** m peak

culo V m arse V, Am ass V

culto m cult; religione religion

cultura f culture; **culturale** cultural; **culturismo** m body-building

cumulativo cumulative; **biglietto** m **~** group ticket; **cumulo** m heap, pile

cuneo m wedge

cunetta f fondo stradale bump

cuocere cook; pane bake; **cuoco** m, **-a** f cook

cuoio m leather; **~ capelluto** scalp

cuore m heart; **carte -i** pl hearts; **di ~** wholeheartedly; **stare a ~ a qu** be very important to s.o.

cupo gloomy; suono deep

cupola f dome

cura f care; MED treatment; **~ dimagrante** diet; **avere ~ di qc** take care of sth; **curabile** curable; **curare** take care of; MED treat; **curarsi** look after o.s.; **non curarti di loro** don't bother about them

curiosare have a look around; spreg pry (**in** into); **curiosità** f inv curiosity; **curioso** curious

cursore m INFOR cursor

curva f curve; **curvare** curve; schiena bend; **curvarsi** bend; **curvo** curved; persona bent

cuscinetto m TEC bearing; **~ a sfere** ball bearing; POL **stato** m **~** buffer state; **cuscino** m cushion; (guanciale)

pillow
custode *m/f* caretaker; *di parco, museo* attendant; **custodia** *f* care; DIR custody; (*astuccio*) case; **custodire**

(*conservare*) keep
cute *f* skin
CV *m* (= **curriculum vitae**) CV (= curriculum vitae), *Am* résumé

D

da *stato in luogo* at; *moto da luogo* from; *moto a luogo* to; *tempo* since; *con verbo passivo* by; **viene ~ Roma** he comes from Rome; **sono ~ mio fratello** I'm at my brother's (place); **passo ~ Firenze** I'm going via Florence; **vado dal medico** I'm going to the doctor's *o Am* doctor; **~ ieri** since yesterday; **~ oggi in poi** from now on; **~ bambino** as a child; **l'ho fatto ~ me** I did it myself; **qualcosa ~ mangiare** something to eat; **la donna dai capelli grigi** the woman with grey hair
dà *☞* **dare**
daccapo *☞* **capo**
dado *m* dice; GASTR stock cube; TEC nut
dagli = **da** and *art* **gli**
dai¹ = **da** and *art* **i**
dai² *☞* **dare**
daino *m* deer; (*pelle*) buckskin
dal = **da** and *art* **il**
dall', **dalla**, **dalle**, **dallo** = **da** and *art* **l'**, **la**, **le**, **lo**
daltonico colour-blind, *Am* color-blind

dama *f* lady; *gioco* draughts *sg*, *Am* checkers *sg*
damigiana *f* demijohn
danese 1 *m/agg* Danish **2** *m/f* Dane; **Danimarca** *f* Denmark
danneggiare (*rovinare*) damage; (*nuocere*) harm; **danno** *m* damage; (*a persona*) harm; **dannoso** harmful
danza *f* dance; **~ classica** ballet; **danzare** dance
dappertutto everywhere
dappoco *agg inv* (*inetto*) worthless; (*irrilevante*) minor, unimportant
dapprima at first
dare 1 *v/t* give; **~ qc a qu** give s.o. sth, give sth to s.o.; **~ uno sguardo a qc** have a look at sth; **dammi del tu** call me 'tu' **2** *v/i di finestra* overlook (**su** sth); *di porta* lead into (**su** sth) **3** *m* FIN debit; **~ e avere** debit and credit
darsena *f* dock
darsi give each other; (*dedicarsi*) devote o.s. (**a** to); **~ al commercio** go into business; **può ~** perhaps
data *f* date; **~ di nascita** date

of birth; **~ di scadenza** expiry date, *Am* expiration date;
datare 1 *v/t* date **2** *v/i:* **a ~ da oggi** from today

dato 1 *pp* ☞ **dare 2** *agg (certo)* given, particular; *(dedito)* addicted (**a** to); **in -i casi** in certain cases; **~ che** given that **3** *m* piece of data; **-i** *pl* data *sg*

datore *m*, **-trice** *f*: **~ di lavoro** employer

dattero *m* date; *(albero)* date palm

dattilografo *m*, **-a** *f* typist

davanti 1 *prp:* **~ a** in front of **2** *avv* in front; *(dirimpetto)* opposite **3** *m/agg inv* front

davanzale *m* window sill

davanzo more than enough

davvero really

d.C. (= **dopo Cristo**) AD (= anno domini)

dea *f* goddess

debito 1 *agg* due, proper **2** *m* debt; *(dovere)* duty; **avere un ~ con qu** be in debt to s.o.; **debitore** *m*, **-trice** *f* debtor

debole 1 *agg* weak; *(luce)* dim **2** *m* weakness; **avere un ~ per qu** have a soft spot for s.o.; **debolezza** *f* weakness

debutto *m* début

decadente decadent

decaffeinato decaffeinated, decaff F

decalcomania *f* transfer, *Am* decal

decappottabile *f/agg* AUTO convertible

decennio *m* decade

decente decent

decentrare decentralize

decesso *m* death

decidere 1 *v/t questione* settle; **data** decide on, settle on; **~ di fare qc** decide to do sth **2** *v/i* decide; **decidersi** decide (**a** to), make up one's mind (**a** to)

decifrare decipher

decimale *m/agg* decimal

decimo tenth

decina *f* MAT ten; **una ~** about ten

decisione *f* decision; *(risolutezza)* decisiveness; **prendere una ~** make a decision; **decisivo** decisive; **deciso 1** *pp* ☞ **decidere 2** *agg (definito)* definite; *(risoluto)* determined; *(netto)* clear; *(spiccato)* marked

declinare 1 *v/t* decline; **responsabilità** disclaim **2** *v/i* *(tramontare)* set; *(diminuire)* decline; **declinazione** *f* GRAM declension; **declino** *m* fig decline

decodificatore *m* decoder

decollare take off; **decollo** *m* take-off

decomposizione *f* decomposition; CHIM breaking down

decompressione *f* decompression

decorare decorate; **decoratore** *m*, **-trice** *f* decorator; **decorazione** *f* decoration

decorrenza f: **con immedia-ta** ~ with immediate effect; **decorrere** pass; **a** ~ **da oggi** with effect from today; **decorso 1** pp ☞ **decorrere 2** m di malattia course

decrepito decrepit

decreto m decree; **~legge** m decree passed in exceptional circumstances that has the force of law

dedica f dedication; **dedicare** dedicate; **dedicarsi** dedicate o.s.; **dedito** dedicated (**a** to); a un vizio addicted (**a** to); **dedizione** f dedication

dedurre deduce; FIN deduct; (derivare) derive; **deduzione** f deduction

deficiente 1 agg (mancante) deficient, lacking (**di** in) **2** m/f idiot, moron

deficit m inv deficit; ~ **del bilancio pubblico** public spending deficit

definire define; (risolvere) settle; **definitivo** definitive; **definizione** f definition

deflettore m AUTO quarter-light

deformare deform; legno warp; metallo buckle; fig distort; **deformarsi** di legno warp; di metallo buckle; di scarpe lose their shape; **deformazione** f deformation; di legno warping; di metallo buckling; fisica deformity; fig, visuale distortion; defor-

me deformed

defunto 1 agg dead; fig defunct **2** m, -a f DIR: **il** ~ the deceased

degenerare degenerate (**in** into)

degente m/f patient

degli = **di** and art **gli**

degnare 1 v/t: ~ **qu di una parola** to speak to s.o. **2** v/i e **degnarsi**: ~ **di** deign to, condescend to

degno worthy; ~ **di nota** noteworthy

degradante degrading; **degradarsi** demean o.s., lower o.s.; CHIM degrade; di ambiente, edifici deteriorate; **degradazione** f degradation; **degrado** m deterioration; ~ **ambientale** damage to the environment

degustazione f tasting

dei[1] = **di** and art **i**

dei[2] (pl di **dio**): **gli** ~ mpl the Gods

del = **di** and art **il**

delega f delegation; (procura) proxy; **delegare** delegate; **delegato 1** agg ☞ **amministratore** m ~ managing director **2** m, -a f delegate; ~ **sindacale** (trade) union delegate

delfino m dolphin

deliberare 1 v/t decide **2** v/i DIR deliberate (**su** on)

delicatezza f delicacy; **delicato** delicate

delimitare define

delineare outline

delinquente m/f criminal; *fig* scoundrel; delinquenza f crime; ~ **minorile** juvenile delinquency; ~ **organizzata** organized crime

delirare be in raptures; MED be delirious; delirio m delirium; *fig* frenzy

delitto m crime

delizioso delightful; *cibo* delicious

dell', della, delle, dello = di and *art* l', la, le, lo

delta m delta; deltaplano m hang-glider; *attività* hanggliding

deludere disappoint; delusione f disappointment; deluso disappointed

demanio m State property

demente m/f MED person with dementia; F lunatic F

democratico 1 *agg* democratic 2 m, -a f democrat; democrazia f democracy

demografico demographic

demolire demolish (*anche fig*); *macchine* crush; demolizione f demolition; *di macchine* crushing

demonio m devil

demoralizzarsi become demoralized, lose heart

demotivato demotivated

denaro m money; ~ **contante** cash

denaturato CHIM: **alcol** m ~ methlyated spirits *sg*

denominare name, call; denominazione f name; ~ *di origine controllata* term signifying that a wine is of a certain origin and quality

denotare denote, be indicative of

densità f density; *della nebbia* thickness, density; denso dense; *fumo, nebbia* thick, dense

dentario dental; dente m tooth; ~ *del giudizio* wisdom tooth; mal m *di -i* toothache; GASTR al ~ al dente, *still slightly firm*

dentice m fish native to the Mediterranean

dentiera f dentures; dentifricio m toothpaste; dentista m/f dentist

dentro 1 *prp* in, inside; (*entro*) within 2 *avv* in, inside; (*nell'intimo*) inwardly; qui / lì ~ in here / there

denuclearizzato nuclear-free, denuclearized

denuncia f denunciation; *alla polizia, alla società di assicurazione* complaint, report; *di nascita, morte* registration; ~ *dei redditi* income tax return; denunciare denounce; *alla polizia, alla società di assicurazione* report; *nascita* register

denutrito undernourished

deodorante m deodorant

depilare *con pinzette* pluck; *con rasoio* shave; *con ceretta* wax

depilatorio *m*/*agg* depilatory
dépliant *m inv* leaflet; (*opuscolo*) brochure
deplorevole deplorable
deporre 1 *v*/*t* put down; *uova* lay; *re*, *presidente* depose; ~ **il falso** commit perjury **2** *v*/*i* DIR testify, give evidence (**a favore di** for, **a carico di** against)
deportare deport
depositare deposit; (*posare*) put down, deposit; (*registrare*) register; **depositato: marchio** *m* ~ registered trademark; **deposito** *m* deposit; (*magazzino*) warehouse; *rimessa* depot; FERR ~ **bagagli** left-luggage office, *Am* baggage checkroom
depravato *m*, **-a** *f* depraved person
depressione *f* depression; **depresso** *pp* ☞ **deprimere 2** *agg* depressed; **deprimente** depressing; **deprimere** depress; **deprimersi** get depressed
depurare purify; **depuratore** *m* purifier
deputato *m*, **-a** *f* Member of Parliament, *Am* Representative
deragliare FERR go off the rails; **far** ~ **derail**
deridere deride; **derisione** *f* derision; **deriso** *pp* ☞ **deridere**
deriva *f* MAR drift; **andare al-**

la ~ drift
derivare 1 *v*/*t* derive **2** *v*/*i*: ~ **da** come from, derive from
dermatologo *m*, **-a** *f* dermatologist
derubare rob
descritto *pp* ☞ **descrivere**; **descrivere** describe; **descrizione** *f* description
deserto 1 *agg* deserted **2** *m* desert
desiderare (*volere*) want, wish; *intensamente* long for; *sessualmente* desire; **desidera?** can I help you?; **lascia a ~** it leaves a lot to be desired; **desiderio** *m* wish (**di** for); *intenso* longing (**di** for); *sessuale* desire (**di** for)
design *m inv* design
designare (*nominare*) appoint, name; (*fissare*) fix
desistere: ~ **da** desist from
desolato desolate; **sono ~!** I am so sorry
dessert *m inv* dessert
destinare destine; (*assegnare*) assign; *con il pensiero* mean, intend; *data* fix; (*indirizzare*) address (**a** to); **destinatario** *m*, **-a** *f di lettera* addressee; **destinazione** *f*: (**luogo** *m* **di**) ~ destination
destino *m* destiny
destra *f* right; (*mano*) right hand; **a** ~ to the right
destreggiarsi manœuvre, *Am* maneuver
destrezza *f* skill, dexterity; **destro** right; (*abile*) skilful,

Am skillful, dexterous
detenere hold; **detenuto** *m*, **-a** *f* prisoner; **detenzione** *f* (*imprigionamento*) detention
detergente *m* detergent; *per cosmesi* cleanser
deteriorabile perishable; **deteriorarsi** deteriorate, get worse
determinare determine, establish; (*causare*) cause, lead to; **determinato** certain; (*specifico*) particular, specific; (*risoluto*) determined; **determinazione** *f* determination
detersivo *m* detergent; *per piatti* washing-up liquid, *Am* dishwashing liquid; *per biancheria* detergent, *Br anche* washing powder
detestare hate, detest
detonare detonate
detrarre deduct (*da* from); **detratto** *pp* ☞ **detrarre**; **detrazione** *f* deduction
detrito *m* debris; GEOL detritus
detta: a ~ di according to
dettaglio *m* detail; FIN **commercio** *m* **al ~** retail trade
dettare dictate; **dettato** *m* dictation
detto 1 *pp* ☞ **dire**; **~ fatto** no sooner said than done; **come non ~** let's forget it **2** *agg* said; (*soprannominato*) known as **3** *m* saying
devastare devastate
deve, devi ☞ **dovere**

deviare 1 *v/t* traffico, sospetti divert **2** *v/i* deviate; **deviazione** *f* deviation; *di traffico* diversion
devo ☞ **dovere**
devoto 1 *agg* devoted; REL devout **2** *m*, **-a** *f* devotee; REL **i -i** the devout
di 1 *prp* of; *con il comparativo* than; **~ ferro** (made of) iron; **io sono ~ Roma** I'm from Rome; **l'auto ~ mio padre** my father's car; **~ giorno** by day; **parlare ~ politica** talk about politics; **d'estate** in the summer; **di ~** on Sundays; **più bello ~** prettier than **2** *art* some; *interrogativo* any, some; *negativo* any; **del vino** some wine
di' ☞ **dire**
dia ☞ **dare**
diabete *m* diabetes *sg*; **diabetico 1** *agg* diabetic **2** *m*, **-a** *f* diabetic
diadema *m* diadem
diaframma *m* diaphragm
diagnosi *f inv* diagnosis; **diagnosticare** diagnose
diagonale *f/agg* diagonal
diagramma *m* diagram
dialetto *m* dialect
dialisi *f inv* dialysis
dialogo *m* dialogue, *Am* dialog
diamante *m* diamond
diametro *m* diameter
diapason *m inv* tuning fork
diapositiva *f* FOT slide
diario *m* diary

digerire

diarrea f diarrhoea, *Am* diarrhea

diavolo m devil; *mandare qu al* ~ tell s.o. to get lost; F *ma che* ~ *fai?* what the heck are you doing? F

dibattersi struggle; **dibattito** m debate

dicembre m December

diceria f rumour, *Am* rumor

dichiarare state; *ufficialmente* declare; **dichiararsi** declare o.s.; **dichiarazione** f declaration; ~ *dei redditi* income tax statement; ~ *doganale* customs declaration

diciannove nineteen; **diciannovesimo** nineteenth; **diciassette** seventeen; **diciassettesimo** seventeenth; **diciottenne** m/f eighteen--year-old; **diciottesimo** eighteenth; **diciotto** eighteen; **dieci** ten; *alle* / *verso le* ~ at / about ten (o'clock)

diesel m diesel

dieta f diet; *essere a* ~ be on a diet; **dietetico** diet *attr*

dietro 1 *prp* behind; ~ *l'angolo* around the corner; ~ *di me* behind me **2** *avv* behind; *in auto* in the back; *di* ~ *stanza, porta* back; *zampe* hind; AUTO rear **3** *m inv* back

difatti in fact

difendere defend; (*proteggere*) protect; **difensiva** f defensive; *stare sulla* ~ be on the defensive; **difensivo** defensive; **difensore** m de-

fender; ~ *d'ufficio* legal aid lawyer, *Am* public defender; **difesa** f defence, *Am* defense; ~ *dei consumatori* consumer protection; *legittima* ~ self-defence; **difeso** *pp* ☞ **difendere**

difetto m (*imperfezione*) defect; *morale* fault, flaw; (*mancanza*) lack; **difettoso** defective

diffamare slander; *scrivendo* libel; **diffamazione** f defamation of character

differente different (*da* from); **differenza** f difference; ~ *di prezzo* difference in price, price difference; *a* ~ *di* unlike; **differenziarsi** differ (*da* from)

difficile difficult; (*improbabile*) unlikely; **difficoltà** f inv difficulty; *senza* ~ easily, without any difficulty

diffidare 1 *v/t* DIR issue an injunction against; ~ *qu dal fare qc* warn s.o. not to do sth **2** *v/i*: ~ *di qu* distrust s.o.; **diffidente** distrustful; **diffidenza** f distrust

diffondere diffuse; *fig* spread; **diffondersi** *fig* spread; (*dilungarsi*) enlarge; **diffusione** f *di luce, calore* diffusion; *di giornale* circulation; **diffuso 1** *pp* ☞ **diffondere 2** *agg* widespread; *luce* diffuse

diga f *fluviale* dam; *litoranea* dyke; *portuale* breakwater

digerire digest; F (*tollerare*)

stomach F; **digestione** f digestion; **digestivo 1** agg digestive **2** m after-dinner drink, digestif

digitale digital; **impronta** f ~ fingerprint

digitare INFOR key

digiunare fast; **digiuno 1** agg fasting **2** m fast; **a** ~ on an empty stomach

dignità f dignity

digrignare gnash

dilagare flood; fig spread rapidly

dilaniare tear apart

dilatare expand; **occhi** open wide; **dilatarsi** di materiali expand; di pupilla dilate

dilazionare defer, delay

dileguarsi vanish, disappear

dilemma m dilemma

dilettante m/f amateur; spreg dilettante; **dilettarsi**: ~ **di qc** dabble in sth, do sth as a hobby; ~ **a fare qc** take delight in doing sth

diligente diligent; (accurato) accurate

diluire dilute

dilungarsi fig dwell (**su** on)

diluviare pour down; **diluvio** m downpour; fig deluge

dimagrante: cura f ~ diet; **dimagrire** lose weight

dimenarsi throw o.s. about

dimensione f dimension; (grandezza) size; (misure) dimensions

dimenticanza f forgetfulness, absent-mindedness; (svista)

oversight; **dimenticare** forget; **dimenticarsi** forget (**di** sth; **di fare qc** to do sth)

dimestichezza f familiarity

dimettere dismiss (**da** from); da ospedali discharge (**da** from); da carceri release (**da** from); **dimettersi** resign (**da** from)

dimezzare halve

diminuire 1 v/t reduce **2** v/i decrease, di prezzi, valore fall, go down; di vento, rumore die down; **diminuzione** f decrease; di prezzi, valore fall, drop (**di** in)

dimissioni fpl resignation; **dare le** ~ hand in one's resignation

dimora f residence

dimostrare demonstrate; (interesse) show; (provare) prove, show; **dimostrarsi** prove to be; **dimostrazione** f demonstration; (prova) proof

dinamica f dynamics; **dinamico** dynamic

dinamite f dynamite

dinanzi: ~ **a** al cospetto di before

dinastia f dynasty

dinosauro m dinosaur

dintorno 1 avv around **2** m: **-i** pl neighbourhood, Am neighborhood

dio m god; **grazie a Dio!** thank God!; **per l'amor di Dio** for God's sake

diocesi f inv diocese

diossina f dioxin

dipartimento m department

dipendente 1 agg dependent **2** m/f employee; **dipendenza** f dependence; (edificio) annexe, Am annex; **essere alle ~ di** work for; **dipendere: ~ da** (essere subordinato a) depend on; (essere mantenuto da) be dependent on; (essere causato da) be due to; **dipende** it depends; **questo dipende da te** it's up to you; **dipeso** pp ☞ **dipendere**

dipingere paint; fig describe, depict; **dipinto 1** pp ☞ **dipingere 2** m painting, picture

diploma m diploma, certificate; **~ di laurea** degree (certificate); **diplomarsi** obtain a diploma

diplomatico 1 agg diplomatic **2** m diplomat; **diplomato 1** agg qualified **2** m, -a f holder of a diploma; **diplomazia** f diplomacy

diporto: imbarcazione f da ~ pleasure boat

diradare thin out; **diradarsi** thin out; (di nebbia) clear, lift

dire v/t say; (raccontare) tell; **~ qc a qu** tell s.o. sth; **~ a qu di fare qc** tell s.o. to do sth; **vale a ~** that is, in other words; **a ~ il vero** to tell the truth; **come si dice ... in inglese?** what's the English for ... ?, how do you say ... in English?; **voler ~** mean

2 v/i **~ bene di qu** speak highly of s.o.; **dico sul serio** I'm serious

direttiva f directive; **direttivo 1** agg managerial; comitato, consiglio, POL executive attr **2** m di società board (of directors); POL leadership

diretto 1 pp ☞ **dirigere 2** agg (immediato) direct; **~ a** aimed at; lettera addressed to; **essere ~ a casa** be heading for home; RAD, TV **in (ripresa) -a** live **3** m direct train; SP straight

direttore m, **-trice** f manager; più in alto nella gerarchia director; EDU headmaster; donna headmistress; Am principal; di giornale, rivista editor (in chief); **~ generale** CEO; **~ d'orchestra** conductor

direzione f direction; di società management; di partito leadership; ufficio office; sede generale head office

dirigente 1 agg classe, partito ruling; personale managerial **2** m/f executive; POL leader; **dirigere** direct; azienda run, manage; orchestra conduct; **dirigersi** head (**a, verso** to, toward)

dirigibile m airship, dirigible

diritto 1 agg, avv straight **2** m right; DIR law; **aver ~ a** be entitled to; **di ~** by rights; **dirittura** f straight line; SP straight; fig rectitude; **in ~**

d'arrivo on the home straight

diroccato ramshackle

dirottare *traffico* divert; *aereo* reroute; *con intenzioni criminali* hijack; **dirottatore** *m*, **-trice** *f* hijacker

dirotto: *piove a* ~ it's pouring

dirupo *m* precipice

disabile 1 *agg* disabled **2** *m/f* disabled person

disabitato uninhabited

disaccordo *m* disagreement

disadattato 1 *agg* maladjusted **2** *m/f* (social) misfit

disagio *m* (*difficoltà*) hardship; (*scomodità*) discomfort; (*imbarazzo*) embarrassment; **essere a** ~ be ill at ease

disapprovare disapprove of; **disapprovazione** *f* disapproval

disappunto *m* disappointment

disarmato unarmed; *fig* defenceless, *Am* defenseless; **disarmo** *m* POL disarmament

disastro *m* disaster; **disastroso** disastrous

disattento inattentive; **disattenzione** *f* inattention; *errore* careless mistake

disavanzo *m* deficit

disavventura *f* misadventure

disboscamento *m* deforestation

discapito *m*: **a** ~ **di qc** to the detriment *o* disadvantage of s.o.

discarica *f* dumping; *luogo* dump

discendente 1 *agg inv* descending **2** *m/f* descendant; **discendere** descend; (*trarre origine*) be descended (**da** from); *da veicoli, da cavallo* get off (**da qc** sth)

discepolo *m* disciple

discesa *f* descent; (*pendio*) slope; *di bus* exit; **strada in** ~ street that slopes downward

dischetto *m* INFOR diskette, floppy

disciplina *f* discipline; **disciplinato** disciplined

disco *m* disc, *Am* disk; SP discus; MUS record; INFOR disk; INFOR ~ **rigido** hard disk; AUTO ~ **orario** parking disc; ~ **volante** flying saucer; **discobolo** *m* discus thrower

discolpare clear

discontinuo intermittent; (*disuguale*) erratic

discorde not in agreement, clashing; **discordia** *f* discord; (*differenza di opinioni*) disagreement; (*litigio*) argument

discorrere talk (**di** about); **discorso** **1** *pp* ☞ **discorrere 2** *m pubblico, ufficiale* speech; (*conversazione*) conversation, talk

discoteca *f locale* disco; *raccolta* record library

discrepanza *f* discrepancy

discreto (*riservato*) discreet; (*abbastanza buono*) fairly good; (*moderato*) moderate, fair; **discrezione** f discretion; **a ~ di** at the discretion of

discriminare 1 v/i discriminate **2** v/t *stranieri, donne* discriminate against; **discriminazione** f discrimination

discussione f discussion; (*litigio*) argument; **discusso** pp ☞ **discutere**; **discutere 1** v/t discuss, talk about; *questione* debate; (*mettere in dubbio*) question; (*contestare*) dispute **2** v/i talk; (*litigare*) argue; (*negoziare*) negotiate; **discutibile** debatable

disdegnare draw; (*progettare*) design; **disdegno** m drawing; (*progetto*) design; **~ di legge** bill

disdetto pp ☞ **disdire**; **disdire** *impegno* cancel; *contratto* terminate

disegnare draw; (*progettare*) design; **disegno** m drawing; (*progetto*) design; **~ di legge** bill

diserbante m weed-killer

diseredare disinherit; **diseredato** underprivileged, disadvantaged

disertare desert; **disertore** m deserter; **diserzione** f desertion

disfare undo; *letto* strip; (*distruggere*) destroy; **~ la valigia** unpack; **disfarsi** *di ghiaccio* melt; **~ di** get rid of; **disfatta** f defeat; **disfatto** pp ☞ **disfare**

disgelo m thaw

disgrazia f misfortune; (*incidente*) accident; (*sfavore*) disgrace; **per ~** unfortunately; **disgraziato 1** agg (*sfortunato*) unlucky **2** m, **-a** f poor soul; F (*farabutto*) bastard F

disgregare break up; **disgregarsi** break up, disintegrate

disguido m hiccup, hitch

disgustare disgust; **disgusto** m disgust; **disgustoso** disgusting

disidratato dehydrated

disillusione f disillusionment; **disilluso** disillusioned

disinfettante m disinfectant; **disinfettare** disinfect

disinibito uninhibited

disinnescare *bomba* defuse

disinserire disconnect

disinteressarsi take no interest (*di* in); **disinteressato** disinterested; **disinteresse** m lack of interest; (*generosità*) unselfishness

disintossicare detoxify; **disintossicazione** f treatment for drug / alcohol addiction, detox F

disinvolto confident; **disinvoltura** f confidence

dislessia f dyslexia; **dislessico** dyslexic

dislivello m difference in height, height difference; *fig* difference

disobbedire ☞ **disubbidire**

disoccupato 1 agg unem-

ployed, jobless **2** *m*, **-a** *f* unemployed person; **i -i** the unemployed *pl*, the jobless *pl*;
disoccupazione *f* unemployment

disonestà *f* dishonesty; **disonesto** dishonest

disonore *m* dishonour, *Am*
dishonor

disopra 1 *avv* above; **al ~ di**
above **2** *agg* upper **3** *m inv*
top

disordinato untidy, messy;
disordine *m* untidiness,
mess; **in ~** untidy, in a mess;
-i *pl* riots, public disorder

disorganizzazione *f* disor-
ganization

disorientamento *m* disor-
ientation; **disorientare** diso-
rientate, *Am* disorient; **disorientato** disorientated,
Am disoriented

disotto 1 *avv* below; **al ~ di**
beneath **2** *agg* lower **3** *m* un-
derside

dispari *inv* odd; **disparità** *f*
inv disparity

disparte: in ~ aside

dispendio *m* waste; **dispendioso** expensive

dispensa *f stanza* larder; *mobile* cupboard; *pubblicazione*
instalment, *Am* installment,
DIR exemption; **dispensare**
dispense; (*esonerare*) exonerate

disperare despair (*di* of); **far
~ qu** drive s.o. to despair; **di-
sperarsi** despair; **disperato**

desperate; **disperazione** *f*
despair, desperation

disperdere disperse; *energie,
sostanze* squander; **disperdersi** disperse; **disperso 1**
pp ☞ **disperdere 2** *agg* scattered; (*sperduto*) lost, missing

dispetto *m* spite; **per ~** out of
spite; **a ~ di qc** in spite of sth;
fare i -i a qu annoy *o* tease
s.o.; **dispettoso** mischievous

dispiacere 1 *v/i* (*causare dolore*) upset (**a** s.o.); (*non piacere*) displease (**a** s.o.); **mi dispiace** I'm sorry; **le dispiace se apro la finestra?** do
you mind if I open the window? **2** *m* (*rammarico*) regret, sorrow; (*dolore*) sadness; (*delusione*) disappointment; **-i** *pl* (*preoccupazioni*)
worries, troubles

display *m* display

disponibile available; (*cortese*) helpful, obliging; **disponibilità** *f* availability; (*cortesia*) helpfulness

disporre 1 *v/t* arrange; (*stabilire*) order **2** *v/i* (*decidere*)
make arrangements; **~ di
qc** have sth (at one's disposal)

dispositivo *m* device

disposizione *f* arrangement;
(*norma*) provision; (*attitudine*) aptitude (**a** for); **stare /
mettere a ~ di qu** be / put
at s.o.'s disposal

disposto 1 *pp* ☞ **disporre 2** *agg*: ~ **a** ready to, willing to; **essere ben ~ verso qu** be well disposed to s.o.

dispotico despotic

disprezzare despise; **disprezzo** *m* contempt

disputa *f* dispute, argument; **disputare 1** *v/i* argue **2** *v/t* SP take part in; **disputarsi qc** compete for sth

disseminare scatter, disseminate; *fig* spread

dissenso *m* dissent; (*dissapore*) argument, disagreement

dissenteria *f* dysentery

dissentire disagree (*da* with)

disservizio *m* poor service; (*inefficienza*) inefficiency; (*cattiva gestione*) mismanagement

dissestato *strada* uneven; *finanze* precarious

dissetante thirst-quenching; **dissetare**: ~ **qu** quench s.o.'s thirst; **dissetarsi** quench one's thirst

dissimulare conceal, hide; **dissimulazione** *f* concealment

dissociarsi dissociate o.s. (*da* from)

dissolvere dissolve; *dubbi, nebbia* dispel; **dissolversi** dissolve; (*svanire*) vanish

dissuadere: ~ **qu da fare qc** dissuade s.o. from doing sth, persuade s.o. not to do sth; **dissuaso** *pp* ☞ **dissuadere**

distaccare detach; SP leave behind; **distaccarsi da persone** detach o.s. (**da** from); **distacco** *m* detachment (*anche fig*); (*separazione*) separation; SP lead

distante distant, far-off; ~ **da** far from; **distanza** *f* distance (*anche fig*); **distanziare 1** *v/t* space out; SP leave behind; (*superare*) overtake; **distare**: *l'albergo dista 100 metri dalla stazione* the hotel is 100 metres from the station; **quanto dista da qui?** how far is it from here?

distendere (*adagiare*) lay; *gambe, braccia* stretch out; *muscoli* relax; *nervi* calm; **distendersi** lie down; (*rilassarsi*) relax

distesa *f* expanse; **disteso 1** *pp* ☞ **distendere 2** *agg* stretched out; (*rilassato*) relaxed

distinguere distinguish; **distintivo 1** *agg* distinctive **2** *m* badge; **distinto 1** *pp* ☞ **distinguere 2** *agg* (*diverso*) different, distinct; (*chiaro*) distinct; *fig* distinguished; *-i* **saluti** yours faithfully; **distinzione** *f* distinction

distorsione *f* distortion; MED sprain

distrarre distract; (*divertire*) entertain; **distrarsi** (*non essere attento*) get distracted; (*svagarsi*) take one's mind off things; **distratto 1** *pp* ☞

distrarre 2 *agg* absent-minded; **distrazione** *f* absent-mindedness; (*errore*) inattention; (*svago*) amusement; *che distrae da un'attività* distraction

distribuire distribute; *premi* award, present; **distributore** *m* distributor; ~ (*di benzina*) (petrol *o Am* gas) pump; ~ **automatico** vending machine; ~ **automatico di biglietti** ticket machine; **distribuzione** *f* distribution; *posta* delivery

distruggere destroy; **distruttivo** destructive; **distrutto** *pp* ☞ **distruggere**; **distruzione** *f* destruction

disturbare disturb; (*dare fastidio a*) bother; (*sconvolgere*) upset; **disturbarsi**: **non si disturbi** please don't bother; **disturbo** *m* trouble, bother; MED **-i pl di circolazione** circulation problems

disubbidiente disobedient; **disubbidire**: ~ **a** disobey

disumano inhuman

disuso: **in** ~ in disuse, disused

ditale *m* thimble

dito *m* (*pl* le **dita**) finger; *del piede* toe; **un ~ di vino** a drop of wine

ditta *f* company, firm

dittatore *m* dictator; **dittatura** *f* dictatorship

diurno daytime *attr*; **albergo** *m* ~ place where travellers can have a shower / shave

diva *f* diva

divagare digress

divampare *di rivolta, incendio* break out; *di passione* blaze

divano *m* couch, BR anche sofa; ~ **letto** sofa bed

divaricare open (wide)

divario *m* difference

divenire become

diventare become; *rosso, bianco* turn, go

diverbio *m* argument

divergenza *f* divergence; *di opinioni* difference

diversamente differently; (*altrimenti*) otherwise

diversificare 1 *v/t* diversify **2** *v/i e* **diversificarsi** differ; **diversità** *f inv* difference; (*varietà*) diversity

diversivo *m* diversion, distraction

diverso (*differente*) different; **-i** *pl* several; **da -i giorni** for the past few days

divertente amusing; **divertimento** *m* amusement; **buon ~!** have a good time!, have fun!; **divertire** amuse; **divertirsi** enjoy o.s., have a good time

dividere divide; (*condividere*) share; **dividersi** *di coppia* separate; (*scindersi*) be divided (*in* into)

divieto *m* ban; ~ **di sosta** no parking

divincolarsi twist, wriggle

divinità *f inv* divinity; **divino**

divine

divisa f uniform; FIN currency

divisione f division; **divisorio 1** agg dividing **2** m partition

divo m star

divorare devour

divorziare get a divorce, get divorced; **divorziato** divorced; **divorzio** m divorce

divulgare divulge, reveal; (*rendere accessibile*) popularize

dizionario m dictionary

DNA m inv (= **acido deossiribonucleico**) DNA (= deoxyribonucleic acid)

do[1] *dare*

do[2] m inv MUS C; *nel solfeggio della scala* doh

dobbiamo *dovere*

D.O.C., **doc** (= **Denominazione d'Origine Controllata**) *term signifying that a wine is of a certain origin and quality*

doccia f shower; **fare la ~** (take a) shower

docente 1 agg teaching **2** m/f teacher

docile docile

documentario m documentary; **documentarsi** collect information; **documentazione** f documentation; **documento** m document

dodicesimo twelfth; **dodici** twelve

dogana f customs; (*dazio*) (customs) duty; **doganale** customs attr

doglie fpl: **avere le -e** be in labour o Am labor

dolce 1 agg sweet; *carattere, voce, pendio* gentle; *acqua* fresh; *clima* mild; *ricordo* pleasant; *suono* soft **2** m *portata* dessert; *di sapore* sweetness; *torta* cake; **-i** pl sweet things; **dolcezza** f sweetness; *di carattere, voce* gentleness; *di clima* mildness; *di ricordo* pleasantness; *di suono* softness; **dolciastro** sweetish; *fig* sugary; **dolcificante** m sweetener; **dolciumi** mpl sweets, Am candy

dolente painful, sore; **dolere** hurt, be painful; **mi duole la schiena** my back hurts

dollaro m dollar

dolo m malice

Dolomiti fpl Dolomites

dolore m pain; **doloroso** painful

doloso malicious

domanda f question; (*richiesta*) request; FIN demand; **fare una ~ a qu** ask s.o. a question; **domandare 1** v/t *per sapere: nome, ora, opinione ecc* ask; *per ottenere: informazioni, aiuto ecc* ask for; **~ un favore a qu** ask s.o. a favour; **~ scusa** apologize **2** v/i: **~ di qu** ask s.o.; **~ di qu** *per sapere come sta* ask after s.o.; *per parlargli* ask for s.o.; **domandarsi** wonder, ask o.s.

domani m/avv tomorrow; **~ mattina** tomorrow morning;

~ *sera* tomorrow evening; *a ~!* see you tomorrow!

domare tame; *fig* control

domattina tomorrow morning

domenica *f* Sunday

domestico 1 *agg* domestic; *animale ~* pet 2 *m*, *-a f* servant; *donna* maid

domiciliato: ~ *a* domiciled at; **domicilio** *m* domicile; (*casa*) home

dominante dominant; *idee* prevailing; *classe* ruling; **dominare 1** *v/t* dominate; *materia*; *passioni* master 2 *v/i* rule (*su* over); *fig*: *di confusione* reign; **dominio** *m* (*controllo*) control, power; *fig* (*campo*) domain, field; INFOR domain

domino *m* mask, domino

donare donate, give; *sangue* give; **donatore** *m*, *-trice f* donor; ~ *di sangue* blood donor

dondolare 1 *v/t culla* rock 2 *v/i* sway; (*oscillare*) swing; **dondolarsi** *su altalena* swing; *su sedia* rock; *fig* hang around; **dondolo** *m*: *cavallo a ~* rocking horse; *sedia f a ~* rocking chair

donna *f woman*; *carte da gioco* queen; ~ *di servizio* home help

dono *m* gift

dopo 1 *prp* after; ~ *di te* you; ~ *mangiato* after eating 2 *avv* (*in seguito*) afterwards,

after, *Am* afterward; (*poi*) then; (*più tardi*) later; *il giorno ~* the day after 3 *cong*: ~ *che* after; ~ *essere uscito ho visto ...* after I left, I saw ...; **dopobarba** *m inv* aftershave; **dopodomani** the day after tomorrow; **dopoguerra** *m inv* post-war period; **dopopranzo** *m* afternoon; **doposci** *m inv* après-ski; ~ *pl stivali* après-ski boots; **dopotutto** after all

doppiaggio *m di film* dubbing; **doppiare** *film* dub; SP lap; MAR round; **doppiatore** *m*, *-trice f* dubber

doppio 1 *agg* double 2 *m* double; SP doubles; **doppipetto** *m* double-breasted jacket

dorato 1 *pp* ☞ **dorare** 2 *agg* gilded; *sabbia*, *riflessi* golden; GASTR browned

dormicchiare doze

dormiglione *m*, *-a f* late riser

dormire sleep; **dormita** *f* (good) night's sleep; **dormitorio** *m* dormitory; **dormiveglia** *m*: *essere nel ~* be only half awake

dorso *m* back; (*di libro*) spine; SP backstroke

dosare measure out; *fig* be sparing with; *parole* weigh; **dose** *f* quantity, amount; MED dose

dosso *m di strada* hump; *togliersi gli abiti di ~* get undressed

dotare provide, supply (*di* with); *fig* provide, endow (*di* with); **dotato** gifted; ~ *di* equipped with; **dote** *f* dowry; *fig* gift

dott. (= *dottore*) Dr (= doctor)

dottore *m* doctor (*in* of); **dottoressa** *f* (woman) doctor

dottrina *f* doctrine

dott.ssa (= *dottoressa*) Dr (= doctor)

dove where; *di* ~ *sei*? where are you from?; *fin* ~? how far?; *per* ~ *si passa*? which way do you go?; *mettilo* ~ *vuoi* put it wherever you like

dovere 1 *v/i* have to, must; *non devo dimenticare* I mustn't forget; *deve arrivare oggi* is supposed to arrive today; *come si deve* (*bene*) properly; *persona* very decent; *doveva succedere* it was bound to happen; *dovresti avvertirlo* you ought to *o* should let him know 2 *v/t denaro* owe 3 *m* duty

dovunque 1 *avv* (*dappertutto*) everywhere; (*in qualsiasi luogo*) anywhere 2 *cong* wherever

dovuto 1 *pp* ☞ *dovere* 2 *agg* due; ~ *a* because of, due to

dozzina *f* dozen; *una* ~ *di uova* a dozen eggs

dragare dredge

drago *m* dragon; **dragoncello** *m* tarragon

dramma *m* drama; **drammatico** dramatic

drastico drastic

dritto 1 *agg* straight 2 *avv* straight (ahead) 3 *m di indumento, tessuto* right side 4 *m*, *-a f* F crafty devil F; **drizzare** (*raddrizzare*) straighten; (*erigere*) put up, erect; ~ *le orecchie* prick up one's ears; **drizzarsi**: ~ *in piedi* get to one's feet

droga *f* drug; **drogarsi** SP take drugs; **drogato** *m*, *-a f* drug addict

drogheria *f* grocer's, *Am* grocery store

dubbio 1 *agg* doubtful; (*equivoco*) dubious 2 *m* doubt; *essere* ~ *fra* hesitate between; *mettere qc in* ~ doubt sth; *senza* ~ without a doubt; **dubbioso** doubtful; **dubitare** doubt (*di* sth); *dubito che venga* I doubt whether he'll come

duca *m* duke; **duchessa** *f* duchess

due two; *a* ~ *a* ~ in twos, two by two; *tutt'e* ~ both of them; **duecento** 1 *agg* two hundred 2 *m*: *il Duecento* the thirteenth century

duello *m* duel

duemila two thousand; **duepezzi** *m inv* bikini; *vestito* two-piece (suit)

duna *f* (sand) dune

dunque 1 *cong* so; (*allora*) well (then) 2 *m*: *venire al* ~

come to the crunch

duomo _m_ cathedral

duplicato _m_ duplicate; **duplice** double; **in ~ copia** in duplicate

durante during; **durare** last; (_conservarsi_) keep, last; **durata** _f_ duration, length; _di prodotto_ life; **duraturo** lasting

duro 1 _agg_ hard; _carne, persona_ tough; _inverno, voce_ harsh; _congegno, meccanismo_ stiff; _pane_ stale; (_ostinato_) stubborn; **tieni ~!** hang in there! **2** _m_ tough guy

durone _m_ MED callus

DVD _m inv_ DVD

E

e and; **sono le due ~ un quarto** it's a (a) quarter past two, _Am_ it's a quarter after two

è ☞ **essere**

ebano _m_ ebony

ebbe, ebbi ☞ **avere**

ebbene well

ebbrezza _f_ drunkenness; _fig_ thrill

ebraico 1 _agg_ Hebrew; _religione_ Jewish **2** _m_ Hebrew; **ebreo 1** _m_, **-a** _f_ Jew; **2** _agg_ Jewish

ecc. (= **eccetera**) etc (= et cetera)

eccedente excess; **eccedere 1** _v/t_ exceed, go beyond **2** _v/i_ go too far; **~ nel bere** drink too much

eccellente excellent

eccentrico eccentric

eccessivo excessive; **eccesso** _m_ excess; **~ di velocità** speeding

eccetera et cetera

eccetto except; **eccezionale** exceptional; **eccezional-**

mente exceptionally; **eccezione** _f_ exception

ecchimosi _f inv_ bruise

eccitante 1 _agg_ exciting **2** _m_ stimulant; **eccitare** excite; **eccitarsi** get excited; **eccitazione** _f_ excitement

ecclesiastico 1 _agg_ ecclesiastical **2** _m_ priest

ecco (_qui_) here; (_là_) there; **~ come** this is how; **~ fatto** that's that; **~ tutto** that's all; **~mi** here I am; **~li** here they are; **~ti il libro** here's your book

eclissarsi _fig_ slip away; **eclisse** _f_, **eclissi** _f inv_ eclipse

eco _m/f_ echo

ecografia _f_ scan

ecologia _f_ ecology; **ecologico** ecological

economia _f_ economy; _scienza_ economics _sg_; **fare ~** economize (_di_ on); **-e** _pl_ savings; **economico** economic; (_poco costoso_) economical; **economizzare 1** _v/t_ save **2** _v/i_ economize (*su* on)

ecosistema *m* ecosystem

eczema *m* eczema

ed and

edera *f* ivy

edicola *f* newspaper kiosk

edificare build; *fig* edify; **edificio** *m* building; *fig* structure

edile construction *attr*, building *attr*; **edilizia** *f* construction, building; (*urbanistica*) town planning

editore 1 *agg* publishing **2** *m*, **-trice** *f* publisher; (*curatore*) editor; **editoria** *f* publishing; **edizione** *f* edition

educare educate; (*allevare*) bring up; *orecchio*, *mente* train; **educativo** education *attr*; (*istruttivo*) educational; **educato**: (*ben*) ~ well brought-up; **educazione** *f* education; *dei figli* upbringing; (*buone maniere*) (good) manners; ~ **fisica** physical education

effervescente effervescent; *aspirina* soluble

effettivamente in fact; *per rafforzare un'affermazione* really, actually; **effettivo** (*reale*) real, actual; (*efficace*) effective; **effetto** *m* effect; (*impressione*) impression; **fare ~** (*funzionare*) work; (*impressionare*) make an impression; **-i** *pl* **personali** personal effects; **in -i** in fact; **effettuare** carry out; *pagamento* make;

effettuarsi take place; *il servizio non si effettua la domenica* there is no Sunday service

efficace effective

efficiente efficient; (*funzionante*) in working order; **efficienza** *f* efficiency

Egitto *m* Egypt; **egiziano 1** *agg* Egyptian **2** *m*, **-a** *f* Egyptian; **egizio** ancient Egyptian

egli he

egocentrico egocentric

egoismo *m* selfishness, egoism

egoista 1 *agg* selfish **2** *m/f* selfish person

egr. (= *egregio*) *form of address used in correspondence*

egregio distinguished; *nelle lettere* ~ **signore** Dear Sir

eguale ☞ **uguale**

ehi! oi!

E.I. (= *Esercito Italiano*) Italian army

elaborare elaborate; *dati* process; *piano* work out; **elaborato** elaborate; **elaboratore** *m*: ~ **elettronico** computer; **elaborazione** *f* elaboration; ~ **elettronica dei dati** electronic data processing; ~ **dei testi** word processing

elastico 1 *agg* elastic; *orari* flexible **2** *m* rubber band

elefante *m* elephant

elegante elegant; **eleganza** *f* elegance

eleggere 100

eleggere elect

elementare elementary; **scuola** f ~ primary school, Am elementary school

elemento m element; (componente) component; **-i** pl (rudimenti) rudiments; (fatti) data sg

elemosina f charity; **chiedere l'~** beg

elencare list; **elenco** m list; ~ **telefonico** phone book, telephone directory

eletto pp ☞ **eleggere 2** (eletto) chosen; **elettore** m, **-trice** f voter

elettrauto m inv auto electrics garage; persona automobile electrician; **elettricista** m/f electrician; **elettricità** f electricity; **elettrico** electric

elettrocardiogramma m electrocardiogram; **elettrodo** m electrode; **elettrodomestico** m household appliance; **elettromagnetico** electromagnetic

elettrone m electron; **elettronico** electronic; **libro ~** e-book, electronic book; **commercio ~** e-commerce

elettrotecnico 1 agg electrical **2** m electrical engineer

elevare raise; costruzioni erect; (promuovere) promote; fig (migliorare) better; **elevato** high; fig elevated, lofty

elezione f election

eliambulanza f air ambulance

elica f propeller

elicottero m helicopter

eliminare eliminate; **eliminatoria** f SP heat; **eliminazione** f elimination

eliporto m heliport

élite f élite

elmetto m helmet; **elmo** m helmet

elogio m praise

eloquente eloquent

eludere elude; sorveglianza, domanda evade

elvetico Swiss

e-mail f inv e-mail; **inviare un'~ a qc** e-mail s.o., send s.o. an e-mail

emanare 1 v/t give off; legge pass **2** v/i emanate, come (da from)

emanciparsi become emancipated; **emancipazione** f emancipation

emarginare marginalize; **emarginato** m, **-a** f person on the fringes of society

ematoma m haematoma, Am hematoma

embrione m embryo

emergenza f emergency; **emergere** emerge; (distinguersi) stand out; **emerso** pp ☞ **emergere**

emesso pp ☞ **emettere**; **emettere** luce give out, emit; grido, verdetto give; calore give off; FIN issue; TEC emit

emicrania f migraine

emigrante *m/f* emigrant; **emigrare** emigrate; **emigrato** *m*, **-a** *f* person who has emigrated, ex-pat; **emigrazione** *f* emigration

emisfero *m* hemisphere

emissione *f* emission; *di denaro, francobolli* issue; RAD broadcast; **emittente 1** *agg* issuing; *(trasmittente)* broadcasting **2** *f* RAD transmitter; TV channel

emoglobina *f* haemoglobin, *Am* hemoglobin

emorragia *f* haemorrhage, *Am* hemorrhage

emorroidi *fpl* haemorrhoids, *Am* hemorrhoids

emotivo emotional; *(sensibile)* sensitive

emozionante exciting, thrilling; **emozionarsi** get excited; *(commuoversi)* be moved; **emozionato** excited; *(agitato)* nervous; *(commosso)* moved; *(turbato)* upset; **emozione** *f* emotion; *(agitazione)* excitement

emporio *m negozio* department store

emulsione *f* emulsion

enciclopedia *f* encyclopedia

endovenoso intravenous

energetico *consumo ecc* energy *attr, alimento* energy-giving; **energia** *f* energy; **energico** strong, energetic

enfasi *f* emphasis

enigma *m* enigma

ennesimo MAT nth; F **per l'-a**

volta for the hundredth time F

enorme enormous

enoteca *f negozio* wine merchant *(specializing in fine wines)*

ente *m* organization; **gli enti locali** the local authorities

entrambi both

entrare *(andare dentro)* go in, enter; *(venire dentro)* come in, enter; *fig* **questo non c'entra** that has nothing to do with it; **~ in una stanza** enter a room, go into / come into a room; **entrata** *f* entrance; *in parcheggio* entrance, way in; *in un paese* entry; FIN **-e** *pl (reddito)* income; *(guadagno)* earnings; **~ libera** admission free

entro within

entroterra *m inv* hinterland

entusiasmare enthuse; **entusiasmo** *m* enthusiasm; **entusiasta** enthusiastic

enumerare enumerate

enzima *m* enzyme

epatite *f* hepatitis

epicentro *m* epicentre, *Am* epicenter; *fig* centre, *Am* center

epidemia *f* epidemic

epidermide *f* skin; MED epidermis

Epifania *f* Epiphany

epilessia *f* epilepsy; **epilettico 1** *agg* epileptic **2** *m*, **-a** *f* epileptic

episodio *m* episode

epoca f age; (*periodo*) period, time; **auto** f **d'~** vintage car; **mobili** mpl **d'~** period furniture

eppure (and) yet

equatore m equator; **equatoriale** equatorial

equazione f equation

equilibrare balance; **equilibrato** balanced; **equilibrio** m balance; fig common sense

equino horse attr

equinozio m equinox

equipaggiamento m equipment; **equipaggio** m crew

équipe f inv team

equitazione f horse riding

equivalente m/agg equivalent

equivoco 1 agg ambiguous; (*sospetto*) suspicious; F (*losco*) shady F **2** m misunderstanding

era f (*epoca*) age, era; GEOL era; **~ atomica** atomic age; **~ glaciale** Ice Age

era, erano ☞ **essere**

erba f grass; GASTR **-e** pl herbs; **-e aromatiche** herbs; **erbaccia** f weed; **erboristeria** f herbalist's, Am herbalist store

erede m/f heir; donna heiress; **eredità** f inheritance; BIO heredity; **ereditare** inherit; **ereditarietà** f heredity; **ereditiera** f heiress

eremita m hermit

eretico 1 agg heretical **2** m, **-a** f heretic

eretto 1 pp ☞ **erigere 2** agg erect; **erezione** f building; di pene erection

ergastolo m life sentence

ergonomico ergonomic

erica f heather

erigere erect; fig (*fondare*) establish, found

eritema m cutaneo rash; **~ solare** sunburn

ermafrodito m hermaphrodite

ermellino m ermine

ermetico (a tenuta d'aria) airtight; fig obscure

ernia f MED hernia; **~ del disco** slipped disc

ero ☞ **essere**

eroe m hero

erogare denaro allocate; gas, acqua supply

eroina f droga heroin; donna eroica heroine

erosione f GEOL erosion

erotico erotic; **erotismo** m eroticism

errare wander, roam; (*sbagliare*) be mistaken; **errata corrige** m inv correction; **erroneamente** mistakenly; **errore** m mistake, error; **~ di ortografia** spelling mistake; **~ di stampa** misprint, typo; **per ~** by mistake

erta f: **stare all'~** be on the alert

erudito 1 agg erudite, learned **2** m, **-a** f erudite person, scholar

eruttare *di vulcano* erupt; **eruzione** *f* eruption; MED rash

es. (= *esempio*) eg (= for example)

esagerare 1 *v/t* exaggerate **2** *v/i* (*eccedere*) go too far; **esagerato** exaggerated; *zelo* excessive; *prezzo* exorbitant; **esagerazione** *f* exaggeration

esalare 1 *v/t odori* give off; **~ il respiro** exhale **2** *v/i* come, emanate (*da* from)

esaltare exalt; (*entusiasmare*) elate; **esaltarsi** become elated; **esaltato 1** *agg* elated; (*fanatico*) fanatical **2** *m* fanatic

esame *m* exam(ination); MED (*test*) test; (*visita*) examination; **esaminare** examine (*anche* MED)

esasperante exasperating; **esasperare** (*inasprire*) exacerbate; (*irritare*) exasperate; **esasperazione** *f* exasperation

esattezza *f* accuracy; **per l'~** to be precise; **esatto 1** *pp* ☞ *esigere* **2** *agg* exact; *risposta* correct, right; *in punto exactly*; **~!** that's right!

esaudire grant; *speranze* fulfil, *Am* fulfill

esauriente exhaustive; **esaurimento** *m* exhaustion; COM **svendita** *f* **fino a ~ della merce** clearance sale; **~ ner-**

voso nervous breakdown; **esaurire** exhaust; *merci* run out of; **esaurito** (*esausto*) exhausted; COM sold out; *pubblicazioni* out of print; **esausto** exhausted

esca *f* bait (*anche fig*)

esce ☞ *uscire*

eschimese *agg*, *m/f* Inuit, Eskimo

esclamare exclaim; **esclamazione** *f* exclamation

escludere exclude; **esclusione** *f* exclusion; **esclusiva** *f* exclusive right, sole right; **esclusivo** exclusive; **escluso 1** *pp* ☞ *escludere* **2** *agg* excluded; (*impossibile*) out of the question **3** *m*, **-a** *f* person on the fringes of society

esco ☞ *uscire*

escogitare contrive

escoriazione *f* graze

escrementi *mpl* excrement

escursione *f* trip, excursion; *a piedi* hike; **escursionismo** *m* touring; *a piedi* hiking, walking; **escursionista** *m/f* tourist; *a piedi* hiker, walker

esecutivo *m/agg* executive; **esecutore** *m*, **-trice** *f* DIR executor; MUS performer; **esecuzione** *f* (*realizzazione*) carrying out; MUS performance; **~** (*capitale*) execution; **eseguire** carry out; MUS perform

esempio *m* example; **per ~, ad ~** for example; **esemplare 1** *agg* exemplary **2** *m* spec-

imen; (*copia*) copy
esentare exempt (*da* from);
esente exempt; ~ *da tasse*
tax-free
esercente *m/f* shopkeeper,
Am storekeeper
esercitare exercise; (*addestrare*) train; *professione* practise,
Am practice; **esercitarsi**
practise, *Am* practice; **esercitazione** *f* exercise
esercito *m* army
esercizio *m* exercise; (*pratica*)
practice; (*anno finanziario*)
financial year, *Am* fiscal
year; FIN *azienda* business;
negozio shop, *Am anche*
store
esibire *documenti* produce;
mettere in mostra display;
esibirsi *in uno spettacolo*
perform; *fig* show off; **esibizione** *f* exhibition; (*ostentazione*) showing off; (*spettacolo*) performance; **esibizionista** *m/f* show-off; PSI exhibitionist
esigente exacting, demanding; **esigenza** *f* demand; (*bisogno*) need; **esigere** demand; (*riscuotere*) exact
esile slender; *voce* faint
esiliare exile; **esilio** *m* exile
esistente existing; **esistenza**
f existence; **esistere** exist
esitare hesitate; **esitazione** *f*
hesitation
esito *m* result, outcome; FIN
sales, turnover
esodo *m* exodus

esofago *m* œsophagus, *Am*
esophagus
esonerare exempt (*da* from)
esordiente *m/f* beginner;
esordio *m* introduction; (*inizio*) beginning; TEA début
esortare (*incitare*) urge; (*pregare*) beg; **esortazione** *f* urging
esotico exotic
espandere expand; **espandersi** expand; (*diffondersi*)
spread; **espansivo** FIS, TEC
expansive; *fig* warm, friendly
espatriare leave one's country; **espatrio** *m* expatriation
espediente *m* expedient
espellere expel
esperienza *f* experience
esperimento *m* experiment
esperto *m/agg* expert
espirare breathe out, exhale
esplicito explicit
esplodere 1 *v/t colpo* fire **2** *v/i*
explode
esplorare explore; **esploratore** *m*, **-trice** *f* explorer; *giovane m* ~ boy scout
esplosione *f* explosion; ~ *demografica* population explosion; **esplosivo** *m/agg*
explosive; **esploso** *pp* ☞
esplodere
esponente *m/f* exponent;
esporre expose (*anche*
FOT); *avviso* put up; *in una
mostra* exhibit, show; (*riferire*) present; *ragioni, caso*
state; *teoria* explain; **esporsi**

expose o.s. (**a** to); (_compro-mettersi_) compromise o.s.

esportare export; **esporta-zione** _f_ export

esposizione _f_ (_mostra_) exhibition; (_narrazione_) presentation; FOT exposure; **esposto** 1 _pp_ ☞ **esporre** 2 _agg in mostra_ on show; **~ a** exposed to; (_critiche_) open to; **~ a sud** south facing 3 _m_ statement; (_petizione_) petition

espressione _f_ expression; **espressivo** expressive; **espresso** 1 _pp_ ☞ **esprimere** 2 _agg_ express 3 _m_ posta express letter; FERR express; (_caffè m_) ~ espresso; **per ~** express; **esprimere** express; **esprimersi** express o.s.

espropriare expropriate; **esproprio** _m_ expropriation

espulsione _f_ expulsion; **espulso** _pp_ ☞ **espellere**

essa _pron f persona_ she; _cosa, animale_ it

essenza _f_ essence; **essenzia-le** 1 _agg_ essential 2 _m_: **l'~ è** the main thing is

essere 1 _v/i_ be; ~ **di** (_provenire di_) be o come from; ~ **di qu** (_appartenere a_) belong to s.o; **c'è** there is; **ci sono** there are; **sono io** it's me; _cosa_ **c'è?** what's the matter?; **non c'è di che!** don't mention it!; **chi è?** who is it; **sono le tre** it's three o'clock; **siamo in quattro** there are four of us; **se fossi in te** if

I were you; **sarà!** if you say so! 2 _v/aus:_ **siamo arrivati alle due** we arrived at two o'clock; **non siamo ancora arrivati** we haven't arrived yet; **è stato investito** he has been run over 3 _m_ being

esso _pron m persona_ he; _cosa, animale_ it

est _m_ east; **a** (_l_)~ **di** (to the) east of

estasi _f_ ecstasy

estate _f_ summer; **in ~, d'~** in (the) summer

estendere extend; **estender-si** _di territorio_ extend; (_allun-garsi_) stretch; _fig_ (_diffonder-si_) spread

estenuante exhausting

esteriore _m/agg_ exterior, outside

esterno 1 _agg_ external 2 _m_ outside; **all'~** on the outside

estero 1 _agg_ foreign 2 _m_ foreign countries; **all'~** abroad

esteso 1 _pp_ ☞ **estendere** 2 _agg_ extensive; (_diffuso_) widespread; **per ~** in full

estetista _f_ beautician

estinguere extinguish, put out; _debito_ pay off; **estin-guersi** die out; **estinto** 1 _pp_ ☞ **estinguere** 2 _agg_ extinct; _debito_ paid off 3 _m_, _-a f_ deceased; **estintore** _m_ fire extinguisher; **estinzione** _f_ extinction; FIN paying off

estirpare uproot; _dente_ extract; _fig_ eradicate

estivo summer _attr_

estorcere *denaro* extort; **estorsione** *f* extortion; **estorto** *pp* ☞ **estorcere**

estradizione *f* extradition

estraneo 1 *agg* outside (*a qc* sth) **2** *m*, **-a** *f* stranger; *persona non autorizzata* unauthorized person

estrarre extract; *pistola* pull out; **estratto 1** *pp* ☞ **estrarre 2** *m* extract; *documento* abstract; FIN ~ **conto** statement (of account); **estrazione** *f* extraction

estremista *m/f* extremist; **estremità** *f inv* extremity; *di corda* end; (*punta*) tip; (*punto superiore*) top; **estremo 1** *agg* extreme; (*più lontano*) farthest; (*ultimo nel tempo*) last, final **2** *m* (*estremità*) extreme; **gli -i** *pl di un documento* the main points

estro *m* (*ispirazione artistica*) inspiration

estroverso extrovert(ed)

estuario *m* estuary

esuberante (*vivace*) exuberant

esultare rejoice

età *f inv* age; *all'~ di* at the age of; *avere la stessa ~* be the same age; *di mezz'~* middle-aged

eternità *f* eternity; **eterno** eternal; *questione, problema* age-old; *in ~* for ever and ever

eterogeneo heterogen(e)ous

eterosessuale heterosexual

etica *f* ethics *sg*

etichetta *f* label; *cerimoniale* etiquette

etico ethical

etiope *agg*, *m/f* Ethiopian; **Etiopia** *f* Ethiopia

etnico ethnic

etrusco 1 *agg* Etruscan **2** *m*, **-a** *f* Etruscan

ettaro *m* hectare

etto *m* hundred grams; **ettogrammo** *m* hundred grams, hectogram

eucalipto *m* eucalyptus

eucaristia *f* REL Eucharist

euforia *f* euphoria

euro *m inv* euro; **eurodeputato** *m*, **-a** *f* Euro MP; **Europa** *f* Europe; **europeo 1** *agg* European **2** *m*, **-a** *f* European; **eurovisione** *f* Eurovision

evacuare evacuate; **evacuazione** *f* evacuation

evadere 1 *v/t* evade; (*sbrigare*) deal with **2** *v/i* escape (*da* from)

evaporare evaporate

evasione *f* escape; *fig* escapism; ~ **fiscale** *f* tax evasion; **evasivo** evasive; **evaso 1** *pp* ☞ **evadere 2** *m*, **-a** *f* fugitive; **evasore** *m*: ~ **fiscale** tax evader

evenienza *f* eventuality

evento *m* event

eventuale possible; **eventualità** *f inv* eventuality; **eventualmente** if necessary

fallito

evidente evident; **evidenziatore** m highlighter
evitare avoid; ~ **il fastidio a qu** spare s.o. the trouble
evoluto 1 pp ☞ **evolvere 2** agg developed; (progredito) progressive, advanced; senza pregiudizi open-minded; **evoluzione** f evolution; **evolvere 1** v/t develop **2** v/i

e **evolversi** evolve, develop
evviva hurray
ex ... ex-, former
extra m/agg inv extra
extracomunitario 1 agg non-EU **2** m, -a f non-EU citizen
extraconiugale extramarital
extraeuropeo non-European
extraterrestre agg, m/f extraterrestrial

F

fa 1 ☞ **fare 2** avv: **5 anni** ~ 5 years ago **3** m MUS F; nel solfeggio della scala fa(h)
fabbisogno m needs
fabbrica f plant, factory; **fabbricante** m/f manufacturer; **fabbricare** manufacture; ARCHI build; fig fabricate; **fabbricato** m building
faccenda f matter; **faccende** fpl housework
faccia f face; (risvolto, aspetto) facet; (lato) side; ~ **tosta** cheek; ~ **a** ~ face to face; **gliel'ha detto in** ~ he told him to his face; **facciata** f ARCHI front, façade; di foglio side; fig (esteriorità) appearance
faccio m ☞ **fare**
facile easy; di carattere easygoing; (incline) prone (**a** to); **è** ~ **a dirsi!** easier said than done!; **è** ~ **che venga** he is likely to come; **facilità** f ease; (attitudine) aptitude;

facility; **facilitare** facilitate; **facilmente** easily
facoltà f inv faculty; (potere) power; **facoltativo** optional
faggio m beech (tree)
fagiano m pheasant
fagiolini mpl green beans; **fagiolo** m bean
fagotto m bundle; MUS bassoon; fig **far** ~ pack up and leave
fai da te m inv do-it-yourself, DIY, Am home improvement
fai ☞ **fare**
falciatrice f lawn-mower
falco m hawk
falegname m carpenter
falena f moth
falla f MAR leak
fallimento m failure; FIN bankruptcy; **fallire 1** v/t miss **2** v/i fail; FIN go bankrupt; **fallito 1** agg unsuccessful, failed; FIN bankrupt **2** m failure; FIN bankruptcy

fallo *m* fault; (*errore*) error, mistake; SP foul

falò *m inv* bonfire

falsario *m* forger; **falsificare** forge; **falso 1** *agg* false; (*sbagliato*) incorrect, wrong; *oro, gioielli* imitation, fake F; (*falsificato*) forged, fake F **2** *m* (*falsità*) falsehood; *oggetto falsificato* forgery, fake F

fama *f* fame; (*reputazione*) reputation

fame *f* hunger; *aver* ~ be hungry

famiglia *f* family; **familiare 1** *agg* family *attr*; (*conosciuto*) familiar; (*semplice*) informal **2** *m/f* relative, relation; **familiarità** *f* familiarity; **familiarizzarsi** familiarize o.s.

famoso famous

fanale *m* light; (*lampione*) street lamp

fanatico 1 *agg* fanatical **2** *m*, *-a f* fanatic

fanciullo *m*, *-a f* (young) boy; *ragazza* (young) girl

fango *m* mud; MED *-ghi pl* mud-baths; **fangoso** muddy

fannullone *m*, *-a f* lazy good-for-nothing

fantascienza *f* science fiction

fantasia *f* fantasy; (*immaginazione*) imagination; (*capriccio*) fancy; MUS fantasia

fantasma *m* ghost

fantasticare day-dream (*di* about); **fantastico** fantastic

fantoccio *m* puppet (*anche fig*)

farabutto *m* nasty piece of work

faraona *f*: (*gallina f*) ~ guinea fowl

farcire GASTR stuff; *torta* fill; **farcito** stuffed; *dolce* filled

fard *m inv* blusher

fardello *m* bundle; *fig* burden

fare 1 *v/t* do; *vestito, dolce, errore* make; *biglietto, benzina* buy, get; ~ *un bagno* have a bath; ~ *il medico* be a doctor; ~ *vedere qc a qu* show sth to s.o.; *farcela* manage; *non c'e la faccio più* I can't take any more; *2 più 2 fa 4* 2 and 2 makes 4; *quanto fa?* how much is it?; *far* ~ *qc a qu* get s.o. to do sth **2** *v/i*: *faccia pure!* go ahead!; *fa freddo / caldo* it's cold / warm

farfalla *f* butterfly

farina *f* flour; **farinaceo 1** starchy **2** *-cei mpl* starchy foodstuffs

faringe *f* pharynx; **faringite** *f* inflammation of the pharynx

farmaceutico pharmaceutical; **farmacia** *f* pharmacy, *Br* negozio chemist's; **farmacista** *m/f* pharmacist, *Br anche* chemist; **farmaco** *m* drug

faro *m* MAR lighthouse; AVIA beacon; AUTO headlight

farsi (*diventare*) grow; F (*drogarsi*) shoot up F; *si sta facendo tardi* it's getting late; ~ *male* hurt o.s.

fascia *f* band; MED bandage; ~

oraria (time) slot; **fasciare** MED bandage; **fasciatura** *f* (*fascia*) bandage; *azione* bandaging

fascicolo *m* (*opuscolo*) booklet, brochure; (*incartamento*) file

fascino *m* fascination, charm

fascio *m* bundle; *di fiori* bunch; *di luce* beam

fascismo *m* Fascism; **fascista** *agg*, *m/f* Fascist

fase *f* phase; AUTO stroke; *fig* **essere fuori ~** be out of sorts; **~ di lavorazione** production stage

fastidio *m* bother, trouble; **dare ~ a qu** bother s.o.; *le dà ~ se ... ?* do you mind if ... ?; **fastidioso** (*irritante*) irritating, annoying; (*irritabile*) irritable

fata *f* fairy

fatale fatal; **fatalità** *f inv* fate; (*disavventura*) misfortune

fatica *f* (*sforzo*) effort; (*stanchezza*) fatigue; *a ~* with a great deal of effort; **faticare** toil; *~ a* find it difficult to; **faticoso** tiring; (*difficile*) laborious

fatto 1 *pp* ☞ **fare 2** *agg* done; AGR ripe; *~ a mano* handmade; *~ di legno* made of wood **3** *m* fact; (*avvenimento*) event; (*faccenda*) affair, business; *di ~ agg* real; *avv* in fact, actually; *in ~ di* as regards

fattore *m* (*elemento*) factor;

AGR farm manager; **~ di protezione antisolare** (sun) protection factor

fattoria *f* farm; *casa* farmhouse

fattorino *m* messenger; *per consegne* delivery man

fattura *f* (*lavorazione*) workmanship; *di abiti* cut; FIN invoice; **fatturare** FIN invoice; **fatturato** *m* FIN (*giro d'affari*) turnover

fauna *f* fauna

fava *f* broad bean

favola *f* (*fiaba*) fairy tale; (*storia*) story; *morale* fable; (*meraviglia*) dream; **favoloso** fabulous

favore *m* favor; Am favor; *per ~!* please!; **fare un ~ a qu** do s.o. a favour; **favorevole** favourable, Am favorable; **favorire 1** *v/t* favour; Am favor; (*promuovere*) promote **2** *v/i*: *vuol ~?* would you care to join me / us?; **favorito** *m/agg* favourite, Am favorite

fax *m inv* fax; **faxare** fax

fazione *f* faction

fazzolettino *m*: **~ di carta** tissue; **fazzoletto** *m* handkerchief; *per la testa* headscarf

febbraio *m* February

febbre *f* fever; *ha la ~* he has a temperature

fecondare fertilize; **fecondazione** *f* fertilization; **~ artificiale** artificial insemination

fede *f* faith; (*fedeltà*) loyalty; *anello* wedding ring; **fedele**

1 *agg* faithful; (*esatto, conforme all'originale*) true **2** *m* REL believer; **i -i** *pl* the faithful *pl*

federa *f* pillowcase

federazione *f* federation

fegato *m* liver; *fig* courage, guts F

felce *f* fern

felice happy; (*fortunato*) lucky; **felicità** *f* happiness; **felicitarsi: ~ con qu per qc** congratulate s.o. on sth

felino feline

felpa *f* sweatshirt

feltro *m* felt

femmina *f* (*figlia*) girl, daughter; ZO, TEC female; **femminile 1** *agg* feminine; (*da donna*) women's **2** *m* GRAM feminine; **femminilità** *f* femininity; **femminismo** *m* feminism; **femminista** *m/f* feminist

femore *m* femur

fendinebbia *m inv* fog lamp *o* light

fenomeno *m* phenomenon

feriale: giorno *m* **~** weekday; **ferie** *fpl* holiday, Am vacation, **andare in ~** go on holiday

ferire wound; *in incidente* injure; *fig* hurt; **ferirsi** injure o.s.; **ferita** *f* wound; *in incidente* injury; **ferito 1** *agg* wounded; *in incidente* injured; *fig: sentimenti* hurt; *orgoglio* injured **2** *m* casualty

fermacarte *m inv* paperweight

fermacravatta *m inv* tiepin

fermaglio *m* clasp; *per capelli* hair slide, Am barrette; (*gioiello*) brooch

fermare stop; DIR detain; **fermarsi** stop; (*restare*) stay, remain; **fermata** *f* stop; **~ dell' autobus** bus stop

fermentare ferment; **fermento** *m* yeast; *fig* ferment

fermo 1 *agg* still; *veicolo* stationary; (*saldo*) firm; *mano* steady; **star~** (*non muoversi*) keep still **2** *int* **~!** (*alt!*) stop!; (*immobile!*) keep still!

feroce fierce, ferocious; *animale* wild; (*insopportabile*) dreadful

ferragosto *m* August 15 public holiday; *periodo* August holidays

ferramenta *f* hardware; *negozio* hardware store

ferro *m* iron; (*arnese*) tool; **~ da calza** knitting needle; **~ da stiro** iron; **~ di cavallo** horseshoe; GASTR **ai -i** grilled, Am broiled; **ferrovia** *f* railway, Am railroad

fertile fertile; **fertilizzante** *m* fertilizer

fesso *m* F idiot F; **far ~ qu** con s.o F

fessura *f* (*spaccatura*) crack; (*fenditura*) slit, slot

festa *f* feast; REL *di santo* feast day; (*ricevimento*) party; (*compleanno*) birthday; **~ della mamma / del papà** Mother's / Father's Day; **~**

nazionale national holiday; **festeggiamenti** *mpl* celebrations; **festeggiare** celebrate; *persona* have a celebration for; **festival** *m inv* festival; **festività** *f inv* festival; ~ *pl* celebrations, festivities; **festivo** festive; *giorno* ~ holiday

feto *m* fetus, *Br anche* foetus

fetta *f* slice; *a -e* sliced

fiaba *f* fairy tale

fiacca *f* weariness; (*svogliatezza*) laziness; *battere la* ~ be a shirker

fiaccola *f* torch

fiamma *f* flame; MAR pennant; **fiammante**: *rosso* ~ fiery red; *nuovo* ~ brand new; **fiammifero** *m* match

fiancheggiare border; *fig* support

fianco *m* side; ANAT hip; ~ *a* ~ side by side; *di* ~ *a qu* beside s.o.

fiasco *m* flask; *fig* fiasco

fiato *m* breath; *senza* ~ breathless; *riprendere* ~ catch one's breath

fibbia *f* buckle

fibra *f* fibre, *Am* fiber; ~ *sintetica* synthetic; **fibroso** fibrous

ficcanaso *m/f* F nosy parker F; **ficcare** thrust; F (*mettere*) shove F; **ficcarsi** get; *dove s'è ficcato?* where can it / he have got to?

fico *m* fig; *albero* fig (tree); ~ *d'India* prickly pear

fidanzamento *m* engagement; **fidanzarsi** get engaged; **fidanzata** *f* fiancée; **fidanzato** *m* fiancé; *i -i pl* the engaged couple *pl*

fidarsi: ~ *di* trust, rely on; **fidato** trustworthy; **fiducia** *f* confidence; *avere* ~ *in qu* have faith in s.o.; **fiduciaria** *f* ~ FIN trust company; **fiducioso** trusting

fienile *m* barn

fieno *m* hay

fiera *f mostra* fair

fiero proud

fifa F *f* jitters F; *aver* ~ have the jitters

figlia *f* daughter; **figliastra** *f* stepdaughter; **figliastro** *m* stepson; **figlio** *m* son; *avere -gli pl* have children; *essere* ~ *unico* be an only child; **figlioccia** *f* goddaughter; **figlioccio** *m* godson

figura *f* figure; (*illustrazione*) illustration; (*apparenza*) appearance; *far brutta* ~ make a bad impression; **figurare 1** *v/t* imagine; *figurati!* just imagine! **2** *v/i* (*apparire*) appear; (*far figura*) make a good impression; **figurato** illustrated; *linguaggio* figurative

fila *f* line, row; (*coda*) queue, *Am* line; *tre giorni di* ~ three days running; *fare la* ~ queue (up), *Am* wait in line; **filare 1** *v/t* spin **2** *v/i di ragionamento* make sense; *di for-*

maggio go stringy; *di veicolo* travel; F (*andarsene*) take off F; **~ diritto** (*comportarsi bene*) behave (o.s.)

filastrocca *f* nursery rhyme

filato 1 *agg* (*logico*) logical; **andare di ~ a casa** go straight home; **per 10 ore filate** for ten hours on the trot **2** *m* yarn; *per cucire* thread

file *m inv* INFOR file

filetto *m* GASTR fillet

filiale *f* branch; (*società affiliata*) affiliate

filigrana *f su carta* watermark; *in oreficeria* filigree

film *m inv* film, movie; **filmare** film; **filmato** *m* short (film)

filo *m* thread; *metallico* wire; *di lama* edge; *d'erba* blade; **~ interdentale** (dental) floss; **~ spinato** barbed wire; **filone** *m* MIN vein; *pane* French stick; *fig* tradition

filosofia *f* philosophy; **filosofico** philosophical; **filosofo** *m* philosopher

filtrare 1 *v/t* filter **2** *v/i fig* filter out; **filtro** *m* filter

fin ☞ **fine, fino**

finale 1 *agg* final **2** *m* end **3** *f* SP final; **finalista** *m/f* finalist; **finalmente** (*alla fine*) at last; (*per ultimo*) finally

finanza *f* finance; **finanziamento** *m* funding; **finanziare** fund, finance; **finanziario** financial; **finanziere** *m* financier; (*guardia di finanza*) Customs officer; *lungo le co-*

ste coastguard

finché until; (*per tutto il tempo che*) as long as

fine 1 *agg* fine; (*sottile*) thin; *udito, vista* sharp, keen; (*raffinato*) refined **2** *m* aim; **al ~ di …** in order to … **3** *f* end; **alla ~** in the end; **fine settimana** *m inv* weekend

finestra *f* window; **finestrino** *m* window

fingere 1 *v/t*: **~ sorpresa** pretend to be surprised **2** *v/i*: **~ di** pretend to; **fingersi** pretend to be

finire finish, end; **finiscila!** stop it!; **finito** finished; (*venduto*) sold out

finlandese 1 *m/agg* Finnish **2** *m/f* Finn; **Finlandia** *f* Finland

fino¹ *agg* fine; (*acuto*) sharp; *oro* pure

fino² *prp tempo* till, until; *luogo* as far as; **~ a domani** until tomorrow; **~ a che** (*per tutto il tempo che*) as long as; (*fino al momento in cui*) until; **fin da ieri** since yesterday

fino³ *avv* even; **fin troppo** more than enough

finocchio *m* fennel

finora so far

finta *f* pretence, *Am* pretense, sham; SP feint; **far ~ di** pretend to; **finto 1** *pp* ☞ **fingere 2** *agg* false; (*artificiale*) artificial; (*simulato*) feigned; **finzione** *f* pretence, *Am* pretense

flotta

fiocco *m* bow; *~ di neve* snowflake; *-cchi pl d'avena* oat flakes

floco weak; *luce* dim

fionda *f* catapult

fioraio *m*, **-a** *f* florist; **fiore** *m* flower; *fig* **il** (**fior**) *~* the cream; *nelle carte* **-i** *pl* clubs; **fiorente** flourishing

fiorentino 1 *agg* Florentine **2** *m*, **-a** *f* Florentine; GASTR **al-la -a** with spinach; *bistecca* charcoal grilled **3** *f* GASTR T-bone steak

fiorire flower; *fig* flourish

Firenze *f* Florence

firma *f* signature; **firmare** sign; **firmatario** *m* signatory; **firmato** *abito*, *borsa* designer *attr*

fisarmonica *f* accordion

fiscale tax *attr*, fiscal; *fig spreg* rigid, unbending

fischiare 1 *v/t* whistle; *~ qu* boo s.o. **2** *v/i di vento* whistle; **fischio** *m* whistle

fisco *m* tax authorities, Inland Revenue, *Am* IRS, *Am* Internal Revenue Service

fisica *f* physics; **fisico 1** *agg* physical **2** *m* physicist; ANAT physique

fisionomia *f* face; *fig: di popolo*, *città* appearance; (*carattere*) character

fisioterapia *f* physiotherapy; **fisioterapista** *m/f* physiotherapist

fissare (*fermare*) fix; (*guarda-re intensamente*) stare at; (*stabilire*) arrange; (*prenotare*) book; **fissarsi** (*stabilirsi*) settle; (*ostinarsi*) set one's mind (*di* on); (*avere un'idea fissa*) become obsessed (*di* with); **fissazione** *f* (*mania*) fixation (*di* about); **fisso 1** *agg* fixed; *stipendio*, *cliente* regular; *lavoro* permanent **2** *avv* fixedly

fitta *f* sharp pain

fitto (*denso*) thick

fiume *m* river; *fig* flood, torrent

fiutare smell; *cocaina* snort; *~ un imbroglio* smell a rat; **fiuto** *m* sense of smell; *fig* nose

flacone *m* bottle

flagrante flagrant; *cogliere qu in ~* catch s.o. red-handed

flash *m inv* FOT flash; *stampa* newsflash

flauto *m* flute

flemma *f* calm

flessibile flexible; **flessione** *f* bending; GRAM inflection; (*diminuzione*) dip, (*slight*) drop

flipper *m inv* pinball machine

flirtare flirt

F.lli (= *fratelli*) Bros (= brothers)

floppy disk *m inv* floppy (disk)

flora *f* flora

floscio limp; *muscoli* flabby

flotta *f* fleet

fluido *m/agg* fluid

fluorescente fluorescent

flusso *m* flow

fluttuazione *f* fluctuation

FMI *m* (= *Fondo Monetario Internazionale*) IMF (= International Monetary Fund)

foca *f* seal

focaccia *f* focaccia; *dolce*: sweet type of bread

foce *f* mouth

focoso fiery

fodera *f* interna lining; esterna cover; **foderare** *all'interno* line; *all'esterno* cover; **fodero** *m* sheath

foglia *f* leaf

foglio *m* sheet

fogna *f* sewer; **fognatura** *f* sewers

folata *f* gust

folclore *m* folklore; **folcloristico** folk *attr*

folgorare *di fulmine*, idea strike; *di corrente elettrica* electrocute; **~ qu con lo sguardo** glare at s.o.

folla *f* crowd; *fig* host

folle¹ *agg* mad

folle² AUTO: **in ~** in neutral

follia *f* madness

folto thick

fondale *m* MAR sea bed; TEA backcloth

fondamentalista *m/f* fundamentalist; **fondamentale** fundamental; **fondamento** *m* foundation; **senza ~** unfounded; **fondare** found; **fondarsi** be based (**su** on);

fondato founded; **fondatore** *m*, **-trice** *f* founder; **fondazione** *f* foundation

fondere 1 *v/t* (*liquefare*) melt; *metalli* smelt; *colori* blend 2 *v/i* melt; **fondersi** melt; FIN merge

fondo 1 *agg* deep 2 *m* bottom; (*sfondo*) background; *terreno* property; FIN fund; SP longdistance; SCI cross-country; **-i** *pl denaro* funds; **a ~** (*profondamente*) in depth; *fig* **in ~** basically; **in ~ alla strada** at the end *o* bottom of the road; **andare a ~** (*affondare*) sink; (*approfondire*) get to the bottom (**di** of); **fondotinta** *m inv* foundation

fonduta *f* cheese fondue

fonetica *f* phonetics

fontana *f* fountain

fonte *m/f* spring; *fig* source

footing *m* jogging; **fare ~** go jogging

forare *di proiettile* pierce; *con il trapano* drill; *biglietto* punch; *pneumatico* puncture; **foratura** *f* di pneumatico puncture

forbici *fpl* scissors

forchetta *f* fork

forcina *f* hairpin

foresta *f* forest

foresteria *f* guest rooms; **forestiero** 1 *agg* foreign 2 *m*, **-a** *f* foreigner

forfait *m inv* lump sum; **forfettario** flat-rate

forfora *f* dandruff

forma f form; (*sagoma*) shape; TEC (*stampo*) mould, Am mold; **essere in ~** be in good form

formaggino m processed cheese; **formaggio** m cheese

formale formal; **formalità** f inv formality

formare shape; **formarsi** form; (*svilupparsi*) develop; **formato** m size; *di libro* format; **formattare** INFOR format; **formazione** f formation; *fig*: *addestramento* training; SP line-up

formica[1] f ZO ant

formica[2]® Formica

formicaio m anthill

formicolare *di mano, gamba* tingle; *fig ~ di* teem with; **formicolio** m *sensazione* pins and needles

formidabile (*straordinario*) incredible; (*poderoso*) powerful

formula f formula; **formulare** *teoria* formulate; (*esprimere*) express

fornaio m baker; *negozio* bakery; **fornello** m oven

fornire supply (**qc a qu** s.o. with sth); **fornirsi** get (**di** sth); **fornitore** m supplier; **fornitura** f supply

forno m oven; (*panetteria*) bakery; **~ a microonde** microwave (oven); **al ~** *carne, patate* roast; *mele, pasta* baked

foro[1] m (*buco*) hole

foro[2] m *romano* forum; DIR (*tribunale*) (law) court

forse perhaps, maybe

forte 1 *agg* strong; *suono* loud; *pioggia* heavy; *taglia, somma* large; *dolore* severe **2** *avv* (*con forza*) hard; (*ad alta voce*) loudly; (*velocemente*) fast **3** m (*fortezza*) fort; **fortezza** f MIL fortress

fortuito chance

fortuna f fortune; **avere ~** be successful; (*essere fortunato*) be lucky; **buona ~!** good luck!; **per ~** luckily; **fortunatamente** fortunately; **fortunato** lucky, fortunate

foruncolo m pimple

forza f strength; (*potenza*) power; *muscolare* force; **a ~ di ...** by dint of ...; **per ~** against my / our will; **per ~!** (*naturalmente*) of course!; **~!** come on!; **-e** pl (*armate*) MIL (armed) forces; **forzare** force

foschia f haze

fosforescente phosphorescent

fossa f pit, hole; (*tomba*) grave; **fossato** m ditch; *di fortezza* moat; **fossetta** f dimple

fossile m/agg fossil (*attr*)

fosso m ditch

foto f inv photo

fotocopia f photocopy; **fotocopiatrice** f photocopier

fotografare photograph; **fotografia** f *arte* photography;

(*foto*) photograph; **~ a colori** colour photograph; **fotografico** photographic; **macchina** f **-a** camera; **fotografo** m photographer

fotomontaggio m photomontage

fotoromanzo m graphic novel

fra between; *più persone o cose* among; *temporale* in; **~ questi ragazzi** out of all these boys; **~ l'altro** what's more; **~ breve** in a very short time, soon; **~ sé e sé** to himself / herself

frac m inv tails

fracassare smash; **fracasso** m din; *di oggetti che cadono* crash

fradicio rotten; (*bagnato*) soaking wet

fragile fragile; *persona* frail, delicate

fragola f strawberry

fragore m roar; *di tuono* rumble

fraintendere misunderstand

frammentario fragmentary; **frammento** m fragment

frana f landslide; **franare** collapse

francamente frankly

francese 1 *agg* French 2 m/f Frenchman; *donna* Frenchwoman; **i -i** pl the French pl; **Francia** f France

franco frank; FIN free; **farla -a** get away with it; **francobollo** m stamp

frangia f fringe, Am bangs

frantumare shatter; **frantumi** mpl splinters; **in ~** in smithereens; **mandare in ~** smash to smithereens

frappé m inv milkshake

frase f sentence; MUS phrase; **~ fatta** set phrase, idiom

frassino m ash (tree)

frastagliato costa jagged

frastuono m racket

frate m REL friar, monk

fratellastro m step-brother; *con un genitore in comune* half-brother; **fratello** m brother; **-i** pl fratello e sorella brother and sister; **fraterno** brotherly, fraternal

frattaglie fpl GASTR offal; *di pollo* giblets

frattanto meanwhile, in the meantime

frattempo: nel ~ meanwhile, in the meantime

frattura f fracture; **fratturarsi: ~ una gamba** break one's leg

frazione f fraction; POL small group; (*borgata*) hamlet

freccia f arrow; AUTO **~ (di direzione)** indicator, Am turn signal

freddo 1 *agg* cold **2** m cold; **ho ~** I'm cold; **fa ~** it's cold; **freddoloso: essere ~** feel the cold

freezer m inv freezer

fregare rub; F (*imbrogliare*) swindle; F (*rubare*) pinch F; P **me ne frego di quello**

che pensano I don't give a damn what they think F; **fregatura** f F (*imbroglio*) rip-off F; (*ostacolo, contrarietà*) pain F

fregio *m* ARCHI frieze

frenare AUTO brake; *folla, lacrime, risate* hold back; *impulso* restrain; **frenarsi** (*dominarsi*) restrain o.s.; **frenata** f braking; **fare una ~** brake; **freno** *m* AUTO brake; *del cavallo* bit; **~ a mano** handbrake, *Am* parking brake

frequentare *luoghi* frequent; *scuola, corso* attend; *persona* associate with; **frequentato** popular; *strada* busy; **frequente** frequent; **di ~** frequently; **frequenza** f frequency; *scolastica* attendance; **un'alta ~ di spettatori** a large audience; **con ~** frequently

fresco 1 *agg* fresh; *temperatura* cool **2** *m* coolness; **fa ~** it's cool; **mettere in ~** put in a cool place

fretta f hurry; **aver ~** be in a hurry; **non c'è ~** there's no hurry; **frettoloso** hurried; *lavoro* rushed; *persona* in a hurry

fricassea f GASTR fricassée

friggere 1 *v/t* fry **2** *v/i* sizzle; **friggitoria** f *shop that sells deep fried fish etc*

frigo *m* fridge; **frigorifero 1** *agg* cold

attr; camion refrigerated **2** *m* refrigerator

frittata f GASTR omelette, *Am* omelet; **frittella** f fritter; **fritto 1** *pp* ☞ **friggere 2** *agg* fried **3** *m* fried food; **~ misto** assortment of deep-fried food

frittura f *metodo* frying; **~ di pesce** fried fish

frivolo frivolous

frizionare rub; **frizione** f friction; AUTO clutch

frizzante *bevanda* fizzy, sparkling

frode f fraud

frontale frontal; **scontro ~** head-on collision; **fronte 1** f forehead; **di ~ a** (*dirimpetto*) opposite, facing; *in presenza di* before; *a confronto di* compared with **2** *m* front; **far ~ agli impegni** face up to one's responsibilities; **fronteggiare** face

frontiera f border, frontier

fronzolo *m* frill

frottola f F fib F

frugale frugal

frugare 1 *v/i* rummage **2** *v/t* (*cercare con cura*) search, rummage through

frullare GASTR blend, liquidize; *uova* whisk; **frullato** *m* milkshake; **frullatore** *m* liquidizer, blender; **frullino** *m* whisk

frumento *m* wheat

fruscio *m* rustle

frusta f whip; GASTR whisk;

frustare whip; **frustino** *m* riding crop

frustante frustrating; **frustrazione** *f* frustration

frutta *f* fruit; **~ secca** nuts

fruttare 1 *v/t* yield **2** *v/i* fruit; **frutteto** *m* orchard; **fruttivendolo** *m*, **-a** *f* greengrocer; **frutto** *m* fruit; **-i** *pl* **di mare** seafood

FS (= **Ferrovie dello Stato**) Italian State railways

f.to (= **firmato**) signed

fu *☞* **essere**

fucilare shoot; **fucile** *m* rifle

fuga[1] *f* escape; **~ di gas** leak

fuga[2] *f* MUS fugue

fuggifuggi *m inv* stampede; **fuggire** flee; **fuggitivo** *m* fugitive

fuliggine *f* soot

fulminare *di sguardo* glare at; **rimanere fulminato** *da fulmine* be struck by lightning; *da elettricità* be electrocuted; *fig* be thunderstruck; **fulminarsi** *di lampadina* blow; **fulmine** *m* lightning; **fulmineo** fast, rapid

fumare smoke; **fumatore** *m*, **-trice** *f* smoker; **scompartimento** *m* **per -i** / **non -i** smoking / non-smoking car

fumetto *m* comic strip; **-i** *pl* **per ragazzi** comics

fumo *m* smoke; (*vapore*) steam; **~ passivo** passive smoking; **fumoso** smoky; *fig* (*oscuro*) muddled

fune *f* rope; (*cavo*) cable

funebre funeral *attr*; *fig* gloomy, funereal

funerale *m* funeral

fungere act (*da* as)

fungo *m* mushroom; MED fungus

funicolare *f* funicular railway

funivia *f* cableway

funzionamento *m* operation, functioning; **funzionare** operate, function; **non ~** be out of order; *di orologio* have stopped; **funzionario** *m* official, civil servant; **funzione** *f* function; (*carica*) office; REL service; **mettere in ~** put into operation

fuoco *m* fire; FOT focus; **dar ~ a qc** set fire to sth; **~ fuoco** catch fire; **-chi** *pl* **d'artificio** fireworks; MIL **far ~** (open) fire; FOT **mettere a ~** focus

fuorché except

fuori 1 *prp stato* outside, out of; *moto* out of, away from; **~ città** out of town; **~ luogo** out of place; **~ di sé** beside o.s. **2** *avv* outside; *all'aperto* out of doors; SP out; **~!** out!; **fuoribordo** *m inv* motorboat; **motore ~** outboard motor; **fuorigioco** *m* offside; **essere nel ~** be offside; **fuoriserie 1** *agg* made to order, custom **2** *f inv* AUTO custom-built model; **fuoristrada** *m inv* off-roader; **fuoriuscita** *f* **di gas** leakage; **fuor-**

viare 1 *v/i* go astray **2** *v/t* lead astray

furbizia *f* cunning; **furbo** cunning, crafty

furgoncino *m* (small) van; **furgone** *m* van

furia *f* fury, rage; **a ~ di ...** by dint of ...; **furibondo** furious, livid; **furioso** furious; *vento, lotta* violent; **furore** *m* fury, rage; **far ~** be all the rage

furto *m* theft; **~ con scasso** burglary

fusa *fpl*: **fare le ~** purr

fuseaux *mpl* leggings

fusibile *m* EL fuse

fusione *f* fusion; FIN merger

fuso[1] *pp* → **fondere**; *metallo* molten; *burro* melted

fuso[2] *m* spindle; **~ orario** time zone

fusto *m* (*tronco*) trunk; (*stelo*) stem, stalk; *di metallo* drum; *di legno* barrel

futile futile

futuristico futuristic; **futuro** *m/agg* future

G

gabbia *f* cage

gabbiano *m* (sea)gull

gabinetto *m* toilet, *Am* rest room

gaffe *f* blunder, gaffe

gala *f* (*ricevimento*) gala

galante gallant

galera *f* (*prigione*) jail, prison

galla *f*: **venire a ~** (come to the) surface; *fig* come to light; **galleggiante 1** *agg* floating **2** *m* (*boa*) buoy; **galleggiare** float

galleria *f* gallery; *passaggio con negozi* (shopping) arcade; FERR, MIN tunnel; TEA circle, *Am* balcony

Galles *m* Wales; **gallese 1** *m/agg* Welsh **2** *m/f* Welshman; *donna* Welshwoman

gallina *f* hen; **gallo** *m* cock

gallone *m* *unità di misura* gallon

galoppare gallop; **galoppo** *m* gallop; **al ~** at a gallop

gamba *f* leg; *fig* **in ~** (*capace*) smart; bright; *persona anziana* sprightly

gamberetto *m* shrimp; **gambero** *m* prawn

gambo *m* *di fiore, bicchiere* stem; *di pianta, fungo* stalk

gamma *f* range; MUS scale

gancio *m* hook

gara *f* competition; *di velocità* race; **fare a ~** compete

garage *m inv* garage

garantire 1 *v/t* guarantee; (*assicurare*) ensure **2** *v/i* (*farsi garante*) stand guarantor (**per** for); **garantito** guaranteed; **garanzia** *f* guarantee; **essere in ~** be under guarantee

gareggiare compete

gargarismo *m* gargle; (*collutorio*) mouthwash; **fare i ~** gargle

garofano *m* carnation; GASTR **chiodi di ~** cloves

garza *f* gauze

gas *m inv* gas; **a ~** gas *attr*; **~ lacrimogeno** tear gas; **gasato 1** *agg* fizzy; F (*eccitato*) excited **2** *m*, **-a** *f* F bighead F

gasolio *m per riscaldamento* oil; AUTO diesel

gastrite *f* gastritis

gastronomia *f* gastronomy; **gastronomico** gastronomic

gatta *f* (female) cat; **gattino** *m* kitten; **gatto** *m* cat

gay *m/agg* gay

gazzella *f* gazelle

gazzetta *f* gazette

gazzosa *f* fizzy *o Am* carbonated drink, *Am* soda

G.d.F. (= **Guardia di Finanza**) Customs and Excise

gel *m inv* gel

gelare 1 *v/t* freeze **2** *v/i e* **gelarsi** freeze

gelateria *f* ice-cream parlour *o* parlor

gelatina *f* gelatine; **~ di frutta** fruit jelly

gelato 1 *agg* frozen **2** *m* ice cream

gelido freezing

gelo *m* (*brina*) frost; *fig* chill

gelosia *f* jealousy; **geloso** jealous (**di** of)

gelsomino *m* jasmine

gemellaggio *m* twinning; **gemello 1** *agg* twin **2** *m di camicia* cuff link **3** *m*, **-a** *f* twin; ASTR **Gemelli** *pl* Gemini

gemito *m* groan

gemma *f anche fig* gem; BOT bud

gene *m* BIO gene

genealogia *f* genealogy; **genealogico** genealogical

generale *m/agg* general; **in ~** in general; **generalità** *f inv* general nature; **le ~** personal details; **generalizzare** generalize; **generalmente** generally; **generare** (*dar vita a*) give birth to; (*causare*) generate, create; **sospetti** arouse; **elettricità**, **calore** generate; **generatore** *m* EL generator; **generazione** *f* generation

genere *m* kind; BIO genus; GRAM gender; **in ~** generally; **-i alimentari** foodstuffs; **~ umano** mankind, humanity; **generico** generic

genero *m* son-in-law

generoso generous (**con** to)

genetico genetic; **ingegneria** *f* **-a** genetic engineering

gengiva *f* gum

geniale ingenious; **genialità** *f* genius; (*ingegnosità*) ingeniousness

genio *m* genius; (*inclinazione*) talent

genitali *mpl* genitals

genitori *mpl* parents

gennaio *m* January

genocidio *m* genocide

Genova Genoa; **genovese** *m/agg* Genoese

gentaglia *f* scum

gente *f* people *pl*

gentile kind; *nelle lettere* ~ **Signora** Dear Madam; **gentilezza** *f* kindness

genuino genuine; *prodotto alimentare* traditionally made; *risata* spontaneous

genziana *f* gentian

geografia *f* geography; **geografico** geographic

geologico geological

geometra *m/f* surveyor, *Am* structural engineer; **geometria** *f* geometry

geranio *m* geranium

gerarchia *f* hierarchy

gergo *m* slang; *di una professione anche* jargon

Germania *f* Germany

germe *m* germ; *fig (principio)* seeds; **in** ~ in embryo; **germogliare** sprout; **germoglio** *m* shoot

geroglifico *m* hieroglyph

gesso *m* MIN gypsum; MED, *scultura* plaster cast; *per scrivere* chalk

gesticolare gesticulate

gestione *f* management; **gestire** manage

gesto *m* gesture; **con la testa** nod

gestore *m* manager

Gesù *m* Jesus; ~ **bambino** baby Jesus

gettare throw; *fondamenta* lay; *grido* give, let out; ~

via throw away; **gettarsi** throw o.s.; *di fiume* flow (**in** into)

getto *m* jet; **di** ~ in one go

gettone *m* token; *per giochi* counter; *per giochi d'azzardo* chip

ghetto *m* ghetto

ghiacciaio *m* glacier; **ghiacciato** *lago, stagno* frozen; *bibita* ice-cold; **ghiaccio** *m* ice; *sulla strada* black ice; **ghiacciolo** *m* icicle; *(gelato)* ice lolly, *Am* Popsicle®

ghiaia *f* gravel

ghianda *f* acorn; **ghiandola** *f* gland

ghigliottina *f* guillotine

ghiotto *persona* greedy; *fig: di notizie ecc* avid (**di** for); *(appetitoso)* appetizing

ghirigoro *m* doodle

ghirlanda *f* garland

ghiro *m* dormouse; *dormire* **come un** ~ sleep like a log

già already; *(ex)* formerly; ~! of course!

giacca *f* jacket; ~ **a vento** windproof jacket

giacché since

giacenza *f* *per la vendita* stock; *invenduta* unsold goods; *periodo* stock time; ~ **di cassa** cash in hand; **-e** *pl* **di magazzino** stock in hand; **giacimento** *m* MIN deposit

giada *f* jade

giallo *m/agg* yellow; **libro** ~, **film** ~ thriller

Giappone m Japan; **giapponese** agg, m/f Japanese

giardinaggio m gardening; **giardiniera** f gardener; mobile plant stand; GASTR (mixed) pickles; **giardiniere** m gardener; **giardino** m garden; ~ **pubblico** park

gigante m/agg giant (attr); **gigantesco** gigantic

giglio m lily

gilè m inv waistcoat, Am vest

gin m inv gin

ginecologo m, -a f gynaecologist, Am gynecologist

ginepro m juniper

ginestra f broom

gingillarsi fiddle; (perder tempo) fool around

ginnastica f exercises; disciplina sportiva gymnastics; in palestra physical education

ginocchio m knee; **stare in** ~ be on one's knees, be kneeling

giocare 1 v/i play; d'azzardo, in Borsa gamble; (scommettere) bet; ~ **a tennis, flipper** play **2** v/t play; (ingannare) trick; **giocarsi** (perdere al gioco) gamble away; (beffarsi) make fun; carriera throw away; **giocatore** m, -**trice** f player; d'azzardo gambler; **giocattolo** m toy; **gioco** m game; **il** ~ **gambling**; ~ **d'azzardo** game of chance; **l'ho detto per** ~ **!** I was joking!; **giocoliere** m juggler

gioia f joy; (gioiello) jewel;

gioielleria f jeweller's (shop), Am jewelry store; **gioiello** m jewel

giornalaio m, -**a** f newsagent, Am news vendor; **giornale** m (news)paper; (rivista) magazine; (registro) journal; ~ **radio** news (bulletin); **giornaliero** daily; **abbonamento** ~ day pass; **giornalino** m per ragazzi comic; **giornalismo** m journalism; **giornalista** m/f journalist, reporter; **giornalistico** journalistic; agenzia, servizio news attr; **giornata** f day; **lo finiremo in** ~ we'll finish it today; **giorno** m day; ~ **feriale** weekday, workday; ~ **festivo** (public) holiday; **l'altro** ~ the other day; **a -i** (fra pochi giorni) in a few days (time); **al** ~ a day; **al** ~ **d'oggi** nowadays; **di** ~ by day

giostra f carousel, merry-go-round

giovane 1 agg young; (giovanile) youthful **2** m/f young man, youth; ragazza young woman, girl; **i -i** young people pl, the young pl; **giovanotto** m young man, youth

giovare (essere utile) be useful (**a** to); (far bene) be good (**a** for)

Giove m Jupiter; **giovedì** m inv Thursday

gioventù f youth; (i giovani) young people pl; **giovinezza** f youth

gippone *m* AUTO SUV

giraffa *f* giraffe

girandola *f* *fuoco d'artificio* Catherine wheel, *Am* pinwheel; (*giocattolo*) windmill; (*banderuola*) weather vane; **girare 1** *v/t* turn; *città, negozi* go around; *paese* travel around; *film* shoot; (*mescolare*) mix; FIN endorse **2** *v/i* turn; *rapidamente* spin; (*andare in giro*) wander around; *con un veicolo* drive around; *mi gira la testa* I feel dizzy; **girarrosto** *m* GASTR spit; **girasole** *m* sunflower; **girata** *f* turn; (*passeggiata a piedi*) walk, stroll; *in macchina* drive; FIN endorsement; **girevole** revolving

girino *m* tadpole

giro *m* turn; (*circolo*) circle; (*percorso abituale*) round; (*deviazione*) detour; (*passeggiata a piedi*) walk, stroll; *in macchina* drive; *in bicicletta* ride; *di pista* lap; *di motore* rev; (*viaggio*) tour; *nel ~ di una settimana* within a week; *essere in ~* (*da qualche parte*) be around somewhere; (*fuori*) be out; *mettere in ~* spread; *fig prendere in ~ qu* pull s.o.'s leg

girocollo *m inv*: *maglione a ~* crewneck sweater; **gironzolare** hang around; *~ per negozi* wander around the stores; **girovagare** wander around

gita *f* trip, excursion; **gitante** *m/f* (day) tripper

giù down; (*sotto*) below; (*da basso*) downstairs; *fig* **essere** *~* be down *o* depressed; *di salute* be run down; *mandar ~* swallow (*anche fig*); *su e ~* up and down

giubbotto *m* sports jacket; *~ di salvataggio* life jacket

giudicare judge; *~ male qu* misjudge s.o.; *lo hanno giudicato colpevole* he has been found guilty; **giudice** *m* judge; **giudizio** *m* judg(e)ment; (*senno*) wisdom; DIR (*causa*) trial; (*sentenza*) verdict; *a mio ~* in my opinion

giugno *m* June

giungere arrive (*a* in, at), reach (*a* sth)

giungla *f* jungle

giunta *f* addition; POL junta; *~ comunale* town council; *per ~* in addition, moreover; **giunto** *pp* ☞ **giungere**

giuramento *m* oath; **giurare** swear; **giurato 1** *agg* sworn **2** *m* member of the jury; **giuria** *f* jury

giuridico legal; **giurisprudenza** *f* jurisprudence

giustificare justify; **giustificazione** *f* justification

giustizia *f* justice; **giusto 1** *agg* just, fair; (*adatto*) right, appropriate; (*esatto*) correct, right **2** *avv* correctly; *mirare* accurately; (*proprio, per l'appunto*) just; *~! that's right!

glassa f GASTR icing, Am frosting

gli 1 art mpl the; **avere gli occhi azzurri** have blue eyes **2** pron (a lui) (to) him; (a esso) (to) it; (a loro) (to) them; **dagli i libri** give him / them the books, give the books to him / them

glicemia f glycaemia, Am glycemia

glie: _la, _lo, _li, _le, _ne = pron gli or le with pron la, lo, li, le, ne

globale global; **globalizzazione** f globalization; **globo** m globe; **globulo** m globule; MED corpuscle; _rosso red blood cell

gloria f glory

glossario m glossary

glucosio m glucose

gnocchi mpl (di patate) gnocchi (small potato dumplings)

gnorri m F: **fare lo** _ act dumb F

goal m inv SP goal

gobba f hump; **gobbo 1** agg hunchbacked **2** m hunchback

goccia f drop; **a** _ **a** _ little by little; **gocciolare** f drop

godere 1 v/t enjoy; **godersela** enjoy o.s. **2** v/i (rallegrarsi) be delighted (di at)

goffo awkward, clumsy

gol m inv SP goal

gola f throat; (ingordigia) greed(iness), gluttony; GEOG gorge; **mal mi da** _ sore throat

golf m inv golf; (cardigan) cardigan; (maglione) sweater

golfo m gulf

goloso greedy; **essere** _ **di dolci** have a sweet tooth

golpe m inv coup

gomito m elbow

gomitolo m ball (of wool)

gomma f rubber; per cancellare eraser, Br India rubber; (pneumatico) tyre, Am tire; _ **da masticare** (chewing) gum; AUTO _ **di scorta** spare tyre; **avere una** _ **a terra** have a flat tyre; **gommapiuma**® f foam rubber; **gommista** m tyre o Am tire specialist; **gommone** m rubber dinghy

gondola f gondola; **gondoliere** m gondolier

gonfiare 1 v/t con aria inflate; le guance puff out; fig (esagerare) exaggerate, magnify **2** v/i e **gonfiarsi** swell up; **gonfio** swollen; pneumatico inflated; stomaco bloated; fig puffed up (di with); **gonfiore** m swelling

gonna f skirt

gorgogliare di stomaco rumble; dell'acqua gurgle

gorilla m inv gorilla; F (guardia del corpo) bodyguard, gorilla F

gotico m/agg Gothic

governante 1 f housekeeper **2** m ruler; **governare** POL govern, rule; **governativo** government attr; scuola state

attr; **governo** *m* government
gozzovigliare make merry
gracchiare *di corvo* caw; *di rane* croak; *di persona* squawk
gracidare croak
gracile (*debole*) delicate
gradazione *f* gradation; (*sfumatura*) shade; **~ alcolica** alcohol(ic) content
gradevole pleasant, agreeable; **gradimento** *m* liking
gradinata *f* flight of steps; *stadio* stand; *a teatro* gallery, balcony; **gradino** *m* step
gradire like; (*desiderare*) wish; **gradisce un po' di vino?** would you like some wine?
gradito pleasant; (*bene accetto*) welcome
grado¹ *m* degree; *in una gerarchia*, MIL rank; **in ~ di lavorare** capable of working, fit for work; **per-i** by degrees
grado² *m*: **di buon ~** willingly
graduale gradual
graduatoria *f* list
graffa *f* TIP brace
graffiare scratch; **graffio** *m* scratch; **graffiti** *mpl* graffiti *sg o pl*
grafica *f* graphics; **grafico 1** *agg* graphic **2** *m* (*diagramma*) graph; (*disegnatore*) graphic artist
grafologia *f* handwriting analysis, graphology
grammatica *f* grammar; **grammaticale** grammatical
grammo *m* gram(me)

Gran Bretagna *f* Great Britain
gran ☞ **grande**
grana 1 *f* grain; F (*seccatura*) trouble; F *soldi* dough F, cash **2** *m inv* cheese similar to Parmesan
granaio *m* barn
granchio *m* crab
grande big; (*largo*) wide; *fig* (*intenso*, *notevole*) great; (*adulto*) grown-up, big; (*vecchio*) old; **grandezza** *f* (*dimensione*) size; (*larghezza*) width; (*ampiezza*) breadth; (*altezza*) height; *fig* (*eccellenza*) greatness; (*grandiosità*) grandeur
grandinare hail; **grandine** *f* hail
grandioso grand
granducato *m* grand duchy
granello *m* grain; **~ di pepe** peppercorn; **~ di polvere** speck of dust
granita *f* type of ice made of frozen crystals of coffee or fruit syrup
granito *m* granite
grano *m* (*chicco*) grain; (*frumento*) wheat; *fig* grain, ounce
granturco *m* maize, corn
grappa *f* grappa, *brandy made from the remains of the grapes used in wine-making*
grappolo *m* bunch
grassetto *m* TIP bold
grasso 1 *agg* fat; (*unto*) greasy; *cibo* fatty **2** *m* fat;

grassoccio plump

grata f grating

gratella, **graticola** f GASTR grill, Am broiler

gratifica f bonus

gratin m: **al** ~ au gratin; **gratinato** au gratin

gratis free (of charge)

gratitudine f gratitude; **grato** grateful

grattacapo m problem, headache f; **grattacielo** m skyscraper; **grattare** scratch; (raschiare) scrape; (grattugiare) grate; F pinch F; **grattugia** f grater; **grattugiare** grate

gratuito free (of charge); (infondato) gratuitous

gravare 1 v/t burden **2** v/i weigh (**su** on); **grave** (pesante) heavy; (serio) serious; (difficile) hard

gravidanza f pregnancy

gravità f seriousness, gravity; FIS (**forza** f **di**) ~ (force of) gravity

grazia f grace; (gentilezza) favour, Am favor; DIR pardon; **graziare** pardon; **grazie** thank you, thanks; ~ **tante**, ~ **mille** thank you so much; ~ **a** thanks to; **grazioso** charming; (carino) pretty

Grecia f Greece; **greco 1** agg Greek **2** m, **-a** f Greek

gregge m flock

greggio 1 agg (non lavorato) raw, crude **2** m crude (petroleum)

grembiule m apron; **grembo** m lap; **materno** womb; fig bosom

gretto (avaro) mean; (di mente ristretta) narrow-minded

gridare 1 v/t shout, yell; ~ **aiuto** shout for help **2** v/i shout, yell; (strillare) scream; **grido** m shout, cry

grigio grey, Am gray; fig (triste) sad; (scialbo) dreary

griglia f (grata) grating; GASTR grill; **alla** ~ grilled

grilletto m trigger

grillo m cricket; fig (capriccio) fancy, whim

grimaldello m lock pick

grinfie fpl fig clutches

grinta f grit; fig determination

grinza f di stoffa crease; **grinzoso** viso wrinkled; (spiegazzato) creased

grissino m bread stick

grondaia f gutter

grondare 1 v/i (colare) pour; (gocciolare) drip; ~ **di sudore** be dripping with sweat **2** v/t drip with

groppa f back

groppo m: **avere un** ~ **alla gola** have a lump in one's throat

grossezza f (dimensione) size; (spessore) thickness; (l'essere grosso) largeness; **grossista** m/f wholesaler; **grosso 1** agg big, large; (spesso) thick; mare rough; sale, ghiaia coarse; **sbagliarsi di** ~ make a big mistake;

farla -a make a fine mess **2** m bulk; **grossolano** coarse; *errore* serious; **grossomodo** roughly

grotta f cave; *artificiale* grotto

grottesco grotesque

groviglio m tangle; *fig* muddle

gru f *inv* crane

gruccia f crutch; *per vestiti* hanger

grumo m clot; *di farina* lump

gruppo m group; **~ sanguigno** blood group

guadagnare earn; (*ottenere*) gain; **guadagno** m gain; (*profitto*) profit; (*entrate*) earnings

guaina f sheath; (*busto*) corset

guaio m trouble; (*danno*) damage; *essere nei -ai* be in trouble

guancia f cheek

guanciale m pillow

guanto m glove; **guantone** m: **~ da boxe** boxing glove

guardaboschi m *inv* forest ranger; **guardacoste** m *inv* MAR coastguard; **guardalinee** m *inv* SP assistant referee, linesman; **guardamacchine** m car park attendant, *Am* parking lot attendant

guardare 1 v/t look at; (*osservare, stare a vedere*) watch; (*custodire*) watch, look after; (*esaminare*) check **2** v/i look, (*controllare*) check; *di finestra* overlook (*su* sth); **~ a sud**

face south; **guardaroba** m *inv* cloakroom, *Am* checkroom; *armadio* wardrobe; **guardarsi** look at o.s.; **~ da** beware of; (*astenersi*) refrain from

guardia f guard; **~ forestale** forest ranger; **~ di finanza** Customs official; **~ del corpo** bodyguard; **~ medica, medico** m di **~** duty doctor; **fare la ~** keep guard watching; **stare in ~** be on one's guard; **guardiano** m, **-a** f (*custode*) warden; (*portiere*) caretaker; (*guardia*) guard; *di parco* keeper; **~ notturno** night watchman; **guardone** m voyeur

guardrail m *inv* guardrail

guarigione f recovery; *in via di* **~** on the mend; **guarire 1** v/t cure **2** v/i recover; *di ferita* heal

guarnizione f (*abbellimento*) trimming; GASTR garnish; *di rubinetto* washer; AUTO **~ del freno** brake lining

guastafeste m/f *inv* spoilsport; **guastare** spoil, ruin; *meccanismo* break; **guastarsi** break down; *di tempo* change for the worse; *di cibi* go bad; **guasto 1** *agg* broken; *telefono, ascensore* out of order; AUTO broken down; *cibi* bad; *dente* rotten, decayed **2** m fault; failure; AUTO breakdown

guerra f war; **guerrafondaio**

m war-monger; **guerriglia** *f* guerrilla warfare; **guerrigliero** *m*, **-a** *f* guerrilla

gufo *m* owl

guida *f* guidance; (*persona, libro*) guide; AUTO driving; ~ **telefonica** phone book; ~ **turistica** tourist guide; AUTO ~ **a destra / a sinistra** right-hand / left-hand

drive; **guidare** guide; AUTO drive; **guidatore** *m*, **-trice** *f* driver

guinzaglio *m* lead, leash

guscio *m* shell

gustare taste; *fig* enjoy; **gusto** *m* taste; (*sapore*) flavour, *Am* flavor; *fig* (*piacere*) pleasure; **buon / cattivo** ~ good / bad taste

H

ha[1] (= *ettaro*) ha (= hectare)

ha[2] ☞ **avere**

habitat *m inv* BIO habitat

habitué *m/f inv* regular

hacker *m/f* INFOR *inv* hacker

hai ☞ **avere**

hall *f inv* foyer

hamburger *m inv* hamburger

handicap *m inv* handicap; **handicappato 1** *agg* disabled, handicapped **2** *m*, **-a** *f* disabled *o* handicapped person

hanno ☞ **avere**

hard disk *m inv* INFOR hard disk

hardware *m inv* INFOR hard-

ware

harem *m inv* harem

hashish *m inv* hashish

henné *m inv* henna

herpes *m inv* herpes

hinterland *m inv* hinterland

hit parade *f inv* hit parade, charts

ho ☞ **avere**

hobby *m inv* hobby

hockey *m inv* hockey; ~ **su ghiaccio** ice hockey

hostess *f inv* hostess; ~ **di terra** (*guida*) member of ground staff

hot dog *m inv* hot dog

hotel *m inv* hotel

I

i *art mpl* the

iceberg *m inv* iceberg

icona *f* icon

idea *f* idea; (*opinione*) opinion; **cambiare** ~ change

one's mind; **non avere la minima** ~ **di qc** not have the slightest idea about sth; **neanche per** ~! of course not!; **ideale** *m/agg* ideal; **idealiz-**

zare idealize; **ideare** *scherzo, scusa* think up; *metodo, oggetto nuovo* invent; *piano, progetto* devise; **ideatore** *m*, **-trice** *f* originator; *di metodo, oggetto nuovo* inventor

idem ditto

identico identical; **identificare** identify; **identikit** *m inv* Identikit®, *Am* composite drawing; **identità** *f inv* identity

ideologia *f* ideology

idiomatico idiomatic

idiota 1 *agg* idiotic, stupid **2** *m/f* idiot, fool; **idiozia** *f* stupidity; (*assurdità*) nonsense; **un'~** a stupid *o* idiotic thing to do / say

idolo *m* idol

idoneo suitable (**a** for)

idrante *m* hydrant

idratante *della pelle* moisturizing; **idratare** *la pelle* moisturize

idraulico 1 *agg* hydraulic; **impianto** *m* ~ plumbing **2** *m* plumber

idrico water *attr*

idroelettrico hydroelectric; **idrofilo**: *cotone* *m* ~ cotton wool, *Am* absorbent cotton; **idromassaggio** *m* Jacuzzi®, whirlpool; **idroplano** *m* hydroplane

iena *f* hyena

ieri yesterday; ~ *l'altro, l'altro* ~ the day before yesterday; ~ *mattina* yesterday morning

igiene *f* hygiene; **igienico** hygienic; *carta* *f* ~ **a** toilet paper

ignaro unaware (**di** of); **ignorante** (*non informato*) ignorant; (*incolto*) uneducated; (*maleducato*) rude; **ignoranza** *f* ignorance; **ignorare** (*non considerare*) ignore; (*non sapere*) not know; **ignoto** unknown

il *art m sg* the; ~ **martedì** on Tuesdays; **2 euro** ~ **chilo** 2 euros a kilo; **mi piace il caffè** I like coffee

illegale illegal

illeggibile illegible

illegittimo illegitimate

illeso unhurt

illimitato unlimited

illogico illogical

illudere deceive; **illudersi** delude o.s.

illuminare light up; *fig* enlighten; **illuminazione** *f* lighting; *fig* flash of inspiration

illusione *f* illusion; **illuso 1** *pp* ☞ **illudere 2** *m/f* (*sognatore*) dreamer

illustrare illustrate; **illustratore** *m*, **-trice** *f* illustrator; **illustrazione** *f* illustration

illustre illustrious

imballaggio *m* *operazione* packing; (*involucro*) package; **imballare** pack; AUTO ~ **il motore** race the engine

imbambolato *occhi, sguardo* blank; *dal sonno* bleary-eyed

imbarazzante embarrassing; **imbarazzare** embarrass; **im-**

barazzato embarrassed; **imbarazzo** *m* embarrassment; (*disturbo*) trouble; **mettere in ~ qu** embarrass s.o.

imbarcadero *m* landing stage; **imbarcarsi** go on board, embark; **imbarcazione** *f* boat; **~ da diporto** pleasure boat; **imbarco** *m di passeggeri* boarding, embarkation; *di carico* loading; (*banchina*) landing stage

imbattersi: ~ in qu bump into s.o.

imbattibile unbeatable

imbecille 1 *agg* idiotic, stupid **2** *m/f* imbecile, fool

imbiancare 1 *v/t* whiten; *con pittura* paint; *tessuti* bleach **2** *v/i e* **imbiancarsi** go white; **imbianchino** *m* (house) painter

imboccare *persona* feed; *fig* prompt; **~ una strada** turn into a road; **imboccatura** *f* (*apertura*) opening; (*ingresso*) entrance; MUS mouthpiece; **imbocco** *m* entrance

imboscata *f* ambush

imbottigliare bottle; *di veicoli* hold up

imbottito stuffed; *panino* filled; **imbottitura** *f* stuffing; *di giacca* padding

imbranato clumsy

imbrattare soil; (*macchiare*) stain

imbrogliare 1 *v/t* (*raggirare*) take in; (*truffare*) cheat; *fig* confuse **2** *v/i e* cheat; **imbro-**

glio *m* (*truffa*) trick; *fig* (*pasticcio*) mess; **imbroglione** *m*, **-a** *f* cheat

imbronciato sulky

imbruttire 1 *v/t* make ugly **2** *v/i* get ugly

imbucare *posta* post, Am mail

imburrare butter

imbuto *m* funnel

imitare imitate; **imitazione** *f* imitation

immaginare imagine; (*supporre*) suppose; **immaginario** imaginary; **immaginazione** *f* imagination

immagine *f* image

immangiabile inedible

immaturo *persona* immature; (*precoce*) premature; *frutto* unripe

immedesimarsi identify (**in** with)

immediatamente immediately; **immediato** immediate; (*pronto*) prompt

immenso immense

immergere immerse; (*lasciare immerso*) soak; **immergersi** plunge; *di subacqueo, sottomarino* dive; *fig* immerse o.s. (**in** in); **immersione** *f* immersion; *di subacqueo, sottomarino* dive; **immerso 1** *pp* ☞ **immergere 2** *agg* immersed

immettere introduce (**in** into); INFOR *dati* enter; (*portare*) lead (**in** into); **immettersi: ~ in** get into

immigrante *m/f* immigrant; **immigrare** immigrate; **immigrato** *m*, **-a** *f* immigration; **immigrazione** *f* immigration; (*immigrati*) immigrants; FIN inflow

imminente imminent; *pericolo* impending; *pubblicazione* forthcoming

immischiarsi meddle (**in** with), interfere (**in** in)

immissione *f* introduction; *di manodopera* intake; INFOR *di dati* entry

immobile 1 *agg* motionless **2** *mpl*: **-i** real estate; **immobiliare**: *agente m/f* ~ estate agent, *Am* realtor; *società f ~ di compravendita* property company; *di costruzione* construction company

immondizia *f* (*gen pl*) rubbish, *Am* trash

immorale immoral

immortale immortal; **immortalità** *f* immortality

immune MED immune (**a** to); (*esente*) free (**da** from); **immunità** *f* immunity; **immunitario**: *sistema m* ~ immune system; **immunodeficienza** *f* immunodeficiency

immutato unchanged

impacchettare (*confezionare*) wrap (up); (*mettere in pacchetti*) package

impacciare *movimenti* hamper; *persona* hinder; **impacciato** (*imbarazzato*) embarrassed; (*goffo*) awkward; **im-**

paccio *m* (*ostacolo*) hindrance; (*situazione difficile*) awkward situation; (*imbarazzo*) awkwardness

impacco *m* MED compress

impadronirsi: ~ *di qc* take possession of sth; *fig* master sth

impalcatura *f* temporanea scaffolding; *fig* framework

impallidire *di persona* turn pale

impanare GASTR coat with breadcrumbs; **impanato** in breadcrumbs, breaded

impaperarsi falter

imparare learn (**a** to)

imparentarsi: ~ *con qu* become related to s.o.

impari unequal; MAT odd

impartire give

imparziale impartial; **imparzialità** *f* impartiality

impassibile impassive

impastare mix; *pane* knead; **impasto** *m* GASTR dough; (*mescolanza*) mixture

impatto *m* impact

impaurire frighten; **impaurirsi** get frightened

impaziente impatient; **impazienza** *f* impatience

impazzata: *all'*~ correre a breakneck speed; *colpire* wildly

impazzire go mad *o* crazy; *far ~ qu* drive s.o. mad *o* crazy

impeccabile impeccable

impedire prevent; (*ostruire*) block, obstruct; (*impacciare*) hinder; **~ a qu di fare qc** prevent s.o. from doing sth, keep s.o. from doing sth

impegnare (*dare come pegno*) pawn; (*riservare*) reserve; *spazio, corsia* take up; **impegnarsi** (*prendersi l'impegno*) commit o.s., undertake (**a** to); (*concentrarsi*) apply o.s. (**in** to); **impegnativo** (*che richiede impegno*) demanding; *pranzo, serata, abito* formal; (*vincolante*) binding; **impegnato** (*occupato*) busy; *fig* (*politically*) committed; **sono già** ~ I've made other arrangements; **impegno** *m* commitment; (*appuntamento*) engagement; **con** ~ in earnest

impensabile unthinkable; **impensato** unexpected

imperante (*dominante*) prevailing

imperativo *m/agg* imperative

imperatore *m*, **-trice** *f* emperor; *donna* empress

impercettibile imperceptible

imperdonabile unforgivable

imperfetto *m/agg* imperfect; **imperfezione** *f* imperfection

impermeabile 1 *agg* waterproof **2** *m* raincoat; **impermeabilizzare** waterproof

impero *m* empire; (*potere*) rule

impersonale impersonal; **impersonare** personify; (*interpretare*) play (the part of)

impertinente impertinent; **impertinenza** *f* impertinence

imperturbabile imperturbable

imperversare rage; *fig: di moda* be all the rage

impeto *m* impetus, force; (*accesso*) outburst; (*slancio*) passion; **parlare con** ~ speak forcefully; **impetuoso** impetuous

impianto *m operazione* installation; (*apparecchiature*) plant; (*sistema*) system; MED implant; ~ **elettrico** wiring; ~ **di risalita** ski lift; ~ **di riscaldamento** heating system

impiccare hang; **impiccarsi** hang o.s.

impicciarsi: ~ **di** *o* **in qc** interfere *o* meddle in sth; **impiccio** *m* (*ostacolo*) hindrance; (*seccatura*) bother; **essere d'~** be in the way; **essere in un** ~ be in trouble

impiegare (*usare*) use; *tempo, soldi* spend; (*metterci*) take; (*assumere*) employ; **ho impiegato un'ora** it took me an hour; **impiegato** *m*, **-a** *f* employee; ~ **di banca** bank employee; **impiego** *m* (*uso*) use; (*occupazione*) employment; (*posto*) job

impietosire move to pity; **impietosirsi** be moved to pity

impigliare entangle; **impigliarsi** get entangled

impigrire 1 *v/t* make lazy **2** *v/i* e **impigrirsi** get lazy

implacabile implacable

implicare (*coinvolgere*) implicate; (*comportare*) imply

implicito implicit

implorare implore

impolverato dusty, covered in dust

imponente imposing, impressive

imponibile 1 *agg* taxable **2** *m* taxable income

impopolare unpopular

imporre impose; *prezzo* fix; **imporsi** (*farsi valere*) assert o.s.; (*avere successo*) be successful, become established; (*essere necessario*) be necessary

importante important; **importanza** *f* importance; **senza ~** not important, unimportant; **importare 1** *v/t* FIN, INFOR import **2** *v/i* matter, be important; (*essere necessario*) be necessary; **non importa** it doesn't matter; **non gliene importa niente** he couldn't care less; **importatore** *m*, **-trice** *f* importer; **importazione** *f* import; **importo** *m* amount

importunare (*assillare*) pester; (*disturbare*) bother; **importuno** troublesome; *domanda, osservazione* illtimed

impossessarsi: ~ di seize

impossibile impossible; im-

possibilità *f* inpossibility

imposta¹ *f* tax; **~ sul reddito** income tax; **~ sul valore aggiunto** value added tax, *Am* sales tax

imposta² *f* di *finestra* shutter

impostare *lavoro* plan; *problema* set out; *lettera* post, *Am* mail

imposto *pp* ☞ **imporre**

impostore *m* impostor

impotente powerless; (*inefficace*) ineffectual; MED impotent

impraticabile *strada* impassable

impratichirsi get practice (**in** in)

imprecare curse, swear (**contro** at); **imprecazione** *f* curse

imprecisato *quantità* indeterminate; *motivi, circostanze* not clear; **imprecisione** *f* inaccuracy; **impreciso** inaccurate

impregnare impregnate; (*imbevere*) soak; **impregnarsi** become impregnated (**di** with)

imprenditore *m*, **-trice** *f* entrepreneur; **imprenditoriale** entrepreneurial

impreparato unprepared

impresa *f* (*iniziativa*) enterprise, undertaking; (*azienda*) business, firm

impresario *m* contractor; TEA impresario

impressionante impressive;

(*spaventoso*) frightening; (*sconvolgente*) upsetting, shocking; **impressionare** (*turbare*) upset, shock; (*spaventare*) frighten; (*colpire*) impress; **impressionato** FOT exposed; **~ favorevolmente** (favourably) impressed; **impressione** *f* impression; (*turbamento*) shock; (*paura*) fright; TIP printing; **impresso** *pp* ☞ **imprimere**

imprevedibile unforeseeable; *persona* unpredictable; **imprevisto 1** *agg* unexpected **2** *m* unforeseen event; **salvo imprevisti** all being well

imprigionare imprison

imprimere impress; *fig: nella mente* fix firmly, imprint; *movimento* impart; TIP print

improbabile unlikely, improbable

impronta *f* impression, mark; (*orma*) footprint; (*traccia*) track; *fig* mark; **-e** *pl* **digitali** fingerprints; **-e** *pl* **genetiche** genetic fingerprints

improprio improper

improvvisamente suddenly; **improvvisare** improvize; **improvvisata** *f* surprise; **improvvisato** improvized, impromptu; **improvviso** sudden; (*inaspettato*) unexpected; **all'~** suddenly; (*inaspettatamente*) unexpectedly

imprudente careless; (*non*

saggio) imprudent, rash; **imprudenza** *f* carelessness; (*mancanza di saggezza*) imprudence, rashness

impugnare grasp; DIR *contest*; **impugnatura** *f* grip; (*manico*) handle

impulsivo impulsive; **impulso** *m* impulse

impunità *f* impunity

impuntarsi (*ostinarsi*) dig one's heels in

imputato *m*, **-a** *f* accused; **imputazione** *f* charge

imputridire rot

in in; *moto a luogo* to; **~ casa** at home; **va ~ Inghilterra** he is going to England; **~ italiano** in Italian; **~ campagna** in the country; **viaggiare ~ macchina** travel by car; **nel 1999** in 1999; **~ vacanza** on holiday

inabile unfit (**a** for); (*disabile*) disabled

inaccessibile inaccessible, out of reach; *fig: persona* unapproachable; *prezzi* exorbitant

inaccettabile unacceptable

inacidire, **inacidirsi** turn sour

inadatto unsuitable (**a** for)

inadeguato inadequate

inalare inhale; **inalatore** *m* inhaler; **inalazione** *f* inhalation

inalterabile *sentimento* unchangeable; *colore* fast; *metallo* non-tarnish

inalterato unchanged
inamidare starch
inammissibile inadmissible
inanimato inanimate; *(senza vita)* lifeless
inappetenza *f* lack of appetite
inarcare *schiena* arch; *sopracciglia* raise
inaridire 1 *v/t* parch **2** *v/i* dry up
inaspettato unexpected
inasprimento *m (intensificazione)* worsening; *di carattere* embitterment; **inasprire** exacerbate, make worse; *carattere* embitter
inattendibile unreliable
inatteso unexpected
inattività *f* inactivity; **inattivo** *persona, capitale* idle, inactive; *vulcano* dormant
inattuabile *(non fattibile)* impracticable; *(non realistico)* unrealistic
inaugurare *mostra* (officially) open, inaugurate; *lapide* unveil; F *oggetto nuovo* christen F; **inaugurazione** *f di mostra* (official) opening, inauguration; *di lapide* unveiling; F *di oggetto nuovo* christening F
inavvertenza *f* inadvertence
incagliarsi MAR run aground
incalcolabile incalculable
incalzare pursue; *fig: con richieste* ply
incamminarsi set out
incandescente incandescent; *fig* heated

incantare enchant; **incantarsi** *(restare affascinato)* be spellbound; *(sognare a occhi aperti)* be in a daze; TEC jam; **incantato** *per effetto di magia* enchanted; *(trasognato)* in a daze; *(affascinato)* spellbound; **incantesimo** *m* spell; **incantevole** delightful, charming
incanto[1] *m (incantesimo)* spell; **come per ~** as if by magic
incanto[2] *m* COM auction; **mettere all'~** put up for auction
incapace 1 *agg* incapable *(di* of*)*; *(incompetente)* incompetent **2** *m/f* incompetent person; **incapacità** *f (inabilità)* inability; *(incompetenza)* incompetence
incappare: **~ in** nebbia, difficoltà run into
incapricciarsi: **~ di qu** take a liking to s.o.
incarcerare imprison
incaricare *(dare istruzioni a)* instruct; **~ qu di fare qc** tell *o* instruct s.o. to do sth; **incaricarsi**: **~ di qc** see to sth, deal with sth; **incaricato** *m*, **-a** *f (responsabile)* person in charge; *(funzionario)* official; **incarico** *m (compito)* task, assignment; *(nomina)* appointment
incarnare embody
incartare wrap (up) (in paper)

incassare COM (*riscuotere*) cash; *fig: colpi, insulti ecc* take; **incasso** *m* (*riscossione*) collection; (*somma incassata*) takings

incastonare set

incastrare fit in; F *fig* (*far apparire colpevole*) frame F; (*mettere in una posizione difficile*) corner F

incastro *m* joint

incatenare chain

incavato hollow; *occhi* deepset

incendiare set fire to; **incendiario** *m*, **-a** *f* arsonist; **incendio** *m* fire; **~ doloso** arson

incenerire reduce to ashes; **inceneritore** *m* incinerator

incenso *m* incense

incensurato irreproachable; DIR **essere ~** have a clean record

incentivare (*incrementare*) boost; **incentivo** *m* incentive

incerata *f* oilcloth

incertezza *f* uncertainty; **incerto 1** *agg* uncertain **2** *m* uncertainty

incessante incessant

incetta f: **fare ~ di qc** stockpile sth

inchiesta *f* investigation

inchinarsi bow; *di donna* curtsy; **inchino** *m* bow; *di donna* curtsy

inchiodare 1 *v/t* nail; *coperchio* nail down **2** *v/i* AUTO jam on the brakes

inchiostro *m* ink

inciampare trip (*in* over); **~ in qu** run into s.o.

incidentale (*casuale*) accidental; (*secondario*) incidental; **incidente** *m* (*episodio*) incident; **~ aereo** plane crash; **~ stradale** road accident

incidere[1] *v/i* affect (**su** sth)

incidere[2] *v/t* engrave; (*tagliare*) cut; (*registrare*) record

incinta pregnant

incirca: **all'~** more or less

incisione *f* engraving; (*acquaforte*) etching; (*taglio*) cut; MED incision; (*registrazione*) recording; **incisivo 1** *agg* incisive **2** *m* (*dente*) incisor

incitare incite

incivile uncivilized; (*villano*) impolite

inclinare 1 *v/t* tilt **2** *v/i*: **~ a** (*tendere a*) be inclined to; **inclinato** tilted; **inclinazione** *f* inclination; **incline** inclined (**a** to)

includere include; (*allegare*) enclose; **inclusivo** inclusive; **incluso 1** *pp* **→ includere 2** *agg* included; (*compreso*) inclusive; (*allegato*) enclosed

incoerente (*incongruente*) inconsistent; **incoerenza** *f* consistency

incognita *f* unknown quantity; **incognito: in ~** incognito

incollare stick; *con colla liquida* glue; **incollarsi** stick (**a** to)

incolore colourless, Am colorless

incolpare blame

incolto uneducated; (*trascurato*) unkempt; AGR uncultivated

incolume unharmed; **incolumità** *f* safety

incombente *pericolo* impending; **incombenza** *f* task

incominciare start, begin (**a** to)

incomodo inconvenience; **incomodarsi** put o.s. out

incompatibile incompatible; **incompatibilità** *f* incompatibility

incompetente incompetent; **incompetenza** *f* incompetence

incompiuto unfinished

incompleto incomplete

incomprensibile incomprehensible; **incomprensione** *f* lack of understanding; (*malinteso*) misunderstanding; **incompreso** misunderstood

inconcepibile inconceivable

inconcludente inconclusive; *persona* ineffectual

inconfondibile unmistakable

inconfutabile indisputable

inconsapevole (*ignaro*) unaware

inconscio *m/agg* unconscious

inconsistente insubstantial; *fig* (*infondato*) unfounded; (*vago*) vague

inconsolabile inconsolable

inconsueto unusual

incontentabile hard to please; (*perfezionista*) perfectionist

incontestato undisputed

incontrare 1 *v/t* meet; *difficoltà* encounter 2 *v/i e* **incontrarsi** meet (**con** s.o.)

incontrario: **all'~** the other way round; (*nel modo sbagliato*) the wrong way round

incontrastato undisputed

incontro 1 *m* meeting; **~ di calcio** football match *o Am* game 2 *prp*: **~ a** towards; **andare ~ a qu** go and meet s.o.; *fig* meet s.o. halfway

inconveniente *m* (*svantaggio*) drawback; (*ostacolo*) hitch

incoraggiamento *m* encouragement; **incoraggiante** encouraging; **incoraggiare** encourage

incorniciare frame

incoronare crown

incorporare incorporate

incorreggibile incorrigible

incorrere: **~ in** *sanzioni* incur; *errore* make

incorruttibile incorruptible

incosciente unconscious; (*irresponsabile*) reckless

incoscienza *f* unconsciousness; (*insensatezza*) recklessness

incostante changeable; *negli affetti* fickle

incostituzionale unconstitu-

tional
incredibile incredible
incredulo incredulous, disbelieving
incrementare increase; in**cremento** *m* increase, growth
increspare *acque* ripple; *capelli frizz*; *tessuto* gather
incriminare indict
incrociare 1 *v/t* cross **2** *v/i* MAR, AVIA cruise; **incrocio** *m* (*intersezione*) crossing; (*crocevia*) crossroads *sg*, *Am* intersection; *di razze animali* cross(-breed)
incubatrice *f* incubator; in**cubazione** *f* incubation
incubo *m* nightmare
incudine *f* anvil
incurabile incurable
incurante heedless (*di* of)
incuriosire: ~ *qu* arouse s.o.'s curiosity
incursione *f* raid; ~ *aerea* air raid
incustodito unattended; *passaggio a livello* unmanned
indaco *m/agg* indigo
indaffarato busy
indagare investigate (*su, intorno a* sth); **indagine** *f* research; *della polizia* investigation; ~ *di mercato* market survey
indebitare, indebitarsi get into debt
indebolire weaken
indecente indecent
indecisione *f* indecision, in-

decisiveness; **indeciso** undecided; *abitualmente* indecisive
indefinito indefinite
indelebile indelible; *colore* fast
indenne *persona* uninjured; *cosa* undamaged; **indennità** *f inv* (*gratifica*) allowance, benefit; (*risarcimento*) compensation; ~ *di trasferta* travel allowance; **indennizzare** compensate (*per* for); **indennizzo** *m* (*compenso*) compensation
indescrivibile indescribable
indesiderato unwanted
indeterminato *tempo* unspecified, indefinite; *quantità* indeterminate
India *f* India; **indiano 1** *agg* Indian **2** *m*, -a *f* Indian
indicare show, indicate; *col dito* point at *o* to; (*consigliare*) suggest, recommend; (*significare*) mean; **indicativo** *m* GRAM indicative; **indicato** (*consigliabile*) advisable; (*adatto*) suitable
indicatore 1 *agg* indicative **2** *m* indicator; AUTO ~ *di direzione* indicator, *Am* turn signal; **indicazione** *f* indication; (*direttiva*) direction; (*informazione*) piece of information; MED **-i** *pl* directions (for use); **-i** *pl* **stradali** road signs
indice *m* index; ANAT index finger, forefinger

indicibile indescribable
indietreggiare draw back; *camminando all'indietro* step back; MIL retreat
indietro tornare, girarsi back; *essere ~ con il lavoro* be behind; *mentalmente* be backward; *di orologio* be slow; *dare ~* (restituire) give back; *tirarsi ~* draw back; *fig* back out; *all'~* backwards
indifeso undefended; (inerme) defenceless, Am defenseless
indifferente indifferent; *non ~* appreciable, considerable; *per me è ~* it's all the same to me; **indifferenza** *f* indifference
indigeno 1 agg native, indigenous **2** m, *-a* f native
indigestione *f* indigestion; **indigesto** indigestible
indignare: *~ qu* make s.o. indignant; **indignarsi** get indignant (*per* about)
indimenticabile unforgettable
indipendente independent (*da* of); **indipendentemente** independently; *~ dall'età* regardless of age; **indipendenza** *f* independence
indire conferenza, elezioni, sciopero call; concorso announce
indiretto indirect
indirizzare direct; lettera address; (spedire) send; **indirizzario** *m* address book; per

spedizione mailing list; **Indirizzo** *m* address; (direzione) direction; *~ di posta elettronica* e-mail address
indisciplinato undisciplined
indiscreto indiscreet; **indiscrezione** *f* indiscretion
indiscriminato indiscriminate
indiscusso unquestioned
indiscutibile unquestionable
indispensabile 1 agg indispensable, essential **2** *m* essentials
indispettire irritated; **indispettirsi** get irritated; **indispettito** irritated
indisposto (ammalato) indisposed
indistinto indistinct
indistruttibile indestructible
indivia *f* endive
individuale individual; **individualista** *m/f* individualist; **individuo** *m* individual
indizio *m* clue; (segno) sign; (sintomo) symptom; DIR *-i pl* circumstantial evidence
indole *f* nature
indolente indolent
indolore painless
indomani: *l'~* the next day
indossare (mettersi) put on; (portare) wear; **indossatore** *m*, *-trice* f model
indotto pp ☞ **indurre**
indovinare guess; futuro predict; **indovinato** (ben riuscito) successful; (ben scelto) well chosen; **indovinello** *m*

riddle; **indovino** *m*, **-a** *f* fortune-teller

indubbiamente undoubtedly

indugiare 1 *v/t partenza* delay **2** *v/i* (*tardare*) delay; (*esitare*) hesitate; (*attardarsi*) linger; **indugio** *m* delay; **senza ~** without delay

indulgente indulgent; *giudice, sentenza* lenient; **indulgenza** *f* indulgence; *di giudice, sentenza* leniency

indumento *m* item of clothing; **gli -i** *pl* clothes

indurire 1 *v/t* harden **2** *v/i e* **indurirsi** go hard, harden; **indurito** hardened

indurre induce

industria *f* industry; (*operosità*) industriousness; **industriale 1** *agg* industrial **2** *m* industrialist; **industrializzazione** *f* industrialization

ineccepibile irreproachable; *ragionamento* faultless

inedito unpublished; *fig* novel

inefficace ineffective

inefficiente inefficient; **inefficienza** *f* inefficiency

ineguagliabile (*senza rivali*) unrivalled, *Am* unrivaled; (*senza confronto*) incomparable; **ineguale** unequal; (*discontinuo*) uneven

inequivocabile unequivocal

inerte (*inoperoso*) idle; (*immobile*) inert, motionless; (*senza vita*) lifeless; FIS inert; **inerzia** *f* inertia; (*inattività*) inactivity

inesattezza *f* inaccuracy; **inesatto** inaccurate

inesauribile inexhaustible

inesperienza *f* inexperience; **inesperto** inexperienced

inesplorato unexplored

inesploso unexploded

inestimabile inestimable; *bene* invaluable

inetto inept

inevaso pending

inevitabile inevitable

inezia *f* trifle

infallibile infallible

infame 1 *agg* (*turpe*) infamous, foul; *spir* horrible **2** *m/f* P (*delatore*) grass P

infantile *letteratura, giochi* children's; *malattie* childhood *attr*; (*immaturo*) childish, infantile; **infanzia** *f* childhood; (*primi mesi*) infancy (*anche fig*); (*bambini*) children *pl*

infarinare (dust with) flour; **infarinatura** *f fig* smattering

infarto *m cardiaco* heart attack

infastidire annoy, irritate

infatti in fact

infatuarsi: ~ di qu become infatuated with s.o.

infedele 1 *agg* unfaithful; *traduzione* inaccurate **2** *m/f*REL infidel; **infedeltà** *f inv* unfaithfulness

infelice unhappy; (*inopportuno*) unfortunate; (*malriuscito*) bad; **infelicità** *f* unhappiness

inferiore 1 *agg* lower; *fig* inferior (*a* to); **essere ~ a qu** be inferior to s.o. **2** *m/f* inferior; (*subalterno*) subordinate; **inferiorità** *f* inferiority; (*complesso*) **complesso** *m* **d'~** inferiority complex

infermeria *f* infirmary; **infermiere** *m*, **-a** *f* nurse; **infermo 1** *agg* (*ammalato*) ill; (*invalido*) invalid **2** *m*, **-a** *f* invalid

infernale infernal; **inferno** *m* hell

inferriata *f* grating; (*cancellata*) railings

infestare infest; **infettarsi** become infected; **infettivo** infectious; **infezione** *f* infection

infiammabile flammable; **infiammarsi** become inflamed; **infiammazione** *f* inflammation

infierire *di maltempo, malattie* rage; **~ su** *o* **contro** savagely attack

infilare *fili, corde, ago* thread; (*inserire*) insert, put in; (*indossare*) slip on; *strada* take; **infilarsi** *indumento* slip on; (*conficcarsi*) stick; (*introdursi*) slip (**in** into); (*stiparsi*) squeeze (**in** into)

infiltrarsi seep; *fig* infiltrate; **infiltrazione** *f* infiltration; *di liquidi* seepage

infilzare pierce; *perle* thread

infimo lowest

infine (*alla fine*) finally, eventually; (*insomma*) in short

infinità *f* infinity; **ho un'~ di cose da fare** I've got no end of things to do; **infinito 1** *agg* infinite **2** *m* infinity; GRAM infinitive

infischiarsi F: **~ di** not give a hoot about F; **me ne infischio** I couldn't care less F

inflazione *f* inflation

inflessibile inflexible

infliggere inflict; **inflitto** *pp* ☞ **infliggere**

influente influential; **influenza** *f* influence; MED flu, influenza; **influenzabile** easily influenced, impressionable; **influenzare** influence; **influire**: **~ su** influence, have an effect on; **influsso** *m* influence

infondato unfounded

infondere *fig* instil, *Am* instill

inforcare *occhiali* put on; *bicicletta* get on, mount

informale informal

informare inform (**di** of); **informarsi** find out (**di**, **su** about); **informatica** *f* scienza information technology, IT; **informatico 1** *agg* computer *attr*, IT *attr* **2** *m*, **-a** *f* computer scientist, IT specialist

informato informed; **informatore** *m*, **-trice** *f* informant; *della polizia* informer; **informazione** *f* information; **un'~** a piece of information; **-i** information; **ufficio** *m* **-i** information office

informicolirsi   142

informicolirsi have pins and needles

infortunio *m* accident; **~ sul lavoro** accident at work

infossato *occhi* deep-set, sunken

infrangere break; **infrangibile** unbreakable; **vetro** *m* **~** shatterproof glass

infranto *pp* ☞ **infrangere**

infrarosso infrared

infrasettimanale midweek

infrastruttura *f* infrastructure

infrazione *f* offence, *Am* offense

infreddatura *f* cold

infuocato (*caldissimo*) scorching; *discorso, tramonto* fiery

infuori: **all'~** outwards; **all'~ di** except

infuriarsi fly into a rage; **infuriato** furious

infusione *f*, **infuso** *m* infusion; (*tisana*) herbal tea

ingaggiare (*reclutare*) recruit; *attore, cantante lirico* engage; SP sign (up); (*iniziare*) start, begin; **ingaggio** *m* (*reclutamento*) recruitment; SP signing; (*somma*) fee

ingannare deceive; **~ il tempo** kill time; **inganno** *m* deception, deceit

ingarbugliare tangle; *fig* confuse, muddle; **ingarbugliarsi** get entangled; *fig* get confused

ingegnarsi do one's utmost

(**a, per** to)

ingegnere *m* engineer; **ingegneria** *f* engineering; **~ genetica** genetic engineering

ingegno *m* (*mente*) mind; (*intelligenza*) brains; (*genio*) genius; (*inventiva*) ingenuity

ingelosire 1 *v/t* make jealous **2** *v/i* be jealous

ingente enormous

ingenuo ingenuous

ingerire swallow

ingessare put in plaster; **ingessatura** *f* plaster

Inghilterra *f* England

inghiottire swallow

ingiallire turn yellow; **ingiallito** yellowed

inginocchiarsi kneel (down)

ingiù: **all'~** down(wards)

ingiunzione *f* injunction; **~ di pagamento** final demand

ingiuria *f* insult

ingiustificato unjustified

ingiustizia *f* injustice; **ingiusto** unjust, unfair

inglese 1 *m/agg* English **2** *m/f* Englishman; *donna* Englishwoman *f*

ingoiare swallow

ingolfare, ingolfarsi flood

ingombrante cumbersome, bulky; **ingombrare** *passaggio* block; *stanza, mente* clutter (up); **ingombro 1** *agg* passaggio blocked; *stanza, mente* cluttered (up) **2** *m* hindrance, obstacle; **essere d'~** be in the way

ingordo greedy

ingorgo *m* blockage; **~ stradale** traffic jam

ingozzare *cibo* devour, gobble up; *persona* stuff (*di* with); **ingozzarsi** stuff o.s (*di* with)

ingranaggio *m* gear; *fig* machine; **ingranare** engage; *fig* F **le cose cominciano a ~** things are beginning to work out

ingrandimento *m* enlargement; *di azienda, città* expansion, growth; **ingrandire** enlarge; *azienda, città* expand, develop; (*esagerare*) exaggerate; **ingrandirsi** grow

ingrassare 1 *v/t animali* fatten (up); (*lubrificare*) grease **2** *v/i* get fat, put on weight

ingratitudine *f* ingratitude; **ingrato** ungrateful; *lavoro, compito* thankless

ingrediente *m* ingredient

ingresso *m* entrance; (*atrio*) hall; (*accesso*) admittance; INFOR input; **~ libero** admission free; **vietato l'~** no entry, no admittance

ingrossare 1 *v/t* make bigger; (*gonfiare, accrescere*) swell **2** *v/i* e **ingrossarsi** get bigger; (*gonfiarsi*) swell; **ingrosso: all'~** (*all'incirca*) roughly, about; COM wholesale

inguaribile incurable

inguinale groin *attr*; **ernia** *f* **~** hernia; **inguine** *m* ANAT groin

ingurgitare gulp down

inibire prohibit, forbid; PSI inhibit; **inibito** inhibited; **inibizione** *f* PSI inhibition

iniettare inject; **~ qc a qu** inject s.o. with sth; **iniezione** *f* injection

inimicarsi fall out (**con** with); **inimicizia** *f* enmity

inimmaginabile unimaginable

ininterrotto continuous

iniziale *adj* initial; **iniziare** begin, start; *ostilità, dibattito* open; *fig* initiate; **~ a fare qc** begin *o* start doing sth, begin *o* start to do sth

iniziativa *f* initiative; **di mia ~** on my own initiative

inizio *m* start, beginning; **avere ~** start, begin; **dare ~ a qc** start sth

innaffiare water; **innaffiatoio** *m* watering can

innalzare raise; (*erigere*) erect

innamorarsi fall in love (**di** with); **innamorato 1** *agg* in love (**di** with) **2** *m*, **-a** *f* boyfriend; *donna* girlfriend

innanzi 1 *prp* before; **~ a** in front of; **~ tutto** first of all; (*soprattutto*) above all **2** *avv stato in luogo* in front; (*avanti*) forward; (*prima*) before; **d'ora ~** from now on

innato innate, inborn

innervosire **~ qu** make s.o. nervous; (*irritare*) get on s.o.'s nerves; **innervosirsi** get nervous; (*irritarsi*) get irritated innestare BOT, MED graft; EL *spina* insert; AUTO *marcia* engage

inno *m* hymn; ~ *nazionale* national anthem

innocente innocent; innocenza *f* innocence

innocuo innocuous, harmless

innovativo innovative; innovazione *f* innovation

inodore odourless, *Am* odorless

inoffensivo harmless, inoffensive

inoltrare forward; inoltrarsi advance, penetrate (*in* into); inoltrato late; inoltre besides

inondare flood; inondazione *f* flood

inopportuno (*inadatto*) inappropriate; (*intempestivo*) untimely; *persona* tactless

inorridire 1 *v/t* horrify 2 *v/i* be horrified; inorridito horrified

inosservato unobserved, unnoticed; (*non rispettato*) disregarded; *passare* ~ go unnoticed

inossidabile stainless

inquadrare *fotografia* frame; *fig* put into context; inquadratura *f* frame

inquietante (*che preoccupa*) worrying; (*che turba*) disturbing; inquieto restless; (*preoccupato*) worried; (*adirato*) angry

inquilino *m*, -a *f* tenant

inquinamento *m* pollution; inquinante 1 *agg* polluting; *non* ~ environmentally friendly; *sostanza f* ~ pollutant 2 *m* pollutant; inquinare pollute; DIR *prove* tamper with

insabbiamento *m di porto* silting up; *fig* shelving

insaccati *mpl* sausages

insalata *f* salad; ~ *mista* mixed salad; ~ *verde* green salad; insalatiera *f* salad bowl

insanabile (*incurabile*) incurable; *fig* (*irrimediabile*) irreparable

insanguinato bloodstained

insaponare soap

insapore tasteless; insaporire flavour, *Am* flavor

insaputa: *all'* ~ *di qu* unknown to s.o.

insaziabile insatiable

inscenare stage

inscindibile inseparable

insegna *f* sign; (*bandiera*) flag; (*stemma*) symbol; (*decorazione*) decoration

insegnamento *m* teaching; insegnante 1 *agg* teaching; *corpo m* ~ (teaching) staff 2 *m/f* teacher; insegnare teach; ~ *qc a qu* teach s.o. sth

inseguimento *m* chase, pursuit; inseguire chase, pursue

inseminazione *f* insemination; ~ *artificiale* artificial

insemination
insenatura f inlet
insensato 1 agg senseless, idiotic **2** m, **-a** f fool, idiot
insensibile insensitive (**a** to); parte del corpo numb; **insensibilità** f insensitivity; di parte del corpo numbness
inseparabile inseparable
inserire insert; (collegare: in elettrotecnica) connect; annuncio place; **inserirsi** fit in; in una conversazione join in; **inserto** m (pubblicazione) supplement; **inserviente** m/f attendant
inserzione f insertion; sul giornale ad, advertisement
insetticida m insecticide; **insettifugo** m insect repellent; **insetto** m insect
insicurezza f insecurity, lack of security; **insicuro** insecure
insieme 1 avv together; (contemporaneamente) at the same time **2** prp: **~ a**, **~ con** together with **3** m whole; di abiti outfit; **nell'~** on the whole
insignificante insignificant
insinuare insert; fig: dubbio, sospetto sow the seeds of; **~ che** insinuate that; **insinuarsi** penetrate; fig **~ in** creep into; **insinuazione** f insinuation
insipido insipid
insistente insistent; **insistenza** f insistence; **insiste-**

re insist; (perseverare) persevere; **~ a fare qc** insist on doing sth
insoddisfacente unsatisfactory; **insoddisfatto** unsatisfied; (scontento) dissatisfied; **insoddisfazione** f dissatisfaction
insofferente intolerant
insolazione f sunstroke
insolente insolent
insolito unusual
insoluto unsolved; debito outstanding; **insolvenza** f insolvency
insomma briefly, in short; **~!** well, really!
insonne sleepless; **insonnia** f insomnia; **insonnolito** sleepy
insopportabile unbearable, intolerable
insorgere rise (up) (**contro** against); di difficoltà come up, crop up
insormontabile insurmountable
insorto 1 pp ☞ **insorgere 2** m rebel
insospettabile above suspicion; (impensato) unsuspected; **insospettire 1** v/t: **~ qu** make s.o. suspicious **2** v/i e **insospettirsi** become suspicious
insperato unhoped for; (inatteso) unexpected
inspiegabile inexplicable
inspirare breathe in, inhale
instabile unstable; tempo

changeable

installare install; **installazione** f installation

instancabile tireless

insù: all'~ upwards

insuccesso m failure

insufficiente insufficient; (*inadeguato*) inadequate; **insufficienza** f insufficiency; (*inadeguatezza*) inadequacy

insulina f insulin

insulso fig (*privo di vivacità*) dull; (*vacuo*) inane; (*sciocco*) silly

insultare insult; **insulto** m insult

insurrezione f insurrection

intaccare (*corrodere*) corrode; fig (*danneggiare*) damage; *scorte*, *capitale* make inroads into

intanto (*nel frattempo*) meanwhile; (*per ora*) for the time being; (*invece*) yet; **~ che** while

intasare block; **intasarsi** get blocked; **intasato** blocked

intascare pocket

intatto intact

integrale whole; MAT integral; *edizione* unabridged; **pane** m **~** wholemeal bread, Am wholewheat bread; **integrare** integrate; (*aumentare*) supplement; **integrarsi** integrate; **integrazione** f integration; **cassa** f **~** form of income support

intelaiatura f framework

intelletto m intellect; **intellet-**

tuale agg, m/f intellectual

intelligente intelligent; **intelligenza** f intelligence

intendere (*comprendere*) understand; (*udire*) hear; (*voler dire*) mean; (*avere intenzione*) intend; **s'intende!** of course!; **intendersi** (*capirsi*) understand each other; (*accordarsi*) agree; **~ di qc** know a lot about sth; **intenditore** m, **-trice** f connoisseur, expert

intensificare intensify; **intensificarsi** intensify; **intensità** f inv intensity; EL strength; **intensivo** intensive; **intenso** intense

intento 1 agg engrossed (**a** in), intent (**a** on) **2** m aim, purpose; **intenzionale** intentional; **intenzione** f intention; **avere l'~ di fare qc** intend to do sth

interagire interact

interamente entirely

interattivo interactive

intercalare 1 v/t insert **2** m stock phrase

intercambiabile interchangeable

intercapedine f cavity

intercedere intercede (**presso** with; **per** on behalf of)

intercettare intercept; **intercettazione** f interception; **-i** pl **telefoniche** phone tapping

intercontinentale intercontinental

interdentale: *filo m* ~ (dental) floss

interessante interesting; *in stato* ~ pregnant; **interessare 1** *v/t* interest; *(riguardare)* concern **2** *v/i* matter; **interessarsi** be interested (*a*, *di* in); *(occuparsi)* take care (*di* of); **interessato 1** *agg* interested (*a* in); *(implicato)* involved (*a* in); *spreg* parere, opinione biased; *persona* self-interested **2** *m*, *-a f* person concerned; **interesse** *m* interest; *(tornaconto)* benefit; *per* ~ out of self-interest; *senza* ~ of no interest

interfaccia *f* INFOR interface
interferenza *f* interference; **interferire** interfere
interiezione *f* interjection
interiora *fpl* entrails
interiore *m/agg* interior
interlocutore *m*, *-trice f*: *la sua -trice* the woman he was talking to
intermediario *m*, *-a f* intermediary; **intermedio** intermediate; *bilancio, relazione* interim
interminabile interminable
intermittente intermittent
internazionale international
internet *m* Internet; *navigare su* ~ surf the Net
interno 1 *agg* internal, inside *attr*; GEOG inland; POL, FIN domestic; *fig* inner **2** *m* *(parte interna)* inside, interior; GEOG interior; TELEC exten-

sion; *via Dante n. 6* ~ *9* 6 via Dante, Flat 9; *all'* ~ inside

intero whole, entire; *(completo)* complete; *latte m* ~ whole milk; MAT *numero m* ~ integer

interpellare consult
interpretare interpret; *personnagio* play; MUS play, perform; **interpretazione** *f* interpretation; TEA, MUS, *film* performance; **interprete** *m/f* interpreter; *attore, musicista* performer; *fare da* ~ interpret, act as interpreter
interpunzione *f* punctuation
interrogare interrogate; EDU test; **interrogativo 1** *agg* GRAM interrogative; *occhiata* questioning; *punto* ~ *m* *(domanda)* question; *(dubbio)* doubt; **interrogatorio** *m* questioning; **interrogazione** *f* questioning; *domanda* question; EDU oral (test)
interrompere interrupt; *(sospendere)* break off, stop; *comunicazioni, forniture* cut off; **interrotto** *pp* ☞ **interrompere**; **interruttore** *m* EL switch; **interruzione** *f* interruption
interurbana *f* long-distance (phone) call; **interurbano** intercity; *chiamata f* *-a* long-distance (phone) call
intervallo *m* interval; *di scuola, lavoro* break
intervenire intervene; *(parte-*

cipare) take part, participate (*a* in); MED operate; **intervento** *m* intervention; (*partecipazione*) participation; MED operation; **pronto ~** emergency services

intervista *f* interview; **intervistare** interview; **intervistatore** *m*, **-trice** *f* interviewer

intesa *f* (*accordo*) understanding; (*patto*) agreement; SP team work; **inteso 1** *pp* ☞ **intendere 2** *agg* (*capito*) understood; (*destinato*) intended (*a* to); **siamo -i?** agreed

intestare *assegno* make out (*a* to); *proprietà* register (*a* in the name of); **intestatario** *m*, **-a** *f* *di assegno* payee; *di proprietà* registered owner

intestazione *f* heading; *su carta da lettere* letterhead

intestinale intestinal; **intestino** *m* intestine, gut

intimare order

intimidazione *f* intimidation; **intimidire** intimidate

intimità *f* privacy; *di un rapporto* intimacy; **intimo 1** *agg* intimate; (*segreto*) private; (*accogliente*) cosy, *Am* cozy; *amico* close, intimate **2** *m persona* close friend; (*abbigliamento*) underwear

intingere dip

intitolare call, entitle; (*dedicare*) dedicate (*a* to); **intitolarsi** be called

intollerabile intolerable; **intollerante** intolerant; **intol-**

leranza *f* intolerance

intonacare plaster; **intonaco** *m* plaster

intonarsi (*armonizzare*) go well (*a*, *con* with); **intonato** MUS in tune; **colori** *pl* **-i** colours that go well together

intontito dazed

intoppo *m* (*ostacolo*) hindrance; (*contrattempo*) snag

intorno 1 *prp*: **~ a** around; (*riguardo a*) about **2** *avv* around

intossicare poison; **intossicazione** *f* poisoning; **~ alimentare** food poisoning

intralciare hinder; **intralcio** *m* hindrance

intransigente intransigent

intransitivo intransitive

intraprendente enterprising; **intraprendenza** *f* enterprise; **intraprendere** undertake

intrattabile intractable; *prezzo* fixed, non-negotiable

intrattenere entertain; **~ buoni rapporti con qu** be on good terms with s.o.; **intrattenersi** dwell (**su** on)

intravedere glimpse; *fig* (*presagire*) anticipate, see; **intravisto** *pp* ☞ **intravedere**

intrecciare plait, braid; (*intessere*) weave; **intrecciarsi** intertwine

intreccio *m fig* (*trama*) plot

intricato tangled; *disegno* intricate; *fig* complicated

intrigante scheming; (*affasci-*

nante) intriguing; **intrigo** *m* plot

intrinseco intrinsic

introdurre introduce; (*inserire*) insert; **introdursi** get in; **introduzione** *f* introduction

introito *m* income; (*incasso*) takings

intromettersi interfere; (*interporsi*) intervene

introvabile impossible to find

introverso 1 *agg* introverted **2** *m*, **-a** *f* introvert

intrufolarsi sneak in

intruglio *m* concoction

intruso *m*, **-a** *f* intruder

intuire know instinctively; **intuito** *m* intuition; **intuizione** *f* intuition

inumano inhuman

inumidire dampen, moisten; **inumidirsi** get damp

inutile useless; (*superfluo*) unnecessary, pointless; **inutilizzabile** unusable; **inutilmente** pointlessly, needlessly

invadente 1 *agg* nosy **2** *m/f* busybody

invadere invade; (*occupare*) occupy; (*inondare*) flood

invaghirsi: ~ **di** take a liking to

invalido 1 *agg* disabled; DIR invalid **2** *m*, **-a** *f* disabled person

invano in vain

invariato unchanged

invasione *f* invasion (**di** of)

invecchiare 1 *v/t* age **2** *v/i*

age, get older; *di vini, cibi* mature; *fig* (*cadere in disuso*) date

invece instead; (*ma*) but; ~ **di fare** instead of doing

inveire: ~ **contro** inveigh against

invenduto unsold

inventare invent

inventario *m* inventory

inventore *m*, **-trice** *f* inventor; **invenzione** *f* invention

invernale winter *attr*; **sport** *mpl* **-i** winter sports; **inverno** *m* winter; **d'~** in winter

inverosimile improbable, unlikely

inversione *f* (*scambio*) reversal; AUTO ~ **di marcia** U-turn

inverso 1 *agg* reverse **2** *m* opposite

invertire reverse; (*capovolgere*) turn upside down; ~ **la marcia** turn around

investigare investigate; **investigatore** *m*, **-trice** *f* investigator

investimento *m* investment; *di pedone* running over; **investire** *pedone* run over; FIN, *fig* invest

inviare send; **inviato** *m*, **-a** *f* envoy; *di giornale* correspondent

invidia *f* envy; **invidiare** envy; **invidioso** envious

invincibile invincible

invio *m* dispatch

invisibile invisible

invitante *profumo* enticing; *offerta* tempting; **invitare** invite; **invitato** *m*, **-a** *f* guest; **invito** *m* invitation

invocare invoke; (*implorare*) beg for

invogliare induce

involontario involuntary

involtini *mpl* GASTR *rolled stuffed slices of meat*

involucro *m* wrapping

inzaccherare spatter with mud

inzuppare soak; (*intingere*) dip

io 1 *pron* I; **~ stesso** myself; **sono ~!** it's me! **2** *m inv* ego

iodio *m* iodine

ionico ARCHI Ionic

iosa: **a ~** in abundance

iperattivo hyperactive

ipermercato *m* hypermarket, *Am* supermarket

ipersensibile hypersensitive

ipertensione *f* high blood pressure

ipnosi *f* hypnosis; **ipnotizzare** hypnotize

ipocalorico low-calorie

ipocrisia *f* hypocrisy; **ipocrita 1** *agg* hypocritical **2** *m/f* hypocrite

ipoteca *f* mortgage; **ipotecare** mortgage

ipotesi *f inv* hypothesis; **ipotetico** hypothetical; **ipotizzare** hypothesize

ippica *f* (horse) riding; **ippodromo** *m* race-course

ippopotamo *m* hippo(pota-

mus)

ira *f* anger

iracheno 1 *agg* Iraqi **2** *m*, **-a** *f* Iraqi

Iran *m* Iran; **iraniano 1** *agg* Iranian **2** *m*, **-a** *f* Iranian

Iraq *m* Iraq

irascibile irritable, irascible

iride *f* (*arcobaleno*) rainbow; ANAT, BOT iris

Irlanda *f* Ireland; **irlandese 1** *agg* Irish **2** *m* Irish Gaelic **3** *m/f* Irishman; *donna* Irishwoman

ironia *f* irony; **ironico** ironic(al); **ironizzare** be ironic

IRPEF *f* (= *Imposta sul Reddito delle Persone Fisiche*) income tax

irraggiungibile unattainable

irragionevole unreasonable

irrazionale irrational

irreale unreal

irrealizzabile unattainable

irregolare irregular; **irregolarità** *f inv* irregularity

irreparabile irreparable

irreperibile impossible to find

irreprensibile irreproachable

irrequieto restless

irresistibile irresistible

irresponsabile irresponsible

irrestringibile shrink-resistant

irrevocabile irrevocable

irriconoscibile unrecognizable

irrigare irrigate

irrigidire stiffen; *fig disciplina* tighten; **irrigidirsi** stiffen
irrilevante irrelevant
irrimediabile irremediable
irripetibile unrepeatable
irrisorio derisive; *quantità, somma di denaro* derisory; *prezzo* ridiculously low
irritabile irritable; **irritabilità** *f* irritability; **irritante** irritating; **irritare** irritate; **irritarsi** get irritated
irruzione *f*: **fare ~ in** burst into; *di polizia* raid
iscritto 1 *pp* ☞ **iscrivere 2** *m, -a f* member; *a gare, concorsi* entrant; EDU pupil, student **3** *m*: **per ~** in writing; **iscrivere** register; *a gare, concorsi* enter (**a** for, in); EDU enrol, *Am* enroll (**a** at); **iscriversi** *in un elenco* register; **~ a partito, associazione** join; *gara* enter; EDU enrol at, *Am* enroll at; **iscrizione** *f* inscription
islamico Islamic
Islanda *f* Iceland; **islandese 1** *m/agg* Icelandic **2** *m/f* Icelander
isola *f* island; **~ pedonale** pedestrian precinct
isolamento *m* isolation; TEC insulation; **~ acustico** soundproofing; **isolano** *m, -a f* islander
isolante 1 *agg* insulating **2** *m* insulator; **isolare** isolate; TEC insulate; **isolarsi** isolate o.s., cut o.s. off; **isolato 1**

agg isolated; TEC insulated **2** *m* outsider; *di case* block
ispettore *m, -trice f* inspector; **ispezionare** inspect; **ispezione** *f* inspection
ispirare inspire; **ispirarsi** *di artista* get inspiration (**a** from); **ispirazione** *f* inspiration; *(impulso)* impulse; *(idea)* idea
Israele *m* Israel; **israeliano** *m, -a f* Israeli
istallare ☞ **installare**
istantanea *f* snap; **istantaneo** instantaneous; **istante** *m* instant; **all'~** instantly
istanza *f (esigenza)* need; *(domanda)* application; DIR petition
isterico hysterical
istigare instigate
istintivo instinctive; **istinto** *m* instinct
istituire establish; **istituto** *m* institute; *assistenziale* institution, home; **~ di bellezza** beauty salon; **istituzione** *f* institution
istmo *m* isthmus
istruire educate, teach; *(dare istruzioni a, addestrare)* instruct; **istruito** educated; **istruttivo** instructive; **istruttore** *m, -trice f* instructor; **istruzione** *f* education; *(direttiva)* instruction; **~i per l'uso** instructions (for use)
Italia *f* Italy; **italiano 1** *m/agg* Italian; **parla ~?** do you

speak Italian? **2** m, **-a** f Italian

itinerario m route, itinerary

ittico fish

iuta f jute

IVA f (= **Imposta sul Valore Aggiunto**) VAT (= value-added tax), Am sales tax

J

jazz m jazz; **jazzista** m/f jazz musician

jeans mpl jeans

jeep f inv jeep

jet-lag m inv jet lag

jogging m jogging; **fare ~**, go for a jog

joint-venture f inv joint venture

ture

jolly m inv joker

joy-stick m inv joystick

judo m judo

juke-box m inv jukebox

jumbo m jumbo

junior m/agg junior

K

kamikaze m inv suicide bomber

karatè m karate

killer m inv killer

kit m inv kit

kitsch agg inv, m kitsch

kiwi m inv BOT kiwi (fruit)

kmq (= **chilometri quadrati**) km² (= square kilometres)

k.o.: mettere qu ~ knock s.o. out; fig trounce s.o.

kolossal m inv epic

krapfen m inv GASTR doughnut, Am donut

L

l (= **litro**) l (= litre)

l' = **lo, la**

là there; **di ~**that way; (in quel luogo) in there; (al) **di ~ di** on the other side of; **più in ~** further on; **nel tempo** later on

la¹ art fsg the; **~ signora Rossi** Mrs Rossi; **~ domenica** on

Sundays; **mi piace la birra** I like beer

la² pron **1** sg (persona) her; (cosa, animale) it; **~ prenderò** I'll take it **2** anche **La** sg you

la³ m MUS A; **nel solfeggio della scala** la(h)

labbro m lip

labirinto *m* labyrinth

laboratorio *m* lab, laboratory; (*officina*) workshop

laborioso laborious; *persona* hard-working

laburista 1 *agg* Labour **2** *m/f* Labour Party member; *elettore* Labour supporter

lacca *f* lacquer; **laccare** lacquer

laccio *m* tie, (draw)string; **-cci** *pl* **delle scarpe** shoe laces

lacerante *dolore*, *grido* piercing; **lacero** tattered

lacrima *f* tear; **lacrimare** water; **lacrimevole** heart-rending; *film m ~* tear-jerker; **lacrimogeno**: *gas m ~* tear gas

lacuna *f* gap; **lacunoso** incomplete

ladino 1 *agg* South Tyrolean **2** *m*, **-a** *f* South Tyrolean

ladro *m*, **-a** *f* thief

laggiù down there; *distante* over there

laghetto *m* pond

lagna *f* (*lamentela*) whining; *persona* whiner; (*cosa noiosa*) bore; **lagnarsi** complain (*di* about)

lago *m* lake

laguna *f* lagoon

laico 1 *agg scuola*, *stato* secular **2** *m*, **-a** *f* layman; laywoman

lama *f* blade

lamentarsi complain (*di* about); **lamentela** *f* complaint; **lamento** *m* whimper

lametta *f*: *~* (**da barba**) razor blade

lamiera *f* metal sheet

lamina *f* foil; *~ d'oro* gold leaf

lampada *f* lamp; **lampadario** *m* chandelier; **lampadina** *f* light bulb; *~ tascabile* torch, *Am* flashlight

lampante blindingly obvious

lampeggiare flash; **lampeggiatore** *m* AUTO indicator, *Am* turn signal; FOT flashlight

lampione *m* streetlight

lampo *m* lightning

lampone *m* raspberry

lana *f* wool; *pura ~ vergine* pure new wool

lancetta *f* needle; *di orologio* hand

lancia *f* spear; MAR launch; **lanciare** throw; *prodotto* launch; *~ un'occhiata* glance, take a quick look; *~ un urlo* give a shout, shout; **lanciarsi** rush; *~ contro* throw o.s at, attack; F *~ in un'impresa* embark on a venture

lancinante *dolore* piercing

lancio *m* throwing; *di prodotto* launch; *~ del disco* discus; *~ del giavellotto* javelin; *~ del peso* putting the shot

languore *m* languor; *ho un ~ allo stomaco* I'm feeling peckish

lapide *f* gravestone; *su monumento* plaque

lapis *m inv* pencil

lardo m lard

larghezza f width, breadth; **largo 1** agg wide, broad; (indumento) loose, big; (abbondante) large, generous **2** m width; (piazza) square; **andare al ~** head for the open sea; **farsi ~** elbow one's way through; **stare alla -a da** keep away from

laringe f larynx; **laringite** f laryngitis

larva f ZO larva

lasagne fpl lasagne sg

lasciapassare m inv pass

lasciare leave; (abbandonare) give up; (concedere) let; (smettere di tenere) let go of; **lascia andare!, lascia perdere!** forget it!; **lasciarsi** separate, split; **~ andare** let o.s. go

lascito m legacy

laser m inv, agg inv laser

lassativo m/agg laxative

lasso m: **~ di tempo** period of time

lassù up there

lastra f di pietra slab; di metallo, ghiaccio, vetro sheet; MED X-ray

lastrico m: fig **ridursi sul ~** lose everything

latente latent

laterale lateral

laterizio m bricks and tiles

latino 1 agg Latin; **~-americano** Latin-American **2** m Latin; **~-americano, -a** Latin-American

latitante m/f fugitive

latitudine f latitude

lato m side; **a ~ di, di ~ a** beside

latrato m barking

latrina f latrine

latta f can, Br anche tin

latte m milk; **~ intero** whole milk; **~ scremato** skimmed milk; **latteo** milk attr; **Via Lattea** Milky Way; **latteria** f dairy; **lattice** m latex; **latticinio** m dairy product

lattina f can, Br anche tin

lattuga f lettuce

laurea f degree; **laurearsi** graduate; **laureato** m, **-a** f graduate

lava f lava

lavabile washable; **~ in lavatrice** machine-washable

lavabo m basin

lavaggio m washing; **~ a secco** dry-cleaning

lavagna f blackboard; Am chalkboard; GEOL slate

lavanda f BOT lavender

lavanderia f laundry; **~ a gettone** launderette, Am laundromat®

lavandino m basin; nella cucina sink

lavapiatti m/f inv dishwasher; **lavare** wash; **~ i panni** do the washing; **lavarsi** wash; **~ le mani** wash one's hands; **~ i denti** brush o clean one's teeth; **lavastoviglie** f inv dishwasher; **lavatrice** f washing machine

lavello *m* basin; *nella cucina* sink

lavorare 1 *v/i* work **2** *v/t materia prima* process; *legno* carve; *terra* work; **lavorativo**: **giorno** *m* ~ workday; lavorato *legno* carved; **lavoratore** *m*, **-trice** *f* worker; **lavorazione** *f di materia prima* processing; *di legno* carving; **lavoro** *m* work; *(impiego)* job; **per** ~ on business; **-i in corso** roadworks, work in progress; **senza** ~ unemployed, out of work

le[1] *art fpl* the

le[2] *pron fsg* to her; *fpl* them; *anche* **Le** you

leader *m/f inv* leader

leale loyal; **lealtà** *f* loyalty

lebbroso *m*, **-a** *f* leper

lecca-lecca *m inv* lollipop; **leccare** lick

leccio *m* holm oak

leccornia *f* delicacy

lecito legal, permissible

lega *f* league; *di metalli* alloy

legale 1 *agg* legal **2** *m/f* lawyer; **legalizzare** legalize

legame *m* tie, relationship; *(nesso)* link, connection; **gamento** *m* ANAT ligament; **legare** tie; *persona* tie up; *(collegare)* link; *fig di lavoro* tie down

legge *f* law; **fuori** ~ illegal

leggenda *f* legend; *di carta geografica ecc* key; **leggendario** legendary

leggere read

leggerezza *f* lightness; *fig* casualness; **con** ~ thoughtlessly; **leggero** light; *(lieve, di poca importanza)* slight; *(superficiale)* thoughtless; *caffè* weak; **alla -a** lightly

leggibile legible

leggio *m* lectern; MUS music stand

legislativo legislative; **legislatura** *f periodo* term of parliament

legittimare approve; **legittimo** legitimate

legna *f* (fire)wood; **legname** *m* timber; **legno** *m* wood; **di** ~ wooden

legumi *mpl* peas and beans; **secchi** pulses

lei *pron fsg soggetto* she; *oggetto, con preposizione* her; ~ **stessa** herself; *anche* **Lei** you; **dare del** ~ **a** address s.o. as 'lei'

lembo *m di gonna* hem, bottom; *di terra* stip

lente *f* lens; **-i** *pl* glasses, spectacles; **-i** *pl* (**a contatto**) contact lenses, contacts F; ~ **d'ingrandimento** magnifying glass

lenticchia *f* lentil

lentiggine *f* freckle

lento slow; *(allentato)* slack; *abito* loose

lenza *f* fishing rod

lenzuolo *m* sheet

leone *m* lion; ASTR **Leone** Leo; **leonessa** *f* lioness

leopardo *m* leopard

lepre f hare

lesbica f lesbian

lesionare damage; **lesione** f MED injury

lessare boil

lessico m vocabulary; (*dizionario*) glossary

lesso 1 *agg* boiled **2** *m* boiled beef

letale lethal

letame m manure, dung

letargo m lethargy

lettera f letter; **alla ~** to the letter; FIN **~ di cambio** bill of exchange; **letterale** literal; **letterario** literary; **letteratura** f literature

lettino m cot, *Am* crib; *dal medico* bed; *dallo psicologo* couch

letto[1] m bed; **~ a una piazza** single bed; **~ matrimoniale** double bed; **~i pl a castello** bunk beds; **andare a ~** go to bed

letto[2] *pp* ☞ **leggere**

lettore m, **-trice** f reader; *all' università* lecturer in a foreign language; INFOR disk drive; **~ compact disc, ~ CD** CD player

lettura f reading

leucemia f leukaemia, *Am* leukemia

leva f lever; MIL call-up, *Am* draft; AUTO **~ del cambio** gear lever, *Am* gear shift

levante m east

levare (*alzare*) raise, lift; (*togliere*) take, (re)move; (*ri-*

muovere) take out, remove; *macchia* remove, get out; *dente* take out, extract; **~ l'ancora** weigh anchor; **levarsi** get up, rise; *di sole* rise, come up; *indumento* take off; **levata** f *di posta* collection; **levatrice** f midwife

levigare smooth down; **levigato** smooth

lezione f lesson; *all'università* lecture

li *pron mpl* them

lì there; **~ per ~** there and then

libanese *agg*, *m/f* Lebanese; **Libano** m (the) Lebanon

libbra f pound

libellula f dragon-fly

liberale 1 *agg* generous; POL liberal **2** *m/f* liberal; **liberalizzare** liberalize; **liberalizzazione** f liberalization; **liberamente** freely; **liberare** release, free; (*sgombrare*) empty; *stanza* vacate; **liberarsi: ~ di** get rid of; **liberazione** f release; *di nazione* liberation; **libero** free; **libertà** f *inv* freedom, liberty

Libia f Libya; **libico 1** *agg* Libyan **2** m, **-a** f Libyan

libreria f bookshop, *Am* bookstore; (*biblioteca*) library; *mobile* bookcase

libretto m booklet; MUS libretto; **~ degli assegni** cheque book, *Am* check book; AUTO **~ di circolazione** registration document; **~ di risparmio** bank book

libro m book
licenza f FIN licence, Am license; MIL leave; EDU school leaving certificate; **~ di costruzione** building permit; **~ di esercizio** trading licence; **licenziamento** m dismissal; **licenziare** dismiss; **licenziarsi** resign
liceo m high school
lido m beach
lieto happy; **~ di conoscerla** nice o pleased to meet you
lieve light; (di poca gravità) slight, minor; sorriso, rumore faint
lievitare rise; fig rise, be on the increase; **lievito** m yeast; **~ in polvere** baking powder
lilla m/agg lilac
lima f file; **limetta** f emery board; di metallo nail file
limitare limit (**a** to); **limitato** limited; **limitazione** f limitation; **~ delle nascite** birth control; **senza -i** without restriction; **limite** m limit; (confine) boundary; **~ di velocità** speed limit; **al ~** at most, at the outside
limitrofo bordering
limonata f lemonade; **limone** m lemon; (albero) lemon tree
limpido clear; acqua crystal-clear
lince f lynx
linciare lynch
linea f line; **~ dell'autobus** bus route; **mantenere la ~**

keep one's figure; TELEC **restare in ~** stay on the line, not hang up; INFOR **in ~** on line
lineamenti mpl (fisionomia) features
lineare linear
lineetta f dash
linfonodo m lymph node
lingotto m ingot
lingua f tongue; (linguaggio) language; **~ madre** mother tongue; **~ straniera** foreign language; **linguaggio** m language
lino m BOT flax; tessuto linen
liofilizzato freeze-dried
lipidico: a basso contenuto ~ low-fat
liposuzione f liposuction
liquidare (pagare) pay; merci clear; azienda liquidate; fig: questione settle; problema dispose of; persona F dispose of F; **liquidazione** f liquidation; **~ totale** clearance sale; **liquidità** f liquid assets, liquidity; **liquido** m/agg liquid
liquirizia f liquorice
liquore m liqueur
lira f lira
lirica f lyric poem; MUS **la ~** opera; **lirico** lyric; cantante opera attr
lisca f fishbone
lisciare smooth; (accarezzare) stroke; capelli straighten; **liscio** smooth; bevanda straight, neat

liso worn

lista f (*elenco*) list; (*striscia*) strip; **~ d'attesa** waiting list; **~ dei vini** wine list

listino m: **~ di borsa** share index; **~ prezzi** price list

lite f quarrel, argument; **litigare** quarrel, argue; **litigio** m quarrel, argument

litografia f lithography

litorale 1 *agg* coastal **2** m coast; **litoranea** f coast road; **litoraneo** coast *attr*, coastal

litro m litre, *Am* liter

liuto m lute

livella f level; **livello** m level

livido 1 *agg* livid; *braccio, viso* black and blue; *occhio* black; *per il freddo* blue **2** m bruise

lo 1 *art msg* the **2** *pron msg* him; *cosa, animale* it; **non ~ so** I don't know

lobo m lobe

locale 1 *agg* local **2** m room; *luogo pubblico* place; FERR local train; **località** f *inv* town; **~ balneare** seaside resort; **localizzare** localize; (*reperire*) locate

locanda f TEA bill

locatario m, **-a** f tenant; **locatore** m, **-trice** f landlord; *donna* landlady; **locazione** f rental

locomotiva f locomotive; **locomozione** f locomotion; **mezzo** m **di ~** means of transport

locuzione f fixed expression

lodare praise; **lode** f praise

loggia f loggia

loggione m TEA gallery

logica f logic; **logico** logical

logorare wear out; **logorio** m wear and tear; **logoro** *indumento* worn (out)

lombaggine f lumbago

Lombardia f Lombardy; **lombardo 1** *agg* of Lombardy **2** m, **-a** f native of Lombardy

lombata f loin

lombo m loin

lombrico m earthworm

Londra f London

longevo long-lived

longitudine f GEOG longitude

lontananza f distance; *tra persone* separation; **lontano 1** *agg* far; *nel tempo* far-off; *passato, futuro, parente* distant **2** *avv* far (away); **da ~** from a distance; *abita molto* **~?** do you live very far away?

lontra f otter

loquace talkative

lordo dirty; *peso, reddito ecc* gross

loro 1 *pron soggetto* they; *oggetto* them; *forma di cortesia* you **2** *possessivo* their; *forma di cortesia* your; **il ~ amico** their / your friend; **i ~ genitori** their / your parents **3** *pron*: **il ~** theirs; *forma di cortesia* yours

lotta f struggle; SP wrestling; *fig* fight; **lottare** wrestle, struggle (**con**) with); *fig* fight (**contro** against; **per** for);

lottatore *m* wrestler
lotteria *f* lottery
lotto *m* lottery; *di terreno* plot
lozione *f* lotion; **~ dopobarba** aftershave
L.st. (= **lira sterlina**) £ (= pound)
lubrificante *m* lubricant; AUTO lubricating oil; **lubrificare** lubricate
lucchetto *m* padlock
luccicare sparkle
luccio *m* pike
lucciola *f* glowworm
luce *f* light; *fig far* **~ su qc** shed light on sth; AUTO **-i** *pl* **di posizione** side lights; **-i** *pl* **posteriori** rear lights
lucente shining
lucertola *f* lizard
lucidare polish; *disegno* trace; **lucido 1** *agg superficie* shiny; FOT glossy; *persona* lucid **2** *m* polish; *disegno* transparency; **~ da scarpe** shoe polish
lucro *m*: **a scopo di ~** profit-making
luglio *m* July
lugubre sombre, *Am* somber
lui *pron msg soggetto* he; *oggetto* him; **a ~** to him; **stesso** himself
lumaca *f* slug
luminosità *f* luminosity; FOT

speed; **luminoso** luminous; *stanza* bright
luna *f* moon; **~ crescente** / **calante** crescent / waning moon; **~ piena** full moon; **~ di miele** honeymoon; **luna-park** *m inv* amusement park
lunario *m*: **sbarcare il ~** make ends meet
lunatico moody
lunedì *m inv* Monday
lunghezza *f* length; **lungo 1** *agg* long; *caffè* weak; **a ~** for a long time; *fig* **alla -a** in the long run; **andare per le -ghe** drag on; **di gran -a** by far **2** *prp* *(durante)* throughout; **lungolago** *m* lakeside; **lungomare** *m inv* sea front
lunotto *m* AUTO rear window
luogo *m* place; **~ di nascita** birthplace, place of birth; **avere ~** take place, be held; **fuori ~** out of place; **in primo ~** in the first place
lupo *m* wolf
lurido filthy
lusingare flatter
lussazione *f* dislocation
lusso *m* luxury; **albergo** *m* **di ~** luxury hotel; **lussuoso** luxurious
lustrare polish
lutto *m* mourning

M

ma but; *(eppure)* and yet; **~ va!** nonsense!
maccheroni *mpl* macaroni *sg*
macchia *f* spot; *di sporco* stain; *(bosco)* scrub; **macchiare** stain; **macchiato** stained; **caffè** *m* **~ espresso** with a splash of milk
macchina *f* machine; *(auto)* car; *fig* machinery; **~ fotografica** camera; **~ da cucire** sewing machine; **~ da scrivere** typewriter; **macchinario** *m* machinery
macedonia *f:* **~ (di frutta)** fruit salad
macellaio *m*, **-a** *f* butcher; **macelleria** *f* butcher's
macerie *fpl* rubble
macigno *m* boulder
macinacaffè *m inv* coffee mill; **macinapepe** *m inv* pepper mill; **macinare** mill, grind
macrobiotica *f* health food; **negozio** *m* **di ~** health food store; **macrobiotico** macrobiotic
Madonna *f* Madonna, Our Lady; **madonnaro** *m* pavement artist specializing in sacred images
madre *f* mother; **madrelingua 1** *f* mother tongue **2** *m/f* native speaker; **madreperla** *f* mother-of-pearl; **madrina** *f* godmother
maestà *f* majesty
maestrale *m* north-west wind
maestro 1 *agg* *(principale)* main **2** *m* master; MUS, PITT maestro, master **3** *m*, **-a** *f* teacher; **~ di nuoto** swimming teacher *o* instructor; **~ di sci** ski instructor
mafia *f* Mafia
maga *f* witch
magari 1 *avv* maybe, perhaps **2** *int* **~!** if only! **3** *cong* **~ venisse** if only he would come
magazzino *m* warehouse; *di negozio* stock room; *(emporio)* factory shop; **grandi -i** *pl* department store
maggio *m* May
maggioranza *f* majority;
maggiore 1 *agg* bigger; *(più vecchio)* older; MUS major; **il ~** the biggest; *figlio* the oldest; *artista* the greatest; **la maggior parte di ...** most of the ..., the majority of the ...; **andare per la ~** be a crowd pleaser **2** *m* MIL major; **maggiorenne** adult *attr*; **maggioritario** majority; POL **sistema** *m* **~** first-past-the-post system
magia *f* magic; **magico** magic(al)
magistrato DIR *m* magistrate
maglia *f* top; *(maglione)*

sweater; SP shirt, jersey; *ai
ferri* stitch; **lavorare a ~** knit;
maglieria *f* knitwear; **maglietta** *f* T-shirt; **maglione**
m sweater
magnetico magnetic
magnifico magnificent
magnolia *f* magnolia
mago *m* wizard; *i re -gi* the
Three Wise Men, the Magi
magro thin; *cibo* low-fat; *fig*:
consolazione small; *guadagno* meagre, *Am* meager
mai never; (*qualche volta*) ever; **~ più** never again; *più
che ~* more than ever; *se ~*
if ever; *dove / perché ~?*
where / why on earth?
maiale *m* pig, *Am* hog; (*carne
f* **di**) **~** pork
maiolica *f* majolica
maionese *f* mayonnaise
mais *m* maize
maiuscola *f* capital (letter);
maiuscolo capital
mal ☞ **male**
malandato dilapidated; *persona* poorly
malanno *m* misfortune; (*malattia*) illness
malapena: *a ~* hardly
malato 1 *agg* ill; *essere ~ di
cuore* have heart problems;
~ di mente mentally ill **2** *m,
-a f* sick person; **malattia** *f*
illness; *essere / mettersi in
~* be / go on sick leave
malavita *f* underworld
malavoglia *f* unwillingness,
reluctance; *di ~* unwillingly,

reluctantly
malconcio the worse for
wear; *persona* not very well
maldestro awkward, clumsy
male 1 *m* evil; *che c'è di ~?*
where's the harm in it?; *andare a ~* go bad; MED *mal di
gola* sore throat; *mal di testa* headache; *mal di denti*
toothache; *mal di mare* sea-
sickness; *far ~ a qu* hurt s.o.;
mi fa ~ il braccio my arm
hurts; *il cioccolato mi fa ~*
chocolate doesn't agree with
me; *fare ~ alla salute* be bad
for you; *farsi ~* hurt o.s. **2** *avv*
badly; *capire ~* misunder-
stand; *meno ~!* thank goodness!; *stare ~* (*essere malato*)
be ill; (*essere giù*) be depressed; *il giallo mi sta ~*
yellow doesn't suit me
maledetto 1 *pp* ☞ **maledire 2**
agg damn(ed); **maledire**
curse; **maledizione** *f* curse;
~! damn!
maleducato bad-mannered
malessere *m* indisposition;
fig malaise
malfamato disreputable
malfatto *cosa* badly made;
malfattore *m* criminal
malformazione *f* malforma-
tion
malgoverno *m* misgovern-
ment
malgrado 1 *prp* in spite of;
mio ~ against my will **2** *cong*
although
maligno malicious, spiteful;

MED malignant

malinconia *f* melancholy; **malinconico** melancholic

malincuore: a ~ reluctantly, unwilling

malintenzionato 1 *agg* shady, suspicious **2** *m*, **-a** *f* shady character

malinteso *m* misunderstanding

malizioso malicious; *sorriso* mischievous

malloppo *m* (*refurtiva*) loot

malmenare mistreat

malnutrito under-nourished; **malnutrizione** *f* malnutrition

malore *m*: **è stato colto da un ~** he was suddenly taken ill

malsano unhealthy

maltempo *m* bad weather

malto *m* malt

maltrattare ill-treat

malumore *m* bad mood; **essere di ~** be in a bad mood

malvagio evil, wicked

malvisto unpopular

malvivente *m* lout

malvolentieri unwillingly, reluctantly

mamma *f* mother, mum; **~ mia!** goodness!

mammella *f* breast

mammifero *m* mammal

mammografia *f* mammography

manager *m/f* manager; **manageriale** managerial, management *attr*

mancanza *f* lack (*di* of); (*er-*

rore) oversight

mancare 1 *v/i* be missing; *di coraggio* fail; (*euph: morire*) pass away; **a qu manca qc** s.o. lacks sth; **mi manchi molto** I miss you a lot; **mi mancano 10 euro** I'm 10 euros short; **mancano tre mesi a Natale** it's three months to Christmas; **mi mancano le parole** words fail me; **c'è mancato poco che cadesse** he almost fell; **ci mancherebbe altro!** no way!, you must be joking!; **~ di qc** (*non avere*) lack sth, be lacking in sth **2** *v/t* miss; *mancato occasione* missed, lost; *tentativo* unsuccessful

mancia *f* tip; **manciata** *f* handful

mancino 1 *agg* left-handed; *fig colpo m* **~** dirty trick **2** *m*, **-a** *f* left-hander

mandante *m/f* DIR client; *mandare* send; **~ a prendere qc** send s.o. for sth; *fig* **~ giù** digest, take in

mandarino *m* BOT mandarin (orange)

mandato *m* POL mandate; DIR warrant; **~ bancario** banker's order; **~ d'arresto** arrest warrant

mandibola *f* jaw

mandolino *m* mandolin

mandorla *f* almond; **mandorlo** *m* almond tree

mandria *f* herd

maneggevole manageable; **maneggiare** handle (*anche fig*); **maneggio** *m* handling; *per cavalli* riding school
manesco a bit too ready with one's fists
manette *fpl* handcuffs
manganello *m* truncheon, *Am* night stick
mangereccio edible
mangiabile edible; **mangiacassette** *m inv*, **mangianastri** *m inv* cassette player; **mangiare 1** *v/t* eat; *fig* squander; **mangiarsi le parole** mumble **2** *m* food; **mangime** *m* fodder; **mangiucchiare** snack
mango *m* mango
mania *f* mania
manica *f* sleeve; **senza -che** sleeveless
Manica *f*: **la ~** the (English) Channel
manicaretto *m* delicacy
manichino *m* dummy
manico *m* handle
manicomio *m* mental home
manicure *f inv* manicure; (*persona*) manicurist
maniera *f* (*modo*) way, manner; (*stile*) manner; **-e** *pl* manners
manifestante *m/f* demonstrator; **manifestare 1** *v/t* (*esprimere*) express; (*mostrare*) show **2** *v/i* demonstrate; **manifestarsi** appear, show up; *di malattia* manifest itself; **manifestazione** *f* expres-

sion; *il mostrare* show; **~ di protesta** demonstration, demo F; **~ sportiva** sporting event; **manifesto 1** *agg* obvious **2** *m* poster
maniglia *f* handle; *di autobus, metro* strap
manipolare manipulate; *vino* adulterate; **manipolato geneticamente** genetically modified
mano *f* hand; **fuori ~** out of the way; *fig* **alla ~** approachable; **di seconda ~** secondhand; **dare una ~ a qu** give s.o. a hand; **tenersi per ~** hold hands; **man ~ che** as (and when); **manodopera** *f* labour, *Am* labor
manomettere tamper with
manopola *f* knob
manoscritto *m* manuscript
manovale *m* hod carrier
manovella *f* starting handle
manovra *f* manoeuvre, *Am* maneuver; **manovrare 1** *v/t* TEC operate; FERR shunt; *fig* manipulate **2** *v/i* manoeuvre, *Am* maneuver
mansarda *f* locale attic
mantello *m* (*cappa*) cloak; *di animale* coat; (*strato*) layer
mantenere keep; *in buono stato* maintain; **mantenersi in forma** keep in shape; **mantenimento** *m* maintenance; *di famiglia* keep
Mantova *f* Mantua; **mantovano 1** *agg* Mantuan **2** *m*, **-a** *f* Mantuan

manuale m/agg manual
manubrio m handlebars
manutenzione f maintenance
manzo m steer, bullock; *carne* beef
mappa f map; **mappamondo** m globe
maratona f marathon; **maratoneta** m/f marathon runner
marca f brand, make; *(etichetta)* label; ~ *da bollo* revenue stamp; **marcare** mark; *goal* score; **marcato** *accento*, *lineamenti* strong
marchio m COM brand; ~ *depositato* registered trademark
marcia f march; SP walk; TEC AUTO gear; ~ *indietro* reverse; **marciapiede** m pavement, *Am* sidewalk; FERR platform; **marciare** march
marcio bad, rotten; *(corrotto)* corrupt; **marcire** rot *anche fig*
mare m sea; *in alto* ~ on the high seas; **marea** f tide; *fig una* ~ *di* loads of; *alta* ~ high tide; *bassa* ~ low tide; **mareggiata** f storm; **maremoto** m tidal wave
margarina f margarine
margherita f daisy
margine m margin; *(orlo)* edge, brink
marina f coast(line); MAR navy; PITT seascape; **marinaio** m sailor
marinare GASTR marinate; F

~ *la scuola* play truant, *Am* play hooky; **marinato** GASTR marinated
marino sea *attr*, marine
marionetta f puppet, marionette
marito m husband
marittimo maritime
marmellata f jam, *Am* jelly; ~ *di arance* marmalade
marmitta f AUTO silencer, *Am* muffler
marmo m marble
marocchino 1 agg Moroccan **2** m, -a f Moroccan; **Marocco** m Morocco
marrone 1 agg (chestnut) brown **2** m colore (chestnut) brown; *(castagno)* chestnut
marsala m Marsala, *dessert wine*
Marte m Mars
martedì m inv Tuesday; ~ *grasso* Shrove Tuesday, *Am* Mardi Gras
martello m hammer
martire m/f martyr; **martirio** m martyrdom
marzapane m marzipan
marziano m Martian
marzo m March
mascara m inv mascara
mascarpone m mascarpone
mascella f jaw
maschera f mask; *in teatro* usher; *donna* usherette; ~ *antigas* gas mask; **mascherare** mask; *fig* camouflage, conceal; **mascherarsi** put on a mask; *(travestirsi)* dress up

(**da**) as)

maschile spogliatoio, *abito* men's; *caratteristica* male; GRAM masculine; **maschilista** *m/agg* sexist; **maschio 1** *agg* male; **hanno tre figli -i** they have three sons *o* boys **2** *m* (*ragazzo*) boy; (*uomo*) man; ZO male; **mascolino** masculine

mascotte *f inv* mascot

mass media *mpl* mass media

massa *f* mass; EL earth, *Am* ground

massacrare massacre; **massacro** *m* massacre

massaggiare massage; **massaggiatore** *m*, **-trice** *f* masseur; *donna* masseuse; **massaggio** *m* massage

massaia *f* housewife

massiccio *m agg* massive; *oro, noce ecc* solid **2** *m* massif

massima *f* saying, maxim; *temperatura* maximum; **in linea di ~** generally speaking; **massimo 1** *agg* greatest, maximum **2** *m* maximum; **al ~** at most

masso *m* rock

masticare chew

mastice *m* mastic; (*stucco*) putty

mastino *m* mastiff

mastodontico gigantic

masturbare, **masturbarsi** masturbate

matematica *f* mathematics, maths, *Am* math; **matematico 1** *agg* mathematical **2** *m*,

-a *f* mathematician

materassino *m* airbed; **materasso** *m* mattress

materia *f* matter; (*materiale*) material; (*disciplina*) subject; **~ prima** raw material; **materiale 1** *agg* (*rozzo*) coarse, rough **2** *m* material; TEC equipment

maternità *f inv* motherhood; *in ospedale* maternity; **materno** maternal; **scuola** *f* **-a** nursery school

matita *f* pencil

matrice *f* matrix

matricola *f* register; *all'università* first-year student

matrigna *f* stepmother

matrimoniale matrimonial; **matrimonio** *m* marriage; *rito* wedding *attr*

mattina *f* morning; **di ~** in the morning; **mattinata** *f* morning; TEA matinée; **mattiniero: essere ~** be an early bird; **mattino** *m* morning

matto 1 *agg* mad, crazy (**per** about) **2** *m*, **-a** *f* madman, lunatic; *donna* madwoman, lunatic; **mi piace da -i andare al cinema** I'm mad about the cinema

mattone *m* brick; **mattonella** *f* tile

maturare *interessi* accrue; **maturità** *f* maturity; *diploma: A levels, Am* final exams

maturo *frutto* ripe; *persona* mature

mazza *f* club; (*martello*)

mazzo

sledgehammer; **da baseball** bat; **~ da golf** golf club

mazzo *m* bunch; **~ di carte** pack *o* deck of cards

me (= **mi** before **lo, la, li, le, ne**) me; **dammelo** give me it, give it to me; **per ~** for me

meccanica *f* mechanics; **di orologio** mechanism; **meccanicamente** mechanically; **meccanico 1** *agg* mechanical **2** *m* mechanic; **meccanismo** *m* mechanism

mecenate *m/f* sponsor

mèche *f inv* streak, highlight

medaglia *f* medal

medesimo (very) same

media *f* average; **in ~** on average; **mediano 1** *agg* central, middle **2** *m* SP half-back; **mediante** by (means of); **mediatore** *m*, **-trice** *f* mediator; **mediazione** *f* mediation

medicare *persona* treat; *ferita* clean, disinfect; **medicazione** *f* treatment; (*bende*) dressing; **medicina** *f* medicine; **medicinale 1** *agg* medicinal **2** *m* medicine; **medico 1** *agg* medical **2** *m* doctor; **~ di guardia** duty doctor

medievale medieval

medio 1 *agg* middle *attr, statura, rendimento* average **2** *m* middle finger

mediocre mediocre

medioevo *m* Middle Ages

meditare 1 *v/t* think about; (*progettare*) plan **2** *v/i* medi-

tate; (*riflettere*) think; **~ su qc** think about sth; **meditazione** *f* meditation; (*riflessione*) reflection

mediterraneo *m/agg* Mediterranean

medium *m/f inv* medium

medusa *f* ZO jellyfish

meglio 1 *avv* better; **~!, tanto ~!** good!; **alla ~** to the best of one's ability **2** *agg* better; *superlativo* best **3** *m* best; **fare del proprio ~** do one's best **4** *f* **avere la ~ su** get the better of

mela *f* apple

melagrana *f* pomegranate

melanzana *f* aubergine, *Am* eggplant

melma *f* mud

melo *m* apple (tree)

melodia *f* melody

melodrammatico melodramatic

melone *m* melon

membrana *f* membrane; **~ del timpano** eardrum

membro *m* ANAT limb; *persona* member

memorabile memorable; **memoria** *f* memory; **a ~** by heart; **-e** *pl* memoirs; **memorizzare** memorize; INFOR save

menare lead; F (*picchiare*) hit

mendicante *m/f* beggar; **mendicare 1** *v/t* beg for **2** *v/i* beg

menefreghismo *m* couldn't--care-less attitude

meningite f meningitis

meno 1 avv less; superlativo least; MAT minus; **il ~ possibile** as little as possible; **a ~ che** unless; **per lo ~** at least; **sono le sei ~ un quarto** it's a quarter to six; **sempre ~** less and less; **fare a ~ di qc** do without sth **2** prp except; **menomato** damaged; (handicappato) disabled

mensa f di azienda canteen; MIL mess

mensile m/agg monthly; **mensilità** f inv salary

mensola f bracket

menta f mint

mentale mental; **mentalità** f inv mentality; **mentalmente** mentally; **mente** f mind; **avere in ~ di fare qc** be thinking about doing sth; **tenere a ~ qc** bear sth in mind; **non mi viene in ~ il nome di** ... I can't remember the name of ...

mentire lie

mento m chin

mentre while

menù m inv menu (anche IN-FOR)

menzionare mention

menzogna f lie

meraviglia f wonder; **a ~** wonderfully; **meravigliare** astonish; **meravigliarsi: ~ di** be astonished by; **meravigliato** astonished; **meraviglioso** marvellous, Am mar-velous, wonderful

mercante m merchant; **mercantile 1** agg nave cargo attr; porto commercial **2** m cargo ship; **mercanzia** f merchandise

mercato m market; **~ coperto** indoor market; **~ delle pulci** flea market; **a buon ~** cheap, inexpensive

merce f goods

merceria f haberdashery, Am notions

mercoledì m inv Wednesday; **~ delle Ceneri** Ash Wednesday

mercurio m mercury; AST **Mercurio** Mercury

merda P shit P

merenda f snack

meridiana f sundial; **meridiano 1** agg midday attr **2** m meridian

meridionale 1 agg southern **2** m/f southerner; **meridione** m south; **il Meridione** southern Italy

meringa f meringue

meritare 1 v/t deserve **2** v/i: **un libro che merita** a worthwhile book; **merito** m merit; **in ~ a** as regards; **per ~ suo** thanks to him

merletto m lace

merlo m ZO blackbird

merluzzo m cod

meschino mean; (infelice) wretched

mescolanza f mixture; **mescolare** mix; insalata toss;

caffè stir; **mescolarsi** mix, blend

mese *m* month

messa[1]: ~ **in piega** set; ~ **in scena** production

messa[2] *f* REL mass

messaggino *m* text, text message; **messaggio** *m* message

messicano 1 *agg* Mexican **2** *m*, **-a** *f* Mexican; **Messico** *m* Mexico

messinscena *f* production; fig act

messo *pp* ☞ **mettere**

mestiere *m* trade; (*professione*) profession

mestolo *m* ladle

mestruazione *f* menstruation

meta *f* destination; SP try; fig goal, aim

metà *f inv* half; *punto centrale* middle, centre, Am center; *a ~ prezzo* half price; *a ~ strada* halfway; *fare a ~* go halves (*di* on)

metabolismo *m* metabolism

metadone *m* methadone

metafora *f* metaphor; **metaforico** metaphorical

metallico metallic; **metallizzato** metallic; **metallo** *m* metal

metamorfosi *f inv* metamorphosis

metano *m* methane; **metanodotto** *m* gas pipeline

meteora *f* meteor; **meteorite** *m* o *f* meteorite; **meteorolo-**

-gico meteorological, weather *attr*

meticoloso meticulous

metodico methodical; **metodo** *m* method

metrico metric

metro *m* metre, Am meter; ~ **quadrato** square metre; ~ **cubo** cubic metre

metrò *m inv* (*metropolitana*) underground, Am subway

metronotte *m inv* night watchman

metropoli *f inv* metropolis; **metropolitana** *f* underground, Am subway

mettere put; *vestito* put on; ~ **in moto** start (up); ~ **in ordine** tidy up; **mettiamo che ...** let's assume that ...; **mettersi** *abito, cappello ecc* put on; ~ *a sedere* sit down; AVIA, AUTO ~ *la cintura* fasten one's seat belt; ~ *a fare qc* start to do sth

mezzaluna *f* half moon; GASTR *two-handled chopper*; **mezzanotte** *f* midnight; **mezzo 1** *agg* half; *mezz'ora* half-hour; *le sei e ~* half past six, Am six thirty; ~ *chilo* a half kilo; *di -a età* middle-aged **2** *avv* half **3** *m* (*parte centrale*) middle; (*metà*) half; (*strumento*) means *sg*; (*veicolo*) means *sg* of transport; *per ~ di* by means of; *in ~* between; *in ~ a quei documenti* in the middle of those papers, among those papers;

in ~ alla stanza in the middle of the room; *nel ~ di* in the middle of; *giusto ~* happy medium; **mezzobusto** *m* half-length photograph / portrait; **mezzofondo** *m* middle distance; **mezzogiorno** *m* midday; GEOG **Mezzogiorno** south (of Italy)

mi[1] *m* MUS E; *nel solfeggio della scala* me, mi

mi[2] *pron* me; *riflessivo* myself; **eccomi** here I am

miagolare miaow; **miagolio** *m* miaowing

mica: *non ho ~ finito* I'm nowhere near finished; *non è ~ vero* there's not the slightest bit of truth in it; *~ male* not bad at all

miccia *f* fuse

micidiale *veleno, clima* deadly; *fatica, sforza* exhausting

micio F *m* (pussy) cat

micosi *f inv* mycosis

microbiologia *f* microbiology

microbo *m* microbe

microchip *m inv* microchip

microcamera *f* miniature camera

microchirurgia *f* microsurgery

microfilm *m inv* microfilm

microfono *m* microphone, mike F

microonda *f* microwave; *forno m a -e* microwave (oven)

microprocessore *m* micro-

processor

microscopico microscopic; **microscopio** *m* microscope

midollo *m* marrow; *~ spinale* spinal cord

miei *mpl* di *mio* my

miele *m* honey

mietere harvest

migliaio *m* thousand; *un ~* a *o* one thousand; *a migliaia* in their thousands

miglio[1] *m misura* mile

miglio[2] *m grano* millet

miglioramento *m* improvement; **migliorare 1** *v/t* improve **2** *v/i e* **migliorarsi** improve, get better; **migliore** better; *il ~* the best

mignolo *m* (*o dito~*) little finger; *del piede* little toe

-mila thousand; *due~* two thousand

milanese 1 *agg* of Milan **2** *m/f* inhabitant of Milan; **Milano** *f* Milan

miliardario *m*, -a *f* billionaire, multimillionaire; **miliardo** *m* billion; **milionario** *m*, -a *f* millionaire; *donna* millionairess; **milione** *m* million

militare 1 *agg* military **2** *m* soldier; **milite** *m* soldier; **militesente** exempt from military service; **milizia** *f* militia

mille a thousand

millefoglie *m* vanilla slice; **millennio** *m* millennium; **millepiedi** *m inv* millipede; **millesimo** thousandth

milligrammo *m* milligram(me)

millimetro *m* millimetre, *Am* millimeter

milza *f* spleen

mimetizzare MIL camouflage; **mimetizzarsi** camouflage o.s.

mimo *m* mime

mina *f* mine; *di matita* lead

minaccia *f* threat; **minacciare** threaten; **minaccioso** threatening

minareto *m* minaret

minato: *campo ~* minefield; **minatore** *m* miner

minatorio threatening

minerale *m*/*agg* mineral

minestra *f* soup; *~ di verdura* vegetable soup; **minestrina** *f* clear soup, broth; **minestrone** *m* minestrone

miniatura *f* miniature

miniera *f* mine (*anche fig*)

minigolf *m inv* minigolf

minigonna *f* mini(skirt)

minimizzare minimize; **minimo 1** *agg* least, slightest; *prezzo* lowest; *salario, temperatura* minimum **2** *m* minimum

ministero *m* ministry; **ministro** *m* minister; *~ degli Esteri* Foreign Secretary, *Am* Secretary of State; *~ degli Interni* Home Secretary, *Am* Secretary of the Interior; *primo ~* Prime Minister; *consiglio m dei -i* Cabinet

minoranza *f* minority

minorato 1 *agg* severely handicapped **2** *m*, *-a f* severely handicapped person

minore 1 *agg* minor; *di età* younger; *distanza* shorter; *più piccolo* smaller **2** *m*/*f*: *vietato ai -i di 18 anni* no admittance to those under 18 years of age; *film* X-rated; **minorenne 1** *agg* underage **2** *m*/*f* minor

minuscola *f* small letter, lower case letter; **minuscolo** tiny, miniscule

minuto 1 *agg* tiny, minute; *descrizione* detailed **2** *m* minute; **minuzioso** *descrizione* detailed; *ricerca* meticulous

mio 1 *agg* my; *un ~ amico* a friend of mine, one of my friends **2** *pron*: *il ~* mine; *i miei* my parents

miope short-sighted; **miopia** *f* short-sightedness, myopia

mira *f* aim; (*obiettivo*) target; *prendere la ~* take aim; *fig prendere di ~ qu* have it in for s.o.

miracolo *m* miracle; *per ~* by a miracle, miraculously

miraggio *m* mirage

mirare aim (*a* at)

mirino *m* MIL sight; FOT viewfinder

mirtillo *m* blueberry

mirto *m* myrtle

miscela *f* mixture; *di caffè, tabacco* blend; **miscelatore** *m* GASTR mixer; *rubinetto* mixer tap

mischia *f* (*rissa*) scuffle; SP

(folla) scrum; **mischiare** mix; *carte* shuffle; **mischlarsi** mix; **miscuglio** *m* mixture

miseria *f (povertà)* poverty; **costare una ~** cost next to nothing; F **porca ~!** damn and blast! F; **misero** wretched

missile *m* missile

missionario *m*, **-a** *f* missionary; **missione** *f* mission

misterioso mysterious; **mistero** *m* mystery

mistico mystic(al)

misto 1 *agg* mixed **2** *m* mixture; **~ lana** wool mix

misura *f* measurement; *(taglia)* size; *(provvedimento)*, *fig* measure; **su ~** made to measure; **misurare** measure; *vestito* try on; **misurino** *m* measuring spoon

mite mild; *condanna* light

mito *m* myth; **mitologia** *f* mythology; **mitologico** mythological

mitra *m inv*, **mitragliatrice** *f* machine gun

mitt. (= **mittente**) sender

mittente *m/f* sender

mixare mix

M.M. (= **Marina Militare**) Italian navy

mobile 1 *agg* mobile; *ripiano, pannello* removeable **2** *m* piece of furniture; **-i** *pl* furniture; **mobilia** *f* furnishings; **mobilificio** *m* furniture factory; **mobilitare** mobilize

moca *m* mocha

mocassino *m* moccasin

moda *f* fashion; **alla ~** fashionable, in fashion; *vestirsi* fashionably; **fuori ~** out of fashion, unfashionable

modalità *f inv* method

modella *f* model; **modellare** model; **modello 1** *agg* model **2** *m* model; *di vestito* style; *(formulario)* form

modem *m inv* INFOR modem

moderare moderate; **moderato** moderate; **moderazione** *f* moderation

modernizzare modernize; **moderno** modern

modestia *f* modesty; **modesto** modest; *prezzo* very reasonable

modico reasonable

modifica *f* modification; **modificare** modify

modo *m (maniera)* way, manner; *(mezzo)* way; **~ di dire** expression; **per ~ di dire** so to speak; **a ~ mio** in my own way; **ad ogni ~** anyway, anyhow; **di ~ che** so that; **in che ~?** how?

modulo *m* form; *(elemento)* module

mogano *m* mahogany

moglie *f* wife

molare 1 *v/t* grind **2** *m* molar

mole *f (grandezza)* size

molecola *f* molecule

molestare bother; *sessualmente* sexually harass; **molestia** *f* bother, nuisance; **~ sessuale** sexual harassment

molla f spring; fig spur; **-e** pl tongs; mollare corda release, let go; F schiaffo, ceffone give; F fidanzato dump; ~ **la presa** let go

molle soft; (bagnato) wet

molletta f hairgrip; da bucato clothes peg, Am clothes pin

mollica f crumb

mollusco m mollusc, Am mollusk

molo m pier

molteplice multifaceted

moltiplicare, moltiplicarsi multiply

molto 1 agg a lot of; con nomi plurali a lot of, many **2** avv a lot; con aggettivi very; ~ **meglio** much better, a lot better; **da** ~ for a long time; **fra non** ~ before long

momentaneo momentary, temporary; **momento** m moment; **dal** ~ **che** causale since; **a -i** sometimes; **per il** ~ for the moment; **sul** ~ at the time

monaca f nun; **monaco** m monk

monarchia f monarchy

monastero m monastery; di monache convent

mondano society attr; (terreno) worldly; **fare vita -a** go out

mondare frutta peel

mondiale 1 agg world attr; fenomeno, scala worldwide; **di fama** ~ world-famous **2** m: **i -i di calcio** the World Cup;

mondo m world; **il più bello del** ~ the most beautiful in the world

monello m, **-a** f little devil

moneta f coin; (valuta) currency; (denaro) money; (spiccioli) change; **monetario** monetary; **Fondo** m ~ **internazionale** International Monetary Fund

mongolfiera m hot-air balloon

monolocale m bedsit

monopattino m child's scooter

monopolio m monopoly; **monopolizzare** monopolize

monoposto m single-seater

monotonia f monotony; **monotono** monotonous

monouso disposable, throwaway

montacarichi m inv hoist

montaggio m TEC assembly; **di film** editing

montagna f mountain; fig **-e** pl **russe** rollercoaster; **montagnoso** mountainous; **montanaro** m, **-a** f mountain dweller

montare 1 v/t go up, climb; cavallo get onto, mount; TEC assemble; film edit; GASTR whip **2** v/i go up; venire come up; ~ **in macchina** get into; ~ **su scala** climb; pullman get on

montarsi: ~ **la testa** get bigheaded

montatura f di occhiali frame;

di gioiello mount; *fig* frame-up F

monte *m* mountain (*anche fig*); **a ~** upstream; *fig* **mandare a ~** ruin

montone *m* ram; *pelle, giacca* sheepskin

montuoso mountainous

monumento *m* monument

moquette *f* fitted carpet

mora *f* BOT *del gelso* mulberry; *del rovo* blackberry

morale 1 *agg* moral **2** *f* morals; *di favola ecc* moral **3** *m* morale; **essere giù di ~** be feeling a bit down

morbido soft

morbillo *m* measles *sg*

morbo *m* disease; **morboso** *fig* unhealthy; *curiosità* morbid

mordere bite

morena *f* moraine

morfina *f* morphine

moribondo dying

morire die; *fig* **~ di paura** be scared to death

mormorare murmur; (*bisbigliare, lamentarsi*) mutter; **mormorio** *m* murmuring; (*brontolio*) muttering

morsetto *m* TEC clamp; EL terminal

morsicare bite; **morso 1** *pp* ☞ **mordere 2** *m* bite; *di cibo* bit, mouthful; *per cavallo* bit

mortale *malattia* fatal; *offesa, nemico* deadly; *uomo* mortal; **mortalità** *f* mortality

morte *f* death

mortificare mortify

morto 1 *pp* ☞ **morire 2** *agg* dead; **stanco ~** dead tired **3** *m,* **-a** *f* dead man; *donna* dead woman; **i -i** *pl* the dead *pl*

mortorio *m:* F **essere un ~** be deadly boring

mosaico *m* mosaic

mosca *f* fly

moscato 1 *agg* muscat **2** *m* muscatel

moscerino *m* gnat, midge

moschea *f* mosque

moscio thin, flimsy; *fig* washed out

moscone *m* ZO bluebottle; (*imbarcazione*) pedalo

mossa *f* movement; *fig e di judo, karate* move; **mosso 1** *pp* ☞ **muovere 2** *agg* *mare* rough

mostarda *f* mustard

mosto *m* must, *unfermented grape juice*

mostra *f* show; (*esposizione*) exhibition; *fig* **mettere in ~** show off; **mostrare** show; (*indicare*) point out; **mostrarsi** appear

mostro *m* monster; **mostruoso** monstrous

motel *m inv* motel

motivare cause; *personale* motivate; (*spiegare*) explain; **motivazione** *f* (*spiegazione*) explanation; (*stimolo*) motivation; **motivo** *m* reason; MUS theme, motif; *su tessuto* pattern; **per quale ~?** for what reason?

moto[1] *m* movement; **fare ~** get some exercise; **mettere in ~** *motore* start (up)

moto[2] *m* (motor)bike

motocicletta *f* motorcycle; **motociclista** *m/f* motorcyclist; **motociclo** *m* motorcycling

motore *m* engine; **accendere il ~** start the engine; **motorino** *m* moped; **motorizzato** *m* motorized; **F sei ~** have you got wheels? F

motoscafo *m* motorboat

motto *m* motto

mouse *m inv* INFOR mouse

movente *m* motive

movimento *m* movement; *(vita)* life

mozione *f* motion; **~ di fiducia** vote of confidence

mozzarella *f* mozzarella

mozzicone *m* cigarette end, (cigarette) stub

mozzo *m* TEC hub

mq (= *metro quadrato*) sq m, m² (= square metre)

mucca *f* cow

mucchio *m* pile

muco *m* mucus

muffa *f* mould, *Am* mold; **fare la ~** go mouldy

mugolare whine

mulatriera *f* mule track

mulatto *m*, **-a** *f* mulatto

mulinello *m su canna da pesca* reel; *vortice d'acqua* eddy

mulino *m* mill; **~ a vento** windmill

mulo *m* mule

multa *f* fine; **multare** fine

multiculturale multicultural

multimediale multimedia

multinazionale *f/agg* multinational

multiplo multiple

multisala *m inv* multiplex

multiuso multipurpose

mungere milk

municipale municipal; **municipio** *m* town council, municipality; *edificio* town hall

munire: **~ di** supply with; **munizioni** *fpl* ammunition

muovere 1 *v/t* move **2** *v/i* *partire* move off (**da** from); **~ incontro a qu** move towards s.o.; **muoversi** move; F *(sbrigarsi)* get a move on F

murare *(chiudere)* wall up; **muratore** *m* bricklayer; **muratura** *f* brickwork

murena *f* moray eel

muro *m* wall; **le -a** *fpl* the (city) walls

muschio *m* BOT moss

muscolare muscular; **strappo** *m* **~** strained muscle; **muscolo** *m* muscle; **muscoloso** muscular

museo *m* museum; **~ etnologico** folk museum; **~ d'arte** art gallery

museruola *f* muzzle

musica *f* music; **musicale** musical; **musicista** *m/f* musician

muso *m di animale* muzzle; **tenere il ~ a qu** be in a huff

naturalizzare

with s.o.; **musone** *m* sulker

musulmano 1 *agg* Muslim **2**
m, **-a** *f* Muslim

muta *f di cani* pack; SP wetsuit

mutamento *m* change

mutande *fpl di donna* panties;
di uomo (under)pants, *Am*
briefs; **mutandine** *fpl* panties; **~** (**da bagno**) (swimming) trunks, *Am* swimsuit

mutare change

mutilato *m* disabled ex-ser

viceman

muto 1 *agg* dumb; (*silenzioso*)
silent, dumb; **film** *m* **~** silent
movie **2** *m*, **-a** *f* mute

mutua *f fund that pays out
sickness benefit;* **medico** *m*
della _a a doctor recognized
by the 'mutua'; **mutuato** *m*,
-a *f person entitled to sickness
benefit*

mutuo 1 *agg* mutual **2** *m*
mortgage

N

n. (= **numero**) No. (= number)

nacchere *fpl* castanets

nafta *f* naphtha

nano 1 *agg* dwarf **2** *m*, **-a** *f*
dwarf

napoletano 1 *agg* Neapolitan
2 *m*, **-a** *f* Neapolitan; **Napoli**
f Naples

nappa *f* tassel; *pelle nappa* (*type of soft leather*)

narcotico *m* narcotic

narice *f* nostril

narrare tell, narrate; **narratore, -trice** *f* narrator

nascere be born; BOT, *di sole*
come up; *fig* develop; **sono
nato a Roma** I was born in
Rome; **nascita** *f* birth

nascondere hide; **nascondersi** hide; **nascondiglio**
m hiding place; **nascosto 1**
pp ☞ **nascondere 2** *avv*: *di
~* in secret; *di ~ a qu* unbe

knownst to s.o.

nasello *m pesce* hake

naso *m* nose

nastro *m* tape; *per capelli, di
decorazione* ribbon; **~
adesivo** adhesive tape, Sellotape®, *Am* Scotch tape®

Natale *m* Christmas; **buon ~!**
Merry Christmas!; **natalità** *f*
birth rate; **natalizio** Christmas

natante 1 *agg* floating **2** *m*
boat

nativo 1 *agg* native **2** *m*, **-a** *f*
native

NATO *f* (= **Organizzazione
del Trattato nord-atlantico**)
NATO (= North Atlantic
Treaty Organization)

nato ☞ **nascere**

natura *f* nature; PITT **~ morta**
still life; **naturale** natural;
naturalezza *f* naturalness;
con ~ naturally; **naturaliz**

zare: **è naturalizzato ameri-cano** he's a naturalized American; **naturalmente** naturally

naufragare *di nave* be wrecked; *di persona* be shipwrecked; *fig* be ruined; **naufragio** *m* shipwreck; *fig* ruin; **fare ~** *di nave* be wrecked; *di persona* be shipwrecked; **naufrago** *m*, **-a** *f* survivor of a shipwreck

nausea *f* nausea; **avere la ~** feel sick, *Am* feel nauseous; **nauseare** nauseate *(anche fig)*

nautico nautical

navale naval; **cantiere** *m* **~** shipyard

navata *f* ARCHI: **~ centrale** nave; **~ laterale** aisle

nave *f* ship; **~ da carico** cargo ship; **~ passeggeri** passenger ship; **~ traghetto** ferry; **navetta 1** *agg inv*: **bus** *m* **~** shuttle bus **2** *f* shuttle; **~ spaziale** space shuttle

navigabile navigable; **navigare** sail; INFOR navigate; **~ in Internet** surf the Net; **navigatore** *m* navigator

nazionale 1 *agg* national **2** *f* national team; **nazionalismo** *m* nationalism; **nazionalista** *m/f* nationalist; **nazionalità** *f inv* nationality; **nazione** *f* nation

ne 1 *pron (di lui)* about him; *(di lei)* about her; *(di loro)* about them; *(di ciò)* about

it; **~ sono contento** I'm happy about it; **~ ho abbastanza** I have enough **2** *avv* from there; **~ vengo adesso** I've just come back from there

né: ~ ... ~ neither ... nor; **non l'ho trovato ~ a casa ~ in ufficio** I couldn't find him either at home or in the office

neanche neither; **neanch'io** neither am I, me neither; **non l'ho ~ visto** I didn't even see him

nebbia *f* fog; **nebbioso** foggy

nebulosa *f* AST nebula

necessaire *m inv*: **~ (da viaggio)** beauty case; **necessario 1** *agg* necessary **2** *m*: **il ~ per vivere** the basic necessities; **necessità** *f inv* need; **in caso di ~** if need be; **per ~** out of necessity

nefrite *f* MED nephritis

negare deny; *(rifiutare)* refuse; **negativa** *f* negative; **negativo** *m/agg* negative; **negato: essere ~ per qc** be hopeless at sth

negli = **in** and *art* **gli**

negligente careless, negligent; **negligenza** *f* carelessness, negligence

negoziante *m/f* shopkeeper, *Am* storekeeper; **negoziare** negotiate FIN **~ in** trade in; **negoziato** *m* negotiation; **-i** *pl* **di pace** peace negotiations; **negozio** *m* shop, *Am* store

negro 1 *agg* black **2** *m*, **-a** *f*

black (man / woman)

nei, nel, nell', **nella, nelle, nello** = in and art **i, il, l', la, le, lo**

nemico 1 agg enemy attr **2** m, -a f enemy

nemmeno neither; **~ io** me neither; **~ per idea!** don't even think about it!

neo m mole; fig flaw

neonato m, -a f infant, new-born baby

neppure not even; **non ci vado – ~ io** I'm not going – neither am I, me neither

nero 1 m/agg black (anche fig) **2** m, -a f black (man / woman)

nervo m nerve; **dare sui -i a qu** get on s.o.'s nerves; **nervosismo** m nervousness; **nervoso 1** agg nervous; (irritabile) edgy **2** m F: **mi viene il ~** this is getting on my nerves

nespola f medlar; **nespolo** m medlar (tree)

nessuno 1 agg no; **non chiamare in nessun caso** don't call in any circumstances; **c'è -a notizia?** is there any news? **2** pron nobody, no one; **hai visto ~?** did you see anyone or anybody?

nettezza f cleanliness; **~ urbana** cleansing department; **netto** clean; (chiaro) clear; reddito, peso net

neurologico neurological; **neurologo** m, -a f neurologist

neutrale neutral; **neutralizzare** neutralize; **neutro** neutral; GRAM neuter

neve f snow; **nevicare** snow; **nevicata** f snowfall

nevralgia f neuralgia; **nevralgico** neuralgic; **punto** m **~** specially painful point; fig weak point

nevrotico 1 agg neurotic; F short-tempered **2** m, -a f neurotic

nicchia f niche

nicotina f nicotine

nido m nest

niente 1 pron nothing **2** avv nothing; **non ho ~** I don't have anything, I have nothing; **non ho per ~ fame** I'm not at all hungry; **non fa niente** it doesn't matter; **niente(di)meno** no less; **~!** that's incredible!

ninfea f water-lily

nipote m/f di zio nephew; donna, ragazza niece; di nonno grandson; donna, ragazza granddaughter

nitido clear; FOT sharp

nitrire neigh

NO (= **nord-ovest**) NW (= northwest)

no no; **come ~!** of course!; **se ~** otherwise; **dire di ~** say no; **credo di ~** I don't think so

nobile 1 agg noble **2** m/f aristocrat; **nobiltà** f nobility

nocca f knuckle

nocciola f hazelnut; (color m) **~** hazel; **nocciolina** f: **~**

(**americana**) peanut

nocciolo[1] *m albero* hazel (tree)

nocciolo[2] *m di frutto* stone; *di questione* kernel

noce 1 *m* walnut (tree); *legno* walnut **2** *f* walnut; **~ di cocco** coconut; **~ moscata** nutmeg; **nocepesca** *f* nectarine

nocivo harmful

nodo *m* knot; *fig* crux; FERR junction

no-global *m/f inv* anti-globalist

noi *pron soggetto* we; *con prp* us; **a ~** to us; **con ~** with us

noia *f* boredom; **-e** *pl* trouble; **dar ~ a qu** annoy s.o.; **noioso** boring; (*molesto*) annoying

noleggiare rent, *Br anche* hire; (dare a noleggio) rent out, *Br anche* hire; **noleggio** *m* rent, *Br anche* hire; **nolo** *m* rent, *Br anche* hire; **prendere a ~** rent; **dare a ~** rent out

nome *m* name; GRAM noun; **~ di battesimo** Christian name; **~ e cognome** full name; **in ~ di** in the name of

nomina *f* appointment; **nominare** (*menzionare*) mention; *a un incarico* appoint (**a** to)

non not; **~ ho fratelli** I don't have any brothers, I have no brothers

non stop *inv* nonstop

non vedente *m/f* blind person

nonché let alone; (*e anche*) as well as

noncurante nonchalant; **~ di** heedless of

nondimeno nevertheless

nonno *m*, **-a** *f* grandfather; *donna* grandmother; **-i** *pl* grandparents

nonnulla *m inv* trifle

nono ninth

nonostante despite; **ciò ~** however

nontiscordardimé *m inv* forget-me-not

nord *m* north; **a(l) ~ di** (to the) north of; **nordest** *m* northeast; **nordico** northern; *lingue* Nordic; **nordovest** *m* north-west

norma *f* (*precetto*) rule; TEC standard; **a ~ di legge** up to standard; **normale** normal; **normalità** *f* normality

norvegese *agg*, *m/f* Norwegian; **Norvegia** *f* Norway

nostalgia *f* nostalgia; **avere ~ di casa** feel homesick; **avere ~ di qu** miss s.o.

nostrano local, home *attr*

nostro 1 *agg* our; **i ~i genitori** our parents; **un ~ amico** a friend of ours **2** *pron*: **il ~** ours

nota *f* note; FIN bill; **~ spese** expense account; **prendere ~ di qc** make a note of sth; *situazione* take note of sth; **notaio** *m* notary (public);

notare (*osservare*) notice; (*annotare*) make a note of; **con segni** mark; **notarile** (*di notaio*) notarial; **notevole** (*degno di nota*) notable, noteworthy; (*grande*) considerable; **notificare** serve (**a** on)

notizia *f* piece of news; **avere -e di qu** have news of s.o., hear from s.o.; **notiziario** *m* RAD, TV news *sg*

noto well-known; **rendere ~** announce; **notorietà** *f* fame; *spreg* notoriety

nottambulo *m*, **-a** *f* night owl; **nottata** *f* night; **fare la ~** stay up all night; **notte** *f* night; **di ~** at night; **buona ~!** good night!; **notturno** night(-time) *attr*; *animale* nocturnal

novanta ninety; **novantesimo** ninetieth; **nove** nine; **novecento 1** *agg* nine hundred **2** *m*: **il Novecento** the twentieth century

novella *f* short story

novembre *m* November

novità *f inv* novelty; (*notizia*) piece of news

nozione *f* notion, idea; **-i** *pl* **di base** rudiments

nozze *fpl* wedding; **~ d'argento** silver wedding (anniversary)

ns. (= **nostro**) our(s), *used in correspondence*

nube *f* cloud; **nubifragio** *m* cloudburst

nubile single, unmarried

nuca *f* nape of the neck

nucleare nuclear; **nucleo** *m* FIS nucleus (*anche fig*)

nudismo *m* naturism, nudism; **nudista** *m/f* naturist, nudist; **nudo 1** *agg* nude, naked; (*spoglio*) bare **2** *m* PITT nude

nulla nothing; **è una cosa da ~** it's nothing; **per ~** for nothing; **nullaosta** *m*: *fig* **ottenere il ~** get the green light; **nullo** invalid; *gol* disallowed; *voto* spoiled

numerale *m* numeral; **numerare** number; **numerato** numbered; **numero** *m* number; *arabo*, *romano* numeral; **di scarpa** size; **~ di targa** registration number, *Am* license number; **~ di telefono** phone number; **~ di volo** flight number; **~ verde** 0800 number, *Am* toll-free number; F **dare i -i** talk nonsense; **numeroso** numerous; *famiglia*, *classe* large

nuocere: **~ a** harm

nuora *f* daughter-in-law

nuotare swim; **nuotata** *f* swim; **nuoto** *m* swimming

nuovamente again; **nuovo 1** *agg* new; **di ~** again **2** *m*: **che c'è di ~?** what's new?

nutriente nourishing; **nutrimento** *m* food; **nutrire** feed; **nutrirsi**: **~ di** live on; **nutritivo** nutritious

nuvola *f* cloud; *fig* **cadere dalle -e** be taken aback; **nuvoloso** cloudy

O

O (= *ovest*) W (= west)

o or; **~ ... ~** either ... or

oasi *f inv* oasis

obbedire → **ubbidire**

obbligare: **~ qu a fare qc** oblige s.o. to do sth; **obbligatorio** obligatory; **obbligazione** *f* obligation; FIN bond; **obbligo** *m* obligation; **d'~** obligatory

obesità *f* obesity; **obeso** obese

obiettare object (*a* to); **obiettivo 1** *agg* objective **2** *m* aim, objective; FOT lens; **obiettore** *m*: **~ di coscienza** conscientious objector; **obiezione** *f* objection

obliquo oblique

obliterare *biglietto* punch

oblò *m inv* MAR porthole

oca *f* goose; *fig* silly woman

occasionale casual; **occasionalmente** occasionally; **occasione** *f* (*opportunità*) opportunity, chance; (*evento*) occasion; (*affare*) bargain; **automobile** *f* **d'~** secondhand car; **cogliere l'~** seize the opportunity; **all'~** if necessary; **in ~ di** on the occasion of

occhiaie *fpl* bags under the eyes

occhiali *mpl* glasses; **~ da sole** sunglasses; **occhiata** *f* look; **dare un'~ a** have a look at; (*sorvegliare*) keep an eye on; **occhiello** *m* buttonhole; **occhio** *m* eye; **a ~ nudo** to the naked eye; **a ~ e croce** roughly; **dare nell'~** attract attention; **a quattr'-i** in private

occidentale western; **occidente** *m* west; **a ~ di** (to the) west of

occorrente 1 *agg* necessary **2** *m* necessary materials; **occorrenza** *f*: **all'~** if necessary, if need be; **occorrere** be necessary; (*accadere*) occur; **mi occorre** I need; **non occorre!** there's no need!

occupare *spazio* take up, occupy; *tempo* occupy, fill; *posto* have; *persona* keep busy; **occuparsi** take care (*di* of), deal (*di* with); **occupati degli affari tuoi!** mind your own business!; **occupato** TELEC busy, *Br anche* engaged; *posto, appartamento* taken; *gabinetto* engaged, *Am* occupied; *persona* busy; *città, nazione* occupied; **occupazione** *f* di città, paese occupation; (*attività*) pastime; (*impiego*) job

oceano *m* ocean; **Oceano Atlantico** Atlantic Ocean; **Oceano Pacifico** Pacific

Ocean

oculista m/f ophthalmologist

od = **o** (*before a vowel*)

odiare hate, detest

odierno modern-day *attr*, today's *attr*

odio m hatred; **odioso** hateful, odious

odontotecnico m, **-a** f dental technician

odorare smell (**di** of); **odorato** m sense of smell; **odore** m smell, odour, Am odor; **-i** pl GASTR herbs

offendere offend; **offendersi** take offence o Am offense; **offensiva** f offensive; **offensivo** offensive

offerente m bidder; **maggior ~** highest bidder; **offerta** f offer; FIN supply; REL offering; (**dono**) donation; **in asta** bid; **~ d'impiego** job offer; **~ speciale** special offer

offesa f offence, Am offense; **offeso** pp ☞ **offendere**

officina f workshop; **per macchine** garage

offrire offer; **ti offro da bere** I'll buy you a drink; **posso offrirti qualcosa?** can I get you anything?

oggettivo objective; **oggetto** m object

oggi today; **d'~** of today; **da ~ in poi** from now on; **~ stesso** today, this very day; **~ come ~** at the moment; **~ pomeriggio** this afternoon; **oggigiorno** nowadays

ogni every; **~ tanto** every so often; **~ sei giorni** every six days; **Ognissanti** m inv All Saints' Day; **ognuno** everyone, everybody

Olanda f Holland; **olandese 1** agg m Dutch **2** m/f Dutchman; **donna** Dutchwoman

oleandro m oleander

oleoso oily

olfatto m sense of smell

oliera f type of cruet for oil and vinegar bottles

Olimpiadi fpl Olympic Games, Olympics; **~ invernali** Winter Olympics

olio m oil; **~ extra-vergine d'oliva** extra-virgin olive oil; **~ solare** suntan oil

oliva f olive; **olivo** m olive (tree)

oltraggio m offence, Am offense, outrage

oltre 1 prep after, past; (*più di*) over; **vai ~ il semaforo** go past the traffic lights; **~ a** apart from **2** avv nello spazio further; nel tempo longer

omaggio m homage; (*dono*) gift; **copia** (**in**) **~** free o complimentary copy; **essere in ~ con** come free with

ombelico m navel

ombra f shade; zona non illuminata shade; **all'~** in the shade; **ombrello** m umbrella; **ombrellone** m parasol; sulla spiaggia beach umbrella; **ombretto** m eye shadow

omeopatico 1 agg homeopathic **2** *m*, **-a** *f* homeopath

omero *m* humerus

omesso *pp* ☞ **omettere**;
omettere omit, leave out

omicida 1 *agg* murderous **2**
m/f murderer; **omicidio** *m*
murder

omogeneizzato *m* baby
food; **omogeneo** homogeneous

omonimo 1 *agg* of the same
name **2** *m* homonym **3** *m*,
-a *f* namesake

omosessuale *agg*, *m/f* homosexual

on. (= *onorevole*) Hon (=
honourable)

onda *f* wave; **-e** *pl* **corte** short
wave; **-e** *pl* **lunghe** long
wave; **-e** *pl* **medie** medium
wave; RAD **andare in** ~ go
on the air; **ondata** *f* wave;
~ **di caldo** heat wave; ~ **di
freddo** cold spell; **ondeggiare** *di barca* rock; *di bandiera* flutter; **ondulato** *capelli* wavy; *superficie* uneven;
cartone, lamiera corrugated

onestà *f* honesty; **onesto**
honest; *prezzo, critica* fair

onice *m* onyx

onomastico *m* name day

onorare be a credit to; ~ **qu di
qc** honour *o Am* honor s.o.
with sth; **onorario 1** *agg*
honorary **2** *m* fee; **onore** *m*
honour, *Am* honor; **in** ~ **di**
in honour of; **onorevole 1**
agg honourable, *Am* honorable **2** **Onorevole** *m/f*

Member of Parliament

ONU *f* (= *Organizzazione
delle Nazioni Unite*) UN
(= United Nations)

opaco opaque; *calze, rossetto*
dark

opera *f* work; MUS opera; ~
d'arte work of art; **mettersi
all'**~ set to work; **operaio 1**
agg working **2** *m*, *-a f* worker;
~ **specializzato** skilled
worker; **operare 1** *v/t cambiamento* make; *miracoli*
work; MED operate on **2** *v/i*
act; **operativo** operational;
ricerca applied; *ordine* operative; *piano m* ~ plan of operations; **operatore** *m*, **-trice**
f operator; *televisivo, cinematografico* cameraman; ~ **di
Borsa** market trader; ~ **sociale** social worker; ~ **turistico** tour operator; **operazione** *f* operation

opinione *f* opinion

oppio *m* opium

opporre offer; **opporsi** be
opposed

opportunista *m/f* opportunist; **opportunità** *f inv* opportunity; *di decisione* timeliness; **opportuno** suitable

opposizione *f* opposition;
opposto 1 *pp* ☞ **opporre 2**
agg opposite **3** *m* POL opposition

oppressione *f* oppression;
oppresso 1 *pp* ☞ **opprimere 2** *agg* oppressed; **opprimere** oppress

oppure or (else)

optare: ~ **per** choose, opt for

opuscolo *m* brochure

opzione *f* option

ora[1] *f* time; *unità di misura* hour; *che* ~ *è?, che* ~*e sono?* what's the time?; ~ *legale* daylight saving time; ~ *locale* local time; ~ *di punta* rush hour; TELEC peak time; *di buon'*~ early

ora[2] **1** *avv* now; **per** ~ for the moment; for the time being; ~ *come* ~ at the moment; *d'*~ *in poi* from now on **2** *cong* now

orale *m/agg* oral

orario 1 *agg tariffa* hourly; *velocità* per hour **2** *m di treno, bus* timetable, *Am* schedule; *di negozio* business hours; *al lavoro* hours of work; ~ *di apertura / chiusura* opening / closing time; *in* ~ on time

orata *f* bream

orbita *f* AST orbit; ANAT eyesocket; *in* ~ in orbit

orchestra *f* orchestra; *luogo* (orchestra) pit

orchidea *f* orchid

ordigno *m* device

ordinale *m/agg* ordinal

ordinamento *m* rules and regulations; ~ *sociale* rules governing society; *ordinare* order; *stanza* tidy up

ordinario ordinary; *mediocre* pretty average

ordinato tidy; **ordinazione** *f*

order; **ordine** *m* order; *mettere in* ~ tidy up; *di prim'*~ first-rate; ~ *del giorno* agenda; *l'*~ *dei medici* the medical association

orecchino *m* earring; **orecchio** *m* ear; MUS a ~ by ear; **orecchioni** *mpl* mumps *sg*

oreficeria *f* goldsmith work; (*gioielleria*) jeweller's, *Am* jewelry store

orfano 1 *agg* orphan **2** *m*, -a *f* orphan; **orfanotrofio** *m* orphanage

organismo *m* organism; *fig* body

organizzare organize; **organizzazione** *f* organization

organo *m* organ

orgasmo *m* orgasm

orgoglio *m* pride; **orgoglioso** proud

orientale 1 *agg* eastern; (*dell'Oriente*) Oriental **2** *m/f* Oriental

orientamento *m*: *senso* ~ *d'*~ sense of direction; ~ *professionale* professional advice; **orientarsi** get one's bearings

oriente *m* east; *l'Oriente* the Orient; *Medio Oriente* Middle East; *Estremo Oriente* Far East; *ad* ~ *di* (to the) east of

origano *m* oregano

originale *m/agg* original; *originalmente* originally; *originario* original; *essere* ~

origine

di come from; *popolo* originate in; **origine** f origin; **in ~** originally

origliare eavesdrop

orizzontale horizontal; **orizzonte** m horizon

orlo m edge; *di vestito* hem

orma f footprint; *fig* **seguire le -e di qu** follow in s.o.'s footsteps

ormai by now

ormonale hormonal; **ormone** m hormone

ornamentale ornamental; **ornamento** m ornament; **ornare** decorate

oro m gold; **d'~** (made of) gold

orologiaio m (clock- and) watch-maker; **orologio** m clock; *da polso* watch

oroscopo m horoscope

orrendo horrendous

orribile horrible

orrore m horror (**di** of)

orsacchiotto m bear cub; *giocattolo* (bear)

orso m bear; *fig* hermit; **~ bianco** polar bear

ortaggio m vegetable

ortica f nettle; **orticaria** f nettle rash

orto m vegetable garden, kitchen garden; **~ botanico** botanical gardens

ortodosso orthodox

ortografia f spelling

ortopedico 1 *agg* orthopaedic, *Am* orthopedic **2** m, *-a* f orthopaedist, *Am* orthope-

dist

orzaiolo m stye

orzo m barley

osare dare

osceno obscene

oscillare *di corda* sway, swing; *di barca* rock; FIS oscillate; *fig*: *di persona* waver; *di prezzi* fluctuate

oscurare obscure; *luce* block out; **oscurità** f darkness; *fig* obscurity; **nell'~** in the dark; **oscuro 1** *agg* dark; (*sconosciuto*) obscure **2** m: **essere all'~ di qc** be in the dark about sth

ospedale m hospital

ospitale hospitable; **ospitalità** f hospitality; **ospitare** put up; **ospite** m/f guest; *chi ospita* host; *donna* hostess; **ospizio** m old folk's home

osservare (*guardare*) look at, observe; (*notare*) see, observe; (*far notare*) point out; (*seguire*) obey; **~ una dieta** keep to a diet; **osservatore** m, **-trice** f observer; **osservatorio** m AST observatory; **osservazione** f observation

ossessione f obsession (**di** with); **avere l'~ di** be obsessed with; **ossessivo** obsessive

ossia or rather

ossidare tarnish

ossigeno m oxygen

osso m bone; **~ sacro** sacrum; **in carne e -a** in the flesh; **ossobuco** *m* marrow-bone; GASTR ossobuco, *stew made with knuckle of veal*

ostacolare hinder; **ostacolo** *m* obstacle; *nell'atletica* hurdle; *nell'equitazione* fence, jump; *fig* stumbling block, obstacle

ostaggio *m* hostage; **prendere qu in ~** take s.o. hostage

ostello *m:* **~ della gioventù** youth hostel

osteoporosi *f* osteoporosis

osteria *f* inn

ostetrica *f* obstetrician; (*levatrice*) midwife; **ostetrico 1** *agg* obstetric(al) **2** *m* obstetrician

ostia *f* Host

ostile hostile; **ostilità** *f inv* hostility

ostinarsi dig one's heels in; **~ a fare qc** persist in doing sth; **ostinato** obstinate

ostrica *f* oyster

ostruire block, obstruct; **ostruito** blocked

otite *f* ear infection

otorinolaringoiatra *m/f* ear, nose and throat specialist

ottagono octagon; **ottanta** eighty; **ottantesimo** eighti-

eth; **ottavo** eighth

ottenere get, obtain; **ottengo** *☞* **ottenere**

ottica *f* optics; *fig* viewpoint; **ottico 1** *agg* optical **2** *m* optician

ottimismo *m* optimism; **ottimista** *m/f* optimist

ottimizzare optimize; **ottimo** excellent

otto eight

ottobre *m* October

ottocento 1 *agg* eight hundred **2** *m:* **l'Ottocento** the nineteenth century

ottone *m* brass; MUS **-i** *pl* brass

otturare block; *dente* fill; **otturatore** *m* FOT shutter; **otturazione** *f* blocking; *di dente* filling

ottuso obtuse

ovaia *f* ANAT ovary

ovale *m/agg* oval

overdose *f inv* overdose

ovest *m* west; *a(l)* **~ di** (to the) west of

ovini *mpl* sheep

ovunque everywhere

ovvero or rather; (*cioè*) that is

ovvio obvious

ozio *m* laziness, idleness

ozono *m* ozone; **la fascia d'~** the ozone layer

P

pacato calm, unhurried

pacchetto *m* package; *di sigarette, biscotti* packet

pacchiano vulgar, in bad taste

pacco *m* parcel, package; **~ postale** parcel

pace *f* peace; *lasciare in ~ qu* leave s.o. alone *o* in peace

pacifista *m/f* pacifist

padano of the Po; *pianura f -a* Po Valley

padella *f di cucina* frying pan

padiglione *m* pavilion; **~ auricolare** auricle

Padova *f* Padua; **padovano 1** *agg* Paduan **2** *m*, **-a** Paduan

padre *m* father; **padrino** *m* godfather; **padronanza** *f* control; *(conoscenza)* mastery; **~ di sé** self-control; **padrone** *m*, **-a** *f* boss; *(proprietario)* owner; *di cane* master; *donna* mistress; **~ di casa** man *f* lady of the house; *per inquilino* landlord; *donna* landlady

paesaggio *m* scenery; PITT, GEOG landscape; **paesaggista** *m/f* PITT landscape painter; **paese** *m* country; *(villaggio)* village; *(territorio)* region; *i Paesi Bassi pl* the Netherlands; **-i** *pl in via di sviluppo* developing countries

paga *f* pay; **pagabile** payable; **pagamento** *m* payment; **pagare 1** *v/t* pay for; *conto, fattura* pay; *gliela faccio ~* he'll pay for this **2** *v/i* pay

pagella *f* report card, *Am* report card

paghetta *f* pocket money

pagina *f* page; **-e gialle** Yellow Pages; **~ web** webpage

paglia *f* straw

paio *m*: *un ~ di* a pair of; *un ~ di volte* a couple of times

pala *f* shovel; *di elica, turbina* blade

palasport *m inv* indoor sports arena

palato *m* palate

palazzina *f* luxury home; **palazzo** *m* palace; *(edificio)* building; *con appartamenti* block of flats, *Am* apartment block; **~ di giustizia** courthouse; **~ dello sport** indoor sports arena

palco *m* dais; TEA stage; **palcoscenico** *m* stage

palese obvious

Palestina *f* Palestine; **palestinese** *agg*, *m/f* Palestinian

palestra *f* gym

paletta *f* shovel; *per la spiaggia* spade; **paletto** *m* tent peg

palla *f* ball; **~ di neve** snowball; **pallacanestro** *f* basketball; **pallanuoto** *f* water po-

lo; **pallavolo** f volley ball
palliativo m palliative
pallido pale
pallina f di vetro marble; ~ **da golf** golf ball; ~ **da tennis** tennis ball; **pallino** m nel biliardo cue ball; nelle bocce jack; munizione pellet; fig **avere il ~ della pesca** be mad about fishing; **a -i** pl spotted; **palloncino** m balloon; **pallone** m ball; (calcio) football, soccer; AVIA balloon; **pallottola** f pellet; di pistola bullet
palma f palm
palmare m PDA
palmo m hand's breadth; ANAT palm
palo m pole; nel calcio (goal-)post
palombaro m diver
palpare feel; MED palpate
palpebra f eyelid
paltò m inv overcoat
palude f swamp; **paludoso** swampy; **palustre** swampy; pianta swamp attr
panca f bench; in chiesa pew
pancarré m sliced loaf
pancetta f pancetta, cured belly of pork
panchetto m footstool; **panchina** f bench
pancia f m stomach; **mal** m **di ~** stomach-ache; **panciotto** m waistcoat, Am vest
pancreas m inv pancreas
pane m bread; ~ **integrale** wholemeal o Am whole-

wheat bread; **panetteria** f bakery; **panettiere** m/f baker; **panettone** m panettone, cake made with candied fruit
panfilo m yacht; ~ **a motore** motor yacht
pangrattato m breadcrumbs
panico m panic
paniere m basket
panificio m bakery
panino m roll; ~ **imbottito** filled roll; **paninoteca** f sandwich shop
panna f cream; ~ **montata** whipped cream
panne f: **essere in ~** have broken down
pannello m panel; ~ **solare** solar panel
panno m (pezzo di stoffa) cloth; **-i** pl clothes; **se fossi nei tuoi -i** if I were in your shoes
pannocchia f cob
pannolino m nappy, Am diaper; per donne sanitary towel, Am sanitary napkin
panorama m panorama; fig overview
pantaloncini mpl shorts; **pantaloni** mpl trousers, Am pants
pantera f ZO panther
pantofola f slipper
papà m inv daddy, dad
papa m Pope
papavero m poppy
papera f fig (errore) slip of the tongue
papero m, -a f gosling

papillon *m inv* bow tie
pappa *f* food
pappagallo *m* parrot
paprica *f* paprika
parabola *f* TV satellite dish
parabrezza *m inv* windscreen, *Am* windshield
paracadute *m inv* parachute; **paracadutista** *m/f* parachutist
paracarro *m* post
paradiso *m* heaven, paradise
paradossale paradoxical; **paradosso** *m* paradox
parafango *m* AUTO wing; *di bici* mudguard
parafulmine *m* lightning rod
paraggi *mpl* neighbourhood, *Am* neighborhood; **nei ~ di** (*someone*) near
paragonare compare; **paragone** *m* comparison
paragrafo *m* paragraph
paralisi *f* paralysis; **paralizzare** paralyze
parallela *f* parallel line; **-e** *pl* parallel bars; **parallelo** *m/agg* parallel
paralume *m* lampshade
parametro *m* parameter
paranoia *f* paranoia; **paranoico** paranoid
paranormale *m/agg* paranormal
paraocchi *mpl* blinkers (*anche fig*)
parapetto *m* parapet; MAR rail
paraplegico 1 *agg* paraplegic **2** *m*, **-a** *f* paraplegic

parare 1 *v/t ornare* decorate; *proteggere* shelter; *occhi* shield; *scansare* parry **2** *v/i* save
parassita *m/f* parasite (*anche fig*)
parata *f* parade
paraurti *m inv* bumper
parcheggiare park; **parcheggio** *m* parking; *luogo* car park, *Am* parking lot
parchimetro *m* parking meter
parco *m* park; **~ naturale** nature reserve
parecchio 1 *agg* a lot of **2** *pron* **parecchi** *mpl*, **parecchie** *fpl* quite a few **3** *avv* quite a lot
pareggiare 1 *v/t* even up; (*uguagliare*) match; *conto* balance **2** *v/i* SP draw, *Am* tie; **pareggio** *m* SP draw, *Am* tie
parente *m/f* relative
parentesi *f* bracket, *Am* parenthesis
parere 1 *v/i* seem, appear; **che te ne pare?** what do you think?; **non ti pare?** don't you think?; **a quanto pare** by all accounts **2** *m* opinion; **a mio ~** in my opinion
parete *f* wall
pari 1 *agg* equal; *numero* even; **alla ~** the same; SP **finire alla ~** end in a draw *o Am* tie **2** *m* (*social*) equal, peer
Parigi Paris; **parigino** Parisian

parità *f* equality, parity; **~ di diritti** equal rights; **a ~ di condizioni** all things being equal

parlamentare **1** *agg* Parliamentary **2** *v/i* negotiate **3** *m/f* Member of Parliament, MP; **parlamento** *m* Parliament

parlare talk, speak (*a qu* to s.o.; *di qc* about sth); **parla inglese?** do you speak English?

parmigiano *m formaggio* Parmesan

parodia *f* parody

parola *f* word; **~ d'ordine** password; **-e crociate** crossword; **~ chiave** keyword; **essere di ~** keep one's word; **parolaccia** *f* swear word

parquet *m* parquet floor

parrocchia *f* parish; **parroco** *m* parish priest

parrucca *f* wig; **parrucchiere** *m*, **-a** *f* hairdresser; **~ per signora** ladies' hairdresser

part time **1** *agg* part-time **2** *avv* part time

parte *f* part; (*porzione*) portion; (*lato*) side; DIR party; **prendere ~ a** take part in; **a ~** separate; **mettere da ~ qc** put sth aside; **da nessuna ~** nowhere; **da tutte le -i** everywhere; **da ~ mia** regalo ecc from me; **in ~** in part, partly

partecipante *m/f* participant;

partecipare **1** *v/t* announce **2** *v/i*: **~ a gara** take part in; *dolore, gioia* share; **partecipazione** *f* (*intervento*) participation; (*annunzio*) announcement; FIN holding; **~ agli utili** profit-sharing

partenza *f* departure; SP start

participio *m* participle

particolare **1** *agg* particular; *segretario* private; **in ~** in particular **2** *m* particular, detail; **particolareggiato** detailed; **particolarità** *f inv* special nature

partigiano *m*, **-a** *f* partisan

partire leave; AUTO, SP start

partita *f* SP match; *di carte* game; *di merce* shipment; **~ IVA** VAT registration number

partito *m* POL party

partner *m/f inv* partner

parto *m* birth; **partorire** give birth to

parziale partial; *fig* biased

Pasqua *f* Easter; **pasquale** Easter *attr*; **Pasquetta** *f* Easter Monday

passaggio *m* passage; *in macchina* lift, *Am* ride; *atto* passing; SP pass; **essere di ~** be passing through; **~ a livello** level crossing, *Am* grade crossing; **dare un ~ a qu** give s.o. a lift; **passante** *m/f* passer-by; **passaporto** *m* passport; **passare 1** *v/i* (*trasferirsi*) go (*in* into); SP pass; *di legge* be passed; *di* *tempo* go by, pass; **~ da / per Milano** go through Milan; **~ dal panettiere** drop by the baker's; *mi è passato di mente* it slipped my mind; **~ per imbecille** be taken for a fool **2** *v/t confine* cross; (*sorpassare*) overstep; (*porgere*) pass; (*trascorrere*) spend; TELEC **ti passo Claudio** here's Claudio; **passata** *f* quick wipe; GASTR **~ (di pomodoro)** passata, sieved tomato pulp; **passatempo** *m* pastime, hobby; **passato 1** *agg* past; *alimento* puréed; *l'anno ~* last year **3** *m* past; GASTR purée

passeggero 1 *agg* passing, short-lived **2** *m, -a f* passenger; **passeggiare** stroll, walk; **passeggiata** *f* stroll, walk; (*percorso*) walk; **passeggino** *m* pushchair, *Am* baby buggy; **passeggio** *m*: *andare a ~* go for a walk

passe-partout *m inv chiave* master key

passerella *f* (*foot*)bridge; MAR gangway; AVIA ramp; *per sfilate* catwalk, *Am* runway

passero *m* sparrow

passionale passionate; *delitto* of passion; **passione** *f* passion; REL Passion

passivo 1 *agg* passive **2** *m* GRAM passive; FIN liabilities

passo *m* step; (*impronta*) footprint; *di libro* passage;

GEOG pass; **~ carrabile** driveway; **fare due -i** go for a walk *o* a stroll; *fig* **fare il primo ~** take the first step

pasta *f*: *pasc*: (*pastasciutta*) pasta; (*impasto*) dough; (*dolce*) pastry; **~ frolla** shortcrust pastry; **~ sfoglia** puff pastry; **pastasciutta** *f* pasta; **pastella** *f* batter

pastello *m* pastel

pasticca *f* pastille

pasticceria *f* pastries, cakes; *negozio* cake shop; **pasticcino** *m* pastry; **pasticcio** *m* GASTR pie; *fig* mess; *essere nei -i* be in a mess

pastiglia *f* MED tablet, pill

pasto *m* meal

pastore *m* **1**, **-a f** shepherd **2** *m* REL: **~ (evangelico)** pastor; **pastorizzato** pasteurized

patata *f* potato; **-e** *pl* **fritte** (French) fries; **patatine** *fpl* crisps, *Am* chips; (*fritte*) French fries

patente *f*: **~ (di guida)** driving licence, *Am* driver's license

paternità *f* paternity; **paterno** paternal, fatherly

patetico pathetic

patire 1 *v/i* suffer (**di** from) **2** *v/t* suffer (from); **patito 1** *agg* of suffering **2** *m, -a f* fan

patria *f* homeland

patrigno *m* stepfather

patrimonio *m* estate; **~ artistico** artistic heritage

patriottismo *m* patriotism

patrocinio *m* support, patronage

patrono *m*, **-a** *f* REL patron saint

patteggiare negotiate

pattinaggio *m* skating; **~ su ghiaccio** ice skating; **pattinare** skate; AUTO skid; **pattinatore** *m*, **-trice** *f* skater; **pattino** *m* SP skate; **~ a rotelle** roller skate; **~ in linea** roller blade

patto *m* pact; **a ~ che** on condition that

pattuglia *f* patrol

pattumiera *f* dustbin, *Am* trashcan

paura *f* fear; **avere ~ di** be frightened of; **mettere ~ a qu** frighten s.o.; **pauroso** fearful; (*che fa paura*) frightening

pausa *f* pause; **durante il lavoro** break

pavimento *m* floor

pavone *m* peacock

paziente be patient; **paziente** *agg*, *m/f* patient; **pazienza** *f* patience

pazzesco crazy; **pazzia** *f* madness; **pazzo 1** *agg* mad, crazy; **andare ~ per** be mad *o* crazy about **2** *m*, **-a** *f* madman; **donna** madwoman

p.c. (= *per conoscenza*) cc (= carbon copy)

peccare sin; **~ di** be guilty of; **peccato** *m* sin; (*che*) **~ !** what a pity!

pecora *f* sheep

pecorino *m/agg*: (*formaggio m*) **~** pecorino (*ewe's milk cheese*)

peculiarità *f inv* special feature, peculiarity

pedaggio *m* toll

pedalare pedal; **pedale** *m* pedal; **pedalò** *m inv* pedalo

pedana *f* footrest; SP springboard

pedata *f* kick; *impronta* footprint

pediatra *m/f* paediatrician, *Am* pediatrician

pedicure 1 *m/f* chiropodist, *Am* podiatrist **2** *m inv* pedicure

pedina *f* draughtsman, *Am* draftsman; *fig* cog in the wheel; **pedinare** shadow, follow

pedofilo *m*, **-a** *f* paedophile, *Am* pedophile

pedonale pedestrian; **pedone** *m* pedestrian

peggio 1 *avv* worse **2** *m*: *il* **~ è che** the worst of it is that; **avere la ~** get the worst of it; **peggioramento** *m* deterioration, worsening; **peggiorare** *v/t* make worse, worsen **2** *v/i* get worse, worsen; **peggiore** worse; *superlativo* worst; *il* **~** the worst

pelare peel; *pollo* pluck; *fig* F fleece F

pelle *f* skin; **avere la ~ d'oca** have gooseflesh

pellegrinaggio *m* pilgrimage; **pellegrino** m, -a f pilgrim

pelletteria f leatherwork

pellicano m pelican

pelliccia f fur; *cappotto* fur coat

pellicola f film

pelo m hair, coat; (*pelliccia*) coat; *fig per un ~* by the skin of one's teeth

pena f (*sofferenza*) pain, suffering; (*punizione*) punishment; ~ *di morte* death penalty; *stare in ~ per qu* worry about s.o.; *non ne vale la ~* it's not worth it; *mi fa ~* I feel sorry for him / her; **penale 1** *agg* criminal; *codice penal* 2 f penalty; **penalità** f inv penalty; **penalizzare** penalize

pendenza f slope; **pendere** hang; (*essere inclinato*) slope; **pendio** m slope

pendolare m/f commuter

pendolo m pendulum

pene m penis

penetrante *dolore, freddo* piercing; *fig: sguardo* piercing, penetrating; *analisi* penetrating; **penetrare 1** v/t penetrate **2** v/i: ~ *in* enter

penisola f peninsula

penitenza f REL penance; *in gioco* forfeit; **penitenziario** m prison

penna f pen; *di uccello* feather; ~ *stilografica* fountain pen; **pennarello** m felt-tip (pen); **pennello** m brush

penombra f half-light

penoso painful

pensare think; ~ *a* think about o of; ~ *a fare qc* (*ricordarsi di*) remember to do sth; ~ *di fare qc* think of doing sth; *ci penso io* I'll take care of it; **pensiero** m thought; (*preoccupazione*) worry; *stare in ~* be worried (*per* about); **pensieroso** pensive

pensile hanging

pensilina f shelter

pensionamento m retirement; **pensionato** m, -a f pensioner, retired person; *alloggio* boarding house; **pensione** f pension; *albergo* boarding house; ~ *completa* full board; *mezza ~* half board; *andare in ~* retire

Pentecoste f Pentecost, *Br anche* Whitsun

pentirsi *di peccato* repent; ~ *di aver fatto qc* be sorry for doing sth

pentola f pot, pan

penultimo last but one, penultimate

penzolare dangle; **penzoloni** dangling

pepare pepper; **pepato** peppered; **pepe** m pepper; **peperone** m pepper

per for; *mezzo* by; ~ *qualche giorno* for a few days; ~ *tutta la notte* throughout the night; *dieci ~ cento* ten per cent; *uno ~ uno* one by one; ~ *fare qc* (in order) to do sth; *stare ~* be about to

pera f pear
peraltro however
perbene 1 agg respectable **2** avv properly
percento 1 m percentage **2** avv per cent; **percentuale** f agg percentage
percepire perceive; (riscuotere) cash
perché because; (affinché) so that; **~?** why?
perciò so, therefore
percorrere distanza cover; strada, fiume travel along; **percorso 1** pp ☞ **percorrere 2** m (tragitto) route
percossa f blow; **percosso** pp ☞ **percuotere**; **percuotere** strike
percussione f percussion; MUS **-i** pl percussion
perdere 1 v/t lose; treno, occasione miss; **~ tempo** waste time **2** v/i lose; di rubinetto, tubo leak; **perdersi** get lost; **~ d'animo** lose heart; **mi sono perduto** I'm lost; **perdita** f loss; di gas, di acqua leak; **~ di tempo** waste of time; **perditempo 1** m/f inv idler **2** m inv waste of time
perdonare forgive; **perdono** m forgiveness
perenne eternal; BOT perennial
perfettamente perfectly; **perfetto** perfect; **perfezionamento** m perfection, further improvement; **corso** m **di ~** further training; **per-**

fezionare perfect; **perfezione** f perfection; **perfezionista** m/f perfectionist
perfido treacherous
perfino even
perforare drill through
pergolato m pergola
pericolante on the verge of collapse; **pericolo** m danger; (rischio) risk; **fuori ~** out of danger; **pericoloso** dangerous
periferia f periphery; di città outskirts; **periferico** peripheral; quartiere outlying; IN-FOR **unità** f inv **-a** peripheral
perifrasi f inv circumlocution
periodico 1 agg periodic **2** m periodical; **~ mensile** monthly; **periodo** m period
peripezia f misadventure
perito 1 agg expert **2** m, **-a** f expert
peritonite f peritonitis
perizia f skill, expertise; esame examination (by an expert)
perla f pearl; **perlina** f bead
perlomeno at least
perlopiù usually
perlustrare patrol
permaloso easily offended, touchy
permanente 1 agg permanent **2** f perm; **permanenza** f permanence; **in un luogo** stay
permesso 1 pp ☞ **permettere 2** m permission; (breve licenza) permit; MIL leave; **~**

di soggiorno residence permit; *(è)* **~?** may I?; **permettere** allow, permit; **permettersi** afford

pernacchia *f* F raspberry F, *Am* bronx cheer F

perno *m* pivot

pernottamento *m* night, overnight stay

però but

pero *m* pear (tree)

perpendicolare *f/agg* perpendicular

perplesso perplexed

perquisire search; **perquisizione** *f* search; **~ personale** body search; **mandato *m* di ~** search warrant

persecuzione *f* persecution; **mania *f* di ~** persecution complex; **perseguitare** persecute; **perseguitato** *m:* **~ politico** person persecuted for their political views

perseverante persevering; **perseverare** persevere

persiana *f* shutter

persino ☞ **perfino**

persistente persistent; **persistere** persist

perso *pp* ☞ **perdere**

persona *f* person; **a (o per) ~** a head, each; **in~, di~** in person; **personaggio** *m* character; *(celebrità)* personality; **personale 1** *agg* personal **2** *m* staff, personnel; **personalità** *f inv* personality; **personalmente** personally

perspicace shrewd

persuadere persuade, convince; **~ qu a fare qc** persuade s.o. to do sth; **persuasivo** persuasive; **persuaso** *pp* ☞ **persuadere**

pertanto and so, therefore

pertinente relevant, pertinent

perturbazione *f* disturbance

Perù *m* Peru; **peruviano 1** *agg* Peruvian **2** *m,* **-a** *f* Peruvian

pervenire arrive; **far ~** send

p.es. (= **per esempio**) eg (= for example)

pesante heavy; *fig: libro, film* boring; **pesantezza** *f* heaviness; **~ di stomaco** indigestion; **pesapersone** *f inv* scales; *in negozio ecc* weighing machine; **pesare** weigh

pesca[1] *f frutto* peach

pesca[2] *f* fishing

pescare fish for; *(prendere)* catch; *fig* dig up; *ladro, svaligiatore ecc* catch (red-handed); **pescatore** *m* fisherman; **pesce** *m* fish; **~ d'aprile** April Fool; ASTR **Pesci** *pl* Pisces; **pescecane** *m* shark; **peschereccio** *m* fishing boat; **pescheria** *f* fishmonger's, *Am* fish store; **pescivendolo** *m,* **-a** *f* fishmonger, *Am* fish seller

pesco *m* peach (tree)

peso *m* weight; **a ~** by weight

pessimismo *m* pessimism; **pessimista 1** *agg* pessimistic **2** *m/f* pessimist

pessimo very bad, terrible

pestaggio m F going-over F; **pestare** *carne, prezzemolo* pound; *con piede* step on; *(picchiare)* beat up

peste f plague; *persona* pest F

pesticida m pesticide

pesto m pesto, *paste of basil, olive oil and pine nuts*

petalo m petal

petardo m fire-cracker

peto m fart F

petroliera f *(oil)* tanker; **petrolifero** oil *attr*; **petrolio** m oil, petroleum

pettegolezzo m piece of gossip; **pettegolo 1** *agg* gossipy **2** m, **-a** f gossip

pettinare comb; **pettinarsi** comb one's hair; **pettinatura** f hairstyle, hairdo; **pettine** m comb

petto m chest; *(seno)* breast; **~ di pollo** chicken breast; **a doppio ~** double-breasted

pezza f cloth; *(toppa)* patch

pezzo m piece; *di motore* part; **da / per un ~** for a long time; **~ di ricambio** spare (part); **andare in -i** break into pieces

piacere 1 *v/i*: **le piace il vino?** do you like wine?; **non mi piace il cioccolato** I don't like chocolate; **mi piacerebbe saperlo** I'd really like to know **2** m pleasure; *(favore)* favour, *Am* favor; **~!** pleased to meet you!; **mi fa ~** I'm happy to; **con ~** with pleasure; **per ~** please; **piacevole**

pleasant; **piacimento**: **a ~** as much as you like

piaga f *(ferita)* wound

piallare plane

pianerottolo m landing

pianeta m planet

piangere 1 *v/i* cry, weep **2** *v/t* mourn

pianificare plan

pianista m/f pianist; **piano 1** *agg* flat **2** *avv (adagio)* slowly; *(a voce bassa)* quietly **3** m plan; *(pianura)* plain; *di edificio* floor; MUS piano; **~ rialzato** mezzanine; **primo ~** foreground; FOT close-up; **pianoforte** m piano

pianta f plant; *di città* map; *del piede* sole; **piantare** plant; *chiodo* hammer in; F **piantala!** cut it out! F; F **~ qu** dump s.o. F

pianterreno m ground floor, *Am* first floor

pianto 1 *pp* ➞ **piangere 2** m crying, weeping; *(lacrime)* tears

pianura f plain

piastra f plate; **piastrella** f tile

piattaforma f platform; **~ di lancio** launch pad; **piattino** m saucer; **piatto 1** *agg* flat **2** m plate; GASTR dish; MUS **-i** *pl* cymbals; **primo ~** first course; **~ del giorno** day's special

piazza f square; COM market (place); **piazzale** m large square; *in autostrada* tollbooth area; **piazzare** place, put; (*vendere*) sell; **piazzola** *f* small square; **~ di sosta** layby

piccante spicy, hot

picchiare beat

piccione *m* pigeon

picco *m* peak; MAR **colare a ~** sink

piccolo 1 *agg* small, little; *di statura* short **2** *m*, -a *f* child; **la gatta con i suoi -i** the cat and her young; **da ~** as a child

piccozza *f* ice axe, *Am* ice ax

picnic *m inv* picnic

pidocchio *m* louse

piede *m* foot; **a -i** on foot; **stare in -i** stand; **a -i nudi** barefoot, with bare feet

piedistallo *m* pedestal

piega *f* wrinkle; *di pantaloni* crease; *di gonna* pleat; **piegare 1** *v/t* bend; (*ripiegare*) fold **2** *v/i* bend; **piegarsi** bend; *fig* **~ a** comply with; **pieghevole** sedia folding

Piemonte *m* Piedmont; **piemontese** *agg*, *m/f* Piedmontese

piena *f* flood; *a teatro* full house; **pieno 1** *agg* full (**di** of); (*non cavo*) solid **2** *m*: AUTO **fare il ~** fill up

pietà *f* pity (*di* for); PITT pietà; **avere ~ di qu** take pity on s.o.

pietanza *f* dish

pietra *f* stone; **pietrina** *f* flint; **pietroso** stony

pigiama *m* pyjamas, *Am* pa-

jamas

pigiare crush

pigliare catch

pigna *f* pinecone

pignolo pedantic

pigrizia *f* laziness; **pigro** lazy

pila *f* EL battery; (*catasta*) pile

pilastro *m* pillar

pillola *f* pill; **prendere la ~** be on the pill

pilone *m* pier; EL pylon

pilota *m/f* AVIA, MAR pilot; AUTO driver; **pilotare** pilot; AUTO drive

pinacoteca *f* art gallery

pineta *f* pine forest

ping-pong *m* ping-pong

pinna *f di pesce* fin; SP flipper

pino *m* pine; **pinolo** *m* pine nut

pinza *f* pliers; **pinzare** staple; **pinzatrice** *f* stapler; **pinzette** *fpl* tweezers

pioggia *f* rain

piombare fall; *precipitarsi* rush (**su** at); **mi è piombato in casa** he dropped in unexpectedly; **piombino** *m* sinker; **piombo** *m* lead

pioppo *m* poplar

piovere rain; **piovigginare** drizzle; **piovoso** rainy

piovra *f* octopus

pipa *f* pipe

pipì *f* F pee F; F **fare la ~** go for a pee F

pipistrello *m* bat

piramide *f* pyramid

pirata *m* pirate

pirofila *f* oven-proof dish

piroscafo *m* steamer

pisciare P piss P

piscina *f* (swimming) pool; ~ **coperta** indoor pool

pisello *m* pea

pisolino *m* nap

pista *f di atletica* track; (*traccia*) trail; ~ **d'atterraggio** runway; ~ **da ballo** dance floor; ~ **da sci** ski slope; ~ **ciclabile** bike path

pistacchio *m* pistachio

pistola *f* pistol

pittore *m*, **-trice** *f* painter; **pittura** *f* painting; **pitturare** paint

più 1 *avv* more (**di, che** than); *superlativo* most; MAT plus; ~ **grande** more; **il** ~ **grande** the biggest; **di** ~ more; **non** ~ no more; *tempo* no longer; ~ **o meno** more or less; **per di** ~ what's more; **mai** ~ never again; **al** ~ **presto** as soon as possible; **al** ~ **tardi** at the latest 2 *agg* more; *superlativo* most; ~ **volte** several times 3 *m* most; **per lo** ~ mainly; **i** ~, **le** ~ the majority

piuma *f* feather

piumino *m* down; *giacca* quilted jacket

piumone® *m* Continental quilt, duvet

piuttosto rather

pizza *f* pizza; **pizzaiolo** *m* pizza maker; **pizzeria** *f* pizzeria

pizzicare 1 *v/t braccio, persona* pinch; F *ladro* catch (red-handed) 2 *v/i* pinch; **pizzico**

m pinch; **pizzicotto** *m* pinch

pizzo *m* (*merletto*) lace

placare placate; *dolore* ease

placca *f* plate; (*targhetta*) plaque; ~ **dentaria** plaque; **placcare** plate; *nel rugby* tackle; **placcato d'oro** gold-plated

planetario 1 *agg* planetary 2 *m* planetarium

plasma *m* plasma; ~ **sanguigno** blood plasma; **plasmare** mould, *Am* mold

plastica *f* plastic; MED plastic surgery; **plastico** 1 *agg* plastic 2 *m* ARCHI scale model; **esplosivo** *m* **al** ~ plastic bomb

plastilina® *f* Plasticine®

platano *m* plane (tree)

platea *f* TEA stalls

platino *m* platinum

plausibile plausible

plenilunio *m* full moon

plettro *m* plectrum

pleurite *f* pleurisy

plico *m* envelope

plurale *m*/*agg* plural

plutonio *m* plutonium

pneumatico 1 *agg* pneumatic 2 *m* tire, *Am* tire

po': **un** ~ **a** little (**di** sth), a little bit (**di** of); **un bel** ~ quite a lot

poco 1 *agg* little; *con nomi plurali* few 2 *avv* not much; *con aggettivi* not very; **senti un po'!** just listen!; **a** ~ **a** ~ little by little, gradually; ~ **fa** a little while ago; **fra** ~

in a little while, soon; **~ dopo** a little while later, soon after; **per** ~ cheap; (*quasi*) almost, nearly

podere *m* farm
podio *m* podium
podismo *m* walking
poesia *f* poetry; *componimento* poem; **poeta** *m*, **-essa** *f* poet; **poetico** poetic
poggiare lean; (*posare*) put, place; **poggiatesta** *m inv* head rest
poi then; **d'ora in ~** from now on
poiché since
polacco 1 *m*/*agg* Polish **2** *m*, **-a** *f* Pole
polare Polar; **circolo** *m* ~ **artico / antartico** Arctic / Antarctic circle
polemica *f* argument; **polemico** argumentative; **polemizzare** argue
polenta *f* polenta, *kind of porridge made from cornmeal*
policlinico *m* general hospital
poliglotta 1 *agg* multilingual **2** *m*/*f* polyglot
poligono *m* MAT polygon; MIL ~ **di tiro** firing range
poliomielite *f* poliomyelitis
polipo *m* polyp
politica *f* politics; (*strategia*) policy; (*astuzia*) political; **politico 2** *m*, **-a** *f* politician
polizia *f* police; **poliziesco** police *attr*; **romanzo** *m* ~ detective story; **poliziotto 1** *m*

policeman 2 *agg*: **donna** *f* **-a** policewoman; **cane** *m* ~ police dog
polizza *f* policy
pollame *m* poultry
pollice *m* thumb; *unità di misura* inch
polline *m* pollen
pollo *m* chicken
polmone *m* lung; **polmonite** *f* pneumonia
polo[1] *m* GEOG pole; ~ **nord** North Pole; ~ **sud** South Pole
polo[2] **1** *m* SP polo **2** *f inv* polo shirt
Polonia *f* Poland
polpa *f* flesh; *di manzo, vitello* meat
polpaccio *m* calf
polpastrello *m* fingertip
polpetta *f* *di carne* meatball; **polpettone** *m* meat loaf
polpo *m* octopus
polsino *m* cuff; **polso** *m* ANAT wrist; *di camicia* cuff; *pulsazione* pulse
poltiglia *f* mush
poltrire laze around
poltrona *f* armchair; TEA stall (seat)
poltrone *m*, **-a** *f* lazybones *sg*
polvere *f* dust; (*sostanza polverizzata*) powder; **latte** *m* **in** ~ powdered milk; **polverina** *f* powder; **polveroso** dusty
pomata *f* cream
pomello *m* cheek; *di porta* knob

pomeridiano afternoon *attr*; **pomeriggio** *m* afternoon; *di ~*, *nel ~* in the afternoon

pomice *f/agg*: (*pietra f*) *~* pumice (stone)

pomo *m* knob; *~ d'Adamo* Adam's apple

pomodoro *m* tomato

pompa[1] *f* pomp; *impresa f di -e funebri* undertaker's, *Am* mortician

pompa[2] *f* TEC pump

pompelmo *m* grapefruit

pompiere *m* fireman; *-i pl* fire brigade, *Am* fire department

pone ☞ *porre*

ponente *m* west

pongo ☞ *porre*

ponte *m* bridge; ARCHI scaffolding; MAR deck; *fare il ~* make a long weekend of it

pontefice *m* pontiff

ponteggio *m* scaffolding

pontificio papal; *Stato m ~* Papal States

pontile *m* jetty

pop: *musica f ~* pop (music)

popolare 1 *agg* popular; *quartiere* working-class; *ballo m ~* folk dance **2** *v/t* populate; **popolarità** *f* popularity; **popolato** populated; (*abitato*) inhabited; (*pieno*) crowded; **popolazione** *f* population; **popolo** *m* people

poppa *f* MAR stern

porcellana *f* porcelain, china

porcellino *m* piglet; *~ d'India* guinea-pig

porcheria *f* disgusting thing; *è una ~* it's disgusting; *-e pl* junk food; **porchetta** *f* suckling pig, *roasted whole in the oven*

porcile *m* pigsty, *Am* pigpen

porcino *m* cep

porco *m* pig; **porcospino** *m* porcupine

porgere *mano, oggetto* hold out; *aiuto, saluto ecc* offer

porno *m/agg* F porn F; **pornografico** pornographic

poro *m* pore

porre place, put; *domanda* ask; *poniamo che ...* let's suppose that ...

porro *m* leek; MED wart

porta *f* door

portabagagli *m inv* luggage rack; AUTO roof rack; **portacenere** *m inv* ashtray; **portachiavi** *m inv* keyring; **portafinestra** *f* French window; **portafoglio** *m* wallet; **portafortuna** *m inv* good luck charm

portale *m* door; INFOR portal

portamonete *m inv* purse; **portaombrelli** *m inv* umbrella stand; **portapacchi** *m inv* di macchina roof rack; *di bicicletta* carrier; **portapenne** *m inv* pencil case

portare (*trasportare*) carry; (*accompagnare*) take; (*avere adosso*) wear; (*condurre*) lead; *~ via* take away; *mi ha portato un regalo* he brought me a present; *por-*

tale un regalo take her a present; *essere portato per qc* / *per fare qc* have a gift for sth / for doing sth

portasci *m inv* AUTO ski rack

portata *f* GASTR course; *di cannocchiale* range; *alla ~ di film, libro ecc* suitable for; *a ~ di mano* within reach

portatile *agg*; (*computer m*)~ portable (computer); (*telefono m*) ~ mobile (phone), *Am* cell(ular) phone

portatore *m*, **-trice** *f* bearer; *di malattia* carrier

portauovo *m inv* eggcup

portavoce *m/f inv* spokesperson

portico *m* porch; *-i pl* arcades

portiera *f* door; **portiere** *m* doorman; (*portinaio*) caretaker; SP goalkeeper

portinaio *m*, **-a** *f* caretaker; **portineria** *f* caretaker's flat, *Am* superintendent's apartment

porto¹ *pp* ☞ **porgere**

porto² *m* PARTA postage; ~ *d'armi* gun licence *o Am* license

porto³ *m* MAR port

Portogallo *m* Portugal; **portoghese** *agg*, *m/f* Portuguese

portone *m* main entrance

porzione *f* share; GASTR portion

posa *f* di cavi, tubi laying; FOT exposure; FOT *mettersi in ~*

pose; **posacenere** *m inv* ashtray; **posare 1** *v/t* put, place **2** *v/i* pose; ~ *su* rest on; *fig* ~ *da intellettuale* pose as an intellectual; **posarsi** alight; **posate** *fpl* cutlery, *Am* flatware

positivo positive

posizione *f* position

possedere own, possess; **possessivo** possessive; **possesso** *m* possession

possiamo ☞ **potere**

possibile 1 *agg* possible; *il più presto* ~ as soon as possible **2** *m*: *fare il* ~ do everything one can; **possibilità** *f inv* possibility; (*occasione*) opportunity, chance; **possibilmente** if possible

posso ☞ **potere**

posta *f* mail, *Br anche* post; (*ufficio postale*) post office; ~ *aerea* airmail; *per* ~ by post; INFOR ~ *elettronica* e-mail; ~ *lumaca* snail mail; **postale** postal

postdatare postdate

posteggiare park; **posteggio** *m* carpark, *Am* parking lot; ~ *dei taxi* taxi rank, *Am* cab stand

posteriore back *attr*, rear *attr*; (*successivo*) later

posticipare postpone; **posticipato**: *pagamento* ~ payment in arrears

postino *m*, **-a** *f* postman, *Am* mailman; *donna* postwoman, *Am* mailwoman

posto[1] pp ☞ **porre**; ~ **che** supposing that

posto[2] m place; (lavoro) job, position; **mettere a ~ stanza** tidy up; ~ **macchina** parking space; ~ **finestrino** / **corridoio** window / aisle seat; ~ **a sedere** seat; ~ **di polizia** police station; **vado io al ~ tuo** I'll go in your place, I'll go instead of you; **fuori** ~ out of place

postoperatorio postoperative

postumo posthumous

potabile fit to drink; **acqua** f ~ drinking water

potare prune

potente powerful; (efficace) potent; **potenza** f power; ~ **mondiale** world power; ~ **del motore** engine power; **potenziare** strengthen

potere 1 v/i can, be able to; **non posso andare** I can't go; **non ho potuto farlo** I couldn't do it, I wasn't able to do it; **può darsi** perhaps, maybe 2 m power

poveraccio m, -a f poor thing; **poveretto** m, **poverino** m poor man; **povero** 1 agg poor 2 m, -a f poor man; **donna** poor woman; **i -i** pl the poor pl; **povertà** f poverty

pozzanghera f puddle

pozzo m well; ~ **petrolifero** oil well

PP.TT. (= **Poste e Telecomunicazioni**) Italian Post Office

pranzare have lunch; **la sera** have dinner; **pranzo** m lunch; **la sera** dinner

prassi f inv standard procedure

pratica f practice; (esperienza) experience; (atto) file; **mettere in ~** put into practice; **-che** pl papers; **in ~** in practice; **avere ~ di qc** have experience of sth; **praticabile** sport which can be done; **strada** passable; **praticantato** m apprenticeship; **praticare** professione practice; locale frequent; ~ **molto sport** do a lot of sport; **pratico** practical; **essere ~ di conoscere bene** know a lot about

prato m meadow

preavviso m notice

precauzione f caution; **-i** pl precautions

precedente 1 agg preceding 2 m precedent; **avere dei -i penali** have a record; **precedenza** f precedence; **avere la ~** AUTO have right of way; **dare la ~** AUTO give way, Am yield; **precedere** precede

precipitare 1 v/t throw; fig rush 2 v/i fall, plunge; **precipitarsi** (affrettarsi) rush; **precipitazione** f (fretta) haste; **-i atmosferiche** atmospheric precipitation; **precipitoso** hasty

precipizio *m* precipice

precisamente precisely; **precisare** specify; **precisione** *f* precision; **con** ~ precisely; **preciso** accurate; *persona* precise

precoce precocious; *pianta* early

precotto *m* ready-made, pre-cooked

preda *f* prey

predica *f* sermon

prediletto 1 *pp* ☞ **prediligere 2** *agg* favourite, *Am* favorite; **prediligere** prefer

predire predict

predisporre draw up in advance; ~ **a** encourage; **predisposto** *pp* ☞ **predisporre**

predominare predominate; **predominio** *m* predominance

prefabbricato 1 *agg* prefabricated **2** *m* prefabricated building

prefazione *f* preface

preferenza *f* preference; **preferenziale** preferential; **preferire** prefer

preferito favourite, *Am* favorite

prefettura *f* prefecture

prefiggersi set o.s.; **prefisso 1** *pp* ☞ **prefiggersi 2** *m* TELEC code

pregare beg (**di fare** to do); *divinità* pray to; **ti prego di ascoltarmi** please listen to me

preghiera *f* request; REL prayer

pregiato *pietra* precious

pregio *m* (*qualità*) good point

pregiudicato *m*, -**a** *f* previous offender; **pregiudizio** *m* prejudice

prego please; **~?** I'm sorry (what did you say?)?; **grazie! – ~!** thank you! – you're welcome!, not at all!

preistoria *f* prehistory; **preistorico** prehistoric

prelavaggio *m* pre-wash

prelevamento *m* **di sangue**, *campione* taking; FIN withdrawal; ~ **in contanti** cash withdrawal; **prelevare** *sangue*, *campione* take; *denaro* withdraw

prelibato exquisite

prelievo *m* (*prelevamento*) taking; FIN withdrawal; ~ **del sangue** blood sample

pre-maman 1 *agg* maternity *attr* **2** *m inv* maternity dress

prematuro premature

premeditato premeditated

premere press

premessa *f* introduction

premesso *pp* ☞ **premettere**; **premettere** say first

premiare give an award *o* prize to; *onestà, coraggio* reward; **premiazione** *f* awards ceremony; **premio** *m* prize, award; FIN premium

premura *f* (*fretta*) hurry, rush; **mettere ~ a qu** hurry s.o. along; **premuroso** attentive

prenatale prenatal

prestarsi

prendere 1 *v/t* take; *malattia, treno* catch; *cosa prendi?* what will you have; *andare* / *venire a ~ qu* fetch s.o.; *~ il sole* sunbathe; *prendersela* get upset (*per* about; *con* with); *che ti prende?* what's got into you? **2** *v/i: ~ a destra* turn right; *prendisole m inv* sundress

prenotare book, reserve; **prenotazione** *f* booking, reservation

preoccupare worry; **preoccuparsi** worry; **preoccupato** worried; **preoccupazione** *f* worry

preparare prepare; **prepararsi** get ready (*a* to), prepare (*a* to); **preparativi** *mpl* preparations; **preparazione** *f* preparation

preposizione *f* preposition

prepotente domineering; *bisogno* pressing

presa *f* grip, hold; EL *~ di corrente* socket, *Am* outlet; *essere alle -e con qc* be grappling with sth

presagio *m* omen

presbite far-sighted

prescindere: *~ da* have nothing to do with

prescritto *pp* ☞ **prescrivere**; **prescrivere** prescribe

presentare *documenti, biglietto* show, present; *domanda* submit; *scuse* make; TEA present; (*contenere*) contain; (*far*

conoscere) introduce (*a* to); **presentarsi** look; (*esporre*) show itself; *occasione* occur; **presentatore** *m*, **-trice** *f* presenter; **presentazione** *f* presentation; *di richiesta* submission; *fare le -i* make the introductions; **presente 1** *agg* present; *hai ~ il negozio ... ?* do you know the shop ... ? **2** *m* present; *i -i pl* those present

presentimento *m* premonition

presenza *f* presence; *alla* (*o in*) *~ di* in the presence of

presepe *m*, **presepio** *m* nativity (scene)

preservare protect, keep (*da* from); **preservativo** *m* condom

presidente *m/f* chairman; POL President; *~ del Consiglio* (*dei ministri*) Prime Minister

preso *pp* ☞ **prendere**

pressappoco more or less

pressione *f* pressure; *far ~ su* put pressure on, pressure

presso 1 *prp* (*vicino a*) near; *nella sede di* on the premises of; *posta* care of; *vive ~ i genitori* he lives with his parents; *lavoro ~ la FIAT* I work for Fiat **2** *m*: *nei -i di* in the vicinity of; **pressoché** almost

prestare lend; *~ ascolto* / *aiuto a qu* listen to / help s.o.; **prestarsi** offer one's services; (*essere adatto*) lend itself (*a* to); **prestazione** f service; **prestito** m loan; **in** ~ on loan; **dare in** ~ lend; **prendere in** ~ borrow

presto (*fra poco*) soon; (*in fretta*) quickly; (*di buon'ora*) early; **a** ~*l* see you soon!; **far** ~ be quick

presumere presume; **presuntuoso** presumptuous

prete m priest

pretendere claim; **pretesa** f pretension

pretesto m pretext

pretura f magistrates' court, *Am* circuit court

prevalenza f prevalence; **in** ~ prevalently; **prevalere** prevail

prevedere foresee, predict; *tempo* forecast; *di legge* provide for; **prevedibile** predictable

prevendita f advance sale

prevenire *domanda, desiderio* anticipate; (*evitare*) prevent; **preventivo 1** *agg* preventive **2** m estimate; **prevenzione** f prevention

previdenza f foresight; ~ **sociale** social security, *Am* welfare

previsione f forecast; **-i** pl **del tempo** weather forecast; **previsto** pp ☞ **prevedere**

prezioso precious

prezzemolo m parsley

prezzo m price; **a buon** ~ cheap

prigione f prison; **prigioniero** m, **-a** f prisoner

prima¹ *avv* before; (*in primo luogo*) first; ~ **di** before; ~ **di fare qc** before doing sth; ~ **o poi** sooner or later; ~ **che** before; **quanto** ~ as soon as possible

prima² f FERR first class; AUTO first; TEA first night

primavera f spring

primitivo primitive; (*iniziale*) original

primizia f early crop

primo 1 *agg* first **2** m, **-a** f first; **ai -i del mese** at the beginning of the month; **sulle -e** in the beginning, at first **3** m GASTR first course, starter; **primogenito 1** *agg* first-born **2** m, **-a** f first-born

principale 1 *agg* main **2** m boss

principato m principality; **principe** m prince; **principessa** f princess

principiante m/f beginner; **principio** m start, beginning; (*norma*) principle; **al** ~ at the start, in the beginning; **per** ~ as a matter of principle

privare deprive (**di** of); **privarsi** deprive o.s. (**di** of)

privatizzare privatize; **privato 1** *agg* private; **in** ~ in private **2** m private citizen

privilegiare favor, *Am* favor, prefer; **privilegiato** privileged; **privilegio** m privilege

privo: **~ di** lacking in; **~ di grassi** fat-free

pro 1 *m inv:* **i ~ e i contro** the pros and cons; **a che ~?** what's the point? **2** *prp* for; **~ capite** per capita, each

probabile probable; **probabilità** *f inv* probability

problema *m* problem

proboscide *f* trunk

procedere carry on; *fig (agire)* proceed; **procedimento** *m* process

procedura *f* procedure; DIR proceedings

processare try

processione *f* procession

processo *m* process; DIR trial

procinto *m:* **essere in ~ di** be about to

proclamare proclaim

procura *f* power of attorney; **Procura di Stato** public prosecutor's office; **per ~** by proxy; **procurare** *(causare)* cause; **~ qc a qu** cause s.o. sth; **procurarsi** get hold of; **procuratore** *m*, **-trice** *f* person with power of attorney; DIR lawyer for the prosecution; **~ generale** Attorney General

prodotto 1 *pp* ☞ **produrre 2** *m* product; **produco** ☞ **produrre**; **produrre** produce; **danni** cause; **produttivo** productive; **produttore** *m*, **-trice** *f* producer; **produzione** *f* production

prof. ssa (= **professoressa**)

Prof. (= Professor)

profanare desecrate

professionale professional; *scuola, corso* vocational; **professione** *f* profession; **professionista** *m/f* professional; **libero ~** self-employed person

professore *m*, **-essa** *f* teacher; *d'università* professor

proficuo profitable

profilattico prophylactic

profilo *m* profile

profitto *m (vantaggio)* advantage

profondità *f inv* depth; FOT **~ di campo** depth of field; **profondo** deep

profugo *m*, **-a** *f* refugee

profumare perfume; **profumeria** *f* perfume shop; **profumo** *m* perfume

progettare plan; **progetto** *m* design; *di costruzione* project; **~ di legge** bill

prognosi *f inv* prognosis

programma *m* programme, Am program; INFOR program; **~ televisivo** TV programme; **avere in ~** have planned; **programmare** plan; INFOR program; **programmatore** *m*, **-trice** *f* programmer; **programmazione** *f* programming; FIN **~ economica** economic planning; INFOR **linguaggio** *m* **di ~** programming language

progredire progress; **progressivo** progressive; **pro-**

gresso m progress; **fare -i** make progress

proibire ban, prohibit; **~ a qu di fare qc** forbid s.o. to do sth

proiettare throw; film screen, show; fig project; **proiettile** m projectile

proiettore m projector; **~ per diapositive** slide projector

proletario 1 agg proletariat **2** m proletarian

pro loco f inv local tourist board

prologo m prologue

prolunga f EL extension cord; **prolungare** extend; nel tempo prolong, extend; **prolungarsi** di strada extend; di riunione go on

promemoria m inv memo

promessa f promise; **promesso** pp ☞ **promettere**; **promettere** promise; **~ bene** look promising

promontorio m promontory, headland

promosso pp ☞ **promuovere**; **promozione** f promotion; EDU year; **~ delle vendite** sales promotion; **promuovere** promote; EDU move up

pronome m pronoun

prontezza f readiness, promptness; (rapidità) speediness, promptness; **~ di spirito** quick thinking; **pronto** (preparato) ready (**a fare qc** to do sth; **per qc**

for sth); TELEC **~!** hello!; **~ soccorso** first aid; in ospedale accident and emergency, A&E

pronuncia f pronunciation; **pronunciare** pronounce; **pronunciarsi** give an opinion (**su** on)

propaganda f propaganda; **propagare** propagate; fig spread; **propagarsi** spread (anche fig)

propenso inclined (**a fare qc** to do sth)

propongo ☞ **proporre**; **proporre** propose; **proporsi** stand (**come** as); **~ di fare qc** intend to do sth

proporzionato in proportion (**a** to); **proporzione** f proportion; **in ~** in proportion (**a, con** to)

proposito m intention; **a ~** by the way; **a ~ di** about, with reference to; **di ~** on purpose

proposizione f GRAM sentence

proposta f proposal; **proposto** pp ☞ **proporre**

proprietà f inv property; diritto ownership; **proprietario** m, -a f owner

proprio 1 agg own; (caratteristico) typical; (adatto) proper; **nome** m **~** proper noun; **amor** m **~** pride **2** avv (davvero) really **3** m (beni) personal property; **lavorare in ~** be self-employed

propulsore m propeller

prora f prow

proroga f postponement; (*prolungamento*) extension; **prorogare** (*rinviare*) postpone; (*prolungare*) extend

prosa f prose

prosciogliere release; DIR acquit

prosciugare drain; *di sole* dry up

prosciutto m ham; ~ **cotto** cooked ham; ~ **crudo** salted air-dried ham

proseguimento m continuation; **proseguire 1** v/t continue **2** v/i continue, carry on

prospettiva f perspective; (*panorama*) view; (*possibilità*) prospect; *fig* point of view

prospetto m disegno elevation; (*facciata*) facade; (*tabella*) table

prossimamente shortly, soon; **prossimità** f inv proximity; **in ~ di** near; **prossimo 1** agg close; **la -a volta** the next time **2** m fellow human being

prostituta f prostitute

protagonista m/f protagonist

proteggere protect (*da* from)

proteina f protein

protesi f inv prosthesis; ~ **dentaria** false teeth

protesta f protest; **protestante** agg, m/f Protestant; **protestare** protest

protetto pp ☞ **proteggere**; **protezione** f protection

prova f (*esame*) test; (*tentativo*) attempt; (*testimonianza*) proof; (*di abito* fitting; SP heat; TEA **-e** pl rehearsal; TEA **-e** pl **generali** dress rehearsal; **mettere alla ~** put to the test; **provare** test, try out; *vestito* try (on); (*dimostrare*) prove; TEA rehearse; ~ **a fare qc** try to do sth

provengo ☞ **provenire**; **provenienza** f origin; **provenire** come (*da* from); **proventi** mpl income

proverbio m proverb

provetta f test-tube

provincia f province; **provinciale 1** agg provincial **2** m/f provincial **3** f A road, Am highway

provino m screen-test; (*campione*) sample

provocante provocative; **provocare** (*causare*) cause; (*sfidare*) provoke; *invidia* arouse

provvedere 1 v/t provide (*di* with) **2** v/i: ~ **a** take care of; **provvedimento** m measure

provvigione f commission

provvisorio provisional

provvista f: **far ~ di qc** stock up on sth; **provvisto 1** pp ☞ **provvedere 2** agg: **essere ~ di** be provided with

prozio m, **-a** f great-uncle; *donna* great-aunt

prua f prow

prudente careful, cautious;

prudenza f care, caution
prudere: *mi prude la mano* my hand itches
prugna f plum; **~ secca** prune
prurito m itch
P.S. (= **Pubblica Sicurezza**) police; (= **post scriptum**) PS (= post scriptum)
pseudo ... pseudo ...
pseudonimo m pseudonym
psicanalisi f psychoanalysis; **psicanalista** m/f psychoanalyst
psiche f psyche
psichiatra m/f psychiatrist
psicologia f psychology; **psicologico** psychological; **psicologo** m, **-a** f psychologist
psicosi f inv psychosis
psicoterapia f psychotherapy
P.T.P. (= **Posto Telefonico Pubblico**) public telephone
pubblicare publish; **pubblicazione** f publication; **-i** pl (**matrimoniali**) banns; **pubblicità** f inv publicity; annuncio advert; **fare ~ a** evento publicize; prodotto advertise; **pubblicitario** 1 agg advertising 2 m, **-a** f publicist; **pubblico** 1 agg public 2 m public; (spettatori) audience; **in ~** in public
pube m pubis
pubertà f puberty
pudore m modesty
pugilato m boxing; **pugile** m boxer
pugnalare stab; **pugnale** m dagger

pugno m fist; (colpo) punch; quantità handful; **fare a -i** come to blows
pulce f flea
pulcino m chick
puledro m, **-a** f colt; femmina filly
pulire clean; **pulito** clean; fig cleaned-out; **pulitura** f cleaning; **~ a secco** dry cleaning; **pulizia** f cleanliness; **fare le -e** do the cleaning
pullman m inv bus, Br anche coach
pullover m inv pullover
pullulare: ~ di be swarming with
pulpito m pulpit
pulsante m button; **pulsazione** f pulsation
pungere prick; di ape sting; **pungiglione** m sting
punibile punishable (**con** by); **punire** punish; **punizione** f punishment; SP (**calcio** m di) **~** free kick
punta f di spillo, coltello point; di dita, lingua tip; GEOG peak; fig touch, trace; **puntare** 1 v/t pin (**su** to); (dirigere) point (**verso** at); (scommettere) bet (**su** on); fig **~ i piedi** dig one's heels in 2 v/i: **~ a** successo aspire to; **puntata** f instalment, Am installment; (scommessa) bet **punteggiatura** f punctuation; **punteggio** m score
puntiglioso punctilious

puntina f di giradischi stylus; ~ **(da disegno)** drawing pin, Am thumbtack; **puntino** m dot; **a ~** perfectly; **punto 1** pp ☞ **pungere 2** m point; MED, (maglia) stitch; ~ **di vista** point of view; ~ **cardinale** point of the compass; **fino a che ~ sei arrivato?** how far have you got?; **alle dieci in ~** at ten o'clock exactly o on the dot; ~ **(fermo)** full stop, Am period; **due -i** colon; ~ **e virgola** semi-colon; ~ **esclamativo** exclamation mark, Am exclamation point; ~ **interrogativo** question mark; **essere sul ~ di fare qc** be on the point of doing sth

puntuale punctual; **puntualità** f punctuality; **puntualizzare** make clear

puntura f di ape sting; di ago prick

punzecchiare prick; fig (provocare) tease

può, puoi ☞ **potere**

pupazzo m puppet; ~ **di neve** snowman

pupilla f pupil

purché provided

pure 1 cong even if; (tuttavia) (and) yet **2** avv too, as well; **pur di** in order to; **venga ~ avanti!** do come in!

purè m inv purée

purga f purge; **purgante** m laxative

puro pure

purtroppo unfortunately

pus m pus

pustola f pimple

puttana f P whore

puzza f stink; **puzzare** stink **(di** of); **puzzo** m stink; **puzzola** f ZO polecat; **puzzolente** stinking

p.v. (= **prossimo venturo**) next

Q

q (= **quintale**) 100 kilos

qua here; **passa di ~** come this way; **al di ~ di** on this side of

quaderno m exercise book

quadrante m quadrant; di orologio face

quadrare di conti balance; fig **i conti non quadrano** there's something fishy going on; **quadrato** m/agg square

quadrifoglio m four-leaf clover

quadro 1 agg square **2** m painting, picture; MAT square; **a -i** check attr, Am checkered

quadruplo m/agg quadruple

quaggiù down here

quaglia f quail

qualche a few; (un certo)

some; *interrogativo* any; **~ cosa** something; **~ volta** sometime; *alcune volte* a few times; *a volte* sometimes; *in ~ luogo* somewhere; *in ~ modo* somehow

qualcosa something; *interrogativo* anything; **qualcos'altro** something else; **~ da mangiare** something to eat; **~ di bello** something beautiful

qualcuno someone, somebody; *in interrogazioni anche* anyone, anybody; **c'è ~?** is anybody there?

quale 1 *agg* what; **~ libro vuoi?** which book do you want? **2** *pron*: **prendi un libro – ~?** take a book – which one?; **il / la ~ persona** who, that; *cosa* which, that; **la persona della ~ stai parlando** the person you're talking about **3** *avv* as

qualifica *f* qualification; **qualificare** qualify; *(definire)* describe; **qualificarsi** give one's name *(come* as*); a esame, gara* qualify; **qualificato** qualified

qualità *f inv* quality; *di prima ~* top quality

qualora in the event that

qualsiasi any; *non importa quale* whatever; **~ persona** anyone; **~ cosa faccia** whatever I do

qualunque any; **uno ~** any one; **~ cosa** anything; **~ cosa faccia** whatever I do; **in ~ stagione** whatever the season

qualvolta: **ogni ~** every time that

quando when; **da ~?** how long?; **~ vengo** when I come; **ogni volta che** whenever I come

quantità *f inv* quantity, amount; **quantitativo** *m* quantity, amount

quanto 1 *agg* how much; *con nomi plurali* how many; **tutti -i -i pl** every single one *sg*; **in ~ abbiamo oggi?** what is the date today? **2** *avv*: **~ dura ancora?** how long will it go on for?; **~ a me** as for me; **~ costa?** how much is it; **in ~** since, because; **per ~ ne sappia** as far as I know

quaranta forty

quarantena *f* quarantine

quarantenne 1 *agg* forty or so **2** *m/f* person in his / her forties; **quarantesimo** fortieth

quaresima *f* Lent

quarta *f* AUTO fourth (gear)

quartiere *m* district; MIL quarters; **~ generale** headquarters

quarto 1 *agg* fourth **2** *m* fourth; *(quarta parte)* quarter; **~ d'ora** quarter of an hour

quarzo *m* quartz

quasi almost; **~ mai** hardly ever

quassù up here

quattordicesimo fourteenth; **quattordici** fourteen

quattrini *mpl* money

quattro four; *farsi in ~ per fare qc* go to a lot of trouble to do sth; **quattrocchi**: *a ~* in private; **quattrocento 1** *agg* four hundred **2** *m*: *il Quattrocento* the fifteenth century; **quattromila** four thousand

quegli, quei *☞* **quello**

quello 1 *agg* that, *pl* those **2** *pron* that (one), *pl* those (ones); *~ che* the one that; *tutto ~ che* all (that), everything (that)

quercia *f* oak

querela *f* legal action; *sporgere ~ contro qc* take legal action against s.o.

quesito *m* question

questi *☞* **questo**

questionario *m* questionnaire; **questione** *f* question; *è fuori ~* it is out of the question

questo 1 *agg* this, *pl* these **2** *pron* this (one), *pl* these (ones); *~ qui* this one here; *per ~* for that reason; *-a*

poi! well I'm blowed

questore *m* chief of police; **questura** *f* police headquarters

qui here; *~ vicino* near here; *~ passa di ~!* come this way!; *di ~ a un mese* a month from now

quiete *f* peace and quiet

quindi 1 *avv* then **2** *cong* therefore

quindicesimo fifteenth; **quindici** fifteen; **quindicina** *f*: *una ~* about fifteen; **quinta** *f* AUTO fifth (gear); TEA *le -e* the wings; **quintale** *m* hundred kilos; **quinto** fifth

quota *f* share, quota; (*altitudine*) altitude; **quotare** (*valutare*) value; FIN *quotare in borsa* listed *o* quoted on the Stock Exchange; **quotato** respected; **quotazione** *f di azioni* value, price; *~ d'acquisto* bid price; *~ di vendita* offer price

quotidianamente daily; **quotidiano 1** *agg* daily **2** *m* daily (newspaper)

quoziente *m*: *~ d'intelligenza* IQ

R

rabarbaro *m* rhubarb

rabbia *f* rage; (*stizza*) anger; MED rabies *sg*; *fare ~ a qu* make s.o. angry

rabbino *m* rabbi

rabbioso *gesto*, *sguardo* of rage; *cane* rabid

rabbrividire shudder; *per paura* shiver

raccapricciante appalling

raccattare (*tirar su*) pick up

racchetta *f* racquet; ~ *da sci* ski pole

raccogliere (*tirar su*) pick up; (*radunare*) gather; AGR harvest; **raccoglitore** *m* ring binder; ~ *del vetro* bottle bank; **raccolgo** *ır* **raccogliere**; **raccolta** *f* collection; AGR harvest; **fare la ~ di francobolli** collect stamps; **raccolto 1** *pp* *ır* **raccogliere 2** *m* harvest

raccomandabile: *un tipo poco* ~ a shady character; **raccomandare 1** *v/t* recommend **2** *v/i*: ~ *a qu di fare qc* tell s.o. to do sth; **raccomandata** *f* recorded delivery (letter), *Am* certified mail; **raccomandazione** *f* recommendation

raccontare tell; **racconto** *m* story

raccordo *m* TEC connection; *strada* slip road, *Am* ramp; ~ *anulare* ring road, *Am* beltway

radar *m inv* radar

raddoppiare double; *sforzi* redouble

raddrizzare straighten

radere shave; *sfiorare* skim; ~ *al suolo* raze to the ground; **radersi** shave

radiare strike off

radiatore *m* radiator

radicale radical; **radice** *f* root; ~ *quadrata* square root

radio *f inv* radio; (*stazione*) radio station; **radioascoltatore** *m*, **-trice** *f* (radio) listener; **radioattività** *f* radioactivity; **radioattivo** radioactive; **radiocronaca** *f* (radio) commentary; **radiofonico** radio *attr*, **radiografia** *f* X-ray; **radiosveglia** *f* clock radio; **radiotaxi** *m inv* taxi, cab; **radiotelefono** *m* radio; **radioterapia** *f* radiation treatment; **radiotrasmittente** *f apparecchio* radio transmitter; *stazione* radio station

rado *pettine* wide-toothed; *alberi, capelli* sparse; *di* ~ seldom

radunare, radunarsi collect, gather; **raduno** *m* rally

rafano *m* horseradish

raffermo *pane* stale

raffica *f* gust; *di mitragliatrice* burst

raffigurare represent

raffinatezza *f* refinement; **raffinato** *fig* refined; **raffineria** *f* refinery

rafforzare strengthen

raffreddare cool; **raffreddarsi** cool down; MED catch cold; **raffreddato**: *essere* ~ have a cold; **raffreddore** *m* cold; ~ *da fieno* hay fever

rag. (= *ragioniere*) accountant

ragazza *f* girl; *la mia* ~ my girlfriend

ragazzo *m* boy; *il mio* ~ my boyfriend

raggio *m* ray; MAT radius; ~

d'azione range; *fig* duties; *-i pl* **X** X-rays

raggirare fool, take in; **raggiro** *m* trick

raggiungere *luogo* reach, get to; *persona* join; *scopo* achieve

raggomitolarsi curl up

raggrinzito wrinkled

ragionamento *m* reasoning; **ragionare** reason; **ragione** *f* reason; (*diritto*) right; **aver** ~ be right; *dare* ~ *a qu* admit that s.o. is right; **ragioneria** *f* book-keeping; EDU *high school specializing in business studies*; **ragionevole** reasonable; **ragioniere** *m*, *-a f* accountant

ragnatela *f* spider's web; **ragno** *m* spider

ragù *m inv meat sauce for pasta*

rallegramenti *mpl* congratulations; **rallegrare** cheer up; **rallegrarsi** cheer up; ~ *con qu di qc* congratulate s.o. on sth

rallentare slow down; **rallentatore** *m*: *al* ~ in slow motion

ramanzina *f* lecture

rame *m* copper

rammaricarsi be disappointed (*di* at)

rammendare darn

ramo *m* branch; **ramoscello** *m* twig

rampa *f* flight; ~ *d'accesso* slip road, *Am* ramp; **rampicante 1** *agg* climbing; *pianta*

f ~ climber **2** *m* climber

rampone *m* crampon

rana *f* frog

rancore *m* rancour, *Am* rancor

randagio stray

rango *m* rank

rannicchiarsi huddle up

rannuvolarsi cloud over

ranocchio *m* frog

rapa *f* turnip

rapace 1 *m* bird of prey **2** *agg fig* predatory

rapida *f* rapids; **rapidità** *f* speed, rapidity; **rapido 1** *agg* quick, fast; *crescita, aumento* rapid **2** *m* (*treno m*) ~ intercity train

rapimento *m* abduction, kidnapping

rapina *f* robbery; **rapinare** rob; **rapinatore** *m*, *-trice f* robber

rapire abduct, kidnap; **rapitore** *m*, *-trice f* abductor, kidnapper

rappacificazione *f* reconciliation

rapporto *m* (*resoconto*) report; (*relazione*) relationship; (*nesso*) connection; *in* ~ *a* in connection with

rappresentante *m/f* representative; **rappresentanza** *f* agency; ~ *esclusiva* sole agency; **rappresentare** represent; TEA perform; **rappresentazione** *f* representation; TEA performance

rarità *f inv* rarity; **raro** rare

rasare shave; **rasatura** *f* shaving

raschiare scrape; *ruggine, sporco* scrape off; **raschiarsi: ~ la gola** clear one's throat

rasentare (*sfiorare*) scrape; *fig* (*avvicinarsi*) verge on; **~ il muro** hug the wall; **rasente: ~ a** very close to

rasoio *m* razor

rassegna *f* festival; *di pittura ecc* exhibition; **passare in ~** review; **rassegnarsi** resign o.s (**a** to)

rasserenarsi *di tempo* clear up

rassicurare reassure

rassomigliare: ~ a look like, resemble; **rassomigliarsi** look like *o* resemble each other

rastrellare rake; *fig* comb; **rastrelliera** *f* rack; **~ per biciclette** bike rack; **rastrello** *m* rake

rata *f* instalment, *Am* installment; **a-e** in instalments; **rateale: pagamento ~** *m* payment in instalments *o Am* installments; **vendita** *f* **~** hire purchase, *Am* installment plan

ratto *m* ZO rat

rattoppare patch; **rattoppo** *m* patch

rattrappito stiff

rattristare sadden; **rattristarsi** become sad

raucedine *f* hoarseness; **rau-**

co hoarse

ravanello *m* radish

ravioli *mpl* ravioli *sg*

ravvicinare move closer; (*riappacificare*) reconcile

ravvivare revive

razionale rational; **razionare** ration; **razione** *f* ration

razza *f* race; *fig* sort, kind; ZO breed

razzia *f* raid

razziale racial; **razzismo** *m* racism; **razzista** *agg*, *m/f* racist

razzo *m* rocket

re *m inv* king; MUS D

reagire react (**a** to)

reale (*vero*) real; (*regale*) royal; **realista** *m/f* realist

realizzabile feasible; **realizzare** realize; *progetto* carry out; **realizzarsi** *di sogno* come true; *di persona* find, find fulfilment *o Am* fulfillment

realmente really; **realtà** *f inv* reality; **in ~** in fact, actually

reato *m* (criminal) offence *o Am* offense

reattore *m* AVIA jet engine; *aereo* jet; **~ nucleare** nuclear reactor; **reazione** *f* reaction

recapitare deliver; **recapito** *m* delivery; (*indirizzo*) address; **~ telefonico** phone number

recarsi go

recensione *f* review; **recensire** review

recente recent; **recentemen-**

te recently
recintare enclose; **recinto** m enclosure; *steccato* fence
recipiente m container, recipient
reciproco mutual, reciprocal
recita f performance; **recitare 1** v/t recite; TEA play (the part of); *preghiera* say **2** v/i act
reclamare 1 v/i complain **2** v/t claim
réclame f inv advert; **reclamizzare** advertise
reclamo m complaint
reclusione f seclusion
record m inv record
recuperare ☞ **ricuperare**
redatto pp ☞ **redigere**; **redattore** m, **-trice** f editor; *di articolo* writer; **~ capo** editor-in-chief
reddito m income
redigere *testo, articolo* write; *lista* draw up
redini fpl reins
referendum m inv referendum
referenza f reference
referto m (official) report
refettorio m refectory
refurtiva f stolen property
regalare give; **regalino** m little gift o present; **regalo** m gift, present
regata f (boat) race
reggere 1 v/t (*sostenere*) support; (*tenere in mano*) hold; (*sopportare*) bear **2** v/i di ragionamento stand up; **reg-**

gersi stand
reggia f palace
reggipetto m, **reggiseno** m bra, *Am* brassiere
regia f production; *di film* direction
regime m régime; MED diet
regina f queen
regionale regional; **regione** f region
regista m/f director; TEA producer
registrare record; (*rilevare*) show, register; **registratore** m: **~ (a cassetta)** cassette recorder; **registrazione** f recording; **registro** m register
regno m kingdom; *periodo* reign
regola f rule; **in ~** in order; **regolabile** adjustable; **regolamento** m regulation; **regolare 1** v/t regulate; *spese* cut down on; TEC adjust; *questione* sort out; *conto, debito* settle **2** agg regular
regredire regress
relativo relative (**a** to); (*corrispondente*) relevant; **relatore** m, **-trice** f speaker; **relazione** f relationship; (*esposizione*) report; **avere una ~ con qu** have a relationship with s.o.
religione f religion; **religiosa** f nun; **religioso 1** agg religious **2** m monk
relitto m wreck
remare row; **remo** m oar
remoto remote

remunerare pay; **remunerazione** f payment, remuneration

rendere (*restituire*) give back, return; (*fruttare*) yield; *senso, idea* render; **~ felice** make happy; **rendimento** m di macchina, impiegato performance; **rendita** f income

rene m kidney

reparto m department

repentaglio: **mettere a ~** risk, endanger

reperibile available; **difficilmente ~** difficult to find; **reperire** find; **reperto** m find; DIR exhibit

replica f replica; TV, TEA repeat; (*risposta*) answer, reply; **replicare** repeat; (*ribattere*) reply, answer

reportage m inv report

represso pp ☞ **reprimere**; **reprimere** repress

repubblica f republic

reputare consider; (*restituzione*) consider o.s.; **reputazione** f reputation

requisire requisition; **requisito** m requirement

resa f surrender; (*restituzione*) return; **~ dei conti** settling of accounts

residence m inv block of service flats o Am apartments; **residente** resident; **residenza** f (official) address; (*sede*) seat; (*soggiorno*) stay; **residenziale** residential; **zona ~** residential area

residuo m remainder

resina f resin

resistente sturdy, strong; **resistere** al freddo ecc stand up to; (*opporsi*) resist

reso pp ☞ **rendere**

resoconto m report

respingere richiesta reject, turn down; nemico, attacco repel; **respinto** pp ☞ **respingere**

respirare 1 v/t breathe (in) **2** v/i breathe; fig draw breath; **respiratore** m respirator; per apnea snorkel; **respirazione** f breathing; **~ artificiale** artificial respiration; **respiro** m breathing; **trattenere il ~** hold one's breath

responsabile responsible (**di** for); DIR liable (**di** for); **responsabilità** f inv responsibility; DIR liability

ressa f crowd

restare stay, remain; (*avanzare*) be left; **~ indietro** stay behind; **~ perplesso / vedovo** be puzzled / widowed

restaurare restore; **restauro** m restoration

restituire return; salute restore

resto m rest, remainder; (*soldi*) change; **-i** pl remains; **del ~** anyway, besides

restringere narrow; vestito take in; **restringersi** di strada narrow; di stoffa shrink

rete f per pescare ecc net; SP goal; INFOR, TELEC, FERR

network

retina *f* ANAT retina

retribuire pay; **retribuzione** *f* payment

retroattivo retroactive

retrobottega *m inv* back shop

retrocedere retreat; *fig* lose ground

retrodatare backdate

retromarcia *f* AUTO reverse (gear)

retroscena *mpl fig* background

retrospettivo *mostra* retrospective

retroterra *m inv* hinterland

retrovisivo: specchietto *m* ~ rearview mirror

retta[1] *f somma* fee

retta[2] *f* MAT straight line

retta[3] *f*: **dare** ~ **a qu** listen to s.o.

rettangolare rectangular; **rettangolo** *m* rectangle

rettificare correct

rettile *m* reptile

rettilineo straight

rettore *m* rector

reumatismo *m* rheumatism

revisionare *conti* audit; *automobile* MOT; *testo* revise; **revisione** *f di conti* audit; *di automobile* MOT; *di testo* revision

revoca *f* repeal; **revocare** repeal

ri- re-

riabilitazione *f* rehabilitation

riacquistare get back, regain; *casa* buy back

riagganciare TELEC hang up

riallacciare refasten; TELEC reconnect

rialzare (*alzare di nuovo*) pick up; (*aumentare*) raise, increase; **rialzo** *m* rise, increase

rianimare *speranze, entusiasmo* revive; (*rallegrare*) cheer up; MED resuscitate; **rianimazione** *f* resuscitation; **centro** *m di* ~ intensive care unit

riapertura *f* reopening; **riaprire** reopen

riassumere re-employ; (*riepilogare*) summarize; **riassunto 1** *pp* ☞ **riassumere 2** *m* summary

riavere get back, regain

ribaltabile folding; **ribaltare** overturn

ribassare 1 *v/t* lower **2** *v/i* fall, drop; **ribasso** *m* fall, drop; (*sconto*) discount

ribattere (*replicare*) answer back; (*insistere*) insist

ribellarsi rebel (**a** against); **ribelle 1** *agg* rebellious **2** *m/f* rebel; **ribellione** *f* rebellion

ribes *m inv* currant; ~ **nero** blackcurrant; ~ **rosso** redcurrant

ribrezzo *m* horror; **fare** ~ **a** disgust

ricadere fall; (*cadere di nuovo*) fall back; *fig* relapse; **ricaduta** *f* relapse

ricamare embroider

ricambiare change; (*contrac-*

cambiare) return, reciprocate; **ricambio** *m* change; (*sostituzione*) replacement; *pezzo* (spare) part

ricamo *m* embroidery

ricapitolare sum up, recapitulate

ricaricare *batteria* recharge

ricattare blackmail; **ricatto** *m* blackmail

ricavare derive; *denaro* get; **ricavato** *m di vendita* proceeds

ricchezza *f* wealth

riccio[1] *m* ZO hedgehog; **~ di mare** sea urchin

riccio[2] *m* curl; **~ di** curly **2** *m* curl

ricciolo *m* curl

ricco 1 *agg* rich; **~ di** rich in **2** *m*, **-a** *f* rich man / woman

ricerca *f* research; *di persona scomparsa, informazione ecc* search (**di** for); EDU project; **alla ~ di** in search of; **ricercare** (*cercare di nuovo*) look again for; (*cercare con cura*) search for; **ricercato 1** *agg* oggetto, *artista* sought-after **2** *m* man wanted by the police

ricetta *f* prescription; GASTR recipe

ricevere receive; *di medico* see patients; **ricevimento** *m* receipt; *festa* reception; **ricevitore** *m* receiver; **ricevuta** *f* receipt

richiamare (*chiamare di nuovo*) call again; (*chiamare indietro*) call back; (*attirare*

draw; *fig* (*rimproverare*) reprimand

richiedere ask for again; (*necessitare di*) take, require; *documento* apply for; **richiesta** *f* request (**di qc** for sth); **a** (*o* **su**) **~ di** at the request of; **richiesto** *pp* ☞ **richiedere**

riciclare recycle; **riciclabile** recyclable

ricompensa *f* reward; **ricompensare** reward (**qu di qc** s.o. for sth)

riconciliarsi be reconciled

riconoscente grateful; **riconoscenza** *f* gratitude; **riconoscere** recognise; **riconoscimento** *m* recognition

riconquistare reconquer

ricordare remember; (*menzionare*) mention; **~ qc a qu** remind s.o. of sth; **ricordarsi** remember (**di qc** sth; **di fare qc** to do sth); **ricordo** *m* memory; *oggetto* memento; **~ (di viaggio)** souvenir

ricorrenza *f* recurrence; *di evento* anniversary; **ricorrere** *di date, di festa* take place; **~ a qu** turn to s.o.; **~ a qc** have recourse to sth; **ricorso 1** *pp* ☞ **ricorrere 2** *m* DIR appeal; **avere ~ a** appeal to

ricostruire rebuild; *fig* reconstruct; **ricostruzione** *f* rebuilding; *fig* reconstruction

ricotta *f* ricotta, *soft cheese made from ewe's milk*

ricoverare admit; **ricovero** *m*

in ospedale admission; (*refugio*) shelter

ricreazione *f* recreation; *nelle scuole* break, *Am* recess

ricredersi change one's mind

ricuperare 1 *v/t* get back, recover; *libertà, fiducia* regain; *spazio* gain; *tempo* make up 2 *v/i* catch up; **ricupero** *m* recovery; **~ del centro storico** development of the old town; **~ dei debiti** debt collection; EDU **corso m di ~** remedial course; **materiale di ~** scrap; SP **partita f di ~** re-scheduled match

ridare (*restituire*) give back, return; *fiducia, forze* restore

ridere laugh (*di* at)

ridicolo 1 *agg* ridiculous 2 *m* ridicule

ridimensionare downsize; *fig* get into perspective

ridotto 1 *pp* → **ridurre** 2 *agg: a prezzi -i* at reduced prices; **riduco** → **ridurre**; **ridurre** reduce (*a* to); *prezzi* reduce, cut; *personale* reduce, cut back; **ridursi** decrease; **~ a fare qc** be reduced to doing sth; **~ male** be in a bad way; **~ in miseria** ruin o.s.; **riduzione** *f* reduction, cut

riempire fill (up); *formulario* fill in

rientrare come back; *a casa* come home; **questo non rientrava nei miei piani** that didn't come into to the plan; **rientro** *m* return; *al tuo* **~**

when you get back

rifare do again; (*rinnovare*) do up; *stanza* tidy up; *letto* make; **rifarsi** rebuild; *casa* renovate; *guardaroba* replace; **~ di qc** make up for sth

riferimento *m* reference; **riferire** report; **riferirsi: ~ a** refer to

rifiutare, rifiutarsi refuse; **rifiuto** *m* refusal; **-i** *pl* waste, refuse; (*spazzatura*) rubbish

riflessione *f* anche FIS reflection; **riflessivo** thoughtful; GRAM reflexive; **riflesso** 1 *pp* → **riflettere** 2 *m* reflection; (*gesto istintivo*) reflex (movement); **riflettere** 1 *v/t* reflect 2 *v/i* think; **~ su qc** think about sth, reflect on sth; **riflettersi** be reflected; **riflettore** *m* floodlight

riforma *f* reform; **riformare** (*rifare*) re-shape, re-form; (*cambiare*) reform; MIL declare unfit

rifornimento *m* AVIA refuelling, *Am* refueling; **-i** *pl* supplies; **fare ~ di cibo** stock up on food; **fare ~ di benzina** fill up; **rifornire** *macchina* fill up; *frigo* restock, fill (*di* with); **~ il magazzino** restock; **rifornirsi** stock up (*di* on)

rifugiarsi take refuge; **rifugiato** *m,* **-a** *f* refugee; **rifugio** *m* shelter; **~ alpino** mountain hut

riga f line; (*fila*) row; (*regolo*) rule; in *stoffa* stripe; *nei capelli* parting, *Am* part; **stoffa** *f a -ghe* striped fabric

rigatoni *mpl* rigatoni *sg*

rigenerare regenerate; **rigenerazione** f regeneration

rigetto *m* MED rejection; *fig* mental block

rigido (*duro*) rigid; *muscolo*, *articolazione* stiff; *clima* harsh; *fig* (*severo*) strict

rigirare 1 *v/i* walk around **2** *v/t* turn over and over; *denaro* launder; **~ il discorso** change the subject; **rigirarsi** turn around; *nel letto* toss and turn

riglioglioso lush, luxuriant

rigore *m di clima* harshness; (*severità*) strictness; SP (**calcio m di**) **~** penalty (kick); **rigoroso** rigorous

riguardare look at again; (*rivedere*) review, look at; (*riferirsi*) be about; **non ti riguarda** it doesn't concern you; **riguardarsi** take care of o.s.; **riguardo** *m* (*attenzione*) care; (*rispetto*) respect; **~ a** as regards

rilasciare release; *documento* issue; **rilascio** *m* release; *di passaporto* issue

rilassare, rilassarsi relax; **rilassato** relaxed

rilegare *libro* bind

rilevare (*ricavare*) find; (*osservare*) notice; *ditta* buy up

rilievo *m* relief; *fig* **dare ~ a**

qc, **mettere qc in ~** emphasize *o* highlight sth

rima f rhyme; **far ~** rhyme

rimandare send again; (*restituire*) send back; *palla* return; (*rinviare*) postpone

rimanente 1 *agg* remaining **2** *m* rest, balance; **rimanere** stay, remain; (*avanzare*) be left (over); **rimanerci male** be hurt; **rimango** ☞ **rimanere**

rimarginare, rimarginarsi heal

rimasto *pp* ☞ **rimanere**

rimbalzare bounce

rimboccare *coperte* tuck in; **rimboccarsi le maniche** roll up one's sleeves

rimborsare reimburse, pay back; **rimborso** *m* reimbursement, repayment; **~ spese** reimbursement of expenses

rimboschire reforest

rimediare 1 *v/i*: **~ a** make up for, remedy **2** *v/t* find, scrape together; **rimedio** *m* remedy; MED medicine

rimescolare mix again; *più volte* mix more thoroughly; *caffè* stir again

rimessa f di *auto* garage; *degli autobus* depot; SP **~ laterale** throw-in

rimettere put back, return; (*affidare*) refer; (*vomitare*) bring up; **~ a posto** put back; *ci ho rimesso molti soldi* I lost a lot of money; **rimetter-**

si *di tempo* improve; **~ da qc** get over sth

rimodernare modernize

rimorchiare AUTO tow (away); **rimorchiatore** *m* MAR tug; **rimorchio** *m* AUTO tow; *veicolo* trailer

rimorso *m* remorse

rimozione *f* removal

rimpatriare 1 *v/t* repatriate **2** *v/i* go home

rimpiangere regret (*di avere fatto qc* doing sth); *tempi passati, giovinezza* miss; **rimpianto 1** *pp* ☞ **rimpiangere 2** *m* regret

rimpiazzare replace

rimpicciolire 1 *v/t* make smaller **2** *v/i* become smaller, shrink

rimproverare scold; *impiegato* reprimand; **~ qc a qu** reproach s.o. for sth; **rimprovero** *m* scolding

rimuovere remove; (*muovere di nuovo*) move again

rinascere be born again; *di passione, speranza* be revived; *fig* **sentirsi ~** feel rejuvenated; **Rinascimento** *m* Renaissance

rincarare 1 *v/t* increase, put up; **~ la dose** make matters worse **2** *v/i* increase in price; **rincaro** *m* price increase

rincasare *venire* come home; *andare* go home

rinchiudere shut up; **rinchiudersi** shut o.s. up

rincorrere run after; **rincorsa**

f run-up; **rincorso** *pp* ☞ **rincorrere**

rincrescere: mi rincresce I'm sorry

rinfacciare: ~ qc a qu cast sth up to s.o.

rinforzare strengthen; **rinforzo** *m* reinforcement; MIL **-i** *pl* reinforcements

rinfrescare cool down; **rinfrescarsi** freshen up; **rinfresco** *m* buffet (party)

rinfusa: alla ~ any which way, all higgledy-piggledy

ringhiare growl

ringhiera *f* railing

ringiovanire 1 *v/t* make feel younger; *di aspetto* make look younger **2** *v/i* feel younger; *di aspetto* look younger

ringraziamento: un ~ a word of thanks; **i miei -i** *pl* my thanks; **ringraziare** thank (*di* for)

rinnovare renovate; *guardaroba* replace; *abbonamento* renew; (*ripetere*) renew, repeat; **rinnovarsi** renew itself; (*ripetersi*) be repeated; **rinnovo** *m* renovation; *di guardaroba* replacement; *di abbonamento* renewal; *di richiesta* repetition

rintracciare track down

rinuncia *f* renunciation (*a* of); **rinunciare** give up (*a* sth)

rinvenire 1 *v/t* recover; *resti* discover **2** *v/i* regain consciousness, come round

rinviare (*mandare indietro*) return; (*posticipare*) postpone; *a letteratura* refer; **rinvio** *m* return; *di riunione* postponement; *in un testo* cross-reference

rione *m* district

riordinare tidy up

riorganizzare reorganize

riparare 1 *v/t* (*proteggere*) protect (**da** from); (*aggiustare*) repair; *un torto* make up for **2** *v/i* escape; **ripararsi dalla pioggia** take shelter (**da** from); **riparato** sheltered; **riparazione** *f* repair; *fig di torto* putting right; **riparo** *m* shelter; **mettersi al ~** take shelter

ripartire[1] *v/i* leave again

ripartire[2] *v/t* divide up

ripassare 1 *v/i* ☞ **passare 2** *v/t col ferro* iron; *lezione* revise, Am review

ripensamento *m*: **avere un ~** have second thoughts; **ripensare: ~ a qc** think about sth again; **ci ho ripensato** I've changed my mind

ripetere repeat; **ripetizione** *f* repetition; **dare -i a qu** tutor s.o.

ripido steep

ripiegare 1 *v/t* fold up again **2** *v/i* fall back; **ripiego** *m* makeshift (solution)

ripieno 1 *agg* full; GASTR stuffed **2** *m* stuffing

riporre put away; *speranze*

place

riportare take back; (*riferire*) report; *vittoria, successo* achieve; MAT carry over; *danni* sustain

riposarsi rest; **riposo** *m* rest

ripostiglio *m* boxroom, storeroom

riprendere take again; (*prendere indietro*) take back; *lavoro* go back to; FOT record; **~ a fare qc** start doing sth again; **riprendersi: ~ da qc** get over sth; **ripresa** *f* resumption; *di vestito* alteration; *film* shot; AUTO acceleration; **a più -e** several times

riproduco ☞ **riprodurre**; **riprodurre** reproduce; **riprodursi** *di animali* breed, reproduce; *di situazione* happen again; **riproduzione** *f* reproduction; **~ vietata** copyright

riprovare 1 *v/t* feel again; *vestito* try on again **2** *v/i* try again

ripugnante disgusting, repugnant; **ripugnare: ~ a qu** disgust s.o.

ripulire clean again; (*rimettere in ordine*) tidy (up)

risa *fpl* laughter

risalire 1 *v/t scale* go back up **2** *v/i* (*rincarare*) go up again; **~ a** go back to; **risalita** *f* ascent; **impianti** *mpl* **di ~** ski lifts

risaltare stand out; **risalto:**

mettere in ~, **dare ~ a** highlight

risanamento *m* redevelopment; FIN improvement

risarcimento *m* compensation; **risarcire** *persona* compensate (**di** for); *danno* compensate for

risata *f* laugh

riscaldamento *m* heating; **~ della temperatura terrestre** global warming

riscaldare heat *o* warm up; **riscaldarsi** warm o.s.

rischiararsi clear (up); *di cielo* clear (up); **~ in volto** cheer up

rischiare 1 *v/t* risk **2** *v/i*: **~ di sbagliare** risk making a mistake; **rischio** *m* risk; **rischioso** risky

riscontrare (*confrontare*) compare; (*controllare*) check; (*incontrare*) come up against; *errori* come across

riscuotere FIN *soldi* draw; *assegno* cash; *fig* earn

risentimento *m* resentment; **risentire 1** *v/t* hear again **2** *v/i* feel the effects; **risentirsi** TELEC take again; (*offendersi*) take offence *o* Am offense

riserva *f* reserve; *fig* reservation; AUTO **essere in ~** be running out of fuel; **fare ~ di** stock up on; **riservare** keep; (*prenotare*) book, reserve; **riservarsi** reserve; **mi riservo di non accettare**

I reserve the right to not to accept; **riservato** reserved; (*confidenziale*) confidential

risiedere be resident, reside

riso¹ 1 *pp* ☞ **ridere 2** *m* laughing

riso² *m* rice

risolto *pp* ☞ **risolvere**; **risoluto** determined; **risoluzione** *f* resolution; (*soluzione*) solution; *di contratto* cancellation; **prendere una ~** make a decision; **risolvere** solve; (*decidere*) resolve; **risolversi** be solved; (*decidersi*) decide, resolve; **~ in nulla** come to nothing

risorgere rise; *fig*: *di industria ecc* experience a rebirth; **Risorgimento** *m* Risorgimento, *the reunification of Italy*

risorsa *f* resource

risotto *m* risotto

risparmiare save; *fig* spare; **risparmio** *m* saving; **~-i** *pl* savings

rispettare respect; *legge, contratto* abide by; **rispettivo** respective; **rispetto 1** *m* respect **2** *prp*: **~ a** (*confronto a*) compared with; (*in relazione a*) as regards

risplendere shine, glitter

rispondere answer (**a** sth), reply (**a** to); (*reagire*) respond; *saluto* acknowledge; **~ di qc** be accountable for sth (**a** to); **risposta** *f* answer, reply; (*reazione*) response

rissa *f* brawl

ristabilire *ordine* restore; *regolamento* re-introduce; **ristabilirsi** recover

ristampa *f* reprint

ristorante *m* restaurant

ristretto: *caffè m inv* ~ very strong coffee

ristrutturare restructure; **ristrutturazione** *f* restructuring

risultare result; (*rivelarsi*) turn out; **risultato** *m* result

risurrezione *f* REL Resurrection

risvegliare, **risvegliarsi** *fig* reawaken

ritardare 1 *v/t* delay **2** *v/i* be late; *di orologio* be slow; **ritardatario** *m*, **-a** *f* latecomer; **ritardo** *m* delay; *essere in* ~ be late

ritenere (*credere*) believe; **ritenersi**: *si ritiene molto intelligente* he thinks he is very intelligent; **ritenuta** *f* deduction

ritirare withdraw, pull back; (*tirare di nuovo*) throw again; *proposta* withdraw; (*prelevare*) collect; **ritirarsi** (*restringersi*) shrink; ~ *da gara, esame ecc* withdraw from; **ritiro** *m* withdrawal

ritmo *m* rhythm

rito *m* ceremony

ritoccare touch up

ritornare *venire* get back, come back, return; *andare* go back, return; *su argomento* go back (*su* over); ~ *verde*

turn green again

ritornello *m* refrain

ritorno *m* return; *essere di* ~ be back

ritrarre pull away; PITT paint

ritrattare retract

ritratto *m* portrait

ritrovare find; (*riacquistare*) regain; **ritrovarsi** meet again; (*capitare*) find o.s.; (*orientarsi*) get one's bearings; **ritrovo** *m* meeting; *luogo* meeting place

riunione *f* meeting; *di amici, famiglia* reunion; **riunire** gather; **riunirsi** meet

riuscire succeed; (*essere capace*) manage; *non riesco a capire* I can't understand; ~ *in qc* be successful in sth; **riuscita** *f* success; **riuscito** successful

riutilizzare re-use

riva *f* shore

rivale *m/f*, *agg* rival *attr*, **rivalità** *f inv* rivalry

rivalutare revalue; *persona* change one's mind about

rivedere see again; (*ripassare*) review, look at again; (*verificare*) check

rivelare reveal

rivendere resell

rivendicare demand

rivendita *f negozio* retail outlet; **rivenditore** *m*, **-trice** *f* retailer; ~ *specializzato* dealer

rivestimento *m* covering; **rivestire** (*foderare*) cover; *ruo-*

lo play; *carica* fill

rivincita *f* return game; *prendersi la ~* get one's revenge

rivista *f* magazine; TEA revue; MIL review

rivolgere turn; *domanda* address (*a qu* to s.o.); *~ la parola a qu* speak to s.o., address s.o.; **rivolgersi:** *~ a qu* apply to s.o. (*per* for)

rivolta *f* revolt; **rivoltare** turn; (*mettere sottosopra*) turn upside down; (*disgustare*) revolt; **rivoltella** *f* revolver; **rivoluzione** *f* revolution

rizzare put up; *bandiera* raise; *orecchie* prick up; **rizzarsi** straighten up; *mi si sono rizzati i capelli in testa* my hair stood on end

roba *f* things, stuff; *~ da matti!* would you believe it!

robot *m inv* robot; *da cucina* food processor

robusto sturdy

rocca *f* fortress

roccia *f* rock; **roccioso** rocky

rock *m inv* MUS rock

roco hoarse

rodaggio *m* running in; *fig sono ancora in ~* I'm still finding my feet

rodere gnaw at; **rodersi:** *~ dalla gelosia* be eaten up with jealousy; **roditore** *m* rodent

rogna *f* F *di cane* mange; *problema* hassle

rognone *m di animale* kidney

Roma *f* Rome

Romania *f* Romania

romanico Romanesque; **romano 1** *agg* Roman **2** *m*, *-a f* Roman

romantico 1 *agg* romantic **2** *m*, *-a f* romantic

romanzo 1 *agg* Romance **2** *m* novel; *~ giallo* thriller

rombo[1] *m* rumble

rombo[2] *m* MAT rhombus

romeno 1 *agg* Romanian **2** *m*, *-a f* Romanian

rompere 1 *v/t* break; F *~ le scatole a qu* get on s.o.'s nerves **2** *v/i* F be a pain F; **rompersi** break; *~ un braccio* break one's arm

rompicapo *m inv* puzzle; (*problema*) headache

rondine *f* swallow

ronzare buzz; **ronzio** *m* buzzing

rosa 1 *f* rose **2** *m/agg inv* pink; **rosario** *m* REL rosary; **rosato** *m* rosé; **rosmarino** *m* rosemary

rosolare brown

rosolia *f* German measles *sg*

rosone *m* ARCHI rose window

rospo *m* toad

rossetto *m* lipstick

rosso 1 *agg* red **2** *m* red; *~ d'uovo* egg yolk; *passare col ~* go through a red light

rosticceria *f* rotisserie (*shop selling roast meat*)

rotaia *f* rail

rotatoria *f* roundabout, *Am* traffic circle

rotella *f* castor

rotolare roll; **rotolarsi** roll (around); **rotolino** *m* FOT film; **rotolo** *m* roll; FOT film; *andare a -i* go to rack and ruin

rotondo round

rotta *f* MAR, AVIA course

rottame *m* wreck

rotto 1 *pp* ☞ **rompere 2** *agg* broken; **rottura** *f* breaking; F *tra innamorati* break-up; F *che ~!* what a pain! F

rotula *f* kneecap

roulotte *f inv* caravan, *Am* trailer

routine *f* routine

rovesciare *liquidi* spill; *oggetto* knock over; (*capovolgere*) overturn; *fig* turn upside down; **rovesciarsi** overturn, capsize; **rovescio** reverse; *in tennis* backhand; *mettersi una maglia al ~* put a sweater on inside out

rovina *f* ruin; *andare in ~* go to rack and ruin; **rovinare** ruin; **rovinarsi** ruin o.s.

rovo *m* bramble

rozzo rough and ready

ruba: *andare a ~* sell like hot cakes; **rubare** steal

rubinetto *m* tap, *Am* faucet

rubino *m* ruby

rubrica *f di libro* table of contents; *quaderno* address book; *di giornale* column; TV report

rudere *m* ruin

rudimentale rudimentary

ruga *f* wrinkle, line

ruggine *f* rust

ruggire roar

rugiada *f* dew

rullino *m* FOT film; **rullo** *m* roll

rum *m* rum

rumore *m* noise; **rumoroso** noisy

ruolo *m* role

ruota *f* wheel; *~ di scorta* spare wheel

rupe *f* cliff

rupestre rock *attr*; *arte f ~* wall painting

ruscello *m* stream

russare snore

Russia *f* Russia; **russo 1** *agg* Russian **2** *m*, **-a** *f* Russian

rustico rural, rustic; *fig* unsophisticated

ruttare belch; **rutto** *m* belch

ruvido rough

ruzzolare fall; **ruzzolone** *m* fall; *fare un ~* fall

S

S. (= *santo*) St (= Saint)

sa ☞ *sapere*

sabato *m* Saturday

sabbia *f* sand; **sabbioso** sandy

sabotaggio *m* sabotage; **sabotare** sabotage

sacca *f* bag; ANAT, BIO sac

saccheggiare sack; *spir* raid

sacchetto *m* bag; **sacco** *m* sack; *fig* F **un ~ di** piles of F; **costa un ~** it costs a fortune; **~ a pelo** sleeping bag; **saccopelista** *m/f* backpacker

sacerdote *m* priest

sacramento *m* sacrament

sacrificare sacrifice; **sacrificarsi** sacrifice o.s.; **sacrificio** *m* sacrifice

sacro sacred

sadico 1 *agg* sadistic **2** *m*, *-a f* sadist

safari *m inv* safari

saggio¹ 1 *agg* wise **2** *m* wise man, sage

saggio² *m* test; (*campione*) sample; *scritto* essay; *di danza, musica* end of term show

Sagittario *m* ASTR Sagittarius

sahariana *f* safari jacket

sala *f* room; (*soggiorno*) living room; **~ da pranzo** dining room; **~ giochi** amusement arcade); **~ operatoria** (operating) theatre, *Am* operat-

ing room

salame *m* salami

salamoia *f*: **in ~** in brine

salariale *agg attr*; **salario** *m* salary, wages

salatino *m* savoury, *Am* savory; **salato** savoury, *Am* savory; *acqua* salt; *cibo* salted; F (*caro*) steep F; **troppo ~** salty

saldare weld; *ossa* set; *fattura* pay; **saldo 1** *agg* steady, secure **2** *m* payment; *in svendita* sale item; (*resto*) balance; **-i pl di fine stagione** end-of-season sales

sale *m* salt

salgo ☞ *salire*

salice *m* willow; **~ piangente** weeping willow

saliera *f* salt cellar; **salina** *f* salt works

salire *v/i* climb; *di livello, prezzi, temperatura* rise; **~ in macchina** get in; **~ su** *scala* climb; *treno, autobus* get on **2** *v/t* *scale* climb; **salita** *f* climb; *strada* slope; **strada in ~** steep street

saliva *f* saliva

salma *f* corpse, body

salmastro 1 *agg* briny **2** *m* salt

salmone *m* salmon; **~ affumicato** smoked salmon

salone *m* living room; (*esposi-*

zione) show

salotto *m* lounge

salpare sail

salsa *f* sauce; **~ di pomodoro** tomato sauce

salsiccia *f* sausage

saltare 1 *v/t* jump; (*omettere*) skip; **~ (in padella)** sauté 2 *v/i* jump; *di bottone* come off; *di fusibile* blow; F *di impegno* be cancelled *o Am* canceled; **~ fuori** turn up

saltellare hop

salto *m* jump; (*dislivello*) change in level; **~ in alto** high jump; **~ in lungo** long jump, *Am* broad jump; **faccio un ~ da te** I'll drop in

saltuariamente occasionally; **saltuario** occasional

salumeria *f* shop that sells 'salumi'; **salumi** *mpl* cold meat

salutare 1 *agg* healthy 2 *v/t* say hello to, greet; **salute** *f* health; **~!** cheers!; **saluto** *m* wave; **tanti ~i** greetings

salvagente *m inv* lifebelt; (*giubbotto*) life jacket; *per bambini* ring; (*isola spartitraffico*) traffic island; **salvaguardare** protect, safeguard; **salvaguardia** *f* protection; **salvare** save, rescue; **salvataggio** *m* salvage; **barca f di ~** lifeboat; **salve!** hello!; **salvezza** *f* salvation

salvia *f* sage

salvietta *f* napkin

salvo 1 *agg* safe 2 *prp* except;

~ che unless; **~ imprevisti** all being well 3 *m*: **mettersi in ~** take shelter

San = Santo

sandalo *m* sandal; BOT sandalwood

sangue *m* blood; **a ~ freddo** in cold blood; GASTR **al ~** rare; **sanguigno: gruppo m ~** blood group; **sanguinare** bleed; **sanguinoso** bloody; **sanguisuga** *f* leech

sanità *f* health; *amministrazione* health care; **sanitario** health *attr*; **assistenza f -a** health care

sanno ☞ sapere

sano healthy; **~ e salvo** safe and sound

santo 1 *agg* holy 2 *m*, **-a** *f* saint; *davanti al nome* St

santuario *m* sanctuary

sanzione *f* sanction

sapere 1 *v/t* know; (*essere capace di*) be able to; (*venire a*) **~** hear; **sai nuotare?** can you swim?; **lo so** I know 2 *v/i*: **far ~ qc a qu** let s.o. know sth; **~ di** (*avere sapore di*) taste of 3 *m* knowledge

sapone *m* soap; **saponetta** *f* toilet soap

sapore *m* taste; **-i** *pl* aromatic herbs; **saporito** tasty

saracinesca *f* roller shutter

sarcastico sarcastic

sarcofago *m* sarcophagus

Sardegna *f* Sardinia

sardina *f* sardine

sardo 1 *agg* Sardinian 2 *m*, **-a**

f Sardinian

sarò ☞ **essere**

sarto *m*, **-a** *f* tailor; *per donne* dressmaker; **sartoria** *f* tailor's; *per donne* dressmaker's

sasso *m* stone

sassofono *m* saxophone

satellite *m* satellite

satira *f* satire; **satirico** satirical

saturo saturated

sauna *f* sauna

sazietà *f*: *mangiare a ~* eat one's fill; *sazio* full (up)

sbadato absent-minded

sbadigliare yawn; **sbadiglio** *m* yawn

sbagliare 1 *v/i e* sbagliarsi make a mistake 2 *v/t* make a mistake in; TELEC *sbagliare ~* dial the wrong number; *~ strada* go the wrong way; **sbagliato** wrong; **sbaglio** *m* mistake; *per ~* by mistake

sbalordire amaze; **sbalorditivo** amazing

sbalzare throw; **sbalzo** *m* jump; *~ di temperatura* sudden change in temperature

sbandare AUTO skid; FERR, *fig* go off the rails; **sbandata** *f* AUTO skid; F *prendersi una ~ per qu* get a crush on s.o.

sbarazzare clear; **sbarazzarsi**: *~ di* get rid of

sbarcare 1 *v/t merci* unload; *persone* disembark 2 *v/i* disembark; **sbarco** *m di merci* unloading; *di persone* disem-

barkation

sbarra *f* bar

sbarramento *m* fence; (*ostacolo*) barrier; **sbarrare** bar; *assegno* cross; *occhi* open wide; **sbarrato** *assegno* crossed; *occhi* wide open

sbattere 1 *v/t porta* slam, bang; (*urtare*) bang; GASTR beat 2 *v/i* bang

sberla *f* F slap

sbiadire fade; **sbiadito** faded

sbilanciarsi lose one's balance; *fig* commit o.s.

sbizzarrirsi indulge o.s.

sbloccare clear; *macchina* unblock; *prezzi* deregulate

sboccare: *~ in di fiume* flow into; *di strada* lead to

sbocciare open (out)

sbocco *m di situazione* way out

sbornia *f* F: *prendersi una ~* get drunk

sborsare F cough up F

sbottonare unbutton; **sbottonarsi**: *~ la giacca* unbutton one's jacket

sbraitare shout, yell

sbranare tear apart

sbriciolarsi crumble

sbrigare attend to; **sbrigarsi** hurry up; **sbrigativo** (*rapido*) hurried, rushed; (*brusco*) brusque

sbrinare *frigorifero* defrost; **sbrinatore** *m* defrost control

sbrogliare untangle; **sbrogliarsela** sort things out

sbronza f F hangover; **sbronzarsi** F get drunk; **sbronzo** F tight F

sbucare emerge; **da dove sei sbucato?** where did you spring from?

sbucciare frutta, patate peel; **sbucciarsi le ginocchia** skin one's knees; **sbucciatura** f graze

scabroso rough, uneven; fig offensive

scacchiera f chessboard

scacciare chase away

scacco m (chess) piece; **-cchi** pl chess; **a -cchi** checked, Am checkered

scadente 1 ☞ **scadere 2** agg second-rate; **scadenza** f deadline; su alimento best before date; **scadere di passaporto** expire; di cambiale fall due; (perdere valore) decline (in quality); **scaduto** expired; alimento past its sell-by date

scaffale m shelves

scaglia f flake; di legno chip; di pesce scale

scagliare hurl; **scagliarsi:** ~ **contro** attack

scala f staircase; GEOG, MUS scale; ~ (**a pioli**) ladder; ~ **mobile** escalator; disegno m **in** ~ scale drawing; **fare le -e** climb the stairs; **scalare** climb; **scalata** f climb; ~ **al successo** rise to fame; **scalatore** m, **-trice** f climber

scaldabagno m water heat-

er; **scaldare** heat (up); **scaldarsi** warm up; fig get worked up

scalinata f steps; **scalino** m step

scalo m AVIA stop; MAR port of call; **fare** ~ **a** call at

scalogna f bad luck; **portare** ~ be unlucky; **scalognato** unlucky

scaloppina f escalope

scalpello m chisel

scalzo barefoot

scambiare (confondere) mistake (**per** for); (barattare) exchange, swap F (**con** for); **scambio** m exchange; di persona mistake; FERR points; **-i** pl **commerciali** trade

scampagnata f day out in the country

scampanellata f ring

scampi mpl scampi

scampo m escape, way out

scampolo m remnant

scandagliare sound; fig sound out

scandalistico scandal-mongering; **scandalizzare** scandalize; **scandalizzarsi** be scandalized (**di** by); **scandalizzato** scandalized; **scandalo** m scandal; **scandaloso** scandalous

scandinavo 1 agg Scandinavian **2** m, **-a** f Scandinavian

scanner m inv INFOR scanner; **scannerizzare** INFOR scan

scansare (allontanare) move;

(*evitare*) avoid; **scansarsi** move out of the way

scansionare scan

scantinato *m* cellar

scapito: *a ~ di* to the detriment of

scapola *f* shoulder blade, ANAT scapula

scapolo 1 *agg* single, unmarried **2** *m* bachelor

scappamento *m* TEC exhaust

scappare (*fuggire*) run away; (*affrettarsi*) rush, run

scappatella *f di bambino* escapade; *fare delle -lle* get into mischief

scappatoia *f* way out

scarabocchiare scribble; **scarabocchio** *m* scribble

scarafaggio *m* cockroach

scaraventare throw, hurl; **scaraventarsi** throw *o* hurl o.s. (*contro* at)

scarcerare release; **scarcerazione** *f* release

scarica *f* discharge; **scaricamento** *m* INFOR download; **scaricare** unload; *batteria* run down; *rifiuti, sostanze nocive* dump; *responsabilità* offload; INFOR download; **scaricarsi** *di batteria* run down; **scarico 1** *agg camion* empty; *batteria* run-down **2** *m di merci* unloading; *luogo* dump; *divieto di ~* no dumping

scarlattina *f* scarlet fever

scarpa *f* shoe

scarpata *f* (*burrone*) escarp-

ment

scarpinata *f* trek

scarpone *m* (heavy) boot; *~ da sci* ski boot

scarseggiare become scarce; *~ di qc* be short of sth; **scarso** scarce, in short supply; *quattro chilometri -si* barely four kilometres

scartare (*svolgere*) unwrap; (*eliminare*) reject; **scarto** *m* rejection; (*cosa scartata*) reject

scassare F break, wreck; **scassarsi** F give up the ghost F; **scassato** F done for F

scassinare force open; **scasso** *m* forced entry; *furto con ~* breaking and entering

scatenare *fig* unleash; **scatenarsi** *di tempesta* break; *di collera* break out; *di persona* let one's hair down

scatola *f* box; *di tonno, piselli* can, *Br anche* tin; *in ~ cibo* canned, *Br anche* tinned

scattare 1 *v/t* FOT take **2** *v/i* go off; *di serratura* catch; (*arrabbiarsi*) lose one's temper; *di atleta* put on a spurt; **scatto** *m* click; SP spurt; FOT exposure; *di foto* taking; TELEC unit; *uno ~ di rabbia* an angry gesture

scavalcare *muro* climb (over)

scavare *con pala* dig; *con trivella* excavate; **scavi** *mpl* archeologici dig

scegliere choose, select;

scelgo ☞ **scegliere**; **scelta** f choice, selection; **di prima ~** first-rate; **scelto 1** pp ☞ **scegliere 2** agg handpicked; **merce**, **pubblico** (specially) selected

scemo 1 agg stupid, idiotic **2** m, **-a** f idiot

scena f theatre, Am theater; (scenata) scene; **scenata** f scene

scendere 1 v/i andare go down, descend; venire come down, descend; da cavallo get down, dismount; dal treno, dall'autobus get off; dalla macchina get out; di temperatura, prezzi go down, drop **2** v/t: **~ le scale** andare go down the stairs; venire come down the stairs

sceneggiatura f screenplay

scenografo m, **-a** f set designer

scettico 1 agg sceptical, Am skeptical **2** m, **-a** f sceptic, Am skeptic

scheda f card; (formulario) form; **~ telefonica** phonecard; **schedario** m file; **schedina** f pools coupon

scheggia f sliver

scheletro m skeleton

schema m diagram; (abbozzo) outline; **schematico** general; disegno schematic

scherma f fencing

schermo m screen; (riparo) shield

scherzare play; (burlare) joke; **scherzo** m joke; **-i a parte** joking aside; **per ~** fare, dire qc as a joke

schiaccianoci m inv nutcrackers; **schiacciare 1** v/t crush; noce crack **2** v/i SP smash the ball; **schiacciato** crushed, squashed

schiaffeggiare slap; **schiaffo** m slap

schiamazzo m yell, scream

schiantare, **schiantarsi** crash

schiarire lighten; **schiarirsi** brighten up; **schiarita** f bright spell

schiavitù f slavery; **schiavo 1** agg: **essere ~ di** be a slave to **2** m, **-a** f slave

schiena f back; **mal di ~** back ache; **schienale** m di sedile back

schiera f group; **a ~** in ranks; **schierarsi: ~ in favore di qu** come out in favour o Am favor of s.o.

schietto pure; fig frank

schifezza: **che ~!** how disgusting!; **schifo** m disgust; **fare ~ a qu** disgust s.o.; **schifoso** disgusting; (pessimo) dreadful

schiuma f foam; **~ da bagno** bubble bath; **~ da barba** shaving foam

schivare avoid, dodge F; **schivo** shy

schizzare 1 v/t (spruzzare) squirt; (abbozzare) sketch **2** v/i squirt; (saltare) jump

schizzinoso fussy

schizzo m squirt; (abbozzo) (lightning) sketch

sci m inv ski; attività skiing; ~ **acquatico** water ski / skiing; ~ **di fondo** cross-country ski / skiing

sciacquare rinse

sciagura f disaster; **sciagurato** unfortunate

scialle m shawl

scialuppa f dinghy; ~ **di salvataggio** lifeboat

sciame m swarm

sciare ski

sciarpa f scarf

sciatica f sciatica

sciatore m, **-trice** f skier

sciatto untidy, sloppy

scientifico scientific; **scienza** f science; **scienziato** m, **-a** f scientist

scimmia f monkey; **scimmiottare** ape

scimpanzè m inv chimpanzee, chimp F

scintilla f spark; **scintillante** sparkling; **scintillare** sparkle

sciocchezza f (idiozia) stupidity; **sciocco 1** agg silly **2** m, **-a** f silly thing

sciogliere untie; capelli let down; neve melt; dubbio, problema clear up; **sciogliersi** di corda, nodo come undone; di burro, neve melt; **scioglilingua** m inv tonguetwister

scioltezza f nimbleness; fisica agility

sciolto 1 pp ☞ **sciogliere 2** agg ghiaccio melted

scioperare strike; **sciopero** m strike; **fare** ~ go on strike

sciovia f ski-lift

scippatore m, **-trice** f bag-snatcher; **scippo** m bag-snatching

scirocco m sirocco

sciroppo m syrup

scissione f splitting

sciupare (logorare) wear out; salute ruin; tempo, denaro waste; **sciupato** persona drawn; cosa worn out

scivolare slide; (cadere) slip; **scivolo** m slide; gioco chute; **scivoloso** slippery

sclerosi f inv MED sclerosis; ~ **multipla** multiple sclerosis, MS

scocciare F bother, hassle F; **scocciatore** F m, **-trice** f pest F, nuisance; **scocciatura** F f nuisance

scodella f bowl

scogliera f cliff; **scoglio** m rock

scoiattolo m squirrel

scolapasta m inv colander; **scolare** drain

scolaro m, **-a** f schoolboy; ragazza schoolgirl; **scolastico** school attr

scoliosi f inv curvature of the spine

scollato low-necked; donna wearing a low neckline; **scollatura** f neck(line);

scollo *m* neck

scolo *m* drainage

scolorire, scolorirsi fade; **scolorito** faded

scolpire *statua* sculpt; *legno* carve; *fig* engrave

scommessa *f* bet; **scommesso** *pp* ☞ **scommettere**; **scommettere** bet

scomodare disturb; **scomodarsi** put o.s. out; **non si scomodi** please don't go to any bother; **scomodo** uncomfortable; *(non pratico)* inconvenient

scomparire disappear; **scomparsa** *f* disappearance; **scomparso** *pp* ☞ **scomparire**

scompartimento *m* compartment

scompigliare *persona* ruffle the hair of; *capelli* ruffle; **scompiglio** *m* confusion

scomporre break down; **scomporsi: senza ~** without showing any emotion

sconcertante disconcerting

sconcio indecent; *parola* filthy

sconclusionato incoherent

sconfiggere defeat

sconfinato vast, boundless

sconfitta *f* defeat; **sconfitto** *pp* ☞ **sconfiggere**

sconforto *m* discouragement

scongelare thaw

scongiurare beg; *pericolo* avert

sconosciuto 1 *agg* unknown

2 *m*, **-a** *f* stranger

sconsigliare advise against; **~ qc a qu** advise s.o. against sth

scontare FIN deduct, discount; *pena* serve; **scontato** discounted; *(previsto)* expected; **~ del 30%** with a 30% discount

scontento 1 *agg* unhappy, not satisfied (*di* with) **2** *m* unhappiness, dissatisfaction

sconto *m* discount

scontrarsi collide (*con* with); *fig* clash (*con* with)

scontrino *m* receipt

scontro *m* AUTO collision; *fig* clash; **scontroso** unpleasant, disagreeable

sconvolgente upsetting, distressing; *di un'intelligenza ~* incredibly intelligent; **sconvolgere** upset; **sconvolto 1** *pp* ☞ **sconvolgere 2** *agg* *paese* in upheaval

scopa *f* broom; **scopare** sweep; P shag P

scoperchiare *pentola* take the lid off

scoperta *f* discovery; **scoperto 1** *pp* ☞ **scoprire 2** *agg*: **assegno** *m* **~** dud cheque **3** *m*: **allo ~** in the open

scopo *m* aim, purpose; **allo ~ di fare qc** in order to do sth

scoppiare *di bomba* explode; *di palloncino, pneumatico* burst; **~ in lacrime** burst into tears; **~ a ridere** burst out laughing; **scoppio** *m* explosion; *di palloncino* bursting; *fig* outbreak

scoprire *contenitore* take the lid off; (*denudare*) uncover; *piani, verità* discover

scoraggiare discourage; **scoraggiarsi** become discouraged, lose heart; **scoraggiato** discouraged

scorciatoia *f* short cut

scordare, scordarsi di forget; **scordato** MUS out of tune

scoreggia *f* F fart F; **scoreggiare** F fart F

scorgere see, make out

scoria *f* waste

scorpione *m* scorpion; ASTR **Scorpione** Scorpio

scorrere 1 *v/i* flow, run; *di tempo* go past, pass **2** *v/t giornale* skim

scorretto (*errato*) incorrect; (*non onesto*) unfair

scorrevole *porta* sliding; *stile* flowing

scorso 1 *pp* ☞ **scorrere 2** *agg:* **l'anno ~** last year

scorta *f* escort; (*provvista*) supply; **scortare** escort

scortese rude, discourteous; **scortesia** *f* rudeness

scorto *pp* ☞ **scorgere**

scorza *f* peel; *fig* exterior

scossa *f* shake; **~ di terremoto** (earth) tremor; **~ elettrica** electric shock; **scosso** *pp* ☞ **scuotere**

scostare move away (*da* from); **scostarsi** move

(aside)

scottare 1 *v/t* burn; GASTR *verdure* blanch **2** *v/i* burn; **scotta!** it's hot!; **scottato** *verdure* blanched; **scottatura** *f* burn

Scozia *f* Scotland; **scozzese 1** *agg* Scottish **2** *m/f* Scot

screditare discredit

scremato skimmed

screpolare, screpolarsi crack; **screpolatura** *f* crack

scricchiolare creak; **scricchiolio** *m* creak

scritta *f* inscription; **scritto 1** *pp* ☞ **scrivere 2** *m* writing; **scrittore** *m*, **-trice** *f* writer; **scrittura** *f* writing; REL scripture

scrivania *f* desk; **scrivere** write; (*annotare*) write down; **come si scrive ... ?** how do you spell ... ?

scroccare F scrounge F

scrollare shake; **~ le spalle** shrug (one's shoulders)

scrosciare *di pioggia* fall in torrents

scrupolo *m* scruple; **scrupolosità** *f* scrupulousness; **scrupoloso** scrupulous

scrutare look at intently; *orizzonte* scan

scrutinio *m* POL counting; EDU teachers' meeting to discuss pupils' performance

scucire unpick; F **scuci i soldi!** cough up! F; **scucirsi** come apart at the seams

scuderia *f* stable

scudetto *m* SP championship; **scudo** *m* shield

sculacciare spank

scultore *m*, **-trice** *f* sculptor; **scultura** *f* sculpture

scuola *f* school; ~ **media** secondary school; ~ **superiore** high school; ~ **guida** driving school; **andare a** ~ go to school

scuotere shake

scure *f* axe, *Am* ax

scurire darken; **scuro** dark

scusa *f* excuse; **chiedere** ~ apologize; **scusare** forgive; (*giustificare*) excuse; **mi scusi** I'm sorry; **scusi, scusa** excuse me; **scusarsi** apologize

sdebitarsi pay one's debts

sdegno *m* moral indignation

sdentato toothless

sdoganare clear through customs

sdolcinato sloppy

sdraiarsi lie down; **sdraiato** lying down; **sdraio** *m*: (**sedia** *f* **a**) ~ deck chair

sé oneself; *lui* himself; *lei* herself; *loro* themselves; *esso, essa* itself; **da** ~ (by) himself / herself / themselves

se[1] *cong* if; ~ **mai** if need be; ~ **mai arrivasse** ... should he arrive ...; **come** ~ as if; ~ **no** if not

se[2] *pron* = **si** *in front of* **lo, la, li, le, ne**

sebbene even though

secca *f* shallows

seccante *fig* annoying; **seccare 1** *v/t* dry; *fig* annoy **2** *v/i* dry; **seccarsi** dry; *fig* get annoyed; **seccatore** *m*, **-trice** *f* nuisance, pest F; **seccatura** *f* nuisance

secchio *m* bucket

secco dry; *fiori, pomodori* dried; *tono* curt

secolo *m* century

seconda *f* AUTO second (gear); FERR second class; EDU second year; **secondario** secondary; **secondo 1** *agg* second; **di -a mano** second-hand; ~ **fine** ulterior motive **2** *prp* according to; ~ **me** in my opinion **3** *m* second; GASTR main course

sedano *m* celery

sedare calm (down); **sedativo** *m* sedative

sede *f* headquarters

sedentario sedentary; **sedere 1** *m* F rear end **F 2** *v/i e* **sedersi** sit down; **sedia** *f* chair; ~ **a dondolo** rocking chair; ~ **a rotelle** wheelchair

sedicesimo sixteenth; **sedici** sixteen

sedile *m* seat

seducente attractive; **sedurre** seduce; (*attrarre*) attract

seduta *f* session; **seduto** seated

seduzione *f* seduction

sega *f* saw

segale *f* rye

segare saw; **segatura** *f* sawdust

seggio *m* seat; ~ **(elettorale)** polling station; **seggiola** *f* chair; **seggiolino** *m di bicicletta* child's seat; **seggiolone** *m* high chair; **seggiovia** *f* chair lift

segnalare signal; *(annunciare)* report; **segnale** *m* signal; *(segno)* sign; ~ **d'allarme** alarm; **segnaletica** *f* signs; **segnalibro** *m* bookmark; **segnare** *(marcare)* mark; *(annotare)* note down; SP score; **segno** *m* sign; *(traccia)* mark, trace; *(cenno)* gesture, sign

segretaria *f* secretary; **segretario** *m* secretary; **segreteria** *f carica* secretaryship; *ufficio* administrative office; *attività* secretarial duties; ~ **telefonica** answering machine, voicemail

segreto *m/agg* secret

seguace *m/f* disciple, follower; **seguente** next, following; **seguire 1** *v/t* follow; *corso* take **2** *v/i* follow *(a qc* sth); **seguito** *m persone* retinue; *(sostenitori)* followers; *di film* sequel; **di** ~ one after the other, in succession; **in** ~ after that

sei[1] → **essere**

sei[2] six

seicento 1 *agg* six hundred **2** *m*: **il Seicento** the seventeenth century

selciato *m* paving

selezione *f* selection

self-service *m inv* self-service *(café)*

sella *f* saddle; **sellino** *m* saddle

seltz *m*: **acqua *f* di** ~ soda (water)

selvaggina *f* game; **selvaggio 1** *agg* animale, *fiori* wild; *tribù, omicidio* savage **2** *m*, -a *f* savage; **selvatico** wild

semaforo *m* traffic lights

sembrare seem; *(assomigliare a)* look like

seme *m* seed

semestre *m* six months; EDU term, *Am* semester

semicerchio *m* semi-circle; **semicircolare** semi-circular

semifinale *f* semi-final

semifreddo *m* soft ice cream

seminare sow

seminario *m* seminar

seminudo half-naked

seminuovo practically new

semolino *m* semolina

semplice simple; *(non doppio)* single; *(spontaneo)* natural; **semplicità** *f* simplicity; **semplificare** simplify

sempre always; **per** ~ for ever; ~ **più** more and more; ~ **più vecchio** older and older; **piove** ~ **di più** the rain's getting heavier and heavier; ~ **che** as long as

senape *f* mustard

senato *m* senate; **senatore** *m*, -**trice** *f* senator

senno *m* common sense; **uscire di** ~ lose one's mind;

(*arrabbiarsi*) lose control

seno *m* breast

sensato sensible

sensazionale sensational; **sensazione** *f* sensation, feeling; (*impressione*) feeling; **fare ~** cause a sensation

sensibile sensitive; (*evidente*) significant; **sensibilità** *f* sensitivity; **sensibilizzare** make more aware (**a** of)

senso *m* sense; (*significato*) meaning; (*direzione*) direction; **buon ~** common sense; **~ unico** one way; **~ vietato** no entry; **in ~ orario** clockwise; **perdere i -i** faint; **sensore** *m* TEC sensor

sensuale sensual

sentenza *f* DIR verdict

sentiero *m* path

sentimentale sentimental; **sentimento** *m* feeling, sentiment

sentire feel; (*udire*) hear; (*ascoltare*) listen to; *odore* smell; *cibo* taste; **sentirsi** feel; **sentirsela di fare qc** feel up to doing sth

senza without; **senz'altro** definitely; **~ di me** without me; **~ ridere** without laughing; **senzatetto** *m/f* *inv* homeless person; **i -i** *pl* the homeless *pl*

separare separate; **separarsi** separate, split up F; **separazione** *f* separation

sepolto *pp* ☞ **seppellire**; **sepoltura** *f* burial; **seppellire**

bury

seppia *f* cuttlefish

seppure even if

sequestrare confiscate; DIR impound, seize; (*rapire*) kidnap; **sequestro** *m* kidnap(ping); DIR impounding, seizure

sera *f* evening; **di ~** in the evenings; **serale** evening *attr*; **serata** *f* evening; **festa** party

serbatoio *m* tank

Serbia *f* Serbia

serbo[1] **1** *agg* Serbian **2** *m*, **-a** *f* Serb

serbo[2] *m*: **avere qc in ~** have sth in store

serenata *f* serenade

sereno serene; *fig* relaxed, calm

sericoltura *f* silk-worm farming

serie *f inv* series *sg*

serietà *f* seriousness; **serio 1** *agg* serious; (*affidabile*) reliable **2** *m*: **sul ~** seriously

serpe *f* grass snake; **serpente** *m* snake

serra *f* greenhouse

serramanico *m*: **coltello** *m* **a ~** flick knife, *Am* switchblade

serranda *f* shutter; **serrare** close; *denti, pugni* clench; **serratura** *f* lock

servire 1 *v/i* be useful; **non mi serve** I don't need it; **a che serve questo?** what's this for? **2** *v/t* serve; **~ da bere a qu** pour s.o. a drink; **ser-**

virsi (*usare*) use (*di* sth); **pre-go, si serva!** *a tavola* please help yourself!

servizio *m* service; (*favore*) favour, *Am* favor; (*dipartimento*) department; *in giornale* feature (story); **~ militare** military service; **~ da tavola** dinner service; **fuori ~** out of order; **in ~** on duty; **-zi** *pl* (*igienici*) toilets, *Am* rest room

servofreno *m* servo brake; **servosterzo** *m* power steering

sesamo *m* sesame

sessanta sixty; **sessantenne** sixty-year-old; **sessantesimo** sixtieth; **sessantina** *f*: **una ~** about sixty (*di* sth)

sesso *m* sex; **sessuale** sexual

sesto sixth

seta *f* silk

sete *f* thirst; **aver ~** be thirsty

setta *f* sect

settanta seventy; **settantenne** seventy-year-old; **settantesimo** seventieth; **settantina** *f*: **una ~** about seventy (*di* sth)

settare *macchina, computer* set up

sette seven; **settecento 1** *agg* seven hundred **2** *m: il Settecento* the eighteenth century

settembre *m* September

settentrionale 1 *agg* northern **2** *m/f* northerner; **settentrione** *m* north

setticemia *f* septicaemia, *Am* septicemia

settimana *f* week; **~ santa** Easter week, Holy week; **settimanale** *m/agg* weekly

settimo seventh

settore *m* sector

severo severe

sezione *f* section

sfacchinata *f* backbreaking job

sfacciato cheeky, *Am* fresh

sfamare feed

sfarzo *m* splendour, *Am* splendor

sfarzoso magnificent

sfasciare smash; **sfasciarsi** smash

sfavore *m* disadvantage; **sfavorevole** unfavourable, *Am* unfavorable

sfera *f* sphere

sfida *f* challenge; **sfidare** challenge

sfiducia *f* distrust

sfigurare 1 *v/t* disfigure **2** *v/i* look out of place; **sfigurato** disfigured

sfilare 1 *v/t* unthread; (*togliere*) take off **2** *v/i* parade; **sfilata** *f*: **~ di moda** fashion show

sfinimento *m* exhaustion; **sfinito** exhausted

sfiorare brush; *argomento* touch on

sfitto empty, not rented

sfocato *foto* blurred, out of focus

sfociare flow

sfogare *rabbia, frustrazione* vent, get rid of (**con**, **su** on); **sfogarsi** vent one's feelings; **~ con qu** confide in s.o.

sfoglia: pasta f ~ puff pastry; **sfogliare** *libro* leaf through

sfogo *m* outlet; MED rash

sfoltire thin

sfondare break; *porta* break down; *pavimento* break through

sfondo *m* background

sformare stretch out of shape; **sformato** *m* GASTR soufflé

sfortuna *f* bad luck, misfortune; **sfortunatamente** unfortunately; **sfortunato** unlucky, unfortunate

sforzare strain; **sforzarsi** try very hard; **sforzo** *m* effort; *fisico* strain; **fare uno ~** make an effort

sfrattare evict; **sfratto** *m* eviction

sfregare rub

sfruttamento *m* exploitation; **sfruttare** exploit

sfuggire (*scampare*) escape (**a** from); **mi è sfuggito di mente** it slipped my mind; **sfuggita: di ~** in passing

sfumatura *f* nuance; *di colore* shade

sfuriata *f* (angry) tirade

sfuso loose; *vino* in bulk

sgabello *m* stool

sgabuzzino *m* cupboard

sgambetto *m:* **fare lo ~ a qu** trip s.o. up

sganciare unhook; F *soldi* fork out F; **sganciarsi** come unhooked

sgarbato rude

sgobbare slave; **sgobbone** *m,* **-a** *f* F swot F

sgocciolare drip

sgomberare *☞* **sgombrare**; **sgombrare** *strada, stanza* clear; *ostacolo* remove

sgombro¹ *agg strada, stanza* empty

sgombro² *m* mackerel

sgomentarsi be frightened

sgonfiare 1 *v/t* let the air out of **2** *v/i e* **sgonfiarsi** become deflated; **il braccio si è sgonfiato** the swelling in the arm has gone down; **sgonfio** flat; MED not swollen

sgradevole unpleasant

sgradito unwelcome

sgranchire, sgranchirsi: ~ le gambe stretch one's legs

sgraziato awkward

sgridare scold, tell off F

sguaiato raucous

sguardo *m* look; (*occhiata*) glance

squazzare splash about; *fig* F **~ nei soldi** be rolling in it F

sgusciare 1 *v/t* shell **2** *v/i* slip away; **mi è sgusciato di mano** it slipped out of my hand

shampoo *m inv* shampoo

shock *m inv* shock

sì yes; **dire di ~** say yes; **penso di ~** I think so

si[1] *pron* oneself; *lui* himself; *lei* herself; *esso, essa* itself; *loro* themselves; *reciproco* each other; **spazzolarsi i capelli** brush one's hair; **~ dice** they say; **cosa ~ può dire?** what can one say?, what can I say?

si[2] *m* MUS B

sia: **~ ... ~ ...** both ... and ...; (*o l'uno o l'altro*) either ... or ...; **~ che ... ~ che ...** whether ... or whether ...

siamo ☞ **essere**

sibilare hiss; *di vento* whistle

sicario *m* hired killer, hit man F

sicché (and) so

siccità *f inv* drought

siccome since

Sicilia *f* Sicily; **siciliano 1** *agg* Sicilian **2** *m*, **-a** *f* Sicilian

sicura *f* safety catch

sicurezza *f* security; (*protezione*) safety; (*certezza*) certainty; **sicuro 1** *agg* safe; (*certo*) sure; **~ di sé** sure of o.s.; **di ~** definitely **2** *m*: **mettere al ~** put in a safe place

sidro *m* cider

siedo ☞ **sedere**

siepe *f* hedge

siero *m* MED scrum; **sieropositivo** HIV positive

siesta *f* siesta

siete ☞ **essere**

sig. (= **signore**) Mr (= mister)

sigaretta *f* cigarette; **sigaro** *m* cigar

sigg. (= **signori**) Messrs

sigillare seal; **sigillo** *m* seal

sigla *f* initials *pl*; *musicale* theme (tune)

sig.na (= **signorina**) Miss, Ms

significare mean; **significato** *m* meaning

signora *f* lady; **mi scusi, ~!** excuse me!; **la ~ Rossi** Mrs Rossi; **-e e signori** ladies and gentlemen

signore *m* gentleman; **mi scusi, ~!** excuse me!; **il signor Rossi** Mr Rossi; **i -i Rossi** Mr and Mrs Rossi

signorina *f* young lady; **la ~ Rossi** Miss Rossi

sig.ra (= **signora**) Mrs

silenziatore *m* silencer, Am muffler

silenzio *m* silence; **silenzioso** silent

sillaba *f* syllable

siluro *m* MAR torpedo

simboleggiare symbolize; **simbolico** symbolic; **simbolismo** *m* symbolism; **simbolo** *m* symbol

simile similar

simmetria *f* symmetry; **simmetrico** symmetrical

simpatia *f* liking; (*affinità*) sympathy; **simpatico** likeable; **simpatizzare** become friends

simulare feign; TEC simulate; **simulazione** *f* pretence, Am pretense; TEC simulation

sinagoga *f* synagogue

sinceramente sincerely; (*in verità*) honestly; **sincerità** *f* sincerity; **sincero** sincere

sindacalista *m/f* trade unionist, *Am* labor unionist; **sindacato** *m* trade union, *Am* labor union

sindaco *m* mayor

sinfonia *f* symphony; **sinfonico** symphonic

singhiozzare sob; **singhiozzo** *m*: **avere il ~** have hiccups; **-zi** *pl* sobs

single *m/f inv* single

singolare 1 *agg* singular; (*insolito*) unusual; (*strano*) strange **2** *m* singular; SP singles; **singolo 1** *agg* individual; *camera, letto* single **2** *m* individual; SP singles

sinistra *f* left; **a ~** on the left; *andare* to the left; **sinistro 1** *agg* left, left-hand; *fig* sinister **2** *m* accident

sino ☞ **fino**

sinonimo 1 *agg* synonymous **2** *m* synonym

sintesi *f inv* synthesis; (*riassunto*) summary; **sintetico** synthetic; (*riassunto*) brief; **sintetizzare** synthesize; (*riassumere*) summarize

sintomo *m* symptom

sintonia *f* RAD tuning; *fig* **essere in ~** be on the same wavelength (**con** as); **sintonizzare** RAD tune; **sintonizzarsi** tune in (**su** to)

sinusite *f* sinusitis

sipario *m* curtain

sirena *f* siren; *mitologica* mermaid; **~ d'allarme** alarm

siringa *f* MED syringe

sismico seismic

sistema *m* system; **sistemare** put; (*mettere in ordine*) arrange; *casa* do up; **sistemarsi** tidy o.s. up; (*trovare casa, sposarsi*) settle down; **sistemazione** *f* place; (*lavoro*) job; *in albergo* accommodation, *Am* accommodations

sito site; **in ~** on the premises

situato: **essere ~** be situated; *Am* situated

situazione *f* situation

sito web *m* website

slacciare undo

slalom *m* slalom

slanciato slender

slancio *m* impulse

slavo 1 *agg* Slav, Slavonic **2** *m*, **-a** *f* Slav

sleale disloyal

slegare untie

slip *m inv* underpants, *Am* briefs; *da donna* panties

slitta *f* sledge

slittino *m* sled; SP bobsleigh

slogan *m inv* slogan

slogare dislocate; **slogarsi**: **~ una caviglia** sprain one's ankle; **slogatura** *f* sprain

sloggiare move out

Slovacchia *f* Slovakia; **slovacco 1** *agg* Slovak(ian) **2** *m*, **-a** *f* Slovak(ian)

Slovenia *f* Slovenia; **sloveno 1** *agg* Slovene **2** *m*, **-a** *f* Slovene

smacchiare take the stains out of; **smacchiatore** *m* stain remover

smagliatura f ladder, *Am* run; MED stretch mark

smaltire dispose of

smalto m enamel; *per ceramiche* glaze; **~ per unghie** nail varnish

smantellare dismantle

smarrimento m loss; **smarrire** lose; **smarrirsi** get lost; **smarrito 1** *pp* ☞ **smarrire 2** *agg* lost

smascherare unmask

smemorato forgetful

smentire prove to be wrong; **smentita** f denial

smeraldo m/agg emerald

smesso *pp* ☞ **smettere**; **smettere 1** *v/t* stop; *abiti* stop wearing **2** *v/i* stop (*di fare qc* doing sth)

smilitarizzare demilitarize

sminuire *problema* downplay; *persona* belittle

smisurato boundless

smontabile which can be taken apart, *Am* knockdown; **smontare 1** *v/i da cavallo* dismount **2** *v/t* dismantle

smorfia f grimace; **smorfioso** affected

smorzare *colore* tone down; *luce* dim; *entusiasmo* dampen

SMS m inv text, text message; **mandare un ~ a qc** text s.o., send s.o. a text

smuovere shift, move

snello slim, slender

snervante irritating

snob 1 *agg* snobbish **2** m/f inv snob

SO (= *sud-ovest*) SW (= southwest)

so ☞ **sapere**

sobborgo m suburb

sobrio sober

Soc. (= *società*) Co (= company); Soc. (= society)

socchiudere half-close; **socchiuso** *pp* ☞ **socchiudere 2** *agg* half-closed; *porta* ajar

soccorrere help; **soccorritore** m rescue worker; **soccorso 1** *pp* ☞ **soccorrere 2** m rescue; **pronto ~** first aid; **~ stradale** breakdown service, *Am* wrecking service

sociale social; **socialismo** m socialism; **socialista** *agg*, m/f socialist; **socializzare** socialize

società f inv company; (*associazione*) society; **~ per azioni** joint stock company

socievole sociable

socio m, **-a** f member; FIN partner

soddisfacente satisfying; **soddisfare** satisfy; **soddisfatto 1** *pp* ☞ **soddisfare 2** *agg* satisfied; **essere ~ di qu** be satisfied with s.o.; **soddisfazione** f satisfaction

sodo *uovo* hard-boiled

sofà m inv sofa

sofferenza f suffering

soffermarsi dwell (*su* on)

sofferto *pp* ☞ **soffrire**

soffiare blow; F swipe F; **soffiarsi**: **~ il naso** blow one's nose

soffice soft

soffio *m* puff

soffitta *f* attic

soffitto *m* ceiling

soffocante suffocating; **soffocare** suffocate

soffriggere fry gently

soffrire 1 *v/t* suffer; *persone* bear, stand **2** *v/i* suffer (**di** from)

soffritto *pp* ☞ **soffriggere**

sofisticato sophisticated

software *m inv* software

soggettivo subjective; **soggetto 1** *agg* subject; *essere* ~ *a qc* suffer from sth **2** *m* GRAM subject; **soggezione** *f* subjection

soggiornare stay; **soggiorno** *m* stay

soglia *f* threshold

sogliola *f* sole

sognare, sognarsi dream (**di** about, of); **sognatore** *m*, **-trice** *f* dreamer; **sogno** *m* dream

soia *f* soya

sol *m inv* MUS G

solaio *m* attic, loft

solamente only

solare solar

solco *m* furrow

soldato *m* soldier

soldi *mpl* money

sole *m* sun; *c'è il* ~ it's sunny; *prendere il* ~ sunbathe; **soleggiato** sun-dried

solenne solemn

solere: ~ *fare* be in the habit

of doing

soletta *f* insole

solidale *fig* in agreement; **solidarietà** *f* solidarity

solido solid; (*robusto*) sturdy

solista *m/f* soloist

solitario 1 *agg* solitary; *luogo* lonely **2** *m* solitary; *gioco* patience, *Am* solitaire

solito 1 *agg* usual, same **2** *m di* ~ usually; *come al* ~ as usual

solitudine *f* solitude

sollecitare (*stimolare*) urge; *risposta* ask for

solletico *m* tickling; *fare il* ~ *a qu* tickle s.o.; *soffrire il* ~ be ticklish

sollevamento *m* lifting; (*insurrezione*) rising; ~ *pesi* weightlifting; **sollevare** lift; *obiezione* bring up; **sollevarsi** *di popolo* rise up; AVIA climb

sollievo *m* relief

solo 1 *agg* lonely; (*non accompagnato*) alone; (*unico*) only; MUS solo; *da* ~ by myself / yourself etc, on my / your etc own **2** *avv* only **3** *m* MUS solo

solstizio *m* solstice

soltanto only

solubile soluble; **soluzione** *f* solution; **solvente 1** *agg* FIN solvent **2** *m* CHIM solvent

somigliante similar; **somiglianza** *f* resemblance; **somigliare**: ~ *a qu* resemble s.o.

somma *f* (*addizione*) addition; (*risultato*) sum; (*importo*) amount, sum; **sommare** add; **sommario 1** *agg* summary **2** *m* summary; *di libro* table of contents; **sommato:** *tutto* ~ all things considered

sommergere submerge; **overwhelm** (*di* with); **sommergibile** *m* submarine; **sommerso** *pp* ☞ **sommergere**

somministrare MED administer

sommossa *f* uprising

sondaggio *m*: ~ (*d'opinione*) (opinion) poll

sondare sound; *fig* test

sonnambulo *m*, **-a** *f* sleepwalker; **sonnecchiare** doze; **sonnifero** *m* sleeping pill; **sonno** *m* sleep; **aver** ~ be sleepy; **sonnolenza** *f* drowsiness

sono ☞ **essere**

sonoro sound *attr*; *risa*, *applausi* loud; **colonna** *f* **-a** sound-track

sontuoso sumptuous

soppesare weigh; *fig* weigh up

sopportabile bearable, tolerable; **sopportare** *peso* bear; *fig* bear, stand F

soppressione *f* deletion; *di regola* abolition; **soppresso** *pp* ☞ **sopprimere**; **sopprimere** delete; *regola* abolish

sopra *prp* on; (*più in alto di*) above; *l'uno* ~ *l'altro* one on top of the other; *i bambini* ~ *cinque anni* children over five; *al di* ~ *di qc* over sth **2** *avv* on top; (*al piano superiore*) upstairs; *vedi* ~ see above

soprabito *m* (over)coat

sopracciglio *m* eyebrow

sopraccoperta *f di letto* bedspread; *di libro* dustjacket

sopraffare overwhelm

sopraggiungere *di persona* turn up; *di difficoltà* come up

sopralluogo *m* inspection (of the site)

soprammobile *m* ornament

soprannaturale supernatural

soprannome *m* nickname

soprannumero: *in* ~ overcrowded

soprano *m* soprano; *mezzo* ~ mezzo(-soprano)

soprappensiero ☞ **sovrapensiero**

soprattassa *f* surcharge

soprattutto particularly, above all

sopravvalutare overvalue; *fig* overestimate

sopravvento *m*: *avere* o *prendere il* ~ have the upper hand

sopravvissuto 1 *agg* surviving **2** *m*, **-a** *f* survivor; **sopravvivenza** *f* survival; **sopravvivere** survive, outlive (*a qu* s.o.)

soprintendente *m/f* supervisor

sopruso *m* abuse of power

soqquadro *m*: **mettere a ~** turn upside down

sorbetto *m* sorbet

sorbirsi put up with

sordina *f* mute; **in ~** in secret, on the quiet

sordità *f* deafness; **sordo** deaf; **sordomuto** deaf and dumb

sorella *f* sister; **sorellastra** *f* stepsister

sorgente *f* spring; *fig* source; **sorgere** *di sole* rise, come up; *fig* arise, come up

sorpassare go past; AUTO pass, *Br anche* overtake; *fig* exceed; **sorpassato** out of date; **sorpasso** *m*: **fare un ~** pass, *Br anche* overtake

sorprendente surprising; **sorprendere** surprise; (*cogliere sul fatto*) catch; **sorpresa** *f* surprise; **sorpreso** *pp* ☞ **sorprendere**

sorridere smile; **sorriso 1** *pp* ☞ **sorridere 2** *m* smile

sorseggiare sip

sorso *m* mouthful

sorta *f* sort, kind

sorte *f* fate; **tirare a ~** draw lots; **sorteggiare** draw

sorto *pp* ☞ **sorgere**

sorveglianza *f* supervision; *di edificio* security; **sorvegliare** supervise; *bagagli ecc* look after

sorvolare *v/t* AVIA fly over **2** *v/t fig*: **~ su** skim over; (*omettere*) skip

sosia *m inv* double

sospendere suspend; (*appendere*) hang; **sospensione** *f* suspension; **sospeso 1** *pp* ☞ **sospendere 2** *agg* hanging; *fig*: *questione* pending; **tenere in ~** *persona* keep in suspense

sospettare suspect; **~ qu** o **di qu** suspect s.o.; **sospetto 1** *agg* suspicious **2** *m*, **-a** *f* suspect; **sospettoso** suspicious

sospirare 1 *v/i* sigh **2** *v/t* long for; **sospiro** *m* sigh

sosta *f* stop; (*pausa*) break, pause; **divieto di ~** no parking

sostantivo *m* noun

sostanza *f* substance

sostare stop

sostegno *m* support

sostenere support; (*affermare*) maintain; **sostengo** ☞ **sostenere**; **sostenitore** *m*, **-trice** *f* supporter

sostituibile replaceable; **sostituire**: **~ X con Y** replace X with Y, substitute Y for X; **sostituto** *m*, **-a** *f* substitute, replacement; **sostituzione** *f* substitution, replacement

sottaceti *mpl* pickles

sottana *f* slip, underskirt; (*gonna*) skirt; REL cassock

sotterraneo 1 *agg* underground *attr* **2** *m* cellar

sotterrare bury

sottile fine; *fig* subtle; *udito* keen

sottintendere imply; **sottinteso** 1 *pp* ☞ **sottintendere** 2 *m* allusion

sotto 1 *prp* under; **5 gradi ~ zero** 5 degrees below (zero); **al di ~ di qc** under sth 2 *avv* below; (*più in basso*) lower down; (*al di sotto*) underneath; (*al piano di ~*) downstairs

sottobanco under the counter

sottobraccio: camminare ~ walk arm-in-arm; **prendere qu ~** take s.o.'s arm

sottocchio: tenere ~ qc keep an eye on sth

sottoesposto FOT underexposed

sottofondo *m* background

sottolineare *anche fig* underline

sottomarino 1 *agg* underwater *attr* 2 *m* submarine

sottomesso 1 *pp* ☞ **sottomettere** 2 *agg* submissive; *popolo* subject *attr*; **sottomettere** submit; *popolo* subdue

sottopassaggio *m* underpass

sottoporre submit; **sottoporsi: ~ a** undergo

sottoscritto 1 *pp* ☞ **sottoscrivere** 2 *m* undersigned; **sottoscrivere** *documento* sign; *teoria* subscribe to; *abbonamento* take out; **sottoscrizione** *f* signing; (*abbonamento*) subscription

sottosopra *fig* upside-down

sottosuolo *m* subsoil

sottosviluppato underdeveloped

sottovalutare undervalue; *persona* underestimate

sottoveste *f* slip, underskirt

sottovoce quietly, sotto voce

sottrarre MAT subtract; *denaro* embezzle; **sottrarsi: ~ a qc** avoid sth; **sottratto** *pp* ☞ **sottrarre**; **sottrazione** *f* MAT subtraction; *di denaro* embezzlement

souvenir *m inv* souvenir

sovrabbondante overabundant

sovraccarico 1 *agg* overloaded (*di* with) 2 *m* overload

sovrano 1 *agg* sovereign 2 *m*, **-a** *f* sovereign

sovrappensiero: essere ~ be lost in thought

sovrappeso 1 *agg* overweight 2 *m* excess weight

sovrappopolato overpopulated

sovrapporre overlap

sovrastare overlook, dominate

sovrintendente *m/f* ☞ **soprintendente**

sovrumano superhuman

sovvenzionare give a grant to; **sovvenzione** *f* grant

sovversivo subversive

S.P. (= **Strada Provinciale**) A road, *Am* highway

S.p.A. *f* (= **Società per Azio-**

ni) joint stock company

spaccare break in two: *legna* split, chop; **spaccarsi** break in two

spacciare *droga* deal in, push F; **spacciarsi:** *~ per* pass o.s. off as; **spacciatore** *m*, **-trice** *f di droga* dealer; **spaccio** *m di droga* dealing; *negozio* general store

spacco *m in gonna* slit; *in giacca* vent; **spaccone** *m*, **-a** *f* braggart

spada *f* sword

spaesato disoriented, confused

spaghetti *mpl* spaghetti *sg*

Spagna *f* Spain; **spagnolo** *1 m/agg* Spanish **2** *m*, **-a** *f* Spaniard

spago *m* string

spalancare open wide

spalla *f* shoulder; *era d'e -e* had his back to me

spalliera *f* wallbars

spallina *f* shoulder pad

spalmare spread

spalti *mpl* terraces

spandere spread; **spandersi** spread; **spanto** *pp* ☞ **spandere**

sparare 1 *v/i* shoot (*a* at) **2** *v/t:* *~ un colpo* fire a shot; **sparatoria** *f* gunfire

sparecchiare clear

spareggio *m* SP play-off

spargere spread; *lacrime, sangue* shed

sparire disappear; **sparizione** *f* disappearance

sparo *m* (gun)shot

sparpagliare scatter

sparso 1 *pp* ☞ **spargere 2** *agg* scattered

spartire divide (up), split; **spartito** *m* score; **spartitraffico** *m* traffic island

spasimante *m/f* admirer

spasmo *m* MED spasm

spasso *m* fun; *andare a ~* go for a walk; *è uno ~* he / it's a good laugh; **spassoso** very funny

spavaldo cocky, over-confident

spaventapasseri *m inv* scarecrow; **spaventare** frighten, scare; **spaventarsi** be frightened, be scared; **spavento** *m* fright, scare; **spaventoso** frightening

spaziale space *attr*

spazientirsi get impatient

spazio *m* space; **spazioso** spacious

spazzaneve *m inv* snowplough, *Am* snowplow; **spazzare** sweep; **spazzatura** *f* rubbish, *Am* garbage; **spazzino** *m*, **-a** *f* street sweeper; **spazzola** *f* brush; **spazzolare** brush; **spazzolino** *m* brush; *~ da denti* toothbrush

specchiarsi look at o.s.; (*riflettersi*) be mirrored; **specchietto** *m* mirror; (*prospetto*) table; AUTO *~ retrovisore* rear-view mirror; **specchio** *m* mirror

speciale special; **specialista** *m/f* specialist; **specialità** *f inv* speciality, *Am* specialty; **specializzarsi** specialize; **specialmente** especially

specie 1 *f inv* species *sg*; **una ~ di** a sort *o* kind of **2** *avv* especially

specificare specify; **specifico** specific

speculatore *m*, **-trice** *f* speculator; **speculazione** *f* speculation

spedire send; **spedizione** *f* dispatch; *di merce* shipping; *(viaggio)* expedition; **spedizioniere** *m* courier

spegnere put out; *luce, motore, radio* turn off, switch off; **spegnersi** *di fuoco* go out; *di motore* stop

spellare skin; **spellarsi** peel

spendere spend; *fig* invest

spennare *pollo* pluck

spensierato carefree

spento *pp* ☞ **spegnere**

speranza *f* hope; **sperare 1** *v/t* hope for **2** *v/i* trust (**in** in)

sperduto lost; *luogo* isolated

sperimentare try; *in laboratorio* test; *fig*: *fatica, dolore* feel; *droga* experiment with

sperma *m* sperm

sperperare fritter away, squander

spesa *f* expense; **fare la ~** do the shopping; **fare -e** go shopping; **a proprie -e** at one's own expense

spesso 1 *agg* thick **2** *avv* of-

ten, frequently; **spessore** *m* thickness

spett. (= **spettabile**) Messrs; *in lettera* **Spett. Ditta** Dear Sirs

spettacolare spectacular; **spettacolo** *m* show; *(panorama)* spectacle, sight; **~ teatrale** show

spettare: **questo spetta a te** this is yours; **non spetta a te giudicare** it's not up to you to judge

spettatore *m*, **-trice** *f* spectator; *TEA* member of the audience

spettinare: **~ qu** ruffle s.o.'s hair

spettro *m* ghost; *FIS* spectrum

spezie *fpl* spices

spezzare break in two; **spezzarsi** break; **spezzatino** *m* stew; **spezzato 1** *agg* broken (in two) **2** *m* co-ordinated two-piece suit; **spezzettare** break up

spia *f* spy; *TEC* pilot light; **fare la ~** tell, sneak

spiacente: **essere ~** be sorry; **spiacere**: **mi spiace** I am sorry

spiacevole unpleasant

spiaggia *f* beach

spiare spy on

spiazzo *m* empty space

spiccato strong

spicchio *m di frutto* section; **~ d'aglio** clove of garlic

spicciarsi hurry up

spiccioli *mpl* (small) change

spiedo *m* spit; *allo* ~ spit-roasted

spiegare (*stendere*) spread; (*chiarire*) explain; **spiegarsi** explain what one means; **spiegazione** *f* explanation

spiegazzare crease

spietato pitiless

spiga *f di grano* ear; **spigato** herring-bone *attr*

spigliato confident

spigola *f* sea bass

spigolo *m* corner

spilla *f gioiello* brooch; ~ *da balia* safety pin

spillo *m* pin

spina *f* BOT thorn; ZO spine; *di pesce* bone; EL plug; ANAT ~ *dorsale* spine

spinaci *mpl* spinach

spinale spinal

spinello F *m* joint F

spingere push; *fig* drive

spinoso thorny

spinta *f* push

spinterogeno *m* AUTO distributor

spinto *pp* ☞ **spingere**

spionaggio *m* espionage

spiraglio *m* crack; *di luce, speranza* glimmer

spirale *f* spiral; *contraccettivo* coil

spirare blow; *fig* die

spirito *m* spirit; (*disposizione*) mind; (*umorismo*) wit; **spiritoso** witty; **spirituale** spiritual

splendente bright; **splendere** shine; **splendido** wonder-ful, splendid

spogliare undress; (*rubare*) rob; **spogliarello** *m* strip-tease; **spogliarsi** undress, strip; **spogliatoio** *m* dressing room, locker room; **spoglio** bare

spola *f: fare la* ~ *da un posto all'altro* shuttle backwards and forwards between two places

spolverare dust

sponda *f di letto* edge, side; *di fiume* bank; *nel biliardo* cushion

sponsor *m inv* sponsor; **sponsorizzare** sponsor

spontaneo spontaneous

sporadico sporadic

sporcare dirty; **sporcarsi** get dirty; **sporcizia** *f* dirt; **sporco 1** *agg* dirty **2** *m* dirt

sporgere 1 *v/t* hold out; *denuncia* make **2** *v/i* jut out; **sporgersi** lean out

sport *m inv* sport

sportello *m* door; ~ *automatico* ATM, cash dispenser

sportivo 1 *agg* sports *attr*; *persona* sporty **2** *m*, -a *f* sportsman; *donna* sportswoman

sporto *pp* ☞ **sporgere**

sposa *f* bride; **sposare** marry; **sposarsi** get married; **sposato** married; **sposo** *m* bridegroom; *-i pl* newlyweds

spostare (*trasferire*) move, shift; (*rimandare*) postpone; **spostarsi** move

spranga *f* bar; **sprangare** bar

sprecare waste, squander; **spreco** *m* waste

spregevole despicable

spremere squeeze; **spremilimoni** *m inv* lemon squeezer; **spremuta** *f* juice; **~ d'arancia** orange juice

sprofondare sink

sproporzionato out of proportion (**a** to)

sproposito *m* blunder; **costare uno ~** cost a fortune; **a ~** out of turn

sprovveduto inexperienced

sprovvisto: ~ di lacking; **alla -a** unexpectedly

spruzzare spray; **spruzzatore** *m* spray; **spruzzo** *m* spray; **di fango** splatter

spudorato shameless

spugna *f* sponge

spuma *f* foam; **spumante:** (**vino** *m*) **~** sparkling wine

spuntare stick out; BOT come up; *di sole* appear; *di giorno* break

spuntino *m* snack

spunto *m* suggestion; **prendere ~ da** be inspired by

sputare 1 *v/i* spit 2 *v/t* spit out; **sputo** *m* spittle

squadra *f* *strumento* set square; (*gruppo*) squad; SP team

squalifica *f* disqualification; **squalificare** disqualify

squallido squalid; **squallore** *m* squalor

squalo *m* shark

squama *f* flake; *di pesce* scale

squarcio *m* *in stoffa* rip, tear; *in nuvole* break

squilibrato 1 *agg* insane 2 *m*, **-a** *f* lunatic; **squilibrio** *m* imbalance

squillare ring; **squillo** *m* ring

squisito *cibo* delicious

sradicare uproot; *fig* (*eliminare*) eradicate; *persona, pianta* uproot

S.r.l. *f* (= **Società a responsabilità limitata**) Ltd (= limited)

SS. (= **santi**) Saints

stabile 1 *agg* steady; (*duraturo*) stable; *tempo* settled 2 *m* building

stabilimento *m* (*fabbrica*) plant, Br factory

stabilire *data, obiettivi, record* set; (*decidere*) decide, settle; **stabilirsi** settle; **stabilità** *f* steadiness; *di relazione, moneta* stability

staccare remove, detach; EL unplug

stadio *m* stage; SP stadium

staffa *f* stirrup; **perdere le -e** blow one's top

staffetta *f* SP relay; **corsa** *f* **a ~** relay race

stage *m inv* training period

stagionale seasonal; **stagionare** age, mature; *legno* season; **stagionato** aged, mature; *legno* seasoned; **stagione** *f* season; **alta ~** high season; **bassa ~** low season

stagnante stagnant

stagno 1 *m* pond; TEC tin 2

agg watertight

stalla *f per bovini* cowshed; *per cavalli* stable

stamani, stamattina this morning

stambecco *m* ibex

stampa *f* press; *tecnica* printing; FOT print; *posta -e pl* printed matter; **stampante** *f* INFOR printer; **~ a getto di inchiostro** ink-jet printer; **stampare** print; **stampatello** *m* block letters; **stampato** *m* INFOR printout, hard copy

stampella *f* crutch

stampo *m* mould, *Am* mold

stancare tire (out); **stancarsi** get tired, tire; **stanchezza** *f* tiredness; **stanco** tired; **~ morto** dead beat

stanghetta *f* leg

stanotte tonight; *(la notte scorsa)* last night

stanza *f* room

stanziare *somma di denaro* allocate, earmark

stanzino *m* boxroom

stappare take the top off

stare be; *(restare)* stay; *(abitare)* live; **~ in piedi** stand; **~ bene** be well; *di vestiti* suit; **~ per fare qc** be about to do sth; *lascialo ~* let him be; **~ telefonando** be making a phonecall; *come sta?* how are you?, how are things?; *ben ti sta!* serves you right!

starnutire sneeze; **starnuto** *m* sneeze

stasera this evening, tonight

statale 1 *agg* state *attr* **2** *m/f* civil servant **3** *f* main road; **Stati Uniti d'America** *mpl* United States of America, USA

statistica *f* statistics

stato 1 *pp* ☞ **essere** *e* **stare 2** *m anche* POL state; **~ civile** marital status

statua *f* statue

statunitense 1 *agg* US *attr*, American **2** *m/f* US citizen

statura *f* height; *fig* stature

stavolta this time

stazionario stationary; **stazione** *f* station; **~ di servizio** service station; **~ balneare** seaside resort; **~ termale** spa

stecca *f di biliardo* cue; *di sigarette* carton; MED splint; MUS wrong note; **stecchino** *m* toothpick

stella *f* star; **~ di mare** starfish

stelo *m* stem, stalk

stemma *m* coat of arms

stendere spread; *braccio* stretch out; *biancheria* hang up; *verbale* draw up; **stendersi** stretch out; **stendibiancheria** *m inv* clothes dryer

stenodattilografa *f* shorthand typist

stentare: **~ a fare qc** find it hard to do sth; **stento**: *a ~* with difficulty

stereo *m* stereo

stereotipo 1 *agg* stereotypical **2** *m* stereotype

sterile sterile; **sterilità** *f* sterility; **sterilizzare** sterilize; **sterilizzazione** *f* sterilization

sterlina *f* sterling

sterminare exterminate

sterminato vast

sterminio *m* extermination

sterno *m* breastbone, ANAT sternum

sterzare steer; **sterzata** *f* swerve; **sterzo** *m* AUTO steering

steso *pp* ☞ **stendere**

stesso same; **lo ~, la stessa** the same one; **è lo ~** it's all the same; **oggi ~** this very day; **io ~** myself; **se ~** himself

stile *m* style

stilografica *f* fountain pen

stima *f* (*ammirazione*) esteem; (*valutazione*) estimate; **stimare** *persona* esteem; *oggetto* value; (*ritenere*) consider; **stimato** respected

stimolante 1 *agg* stimulating **2** *m* stimulant; **stimolare** stimulate

stinco *m* shin

stingere, **stingersi** fade; **stinto** *pp* ☞ **stingere**

stipare cram; **stipato** crammed (**di** with)

stipendiato *m*, **-a** *f* salary-earner; **stipendio** *m* salary

stipulare stipulate

stiramento *m* MED pulled muscle

stirare iron; **stirarsi** pull; **stiro**: **ferro** *m* **da ~** iron; **non ~**

non-iron

stirpe *f* (*origine*) birth

stitichezza *f* constipation

stivale *m* boot; **-i** *pl* **di gomma** wellingtons, *Am* rubber boots

sto ☞ **stare**

stoccafisso *m* stockfish (*air-dried cod*)

stoffa *f* material

stomaco *m* stomach

stonare *di cantante* sing out of tune; *fig* be out of place; *di colori* clash; **stonato** *persona* tone deaf; *nota* false; *strumento* out of tune

stop *m* inv AUTO brake light; *cartello* stop sign; **stoppare** stop

storcere twist; **~ il naso** make a face; **storcersi** bend; **~ un piede** twist one's ankle

stordimento *m* dizziness; **stordire** stun; **stordito** stunned

storia *f* history; (*narrazione*) story; **non far-e!** don't make a scene!; **storico 1** *agg* historical; (*memorabile*) historic **2** *m*, **-a** *f* historian

stormo *m* **di uccelli** flock

storpio 1 *agg* crippled **2** *m* **-a** *f* cripple

storta *f*: **prendere una ~** twist one's ankle; **storto** crooked

stoviglie *fpl* dishes

strabico cross-eyed; **strabismo** *m* strabismus

stracarico overloaded

stracciare tear up

stracciatella   254

stracciatella f type of soup; *gelato* chocolate chip

stracciato in shreds

straccio m *per pulire* cloth; *per spolverare* duster

strada f road; *per ~* down the road; *sono (già) per ~* I'm on my way; *a metà ~* halfway; **stradale** road *attr*; **stradario** m street-finder, street map

strafare exaggerate

strage f slaughter

stragrande: *la ~ maggioranza* the vast majority

strangolare strangle

straniero 1 *agg* foreign 2 m, -a f foreigner

strano strange

straordinario 1 *agg* special; *(eccezionale)* extraordinary 2 m overtime

strapazzare treat badly; **strapazzarsi** overdo it; **strapazzo** m strain; *essere uno ~* be exhausting; *da ~* third-rate

strapieno crowded

strapiombo: *a ~* overhanging

strappare tear, rip; *(staccare)* tear down; *(togliere)* snatch (*a qu* from s.o.); **strappo** m tear, rip; MED torn ligament

straripare overflow its banks

strascico m train; *fig* after-effects

stratagemma m stratagem

strategia f strategy; **strategico** strategic

strato m layer

stravagante extravagant

stravecchio ancient

stravedere: *~ per qu* worship s.o.

stravolgere change radically; *(travisare)* twist; *(stancare)* exhaust; **stravolto** 1 pp ☞ *stravolgere* 2 *agg (stanco)* exhausted

strazio m: *era uno ~* it was painful

strega f witch; **stregone** m wizard

stremare exhaust; **stremato** exhausted

stress m inv stress; **stressante** stressful; **stressare** stress

stretta f hold; *~ di mano* handshake; *mettere qu alle -e* put s.o. in a tight corner; **strettamente** closely; *tenere qc ~ (in mano)* clutch sth (in one's hand); **stretto** 1 pp ☞ *stringere* 2 *agg* narrow; *vestito* too tight; *lo ~ necessario* the bare minimum 3 m GEOG strait; **strettoia** f bottleneck

stridere *di porta* squeak; *di colori* clash

stridulo shrill

strillare scream; **strillo** m scream

striminzito skimpy

strimpellare strum

stringa f lace

stringere 1 v/t make narrower; *abito* take in; *vite* tighten; *~ amicizia* become friends 2 v/i *di tempo* press; **stringersi** *intorno a tavolo* squeeze up

striscia f strip; *dipinta* stripe; **-sce** pl **pedonali** zebra crossing, *Am* crosswalk; **-sce** striped

strisciare 1 v/t *piedi* scrape; (*sfiorare*) brush, smear (*contro* against) **2** v/i crawl; **striscio** m MED smear

striscione m banner

strizzare wring; **~ l'occhio a qu** wink at s.o.

strofa f verse

strofinaccio m dish towel; **strofinare** rub

stroncare *vita* snuff out; F *idea* shoot down

stropicciare crush, wrinkle

strozzare strangle

strozzino m, **-a** f loan shark F

strumentalizzare make use of; **strumento** m instrument

strutto m lard

struttura f structure

struzzo m ZO ostrich

stuccare plaster; **stucco** m plaster

studente m, **-essa** f student; **studiare** study; **studio** m study; *di artista*, RAD, TV studio; *di professionista* office; *di medico* surgery, *Am* office

stufa f stove; **~ elettrica / a gas** electric / gas heater

stufare GASTR stew; *fig* bore; **stufarsi** get bored (**di** with); **stufato** m stew; **stufo**: **essere ~ di qc** be bored with sth

stuolo m host

stupefacente 1 agg amazing,

stupefying **2** m narcotic; **stupefatto** amazed, stupefied; **stupendo** stupendous

stupidaggine f stupidity; **stupidità** f stupidity; **stupido 1** agg stupid **2** m, **-a** f idiot

stupire 1 v/t amaze **2** v/i e **stupirsi** be amazed; **stupore** m amazement

stuprare rape; **stupro** m rape

sturare clear, unblock

stuzzicadenti m inv toothpick

stuzzicare tease; *appetito* whet

su 1 prp on; *argomento* about; (*circa*) about; **sul tavolo** on the table; **sul mare** by the sea; **sul trecento euro** about three hundred euros; **nove volte ~ dieci** nine times out of ten **2** avv up; (*al piano di sopra*) upstairs; **~! come** on!; **guardare in ~** look up

sub m/f inv skin diver

subacqueo 1 agg underwater **2** m, **-a** f skin diver

subaffittare sublet; **subaffitto** m sublet

subentrare: ~ a qu take s.o.'s place

subire *danni, perdita* suffer

subito immediately

suburbano suburban

succedere (*accadere*) happen; **~ a in carica** succeed; **successione** f succession; **successivo** successive

successo 1 pp ☞ **succedere 2** m success; **di ~** successful;

successore m successor

succhiare suck; **succo** m juice; ~ **d'arancia** orange juice

succursale f branch

sud m south; **a(l)~ di** (to the) south of; ~ **ovest** south-west; ~ **est** south-east; **a ~ di** (to the) south of

sudare perspire, sweat; **sudato** sweaty

suddividere subdivide

sudicio 1 agg dirty **2** m dirt; **sudiciume** m dirt

sudore m perspiration, sweat

sufficiente sufficient; **sufficienza** f sufficiency; **a ~** enough

suffragio m suffrage

suggerimento m suggestion; **suggerire** suggest; TEA prompt; **suggeritore** m TEA prompter; **suggestionare** influence; **suggestivo** picturesque

sughero m cork

sugli = su and art **gli**

sugo m sauce; **di arrosto** juice

sui = su and art **i**

suicida m/f suicide (victim); **suicidarsi** commit suicide, kill o.s.; **suicidio** m suicide

suino pork attr

sul = su and art **il**

sull', sulla, sulle, sullo = su and art **l', la, le, lo**

suo 1 agg ◇ **di lui** his; **di lei** her; **di cosa** its; **il ~ maestro** his / her teacher; **questo libro è ~** this is his / her book ◇ forma di cortesia your; **il ~, la sua, i suoi, le sue** your **2** pron: **il ~, la sua, i suoi, le sue di lui** his; **di lei** hers; **di cosa** its; forma di cortesia yours

suocera f mother-in-law; **suocero** m father-in-law; **-i** pl mother- and father-in-law, in-laws F

suola f sole

suolo m ground; (terreno) soil

suonare 1 v/t play; **campanello** ring **2** v/i play; **alla porta** ring; **suono** m sound

suora f REL nun

super f inv F 4-star, Am premium

superare go past; fig overcome; **esame** pass

superbo haughty

superficiale superficial; **superficie** f surface

superfluo superfluous

superiore 1 agg top; qualità superior **2** m superior; **superiorità** f superiority

superlativo m/agg superlative

supermarket m inv, **supermercato** m supermarket

superstite 1 agg surviving **2** m/f survivor

superstizione f superstition; **superstizioso** superstitious

superstrada f motorway, Am highway

suppergiù about

supplementare supplementary; **supplemento** m supplement; **supplente** *m/f* replacement; EDU supply teacher

supplicare beg

suppongo ☞ *supporre*; **supporre** suppose

supporto *m* TEC support

supposizione *f* supposition

supposta *f* MED suppository

supposto *pp* ☞ *supporre*

suppurare MED suppurate

surf *m inv* surfboard; **fare ~** surf, go surfing; **surfista** *m/f* surfer

surgelato 1 *agg* frozen **2** *m: -i pl* frozen food

suscettibile touchy

suscitare arouse

susina *f* plum

sussidio *m* grant, allowance

sussultare start, jump; **sussulto** *m* start, jump

sussurrare whisper

svagarsi take one's mind off things; **svago** *m* distraction

svaligiare burgle, *Am* burglarize

svalutare devalue; **svalutazione** *f* devaluation

svanire vanish

svantaggio *m* disadvantage; **svantaggioso** disadvantageous

svariato varied

svedese 1 *m/agg* Swedish **2** *m/f* Swede

sveglia *f* alarm clock; **sve-**

gliare wake (up); **svegliarsi** waken up; **sveglio** awake; *fig* alert

svelare *segreto* reveal

svelto quick; **alla -a** quickly

svendere sell at a reduced price; **svendita** *f* clearance

svenire faint

sventolare wave

svenuto *pp* ☞ *svenire*

svestire undress; **svestirsi** get undressed, undress

Svezia *f* Sweden

sviare deflect; *fig* divert

svignarsela slip away

sviluppare develop; **svilupparsi** develop; **sviluppato** developed; **sviluppo** *m* development

svincolo *m di strada* junction

svista *f* oversight

svitare unscrew; **svitato** unscrewed; *fig* **F essere ~** have a screw loose F

Svizzera *f* Switzerland; **svizzero 1** *agg* Swiss **2** *m*, **-a** *f* Swiss

svogliato lazy

svolgere *rotolo* unwrap; *tema* develop; *attività* carry out; **svolgersi** happen; *di film* be set

svolta *f* turning; *fig* turning point; **svoltare: ~ a destra** turn right; **svolto** *pp* ☞ *svolgere*

svuotare empty

T

tabaccheria f tobacconist's, *Am* tobacco store; **tabacco** m tobacco

tabella f table; **tabellina** f multiplication table

tabellone m board; *per avvisi* notice board, *Am* bulletin board

tabù m/agg inv taboo

tabulato m printout

tabulatore m tabulator

taccagno mean, stingy F

tacchino m turkey

tacco m heel

taccuino m notebook

tacere 1 v/t keep quiet about, say nothing about 2 v/i not say anything, be silent

tachicardia f tachycardia

tachimetro m speedometer

taciturno taciturn

tafano m ZO horsefly

tafferuglio m scuffle

taglia f (*misura*) size; **~ unica** one size; **tagliacarte** m inv paper-knife; **tagliando** m coupon; AUTO service; **tagliare** cut down; *albero* cut down; *legna* chop; **tagliarsi i capelli** have one's hair cut; *fig* **~ la strada a qu** cut in front of s.o.; **tagliarsi** cut o.s.; **mi sono tagliata un dito** I've cut my finger; **tagliatelle** fpl tagliatelle sg; **tagliente** sharp; **tagliere** m chopping board; **taglierini** mpl type of noo-

dles; **taglio** m cut

tailleur m inv suit

talco m talcum powder

tale such a; **~i pl** such; **~ e quale** just like; **un ~** someone

talento m talent

talloncino m coupon

tallone m heel

talmente so

talora sometimes

talpa f mole

talvolta sometimes

tamburo m drum

tamponamento m AUTO collision; **~ a catena** multi-vehicle pile-up; **tamponare** *falla* plug; AUTO collide with; **tampone** m MED swab; *per donne* tampon; *per timbri* (ink) pad

tana f den

tandem m inv tandem

tangente f MAT tangent; F (*bustarella*) bribe; **tangenziale** f ring road

tanica f container

tanto 1 agg so much; **~i pl** so many; **~i saluti** best wishes; **~e grazie** thank you so much 2 pron much; **~i pl** many 3 avv (*così*) so; *con verbi* so much; **di ~ in ~** from time to time; **~ quanto** as much as; **è da ~ (tempo) che non lo vedo** I haven't seen him for a long time

tappa f stop; *di viaggio* stage; **tappare** plug; *bottiglia* put the cork in; **tapparella** f rolling shutter

tappeto m carpet

tappezzare (wall)paper; **tappezzeria** f wallpaper; *di sedili* upholstery

tappo m cap, top; *di sughero* cork; *di lavandini, vasche* plug

tarchiato thickset

tardare 1 v/t delay **2** v/i be late; **tardi** late; **più ~** later (on); **al più ~** at the latest; **a più ~!** see you!; **far ~** (*arrivare in ritardo*) be late; (*stare alzato*) stay up late; *in ufficio* work late; **tardo** late

targa f nameplate, AUTO numberplate, *Am* license plate; **targhetta** f tag; *su porta* nameplate

tariffa f rate; *nei trasporti* fare

tarlato worm-eaten

tarlo m woodworm

tarma f (clothes) moth

tartaro m tartar

tartaruga f tortoise; *aquatica* turtle

tartina f canapé

tartufo m truffle

tasca f pocket; **tascabile 1** agg pocket attr **2** m paperback

tassa f tax; **tassametro** m meter; **tassare** tax

tassello m *nel muro* plug

tassista m/f taxi driver, cab driver

tasso m FIN rate; **~ d'interesse** interest rate

tastare feel; *fig* **~ il terreno** see how the land lies

tastiera f keyboard; **tasto** m key

tattica f tactics

tatto m (*senso*) touch; *fig* tact

tatuaggio m tattoo

tavola f table; (*asse*) plank, board; *in libro* plate; **~ calda** snackbar; **mettersi a ~** sit down to eat; **tavoletta** f: **~ di cioccolata** bar of chocolate; **tavolo** m table

taxi m inv taxi, esp Am cab

tazza f cup; **tazzina** f espresso cup

tè m inv tea; **~ freddo** iced tea

te you

teatrale theatre attr, Am theater attr; *fig* theatrical; **rappresentazione** f **~** play; **teatro** m theatre, Am theater; **~ lirico** opera (house)

tecnica f technique; (*tecnologia*) technology; **tecnico 1** agg technical **2** m technician; **tecnologia** f technology; **alta ~** high tech; **tecnologico** technological

tedesco 1 m/agg German **2** m, **-a** f German

tegame m (sauce)pan

teglia f baking tin

tegola f tile

teiera f teapot

tela f cloth; PITT canvas; **~ cerata** oilcloth

telaio m loom; *di automobile*

chassis; *di bicicletta, finestra* frame

telecamera *f* television camera

telecomando *m* remote control

telecomunicazioni *fpl* telecommunications, telecomms

teleferica *f* cableway

telefilm *m inv* television film

telefonare (tele)phone, call (*a qu* s.o.); **telefonata** *f* (tele)phone call; *fare una ~ a qu* phone *o* call s.o.; **telefonico** (tele)phone *attr*; **telefonino** *m* mobile (phone), *Am* cell(ular) phone; **telefono** *m* (tele)phone; *~ a scheda (magnetica)* cardphone; *~ cellulare* mobile phone, *Am* cellular phone

telegiornale *m* news *sg*

telelavoro *m* teleworking

teleobiettivo *m* telephoto lens

telepatia *f* telepathy

teleschermo *m* TV screen

telescopio *m* telescope

telespettatore *m*, **-trice** *f* TV viewer

televisione *f* television, TV; **televisivo** television *attr*, TV *attr*; **televisore** *m* television (set), TV (set)

tema *m* theme, subject

temere be afraid *o* frightened of

temperamatite *m inv* pencil sharpener

temperamento *m* temperament

temperare *acciaio* temper; *matita* sharpen; **temperato** *acciaio* tempered; *clima* temperate

temperatura *f* temperature; *~ ambiente* room temperature

tempesta *f* storm

tempia *f* temple

tempio *m* temple

tempo *m* time; *meteorologico* weather; *~ libero* free time; *a ~ pieno* full-time; *in ~* in time; *un ~* once, long ago; *lavora da molto ~* he has been working for a long time; *fa bel / brutto ~* the weather is lovely / nasty

temporale *m* thunderstorm; **temporaneo** temporary

tenace tenacious

tenaglie *fpl* pincers

tenda *f* curtain; *da campeggio* tent

tendenza *f* tendency; **tendere** **1** *v/t elastico, muscoli* stretch; *corde del violino* tighten; *mano* hold out; *fig: trappola* lay; **2** *v/i: ~ a* (*aspirare a*) aim at; (*essere portati a*) tend to; (*avvicinarsi a*) verge on

tendina *f* net curtain

tendine *m* tendon

tenente *m* lieutenant

tenere *v/t* hold; (*conservare, mantenere*) keep; (*gestire*) run; *conferenza* give; *~ d'oc-*

chio keep an eye on **2** *v/i* hold (on); **~ a** (*dare importanza a*) care about; SP support

tenero *m* tender; *pietra, legno* soft

tenersi (*reggersi*) hold on (**a** to); (*mantenersi*) keep o.s.; **~ in piedi** stand (up)

tengo ☞ **tenere**

tennis *m* tennis; **~ da tavolo** table tennis; **tennista** *m/f* tennis player

tenore *m* MUS tenor

tensione *f* voltage; *fig* tension

tentare try, attempt; (*allettare*) tempt; **tentativo** *m* attempt; **tentazione** *f* temptation

tenuta *f* (*capacità*) capacity; (*resistenza*) stamina; (*divisa*) uniform; (*abbigliamento*) outfit; AGR estate

teologo *m*, **-a** *f* theologian

teorema *m* theorem; **teoria** *f* theory; **teorico** theoretical

tepore *m* warmth

teppista *m/f* hooligan

terapia *f* therapy

tergicristallo *m* AUTO windscreen *o* *Am* windshield wiper

termale thermal; **terme** *fpl* baths

terminal *m inv* AVIA terminal; **terminale** *m/agg* terminal; **terminare** end, terminate; **termine** *m* end; (*confine*) limit; FIN (*scadenza*) deadline; (*parola*) term; **a breve / lungo ~** in the short / long term

termocoperta *f* electric blanket

termometro *m* thermometer

termos *m inv* thermos®

termosifone *m* radiator

termostato *m* thermostat

terra *f* earth; (*regione, proprietà, terreno agricolo*) land; (*superficie del suolo*) ground; (*pavimento*) floor; **a ~** on the ground; AVIA, MAR **scendere a ~** get off; **terracotta** *f* terracotta; **terraferma** *f* dry land, terra firma

terrazza *f*, **terrazzo** *m* balcony, terrace

terremoto *m* earthquake

terreno 1 *agg* earthly; *piano ground*, *Am* first **2** *m* (*superficie*) ground; (*suolo, materiale*) soil; (*appezzamento*) plot of land; *fig* (*settore, tema*) field, area; **terrestre** terrestrial

terribile terrible

terrina *f* bowl

territorio *m* territory

terrore *m* terror; **terrorismo** *m* terrorism; **terrorista** *m/f* terrorist; **terrorizzare** terrorize

terza *f* AUTO third (gear); **terziario** *m* tertiary sector, services; **terzino** *m* SP back; **terzo** third

teschio *m* skull

tesi *f inv:* **~ (di laurea)** thesis

teso 1 *pp* ☞ **tendere 2** *agg* taut; *fig* tense

tesoro *m* treasure; (*tesoreria*)

treasury

tessera f card

tessile 1 agg textile **2 -i** mpl textiles

tessuto m fabric, material

test m inv test

testa f head; **a ~** a head; **essere in ~** lead, be ahead

testamento m will

testardo stubborn

testata f (giornale) newspaper; di letto headboard

teste m/f witness

testicolo m testicle

testimone m/f witness; **testimoniare 1** v/i testify, give evidence **2** v/t fig testify to; DIR **~ il falso** commit perjury

testo m text

tetano m tetanus

tetro gloomy

tetto m roof; **tettoia** f roof

Tevere m Tiber

TG m (= **Telegiornale**) TV news sg

thermos ☞ **termos**

ti you; riflessivo yourself

tibia f shinbone, tibia

tic m inv di orologio tick; MED tic

ticket m inv MED prescription charge

tiene ☞ **tenere**

tiepido lukewarm, tepid

tifo m MED typhus; fig **fare il ~ per** be a fan o supporter of; **tifoso** m, **-a** f fan, supporter

tigre f tiger

timbrare stamp; **timbro** m stamp; MUS timbre; **~ posta-**

le postage stamp

timidezza f shyness, timidity; **timido** shy, timid

timo m BOT thyme

timone m MAR, AVIA rudder

timore m fear

timpano m MUS kettledrum; ANAT eardrum

tingere dye

tinta f (colorante) dye; (colore) colour, Am color; **tintarella** f (sun)tan

tinto pp ☞ **tingere**

tintoria f dry-cleaner's

tintura f dyeing; (colorante) dye; **~ di iodio** iodine

tipico typical

tipo m sort, type; F fig guy

tipografia f printing; stabilimento printer's

tir m heavy goods vehicle, Am truck

tiranno m tyrant

tirare 1 v/t pull; (tendere) stretch; (lanciare) throw; (sparare) fire; (tracciare) draw; **~ fuori** take out; **~ su** da terra pick up; bambino bring up; **~ giù** take down **2** v/i pull; di abito be too tight; di vento blow; (sparare) shoot; **tirarsi: ~ indietro** back off; fig back out; **tiratura** f di libro print run; di giornale circulation

tirchio 1 agg mean **2** m, **-a** f miser, skinflint F

tiro m (lancio) throw; (sparo) shot; **~ con l'arco** archery

tirocinante m/f trainee; **tiro-**

cinio *m* training

tiroide *f* thyroid

tirolese *agg, m/f* Tyrolean, Tyrolese; **Tirolo** *m* Tyrol

tisana *f* herbal tea, tisane

titolare *m/f* owner; **titolo** *m* title; *dei giornali* headline; FIN security; *~ di studio* qualification

titubare hesitate

tizio *m*, *-a f*: **un ~** somebody, some man; **una -a** somebody, some woman

toccare 1 *v/t* touch; (*riguardare*) be about **2** *v/i* happen (*a* to); **tocca a me** it's my turn; **mi tocca partire** I have to go; **tocco** *m* touch

togliere take (away), remove; (*eliminare*) take off; (*revocare*) lift; *dente* take out, extract; *~ di mezzo* get rid of; **togliersi** giacca take off, remove; (*spostarsi*) take o.s. off; *~ dai piedi* get out of the way; **tolgo** ☞ **togliere**

tolto *pp* ☞ **togliere**

tomba *f* grave

tombola *f* bingo

tonaca *f* habit

tonalità *f inv* tonality

tondo round

tonfo *m in acqua* splash

tonificare tone up

tonnellata *f* tonne

tonno *m* tuna

tono *m* tone

tonsille *fpl* ANAT tonsils; **ton-**

sillite *f* tonsillitis

topazio *m* topaz

topo *m* mouse; **Topolino** *m* Mickey Mouse

toppa *f* (*serratura*) keyhole; (*rattoppo*) patch

torace *m* chest

torbido *liquido* cloudy

torcere twist; *biancheria* wring; **torchio** *m* press

torcia *f* torch

torcicollo *m* stiff neck

tordo *m* thrush

torinese of Turin; **Torino** *f* Turin

tormenta *f* snowstorm; **tormentare** torment; **tormentarsi** torment o.s.

tornaconto *m* benefit

tornante *m* hairpin bend

tornare *venire* come back, return; *andare* go back, return; (*quadrare*) balance; *~ utile* prove useful

torneo *m* tournament

tornio *m* lathe

toro *m* bull; ASTR **Toro** Taurus

torre *f* tower

torrefazione *f* roasting

torrente *m* stream

torrido torrid

torrone *m* nougat

torso *m* torso

torsolo *m* core

torta *f* cake; **tortellini** *mpl* tortellini *sg*

torto *m* wrong; **aver ~** be wrong; **a ~** wrongly

tortora *f* turtledove

tortuoso (*sinuoso*) winding;

(ambiguo) devious

tortura f torture; **torturare** torture

tosaerba f o m lawnmower; **tosare** *pecore* shear

Toscana f Tuscany; **toscano** Tuscan

tosse f cough; **aver la ~** have a cough

tossico 1 *agg* toxic **2** *m*, **-a** f F druggie F; **tossicodipendente** *m/f* drug addict; **tossicodipendenza** f drug addiction; **tossicomane** *m/f* drug addict

tossire cough

tostapane *m* toaster; **tostare** *pane* toast; *caffè* roast

totale *m/agg* total; **totalità** f *(interezza)* totality; **nella ~ dei casi** in all cases

totip *m* competition similar to football pools, based on horse racing

totocalcio *m* competition similar to football pools

tovaglia f tablecloth; **tovagliolo** *m* napkin, serviette

tozzo 1 *agg* stocky **2** *m di pane* crust

tra ☞ **fra**

traballare stagger; *di mobile* wobble

traboccare overflow *(anche fig)*

traccia f *(orma)* footprint; *di veicolo* track; *(indizio)* clue; *(segno)* trace; *(abbozzo)* sketch; **tracciare** *linea* draw; *(delineare)* outline; *(abbozza-*

re) sketch

trachea f windpipe

tracolla f *(shoulder)* strap; **a ~** slung over one's shoulder; **borsa** f **a ~** shoulder bag

tradimento *m* betrayal; **tradire** betray; *coniuge* be unfaithful to; **tradirsi** give o.s. away; **traditore 1** *agg* *(infedele)* unfaithful **2** *m*, **-trice** f traitor

tradizionale traditional; **tradizione** f tradition

tradotto *pp* ☞ **tradurre**; **tradurre** translate *(in* into*)*; **traduttore** *m*, **-trice** f translator; **traduzione** f translation

trafficante *m/f spreg* dealer; **~ di droga** drug dealer; **trafficare** deal, trade *(in* in*)*; *spreg* traffic *(in* in*)*; *(armeggiare)* tinker; *(affaccendarsi)* bustle about; **traffico** *m* traffic

traforo *m* tunnel

tragedia f tragedy

traghetto *m* ferry

tragico tragic

tragitto *m* journey

traguardo *m* finishing line

traiettoria f trajectory

trainare *(rimorchiare)* tow; *di animali* pull, draw; **traino** *m* towing; *veicolo* vehicle on tow; **a ~** on tow

tralasciare *(omettere)* omit, leave out; *(interrompere)* interrupt

traliccio *m* EL pylon; TEC trellis

tram *m inv* tram

trama *f fig* plot

tramandare hand down

tramare *fig* plot

trambusto *m* (*confusione*) bustle; (*tumulto*) commotion

tramezzino *m* sandwich

tramite 1 *m* (*collegamento*) link; (*intermediario*) go-between **2** *prp* through

tramontana *f* north wind

tramontare set; **tramonto** *m* sunset; *fig* decline

trampolino *m* diving board; SCI ski jump

tranello *m* trap

tranne except

tranquillante *m* tranquillizer, *Am* tranquilizer; **tranquillità** *f* peacefulness, tranquillity; **tranquillizzare**: ~ *qu* set s.o.'s mind at rest; **tranquillo** calm, peaceful

transatlantico 1 *agg* transatlantic **2** *m* liner

transazione *f* DIR settlement; FIN transaction

transenna *f* barrier

transgenico genetically modified

transitabile strada passable

transitivo GRAM transitive

transito *m* transit; *divieto di* ~ no thoroughfare

trantran *m* F routine

tranviere *m* (*manovratore*) tram driver; (*controllore*) tram conductor

trapanare drill; **trapano** *m* drill

trapezio *m* trapeze; **trapezi-**
sta *m/f* trapeze artist

trapiantare transplant; **trapianto** *m* transplant

trappola *f* trap

trapunta *f* quilt

trarre *conclusioni* draw; *vantaggio* derive

trasalire jump

trasandato scruffy; *lavoro* slipshod

trasbordo *m* transfer

trascinare drag; (*travolgere*) sweep away; *fig* (*entusiasmare*) carry away

trascorrere 1 *v/t* spend **2** *v/i* pass, go by; **trascorso** *pp* ☞ *trascorrere*

trascrivere transcribe

trascurabile unimportant; **trascurare** neglect; (*tralasciare*) ignore; **trascurato** careless, negligent; (*trasandato*) slovenly; (*ignorato*) neglected

trasferibile transferable; **trasferimento** *m* transfer; **trasferire** transfer; **trasferirsi** move; **trasferta** *f* transfer; SP away game

trasformare transform; TEC process; **trasformarsi** change, turn (*in* into); **trasformatore** *m* transformer; **trasformazione** *f* transformation

trasfusione *f* transfusion

trasgredire disobey; **trasgressore** *m* transgressor

traslocare move; **trasloco** *m* move

trasmettere pass on; RAD, TV broadcast, transmit; **trasmissione** *f* transmission; RAD, TV broadcast, transmission; (*programma*) programme, *Am* program

trasparente 1 *agg* transparent **2** *m* transparency

trasportare transport; **trasporto** *m* transport; **-i** *pl* **pubblici** public transport, *Am* mass transit

trasversale 1 *agg* transverse **2** *f* MAT transversal

tratta *f* trade; FIN draft

trattamento *m* treatment; **trattare 1** *v/t* treat; TEC treat, process; FIN deal in; (*negoziare*) negotiate **2** *v/i* deal; ~ **di** be about; **trattarsi:** **di che si tratta?** what's it about?; **trattative** *fpl* negotiations, talks; **trattato** *m* treatise; DIR, POL treaty

trattenere (*far restare*) keep, hold; (*far perder tempo*) hold up; (*frenare*) restrain; *fiato, respiro* hold; *lacrime* hold back; *somma* withhold; **trattenersi** (*rimanere*) stay; (*frenarsi*) restrain o.s.; ~ **dal fare qc** refrain from doing sth; **trattenuta** *f* deduction

trattino *m* dash; *in parole composte* hyphen; **tratto 1** *pp* ☞ **trarre 2** *m* di spazio, tempo stretch; *di penna* stroke; (*linea*) line; **a un** ~, **d'un** ~ all of a sudden; **-i** *pl* (*lineamenti*) features

trattore *m* tractor

trattoria *f* restaurant

trauma *m* trauma; **traumatico** traumatic

travaglio *m* MED labour, *Am* labor

travasare decant

trave *f* beam

traversa *f* crossbeam; **traversare** cross; **traversata** *f* crossing; **traverso:** **andare di** ~ *di cibi* go down the wrong way

travestire disguise; **travestirsi** disguise o.s., dress up (**da** as); **travestito** *m* transvestite

travolgere carry away (*anche fig*); *con un veicolo* run over; **travolto** *pp* ☞ **travolgere**

trazione *f* TEC traction; AUTO ~ **anteriore / posteriore** front- / rear-wheel drive

tre three

treccia *f* plait

trecento 1 *agg* three hundred **2** *m*: **il Trecento** the fourteenth century; **tredicesimo** thirteenth; **tredici** thirteen

tregua *f* truce; *fig* break, let-up

trekking *m* hiking

tremare tremble, shake (**di**, **per** with)

tremendo terrible, tremendous

tremila three thousand

treno *m* train; **in** ~ by train

trenta thirty; **trentenne** *agg*, *m/f* thirty-year-old; **trentesimo** thirtieth; **trentina** *una* ~

tuffo

about thirty

treppiedi *m inv* tripod

triangolare triangular; **triangolo** *m* triangle; AUTO warning triangle

tribù *f inv* tribe

tribuna *f* platform; **tribunale** *m* court

tributo *m* tax; *fig* tribute

tricheco *m* walrus

triciclo *m* tricycle

tricolore *m* Italian flag

triennale *contratto* three-year; *mostra* three-yearly; **triennio** *m* three-year period

trifoglio *m* clover

triglia *f* red mullet

trillo *m* trill

trimestrale quarterly

trincea *f* trench

trio *m* trio

trionfare triumph (**su** over); **trionfo** *m* triumph

triplicare triple; **triplo 1** *agg* triple **2** *m*: **il ~** three times as much (**di** as)

trippa *f* tripe

triste sad; **tristezza** *f* sadness

tritare mince, *Am* ground meat; **tritatutto** *m inv* mincer, *Am* meat grinder

triturare grind

trivella *f* drill

triviale trivial

trofeo *m* trophy

tromba *f* MUS trumpet; **~ d'aria** whirlwind; **~ delle scale** stairwell

trombone *m* trombone

trombosi *f* thrombosis

troncare cut off; *fig* break off

tronco *m* ANAT, BOT trunk; FERR section

trono *m* throne

tropicale tropical; **tropici** *mpl* tropics

troppo 1 *agg* too much; **-i** *pl* too many **2** *avv* too much; *con agg* too; **è ~ tardi** it's too late

trota *f* trout

trottare trot; **trotto** *m* trot

trovare find; *fig* come up with; **andare a ~ qu** (go and) see s.o.; **trovarsi** be; **~ bene** be happy; **trovata** *f* good idea

truccare make up; *motore* soup up F; *partita, elezioni* fix; **truccarsi** put on one's make-up; **trucco** *m* make-up; *(inganno, astuzia)* trick

truffa *f* fraud; **truffare** defraud (**di** of); **truffatore** *m*, **-trice** *f* trickster, con artist F

truppa *f* troops

tu *you*; **dammi del ~** call me 'tu'

tubatura *f*, **tubazione** *f* pipes, piping

tubercolosi *f* tuberculosis

tubetto *m* tube

tubo *m* pipe; *flessibile* hose; AUTO **~ di scappamento** exhaust (pipe)

tuffarsi *(immergersi)* dive; *(buttarsi dentro)* throw o.s. *(anche fig)*; **tuffo** *m* dive; SP dive

tugurio m hovel

tulipano m tulip

tumore m tumour, Am tumor

tumulto m riot

tunica f tunic

Tunisia f Tunisia; **tunisino** 1 agg Tunisian 2 m, -a f Tunisian

tunnel m inv tunnel

tuo 1 agg your; **il ~ amico** your friend; **un ~ amico** a friend of yours **2** pron: **il ~** yours

tuonare thunder; **tuono** m thunder

tuorlo m yolk

turbante m turban

turbare upset, disturb; **turbolenza** f turbulence

turchese m/agg turquoise

Turchia f Turkey; **turco 1** m/agg Turkish **2** m, -a f Turk

turismo m tourism; **turista**

m/f tourist; **turistico** tourist attr

turno m turn; **di lavoro** shift; **a ~ in** turn; **~ di riposo** rest day; **darsi il ~** take turns

tuta f da lavoro overalls; **~ da ginnastica** track suit, Am sweats; **~ da sci** ski suit

tutela f protection; DIR guardianship; **tutelare** protect; **tutore** m, **-trice** f guardian

tuttavia still

tutto 1 agg whole; **-i, -e** pl all; **~ il libro** the whole book; **-i i giorni** every day; **-i e tre** all three; **noi -i** all of us **2** avv all; **era ~ solo** he was all alone; **del ~** quite; **in ~** altogether, in all **3** pron all; **gente** everybody, everyone; **cose** everything

tuttora still

TV f inv TV

U

ubbidiente obedient; **ubbidire** obey

ubriacare: **~ qu** get s.o. drunk; **ubriacarsi** get drunk; **ubriaco 1** agg drunk **2** m, **-a** f drunk

uccello m bird

uccidere kill; **uccidersi** kill o.s.; **ucciso** pp ☞ **uccidere**

udienza f audience; DIR hearing; **udire** hear; **udito** m hearing

Ue f (= **Unione europea**) EU

(= European Union)

ufficiale 1 agg official **2** m official; MIL officer; **ufficio** m office; **~ cambi** bureau de change; **~ postale** post office; **~ turistico** tourist information office; **ufficioso** unofficial

ufo m UFO

uguaglianza f equality; **uguagliare** make equal; (livellare) level; (essere pari a) equal; **uguale** equal; (lo stes-

so) the same; *terreno* level
ulcera *f* ulcer
ulteriore further
ultimamente recently; **ultimare** complete; **ultimatum** *m inv* ultimatum; **ultimo 1** *agg* last; (*più recente*) latest; **~ piano** top floor **2** *m*, -a *f* last; **fino all'~** till the end
ultrasuono *m* ultrasound
ultravioletto ultraviolet
ululare howl
umanità *f* humanity; **umanitario** humanitarian; **umano** human; *trattamento ecc* humane
umidificatore *m* humidifier; **umidità** *f* dampness; *di clima* humidity; **umido 1** *agg* damp **2** *m* dampness; GASTR **in ~** stewed
umile (*modesto*) humble; *mestiere* menial; **umiliante** humiliating; **umiliare** humiliate; **umiliazione** *f* humiliation; **umiltà** *f* humility
umore *m* mood; **di buon ~** in a good mood; **di cattivo ~** in a bad mood
umorismo *m* humour, *Am* humor
un, una ☞ **uno**
unanime unanimous; **unanimità** *f* unanimity; **all'~** unanimously
uncinetto *m* crochet hook; **uncino** *m* hook
undicesimo eleventh; **undici** eleven
ungere grease

ungherese *agg*, *m/f* Hungarian; **Ungheria** *f* Hungary
unghia *f* nail
unico only; (*senza uguali*) unique
unifamiliare: casa *f* **~** detached house
unificazione *f* unification
uniformare standardize; **uniformarsi: ~ a** conform to; *regole* comply with; **uniforme** *f* agg uniform
unione *f* union; *fig* unity; **Unione europea** European Union; **unire** unite; (*congiungere*) join; **unirsi** unite; **unità** *f inv* unit; INFOR **~ disco** disk drive; **~ di misura** unit of measurement; **unito** united
universale universal; **università** *f inv* university; **universitario 1** *agg* university *attr* **2** *m*, -a *f* university student; (*professore*) university lecturer; **universo** *m* universe
uno 1 *art* a; *before a vowel or silent h* an; **un uovo** an egg **2** *agg* a, one **3** *m* one; **~ e mezzo** one and a half **4** *pron* one; **a ~ a ~** one by one; **l'un l'altro** each other, one another
unto 1 *pp* ☞ **ungere 2** *agg* greasy **3** *m* grease
uomo *m* man; **~ d'affari** businessman; **da ~** *abbigliamento ecc* for men, men's
uovo *m* egg; **~ alla coque** soft-boiled egg; **~ di Pasqua** Easter egg; **~ al tegame**

fried egg; **-a** pl **strapazzate** scrambled eggs
uragano m hurricane
uranio m uranium
urbano urban; fig urbane
urgente urgent; **urgenza** f urgency; **in caso d'~** in an emergency
urina f urine
urlare scream; **urlo** m scream
urna f urn; **elettorale** ballot box
urrà! hooray!
urtare bump into; fig offend
urto m bump; (scontro) collision
usa: **~ e getta** disposable, throw-away
usanza f custom, tradition; **usare** 1 v/t use 2 v/i use; (essere di moda) be in fashion; **usato** used; (di seconda mano) second-hand
uscire come out; (andare fuo-

ri) go out; **uscita** f exit, way out; **~ di sicurezza** emergency exit
usignolo m nightingale
uso m use; (abitudine) custom; **fuori ~** out of use; **per ~ esterno** not to be taken internally
ustionarsi burn o.s.; **ustione** f burn
usuale usual
usufruire: **~ di qc** have the use of sth
usuraio m loan shark
utensile m utensil
utente m/f user
utero m womb
utile 1 agg useful 2 m FIN profit; **utilità** f usefulness; utility; **utilitaria** f economy car; **utilizzare** use; **utilizzazione** f use
utopia f utopia
uva f grapes; **~ passa** raisins pl; **~ spina** gooseberry

V

V. (= via) St (= street)
va ☞ **andare**
vacanza f holiday, Am vacation; **andare in ~** go on holiday
vacca f cow
vaccinare vaccinate; **vaccinazione** f vaccination; **vaccino** m vaccine
vado ☞ **andare**
vagabondo 1 agg (girovago) wandering; (fannullone) idle

2 m, **-a** f (giramondo) wanderer; (fannullone) idler, layabout F; (barbone) tramp, Am hobo; **vagare** wander (aimlessly)
vagina f ANAT vagina
vaglia m inv: **~ (postale)** postal order
vago vague
vagone m carriage, car; per merci wagon; **~ letto** sleeper; **~ ristorante** dining car

vai ☞ **andare**

valanga *f* avalanche

valere be worth; (*essere valido*) be valid; **far ~** *diritti, autorità* assert; **valersi: ~ di qc** avail o.s. of sth; **valevole** valid

valgo ☞ **valere**

valico *m* pass

validità *f* validity; **valido** valid; *persona* fit

valigia *f* suitcase; **fare le -e** pack

valle *f* valley

valore *m* value; (*coraggio*) bravery, valour, *Am* valor; **-i** *pl* securities; **di ~** valuable; (*far risaltare*) show off

valorizzare increase the value of; (*far risaltare*) show off

valuta *f* currency; **valutare** value

valvola *f* valve; EL fuse

valzer *m inv* waltz

vandalo *m* vandal

vanga *f* spade

vangelo *m* gospel

vaniglia *f* vanilla

vanità *f* vanity; **vanitoso** vain

vanno ☞ **andare**

vano 1 *agg minacce, promesse* empty; (*inutile*) vain 2 *m* (*spazio vuoto*) hollow; (*stanza*) room

vantaggio *m* advantage; *in gara* lead; **vantaggioso** advantageous

vantarsi boast (*di* about)

vapore *m* vapour, *Am* vapor; MAR steamer; **~ (acqueo)** steam; **vaporetto** *m* water bus; **vaporoso** floaty; (*vago*) woolly, *Am* wooly

variabile 1 *agg* changeable 2 *f* MAT variable; **variare** vary; **variazione** *f* variation

varice *f* varicose vein

varicella *f* chickenpox

varietà 1 *f inv* variety 2 *m inv* variety, *Am* vaudeville; (**spettacolo** *m* **di**) **~** (variety *o Am* vaudeville) show; **vario** varied; **-ri** *pl* various

variopinto multicoloured, *Am* multicolored

vasca *f* (*serbatoio, cisterna*) tank; (*lunghezza di piscina*) length; *di fontana* basin; **~ (da bagno)** bath, (bath)tub

vaselina *f* vaseline

vasellame *m* dishes

vaso *m* pot; ANAT vessel

vassoio *m* tray

vasto vast

V.d.F. (= *vigili del fuoco*) fire brigade, *Am* fire department

ve = **vi** (*before* **lo, la, li, le,** *ne*)

vecchiaia *f* old age; **vecchio** 1 *agg* old 2 *m, -a f* old man; *donna* old woman

vece *f*: **fare le -i di qu** take s.o.'s place

vedere see; **far ~** show

vedovo 1 *agg* widowed 2 *m, -a f* widower; *donna* widow

veduta *f* view (*su* of)

vegetale 1 *agg* vegetable *attr*; *vita* plant 2 *m* vegetable; **vegetariano** 1 *agg* vegetarian *attr* 2 *m, -a f* vegetarian;

vegetazione f vegetation

vegeto vecchio spry; **vivo e ~** hale and hearty

veglia f (l'essere svegli) wakefulness; (il vegliare) vigil

veicolo m vehicle

vela f sail; attività sailing

veleno m poison; di animali venom (anche fig); **velenoso** poisonous; fig venomous

veliero m sailing ship

velina: **carta** f **~** per imballaggio tissue paper

velista m/f sailor

velluto m velvet; **~ a coste** corduroy

velo m veil

veloce fast, quick; **velocemente** quickly; **velocità** f inv speed

vena f vein

vendemmia f (grape) harvest; **vendemmiare** harvest

vendere sell

vendetta f revenge; **vendicare** avenge; **vendicarsi** get one's revenge (**di qu** on s.o.; **di qc** for sth)

vendita f sale; **venditore** m, **-trice** f salesman; donna saleswoman

venerare revere

venerdì m inv Friday; **Venerdì Santo** Good Friday

Venere f Venus

Venezia f Venice; **veneziano 1** agg Venetian **2** m, **-a** f Venetian

vengo ☞ **venire**; venire come; (riuscire) turn out; co-

me ausiliare be; **mi sta venendo fame** I'm getting hungry

ventaglio m fan

ventenne agg, m/f twenty-year-old; **ventesimo** twentieth; **venti** twenty

ventilatore m fan

ventina f: **una ~** about twenty; **ventiquattrore** f inv valigetta overnight bag

vento m wind; **c'è ~** it's windy; **ventoso** windy

ventre m stomach

venuta f arrival; **venuto** pp ☞ **venire**

veramente really

veranda f veranda

verbale 1 agg verbal **2** m record; di riunione minutes

verbo m GRAM verb

verde 1 agg green **2** m green; POL **i -i** pl the Greens

verdetto m verdict

verdura f vegetables

vergine 1 agg virgin attr **2** f virgin; ASTR **Vergine** Virgo

vergogna f shame; (timidezza) shyness; **vergognarsi** be ashamed; (essere timido) be shy; **vergognoso** ashamed; (timido) shy; azione shameful

verifica f check; **verificare** check; **verificarsi** (accadere) occur, take place; (avverarsi) come true

verità f inv truth

verme m worm

vermut m vermouth

vernice *f* paint; *trasparente* varnish; *pelle* patent leather; **~ fresca** wet paint; **verniciare** paint; *con vernice trasparente* varnish

vero 1 *agg* true; (*autentico*) real; **sei contento, ~?** you're happy, aren't you?; **ti piace il gelato, ~?** you like ice cream, don't you? **2** *m* truth

veronese 1 *agg* of Verona **2** *m/f* inhabitant of Verona

verosimile likely

verruca *f* wart

versamento *m* payment

versante *m* slope

versare *vino* pour; *denaro* pay; (*rovesciare*) spill

versione *f* version; (*traduzione*) translation

verso 1 *prp* towards; **andare ~ casa** head for home; **le otto** about eight o'clock **2** *m di poesie* verse

vertebra *f* vertebra; **vertebrale: colonna** *f* **~** spinal column

verticale 1 *agg* vertical **2** *f* vertical (line); *in ginnastica* handstand

vertice *m* summit

vertigine *f* vertigo, dizziness; **ho le ~i** I feel dizzy; **vertiginoso** *altezza* dizzy; *prezzi* sky-high; *velocità* breakneck

verza *f* savoy (cabbage)

vescica *f* ANAT bladder

vescovo *m* bishop

vespa *f* ZO wasp

vestaglia *f* dressing gown, Am robe

veste *f fig* (*capacità, funzione*) capacity; **in ~ ufficiale** in an offical capacity; **vestiario** *m* wardrobe; *(portare)* wear; **vestirsi** get dressed; *in un certo modo* dress; **~ da** (*travestirsi*) dress up as; **vestito** *m* da vestido; *da donna* dress; (*capo di vestiario*) item of clothing, garment; **-i** *pl* clothes; **-i** *pl* **da uomo** menswear

veterinario *m*, **-a** *f* veterinary surgeon, vet F

veto *m* veto; **porre il ~ a** veto

vetrata *f finestra* large window; *porta* glass door; *di chiesa* stained-glass window; **vetrina** *f* (shop) window; *mobile* display cabinet; *di museo, fig* showcase; **vetrinista** *m/f* window dresser; **vetro** *m* glass; *di finestra, porta* pane; **di ~** glass *attr*

vetta *f* top; *di montagna* peak

vettura *f* AUTO car; FERR carriage, car

vi 1 *pron* you; *riflessivo* yourselves; *reciproco* each other **2** *avv* ☞ **ci**

via 1 *f* street, road; *fig* way; **per ~ di** by; (*a causa di*) because of **2** *m* off, starting signal; SP **dare il ~** give the off **3** *avv* away; **andar ~** go away, leave; **e così ~** and so on; **~!** *per scacciare* go away!; (*suvvia*) come on! **4** *prp* via, by way of

viabilità f road conditions; (*rete stradale*) road network; (*traffico stradale*) road traffic

viadotto m viaduct

viaggiare travel; **viaggiatore** m, **-trice** f traveller, *Am* traveler; **viaggio** m journey; **~ di nozze** honeymoon; **~ d'affari** business trip; **~ di studio** study trip; **essere in ~** be away, be travelling

viale m avenue

viavai m inv coming and going

vibrare vibrate; **vibrazione** f vibration

vice m/f inv deputy

vice- prefisso vice-

vicedirettore m assistant manager

vicenda f (*episodio*) event; (*storia*) story; **a ~** (*a turno*) in turn; (*scambievolmente*) each other, one another

viceversa vice versa

vicinanza f nearness, proximity; **-e** pl neighbourhood, *Am* neighborhood, vicinity; **vicinato** m neighbourhood, *Am* neighborhood, (*persone*) neighbours, *Am* neighbors; **vicino 1** agg near, close; **~ a** near, close to; (*accanto a*) next to; **da~** esaminare closely; *visto* close up **2** avv nearby, close by **3** m, **-a** f neighbour, *Am* neighbor

vicolo m lane; **~ cieco** dead end

videata f INFOR display

video m video; F (*schermo*) screen; **videocamera** f videocamera, camcorder; **videocassetta** f video (cassette); **videogioco** m video game; **videoregistratore** m video (recorder); **videoteca** f video library; *negozio* video shop o *Am* store; **videotel** m inv Italian Videotex®; **videotelefono** m videophone

vietare forbid; **~ a qu di fare qc** forbid s.o. to do sth; **vietato** forbidden; **~ fumare** no smoking

vigilanza f vigilance; **sotto ~** under surveillance; **vigile 1** agg watchful **2** m/f: **~** (*urbano*) local police officer; **~ del fuoco** firefighter; **vigilia** f night before, eve; **~ di Natale** Christmas Eve

vigliacco 1 agg cowardly **2** m, **-a** f coward

vigna f (small) vineyard; **vigneto** m vineyard

vignetta f cartoon

vigore m vigour, *Am* vigor

vile agg vile; (*codardo*) cowardly **2** m coward

villa f villa

villaggio m village; **~ turistico** holiday village

villeggiatura f holiday, *Am* vacation

villino m house

vincere 1 win; *avversario* defeat, beat; *difficoltà* overcome **2** v/i win; **vincita** f win; **vincitore** *m*, **-trice** *f* winner

vincolare bind; *capitale* tie up; **vincolo** *m* bond

vino *m* wine; **~ bianco** white wine; **~ rosso** red wine

vinto *pp* ☞ **vincere**

viola 1 *m*/*agg inv* purple **2** *f* MUS viola; BOT violet

violare violate; *legge* break; **violazione** *f* violation; *di leggi, accordi* breach; **~ di domicilio** unlawful entry

violentare rape; **violento** violent; **violenza** *f* violence

violino *m* violin; **violoncello** *m* cello

vipera *f* viper

virgola *f* comma; MAT decimal point

virile manly, virile

virtù *f* *inv* virtue

virus *m* *inv* virus

vischio *m* mistletoe

viscido slimy

viscosa *f* viscose

visibile visible; **visibilità** *f* visibility

visiera *f* di berretto peak; *di casco* visor

visione *f* sight, vision

visita *f* visit; **~ medica** medical (examination); **far ~ a qu** visit s.o.; **visitare** visit; MED examine; **visitatore** *m*, **-trice** *f* visitor

visivo visual

viso *m* face

visone *m* mink

vissuto *pp* ☞ **vivere**

vista *f* sight; (*veduta*) view; *a prima ~* at first sight; **conoscere qu di ~** know s.o. by sight; *fig* **perdere qu di ~** lose touch with s.o.; **visto 1** *pp* ☞ **vedere**; **~ che** seeing that **2** *m* visa; **vistoso** eye-catching

visuale 1 *agg* visual **2** *f* (*veduta*) view

vita *f* life; (*durata della vita*) lifetime; ANAT waist; **vitale** vital; *persona* lively

vitamina *f* vitamin

vite[1] *f* TEC screw

vite[2] *f* AGR vine

vitello *m* calf; GASTR veal

viticoltura *f* vinegrowing

vitreo *fig*: *sguardo* glazed

vittima *f* victim

vitto *m* diet food; **~ e alloggio** bed and board

vittoria *f* victory

viva voce *m* *inv* speakerphone, hands-free phone

vivace lively; *colore* bright

vivaio *m* di pesci tank; *di piante* nursery; *fig* breeding ground

vivanda *f* food

vivente living; **vivere 1** *v*/*i* live (**di** on) **2** *v*/*t* (*passare, provare*) experience; *vita* live, lead; **viveri** *mpl* food (supplies)

vivisezione *f* vivisection

vivo 1 *agg* (*in vita*) alive; (*vivente*) living; *colore* bright; **farsi ~** get in touch; (*arrivare*) turn up **2** *m*: **dal ~** *trasmissione* live; **i ~i** *pl* the living pl

viziare *persona* spoil; **viziato** *persona* spoiled; **aria** *f* **-a** stale air; **vizio** *m* vice; (*cattiva abitudine*) (bad) habit; (*dipendenza*) addiction; **vizioso** *persona* dissolute; **circolo** *m* ~ vicious circle

v.le (= *viale*) St (= street)

vocabolario *m* vocabulary; (*dizionario*) dictionary; **vocabolo** *m* word

vocale 1 *agg* vocal **2** *f* vowel

vocazione *f* vocation

voce *f* voice; *fig* rumour, *Am* rumor; *in dizionario, elenco* entry

voglia *f* (*desiderio*) wish, desire; (*volontà*) will; *sulla pelle* birthmark; **avere** ~ **di fare qc** feel like doing sth; **contro** ~, **di mala** ~ unwillingly; **voglio** ☞ **volere**

voi you; *riflessivo* yourselves; *reciproco* each other

volano *m* shuttlecock

volante 1 *agg* flying **2** *m* AUTO (steering) wheel; **volantino** *m* leaflet; **volare** fly

volentieri willingly; ~**!** with pleasure!

volere 1 *v/t & v/i* want; **vorrei** ... I would *o* I'd like ...; **vorrei partire** I'd like to leave; ~ **dire** mean; **ci vogliono dieci mesi** it takes ten months; **senza** ~ without meaning to **2** *m* will

volgare vulgar

volgere 1 *v/t*: ~ **le spalle** turn

one's back **2** *v/i*: ~ **al termine** draw to a close

volo *m* flight; (*caduta*) fall; ~ **di linea** scheduled flight; *fig* **afferrare qc al** ~ be quick to grasp sth

volontà *f* will; **a** ~ as much as you like; **buona** ~ goodwill; **volontariato** *m* voluntary work; **volontario 1** *agg* voluntary **2** *m*, **-a** *f* volunteer

volpe *f* fox; **femmina** vixen

volt *m inv* volt

volta *f* time; (*turno*) turn; ARCHI wall; **una** ~ once; **due** ~**e** twice; **qualche** ~ sometimes; **poco per** ~ little by little; **un'altra** ~ (*ancora una volta*) one more time; **lo faremo un'altra** we'll do it some other time

voltaggio *m* voltage

voltare turn; ~ **a destra** turn right; **voltarsi** turn (round)

volto[1] *m* face

volto[2] *pp* ☞ **volgere**

volume *m* volume; **voluminoso** bulky

vomitare vomit; **vomito** *m* vomit

vongola *f* ZO, GASTR clam

vortice *m* whirl; *in acqua* whirlpool; *di vento* whirlwind

vostro 1 *agg* your; **i -i amici** your friends **2** *pron*: **il** ~ yours; **questi libri sono -i** these books are yours

votare vote; **votazione** *f* vote; **voto** *m* POL vote; EDU mark,

Am grade; REL vow
v.r. (= *vedi retro*) see over
v.s. (= *vedi sopra*) see above
Vs. (= *vostro*) your
V.U. (= *Vigili Urbani*) police
vulcanico volcanic; **vulcano** *m* volcano
vulnerabile vulnerable

vuole ☞ *volere*
vuotare empty; **vuotarsi** empty; **vuoto 1** *agg* empty; (*non occupato*) vacant **2** *m* (*spazio*) empty space; (*recipiente*) empty; FIS vacuum; *fig* void; **andare a ~** fall through

W

W (= *watt*) W (= watt); (= *viva*) long live
walkman *m inv* Walkman®
watt *m inv* watt
WC *m inv* WC
week-end *m inv* weekend

western *m inv* Western
whisky *m inv* whisky
windsurf *m inv* (*tavola*) sailboard; *attività* windsurfing; **fare ~** go windsurfing

X

X, x *f* x; *raggi mpl* ~ X-rays
xenofobia *f* xenophobia

xilofono *m* xylophone

Y

yacht *m inv* yacht
yoga *m* yoga

yogurt *m inv* yoghurt

Z

zafferano *m* saffron
zaffiro *m* sapphire
zaino *m* rucksack, backpack
zampa *f* ZO (*piede*) paw; *di uccello* claw; (*arto*) leg; GASTR *di maiale* trotter

zampillare gush; **zampillo** *m* spurt
zampone *m* GASTR stuffed pig's trotter
zanzara *f* mosquito; **zanzariera** *f* mosquito net; *su fine-*

stre insect screen
zappa *f* hoe; zappare hoe
zapping *m inv*: fare lo ~ zap,
channel-punch
zattera *f* raft
zebra *f* zebra
zecca[1] *f* ZO tick
zecca[2] *f* Mint
zelo *m* zeal
zenzero *m* ginger
zeppo: pieno ~ crammed (di
with)
zerbino *m* doormat
zero *m* zero; *nel tennis* love;
nel calcio nil; 2 gradi sotto
~ 2 degrees below zero
zigomo *m* cheekbone
zigzag *m inv* zigzag
zimbello *m* decoy; *fig* laughing stock
zinco *m* zinc
zingaro *m*, -a *f* gipsy
zio *m*, -a *f* uncle; *donna*
aunt

zitto quiet; sta ~! be quiet!
zoccolo *m* clog; ZO hoof
zodiacale: segni *mpl* -i signs
of the Zodiac
zolfo *m* sulphur, *Am* sulfur
zona *f* zone, area; ~ disco
short-stay parking area; ~ industriale industrial area; ~
pedonale pedestrian pre-
cinct
zoo *m inv* zoo
zoppicare limp; di mobile
wobble
zoppo lame; (zoppicante)
limping; mobile wobbly
zucca *f* marrow; *fig* F (testa)
nut F
zuccherare sugar; zucchero
m sugar
zucchini *mpl* courgettes, *Am*
zucchini(s)
zuffa *f* scuffle
zuppa *f* soup; ~ inglese trifle
zuppo soaked

English-Italian
Inglese-Italiano

A

a [ə] un *m*, una *f*; *masculine before s + consonant, gn, ps, x, y, z* uno; *feminine before vowel* un'; *five flights ~ day* cinque voli al giorno

aback [ə'bæk]: *taken ~* preso alla sprovvista

abandon [ə'bændən] abbandonare; *scheme* rinunciare a

abate [ə'beɪt] *of storm* calmarsi

abbey ['æbɪ] abbazia *f*

abbreviate [ə'briːvɪeɪt] abbreviare; **abbreviation** abbreviazione *f*

abdicate ['æbdɪkeɪt] abdicare

abdomen ['æbdəmən] addome *m*

abduct [əb'dʌkt] sequestrare

◆ **abide by** [ə'baɪd] attenersi a

ability [ə'bɪlətɪ] abilità *f inv*

ablaze [ə'bleɪz] in fiamme

able ['eɪbl] (*skilful*) capace; *be ~ to do sth* poter fare qc

abnormal [æb'nɔːml] anormale

aboard [ə'bɔːd] **1** *prep* a bordo di **2** *adv* a bordo

abolish [ə'bɒlɪʃ] abolire; **abolition** abolizione *f*

abort [ə'bɔːt] annullare; *program* interrompere; **abortion** aborto *m*; *have an ~* abortire; **abortive** fallito

about [ə'baʊt] **1** *prep* (*concerning*) su; *talk ~ sth* parlare di qc; *be angry ~ sth* essere arrabbiato per qc; *what's it ~?* *of book, film* di cosa parla?; *of complaint, problem* di cosa si tratta? **2** *adv* (*roughly*) intorno a; (*nearly*) quasi; *it's ~ ready* è quasi pronto; *be ~ to ...* (*be going to*) essere sul punto di ...; *be ~* (*somewhere near*) essere nei paraggi; *there are a lot of people ~* c'è un sacco di gente qui

above [ə'bʌv] sopra; *on the floor ~* al piano di sopra; **above-mentioned** suddetto

abrasive [ə'breɪsɪv] *personality* ruvido

abreast [ə'brest] fianco a fianco; *keep ~ of* tenere al corrente di

abridge [ə'brɪdʒ] ridurre

abroad [ə'brɔːd] all'estero

abrupt [ə'brʌpt] brusco

abscess ['æbsɪs] ascesso *m*

absolute ['æbsəlu:t] assoluto; *idiot* totale; **absolutely** (*completely*) assolutamente; *do you agree?* – ~ sei d'accordo? – assolutamente sì; **absolution** REL assoluzione f; **absolve** assolvere

absorb [əb'sɔ:b] assorbire; **absorbent** assorbente; **absorbent cotton** Am cotone m idrofilo; **absorbing** avvincente

abstain [əb'steɪn] *from voting* astenersi; **abstention** *in voting* astensione f

abstract ['æbstrækt] astratto

absurd [əb'sɜ:d] assurdo; **absurdity** assurdità f inv

abundance [ə'bʌndəns] abbondanza f; **abundant** abbondante

abuse[1] [ə'bju:s] n abuso m; (*ill treatment*) maltrattamento m; (*insults*) insulti mpl

abuse[2] [ə'bju:z] v/t abusare di; (*treat badly*) maltrattare; (*insult*) insultare

abusive [ə'bju:sɪv] *language* offensivo; *become* ~ diventare aggressivo

abysmal [ə'bɪzml] F (*very bad*) pessimo

academic [ækə'demɪk] **1** n docente m/f universitario, -a **2** adj accademico; *person* portato per lo studio; **academy** accademia f

accelerate [ək'seləreɪt] accelerare; **acceleration** accelerazione f; **accelerator** acce-

leratore m

accent ['æksənt] accento m; **accentuate** accentuare

accept [ək'sept] accettare; **acceptable** accettabile; **acceptance** accettazione f

access ['ækses] **1** n accesso m **2** v/t accedere a; **accessible** accessibile

accessory [ək'sesərɪ] *for wearing* accessorio m; LAW complice m/f

accident ['æksɪdənt] incidente m; *by* ~ per caso; **accidental** accidentale; **accidentally** accidentalmente

acclimatize [ə'klaɪmətaɪz] acclimatarsi

accommodate [ə'kɒmədeɪt] ospitare; *needs* tenere conto di; **accommodation,** Am **accommodations** sistemazione f

accompaniment [ə'kʌmpənɪmənt] MUS accompagnamento m; **accompany** accompagnare

accomplice [ə'kʌmplɪs] complice m/f

accomplished [ə'kʌmplɪʃt] dotato; **accomplishment** *of task* realizzazione f; (*talent*) talento m; (*achievement*) risultato m

accord [ə'kɔ:d] accordo m; *of his own* ~ di sua spontanea volontà

accordance [ə'kɔ:dəns]: *in* ~ *with* conformemente a

according [ə'kɔ:dɪŋ]: ~ *to* secondo; **accordingly** di conseguenza

accordion [əˈkɔːdɪən] fisarmonica f

account [əˈkaʊnt] *financial* conto m; (*report, description*) resoconto m; **give an ~ of** fare un resoconto di; **on no ~** per nessuna ragione; **on ~ of** a causa di; **take into~** tenere conto di

◆ **account for** (*explain*) giustificare; (*make up*) ammontare a

accountable [əˈkaʊntəbl] responsabile; **accountant** contabile m/f; *running own business* commercialista m/f; **account number** numero m di conto; **accounts** contabilità f

accumulate [əˈkjuːmjʊleɪt] **1** v/t accumulare **2** v/i accumularsi; **accumulation** accumulazione f

accuracy [ˈækjʊrəsɪ] precisione f; **accurate** preciso; **accurately** con precisione

accusation [ækjʊˈzeɪʃn] accusa f; **accuse:** **~ s.o. of sth** accusare qn di qc; **LAW accusato** m, -a f; **accusing** accusatorio

accustom [əˈkʌstəm]: **get ~ed to** abituarsi a

ace [eɪs] *in cards* asso m; (*in tennis: shot*) ace m *inv*

ache [eɪk] **1** n dolore m **2** v/i fare male

achieve [əˈtʃiːv] realizzare;

success ottenere; **achievement of** *ambition* realizzazione f; (*thing achieved*) successo m

acid [ˈæsɪd] acido m

acknowledge [əkˈnɒlɪdʒ] riconoscere; ~ *receipt of* accusare ricezione di; **acknowledg(e)ment** riconoscimento m; (*letter*) lettera f di accusata ricezione

acorn [ˈeɪkɔːn] ghianda f

acoustics [əˈkuːstɪks] acustica f

acquaint [əˈkweɪnt]: **be ~ed with** *fml* conoscere; **acquaintance** *person* conoscenza f

acquire [əˈkwaɪə(r)] acquisire; **acquisition** acquisizione f

acquit [əˈkwɪt] LAW assolvere; **acquittal** LAW assoluzione f

acre [ˈeɪkə(r)] acro m (4.047m²)

acrobat [ˈækrəbæt] acrobata m/f

across [əˈkrɒs] **1** prep on other side of dall'altro lato di; *walk* ~ *the street* attraversare la strada; *a bridge* ~ *the river* un ponte sul fiume; ~ *Europe* all over in tutta Europa **2** adv to other side dall'altro lato; *10 m* ~ largo 10 m; *swim* ~ attraversare a nuoto

act [ækt] **1** v/i agire; THEA recitare **2** n (*deed*) atto m; *of play* atto m; *in variety show* numero m; (*pretence*) finta *f*; *(law)* atto *m*

action ['ækʃn] azione *f*; **take ~**
agire; **action replay** TV replay *m inv*

active ['æktɪv] attivo; **activist**
POL attivista *m/f*; **activity** attività *f inv*

actor ['æktə(r)] attore *m*; **actress** attrice *f*

actual ['æktʃʊəl] reale; *cost* effettivo; **actually** in realtà; *expressing surprise* veramente; *stressing the converse* a dire il vero

acute [ə'kjuːt] acuto

ad [æd] ☞ **advertisement**

AD [eɪ'diː] (= **anno domini**)
d.C. (= **dopo Cristo**)

adamant ['ædəmənt] categorico

adapt [ə'dæpt] **1** *v/t* adattare **2** *v/i* of person adattarsi; **adaptability** adattabilità *f*; **adaptable** adattabile; **adaptation** of play etc adattamento *m*; **adapter** electrical adattatore *m*

add [æd] **1** *v/t* aggiungere; MATH addizionare **2** *v/i* of person fare le somme
♦ **add on** *v/t* aggiungere
♦ **add up 1** *v/t* sommare **2** *v/i* fig quadrare

addict ['ædɪkt] to football, chess maniaco *m*, -a *f*; **drug ~** tossicomane *m/f*, **TV ~** teledipendente *m/f*; **addicted** dipendente; **be ~ to** drugs, alcohol essere dedito a; **addiction** dipendenza *f*; **addic-**

tive: **be ~** provocare dipendenza

addition [ə'dɪʃn] MATH addizione *f*; to list, company etc aggiunta *f*; **in ~ to** in aggiunta a; **additional** aggiuntivo; **additive** additivo *m*; **add-on** complemento *m*

address [ə'dres] **1** *n* indirizzo *m* **2** *v/t* letter indirizzare; audience tenere un discorso a; **address book** indirizzario *m*; **addressee** destinatario *m*, -a *f*

adequate ['ædɪkwət] adeguato; **adequately** adeguatamente

♦ **adhere to** [əd'hɪə(r)] surface aderire a; rules attenersi a

adhesive [əd'hiːsɪv] adesivo *m*

adjacent [ə'dʒeɪsnt] adiacente

adjective ['ædʒɪktɪv] aggettivo *m*

adjoining [ə'dʒɔɪnɪŋ] adiacente

adjourn [ə'dʒɜːn] aggiornare; **adjournment** aggiornamento *m*

adjust [ə'dʒʌst] **1** *v/t* regolare **2** *v/i* adattarsi a; **adjustable** regolabile; **adjustment** regolazione *f*; psychological adattamento *m*

ad lib [æd'lɪb] **1** *adj* a braccio F **2** *v/i* improvvisare

administer [əd'mɪnɪstə(r)] country governare; **adminis-**

tration amministrazione *f*; (*government*) governo *m*; **administrative** amministrativo; **administrator** amministratore *m*, -trice *f*

admirable ['ædmɪrəbl] ammirevole

admiral ['ædmərəl] ammiraglio *m*

admiration [ædmə'reɪʃn] ammirazione *f*; **admire** ammirare; **admirer** ammiratore *m*, -trice *f*; **admiring** ammirativo; **admiringly** con ammirazione

admissible [əd'mɪsəbl] ammissibile; **admission** (*confession*) ammissione *f*; ~ *free* entrata *f* libera; **admit** ammettere; *to a place* lasciare entrare; *to school, club* etc ammettere; *to hospital* ricoverare; **admittance**: *no* ~ vietato l'accesso

adolescence [ædə'lesns] adolescenza *f*; **adolescent** **1** *n* adolescente *m/f* **2** *adj* adolescenziale

adopt [ə'dɒpt] adottare; **adoption** adozione *f*

adorable [ə'dɔːrəbl] adorabile; **adoration** adorazione *f*; **adore** adorare

adrenalin [ə'drenəlɪn] adrenalina *f*

adrift [ə'drɪft] alla deriva; *fig* sbandato

adult ['ædʌlt] **1** *n* adulto *m*, -a *f* **2** *adj* adulto; **adultery** adulterio *m*

advance [əd'vɑːns] **1** *n* (*money*) anticipo *m*; *in science* etc progresso *m*; MIL avanzata *f*; *in* ~ in anticipo; *make* ~*s* (*progress*) fare progressi; *sexually* fare delle avances **2** *v/i* MIL avanzare; (*make progress*) fare progressi **3** *v/t theory* avanzare; *money* anticipare; *knowledge, cause* fare progredire; **advanced** avanzato; *learner* di livello avanzato

advantage [əd'vɑːntɪdʒ] vantaggio *m*; *take* ~ *of opportunity* approfittare di; **advantageous** vantaggioso

adventure [əd'ventʃə(r)] avventura *f*; **adventurous** avventuroso

adverb ['ædvɜːb] avverbio *m*

adversary ['ædvəsərɪ] avversario *m*, -a *f*

adverse ['ædvɜːs] avverso

advertise ['ædvətaɪz] **1** *v/t job* mettere un annuncio per; *product* reclamizzare **2** *v/i for job* mettere un annuncio; *for product* fare pubblicità; **advertisement** annuncio *m*; *for product* pubblicità *f inv*; **advertiser** *in newspaper* etc inserzionista *m/f*; **advertising** pubblicità *f*; **advertising agency** agenzia *f* pubblicitaria; **advertising campaign** campagna *f* pubblicitaria

advice [əd'vaɪs] consigli *mpl*; *a bit of* ~ un consiglio;

advisable consigliabile; **advise** *person* consigliare a

advocate ['ædvəkeɪt] propugnare

aerial ['eərɪəl] antenna *f*; **aerial photograph** fotografia *f* aerea

aerobics [eə'rəubɪks] aerobica *f*

aerodynamic [eərəudaɪ'næmɪk] aerodinamico

aeronautical [eərəu'nɔːtɪkl] aeronautico

aeroplane ['eərəpleɪn] aeroplano *m*

aerosol ['eərəsɒl] spray *m inv*

aesthetic [iːs'θetɪk] estetico

affair [ə'feə(r)] (*matter*) affare *m*; (*love*) relazione *f*

affect [ə'fekt] *v/t* colpire; (*influence*) influire su; (*concern*) riguardare

affection [ə'fekʃn] affetto *m*; **affectionate** affettuoso; **affectionately** affettuosamente

affirmative [ə'fɜːmətɪv] affermativo

affluence ['æfluəns] benessere *m*; **affluent** benestante

afford [ə'fɔːd]: **be able to ~ sth** potersi permettere qc; **affordable** abbordabile

afloat [ə'fləut] *boat* a galla

afraid [ə'freɪd]: **be ~** avere paura (**of** di); **I'm ~** *expressing regret* sono spiacente

afresh [ə'freʃ] da capo

Africa ['æfrɪkə] Africa *f*; **African 1** *n* africano *m*, -a *f* **2** *adj*

africano; **African-American 1** *n* afroamericano *m*, -a *f* **2** *adj* afroamericano

after ['ɑːftə(r)] **1** *prep* dopo; **~ her** / **me** dopo di lei / me; **~ all** dopo tutto; **~ that** dopo; **the day ~ tomorrow** dopodomani **2** *adv* dopo; **the day ~** il giorno dopo **3** *conj*: **after I left, I saw** ... dopo essere uscito ho visto ...; **after I left, she saw** ... dopo che io sono uscito, lei ha visto ...; **aftermath: the ~ of war** il dopoguerra; **in the ~ of** nel periodo immediatamente successivo a; **afternoon** pomeriggio *m*; **this ~** oggi pomeriggio; **good ~** buon giorno; **after sales service** servizio *m* dopovendita; **aftershave** dopobarba *m inv*; **afterwards** dopo

again [ə'geɪn] di nuovo; **I never saw him ~** non l'ho mai più visto

against [ə'geɪnst] contro

age [eɪdʒ] **1** *n* (*also era*) età *f inv*; **five years of ~** ha cinque anni; **I've been waiting for ~s** F ho aspettato un secolo F **2** *v/i* invecchiare; **aged: a boy ~ 16** un ragazzo di 16 anni; **he was ~ 16** aveva 16 anni; **age group** fascia *f* d'età; **age limit** limite *m* d'età

agency ['eɪdʒənsɪ] agenzia *f*

agenda [ə'dʒendə] ordine *m* del giorno

agent ['eɪdʒənt] agente *m/f*

aggravate ['ægrəveɪt] aggravare; (*annoy*) seccare

aggression [ə'greʃn] aggressione *f*; **aggressive** aggressivo; **aggressively** con aggressività

aghast [ə'gɑːst] inorridito

agile ['ædʒaɪl] agile; **agility** agilità *f*

agitated ['ædʒɪteɪtɪd] agitato; **agitation** agitazione *f*; **agitator** agitatore *m*, -trice *f*

agnostic [æg'nɒstɪk] agnostico *m*, -a *f*

ago [ə'gəʊ]: **2 days ~** due giorni fa; **long ~** molto tempo fa

agonize ['ægənaɪz] angosciarsi (**over** per); **agonizing** angosciante; **agony** agonia *f*; *mental* angoscia *f*

agree [ə'griː] **1** *v/i* essere d'accordo; *of figures* quadrare; (*reach agreement*) mettersi d'accordo; **I ~** sono d'accordo **2** *v/t price* concordare; **agreeable** (*pleasant*) piacevole; **agreement** accordo *m*

agricultural [ægrɪ'kʌltʃərəl] agricolo; **agriculture** agricoltura *f*

ahead [ə'hed] davanti; (*in advance*) avanti; **be ~ of** essere davanti a; *plan ~* programmare per tempo

aid [eɪd] **1** *n* aiuto *m* **2** *v/t* aiutare

aide [eɪd] assistente *m/f*

Aids [eɪdz] Aids *m*

ailing ['eɪlɪŋ] *economy* malato

ailment ['eɪlmənt] disturbo *m*

aim [eɪm] **1** *n* (*objective*) obiettivo *m* **2** *v/i in shooting* mirare; **~ to do sth** aspirare a fare qc **3** *v/t*: **be ~ed at** *of remark etc* essere rivolto a; *of guns* essere puntato contro; **aimless** senza obiettivi; *wandering* senza meta

air [eə(r)] **1** *n* aria *f*; **by ~** *travel* in aereo; *send mail* per via aerea; **in the open ~** all'aperto; **on the ~** RAD, TV in onda **2** *v/t room* arieggiare; *views* rendere noto; **airbag** airbag *m inv*; **air-conditioned** con aria condizionata; **air-conditioning** aria *f* condizionata; **aircraft** aereo *m*; **aircraft carrier** portaerei *f inv*; **air fare** tariffa *f* aerea; **air force** aeronautica *f* militare; **air hostess** hostess *f inv*; **airline** compagnia *f* aerea; **airliner** aereo *m* di linea; **airmail**: **by ~** per via aerea; **airplane** *Am* aeroplano *m*; **airport** aeroporto *m*; **air rage** comportamento *di estrema irascibilità dei passeggeri di un aereo*; **air terminal** terminal *m*; **air-traffic control** controllo *m* del traffico aereo; **air-traffic controller** controllore *m* di volo

aisle [aɪl] corridoio *m*; *in supermarket* corsia *f*; *in church* navata *f* laterale

ajar [ə'dʒɑː(r)]: **be ~** essere socchiuso

alarm [əˈlɑːm] **1** *n* allarme *m* **2** *v/t* allarmare; **alarm clock** sveglia *f*; **alarming** allarmante; **alarmingly** in modo allarmante

Albania [ælˈbeɪnɪə] Albania *f*; **Albanian 1** *adj* albanese **2** *n* albanese *m/f*; *language* albanese *m*

album [ˈælbəm] album *m inv*

alcohol [ˈælkəhɒl] alcol *m*; **alcoholic 1** *n* alcolizzato *m*, -a *f* **2** *adj* alcolico

alert [əˈlɜːt] **1** *n* (*signal*) allarme *m* **2** *v/t* mettere in guardia **3** *adj* all'erta *inv*

A-level [ˈeɪlevl] *diploma di scuola media superiore in Gran Bretagna che permette di accedere all'università*

alibi [ˈælɪbaɪ] alibi *m inv*

alien [ˈeɪlɪən] **1** *n* straniero *m*, -a *f*; *from space* alieno *m*, -a *f* **2** *adj* estraneo; **alienate** alienarsi

align [əˈlaɪn] allineare

alike [əˈlaɪk] **1** *adj* simile; **be ~** assomigliarsi **2** *adv*: **old and young ~** vecchi e giovani allo stesso tempo

alimony [ˈælɪmənɪ] alimenti *mpl*

alive [əˈlaɪv]: **be ~** essere vivo

all [ɔːl] **1** *adj* tutto; (*any whatever*) qualsiasi; **~ day** tutto il giorno; **beyond ~ doubt** al di là di qualsiasi dubbio **2** *pron* tutto; **~ of us / them** tutti noi / loro; **he ate ~ of it** lo ha mangiato tutto; **for**

~ I know per quel che ne so; **~ at once** tutto in una volta; (*suddenly*) tutt'a un tratto; **~ but** (*nearly*) quasi; **~ but John agreed** (*except*) erano tutti d'accordo tranne John; **~ the better** molto meglio; **they're not at ~ alike** non si assomigliano affatto; **not at ~!** niente affatto!; **two ~** SP due pari; **~ right** *alright*

allegation [ælɪˈgeɪʃn] accusa *f*; **allege** dichiarare; **alleged** presunto; **allegedly** a quanto si suppone

allegiance [əˈliːdʒəns] fedeltà *f inv*

allergic [əˈlɜːdʒɪk] allergico (**to** a); **allergy** allergia *f*

alleviate [əˈliːvɪeɪt] alleviare

alley [ˈælɪ] vicolo *m*

alliance [əˈlaɪəns] alleanza *f*

allocate [ˈæləkeɪt] assegnare; **allocation** assegnazione *f*; (*amount*) parte *f*

allot [əˈlɒt] assegnare

allow [əˈlaʊ] permettere; (*calculate for*) calcolare; **it's not ~ed** è vietato

♦ **allow for** tener conto di

allowance [əˈlaʊəns] (*money*) sussidio *m*; (*pocket money*) paghetta *f*

alloy [ˈælɔɪ] lega *m*

all-purpose multiuso *inv*; **all-round** generale; *person* eclettico; **all-time**: **be at an ~ low** aver raggiunto il minimo storico

◆ **allude to** [ə'luːd] alludere a

alluring [ə'lʊrɪŋ] attraente

'all-wheel drive quattro per quattro *m inv*

ally ['ælaɪ] alleato *m*, -a *f*

almond ['ɑːmənd] mandorla *f*

almost ['ɔːlməʊst] quasi

alone [ə'ləʊn] solo

along [ə'lɒŋ] **1** *prep* lungo; *walk ~ the street* camminare lungo la strada **2** *adv*: *~ with* insieme con; *all ~* (*all the time*) per tutto il tempo; **alongside** di fianco a; *person* al fianco di

aloof [ə'luːf] in disparte

aloud [ə'laʊd] ad alta voce

alphabet ['ælfəbet] alfabeto *m*; **alphabetical** alfabetico

alpine ['ælpaɪn] alpino; **Alps** Alpi *fpl*

already [ɔːl'redɪ] già

alright [ɔːl'raɪt]: *I'm ~* (*not hurt*) sto bene; (*have got enough*) va bene così; *is the monitor ~?* (*in working order*) funziona il monitor?; *is it ~ with you if I ...?* ti va bene se ...?; *~, you can have one!* va bene, puoi averne uno!; *that's ~* (*don't mention it*) non c'è di che; (*I don't mind*) non fa niente; *~, that's enough!* basta così!

Alsatian [æl'seɪʃn] pastore *m* tedesco

also ['ɔːlsəʊ] anche

altar ['ɔːltə(r)] altare *m*

alter ['ɒltə(r)] modificare; *clothes* aggiustare; **altera-**

tion modifica *f*

alternate 1 ['ɒltəneɪt] *v/i* alternare **2** ['ɒltənət] *adj* alternato; *on ~ Mondays* un lunedì su due; **alternative 1** *n* alternativa *f* **2** *adj* alternativo; **alternatively** alternativamente

although [ɔːl'ðəʊ] benché (+ *subj*), sebbene (+ *subj*)

altitude ['æltɪtjuːd] altitudine *f*

altogether [ɔːltə'geðə(r)] (*completely*) completamente; (*in all*) complessivamente

altruism ['æltruːɪzm] altruismo *m*; **altruistic** altruistico

aluminium [æljʊ'mɪnɪəm], *Am* **aluminum** [ə'luːmɪnəm] alluminio *m*

always ['ɔːlweɪz] sempre

a.m. [eɪ'em] (= *ante meridiem*) di mattina

amass [ə'mæs] accumulare

amateur ['æmətə(r)] *n* (*unskilled*) dilettante *m/f*; SP non professionista *m/f*; **amateurish** *pej* dilettantesco

amaze [ə'meɪz] stupire; **amazed** stupito; **amazement** stupore *m*; **amazing** sorprendente; F (*good*) incredibile; **amazingly** incredibilmente

ambassador [æm'bæsədə(r)] ambasciatore *m*, -trice *f*

amber ['æmbə(r)] *n* ambra *f*; *at ~* giallo

ambience ['æmbɪəns] atmosfera *f*

ambiguity [æmbɪ'gjuːətɪ] ambiguità *f inv*; **ambiguous** ambiguo

ambition [æm'bɪʃn] ambizione *f*; **ambitious** ambizioso

ambivalent [æm'bɪvələnt] ambiguo

amble ['æmbl] camminare con calma

ambulance ['æmbjʊləns] ambulanza *f*

ambush ['æmbʊʃ] **1** *n* agguato *m* **2** *v/t* tendere un agguato a

amend [ə'mend] emendare; **amendment** emendamento *m*; **amends: make~** fare ammenda

amenities [ə'miːnətɪz] comodità *fpl*

America [ə'merɪkə] America *f*; **American 1** *n* americano *m*, -a *f* **2** *adj* americano

amicable ['æmɪkəbl] amichevole; **amicably** amichevolmente

ammunition [æmjʊ'nɪʃn] munizioni *fpl*

amnesia [æm'niːzɪə] amnesia *f*

amnesty ['æmnəstɪ] amnistia *f*

among(st) [ə'mʌŋ(st)] tra

amoral [eɪ'mɒrəl] amorale

amount [ə'maʊnt] quantità *f inv*; (*sum of money*) importo *m*

◆ **amount to** ammontare a; (*be equal to*) equivalere a

amphibian [æm'fɪbɪən] anfi-

bio *m*

ample ['æmpl] abbondante

amplifier ['æmplɪfaɪə(r)] amplificatore *m*; **amplify** *sound* amplificare

amputate ['æmpjʊteɪt] amputare; **amputation** amputazione *f*

amuse [ə'mjuːz] (*make laugh etc*) divertire; (*entertain*) intrattenere; **amusement** (*merriment*) divertimento *m*; (*entertainment*) intrattenimento *m*; **amusement park** parco *m* giochi; **amusing** divertente

an [æn] ☞ **a**

anaemia [ə'niːmɪə] anemia *f*; **anaemic** anemico

anaesthetic [ænəs'θetɪk] anestetico *m*

analog ['ænəlɒg] COMPUT analogico; **analogy** analogia *f*

analyse, *Am* **analyze** ['ænəlaɪz] analizzare; (*psychoanalyse*) psicanalizzare; **analysis** analisi *f inv*; **analyst** PSYCH analista *m/f*; **analytical** analitico

anarchy ['ænəkɪ] anarchia *f*

ancestor ['ænsestə(r)] antenato *m*, -a *f*

anchor ['æŋkə(r)] **1** *n* NAUT ancora *f* **2** *v/i* NAUT gettare l'ancora; **anchorman** conduttore *m*; **anchorwoman** conduttrice *f*

ancient ['eɪnʃənt] antico

and [ænd] e

anemia *Am* ☞ **anaemia**

anesthetic *Am* ☞ **anaesthetic**

angel ['eɪndʒl] angelo *m*

anger ['æŋgə(r)] **1** *n* rabbia *f* **2** *v/t* fare arrabbiare

angle ['æŋgl] *n* angolo *m*; (*position*, *fig*) angolazione *f*

angry ['æŋgrɪ] arrabbiato

animal ['ænɪml] animale *m*

animated ['ænɪmeɪtɪd] animato; **animated cartoon** cartone *m* animato; **animation** animazione *f*

animosity [ænɪ'mɒsətɪ] animosità *f inv*

ankle ['æŋkl] caviglia *f*

annexe, *Am* **annex** [ə'neks] *state* annettere

annihilate [ə'naɪəleɪt] annientare; **annihilation** annientamento *m*

anniversary [ænɪ'vɜːsərɪ] anniversario *m*

announce [ə'naʊns] annunciare; **announcement** annuncio *m*; **announcer** TV, RAD annunciatore *m*, -trice *f*

annoy [ə'nɔɪ] infastidire; **annoyance** (*anger*) irritazione *f*; (*nuisance*) fastidio *m*; **annoying** irritante

annual ['ænjʊəl] annuale

annul [ə'nʌl] annullare; **annulment** annullamento *m*

anonymous [ə'nɒnɪməs] anonimo

anorak ['ænəræk] giacca *f* a vento

anorexia [ænə'reksɪə] anores-

sia *f*

another [ə'nʌðə(r)] **1** *adj* un altro *m*, un'altra *f* **2** *pron* un altro *m*, un'altra *f*; **one ~** l'un l'altro; **do they know one ~?** si conoscono?

answer ['ɑːnsə(r)] **1** *n* risposta *f* **2** *v/t* rispondere a; **~ the door** aprire la porta; **answering machine**, **answerphone** segreteria *f* telefonica

ant [ænt] formica *f*

antagonism [æn'tægənɪzm] antagonismo *m*; **antagonistic** ostile; **antagonize** contrariare

Antarctic [æn'tɑːktɪk] Antartico *m*

antenatal [æntɪ'neɪtl]: **~ classes** corso *m* di preparazione al parto; **~ clinic** clinica *f* per gestanti

antenna [æn'tenə] antenna *f*

antibiotic [æntɪbaɪ'ɒtɪk] antibiotico *m*

anticipate [æn'tɪsɪpeɪt] prevedere; **anticipation** previsione *f*

anticlockwise ['æntɪklɒkwaɪz] **1** *adj* antiorario **2** *adv* in senso antiorario

antics ['æntɪks] buffonate *fpl*

antidote ['æntɪdəʊt] antidoto *m*

antifreeze ['æntɪfriːz] antigelo *m inv*

anti-globalist [æntɪ'gləʊbəlɪst] no-global *m/f inv*

antipathy [æn'tɪpəθɪ] antipatia *f*

antiquated ['æntɪkweɪtɪd] antiquato

antique [æn'tiːk] *n* pezzo *m* d'antiquariato

antiseptic [æntɪ'septɪk] **1** *adj* antisettico **2** *n* antisettico *m*

antisocial [æntɪ'səʊʃl] asociale

antivirus program [æntɪ'vaɪrəs] COMPUT programma *m* antivirus

anxiety [æŋ'zaɪətɪ] ansia *f*; **anxious** ansioso

any ['enɪ] **1** *adj* qualche; *are there ~ glasses?* ci sono dei bicchieri?; *is there ~ bread?* c'è del pane?; *is there ~ improvement?* c'è qualche miglioramento?; *there isn't ~ bread* non c'è pane; *take ~ one you like* prendi quello che vuoi **2** *pron*: *do you have ~?* ne hai?; *there aren't ~ left* non ce ne sono più; *there isn't ~ left* non ce n'è più; *~ of them could be guilty* chiunque di loro potrebbe essere colpevole **3** *adv* un po'; *is that ~ easier?* è un po più facile?

anybody ['enɪbɒdɪ] qualcuno; *with negative* nessuno; *(whoever)* chiunque; *there wasn't ~ there* non c'era nessuno; *~ could do it* lo potrebbe fare chiunque

anyhow ['enɪhaʊ] comunque

anyone ['enɪwʌn] ☞ *any-*

body

anything ['enɪθɪŋ] qualcosa; *with negatives* niente, nulla; *I didn't hear ~* non ho sentito niente *or* nulla; *~ but* per niente

anyway ['enɪweɪ] ☞ *anyhow*

anywhere ['enɪweə(r)] da qualche parte; *with negative* da nessuna parte; *(wherever)* dovunque; *I can't find it ~* non riesco a trovarlo da nessuna parte

apart [ə'pɑːt] *in distance* distante; *~ from (excepting)* a parte; *(in addition to)* oltre

apartment [ə'pɑːtmənt] appartamento *m*; **apartment block** *Am* palazzo *m* (d'appartamenti)

ape [eɪp] scimmia *f*

Apennines ['æpənaɪnz] Appennini *mpl*

aperitif [ə'perɪtiːf] aperitivo *m*

apologize [ə'pɒlədʒaɪz] scusarsi *(to s.o.* con qu); **apology** scusa *f*

apostrophe [ə'pɒstrəfɪ] GRAM apostrofo *m*

appalling [ə'pɔːlɪŋ] sconvolgente

apparatus [æpə'reɪtəs] apparecchio *m*

apparent [ə'pærənt] evidente; *(seeming)* apparente; **apparently** apparentemente

appeal [ə'piːl] *(charm)* attrativa *f*; *for funds etc*, LAW appello *m*

◆ **appeal for** fare un appello per

◆ **appeal to** (*be attractive to*) attirare

appealing [ə'piːlɪŋ] *idea, offer* allettante

appear [ə'pɪə(r)] apparire; *in court* comparire; **it ~s that ...** sembra che ...; **appearance** apparizione *f, in court* comparizione *f;* (*look*) aspetto *m*

appendicitis [əpendɪ'saɪtɪs] appendicite *f;* **appendix** MED, *of book etc* appendice *f*

appetite ['æpɪtaɪt] appetito *m;* **appetizer** *food* stuzzichino *m; drink* aperitivo *m;* **appetizing** appetitoso

applaud [ə'plɔːd] applaudire; **applause** applauso *m;* (*praise*) approvazione *f*

apple ['æpl] mela *f;* **apple pie** torta *f* di mele

appliance [ə'plaɪəns] apparecchio *m; household* elettrodomestico *m*

applicable [ə'plɪkəbl] applicabile; **applicant** candidato *m, -a f;* **application** *for job etc* candidatura *f; for passport* domanda *f; for university* domanda *f* di iscrizione

apply [ə'plaɪ] **1** *v/t* applicare **2** *v/i of rule* applicarsi

◆ **apply for** *job, passport* fare domanda per; *university* fare domanda di iscrizione a

◆ **apply to** (*contact*) rivolgersi a; (*affect*) applicarsi a

appoint [ə'pɔɪnt] *to position* nominare; **appointment** *to position* nomina *f;* (*meeting*) appuntamento *m*

appraisal [ə'preɪz(ə)l] valutazione *f*

appreciable [ə'priːʃəbl] notevole; **appreciate 1** *v/t* apprezzare; (*acknowledge*) rendersi conto di **2** *v/i* FIN rivalutarsi; **appreciative** (*showing gratitude*) riconoscente; (*showing pleasure*) soddisfatto

apprehensive [æprɪ'hensɪv] apprensivo

approach [ə'prəʊtʃ] **1** *n* avvicinamento *m;* (*proposal*) contatto *m; to problem* approccio *m* **2** *v/t* (*get near to*) avvicinarsi a; (*contact*) contattare; *problem* abbordare; **approachable** abbordabile

appropriate [ə'prəʊprɪət] appropriato

approval [ə'pruːvl] approvazione *f;* **approve** approvare

◆ **approve of** approvare

approximate [ə'prɒksɪmət] approssimativo; **approximately** approssimativamente

apricot ['eɪprɪkɒt] albicocca *f*

April ['eɪprəl] aprile *m*

apt [æpt] *remark* appropriato; **aptitude** attitudine *f*

aqualung ['ækwəlʌŋ] autorespiratore *m*

aquarium [ə'kweərɪəm] acquario *m*

Aquarius [əˈkweərɪəs] ASTR Acquario *m*

Arab [ˈærəb] **1** *n* arabo *m*, -a *f* **2** *adj* arabo; **Arabic 1** *n* arabo *m* **2** *adj* arabo

arbitrary [ˈɑːbɪtrərɪ] arbitrario

arbitrate [ˈɑːbɪtreɪt] arbitrare; **arbitration** arbitrato *m*

arch [ɑːtʃ] arco *m*

archaeological [ɑːkɪəˈlɒdʒɪkl] archeologico; **archaeologist** archeologo *m*, -a *f*; **archaeology** archeologia *f*

archaic [ɑːˈkeɪɪk] arcaico

archbishop [ɑːtʃˈbɪʃəp] arcivescovo *m*

archeology *Am* ☞ **archaeology**

architect [ˈɑːkɪtekt] architetto *m*; **architectural** architettonico; **architecture** architettura *f*

archives [ˈɑːkaɪvz] archivi *mpl*

Arctic [ˈɑːktɪk] Artico *m*

ardent [ˈɑːdənt] ardente

arduous [ˈɑːdjʊəs] arduo

area [ˈeərɪə] area *f*; (*region*) zona *f*; **area code** TELEC prefisso *m* telefonico

arena [əˈriːnə] SP arena *f*

Argentina [ɑːdʒənˈtiːnə] Argentina *f*; **Argentinian 1** *adj* argentino **2** *n* argentino *m*, -a *f*

arguably [ˈɑːgjʊəblɪ] probabilmente; **it was ~ ...** si può dire che ...; **argue** (*quarrel*) litigare; (*reason*) so-

stenere; **argument** (*quarrel*) litigio *m*; (*reasoning*) argomento *m*; **argumentative** polemico

arid [ˈærɪd] *land* arido

Aries [ˈeəriːz] ASTR Ariete *m*

arise [əˈraɪz] *of situation* emergere

aristocracy [ærɪˈstɒkrəsɪ] aristocrazia *f*; **aristocrat** aristocratico *m*, -a *f*; **aristocratic** aristocratico

arithmetic [əˈrɪθmətɪk] aritmetica *f*

arm¹ [ɑːm] *n* braccio *m*; *of chair* bracciolo *m*

arm² [ɑːm] *v/t* armare

armaments [ˈɑːməmənts] armamenti *mpl*

armchair [ˈɑːmtʃeə(r)] poltrona *f*

armed [ɑːmd] armato; **armed forces** forze *fpl* armate; **armed robbery** rapina *f* a mano armata

armour, *Am* **armor** [ˈɑːmə(r)] armatura *f*; *metal plates* blindatura *f*

armpit [ˈɑːmpɪt] ascella *f*

arms [ɑːmz] (*weapons*) armi *fpl*

army [ˈɑːmɪ] esercito *m*

around [əˈraʊnd] **1** *prep* (*in circle, roughly*) intorno a; *room, world* attraverso; **it's ~ the corner** è dietro l'angolo **2** *adv* (*in the area*) qui intorno; (*encircling*) intorno; **he lives ~ here** abita da queste parti; **walk ~** andare in giro; **she has been ~** (*has travelled, is experienced*) ha girato; **he's still ~** F (*alive*) è ancora in circolazione

arouse [ə'rauz] suscitare; (*sexually*) eccitare

arrange [ə'reɪndʒ] (*put in order*) sistemare; *music* arrangiare; *meeting, party* etc organizzare; *time and place* combinare; **I've ~d to meet her** ho combinato di incontrarla; **arrangement** (*agreement*) accordo *m*; *of party, meeting* organizzazione *m*; *of furniture* etc disposizione *f*; *of music* arrangiamento *m*; **~s for** *party, meeting* preparativi *mpl*

arrears [ə'rɪəz] arretrati *mpl*

arrest [ə'rest] **1** *n* arresto *m*; **be under ~** essere in arresto **2** *v/t* arrestare

arrival [ə'raɪvl] arrivo *m*; **arrive** arrivare

◆ **arrive at** arrivare a

arrogance ['ærəgəns] arroganza *f*; **arrogant** arrogante

arrow ['ærəʊ] freccia *f*

arse [ɑːs] P culo *m*

arson ['ɑːsn] incendio *m* doloso

art [ɑːt] arte *f*

artery ['ɑːtəri] arteria *f*

'art gallery galleria *f* d'arte

arthritis [ɑː'θraɪtɪs] artrite *f*

artichoke ['ɑːtɪtʃəʊk] carciofo *m*

article ['ɑːtɪkl] articolo *m*

articulate [ɑː'tɪkjʊlət] chiaro; **be ~** *of person* esprimersi be-

ne

artificial [ɑːtɪ'fɪʃl] artificiale; (*not sincere*) finto

artillery [ɑː'tɪləri] artiglieria *f*

artist ['ɑːtɪst] artista *m/f*; **artistic** artistico

'arts degree laurea *f* in discipline umanistiche

as [æz] **1** *conj* (*while, when*) mentre; (*because*) dato che; (*like*) come; **~ if** come se; **~ usual** come al solito **2** *adv*: **~ high ~ ...** alto come ...; **~ much ~ that?** così tanto?; **run ~ fast ~ you can** corri più veloce che puoi **3** *prep* come; **~ a child** da bambino; **dressed ~ a policeman** vestito da poliziotto; **work ~ a translator** essere traduttore; **~ for** quanto a; **~ Hamlet** nel ruolo di Amleto

Ascension [ə'senʃn] REL Ascensione *f*; **ascent** *path* salita *f*; *of mountain* ascensione *f*; *fig* ascesa *f*

ash [æʃ] cenere *f*

ashamed [ə'ʃeɪmd]: **be ~ of** vergognarsi di

ashore [ə'ʃɔː(r)] a terra; **go ~** sbarcare

ashtray ['æʃtreɪ] portacenere *m*; **Ash Wednesday** mercoledì *m inv* delle Ceneri

Asia ['eɪʃə] Asia *f*; **Asian 1** *n* asiatico *m*, -a *f*; (*Indian, Pakistani*) indiano *m*, -a *f* **2** *adj* asiatico; (*Indian, Pakistani*) indiano; **Asian-American** americano *m*, -a *f* di origine asiatica

aside [ə'saɪd] da parte; ~ **from** a parte

ask [ɑːsk] **1** v/t person chiedere a; (invite) invitare; question fare; favour chiedere; ~ **s.o. for ...** chiedere a qu ...; ~ **s.o. to ...** chiedere a qu di ... **2** v/i chiedere

♦ **ask after** person chiedere di

♦ **ask for** chiedere; person chiedere di

♦ **ask out** chiedere di uscire a

asleep [ə'sliːp]: **he's** ~ sta dormendo; **fall** ~ addormentarsi

asparagus [ə'spærəgəs] asparagi mpl

aspect ['æspekt] aspetto m

aspirations [æspə'reɪʃnz] aspirazioni fpl

aspirin ['æsprɪn] aspirina f

ass¹ [æs] F (idiot) cretino m, -a

ass² [æs] Am P (bum) culo m P

assassin [ə'sæsɪn] assassino m, -a f; **assassinate** assassinare; **assassination** assassinio m

assault [ə'sɔlt] **1** n assalto m **2** v/t aggredire

assemble [ə'sembl] **1** v/t parts assemblare **2** v/i of people radunarsi; **assembly** assemblea f; of parts assemblaggio m; **assembly line** catena f di montaggio

assent [ə'sent] acconsentire

assertive [ə'sɜːtɪv] person si-

curo di sé

assess [ə'ses] valutare; **assessment** valutazione f

asset ['æset] FIN attivo m; fig: thing vantaggio m; person elemento m prezioso

assign [ə'saɪn] person destinare; thing assegnare; **assignment** (task) compito m

assimilate [ə'sɪmɪleɪt] assimilare; person into group integrare

assist [ə'sɪst] assistere; **assistance** assistenza f; **assistant** assistente m/f; in shop commesso m, -a f; **assistant manager** vice-responsabile m/f; of hotel, restaurant vice-direttore m

associate 1 [ə'səʊʃieɪt] v/t associare **2** [ə'səʊʃiət] n socio m, -a f; **association** associazione f

assortment [ə'sɔːtmənt] assortimento m

assume [ə'sjuːm] (suppose) supporre; **assumption** supposizione f

assurance [ə'ʃʊərəns] assicurazione f; (confidence) sicurezza f; **assure** (reassure): ~ **s.o. of sth** assicurare qc a qu

asterisk ['æstərɪsk] asterisco m

asthma ['æsmə] asma f

astonish [ə'stɒnɪʃ] sbalordire; **astonishing** sbalorditivo; **astonishment** stupore m

astound [ə'staʊnd] stupefare

astride [ə'straɪd] a cavalcioni

di

astrology [ə'strolədʒɪ] astro-logia *f*

astronaut ['æstrənɔːt] astro-nauta *m/f*

astronomer [ə'stronəmə(r)] astronomo *m*, -a *f*; **astro-nomical** *price etc* astronomi-co; **astronomy** astronomia *f*

astute [ə'stjuːt] astuto

asylum [ə'saɪləm] *mental* manicomio *m*; *political* asilo *m*

at [æt] *(with places)* a; **he works ~ the hospital** lavora in ospedale; **~ the baker's** dal panettiere, in panetteria; **~ Joe's** da Joe; **~ the door** alla porta; **~ 10 pounds** a 10 sterline; **~ the age of 18** all'età di 18 anni; **~ 5 o'clock** alle cinque; **~ night** di notte; **~ 150 km / h** a 150 km/h; **be good / bad ~ sth** essere / - non essere bravo in qc

atheist ['eɪθɪɪst] ateo *m*, -a *f*

athlete ['æθliːt] atleta *m/f*; **athletic** atletico; **athletics** atletica *f*

Atlantic [ət'læntɪk] Atlantico *m*

atlas ['ætləs] atlante *m*

ATM [eɪtiː'em] (= **automatic teller machine**) (sportello *m*) Bancomat® *m*

atmosphere ['ætməsfɪə(r)] atmosfera *f*

atom ['ætəm] atomo *m*; **atom bomb** bomba *f* atomica; **atomic** atomico

◆ **atone for** [ə'təʊn] scontare

atrocious [ə'trəʊʃəs] atroce; **atrocity** atrocità *f* inv

attach [ə'tætʃ] attaccare; *im-portance* attribuire; *docu-ment, file* allegare; **attach-ment** *to email* allegato *m*

attack [ə'tæk] **1** *n* aggressione *f*; MIL attacco *m* **2** *v/t* aggre-dire; MIL attaccare

attempt [ə'tempt] **1** *n* tentati-vo *m* **2** *v/t* tentare

attend [ə'tend] partecipare a; *school* frequentare

◆ **attend to** (*deal with*) sbri-gare; *customer, patient* assi-stere

attendance [ə'tendəns] par-tecipazione *f*; *at school* fre-quenza *f*; *attendant in muse-um etc* sorvegliante *m/f*

attention [ə'tenʃn] attenzione *f*; **pay ~** fare attenzione; **at-tentive** attento

attic ['ætɪk] soffitta *f*

attitude ['ætɪtjuːd] atteggia-mento *m*

attorney [ə'tɜːnɪ] avvocato *m*

attract [ə'trækt] attirare; **at-traction** attrazione *f*; **attrac-tive** attrattivo; *person* attra-ente

auction ['ɔːkʃn] asta *f*

audacity [ɔː'dæsətɪ] audacia *f*

audible ['ɔːdəbl] udibile

audience ['ɔːdɪəns] pubblico *m*; TV telespettatori *mpl*; *with the Pope etc* udienza *f*

audio ['ɔːdɪəʊ] audio *inv*;

audiovisual audiovisivo

audit ['ɔːdɪt] **1** *n* revisione *f* contabile **2** *v/t* verificare

audition [ɔː'dɪʃn] **1** *n* audizione *f* **2** *v/i* fare un'audizione

auditor ['ɔːdɪtə(r)] revisore *m* contabile

auditorium [ɔːdɪ'tɔːrɪəm] *of theatre* sala *f*

August ['ɔːɡəst] agosto *m*

aunt [ɑːnt] zia *f*

au pair [əʊ'peə(r)] ragazza *f* alla pari

aura ['ɔːrə]: **she has an ~ of confidence** emana sicurezza

auspicious [ɔː'spɪʃəs] propizio

austere [ɔː'stɪə(r)] austero; **austerity** austerità *f inv*

Australia [ɒ'streɪlɪə] Australia *f*; **Australian 1** *adj* australiano **2** *n* australiano *m*, -a *f*

Austria ['ɒstrɪə] Austria *f*; **Austrian 1** *adj* austriaco **2** *n* austriaco *m*, -a *f*

authentic [ɔː'θentɪk] autentico; **authenticity** autenticità *f*

author ['ɔːθə(r)] autore *m*, autrice *f*

authoritarian [ɔːθɒrɪ'teərɪən] autoritario; **authoritative** autoritario; *information* autorevole; **authority** autorità *f inv*; *(permission)* autorizzazione *f*; **authorization** autorizzazione *f*; **authorize** autorizzare

autistic [ɔː'tɪstɪk] autistico

autobiography [ɔːtəbaɪ'ɒɡrə-fɪ] autobiografia *f*

autocratic [ɔːtə'krætɪk] autocratico

autograph ['ɔːtəɡrɑːf] autografo *m*

automate ['ɔːtəmeɪt] automatizzare; **automatic 1** *adj* automatico **2** *n car* macchina *f* con il cambio automatico; **automatically** automaticamente; **automation** automazione *f*

automobile ['ɔːtəməbiːl] automobile *f*

autonomous [ɔː'tɒnəməs] autonomo

autopilot ['ɔːtəupaɪlət] pilota *m* automatico

autopsy ['ɔːtɒpsɪ] autopsia *f*

autumn ['ɔːtəm] autunno *m*

auxiliary [ɔːɡ'zɪlɪərɪ] ausiliario

available [ə'veɪləbl] disponibile

avalanche ['ævəlɑːnʃ] valanga *f*

avenue ['ævənjuː] corso *m*; *fig* strada *f*

average ['ævərɪdʒ] **1** *adj* medio; *(mediocre)* mediocre **2** *n* media *f*; **on ~** in media

◆ **average out at** risultare in media a

averse [ə'vɜːs]: **not be ~ to** non avere niente contro; **aversion** avversione *f* **(to** per)

avid ['ævɪd] avido

avocado [ævə'kɑːdəʊ] avocado *m inv*

avoid [ə'vɔɪd] evitare

await [ə'weɪt] attendere

awake [ə'weɪk] sveglio; *it's keeping me ~* mi impedisce di dormire

award [ə'wɔːd] **1** *n* (*prize*) premio *m* **2** *v/t* assegnare; *damages* riconoscere; **awards ceremony** cerimonia *f* di premiazione

aware [ə'weə(r)] conscio; *become ~ of* rendersi conto di; **awareness** consapevolezza *f*

away [ə'weɪ] via; SP fuori casa; *be ~ travelling, sick etc* essere via; *run ~* correre via; *look ~*

guardare da un'altra parte; *it's 2 miles ~* dista 2 miglia; **away game** SP partita *f* fuori casa

awesome ['ɔːsm] F (*terrific*) fantastico

awful ['ɔːful] tremendo, terribile; **awfully** F (*very*) da matti F

awkward ['ɔːkwəd] (*clumsy*) goffo; (*difficult*) difficile; (*embarrassing*) scomodo; *feel ~* sentirsi a disagio

axe, *Am* **ax** [æks] **1** *n* scure *f*, accetta *f* **2** *v/t project, job* sopprimere

axle ['æksl] asse *f*

B

BA [biː'eɪ] (= *Bachelor of Arts*) (*degree*) laurea *f* in lettere; (*person*) laureato *m*, -a *f* in lettere

baby ['beɪbɪ] *n* bambino *m*, -a *f*; **baby-sit** fare il / la baby-sitter

bachelor ['bætʃələ(r)] scapolo *m*

back [bæk] **1** *n* of person schiena *f*; of animal, hand dorso *m*; of car, bus parte *f* posteriore; of book, house retro *m*; of clothes rovescio *m*; of drawer fondo *m*; of chair schienale *m*; SP terzino *m*; *in the ~ (of the car)* (nei sedili) di dietro; *at the ~ of the bus* in fondo all'auto-

bus; *~ to front* al contrario **2** *adj door, steps* di dietro; *wheels, legs* posteriore; *garden* sul retro **3** *adv: please move ~* indietro, per favore; *give sth ~ to s.o.* restituire qc a qu; *she'll be ~ tomorrow* sarà di ritorno domani **4** *v/t* (*support*) appoggiare; *car* guidare in retromarcia; *horse* puntare su

◆ **back down** fare marcia indietro

◆ **back off** spostarsi indietro; *from danger* tirarsi indietro

◆ **back out** of commitment tirarsi indietro

◆ **back up 1** *v/t* (*support*) confermare; *claim, argument* supportare; *file* fare un back-up di **2** *v/i in car* fare retromarcia

'**backache** mal *m inv* di schiena; **backbone** spina *f* dorsale; **backdate** retrodatare; **backdoor** porta *f* di dietro; **backer** FIN finanziatore *m*, -trice *f*; *of person* background *m*; *of story* retroscena *mpl*; **backhand** *in tennis* rovescio *m*; **backing** *moral* appoggio *m*; MUS accompagnamento *m*; **backing group** gruppo *m* d'accompagnamento; **backlash** reazione *f* violenta; **backlog**: ~ *of work* lavoro *m* arretrato; **backpack** zaino *m*; **backpacker** sacco-pelista *m/f*; **back seat** sedile *m* posteriore; **backside** F sedere *m*; **backspace (key)** (tasto di) ritorno *m*; **back streets** vicoli *mpl*; **backstroke** SP dorso *m*; **backtrack** tornare indietro; **backup** (*support*) rinforzi *mpl*; **backup** backup *m inv*; **backup disk** COMPUT disco *m* di backup; **backward** *child* tardivo; *society* arretrato; *glance* all'indietro; **backwards** indietro; **backyard** cortile *m*

bacon ['beɪkn] pancetta *f*

bacteria [bæk'tɪərɪə] batteri *mpl*

bad [bæd] *news, manners* cattivo; *weather, headache* brut-to; *mistake* grave; *food* guasto; *it's not* ~ non è male; *that's too* ~ *shame* peccato!

badge [bædʒ] distintivo *m*

bad 'language parolacce *fpl*; **badly** male; *injured* gravemente; *he* ~ *needs* ... ha urgente bisogno di ...

badminton ['bædmɪntən] badminton *m*

bad-tempered [bæd'tempəd] irascibile

baffle ['bæfl]: *be* ~*d* essere perplesso

bag [bæg] borsa *f*; *plastic, paper* busta *f*

baggage ['bægɪdʒ] bagagli *mpl*; **baggage check** *Am* deposito *m* bagagli; **baggage trolley** carrello *m*

baggy ['bægɪ] senza forma

bail [beɪl] LAW cauzione *f*; *on* ~ su cauzione

bait [beɪt] esca *f*

bake [beɪk] cuocere al forno; **baked potatoes** *patate cotte al forno con la buccia*; **baker** fornaio *m*, -a *f*; **bakery** panetteria *f*

balance ['bæləns] **1** *n* equilibrio *m*; (*remainder*) resto *m*; *of bank account* saldo *m* **2** *v/t* tenere in equilibrio **3** *v/i* stare in equilibrio; *of accounts* quadrare; **balanced** (*fair*) obiettivo; *diet, personality* equilibrato; **balance sheet** bilancio *m* (di esercizio)

balcony ['bælkənɪ] balcone

m; in theatre prima galleria *f*
bald [bɔːld] *man* calvo; **balding** stempiato
Balkans['bɔːlkənz]: **the ~** i Balcani *mpl*
ball [bɔːl] palla *f; football* pallone *m;* **be on the ~** essere sveglio; **play ~** *fig* collaborare; **the ~'s in his court** la prossima mossa è sua
ballad ['bæləd] ballata *f*
ballerina [bælə'riːnə] ballerina *f*
ballet ['baleɪ] *art* danza *f* classica; *dance* balletto *m;* **ballet dancer** ballerino *m* classico, ballerina *f* classica
'**ball game** F: **that's a different ~** è un altro paio di maniche
ballistic missile [bə'lɪstɪk] missile *m* balistico
balloon [bə'luːn] *child's* palloncino *m; for flight* mongolfiera *f*
ballot ['bælət] **1** *n* votazione *f* **2** *v/t members* consultare tramite votazione; **ballot box** urna *f* elettorale
'**ballpark** F: **be in the right ~** essere nell'ordine corretto di cifre; **ballpark figure** F cifra *f* approssimativa; **ballpoint** (**pen**) penna *f* a sfera
balls [bɔːlz] V palle *fpl* V
bamboo [bæm'buː] bambù *m inv*
ban [bæn] **1** *n* divieto *m* (**on** di) **2** *v/t* proibire
banal [bə'nɑːl] banale

banana [bə'nuːnə] banana *f*
band [bænd] banda *f; pop* gruppo *m; of material* nastro *m*
bandage ['bændɪdʒ] **1** *n* benda *f* **2** *v/t* bendare
'**Band-Aid**® *Am* cerotto *m*
B&B [biːn'biː] (= **bed and breakfast**) pensione *f* familiare, bed and breakfast *m inv*
bandit ['bændɪt] brigante *m*
bandy ['bændɪ] *legs* storto
bang [bæŋ] **1** *n* colpo *m* **2** *v/t door* chiudere violentemente; *(hit)* sbattere
bangle ['bæŋgl] braccialetto *m*
bangs [bæŋz] *Am* frangia *f*
banisters ['bænɪstəz] ringhiera *fsg*
banjo ['bændʒəʊ] banjo *m inv*
bank[1] [bæŋk] *of river* riva *f*
bank[2] [bæŋk] FIN banca *f*
◆ **bank on** contare su
'**bank account** conto *m* bancario; **banker** banchiere *m;* **banker's card** carta *f* assegni; **bank holiday** giorno *m* festivo; **banking** professione *f* bancaria; **bank loan** prestito *m* bancario; **bank manager** direttore *m* di banca; **bank rate** tasso *m* ufficiale di sconto; **bankroll** finanziare; **bankrupt** fallito; **go ~** fallire; **bankruptcy** bancarotta *f*
banner ['bænə(r)] striscione *m*

banquet ['bæŋkwɪt] banchetto *m*

baptism ['bæptɪzm] battesimo *m*; **baptize** battezzare

bar¹ [bɑː(r)] *n of iron* spranga *f*; *of chocolate* tavoletta *f*; *for drinks* bar *m inv*; *(counter)* bancone *m*

bar² [bɑː(r)] *v/t* vietare l'ingresso a

barbaric [bɑːˈbærɪk] barbaro

barbecue ['bɑːbɪkjuː] **1** *n* barbecue *m inv* **2** *v/t* cuocere al barbecue

barbed 'wire [bɑːbd] filo *m* spinato

barber ['bɑːbə(r)] barbiere *m*

'bar code codice *m* a barre

bare [beə(r)] *(naked)* nudo; *room)* spoglio; **barefoot: be** ~ essere scalzo; **bare-headed** senza cappello; **barely** appena

bargain ['bɑːgɪn] **1** *n* *(deal)* patto *m*; *(good buy)* affare *m* **2** *v/i* tirare sul prezzo

barge [bɑːdʒ] NAUT chiatta *f*
♦ **barge into** piombare su

baritone ['bærɪtəʊn] *n* baritono *m*

bark¹ [bɑːk] **1** *n of dog* abbaiare *m* **2** *v/i* abbaiare

bark² [bɑːk] *n of tree* corteccia *f*

'barmaid barista *f*; **barman** barista *m*

barn [bɑːn] granaio *m*

barometer [bəˈrɒmɪtə(r)] *also fig* barometro *m*

barracks ['bærəks] MIL caserma *fsg*

barrel ['bærəl] *(container)* barile *m*

barren ['bærən] *land* arido

barrette [bəˈret] *Am* molletta *f*

barricade [bærɪˈkeɪd] barricata *f*

barrier ['bærɪə(r)] barriera *f*

barrister ['bærɪstə(r)] avvocato *m*

'bar tender barista *m/f*

barter ['bɑːtə(r)] **1** *n* baratto *m* **2** *v/i* barattare

base [beɪs] **1** *n* base *f* **2** *v/t* basare (**on** su); **baseball** baseball *m*; *ball* palla *f* da baseball; **baseball cap** berretto *m* da baseball; **baseboard** *Am* battiscopa *m inv*; **basement** seminterrato *m*

basic ['beɪsɪk] *(rudimentary)* rudimentale; *salary* di base; *beliefs* fondamentale; **basically** essenzialmente

basin ['beɪsn] *for washing* lavandino *m*

basis ['beɪsɪs] base *f*

bask [bɑːsk] crogiolarsi

basket ['bɑːskɪt] cestino *m*; *in basketball* cesto *m*; **basketball** basket *m*, pallacanestro *f*; *ball* pallone *m* da pallacanestro

bass [beɪs] *(part)* voce *f* di basso; *(singer, guitar)* basso *m*; *(double bass)* contrabbasso *m*

bastard ['bɑːstəd] F bastardo *m*, -a *f* F

bat¹ [bæt] **1** *n* mazza *f; for table tennis* racchetta *f* **2** *v/i* SP battere

bat² [bæt] *animal* pipistrello *m*

batch [bætʃ] *n of students* gruppo *m; of goods* lotto *m; of bread* infornata *f*

bath [bɑːθ] bagno *m*

bathe [beɪð] (*swim, have bath*) fare il bagno; *bathing costume* costume *m* da bagno

'bathrobe accappatoio *m;* **bathroom** (stanza *f* da bagno *m;* **bath towel** asciugamano *m* da bagno; **bathtub** vasca *f* da bagno

batter ['bætər] pastella *f;* **battered** maltrattato; *suitcase etc* malridotto

battery ['bætrɪ] pila *f;* MOT batteria *f*

battle ['bætl] **1** *n also fig* battaglia *f* **2** *v/i against illness etc* lottare; **battleship** corazzata *f*

bawl [bɔːl] (*shout*) urlare; (*weep*) strillare

bay [beɪ] (*inlet*) baia *f;* **bay window** bovindo *m*

BC [biːˈsiː] (= *before Christ*) a. C. (= *avanti Cristo*)

be [biː] ◇ essere; *it's me* sono io; *how much is I are ...?* quant'è / quanto sono ...?; *there is, there are* c'è, ci sono; *don't ~ sad* non essere triste; *how are you?* come stai?; *he's very well* sta bene; *I'm hot I cold* ho freddo / caldo; *it's hot I cold* fa

freddo / caldo; *he's seven* ha sette anni ◇ *has the postman been?* è passato il postino?; *I've never been to Japan* non sono mai stato in Giappone; *I've been here for hours* sono qui da tanto ◇ *tags: that's right, isn't it?* giusto, no?; *she's American, isn't she?* è americana, vero? ◇ *v/aux: I am thinking* sto pensando; *he's working in London* lavora a Londra ◇ *obligation: you are to do what I tell you* devi fare quello che ti dico ◇ *passive: essere; he was killed* è stato ucciso

beach [biːtʃ] spiaggia *f;* **beachwear** abbigliamento *m* da spiaggia

beads [biːdz] perline *fpl*

beak [biːk] becco *m*

'be-all: *the ~ and end-all* la cosa più importante

beam [biːm] **1** *n in ceiling etc* trave *f* **2** *v/i* (*smile*) fare un sorriso radioso **3** *v/t* (*transmit*) trasmettere

bean [biːn] (*vegetable*) fagiolo *m; of coffee* chicco *m;* **be full of ~s** F essere particolarmente vivace

bear¹ [beər] *n animal* orso *m*

bear² [beər] **1** *v/t weight* portare; *costs* sostenere; (*tolerate*) sopportare; *child* dare alla luce **2** *v/i: bring pressure to ~ on* fare pressione su bearable ['beərəbl] sopportabile

beard [bɪəd] barba f

beat [biːt] 1 n of heart battito m; of music ritmo m 2 v/i of heart battere; of rain picchiettare; ~ about the bush menar il can per l'aia 3 v/t in competition battere; (hit) picchiare; drum suonare; ~ it! fila!; it ~s me non capisco ◆ beat up picchiare

beaten ['biːtn] off the ~ track fuori mano; beating physical botte fpl; beat-up F malconcio

beautiful ['bjuːtɪful] bello; thanks, that's just ~! grazie, così va bene; beautifully stupendamente; beauty bellezza f; beauty salon istituto m di bellezza

beaver ['biːvə(r)] castoro m

because [bɪ'kɒz] perché; ~ of a causa di

become [bɪ'kʌm] diventare; what's ~ of her? che ne è stato di lei?; becoming grazioso

bed [bed] letto m; ~ of flowers aiuola f; go to ~ andare a letto; bedding materasso m e lenzuola fpl; bedridden costretto a letto; bedroom camera f da letto; bed-sit, bed-sitter monolocale m; bedtime ora f di andare a letto

bee [biː] ape f

beech [biːtʃ] faggio m

beef [biːf] manzo m; beefbur-

ger hamburger m inv

beep [biːp] 1 n bip m inv 2 v/i suonare

beer [bɪə(r)] birra f

beet [biːt] barbabietola f

beetle ['biːtl] coleottero m

before [bɪ'fɔː(r)] 1 prep di 2 adv prima; I've seen this film ~ questo film l'ho già visto 3 conj prima che (+ subj); I saw him ~ he left l'ho visto prima che partisse; I saw him ~ I left l'ho visto prima di partire; beforehand prima

befriend [bɪ'frend] fare amicizia con

beg [beg] 1 v/i mendicare 2 v/t: ~ s.o. to ... pregare qu di ...; beggar mendicante m/f

begin [bɪ'gɪn] cominciare; beginner principiante m/f; beginning inizio m; (origin) origine f

behalf [bɪ'hɑːf]: on ~ of a nome di

behave [bɪ'heɪv] comportarsi; ~ (yourself)! comportati bene!; behaviour, Am behavior comportamento m

behind [bɪ'haɪnd] 1 prep dietro; in order dietro a; be ~ (responsible for) essere dietro a; (support) appoggiare 2 adv (at the back) dietro; she had to stay ~ è dovuta rimanere; be ~ in match essere in svantaggio;

beige [beɪʒ] beige inv

being ['bi:ɪŋ] (*existence*) esistenza *f*; (*creature*) essere *m*

belated [bɪ'leɪtɪd] in ritardo

belch [beltʃ] **1** *n* rutto *m* **2** *v/i* ruttare

Belgian ['beldʒən] **1** *adj* belga **2** *n* belga *m/f*; **Belgium** Belgio *m*

belief [bɪ'li:f] convinzione *f*; *in God* fede *f*; **believe** credere

◆ **believe in** *God, person* credere in; *ghost, person* credere a

believer [bɪ'li:və(r)] REL credente *m/f*; *I'm a great ~ in ...* credo fermamente in ...

bell [bel] *in church, school* campana *f*; *on door, bicycle* campanello *m*; **bellhop** *Am* fattorino *m* d'albergo

belligerent [bɪ'lɪdʒərənt] bellicoso

bellow ['beləʊ] urlare; *of bull* muggire

belly ['belɪ] pancia *f*

belong [bɪ'lɒŋ] *v/i*: *where does this ~?* dove va questo?; *I don't ~ here* mi sento un estraneo

◆ **belong to** appartenere a

be'longings cose *fpl*

beloved [bɪ'lʌvɪd] adorato

below [bɪ'ləʊ] **1** *prep* sotto **2** *adv* di sotto; *in text* sotto **10 degrees** ~ 10 gradi sotto zero

belt [belt] cintura *f*

bench [bentʃ] *seat* panchina *f*; **benchmark** punto *m* di riferimento

bend [bend] **1** *n* curva *f* **2** *v/t* piegare **3** *v/i* curvarsi; *of person* inchinarsi

◆ **bend down** chinarsi

beneath [bɪ'ni:θ] **1** *prep* sotto **2** *adv* di sotto

benefactor ['benɪfæktə(r)] benefattore *m*, -trice *f*

beneficial [benɪ'fɪʃl] vantaggioso

benefit ['benɪfɪt] **1** *n* vantaggio *m* **2** *v/t* andare a vantaggio di **3** *v/i* trarre vantaggio (*from* da)

benevolent [bɪ'nevələnt] benevolo

benign [bɪ'naɪn] benevolo; MED benigno

bequeath [bɪ'kwi:ð] *also fig* lasciare in eredità

bequest [bɪ'kwest] lascito *m*

bereaved [bɪ'ri:vd] **1** *adj* addolorato **2** *n*: *the ~* i familiari *mpl* del defunto

beret ['bereɪ] berretto *m*

berry ['berɪ] bacca *f*

berth [bɜ:θ] *on ship, train* cuccetta *f*; *for ship* ormeggio *m*

beside [bɪ'saɪd] accanto a; *be ~ o.s.* essere fuori di sé; *that's ~ the point* questo non c'entra

besides [bɪ'saɪdz] **1** *adv* inoltre **2** *prep* (*apart from*) oltre a

best [best] **1** *adj* migliore **2** *adv* meglio; *it would be ~ if ...* sarebbe meglio se ...; *I like her ~* lei è quella che mi piace di più **3** *n*: *do one's*

~ fare del proprio meglio; **the** ~ il meglio; *(outstanding thing or person)* il / la migliore; **they've done the** ~ **they can** hanno fatto tutto il possibile; **make the** ~ **of** cogliere il lato buono di; **all the** ~**!** tanti auguri!; **best man** *at wedding* testimone *m* dello sposo

bet [bet] **1** *n* scommessa *f* **2** *v/i* scommettere; **you** ~**!** ci puoi scommettere!

betray [bɪ'treɪ] tradire; **betrayal** tradimento *m*

better ['betə(r)] **1** *adj* migliore; **get** ~ migliorare **2** *adv* meglio; **you'd** ~ **ask permission** faresti meglio a chiedere il permesso; **I'd really** ~ **not** sarebbe meglio di no; **all the** ~ **for us** tanto meglio per noi; **I like her** ~ lei mi piace di più; **better off be** ~ stare meglio finanziariamente

between [bɪ'twiːn] tra

beware [bɪ'weə(r)]: ~ **of …!** (stai) attento a …!

bewilder [bɪ'wɪldə(r)] sconcertare; **bewilderment** perplessità *f*

beyond [bɪ'jɒnd] oltre, al di là di

bias ['baɪəs] *against* pregiudizio *m*; *in favour of* preferenza *f*; **bias(s)** parziale

Bible ['baɪbl] bibbia *f*; **biblical** biblico

bicentenary [baɪsen'tiːnərɪ] bicentenario *m*

bicker ['bɪkə(r)] bisticciare

bicycle ['baɪsɪkl] bicicletta *f*

bid [bɪd] **1** *n at auction* offerta *f*; *(attempt)* tentativo *m* **2** *v/t & v/i at auction* offrire; **bidder** offerente *m/f*

biennial [bar'enɪəl] biennale

big [bɪg] **1** *adj* grande; **my** ~ **brother / sister** mio fratello / mia sorella maggiore **2** *adv*: **talk** ~ sparare grosse

bigamist ['bɪgəmɪst] bigamo *m*, -a *f*

'bighead F pallone *m* gonfiato F

bigot ['bɪgət] fanatico *m*, -a *f*

bike [baɪk] F bici *f inv* F **2** *v/i* andare in bici; **biker** motociclista *m/f*; *(courier)* corriere *m*

bikini [bɪ'kiːnɪ] bikini *m inv*

bilingual [baɪ'lɪŋgwəl] bilingue

bill [bɪl] **1** *n in hotel, restaurant* conto *m*; *(gas / electricity)* ~ bolletta *f*; *(invoice)* fattura *f*; *Am: money* banconota *f*; POL disegno *m* di legge; *(poster)* avviso *m*

'billboard *Am* tabellone *m* per affissioni pubblicitarie; **billfold** *Am* portafoglio *m*

billiards ['bɪljədz] biliardo *m*

billion ['bɪljən] *(1,000,000,000)* miliardo *m*

bin [bɪn] bidone *m*; **bin lorry** camion *m* della nettezza urbana

blasphemy

bind [baɪnd] *also fig* legare; LAW obbligare; **binding** *agreement* vincolante

binoculars [bɪˈnɒkjʊləz] binocolo *msg*

biodegradable [baɪəʊdɪˈgreɪdəbl] biodegradabile

biographer [baɪˈɒgrəfə(r)] biografo *m*, -a *f*; **biography** biografia *f*

biological [baɪəˈlɒdʒɪkl] biologico; **biology** biologia *f*; **biotechnology** biotecnologia *f*

bird [bɜːd] uccello *m*

biro® [ˈbaɪərəʊ] biro *f*

birth [bɜːθ] *also fig* nascita *f*; (*labour*) parto *m*; **give ~ to** *child* partorire; **date of ~** data di nascita; **birth certificate** certificato *m* di nascita; **birth control** controllo *m* delle nascite; **birthday** compleanno *m*; **happy ~!** buon compleanno!; **birthplace** luogo *m* di nascita

biscuit [ˈbɪskɪt] biscotto *m*

bisexual [ˈbaɪsekʃuəl] bisessuale

bishop [ˈbɪʃəp] vescovo *m*

bit [bɪt] *n* (*piece*) pezzo *m*; (*part*) parte *f*; **a ~** (*a little*) un po'; **a ~ of advice** un consiglio; **~ by ~** poco a poco; **I'll be there in a ~** (*in a little while*) sarò lì tra poco

bitch [bɪtʃ] **1** *n dog* cagna *f*; F *woman* bastarda *f* **2** *v/i* F (*complain*) lamentarsi

bite [baɪt] **1** *n* morso *m* **2** *v/t*

mordere; *one's nails* mangiarsi **3** *v/i* mordere

bitter [ˈbɪtə(r)] *taste* amaro; *person* amareggiato

black [blæk] **1** *adj* nero; *tea* senza latte **2** *in colour* nero *m*; *person* nero *m*, -a *f*

◆ **black out** (*faint*) svenire

ˈblackberry mora *f* di rovo; **blackbird** merlo *m*; **blackboard** lavagna *f*; **black box** scatola *f* nera; **black coffee** caffè *m* nero; **black economy** economia *f* sommersa; **black eye** occhio *m* nero; **blacklist** lista *f* nera; **blackmail 1** *n* ricatto *m* **2** *v/t* ricattare; **black market** mercato *m* nero; **blackness** oscurità *f*; **blackout** ELEC black-out *m inv*; MED svenimento *m*

bladder [ˈblædə(r)] vescica *f*

blade [bleɪd] *of knife* lama *f*; *of helicopter* pala *f*; *of grass* filo *m*

blame [bleɪm] **1** *n* colpa *f*; (*responsibility*) responsabilità *f* **2** *v/t*: **~ s.o. for sth** ritenere qu responsabile di qc

bland [blænd] *smile* insulso; *food* insipido

blank [blæŋk] **1** *adj* (*not written on*) bianco; *tape* vergine; *look* vuoto **2** *n* (*empty space*) spazio *m*; **blank cheque**, *Am* **blank check** assegno *m* in bianco

blanket [ˈblæŋkɪt] coperta *f*

blasphemy [ˈblæsfəmɪ] bestemmia *f*

blast [blɑːst] **1** *n* (*explosion*) esplosione *f*; (*gust*) raffica *f* **2** *v/t* far esplodere; **~!** accidenti!; **blast-off** lancio *m*

blatant ['bleɪtənt] palese

blaze [bleɪz] **1** *n* (*fire*) incendio *m* **2** *v/i of fire* ardere

blazer ['bleɪzə(r)] blazer *m inv*

bleach [bliːtʃ] **1** *n for clothes* varechina *f*; *for hair* acqua *f* ossigenata **2** *v/t hair* ossigenarsi

bleak [bliːk] *countryside* desolato; *weather* cupo; *future* deprimente

bleary-eyed ['blɪərɪaɪd]: **be ~** avere lo sguardo appannato

bleat [bliːt] *v/i of sheep* belare

bleed [bliːd] sanguinare; **bleeding** emorragia *f*

bleep [bliːp] **1** *n* blip *m inv* **2** *v/i* suonare

blemish ['blemɪʃ] *n on skin* imperfezione *f*; *on fruit* ammaccatura *f*

blend [blend] **1** *n* miscela *f* **2** *v/t* miscelare; **blender** *machine* frullatore *m*

bless [bles] benedire; **~ you!** (*in response to sneeze*) salute!; **blessing** benedizione *f*

blind [blaɪnd] **1** *adj* cieco **2** *n*: **the ~** i ciechi **3** *v/t* accecare; **blind alley** vicolo *m* cieco; **blind date** appuntamento *m* al buio; **blindfold 1** *n* benda *f* **2** *v/t* bendare (gli occhi a); **blinding** atroce; *light* accecante; **blindly** a tastoni; *fig* ciecamente; **blind spot** *in*

road punto *m* cieco

blink [blɪŋk] *of person* sbattere le palpebre; *of light* tremolare

blister ['blɪstə(r)] vescichetta *f*

blizzard ['blɪzəd] bufera *f* di neve

bloc [blɒk] POL blocco *m*

block [blɒk] **1** *n* blocco *m*; *in town* isolato *m*; **~ of flats** palazzo *m* (d'appartamenti) **2** *v/t* bloccare

◆ **block out** *light* impedire

blockage ['blɒkɪdʒ] ingorgo *m*; **blockbuster** successone *m*; **block letters** maiuscole *fpl*

bloke [bləʊk] F tipo *m* F

blond [blɒnd] biondo; **blonde** *woman* bionda *f*

blood [blʌd] sangue *m*; **blood donor** donatore *m*, -trice *f* di sangue; **blood group** gruppo *m* sanguigno; **blood poisoning** setticemia *f*; **blood pressure** pressione *f* del sangue; **blood sample** prelievo *m* di sangue; **bloodshed** spargimento *m* di sangue; **bloodshot** iniettato di sangue; **bloodstained** macchiato di sangue; **blood test** analisi *f inv* del sangue; **bloodthirsty** assetato di sangue; **bloody 1** *adj hands etc* insanguinato; F maledetto; **~ hell!** porca miseria! F; **you're a ~ genius!** sei un geniaccio! F **2** *adv*: **I'm ~ tired**

sono stanco morto

bloom [bluːm] *also fig* fiorire

blossom ['blɒsəm] **1** *n* fiori *mpl* **2** *v/i also fig* fiorire

blot [blɒt] macchia *f*

◆ **blot out** *memory* cancellare; *view* nascondere

blouse [blauz] camicetta *f*

blow¹ [bləʊ] *n* colpo *m*

blow² [bləʊ] **1** *v/t of wind* spingere; *smoke* soffiare; ~ **a whistle** fischiare; ~ **one's nose** soffiarsi il naso **2** *v/i of wind, person* soffiare; *of fuse* saltare; *of tyre* scoppiare

◆ **blow out 1** *v/t candle* spegnere **2** *v/i of candle* spegnersi

◆ **blow over 1** *v/t* abbattere **2** *v/i rovesciarsi; of storm, argument* calmarsi

◆ **blow up 1** *v/t with explosives* far saltare; *balloon* gonfiare; *photograph* ingrandire **2** *v/i also fig* esplodere

'**blow-up** *of tyre* scoppio *m*; **blow-out** *of tyre* scoppio *m*

blue [bluː] blu; *film* porno; **blue chip** sicuro; *company* di alto livello; **blues** MUS blues *m inv*; **have the ~** essere giù

bluff [blʌf] **1** *n* (*deception*) bluff *m inv* **2** *v/i* bluffare

blunder ['blʌndə(r)] **1** *n* errore *m* **2** *v/i* fare un errore

blunt [blʌnt] spuntato; *person* diretto; **bluntly** senza mezzi termini

blur [blɜː(r)] **1** *n* massa *f* indi-

stinta **2** *v/t* offuscare

◆ **blurt out** [blɜːt] spiattellare

blush [blʌʃ] **1** *n* rossore *m* **2** *v/i* arrossire; **blusher** *cosmetic* fard *m inv*

blustery ['blʌstəri] ventoso

BO [biː'əʊ] (= *body odour*) odori *mpl* corporei

board [bɔːd] **1** *n* asse *f; for chess* scacchiera *f; for notices* tabellone *m*; ~ *of directors* consiglio *m* (d'amministrazione); **on** ~ *a bordo di* **3** *v/i of passengers* salire a bordo

◆ **board up** chiudere con assi

boarder ['bɔːdə(r)] pensionante *m/f*; EDU convittore *m*, -trice *f*; **board game** gioco *m* da tavolo; **boarding card** carta *f* d'imbarco; **boarding pass** carta *f* d'imbarco; **boarding school** collegio *m*; **board meeting** riunione *f* di consiglio; **board room** sala *f* del consiglio

boast [bəʊst] vantarsi

boat [bəʊt] (*small, for leisure*) barca *f*; (*ship*) nave *f*

bodily ['bɒdɪlɪ] **1** *adj* corporale **2** *adv eject* di peso; **body** corpo *m*; *dead* cadavere *m*; **body double** controfigura *f*; **bodyguard** guardia *f* del corpo; **body language** linguaggio *m* del corpo; **bodywork** MOT carrozzeria *f*

bogus ['bəʊgəs] fasullo

boil 310

boil[1] [bɔɪl] (*swelling*) foruncolo *m*

boil[2] [bɔɪl] **1** *v/t* far bollire **2** *v/i* bollire

◆ **boil down to** ridursi a

boiler ['bɔɪlə(r)] caldaia *f*

boisterous ['bɔɪstərəs] turbolento

bold [bəʊld] *adj* **1** (*brave*) audace **2** *n print* neretto *m*; **in ~** in neretto

bolster ['bəʊlstə(r)] *confidence* rafforzare

bolt [bəʊlt] **1** *n on door* catenaccio *m*; (*metal pin*) bullone *m* **2** *adv*: **~ upright** diritto come un fuso **3** *v/t* (*fix with bolts*) fissare con bulloni; (*close*) chiudere col catenaccio **4** *v/i* (*run off*) scappare via

bomb [bɒm] **1** *n* bomba *f* **2** *v/t* bombardare; (*blow up*) far saltare; **bombard** *also fig* bombardare; **bomb attack** attacco *m fig*; **bomber** *airplane* bombardiere *m*; *terrorist* dinamitardo *m*, -a *f*; **bomb scare** allarme-bomba *m*; **bombshell** *fig: news* bomba *f*

bond [bɒnd] **1** *n* (*tie*) legame *m*; FIN obbligazione *f* **2** *v/i* aderire

bone [bəʊn] osso *m*; *in fish* lisca *f*

bonfire ['bɒnfaɪə(r)] falò *m inv*

bonnet ['bɒnɪt] *of car* cofano *m*

bonus ['bəʊnəs] *money* gratifica *f*; (*something extra*) vantaggio *m* in più

boo [buː] **1** *n* fischio *m* **2** *v/t* & *v/i* fischiare

boob[1] [buːb] F (*mistake*) errore *m*

boob[2] [buːb] P (*breast*) tetta *f* P

booboo ['buːbuː] F gaffe *m inv*

book [bʊk] **1** *n* libro *m* **2** *v/t* (*reserve*) prenotare; *of policeman* multare; SP ammonire; **bookcase** scaffale *m*; **booked up** tutto esaurito; *person* occupatissimo; **bookie** F allibratore *m*; **booking** (*reservation*) prenotazione *f*; **booking office** biglietteria *f*; **bookkeeper** contabile *m/f*; **bookkeeping** contabilità *f*; **booklet** libretto *m*; **bookmaker** allibratore *m*; **books** (*accounts*) libri *mpl* contabili; **bookseller** libraio *m*, -a *f*; **bookshop**, *Am* **bookstore** libreria *f*

boom[1] [buːm] **1** *n* boom *m inv* **2** *v/i of business* andare a gonfie vele

boom[2] [buːm] *n* (*bang*) rimbombo *m*

boost [buːst] **1** *n* spinta *f* **2** *v/t* sales incrementare; *confidence* aumentare

boot[1] [buːt] stivale *m*; (*climbing ~*) scarpone *m*; *for football* scarpetta *m*

◆ **boot up** COMPUT inizializ-

bound

zare

booth [buːð] *at market, fair* bancarella *f*; (*telephone* ~) cabina *f*

booze [buːz] F alcolici *mpl*; **booze-up** F bevuta *f*

border ['bɔːdə(r)] **1** *n* confine *m*; (*edge*) bordo *m* **2** *v/t country* confinare con

◆ **border on** *country* confinare con; (*be almost*) rasentare

bore[1] [bɔː(r)] *v/t hole* praticare

bore[2] [bɔː(r)] **1** *n person* persona *f* noiosa **2** *v/t* annoiare

bored [bɔːd] annoiato; *I'm* ~ mi sto annoiando; **boredom** noia *f*; **boring** noioso

born [bɔːn]: *be* ~ essere nato

borrow ['bɒrəʊ] prendere in prestito

bosom ['buzm] *of woman* seno *m*

boss [bɒs] boss *m inv*

◆ **boss around** dare ordini a

bossy ['bɒsɪ] prepotente

botanical [bə'tænɪkl] botanico; **botany** botanica *f*

botch [bɒtʃ] fare un pasticcio con

both [bəʊθ] **1** *adj pron* entrambi, tutti *mpl* e due, tutte *fpl* e due, tutt'e due; ~ (*of the*) *brothers were there* tutt'e due i fratelli erano lì; ~ *of them* entrambi **2** *adv*: ~ *my mother and I* sia mia madre che io; *is it business or pleasure?* – ~ per piacere o per affari? – tutt'e due

bother ['bɒðə(r)] **1** *n* disturbo *m*; *it's no* ~ non c'è problema **2** *v/t* (*disturb*) disturbare; (*worry*) preoccupare **3** *v/i*: *don't* ~ (*you needn't do it*) non preoccuparti

bottle ['bɒtl] bottiglia *f*; *for baby* biberon *m*

◆ **bottle up** *feelings* reprimere

'bottle bank contenitore *m* per la raccolta del vetro; **bottled water** acqua *f* in bottiglia; **bottleneck** ingorgo *m*; **bottle-opener** apribottiglie *m inv*

bottom ['bɒtəm] **1** *adj* più basso **2** *n* fondo *m*; (*buttocks*) sedere *m*; *at the* ~ *of the screen* in basso sullo schermo; *at the* ~ *of the page* in fondo alla pagina

◆ **bottom out** toccare il fondo

bottom 'line *financial* risultato *m* finanziario; *the* ~ (*the real issue*) l'essenziale *m*

boulder ['bəʊldə(r)] macigno *m*

bounce [baʊns] **1** *v/t ball* far rimbalzare **2** *v/i of ball* rimbalzare; *on sofa etc* saltare; *of cheque* essere protestato; **bouncer** buttafuori *m inv*

bound[1] [baʊnd] *adj*: *be* ~ *to do sth* (*sure to*) dover per forza qc; (*obliged to*) essere obbligato a fare qc; *the train is* ~ *to be late* il treno sarà senz'altro in ritardo

bound² [baʊnd] *adj*: **be ~ for** *of ship* essere diretto a

bound³ [baʊnd] *n* (*jump*) balzo *m*

boundary ['baʊndərɪ] confine *m*

bouquet [buˈkeɪ] bouquet *m inv*

bourbon ['bɜːbən] bourbon *m inv*

bout [baʊt] MED attacco *m*; *in boxing* incontro *m*

bow¹ [baʊ] **1** *n as greeting* inchino *m* **2** *v/i* inchinarsi **3** *v/t head* chinare

bow² [baʊ] *n* (*knot*) fiocco *m*; MUS archetto *m*

bow³ [baʊ] *n of ship* prua *f*

bowels ['baʊəlz] intestino *msg*

bowl¹ [bəʊl] *n container* bacinella *f*; *for soup, cereal* ciotola *f*; *for cooking, salad* terrina *f*

bowl² [bəʊl] **1** *n ball* boccia *f* **2** *v/i in bowling* lanciare

bowling ['bəʊlɪŋ] bowling *m*; **bowling alley** pista *f* da bowling; **bowls** *nsg* (*game*) bocce *fpl*

bow 'tie (cravatta *f* a) farfalla *f*

box¹ [bɒks] *n container* scatola *f*; *on form* casella *f*

box² [bɒks] *v/i* fare pugilato

boxer ['bɒksə(r)] pugile *m*; **boxing** pugilato *m*, boxe *f*; **Boxing Day** Santo Stefano; **boxing glove** guantone *m* da pugile; **boxing match** in-

contro *m* di pugilato

'box number *at post office* casella *f*; **box office** botteghino *m*

boy [bɔɪ] *child* bambino *m*; *youth* ragazzo *m*; *son* figlio *m*

boycott ['bɔɪkɒt] **1** *n* boicottaggio *m* **2** *v/t* boicottare

'boyfriend ragazzo *m*; **boy-scout** boy-scout *m inv*

bra [brɑː] reggiseno *m*

bracelet ['breɪslɪt] braccialetto *m*

bracket ['brækɪt] *for shelf* staffa *f*; *in text* parentesi *f inv*

brag [bræg] vantarsi

braid [breɪd] *trimming* passamaneria *f*; *Am in hair* treccia *f*

braille [breɪl] braille *m*

brain [breɪn] *n* cervello *m*; **brainless** F deficiente; **brains** (*intelligence*) cervello *msg*; **brain surgeon** neurochirurgo *m*; **brain tumor**, *Am* **brain tumour** tumore *m* al cervello; **brainwash** fare il lavaggio del cervello a; **brainy** F geniale

brake [breɪk] **1** *n* freno *m* **2** *v/i* frenare; **brake light** MOT fanalino *m* d'arresto; **brake pedal** MOT pedale *m* del freno

branch [brɑːntʃ] *of tree* ramo *m*; *of company* filiale *f*

◆ **branch out** diversificarsi

brand [brænd] **1** *n* marca *f* **2** *v/t*: **be ~ed a traitor** essere tacciato di tradimento;

brand image brand image *f inv*

brandish ['brændɪʃ] brandire

brand 'leader marca *f* leader di mercato; **brand name** marca *f*; **brand-new** nuovo di zecca

brandy ['brændɪ] brandy *m inv*

brass [brɑːs] (*alloy*) ottone *m*; *the* ~ MUS gli ottoni; **brass band** fanfara *f*

brassière [brə'zɪə(r)] reggiseno *m*

brat [bræt] *pej* marmocchio *m*

brave [breɪv] coraggioso; **bravery** coraggio *m*

brawl [brɔːl] **1** *n* rissa *f* **2** *v/i* azzuffarsi

Brazil [brə'zɪl] Brasile *m*; **Brazilian 1** *adj* brasiliano **2** *n* brasiliano *m*, -a *f*

breach [briːtʃ] (*violation*) violazione *f*; *in party* rottura *f*; **breach of contract** inadempienza *f* di contratto

bread [bred] pane *m*

breadth [bredθ] larghezza *f*

'breadwinner: **be the** ~ mantenere la famiglia

break [breɪk] **1** *n also fig* rottura *f*; (*rest*) pausa *f* EDU intervallo *m* **2** *v/t china, egg, bone* rompere; *rules, law* violare; *promise* non mantenere; *news* comunicare; *record* battere **3** *v/i china, egg, toy* rompersi; *of news* diffondersi; *of storm* scoppiare

◆ **break down 1** *v/i of vehicle, machine* avere un guasto; *of talks* arenarsi; *in tears* scoppiare in lacrime; *mentally* avere un esaurimento **2** *v/t door* buttare giù; *figures* analizzare

◆ **break even** coprire le spese

◆ **break in** (*interrupt*) interrompere; *of burglar* entrare con la forza

◆ **break off** **1** *v/t* staccare; *engagement* rompere; **they've broken it off** si sono lasciati **2** *v/i* (*stop talking*) interrompersi

◆ **break up 1** *v/t into parts* scomporre; *fight* far cessare **2** *v/i of ice* spaccarsi; *of couple* separarsi; *of band, meeting* sciogliersi

breakable ['breɪkəbl] fragile; **breakage** danni *mpl*; **breakdown** *of vehicle, machine* guasto *m*; *of talks* rottura *f*; (*nervous* ~) esaurimento *m* (nervoso); *of figures* analisi *f inv*; **breakdown lorry** carro *m* attrezzi; **breakdown service** servizio *m* di soccorso stradale; **breakdown truck** carro *m* attrezzi

breakfast ['brekfəst] colazione *f*; **have** ~ fare colazione

'break-in furto *m* (con scasso); **breakthrough** *in negotiations* passo *m* avanti; *of technology* scoperta *f*; **breakup** *of partnership* rottura *f*

breast [brest] seno *m*; **breast-feed** allattare; **breaststroke** nuoto *m* a rana

breath [breθ] respiro *m*; **be out of ~** essere senza fiato

breathe [briːð] respirare

◆ **breathe in** respirare

◆ **breathe out** espirare

breathing [ˈbriːðɪŋ] respiro *m*

breathless [ˈbreθlɪs] senza fiato; **breathtaking** mozzafiato

breed [briːd] **1** *n* razza *f* **2** *v/t* allevare; *of animals* riprodursi; **breeding** allevamento *m*; *of person* educazione *f*

breeze [briːz] brezza *f*; **breezy** ventoso; *fig* brioso

brew [bruː] **1** *v/t beer* produrre **2** *v/i of storm* prepararsi; **there's trouble ~ing** ci sono guai in vista; **brewery** fabbrica *f* di birra

bribe [braɪb] **1** *n* bustarella *f* **2** *v/t* corrompere; **bribery** corruzione *f*

brick [brɪk] mattone *m*

bride [braɪd] sposa *f*; **bridegroom** sposo *m*; **bridesmaid** damigella *f* d'onore

bridge [brɪdʒ] **1** *n* ponte *m*; *of ship* ponte *m* di comando **2** *v/t gap* colmare

◆ **brighten up** [ˈbraɪtn ʌp] **1** *v/t* ravvivare **2** *v/i of weather* schiarirsi; *of face, person* rallegrarsi

bridle [ˈbraɪdl] briglia *f*

brief[1] [briːf] *adj* breve

brief[2] [briːf] **1** *n* (*mission*) missione *f* **2** *v/t*: **~ s.o. on sth** *instruct* dare istruzioni a qu su qc; *inform* mettere qu al corrente di qc

'**briefcase** valigetta *f*; **briefing** briefing *m inv*; **briefly** brevemente; (*to sum up*) in breve; **briefs** slip *m inv*

bright [braɪt] *colour* vivace; *smile, future* radioso; (*sunny*) luminoso; (*intelligent*) intelligente; **~ red** rosso vivo; **brightly** *smile* in modo radioso; *shine, lit* intensamente; *coloured* in modo sgargiante

brilliance [ˈbrɪljəns] *of person* genialità *f*; *of colour* vivacità *f*; **brilliant** *sunshine etc* sfolgorante; (*very good*) eccezionale; (*very intelligent*) brillante

brim [brɪm] *of container* orlo *m*; *of hat* falda *f*

bring [brɪŋ] portare

◆ **bring back** (*return*) restituire; (*re-introduce*) reintrodurre; *memories* risvegliare

◆ **bring down** *also fig government* abbattere; *price* far scendere

◆ **bring on** *illness* provocare

◆ **bring out** *book* pubblicare; *new product* lanciare

◆ **bring up** *child* allevare; *subject* sollevare; (*vomit*) vomitare

brink [brɪŋk] orlo *m*

brisk [brɪsk] *person, tone* spic-

bucket

cio; *walk* svelto; *trade* vivace

bristles ['brɪslz] peli *mpl*

Brit [brɪt] F britannico m, -a f; **Britain** Gran Bretagna f; **British 1** *adj* britannico **2** *n*: *the* ~ i britannici

brittle ['brɪtl] fragile

broad [brɔːd] largo; (*general*) generale; *in* ~ *daylight* in pieno giorno; **broadband** banda f larga; **broadcast 1** *n* trasmissione f **2** *v/t* trasmettere; **broadcaster** giornalista *m/f* radiotelevisivo, -a; **broad jump** *Am* salto m in lungo; **broadly**: ~ *speaking* parlando in senso lato; **broadminded** di larghe vedute

broccoli ['brɒkəlɪ] broccoli *mpl*

brochure ['brəʊʃə(r)] dépliant *m inv*, opuscolo m

broil [brɔɪl] *Am* fare alla griglia; **broiler** *Am* on stove grill m *inv*

broke [brəʊk] al verde; **broken 1** *adj* rotto; *English* stentato; *marriage* fallito; *she's from a* ~ *home* i suoi sono separati; **broken-hearted** col cuore spezzato; **broker** mediatore m, -trice f

bronchitis [brɒŋ'kaɪtɪs] bronchite f

bronze [brɒnz] bronzo m

brooch [brəʊtʃ] spilla f

brothel ['brɒθl] bordello m

brother ['brʌðə(r)] fratello m; **brother-in-law** cognato m;

brotherly fraterno

brow [braʊ] (*forehead*) fronte f; *of hill* cima f

brown [braʊn] **1** n marrone m **2** *adj* marrone; *eyes, hair* castano; (*tanned*) abbronzato; **Brownie** giovane esploratrice f; **brownie** *Am* dolcetto m al cioccolato con noci; **brown sugar** zucchero m non raffinato

browse [braʊz] *in shop* curiosare; COMPUT navigare; ~ *through a book* sfogliare un libro; **browser** m *inv*

bruise [bruːz] livido m; *on fruit* ammaccatura f

brunette [bruː'net] brunetta f

brunt [brʌnt]: *bear the* ~ *of ...* subire il peggio di ...

brush [brʌʃ] **1** n spazzola f; (*paint*~) pennello m; (*tooth*~) spazzolino m da denti; (*conflict*) scontro m **2** *v/t* spazzolare; (*touch lightly*) sfiorare

♦ **brush aside** ignorare

♦ **brush up** ripassare

brusque [brʊsk] brusco

Brussels 'sprout ['brʌsls] cavolino m di Bruxelles

brutal ['bruːtl] brutale; **brutality** brutalità f *inv*; **brutally** brutalmente; **brute** bruto m

bubble ['bʌbl] bolla f

buck[1] [bʌk] n *Am* F (*dollar*) dollaro m

buck[2] [bʌk] *v/i of horse* sgroppare

bucket ['bʌkɪt] secchio m

buckle

buckle[1] ['bʌkl] **1** *n* fibbia *f* **2** *v/t belt* allacciare

buckle[2] ['bʌkl] *v/i of wood, metal* piegarsi

bud [bʌd] BOT bocciolo *m*

buddy ['bʌdɪ] F amico *m*, -a *f*

budge [bʌdʒ] **1** *v/t* smuovere **2** *v/i* muoversi

budgerigar ['bʌdʒərɪɡɑː(r)] pappagallino *m*

budget ['bʌdʒɪt] budget *m inv*; *of company* bilancio *m* preventivo; *of state* bilancio *m* dello Stato

buff [bʌf] appassionato *m*, -a *f*

buffalo ['bʌfələʊ] bufalo *m*

buffer ['bʌfə(r)] RAIL respingente *m*; COMPUT buffer *m inv*; *fig* cuscinetto *m*

buffet[1] ['bʊfeɪ] *meal* buffet *m inv*

bug [bʌɡ] **1** *n* (*insect*) insetto *m*; (*virus*) virus *m inv*; (*spying device*) microspia *f*; COMPUT bug *m inv* **2** *v/t room* installare microspie in; *telephone* mettere sotto controllo; F (*annoy*) seccare

buggy ['bʌɡɪ] *for baby* passeggino *m*

build [bɪld] **1** *n of person* corporatura *f* **2** *v/t* costruire

♦ **build up 1** *v/t relationship* consolidare; **build up one's strength** rimettersi in forze **2** *v/i of tension, traffic* aumentare

builder ['bɪldə(r)] muratore *m*; *company* impresario *m* edile; *building* edificio *m*,

palazzo *m*; (*activity*) costruzione *f*; **building site** cantiere *m* edile; **building society** istituto *m* di credito immobiliare; **building trade** edilizia *f*; **build-up** *of traffic, pressure* aumento *m*; *of arms, forces* ammassamento *m*; (*publicity*) pubblicità *f inv*; **built-in** *wardrobe* a muro; *flash* incorporato; **built-up area** abitato *m*

bulb [bʌlb] BOT bulbo *m*; (*light* ~) lampadina *f*

bulge [bʌldʒ] **1** *n* rigonfiamento *m* **2** *v/i* sporgere

bulky ['bʌlkɪ] voluminoso

bull [bʊl] toro *m*; **bulldozer** bulldozer *m inv*

bullet ['bʊlɪt] proiettile *m*, pallottola *f*

bulletin ['bʊlɪtɪn] bollettino *m*; **bulletin board** COMPUT bulletin board *m inv*; *Am: on wall* bacheca *f*

'bullet-proof a prova di proiettile

'bull's-eye centro *m* del bersaglio; **hit the ~** fare centro; **bullshit** V stronzate *fpl* V

bully ['bʊlɪ] **1** *n* prepotente *m/f* **2** *v/t* tiranneggiare; **bullying** prepotenze *fpl*

bum [bʌm] **1** *n* F *worthless person* mezza calzetta *f* F; (*bottom*) sedere *m*; (*Am: tramp*) barbone *m* **2** *v/t* F *cigarette etc* scroccare

bump [bʌmp] **1** *n* (*swelling*) gonfiore *m*; (*lump*) bernoc-

colo m; on road cunetta f **2**
v/t battere
◆ **bump into** table battere
contro; (meet) incontrare
bumper ['bʌmpə(r)] MOT paraurti m inv; **bumpy** road accidentato; flight movimentato
bunch [bʌntʃ] of people gruppo m; of keys, flowers mazzo
m; **a ~ of grapes** un grappolo d'uva; **thanks a ~** ironic
grazie tante!
bungalow ['bʌŋgələʊ] bungalow m inv
bungle ['bʌŋgl] pasticciare
bunk [bʌŋk] cuccetta f; **bunk
beds** letti mpl a castello
buoy [bɔɪ] NAUT boa f; **buoy-
ant** allegro; economy soste-
nuto
burden ['bɜːdn] **1** n also fig
peso m **2** v/t: **~ s.o. with
sth** fig opprimere qu con qc
bureau ['bjʊərəʊ] (office) ufficio m
bureaucracy [bjʊə'rɒkrəsɪ]
burocrazia f; **bureaucrat** bu-
rocrate m/f; **bureaucratic**
[bjʊərə'krætɪk] burocratico
burger ['bɜːgə(r)] hamburger
m inv
burglar ['bɜːglə(r)] ladro m;
burglar alarm antifurto m;
burglarize Am svaligiare;
burglary furto m (con scasso); **burgle** svaligiare
burial ['berɪəl] sepoltura f
burn [bɜːn] **1** n bruciatura f **2**
v/t bruciare; of sun scottare **3**

v/i ardere; of house bruciare;
of toast, get sunburnt scottarsi, bruciarsi
◆ **burn down 1** v/t dare alle
fiamme **2** v/i essere distrutto
dal fuoco
burp [bɜːp] **1** n rutto m **2** v/i
ruttare
burst [bɜːst] **1** n in pipe rottura f **2** adj tyre bucato **3** v/t balloon far scoppiare **4** v/i of
balloon, tyre scoppiare; **~ into tears** scoppiare in lacrime; **~ out laughing** scoppiare a ridere
bury ['berɪ] seppellire; hide
nascondere
bus [bʌs] autobus m inv; (long
distance) pullman m inv; **bus
driver** autista m/f di autobus
bush [bʊʃ] plant cespuglio m;
land boscaglia f; **bushy** eyebrows irsuto
business ['bɪznɪs] (trade) affari mpl; (company) impresa
f; (work) lavoro m; (affair,
matter) faccenda f; (as subject
of study) economia f aziendale; **on ~** per affari; **mind
your own ~!** fatti gli affari
tuoi!; **business card** biglie-
to m da visita (della ditta);
business class business
class f; **business hours** orario msg di apertura; **busi-
nesslike** efficiente; **businessman** uomo m d'affari;
business meeting riunione
f d'affari; **business school**
istituto m commerciale;

business studies (*course*) economia *f* aziendale; **business trip** viaggio *m* d'affari; **businesswoman** donna *f* d'affari

'**bus station** autostazione *f*; **bus stop** fermata *f* dell'autobus

bust¹ [bʌst] *n* of woman petto *m*

bust² [bʌst] *adj* F (*broken*) scassato

'**bust-up** F rottura *f*; **busty** prosperoso

busy ['bɪzɪ] **1** *adj* also TELEC occupato; *day* intenso; *street* animato; *shop, restaurant* affollato; **busybody** impiccione *m*, -a *f*

but [bʌt] **1** *conj* ma **2** *prep*: *all ~ him* tutti tranne lui; *the last ~ one* il penultimo; *~ for you* se non fosse per te; *nothing ~ the best* solo il meglio

butcher ['bʊtʃə(r)] macellaio *m*, -a *f*; **butcher's** macelleria *f*

butt [bʌt] **1** *n of cigarette* mozzicone *m*; *Am* P (*backside*)

culo *m* P **2** *v/t* dare una testata a

butter ['bʌtə(r)] burro *m*; **buttercup** ranuncolo *m*; **butterfly** also swimming farfalla *f*

buttocks ['bʌtəks] natiche *fpl*

button ['bʌtn] bottone *m*; *on machine* pulsante *m*

buy [baɪ] comprare

♦ **buy out** COM rilevare

buyer ['baɪə(r)] acquirente *m/f*

buzz [bʌz] **1** *n* ronzio *m* **2** *v/i of insect* ronzare; **buzzer** cicalino *m*

by [baɪ] *agency* da; (*near, next to*) vicino a; (*no later than*) entro, per; (*past*) davanti a; (*mode of transport*) in; *~ day* di giorno; *~ bus* in autobus; *~ my watch* secondo il mio orologio; *a book ~ ...* un libro di ...; *~ myself / ~ herself* da solo

bye(-bye) [baɪ] ciao

'**bypass** circonvallazione *f*; MED by-pass *m inv*; **by-product** sottoprodotto *m*; **bystander** astante *m/f*

C

cab [kæb] taxi *m inv*; *of truck* cabina *f*

cabbage ['kæbɪdʒ] cavolo *m*

'**cab driver** *esp Am* tassista *m/f*

cabin ['kæbɪn] *of plane, ship* cabina *f*; **cabin attendant**

assistente *m/f* di volo; **cabin crew** equipaggio *m*

cabinet ['kæbɪnɪt] armadietto *m*; POL Consiglio *m* dei ministri; **cabinet minister** membro *m* del Consiglio dei ministri

cable ['keɪbl] ELEC, *for securing* cavo *m*; ~ (*TV*) TV *f* via cavo; **cable car** funivia *f*; **cable television** televisione *f* via cavo

'**cab stand** *Am* stazione *f* dei taxi

cactus ['kæktəs] cactus *m inv*

cadaver [kə'dævə(r)] *Am* cadavere *m*

caddie ['kædɪ] *in golf* portamazze *m inv*

Caesarean [sɪ'zeərɪən] parto *m* cesareo

café ['kæfeɪ] caffè *m inv*, bar *m*; **cafeteria** tavola *f* calda

caffeine ['kæfiːn] caffeina *f*

cage [keɪdʒ] gabbia *f*; **cagey** evasivo

cake [keɪk] **1** *n* dolce *m*, torta *f* **2** *v/i* incrostarsi

calamity [kə'læmətɪ] calamità *f inv*

calcium ['kælsɪəm] calcio *m*

calculate ['kælkjuleɪt] calcolare; **calculating** calcolatore; **calculation** calcolo *m*; **calculator** calcolatrice *f*

calendar ['kælɪndə(r)] calendario *m*

calf[1] [kɑːf] *young cow* vitello *m*

calf[2] kɑːf] *of leg* polpaccio *m*

call [kɔːl] **1** *n* (*phone* ~) telefonata *f*; (*shout*) grido *m*; (*demand*) richiesta *f*; (*visit*) visita *f* **2** *v/t on phone*, (*summon*) chiamare; (*shout*) gridare; *meeting* convocare; **be ~ed** chiamarsi **3** *v/i on phone* chiamare; (*shout*) gridare;

(*visit*) passare

◆ **call back 1** *v/t also* TELEC richiamare **2** *v/i on phone* richiamare; (*make another visit*) ripassare

◆ **call for** (*collect*) passare a prendere; (*demand*) reclamare; (*require*) richiedere

◆ **call off** *strike* revocare; *wedding* disdire

◆ **call out** (*shout*) chiamare ad alta voce; (*summon*) chiamare

'**call centre**, *Am* **call center** centro *m* chiamate

caller ['kɔːlə(r)] *on phone* persona *f* che ha chiamato; (*visitor*) visitatore *m*, -trice *f*

callous ['kæləs] freddo, insensibile

calm [kɑːm] **1** *adj* calmo **2** *n* calma *f*

◆ **calm down 1** *v/t* calmare **2** *v/i* calmarsi

calmly ['kɑːmlɪ] con calma

calorie ['kælərɪ] caloria *f*

camcorder ['kæmkɔːdə(r)] videocamera *f*

camera ['kæmərə] macchina *f* fotografica; (*video* ~) videocamera *f*; (*television* ~) telecamera *f*; **cameraman** cameraman *m inv*; **camera phone** cellulare *m* con fotocamera

camouflage ['kæməflɑːʒ] **1** *n* mimetizzazione *f*; *of soldiers* tuta *f* mimetica **2** *v/t* mimetizzare

camp [kæmp] **1** *n* campo *m* **2**

v/i accamparsi

campaign [kæm'peɪn] **1** *n* campagna *f* **2** *v/i* militare

'camp-bed letto *m* da campo; **camper** *person* campeggiatore *m*, -trice *f*; *vehicle* camper *m inv*; **camping** campeggio *m*; **campsite** camping *m inv*, campeggio *m*

campus ['kæmpəs] campus *m inv*

can[1] [kæn] ◇ *(ability)* potere; **~ you hear me?** mi senti?; **I can't see** non vedo; **~ you speak French?** sai parlare il francese?; **as well as you ~** meglio che puoi ◇ *(permission)* potere; **~ I help you?** posso aiutarla?; **~ you help me?** mi può aiutare?

can[2] [kæn] *for drinks* lattina *f*; *for food* scatola *f*

Canada ['kænədə] Canada *m*; **Canadian** *f* **2** *adj* canadese **2** *n* canadese *m/f*

canal [kə'næl] *(waterway)* canale *m*

canary [kə'neərɪ] canarino *m*

cancel ['kænsl] annullare; **cancellation** annullamento *m*

cancer ['kænsə(r)] cancro *m*

Cancer ['kænsə(r)] ASTR Cancro *m*

candid ['kændɪd] franco

candidacy ['kændɪdəsɪ] candidatura *f*; **candidate** candidato *m*, -a *f*

candle ['kændl] candela *f*

candour, *Am* **candor**

['kændə(r)] franchezza *f*

candy ['kændɪ] *Am (sweet)* caramella *f*; *(sweets)* dolciumi *mpl*; **candy floss** zucchero *m* filato

cane [keɪn] canna *f*; *for walking* bastone *m*

canister ['kænɪstə(r)] barattolo *m*; *spray* bombola *f*

cannabis ['kænəbɪs] hashish *m*

canned [kænd] *in scatola*; *(recorded)* registrato

cannot ['kænɒt] ☞ **can not**

canny ['kænɪ] *(astute)* arguto

canoe [kə'nuː] canoa *f*

'can opener apriscatole *m inv*

can't [kɑːnt] = **can not**

canteen [kæn'tiːn] *in factory* mensa *f*

canvas ['kænvəs] tela *f*

canyon ['kænjən] canyon *m inv*

cap [kæp] *hat* berretto *m*; *for lens* coperchio *m*

capability [keɪpə'bɪlətɪ] *of person* capacità *f inv*; **capable** capace

capacity [kə'pæsɪtɪ] capacità *f inv*; *of engine* potenza *f*

capital ['kæpɪtl] *of country* capitale *f*; *capital letter* maiuscola *f*; *money* capitale *m*; **capitalism** capitalismo *m*; **capitalist 1** *adj* capitalista **2** *n* capitalista *m/f*; **capital letter** lettera *f* maiuscola; **capital punishment** pena *f* capitale

Capricorn ['kæprɪkɔːn] ASTR Capricorno *m*

capsize [kæp'saɪz] ribaltarsi

capsule ['kæpsjuːl] *of medicine* cachet *m inv*; *(space ~)* capsula *f*

captain ['kæptɪn] capitano *m*

caption ['kæpʃn] didascalia *f*

captivate ['kæptɪveɪt] affascinare; **captive** prigioniero; **captivity** cattività *f*; **capture 1** *n of building, city* occupazione *f*; *of city* presa *f*; *of criminal, animal* cattura *f* **2** *v/t person, animal* catturare; *city, building* occupare; *city* prendere; *market share* conquistare

car [kɑː(r)] macchina *f*, auto *f inv*; *of train* vagone *m*; **by~** in macchina

caravan ['kærəvæn] roulotte *f inv*

'**car bomb** autobomba *f*

carbon monoxide [kɑːbənmɒn'ɒksaɪd] monossido *m* di carbonio

carburetor [kɑːbjʊ'retə(r)] carburatore *m*

carcass ['kɑːkəs] carcassa *f*

card [kɑːd] *to mark special occasion* biglietto *m*; *(post~)* cartolina *f*; *(business ~)* biglietto *m* (da visita); *(playing ~)* carta *f*; COMPUT scheda *f*; **cardboard** cartone *m*

cardiac ['kɑːdiæk] cardiaco; **cardiac arrest** arresto *m* cardiaco

cardinal ['kɑːdɪnl] REL cardinale *m*

care [keə(r)] **1** *n of baby, pet* cure *fpl*; *of the elderly* assistenza *f*; *of the sick* cura *f*; *(worry)* preoccupazione *f*; **take ~** *(be cautious)* fare attenzione; **take ~ (of yourself)!** *(goodbye)* stammi bene; **take~ of** *baby, dog* prendersi cura di; *tool, house, garden* tenere bene; *(deal with)* occuparsi di **2** *v/i* interessarsi; **I don't ~!** non mi importa

◆ **care about** interessarsi a

◆ **care for** *(look after)* prendersi cura di

career [kə'rɪə(r)] *1 n* carriera *f*; *(path through life)* vita *f*

careful ['keəfʊl] **(be) ~!** *(of)* (stai) attento!; **carefully** con cautela; **careless** incurante; *driver, worker* sbadato; *work* fatto senza attenzione; **carelessly** senza cura; **carer** accompagnatore *m*, -trice *f*

caress [kə'res] accarezzare

'**car ferry** traghetto *m* (per le macchine)

cargo ['kɑːgəʊ] carico *m*

'**car hire** autonoleggio *m*

caricature ['kærɪkətjʊə(r)] caricatura *f*

carnation [kɑː'neɪʃn] garofano *m*

carnival ['kɑːnɪvl] carnevale *m*

'**car park** parcheggio *m*

carpenter ['kɑːpɪntə(r)] falegname *m*

carpet ['kɑːpɪt] tappeto *m*;

(fitted ~) moquette *f inv*

'car phone telefono *m* da automobile; **car rental** autonoleggio *m*

carrier ['kærɪə(r)] *(company)* compagnia *f* di trasporto; *of disease* portatore *m* sano, portatrice *f* sana

carrot ['kærət] carota *f*

carry ['kærɪ] **1** *v/t* portare; *of ship, bus etc* trasportare **2** *v/i of sound* sentirsi

◆ **carry on 1** *v/i (continue)* andare avanti, continuare **2** *v/t (conduct)* portare avanti

◆ **carry out** *survey etc* effettuare; *orders etc* eseguire

cart [kɑːt] carretto *m*; *Am*: *in supermarket, at airport* carrello *m*

carton ['kɑːtn] cartone *m*; *of cigarettes* stecca *f*

cartoon [kɑː'tuːn] fumetto *m*; *on TV, film* cartone *m* animato

cartridge ['kɑːtrɪdʒ] *for gun, printer* cartuccia *f*

carve [kɑːv] *meat* tagliare; *wood* intagliare

case[1] [keɪs] *for glasses, pen* astuccio *m*; *of wine* cassa *f*; *(suitcase)* valigia *f*

case[2] [keɪs] *(instance, for police)*, MED *causa f*; LAW *causa f*; *in ~ ...* in caso; *in any ~* in ogni caso

cash [kæʃ] **1** *n* contanti *mpl*; *(money)* soldi *mpl* **2** *v/t cheque* incassare; **cash desk** cassa *f*; **cash flow** flusso *m*

di cassa; **cashier** *in shop etc* cassiere *m*, -a *f*; **cash machine**, **cashpoint** *(sportello m)* Bancomat® *m*; **cash register** cassa *f*

casino [kə'siːnəʊ] casinò *m inv*

casket ['kɑːskɪt] *Am (coffin)* bara *f*

casserole ['kæsərəʊl] *meal* stufato *m*; *container* casseruola *f*

cassette [kə'set] cassetta *f*; **cassette recorder** registratore *m* (a cassette)

cast [kɑːst] **1** *n of play* cast *m inv*; *(mould)* stampo *m* **2** *v/t doubt, suspicion* far sorgere *(on su)*; *metal* colare (in uno stampo)

cast 'iron ghisa *f*

castle ['kɑːsl] castello *m*

casual ['kæʒʊəl] *(chance)* casuale; *(offhand)* disinvolto; *remark* poco importante; *clothes* casual *inv*; **casually** *dressed* (in modo) casual; *say* con disinvoltura; **casualty** *dead person* vittima *f*; *injured* ferito *m*

cat [kæt] gatto *m*

catalogue, *Am* **catalog** ['kætəlɒg] catalogo *m*

catalyst ['kætəlɪst] catalizzatore *m*

catastrophe [kə'tæstrəfɪ] catastrofe *f*; **catastrophic** catastrofico

catch [kætʃ] **1** *n* presa *f*; *of fish* pesca *f*; *on bag, box* chiusura

center

f; *on door, window* fermo *m*; (*problem*) inghippo *m* **2** *v/t ball, escapee, bus, fish, illness* prendere; (*hear*) afferrare

◆ **catch on** (*become popular*) fare presa; (*understand*) afferrare

◆ **catch up** recuperare; **catch up with s.o.** raggiungere qu; **catch up with sth** *work, studies* mettersi in pari con qc

catching ['kætʃɪŋ] *also fig* contagioso; **catchy** *tune* orecchiabile

categoric [kætə'gɒrɪk] categorico; **category** categoria *f*

caterer ['keɪtərə(r)] ristoratore *m*, -trice *f*

caterpillar ['kætəpɪlə(r)] bruco *m*

cathedral [kə'θiːdrəl] cattedrale *f*, duomo *m*

Catholic ['kæθəlɪk] **1** *adj* cattolico **2** *n* cattolico *m*, -a *f*; **Catholicism** cattolicesimo *m*

cattle ['kætl] bestiame *m*

cauliflower ['kɒlɪflaʊə(r)] cavolfiore *m*

cause [kɔːz] **1** *n* causa *f*; (*grounds*) motivo *m* **2** *v/t* causare

caution ['kɔːʃn] **1** *n* (*carefulness*) cautela *f*, prudenza *f* **2** *v/t* (*warn*) mettere in guardia; **cautious** cauto, prudente; **cautiously** con cautela

cave [keɪv] caverna *f*, grotta *f*

caviar ['kævɪɑː(r)] caviale *m*

cavity ['kævətɪ] cavità *f* inv; *in tooth* carie *f* inv

CD [siː'diː] *(= compact disc)* CD *m* inv; **CD player** lettore *m* CD; **CD-ROM** CD-ROM *m* inv

cease [siːs] cessare; **cease-fire** cessate il fuoco *m* inv

ceiling ['siːlɪŋ] soffitto *m*; (*limit*) tetto *m*, plafond *m* inv

celeb [seleb] vip *m/f* inv

celebrate ['selɪbreɪt] festeggiare; **celebrated** acclamato; **celebration** celebrazione *f*, festeggiamento *m*; **celebrity** celebrità *f* inv

celibate ['selɪbət] *man* celibe; *woman* nubile

cell [sel] *for prisoner* cella *f*; BIO cellula *f*; *in spreadsheet* casella *f*, cella *f*

cellar ['selə(r)] cantina *f*; *of wine* collezione *f* di vini

cellist ['tʃelɪst] violoncellista *m/f*; **cello** violoncello *m*

'cell phone, cellular phone ['seljʊlə(r)] *Am* telefono *m* cellulare, cellulare *m*

cement [sɪ'ment] cemento *m*

cemetery ['semətrɪ] cimitero *m*

censor ['sensə(r)] censurare; **censorship** censura *f*

census ['sensəs] censimento *m*

cent [sent] centesimo *m*

centenary [sen'tiːnərɪ] centenario *m*

center *Am* ☞ **centre**

centigrade ['sentɪgreɪd] centigrado

centimetre, *Am* **centimeter** ['sentɪmiːtə(r)] centimetro *m*

central ['sentrəl] centrale; **central heating** riscaldamento *m* autonomo; **centralize** accentrare; **central locking** MOT chiusura *f* centralizzata; **central reservation** MOT banchina *f* spartitraffico

centre ['sentə(r)] **1** *n* centro *m* **2** *v/t* centrare

century ['sentʃəri] secolo *m*

CEO [siːiː'əʊ] (= *Chief Executive Officer*) direttore *m* generale

ceramic [sɪ'ræmɪk] ceramico

cereal ['sɪərɪəl] cereale *m*; (*breakfast* ~) cereali *mpl*

ceremonial [serɪ'məʊnɪəl] **1** *adj* da cerimonia **2** *n* cerimoniale *m*; **ceremony** cerimonia *f*

certain ['sɜːtn] (*sure, particular*) certo; **certainly** certamente; ~ **not!** certo che no!; **certainty** certezza *f*; **it's a** ~ è una cosa certa

certificate [sə'tɪfɪkət] *qualification* certificazione *f*; *official paper* certificato *m*

certify ['sɜːtɪfaɪ] dichiarare ufficialmente

Cesarean *Am* ☞ **Caesarean**

chain [tʃeɪn] **1** *n* catena *f* **2** *v/t*: ~ **sth to sth** incatenare qc a qc; **chain reaction** reazione *f* a catena

chair [tʃeə(r)] **1** *n* sedia *f*; (*arm* ~) poltrona *f*; *at university* cattedra *f* **2** *v/t meeting* presiedere; **chair lift** seggiovia *f*; **chairman** presidente *m*; **chairmanship** presidenza *f*; **chairperson** presidente *m/f*

chalet ['ʃæleɪ] chalet *m inv*

chalk [tʃɔːk] gesso *m*

challenge ['tʃælɪndʒ] **1** *n* sfida *f* **2** *v/t* sfidare; (*call into question*) mettere alla prova; **challenger** sfidante *m/f*; **challenging** *job, undertaking* stimolante

chambermaid ['tʃeɪmbəmeɪd] cameriera *f*; **Chamber of Commerce** Camera *f* di Commercio

champagne [ʃæm'peɪn] champagne *m inv*

champion ['tʃæmpɪən] **1** *n* SP campione *m*, -essa *f* **2** *v/t cause* difendere; **championship** *event* campionato *m*; *title* titolo *m* di campione

chance [tʃɑːns] (*possibility*) probabilità *f inv*; (*opportunity*) opportunità *f inv*; (*luck*) caso *m*; **by** ~ per caso; **take a** ~ correre un rischio

change [tʃeɪndʒ] **1** *n* cambiamento *m*; *small coins* moneta *f*; *from purchase* resto *m*; **for a** ~ per cambiare **2** *v/t* cambiare **3** *v/i* cambiare; (*put on different clothes*) cambiarsi; **changeable** incostante; *weather* variabile; **change-**

over passaggio *m; period* fase *f* di transizione; **changing room** SP spogliatoio *m; in shop* camerino *m*

channel ['tʃænl] *on TV, in water* canale *m;* **Channel Tunnel** tunnel *m* della Manica

chant [tʃɑːnt] **1** *n* slogan *m inv;* REL canto *m* **2** *v/i* gridare; *of demonstrators* gridare slogan; REL cantare

chaos ['keɪɒs] caos *m;* **chaotic** caotico

chap [tʃæp] *n* F tipo *m* F

chapel ['tʃæpl] cappella *f*

chapter ['tʃæptə(r)] capitolo *m*

character ['kærɪktə(r)] carattere *m;* (*person*) tipo *m; in book* personaggio *m;* **characteristic 1** *n* caratteristica *f* **2** *adj* caratteristico; **characterize** caratterizzare

charge [tʃɑːdʒ] **1** *n* (*fee*) costo *m;* LAW accusa *f; free of ~* gratis; *be in ~* essere responsabile **2** *v/t sum of money* far pagare; *Am* (*put on account*) addebitare; LAW accusare; *battery* caricare **3** *v/i* (*attack*) attaccare; **charge account** conto *m* (spese); **charge card** carta *f* di addebito

charismatic [kærɪz'mætɪk] carismatico

charitable ['tʃærɪtəbl] *institution* di beneficenza; *person* caritatevole; **charity** carità *f; organization* associazione *f* di beneficenza

charm [tʃɑːm] **1** *n* fascino *m; on bracelet etc* ciondolo *m* **2** *v/t* (*delight*) conquistare; **charming** affascinante; *house, village* incantevole

charred [tʃɑːd] carbonizzato

chart [tʃɑːt] diagramma *m;* (*map*) carta *f*

'charter flight volo *m* charter *inv*

chase [tʃeɪs] **1** *n* inseguimento *m* **2** *v/t* inseguire

◆ **chase away** cacciare (via)

chassis ['ʃæsɪ] *of car* telaio *m*

chat [tʃæt] **1** *n* chiacchierata *f* **2** *v/i* chiacchierare

◆ **chat up** F abbordare F

'chatline chat line *f inv;* **chat room** chat room *f inv;* **chat show** talk show *m inv*

chatter ['tʃætə(r)] **1** *n* parlantina *f* **2** *v/i talk* fare chiacchiere; *of teeth* battere; **chatterbox** chiacchierone *m,* -a *f*

chauffeur ['ʃəʊfə(r)] autista *m/f*

chauvinist ['ʃəʊvɪnɪst] (*male ~*) maschilista *m*

cheap [tʃiːp] economico; (*nasty*) cattivo; (*mean*) tirchio

cheat [tʃiːt] **1** *n person* imbroglione *m,* -a *f* **2** *v/t* imbrogliare **3** *v/i* imbrogliare; *in cards* barare

check[1] [tʃek] **1** *adj shirt* a quadri **2** *n* quadro *m*

check[2] [tʃek] *n Am* FIN assegno *m*

check[3] [tʃek] **1** *n to verify sth* verifica *f* **2** *v/t & v/i* verificare

◆ **check in** registrarsi
◆ **check out 1** *v/i of hotel* saldare il conto **2** *v/t* (*look into*) verificare; *club, restaurant etc* provare
◆ **check up on** fare dei controlli su

checked ['tʃekt] *material* a quadri

checkered ['tʃekərd] *Am material* a quadri; **checkers** *Am* dama *f*

'**check-in** (**counter**) banco *m* dell'accettazione; **checking account** conto *m* corrente; **check-in time** check in *m inv*; **checklist** lista *f* di verifica; **checkmark** *Am* segno *m*; **check-mate** *n* scacco *m* matto; **check-out** cassa *f*; **check-point** posto *m* di blocco; **checkroom** *Am for coats* guardaroba *m inv*; **checkup** *medical* check up *m inv*; *dental* visita *f* di controllo

cheek [tʃiːk] guancia *f*; (*impudence*) sfacciataggine *f*; **cheeky** sfacciato

cheer [tʃɪə(r)] **1** *n* acclamazione *f*; ~**s!** (*toast*) salute!; ~**s!** *F* (*thanks*) grazie! **2** *v/t* acclamare **3** *v/i* fare acclamazioni
◆ **cheer up 1** *v/i* consolarsi; **cheer up!** su con la vita! **2** *v/t* tirare su

cheerful ['tʃɪəfʊl] allegro; **cheering** acclamazioni *fpl*

cheerio [tʃɪərɪ'əʊ] *F* ciao *F*

'**cheerleader** ragazza *f* pon

pon

cheese [tʃiːz] formaggio *m*; **cheesecake** dolce *m* al formaggio

chef [ʃef] chef *m/f inv*

chemical ['kemɪkl] **1** *adj* chimico **2** *n* sostanza *f* chimica; **chemist** farmacista *m/f*; *in laboratory* chimico *m*, -a *f*; **chemistry** chimica *f*

chemotherapy [kiːməʊ'θerəpɪ] chemioterapia *f*

cheque [tʃek] assegno *m*; **chequebook** libretto *m* degli assegni

cherry ['tʃerɪ] *fruit* ciliegia *f*; *tree* ciliegio *m*

chess [tʃes] scacchi *mpl*

chest [tʃest] *of person* petto *m*; (*box*) cassa *f*

chew [tʃuː] masticare; *of dog, rats* rosicchiare; **chewing gum** gomma *f* da masticare

chic [ʃiːk] chic *inv*

chick [tʃɪk] pulcino *m*; F (*girl*) ragazza *f*

chicken ['tʃɪkɪn] **1** *n* pollo *m*; **chickenpox** varicella *f*

chief [tʃiːf] **1** *n* principale *m/f*; *of tribe* capo *m* **2** *adj* principale; **chiefly** principalmente

child [tʃaɪld] (*pl* **children** ['tʃɪldrən]) *also pej* bambino *m*, -a *f*; **they have two children** hanno due figli; **childhood** infanzia *f*; **childish** *pej* infantile, puerile; **childlike** innocente; **childminder** baby-sitter *m/f inv*

children ['tʃɪldrən] *pl* ☞ **child**

Chile ['tʃɪli] Cile m; **Chilean 1**
adj cileno **2** *n* cileno m, -a f
chill [tʃɪl] **1** *n* aria f fredda m;
illness colpo m di freddo;
there's a ~ in the air l'aria
è fredda **2** *v/t wine* mettere
in fresco
◆ **chill out** rilassarsi
chilli (pepper) ['tʃɪli] pepe-
roncino m
chilly ['tʃɪli] *weather, welcome*
freddo
chimney ['tʃɪmni] camino m
chimpanzee [tʃɪmpæn'ziː]
scimpanzé m inv
chin [tʃɪn] mento m
china ['tʃaɪnə] porcellana f
China ['tʃaɪnə] Cina f; **Chinese 1** *adj* cinese **2** *n language* cinese m; *person* cinese m/f
chip [tʃɪp] **1** *n fragment* sche-
gia f; *damage* scheggiatura f;
in gambling fiche f inv; COM-
PUT chip m inv; **~s** patate fpl
fritte; *Am* patatine fpl **2** *v/t
damage* scheggiare
chisel ['tʃɪzl] scalpello m
chlorine ['klɔːriːn] cloro m
chock-full ['tʃɒkful] F strapieno
chocolate ['tʃɒkələt] cioccolato m; *in box* cioccolatino
m; **chocolate cake** dolce
m al cioccolato
choice [tʃɔɪs] **1** *n* scelta f; **I
had no ~** non avevo scelta
2 *adj* (*top quality*) di prima
scelta
choir ['kwaɪə(r)] coro m

choke [tʃəʊk] **1** *n* MOT starter
m inv **2** *v/t & v/i* soffocare
cholesterol [kə'lestərɒl] colesterolo m
choose [tʃuːz] scegliere;
choosey F selettivo
chop [tʃɒp] **1** *n meat* braciola f
2 *v/t wood* spaccare; *meat, vegetables* tagliare a pezzi
◆ **chop down** *tree* abbattere
chord [kɔːd] MUS accordo m
chore [tʃɔː(r)] *household* faccenda f domestica
choreographer [kɒrɪ'ɒg-
rəfə(r)] coreografo m, -a f;
choreography coreografia f
chorus ['kɔːrəs] *singers, of
song* coro m
Christ [kraɪst] Cristo m; **~!**
Cristo!
christen ['krɪsn] battezzare
Christian ['krɪstʃən] **1** *n* cristiano m, -a f **2** *adj* cristiano;
Christianity cristianesimo
m; **Christian name** nome
m di battesimo
Christmas ['krɪsməs] Natale
m; **Merry ~!** Buon Natale!;
Christmas card biglietto m
di auguri natalizi; **Christmas Day** giorno m di Natale; **Christmas Eve** vigilia f di
Natale; **Christmas present**
regalo m di Natale; **Christmas tree** albero m di Natale
chrome, chromium [krəum,
'krəumɪəm] cromo m
chronic ['krɒnɪk] cronico
chrysanthemum [krɪ'sæn-
θəməm] crisantemo m

chubby ['tʃʌbɪ] paffuto
chuck [tʃʌk] F buttare
chuckle ['tʃʌkl] **1** *n* risatina *f* **2** *v/i* ridacchiare
chunk [tʃʌŋk] pezzo *m*
church [tʃɜːtʃ] chiesa *f*; **church service** funzione *f* religiosa; **churchyard** cimitero *m* (di una chiesa)
chute [ʃuːt] scivolo *m*; *for waste disposal* canale *m* di scarico
cider ['saɪdə(r)] sidro *m*
cigar [sɪ'gɑː(r)] sigaro *m*
cigarette [sɪgə'ret] sigaretta *f*; **cigarette lighter** accendino *m*
cinema ['sɪnɪmə] cinema *m inv*; **cinema goer** frequentatore *m*, -trice *f* di cinema
cinnamon ['sɪnəmən] cannella *f*
circle ['sɜːkl] **1** *n* cerchio *m*; (*group*) cerchia *f* **2** *v/i* of plane girare in tondo; *of bird* volteggiare
circuit ['sɜːkɪt] ELEC circuito *m*; (*lap*) giro *m*; **circuit board** COMPUT circuito *m* stampato
circular ['sɜːkjʊlə(r)] **1** *n giving information* circolare *f* **2** *adj* circolare; **circulate 1** *v/i* circolare **2** *v/t memo* far circolare; **circulation** BIO circolazione *f*; *of newspaper* tiratura *f*
circumstances ['sɜːkəmstənsɪz] circostanze *fpl*; (*financial*) situazione *fsg* (eco-

nomica)
circus ['sɜːkəs] circo *m*
cistern ['sɪstən] cisterna *f*; *of WC* serbatoio *m*
citizen ['sɪtɪzn] cittadino *m*, -a *f*; **citizenship** cittadinanza *f*
city ['sɪtɪ] città *f inv*; **city centre**, *Am* **city center** centro *m* (della città); **city hall** sala *f* municipale
civic ['sɪvɪk] civico
civil ['sɪvl] civile; **civil ceremony** cerimonia *f* civile; **civil engineer** ingegnere *m* civile; **civilian 1** *n* civile *m/f* **2** *adj clothes* civile; **civilization** civilizzazione *f*; **civilize** civilizzare; **civil rights** diritti *mpl* civili; **civil servant** impiegato *m*, -a *f* statale; **civil service** pubblica amministrazione *f*; **civil war** guerra *f* civile
claim [kleɪm] **1** *n* (*request*) richiesta *f*; (*right*) diritto *m*; (*assertion*) affermazione *f* **2** *v/t* (*ask for as a right*) rivendicare; *damages* richiedere; (*assert*) affermare; *lost property* reclamare; **claimant** richiedente *m/f*
clairvoyant [kleə'vɔɪənt] chiaroveggente *m/f*
clam [klæm] vongola *f*
clammy ['klæmɪ] *hands* appiccicaticcio; *weather* afoso
clamp [klæmp] *fastener* morsa *f*; *for wheel* ceppo *m* (bloccaruote)
◆ **clamp down** usare il pu-

329

cleavage

gno di ferro
◆ **clamp down on** mettere un freno a
clandestine [klæn'destɪn] clandestino
clap [klæp] (*applaud*) applaudire
clarification [klærɪfɪ'keɪʃn] chiarimento *m*; **clarify** chiarire
clarinet [klærɪ'net] clarinetto *m*
clarity ['klærɪtɪ] chiarezza *f*
clash [klæʃ] **1** *n* scontro *m* **2** *v/i* scontrarsi; *of opinions* essere in contrasto; *of colours* stonare; *of events* coincidere
clasp [klɑːsp] **1** *n fastener* chiusura *f* **2** *v/t in hand* stringere
class [klɑːs] **1** *n* (*lesson*) lezione *f*; (*group of people, category*) classe *f* **2** *v/t* classificare
classic ['klæsɪk] **1** *adj* classico **2** *n* classico *m*; **classical** classico; **classification** classificazione *f*; **classified** *information* riservato; **classified ad(vertisement)** inserzione *f*, annuncio *m*; **classify** (*categorize*) classificare
'**classroom** aula *f*; **classy** F d'alta classe
clause [klɔːz] *in agreement* articolo *m*; GRAM proposizione *f*
claustrophobia [klɔːstrə'fəʊbɪə] claustrofobia *f*
claw [klɔː] **1** *n artiglio m*; *of lobster* chela *m* **2** *v/t* (*scratch*)

graffiare
clay [kleɪ] argilla *f*
clean [kliːn] **1** *adj* pulito **2** *adv* F (*completely*) completamente **3** *v/t* pulire; *teeth* lavarsi; *car, hands, face* lavare; *clothes* lavare *or* pulire a secco
cleaner ['kliːnə(r)] *male* uomo *m* delle pulizie; *female* donna *f* delle pulizie; (*dry* ⁓) lavanderia *f*, tintoria *f*
cleanse [klenz] *skin* detergere; **cleanser** *for skin* detergente *m*; **cleansing cream** latte *f* detergente
clear [klɪə(r)] **1** *adj sky* sereno; *water, eyes* limpido; *skin* uniforme; *conscience* pulito **2** *v/t roads etc* sgombe(r)rare; (*acquit*) scagionare; (*authorize*) autorizzare **3** *v/i of sky* schiarirsi; *of mist* diradarsi
◆ **clear off** F filarsela F
◆ **clear out 1** *v/t cupboard* sgomb(e)rare **2** *v/i* sparire
◆ **clear up 1** *v/i* (*tidy up*) mettere in ordine; *of weather* schiarirsi; *of illness* sparire **2** *v/t* (*tidy*) mettere in ordine; *mystery* risolvere
clearance ['klɪərəns] *space* spazio *m* libero; (*authorization*) autorizzazione *f*; **clearance sale** liquidazione *f*; **clearing** *in woods* radura *f*; **clearly** chiaramente
cleavage ['kliːvɪdʒ] décolleté *m inv*

clench [klentʃ] serrare

clergy ['klɜːdʒɪ] clero m; **clergyman** ecclesiastico m

clerk [klɑːk, Am klɜːk] impiegato m, -a f; Am in store commesso m, -a f

clever ['klevə(r)] intelligente; *gadget* ingegnoso

click [klɪk] **1** n COMPUT click m inv **2** v/i of camera etc scattare

◆ **click on** COMPUT cliccare su

client ['klaɪənt] cliente m/f; **clientele** clientela f

cliff [klɪf] scogliera f

climate ['klaɪmət] clima m; **climate change** mutazione f climatica

climax ['klaɪmæks] punto m culminante

climb [klaɪm] **1** n up mountain scalata f, arrampicata f **2** v/t salire su **3** v/i salire; **climber** alpinista m/f

clinch [klɪntʃ] deal concludere

cling [klɪŋ] of clothes essere attillato

◆ **cling to** of child avvinghiarsi a; *tradition* aggrapparsi a

clingy ['klɪŋɪ] person appiccicoso

clinic ['klɪnɪk] clinica f; **clinical** clinico

clip[1] [klɪp] **1** n fastener fermaglio m; for hair molletta f **2** v/t: ~ **sth to sth** attaccare qc a qc

clip[2] [klɪp] **1** n from film spez-

zone f **2** v/t hair, grass tagliare

clipping ['klɪpɪŋ] from newspaper ritaglio m

cloakroom ['kləʊkruːm] for coats guardaroba m inv

clock [klɒk] orologio m; **clock radio** radiosveglia f; **clockwise** in senso orario

clone [kləʊn] **1** n clone m **2** v/t clonare; **cloning** clonazione f

close[1] [kləʊs] **1** adj family, friend intimo **2** adv vicino; ~ **at hand** a portata di mano; ~ **by** nelle vicinanze

close[2] [kləʊz] **1** v/t chiudere **2** v/i of door, eyes chiudersi; of shop chiudere

closed-circuit 'television televisione f a circuito chiuso; **close-knit** affiatato; **closely** listen, watch attentamente; cooperate fianco a fianco

closet ['klɒzɪt] Am armadio m

close-up ['kləʊsʌp] primo piano m

closing date ['kləʊzɪŋ] termine m

closure ['kləʊʒə(r)] chiusura f

clot [klɒt] **1** n of blood grumo m **2** v/i of blood coagularsi

cloth [klɒθ] tessuto m; for cleaning straccio m

clothes [kləʊðz] vestiti mpl; **clothes hanger** attaccapanni m inv; **clothes peg** molletta f per i panni; **clothing** abbigliamento m

cloud [klaʊd] *n* nuvola *f*
◆ **cloud over** rannuvolarsi
cloudless ['klaʊdlɪs] sereno;
cloudy nuvoloso
clout [klaʊt] *fig (influence)* impatto *m*
clove of 'garlic [kləʊv] spicchio *m* d'aglio
clown [klaʊn] *also pej* pagliaccio *m*
club [klʌb] *weapon* clava *f*; *in golf* mazza *f*; *organization* club *m inv*
clue [klu:] indizio *m*
clumsiness ['klʌmzɪnɪs] goffaggine *f*; **clumsy** goffo, maldestro
cluster ['klʌstə(r)] gruppo *m*
clutch [klʌtʃ] **1** *n* MOT frizione *f* **2** *v/t* stringere
◆ **clutch at** cercare di afferrare
Co. (= *Company*) Cia (= compagnia)
c/o (= *care of*) presso
coach [kəʊtʃ] **1** *n (trainer)* allenatore *m*, -trice *f*; *on train* vagone *m*; *(bus)* pullman *m inv* **2** *v/t* allenare; **coaching** allenamento *m*; **coach station** stazione *f* dei pullman
coagulate [kəʊˈægjʊleɪt] coagularsi
coal [kəʊl] carbone *m*
coalition [kəʊəˈlɪʃn] coalizione *f*
'coalmine miniera *f* di carbone
coarse [kɔ:s] *skin, fabric* ruvido; *hair* spesso; *(vulgar)*

grossolano; **coarsely** *(vulgarly)* grossolanamente; *ground* a grani grossi
coast [kəʊst] costa *f*; **coastal** costiero
'**coastguard** *organization, person* guardia *f* costiera; **coastline** costa *f*, litorale *m*
coat [kəʊt] **1** *n (over~)* cappotto *m*; *of animal* pelliccia *f*; *of paint etc* mano *f* **2** *v/t (cover)* ricoprire; **coathanger** attaccapanni *m inv*, gruccia *f*; **coating** strato *m*
coax [kəʊks] convincere con le moine
cobweb ['kɒbweb] ragnatela *f*
cocaine [kəˈkeɪn] cocaina *f*
cock [kɒk] *chicken* gallo *m*; *any male bird* maschio *m* (di uccelli); **cockpit** *of plane* cabina *f* (di pilotaggio); **cockroach** scarafaggio *m*; **cocktail** cocktail *m inv*
cocoa ['kəʊkəʊ] *drink* cioccolata *f* calda
coconut ['kəʊkənʌt] cocco *m*; **coconut palm** palma *f* di cocco
code [kəʊd] codice *m*
coeducational [kəʊedjʊ'keɪʃnl] misto
coerce [kəʊ'ɜːs] costringere
coexist [kəʊɪgˈzɪst] coesistere; **coexistence** coesistenza *f*
coffee ['kɒfɪ] caffè *m inv*; **coffee maker** caffettiera *f*; **coffee pot** caffettiera *f*; **coffee**

shop caffetteria *f*
coffin ['kɒfɪn] bara *f*
cog [kɒg] dente *m*
cohabit [kəʊ'hæbɪt] convivere
coherent [kəʊ'hɪərənt] coerente
coil [kɔɪl] **1** *n of rope* rotolo *m* **2** *v/t:* ~ **(up)** avvolgere
coin [kɔɪn] moneta *f*
coincide [kəʊɪn'saɪd] coincidere; **coincidence** coincidenza *f*
Coke® [kəʊk] Coca® *f*
cold [kəʊld] **1** *adj* freddo; **I'm ~** ho freddo; **it's ~** *of weather* fa freddo **2** *n* freddo *m*; MED raffreddore *m*; **cold-blooded** *also murder* a sangue freddo; *person* spietato; **cold calling** porta-a-porta *m*; *by phone* televendite *fpl*; **coldly** freddamente; **coldness** freddezza *f*; **cold sore** febbre *f* del labbro
collaborate [kə'læbəreɪt] collaborare; **collaboration** collaborazione *f*; *with enemy* collaborazionismo *m*; **collaborator** collaboratore *m*, -trice *f*; *with enemy* collaborazionista *m/f*
collapse [kə'læps] crollare; *of person* accasciarsi; **collapsible** pieghevole
collar ['kɒlə(r)] collo *m*, colletto *m*; *of dog* collare *m*; **collar-bone** clavicola *f*
collateral [kə'lætərəl] *for loan* garanzia *f* collaterale; **collat-**

eral **damage** danni *mpl* collaterali
colleague ['kɒliːg] collega *m/f*
collect [kə'lekt] **1** *v/t person* andare / venire a prendere; *tickets, cleaning etc* ritirare; *as hobby* collezionare; *(gather)* raccogliere **2** *v/i (gather together)* radunarsi **3** *adv Am:* **call ~** telefonare a carico del destinatario; **collection** collezione *f*; *in church* colletta *f*; *of poems, stories* raccolta *f*; **collective** collettivo; **collector** collezionista *m/f*
college ['kɒlɪdʒ] istituto *m* di studi superiori; *for professional training* scuola *f* professionale; *of British university* college *m inv*; **technical college** istituto *m* tecnico
collide [kə'laɪd] scontrarsi; **collision** collisione *f*, scontro *m*
colon ['kəʊlən] *punctuation* due punti *mpl*
colonel ['kɜːnl] colonnello *m*
colonial [kə'ləʊnɪəl] coloniale; **colonize** colonizzare; **colony** colonia *f*
color *Am* ☞ **colour**
colossal [kə'lɒsl] colossale
colour ['kʌlə(r)] colore *m*; **colour-blind** daltonico; **coloured** *person* di colore; **colourful** pieno di colori; *account* pittoresco
colt [kəʊlt] puledro *m*

column ['kɒləm] colonna f; *in newspaper* rubrica f; **columnist** giornalista m/f *che cura una* rubrica

coma ['kəumə] coma m *inv*

comb [kəum] **1** *n* pettine m **2** *v/t* pettinare; *area* rastrellare

combat ['kɒmbæt] **1** *n* combattimento m **2** *v/t* combattere

combination [kɒmbɪ'neɪʃn] combinazione f

combine [kəm'baɪn] **1** *v/t* unire; *ingredients* mescolare **2** *v/i* combinarsi

come [kʌm] venire; *of train, bus* arrivare

◆ **come about** *(happen)* succedere

◆ **come across** *(find)* trovare

◆ **come along** *(come too)* venire; *(turn up)* presentarsi; *(progress)* fare progressi

◆ **come back** ritornare

◆ **come down** venire giù; *in price, amount etc, (descend)* scendere; *of rain, snow* cadere

◆ **come for** *(attack)* assalire; *(collect)* venire a prendere

◆ **come forward** farsi avanti

◆ **come from** venire da; **where do you come from?** di dove sei?

◆ **come in** entrare; *of train, in race* arrivare; *of tide* salire

◆ **come in for** attirare; **come in for criticism** attirare delle critiche

◆ **come off** *of handle etc* staccarsi

◆ **come on** *(progress)* fare progressi; **how's the work coming on?** come sta venendo il lavoro?; **come on!** dai!; *in disbelief* ma dai!

◆ **come out** *of person, book, sun* uscire; *of results, product* venir fuori; *of stain* venire via

◆ **come to 1** *v/t place* arrivare a; **that comes to £70** fanno 70 sterline **2** *v/i (regain consciousness)* rinvenire

◆ **come up** salire; *of sun* sorgere

◆ **come up with** *new idea etc* venir fuori con

'**comeback** ritorno m; **make a ~** tornare alla ribalta

comedian [kə'miːdɪən] comico m, -a f; *pej* buffone m; *comedy* commedia f

comedy ['kɒmədɪ] commedia f

comfort ['kʌmfət] **1** *n* comodità f *inv, (consolation)* conforto m **2** *v/t* confortare; **comfortable** *chair, room* comodo

comic ['kɒmɪk] **1** *n to read* fumetto m; *(comedian)* comico m, -a f **2** *adj* comico; **comical** comico; **comic book** fumetto m; **comic strip** striscia f *(di fumetti)*

comma ['kɒmə] virgola f

command [kə'mɑːnd] **1** *n* comando m **2** *v/t person* comandare a

commandeer [kɒmən'dɪə(r)]

appropriarsi di
commander [kə'mɑːndə(r)]
comandante m; **commander-in-chief** comandante m
in capo
commemorate [kə'meməreɪt] commemorare
commence [kə'mens] cominciare
commendable [kə'mendəbl]
lodevole; **commendation**
for bravery riconoscimento
m
comment ['kɒment] **1** n commento m **2** v/i fare commenti; **commentary** cronaca f;
commentator *on TV* telecronista m/f; *on radio* radiocronista m/f
commerce ['kɒmɜːs] commercio m; **commercial**
1 *adj* commerciale **2** n (*advert*)
pubblicità f inv; **commercial break** interruzione f
pubblicitaria; **commercialize** *Christmas etc* commercializzare
commission [kə'mɪʃn] (*payment*, *committee*) commissione f; (*job*) incarico m
commit [kə'mɪt] *crime* commettere; *money* assegnare;
~ o.s. impegnarsi; **commitment** impegno m; **committee** comitato m
commodity [kə'mɒdətɪ] prodotto m
common ['kɒmən] comune;
have sth in ~ with s.o. avere
qc in comune con qu; **com-**

monly comunemente; **common sense** buon senso m
commotion [kə'məʊʃn] confusione f
communal ['kɒmjʊnl] comune
communicate [kə'mjuːnɪkeɪt] comunicare; **communication** comunicazione f;
communications comunicazioni fpl; **communicative** comunicativo
Communion [kə'mjuːnɪən]
REL comunione f
Communism ['kɒmjʊnɪzm]
comunismo m; **Communist**
1 *adj* comunista **2** n comunista m/f
community [kə'mjuːnətɪ] comunità f inv
commute [kə'mjuːt] **1** v/i fare
il / la pendolare **2** v/t LAW
commutare; **commuter** pendolare m/f; **commuter traffic** traffico m dei pendolari;
commuter train treno m dei
pendolari
compact 1 [kəm'pækt] *adj*
compatto **2** ['kɒmpækt] n
MOT compact m inv
companion [kəm'pænjən]
compagno m, -a f
company ['kʌmpənɪ] compagnia f; COM società f inv;
company car auto f inv della ditta
comparable ['kɒmpərəbl] paragonabile; (*similar*) simile;
comparative 1 *adj* (*relative*)
relativo; *study, method* com-

parato; **comparatively** relativamente; **compare 1** v/t paragonare (**with** a); **~d with** ... rispetto a ... **2** v/i: **how did he ~?** com'era rispetto agli altri?; **comparison** paragone m, confronto m

compartment [kəm'pɑːtmənt] scomparto m

compass ['kʌmpəs] bussola f; for geometry compasso m

compassion [kəm'pæʃn] compassione f; **compassionate** compassionevole

compatibility [kəmpætə'bɪlɪtɪ] compatibilità f; **compatible** compatibile

compel [kəm'pel] costringere

compensate ['kɒmpənseɪt] **1** v/t with money risarcire **2** v/i: **~ for** compensare; **compensation** money risarcimento m; reward vantaggio m; comfort consolazione f

compete [kəm'piːt] competere; (take part) gareggiare; **~ for** contendersi

competence ['kɒmpɪtəns] competenza f; **competent** competente

competition [kɒmpə'tɪʃn] (contest) concorso m; SP gara f; (competing, competitors) concorrenza f; **competitive** competitivo; sport agonistico; price, offer concorrenziale; **competitiveness** competitività f; **competitor** in contest concorrente m/f; **our ~s** COM la concorrenza

complacent [kəm'pleɪsənt] compiaciuto

complain [kəm'pleɪn] lamentarsi; to shop reclamare; **complaint** lamentela f, to shop reclamo m; MED disturbo m

complementary [kɒmplɪ'mentərɪ] complementare

complete [kəm'pliːt] **1** (total) completo; (finished) terminato **2** v/t task, building etc completare; form compilare; **completely** completamente; **completion** completamento m

complex ['kɒmpleks] **1** adj complesso **2** n also PSYCH complesso m; **complexion** facial carnagione f; **complexity** complessità f inv

compliance [kəm'plaɪəns] conformità f

complicate ['kɒmplɪkeɪt] complicare; **complicated** complicato; **complication** complicazione f

compliment ['kɒmplɪmənt] **1** n complimento m **2** v/t fare i complimenti a; **complimentary** lusinghiero; (free) in omaggio

comply [kəm'plaɪ] ubbidire; **~ with** osservare; of products, equipment essere conforme a

component [kəm'pəʊnənt] componente m

compose [kəm'pəʊz] also MUS comporre; **composed**

(*calm*) calmo; **composer** MUS compositore *m*, -trice *f*; **composition** *also* MUS composizione *f*; (*essay*) tema *m*; **composure** calma *f*

compound ['kɒmpaʊnd] *n* CHEM composto *m*

comprehend [kɒmprɪ'hend] (*understand*) capire; **comprehension** comprensione *f*; **comprehensive** esauriente; **comprehensive insurance** polizza *f* casco

compress ['kɒmpres] comprimere; *information* condensare

comprise [kəm'praɪz] comprendere; (*make up*) costituire; **be** ~**d of** essere composto da

compromise ['kɒmprəmaɪz] **1** *n* compromesso *m* **2** *v/i* arrivare a un compromesso **3** *v/t* (*jeopardize*) compromettere; ~ **o.s.** compromettersi

compulsion [kəm'pʌlʃn] PSYCH coazione *f*; **compulsive** *behaviour* patologico; *reading* avvincente; **compulsory** obbligatorio

computer [kəm'pjuːtə(r)] computer *m inv*; **computer game** computer game *m inv*; **computerize** computerizzare; **computer literate** che ha dimestichezza con il computer; **computer science** informatica *f*; **computer scientist** informatico *m*, -a *f*; **computing** informatica *f*

comrade ['kɒmreɪd] *also* POL compagno *m*, -a *f*; **comradeship** cameratismo *m*

conceal [kən'siːl] nascondere; **concealment** occultazione *f*

conceit [kən'siːt] presunzione *f*; **conceited** presuntuoso

conceivable [kən'siːvəbl] concepibile; **conceive** *of woman* concepire

concentrate ['kɒnsəntreɪt] **1** *v/i* concentrarsi **2** *v/t energies* concentrare; **concentration** concentrazione *f*

concept ['kɒnsept] concetto *m*; **conception** *of child* concepimento *m*

concern [kən'sɜːn] **1** *n* (*anxiety*) preoccupazione *f*; (*care*) interesse *m*; (*business*) affare *m*; (*company*) impresa *f* **2** *v/t* (*involve*) riguardare; (*worry*) preoccupare; **concerned** (*anxious*) preoccupato; (*caring*) interessato; (*involved*) in questione; **as far as I'm** ~ per quanto mi riguarda; **concerning** riguardo a

concert ['kɒnsət] concerto *m*; **concerted** congiunto

concession [kən'seʃn] (*compromise*) concessione *f*

concise [kən'saɪs] conciso

conclude [kən'kluːd] concludere (**from** da); **conclusion** conclusione *f*; **conclusive** conclusivo

concrete ['kɒnkriːt] concreto *f*

concussion [kənˈkʌʃn] commozione *f* cerebrale
condemn [kənˈdem] condannare; **condemnation** condanna *f*
condensation [kɒndenˈseɪʃn] *on walls, windows* condensa *f*
condescend [kɒndɪˈsend]: **he ~ed to speak to me** si è degnato di rivolgermi la parola; **condescending** borioso
condition [kənˈdɪʃn] **1** *n* (*state, requirement*) condizione *f*; MED malattia *f*; **in / out of ~** in / fuori forma **2** *v/t* PSYCH condizionare; **conditioner** *for hair* balsamo *m*; *for fabric* ammorbidente *m*; **conditioning** PSYCH condizionamento *m*
condo [ˈkɒndəʊ] *Am* condominio *m*
condolences [kənˈdəʊlənsɪz] condoglianze *fpl*
condom [ˈkɒndəm] preservativo *m*
condominium [kɒndəˈmɪnɪəm] *Am* condominio *m*
condone [kənˈdəʊn] *actions* scusare
conduct 1 [ˈkɒndʌkt] *n* (*behaviour*) condotta *f* **2** [kənˈdʌkt] *v/t* (*carry out*), ELEC condurre; MUS dirigere; **conducted tour** visita *f* guidata; **conductor** MUS direttore *m* d'orchestra; *on bus* bigliettaio *m*; PHYS conduttore *m*
cone [kəʊn] cono *m*; *of pine*

tree pigna *f*
conference [ˈkɒnfərəns] congresso *m*; **conference room** sala *f* riunioni
confess [kənˈfes] **1** *v/t* confessare **2** *v/i* confessare; REL confessarsi; **confession** confessione *f*
confide [kənˈfaɪd] **1** *v/t* confidare **2** *v/i*: **~ in s.o.** confidarsi con qu; **confidence** (*assurance*) sicurezza *f* (di sé); (*trust*) fiducia *f*; **in ~** in confidenza; **confident** sicuro; *person* sicuro di sé; **confidential** riservato, confidenziale; *adviser* di fiducia; **confidently** con sicurezza
confine [kənˈfaɪn] (*imprison*) richiudere; (*restrict*) limitare; **confined space** ristretto
confirm [kənˈfɜːm] confermare; **confirmation** conferma *f*
confiscate [ˈkɒnfɪskeɪt] sequestrare
conflict 1 [ˈkɒnflɪkt] *n* conflitto *m* **2** [kənˈflɪkt] *v/i of statements* essere in conflitto; *of dates* coincidere
conform [kənˈfɔːm] conformarsi; **~ to** *of products, acts etc* essere conforme a
confront [kənˈfrʌnt] (*face*) affrontare; **~ s.o. with sth** mettere qu di fronte a qc; **confrontation** scontro *m*
confuse [kənˈfjuːz] confondere; **~ s.o. with s.o.** confondere qu con qu; **confused** confuso; **confusing** che

confonde; **confusion** confusione *f*

congested [kən'dʒestɪd] congestionato; **congestion** congestione *f*

congratulate [kən'grætjʊleɪt] congratularsi con; **congratulations** congratulazioni *fpl*

congregate ['kɒŋgrɪgeɪt] (*gather*) riunirsi; **congregation** REL fedeli *mpl*

congress ['kɒŋgres] (*conference*) congresso *m*; **Congress** *in USA* il Congress; **Congressional** del Congresso; **Congressman** membro *m* del Congresso

conjecture [kən'dʒektʃə(r)] (*speculation*) congettura *f*

conjurer, conjuror ['kʌndʒərə(r)] (*magician*) prestigiatore *m*, -trice *f*

con man ['kɒnmæn] F truffatore *m*

connect [kə'nekt] (*join, link*) collegare; *to power supply* allacciare; **connected: be well~** avere conoscenze influenti; **be ~ with ...** essere collegato con; **connecting flight** coincidenza *f* (volo); **connection** (*link*) collegamento *m*; *when travelling* coincidenza *f*; (*personal contact*) conoscenza *f*; **in ~ with** a proposito di

connoisseur [kɒnə'sɜː(r)] intenditore *m*, -trice *f*

conquer ['kɒŋkə(r)] conqui-

stare; *fear etc* vincere; **conqueror** conquistatore *m*, -trice *f*; **conquest** conquista *f*

conscience ['kɒnʃəns] coscienza *f*; **conscientious** coscienzioso; **conscientiousness** coscienziosità *f*

conscious ['kɒnʃəs] (*aware*) consapevole; (*deliberate*) conscio; MED cosciente; **consciously** consapevolmente; **consciousness** consapevolezza *f*, **lose / regain ~** perdere / riprendere conoscenza

consecutive [kən'sekjʊtɪv] consecutivo

consensus [kən'sensəs] consenso *m*

consent [kən'sent] **1** *n* consenso *m* **2** *v/i* acconsentire

consequence ['kɒnsɪkwəns] conseguenza *f*; **consequently** di conseguenza

conservation [kɒnsə'veɪʃn] tutela *f*; **conservationist** ambientalista *m/f*; **conservative 1** *adj* (*conventional*) conservatore; *clothes* tradizionale; *estimate* cauto; **Conservative** *Br* POL conservatore **2** *n* *Br* POL **Conservative** conservatore *m*, -trice *f*; **conserve 1** *n* (*jam*) marmellata *f* **2** *v/t energy* risparmiare

consider [kən'sɪdə(r)] considerare; (*show regard for*) tener conto di; (*think about*) pensare a; **considerable** considerevole; **considerably** considerevolmente; **considerate** premuroso; **be ~ of** avere riguardo per; **siderately** premurosamente; **consideration** (*thought*) considerazione *f*; (*thoughtfulness*, *concern*) riguardo *m*; (*factor*) fattore *m*; **take sth into ~** prendere in considerazione qc

consignment [kənˈsaɪnmənt] COM consegna *f*

◆ **consist of** [kənˈsɪst] consistere in

consistency [kənˈsɪstənsɪ] (*texture*) consistenza *f*; (*unchangingness*) coerenza *f*; **consistent** coerente

consolidate [kənˈsɒlɪdeɪt] consolidare

consonant [ˈkɒnsənənt] GRAM consonante *f*

conspicuous [kənˈspɪkjʊəs]: **be** / **look ~** spiccare

conspiracy [kənˈspɪrəsɪ] cospirazione *f*; **conspirator** cospiratore *m*, -trice *f*; **conspire** cospirare

constant [ˈkɒnstənt] costante; **constantly** costantemente

constipated [ˈkɒnstɪpeɪtɪd] stitico; **constipation** stitichezza *f*

constituency [kənˈstɪtjʊənsɪ] POL circoscrizione *f* elettorale

constitute [ˈkɒnstɪtjuːt] costituire; **constitution** costituzione *f*; **constitutional** POL costituzionale

constraint [kənˈstreɪnt] restrizione *f*

construct [kənˈstrʌkt] costruire; **construction** costruzione *f*; **construction industry** edilizia *f*; **construction worker** operaio *m* edile; **constructive** costruttivo

consul [ˈkɒnsl] console *m*; **consulate** consolato *m*

consult [kənˈsʌlt] (*seek advice of*) consultare; **consultancy** (*company*) società *f inv* di consulenza; (*advice*) consulenza *f*; **consultant** consulente *m/f*; **consultation** consultazione *f*

consume [kənˈsjuːm] consumare; **consumer** consumatore *m*, -trice *f*; **consumer confidence** fiducia *f* dei consumatori; **consumption** consumo *m*

contact [ˈkɒntækt] **1** *n* contatto *m*; (*person*) conoscenza *f* **2** *v/t* mettersi in contatto con; **contact lens** lente *f* a contatto

contagious [kənˈteɪdʒəs] contagioso

contain [kənˈteɪn] contenere; **container** contenitore *m*; COM container *m inv*; **container ship** nave *f* portacontainer

contaminate [kənˈtæmɪneɪt]

contaminare; **contamination** contaminazione *f*

contemporary [kən'tempərərɪ] **1** *adj* contemporaneo **2** *n* coetaneo *m*, -a *f*

contempt [kən'tempt] disprezzo *m*; **contemptible** spregevole; **contemptuous** sprezzante

contender [kən'tendə(r)] concorrente *m/f*; *against champion* sfidante *m/f*; POL candidato *m*, -a *f*

content[1] ['kɒntent] *n* contenuto *m*

content[2] [kən'tent] **1** *adj* contento **2** *v/t*: **~ o.s. with** accontentarsi di

contented [kən'tentɪd] contento; **contentment** soddisfazione *f*

contents ['kɒntents] *of* contenuto *m*

contest[1] ['kɒntest] *n* (*competition*) concorso *m*; (*struggle, for power*) lotta *f*

contest[2] [kən'test] *v/t leadership etc* essere in lizza per; *will* impugnare

contestant [kən'testənt] concorrente *m/f*

context ['kɒntekst] contesto *m*

continent ['kɒntɪnənt] continente *m*; **the ~** l'Europa continentale; **continental** continentale

continual [kən'tɪnjuəl] continuo; **continually** continuamente; **continuation** segui-

to *m*; **continue** continuare (**doing** a fare); **continuous** ininterrotto; **continuously** ininterrottamente

contort [kən'tɔːt] contorcere

contraception [kɒntrə'sepʃn] contraccezione *f*; **contraceptive** anticoncezionale *m*, contraccettivo *m*

contract[1] ['kɒntrækt] *n* contratto *m*

contract[2] [kən'trækt] **1** *v/i* (*shrink*) contrarsi **2** *v/t illness* contrarre

contractor [kən'træktə(r)] appaltatore *m*, -trice *f*; *building* ~ ditta *f* di appalti (edili)

contractual [kən'træktjuəl] contrattuale

contradict [kɒntrə'dɪkt] contraddire; **contradiction** contraddizione *f*; **contradictory** contraddittorio

contrary[1] ['kɒntrərɪ] **1** *adj* contrario; **~** *to* contrariamente a **2** *n*: **on the ~** al contrario

contrary[2] [kən'treərɪ]: **be ~** (*perverse*) essere un bastian contrario

contrast ['kɒntrɑːst] **1** *n* contrasto *m* **2** *v/t* confrontare **3** *v/i* contrastare; **contrasting** contrastante

contravene [kɒntrə'viːn] contravvenire a

contribute [kən'trɪbjuːt] **1** *v/i* contribuire; *to magazine* collaborare (**to** con); *to discus-*

sion intervenire (**to** in) **2** *v/t money* contribuire con; **contribution**: *money* offerta *f*; *to political party, church* donazione *f*; *of time, effort* contributo *m*; *to debate* intervento *m*; *to magazine* collaborazione *f*; **contributor** *of money* finanziatore *m*, -trice *f*; *to magazine* collaboratore *m*, -trice *f*

control [kənˈtrəʊl] **1** *n* controllo *m*; **be in ~ of sth** tenere qc sotto controllo; **~s** *of aircraft, vehicle* comandi; **~s** (*restrictions*) restrizioni **2** *v/t* (*govern*) controllare; (*regulate*) regolare; **~ o.s.** controllarsi

controversial [kɒntrəˈvɜːʃl] controverso; **controversy** polemica *f*

convalescence [kɒnvəˈlesns] convalescenza *f*

convenience [kənˈviːnɪəns] comodità *f inv*; **at your ~** a tuo comodo; **convenience store** negozio *m* alimentari; **convenient** comodo; **whenever it's ~** quando ti va bene

convent [ˈkɒnvənt] convento *m*

convention [kənˈvenʃn] (*tradition*) convenzione *f*; (*conference*) congresso *m*; **conventional** convenzionale; *method* tradizionale

conversation [kɒnvəˈseɪʃn] conversazione *f*; **conversational** colloquiale

conversely [kənˈvɜːslɪ] per contro

conversion [kənˈvɜːʃn] conversione *f*; *of house* trasformazione *f*; **convert 1** *n* convertito *m*, -a *f* **2** *v/t* convertire; **convertible** *car* cabriolet *f inv*, decappottabile *f*

convey [kənˈveɪ] (*transmit*) comunicare; (*carry*) trasportare; **conveyor belt** nastro *m* trasportatore

convict 1 [ˈkɒnvɪkt] *n* carcerato *m*, -a *f* **2** [kənˈvɪkt] *v/t* LAW condannare; **conviction** LAW condanna *f*; (*belief*) convinzione *f*

convince [kənˈvɪns] convincere

convoy [ˈkɒnvɔɪ] convoglio *m*

cook [kʊk] **1** *n* cuoco *m*, -a *f* **2** *v/t food* cucinare; *meal* preparare **3** *v/i of person* cucinare; *of food* cuocere; **cookbook** ricettario *m*; **cooker** cucina *f*; **cookery** cucina *f*; **cookie** *Am* biscotto *m*; **cooking** cucina *f*

cool [kuːl] **1** *n* F: **keep one's ~** conservare la calma **2** *adj* fresco; (*calm*) calmo; (*unfriendly*) freddo; F (*great*) grande **3** *v/i of food* raffreddarsi; *of tempers* calmarsi; *of interest* raffreddarsi **4** *v/t* F: **~ it!** calma!

◆ **cool down 1** *v/i* raffreddarsi; *of weather* rinfrescare; *fig: of tempers* calmarsi **2** *v/t food* raffreddare; *fig* calmare

cooperate [kəʊˈɒpəreɪt] cooperare; **cooperation** cooperazione *f*; **cooperative** *f*; **cooperative** (*helpful*) disponibile (a collaborare)

coordinate [kəʊˈɔ:dɪneɪt] coordinare; **coordination** *of activities* coordinamento *m*; *of body* coordinazione *f*

cop [kɒp] F poliziotto *m*

cope [kəʊp] farcela; ~ **with** farcela con

copier [ˈkɒpɪə(r)] *machine* fotocopiatrice *f*

copper [ˈkɒpə(r)] *metal* rame *m*

copy [ˈkɒpɪ] **1** *n* copia *f* **2** *v/t* copiare

cord [kɔ:d] (*string*) corda *f*; (*cable*) filo *m*; **cordless** (*phone*) cordless *m inv*

cordon [ˈkɔ:dn] cordone *m*

cords [kɔ:dz] *trousers* pantaloni *mpl* di velluto a coste

corduroy [ˈkɔ:dərɔɪ] velluto *m* a coste

core [kɔ:(r)] **1** *n* *of fruit* torsolo *m*; *of problem* nocciolo *m*; *of organization, party* cuore *m* **2** *adj* *issue* essenziale

cork [kɔ:k] *in bottle* tappo *m* di sughero; (*material*) sughero *m*; **corkscrew** cavatappi *m inv*

corn [kɔ:n] *grain* frumento *m*; *Am* (*maize*) granturco *m*

corner [ˈkɔ:nə(r)] **1** *n of page, room, street* angolo *m*; *of table* spigolo *m*; *in football* calcio *m* d'angolo, corner *m*

inv; **in the** ~ nell'angolo; **on the** ~ *of street* all'angolo **2** *v/t person* bloccare; ~ **a market** prendersi il monopolio di un mercato **3** *v/i of driver, car* affrontare una curva

coronary [ˈkɒrənərɪ] **1** *adj* coronario **2** *n* infarto *m*

coroner [ˈkɒrənə(r)] ufficiale pubblico che indaga sui casi di morte sospetta

corporal [ˈkɔ:pərəl] caporale *m* maggiore; **corporal punishment** punizione *f* corporale

corporate [ˈkɔ:pərət] COM aziendale; **sense of** ~ **loyalty** corporativismo *m*; **corporation** (*business*) corporazione *f inv*

corpse [kɔ:ps] cadavere *m*

correct [kəˈrekt] **1** *adj* giusto; **she's** ~ ha ragione **2** *v/t* correggere; **correction** correzione *f*; **correctly** giustamente

correspond [kɒrɪˈspɒnd] (*match, write*) corrispondere; **correspondence** corrispondenza *f*; **correspondent** corrispondente *m/f*

corridor [ˈkɒrɪdɔ:(r)] corridoio *m*

corroborate [kəˈrɒbəreɪt] corroborare

corrosion [kəˈrəʊʒn] corrosione *f*

corrupt [kəˈrʌpt] **1** *adj* *also* COMPUT corrotto **2** *v/t* mor-

als, *youth* traviare; (*bribe*) corrompere; **corruption** corruzione *f*

Corsica ['kɔːsɪkə] Corsica *f*; **Corsican** [1] *adj* corso **2** *n* corso *m*, -a *f*

cosmetic [kɒz'metɪk] cosmetico; *surgery* estetico; *fig* di facciata; **cosmetics** cosmetici *mpl*; **cosmetic surgery** chirurgia *f* estetica

cosmopolitan [kɒzmə'pɒlɪtən] cosmopolitano

cost [kɒst] **1** *n also fig* costo *m* **2** *v/t* costare; FIN *proposal* fare il preventivo di; **how much does it ~?** quanto costa?; **cost-effective** conveniente; **cost of living** costo *m* della vita; **cost price** prezzo *m* di costo

costume ['kɒstjuːm] *for actor* costume *m*

cosy ['kəʊzɪ] (*comfortable*) gradevole; (*intimate and friendly*) intimo

cot [kɒt] *for child* lettino *m*; *Am* (*camp-bed*) letto *m* da campo

cottage ['kɒtɪdʒ] cottage *m inv*

cotton ['kɒtn] **1** *n* cotone *m* **2** *adj* di cotone; **cotton candy** *Am* zucchero *m* filato; **cotton wool** ovatta *f*

couch [kaʊtʃ] divano *m*

couchette [kuː'ʃet] cuccetta *f*

couch po'tato F teledipendente *m/f*

cough [kɒf] **1** *n* tosse *f* **2** *v/i*

tossire; *to get attention* tossicchiare; **cough medicine**, **cough syrup** sciroppo *m* per la tosse

could [kʊd]: **~ I have my key?** mi dà la chiave?; **~ you help me?** mi puoi dare una mano?; **you ~ be right** magari hai ragione; **you ~ have warned me!** avresti potuto avvisarmi!; **I ~n't say for sure** non potrei giurarci

council ['kaʊnsl] (*assembly*) consiglio *m*; (*city ~*) comune *m*; **councillor**, *Am* **councilor** consigliere *m*, -a *f* (comunale)

counsel ['kaʊnsl] **1** *n* (*advice*) consiglio *m*; (*lawyer*) avvocato *m* **2** *v/t action* consigliare; *person* offrire consulenza a; **counselling**, *Am* **counseling** terapia *f*; **counsellor**, *Am* **counselor** (*adviser*) consulente *m/f*

count [kaʊnt] **1** *n* conteggio *m* **2** *v/t & v/i* contare; **~ yourself lucky** considerati fortunato

♦ **count on** contare su

'countdown conto *m* alla rovescia

counter ['kaʊntə(r)] *in shop, café* banco *m*; *in game* segnalino *m*

'counteract neutralizzare; **counter-attack 1** *n* contrattacco *m* **2** *v/i* contrattaccare; **counterclockwise** *Am* **1** *adj* antiorario **2** *adv* in senso antiorario; **counterespionage** controspionaggio *m*; **counterfeit 1** *v/t* falsificare **2** *adj* falso; **counterpart** *person* omologo *m*, -a *f*; **counterproductive** controproducente

countess ['kauntes] contessa *f*

countless ['kauntlɪs] innumerevole

country ['kʌntrɪ] paese *m*; *as opposed to town* campagna *f*; **countryside** campagna *f*

county ['kauntɪ] contea *f*

coup [kuː] POL colpo *m* di stato, golpe *m inv*; *fig* colpo *m*; **couple** ['kʌpl] coppia *f*; *just a* ~ solo un paio; *a* ~ *of* un paio di

coupon ['kuːpɒn] buono *m*

courage ['kʌrɪdʒ] coraggio *m*; **courageous** coraggioso

courgette [kuə'ʒet] zucchino *m*

courier ['kurɪə(r)] (*messenger*) corriere *m*; *with tourist party* accompagnatore *m* turistico, accompagnatrice *f* turistica

course [kɔːs] *of lessons* corso *m*; *of meal* portata *f*; *of ship, plane* rotta *f*; *for golf* campo *m*; *for race, skiing* pista *f*; *of* ~ (*certainly*) certo; (*naturally*) ovviamente; *of* ~ *not* certo che no; *first* ~ primo *m*

court [kɔːt] LAW corte *f*; (*courthouse*) tribunale *m*; SP campo *m*; *take s.o. to* ~ fare causa a qu; *out of* ~ in via

amichevole; **court case** caso *m* (giudiziario)

courtesy ['kɜːtəsɪ] cortesia *f*

'**courthouse** tribunale *m*, palazzo *m* di giustizia; **courtroom** aula *f* del tribunale; **courtyard** cortile *m*

cousin ['kʌzn] cugino *m*, -a *f*

cover ['kʌvə(r)] **1** *n protective* fodera *f*; *of book, magazine* copertina *f*; (*shelter*) riparo *m*; *insurance* copertura *f* **2** *v/t* coprire; *distance* percorrere

◆ **cover up 1** *v/t* coprire; *fig* insabbiare **2** *v/i*: *cover up for s.o.* coprire qu

coverage ['kʌvərɪdʒ] *by media* copertura *f*

covert ['kəuvɜːt] segreto

'**cover-up** insabbiamento *m*

cow [kau] mucca *f*

coward ['kauəd] vigliacco *m*, -a *f*; **cowardice** vigliaccheria *f*

'**cowboy** cow-boy *m inv*

co-worker ['kəuwɜːkə(r)] collega *m/f*

cozy *Am* ☞ **cosy**

crab [kræb] granchio *m*

crack [kræk] **1** *n* crepa *f*; (*joke*) battuta *f* **2** *v/t cup, glass* incrinare; *nut* schiacciare; *code* decifrare; *F* (*solve*) risolvere **3** *v/i* incrinarsi

◆ **crack down on** prendere serie misure contro

cracked [krækt] *cup* incrinato; **cracker** *to eat* cracker *m inv*

cradle ['kreidl] *for baby* culla f
craft¹ [krɑːft] NAUT imbarcazione f
craft² [krɑːft] (*skill*) attività f *inv* artigiana; (*trade*) mestiere m
'craftsman artigiano m
crafty ['krɑːftɪ] astuto
crag [kræg] *rock* rupe f
cram [kræm] *papers, food* infilare; *people* stipare
cramps [kræmps] crampo m
crane [kreɪn] **1** *machine* gru f *inv* **2** *v/t:* ~ **one's neck** allungare il collo
crank [kræŋk] *person* tipo m strambo; COMPUT crash **cranky** *Br* (*eccentric*) strampalato; *Am* (*bad-tempered*) irascibile
crap [kræp] P merda f; *don't talk* ~ non dire cazzate
crash [kræʃ] **1** n *noise* fragore m; *accident* incidente m; COM crollo m; COMPUT crash m *inv* **2** *v/i fall noisily* fracassarsi; *of car* schiantarsi; *of two cars* scontrarsi; *of plane* precipitare; *of market* crollare; COMPUT fare un crash **3** *v/t car* avere un incidente con; **crash course** corso m intensivo; **crash diet** dieta f lampo; **crash helmet** casco m (di protezione); **crash-land** fare un atterraggio di fortuna
crate [kreɪt] cassetta f
crater ['kreɪtə(r)] cratere m
crave [kreɪv] smaniare dalla voglia di; **craving** voglia f;

pej smania f
crawl [krɔːl] **1** n *in swimming* crawl m **2** *v/i on floor* andare (a) carponi; (*move slowly*) avanzare lentamente
crayon ['kreɪən] matita f colorata; *wax* pastello m a cera
craze [kreɪz] moda f; **crazy** pazzo
creak [kriːk] scricchiolare; **creaky** che scricchiola
cream [kriːm] **1** n *for skin* crema f; *for coffee, cake* panna f; *colour* color m panna **2** *adj* color panna
crease [kriːs] **1** n grinza f; *deliberate* piega f **2** *v/t accidentally* sgualcire
create [kriːˈeɪt] creare; **creation** creazione f; **creative** creativo; **creator** creatore m, -trice f
creature ['kriːtʃə(r)] creatura f
credibility [kredəˈbɪlətɪ] credibilità f; **credible** credibile
credit ['kredɪt] **1** n FIN credito m; (*honour*) merito m **2** *v/t amount* accreditare; **creditable** lodevole; **credit card** carta f di credito; **credit limit** limite m di credito; **creditor** creditore m, -trice f; **creditworthy** solvibile
creep [kriːp] **1** n *pej* tipo m odioso **2** *v/i quietly* avanzare quatto quatto; *slowly* avanzare lentamente; **creepy** F che dà i brividi
cremate [krɪˈmeɪt] cremare; **cremation** cremazione f

crest [krest] *of hill, bird* cresta *f*

crevasse [krə'væs] voragine *f*

crevice ['krevɪs] crepa *f*

crew [kru:] *of ship, plane* equipaggio *m*; **crew cut** taglio *m* a spazzola

crib [krɪb] *Am for baby* lettino *m*

crime [kraɪm] reato *m*; (*criminality*) criminalità *f*; (*shameful act*) crimine *m*; **criminal 1** *n* delinquente *m/f* **2** *adj* LAW penale; (*shameful*) vergognoso

crimson ['krɪmzn] cremisi *inv*

cripple ['krɪpl] **1** *n* invalido *m*, -a *f* **2** *v/t person* rendere invalido; *fig* paralizzare

crisis ['kraɪsɪs] crisi *f inv*

crisp [krɪsp] *weather, lettuce, new shirt* fresco; *bacon, toast* croccante; **crisps** patatine *fpl*

criterion [kraɪ'tɪərɪən] criterio *m*

critic ['krɪtɪk] critico *m*, -a *f*; **critical** critico *m*, -a *f*; **criticism** critica *f*; **criticize** criticare

Croatia [krəʊ'eɪʃə] Croazia *f*; **Croatian 1** *adj* Croazia **2** *n* croato *m/f*; *language* croato *m*

crockery ['krɒkərɪ] stoviglie *fpl*

crocodile ['krɒkədaɪl] coccodrillo *m*

crony ['krəʊnɪ] F amico *m*, -a *f*

crook [krʊk] truffatore *m*, -trice *f*; **crooked** *streets* tortuoso; *picture* storto; (*dishonest*) disonesto

crop [krɒp] **1** *n* raccolto *m*; *type of grain etc* coltura *f* **2** *v/t hair, photo* tagliare

◆ **crop up** saltar fuori

cross [krɒs] **1** *adj* (*angry*) arrabbiato **2** *n* croce *f* **3** *v/t* (*go across*) attraversare; **~ o.s.** REL farsi il segno della croce *v/i* (*go across*) attraversare; *of lines* intersecarsi

◆ **cross off, cross out** depennare

'crosscheck **1** *n* controllo *m* incrociato **2** *v/t* fare un controllo incrociato su; **cross-country** (*skiing*) sci *m* di fondo; **cross-examine** LAW interrogare in contraddittorio; **cross-eyed** strabico; **crossing** NAUT traversata *f*; **crossroads** incrocio *m*; *fig* bivio *m*; **crosswalk** *Am* passaggio *m* pedonale; **crossword** (**puzzle**) cruciverba *m inv*

crotch [krɒtʃ] *of person* inguine *m*; *of trousers* cavallo *m*

crouch [kraʊtʃ] accovacciarsi

crow [krəʊ] *bird* corvo *m*; **as the ~ flies** in linea d'aria

crowd [kraʊd] folla *f*; **crowded** affollato

crown [kraʊn] corona *f*; *on tooth* capsula *f*

crucial ['kru:ʃl] essenziale

crucifix ['kru:sɪfɪks] crocifisso *m*; **crucifixion** crocifissione *f*; **crucify** REL crocifiggere; *fig* fare a pezzi

crude [kru:d] **1** *adj* (*vulgar*) volgare; (*unsophisticated*) rudimentale **2** *n*: ∼ (**oil**) (petrolio *m*) greggio *m*

cruel ['kru:əl] crudele; **cruelty** crudeltà *f inv*

cruise [kru:z] **1** *n* crociera *f* **2** *v/i of people* fare una crociera; *of car, plane* viaggiare a velocità di crociera

crumb [krʌm] briciola *f*

crumble ['krʌmbl] *of bread* sbriciolarsi; *of stonework* sgretolarsi; *fig: of opposition etc* crollare

crumple ['krʌmpl] **1** *v/t* (*crease*) sgualcire **2** *v/i* (*collapse*) accasciarsi

crush [krʌʃ] **1** *n* (*crowd*) ressa *f* **2** *v/t* schiacciare; (*crease*) sgualcire

crust [krʌst] *on bread* crosta *f*

crutch [krʌtʃ] *for injured person* stampella *f*

cry [kraɪ] **1** *n* (*call*) grido *m* **2** *v/t* (*call*) gridare **3** *v/i* (*weep*) piangere

◆ **cry out** gridare

cryptic ['krɪptɪk] sibillino

crystal ['krɪstl] cristallo *m*

cube [kju:b] cubo *m*; **cubic** cubico

cubicle ['kju:bɪkl] cabina *f*

cucumber ['kju:kʌmbə(r)] cetriolo *m*

cuddle ['kʌdl] coccolare

cue [kju:] *for actor etc* imbec-

cata *f*; *for pool* stecca *f*

cuff [kʌf] *of shirt* polsino *m*; (*blow*) schiaffo *m*; Am (*of trousers*) risvolto *m*

culminate ['kʌlmɪneɪt]: ∼ **in** culminare in; **culmination** culmine *m*

culprit ['kʌlprɪt] colpevole *m/f*

cult [kʌlt] culto *m*

cultivate ['kʌltɪveɪt] *land* coltivare; *person* coltivarsi; **cultivated** *person* colto; **cultivation** *of land* coltivazione *f*

cultural ['kʌltʃərəl] culturale; **culture** cultura *f*; **cultured** colto

cumulative ['kju:mjʊlətɪv] cumulativo

cunning ['kʌnɪŋ] **1** *n* astuzia *f* **2** *adj* astuto

cup [kʌp] tazza *f*; (*trophy*) coppa *f*

cupboard ['kʌbəd] armadio *m*

'**cup final** finale *f* di coppa

curb [kɜ:b] **1** *n on powers etc* freno *m* **2** *v/t* tenere a freno

cure [kjʊə(r)] **1** *n* MED guarire; *by drying* essiccare; *by salting* salare; *by smoking* affumicare

curiosity [kjʊərɪ'ɒsɪtɪ] curiosità *f inv*; **curious** (*inquisitive*) curioso; (*strange*) strano

curl [kɜ:l] **1** *n in hair* ricciolo *m*; *of smoke* spirale *f* **2** *v/t* arricciare **3** *v/i of hair* arricciarsi; *of leaf etc* accartocciarsi

◆ **curl up** acciambellarsi

curly ['kɜːlɪ] *hair* riccio; *tail* a ricciolo

currant ['kʌrənt] uva *f* passa

currency ['kʌrənsɪ] *money* valuta *f*; **foreign** ~ valuta estera; **current 1** *n* in sea, ELEC corrente *f* **2** *adj* (*present*) attuale; **current account** conto *m* corrente; **current affairs** attualità *f*

curry ['kʌrɪ] *dish* piatto *m* al curry; *spice* curry *m*

curse [kɜːs] **1** *n spell* maledizione *f*; (*swearword*) imprecazione *f* **2** *v/t* maledire; (*swear at*) imprecare contro **3** *v/i* (*swear*) imprecare

cursor ['kɜːsə(r)] COMPUT cursore *m*

cursory ['kɜːsərɪ] di sfuggita

curt [kɜːt] brusco

curtain ['kɜːtn] tenda *f*; THEA sipario *m*

curve [kɜːv] **1** *n* curva *f* **2** *v/i* (*bend*) fare una curva

cushion ['kʊʃn] **1** *n* cuscino *m* **2** *v/t blow, fall* attutire

custody ['kʌstədɪ] *of children* custodia *f*; **in** ~ LAW in detenzione preventiva

custom ['kʌstəm] usanza *f*; COM clientela *f*; **customer** cliente *m/f*; **customer service** servizio *m* assistenza al cliente

customs ['kʌstəmz] dogana *f*; **Customs and Excise** Ufficio *m* Dazi e Dogana; **customs officer** doganiere *m*, -a *f*

cut [kʌt] **1** *n* with knife, of hair, clothes taglio *m*; (*reduction*) riduzione *f* **2** *v/t* tagliare; (*reduce*) ridurre; **get one's hair** ~ tagliarsi i capelli

◆ **cut down 1** *v/t tree* abbattere **2** *v/i in smoking etc* limitarsi

◆ **cut off** tagliare; (*isolate*) isolare

◆ **cut up** *meat etc* sminuzzare

'cutback *in production* riduzione *f*; *in spending* taglio *m*

cute [kjuːt] (*pretty*) carino; (*smart, clever*) furbo

cutlery ['kʌtlərɪ] posate *fpl*

'cut-price *goods* a prezzo ridotto; *store* di articoli scontati; **cut-throat** *competition* spietato; **cutting 1** *n from newspaper etc* ritaglio *m* **2** *adj remark* tagliente

CV [siː'viː] (= **curriculum vitae**) curriculum vitae *m inv*

cycle ['saɪkl] **1** *n* (*bicycle*) bicicletta *f*; *of events* ciclo *m* **2** *v/i to work* andare in bicicletta; **cycling** ciclismo *m*; **cyclist** ciclista *m/f*

cylinder ['sɪlɪndə(r)] cilindro *m*; **cylindrical** cilindrico

cynic ['sɪnɪk] cinico *m*, -a *f*; **cynical** cinico; **cynicism** cinismo *m*

cypress ['saɪprəs] cipresso *m*

Czech [tʃek] **1** *adj* ceco; **the** ~ **Republic** la Repubblica Ceca **2** *n person* ceco *m*, -a *f*; *language* ceco *m*

D

DA *Am* (= **district attorney**) procuratore *m* distrettuale

◆ **dabble in** dilettarsi di

dad [dæd] papà *m inv*

daddy ['dædɪ] papà *m inv*; **daddy longlegs** zanzarone *m*

daffodil ['dæfədɪl] trombone *m*

daft [dɑːft] stupido

dagger ['dægə(r)] pugnale *m*

daily ['deɪlɪ] **1** *n* (*paper*) quotidiano *m* **2** *adj* quotidiano

'**dairy products** latticini *mpl*

daisy ['deɪzɪ] margherita *f*

dam [dæm] *for water* diga *f*

damage ['dæmɪdʒ] **1** *n* also *fig* danno *m* **2** *v/t* danneggiare; *fig*: *reputation etc* compromettere; **damages** LAW risarcimento *msg*; **damaging** nocivo

damn [dæm] **1** *int* F accidenti **2** *adj* F maledetto **3** *adv* F incredibilmente; **damning** *evidence* schiacciante; *report* incriminante

damp [dæmp] umido

dance [dɑːns] **1** *n* ballo *m* **2** *v/i* ballare; *of ballerina* danzare; **dancer** (*performer*) ballerino *m*, -a *f*; **be a good ~** ballare bene; **dancing** ballo *m*, danza *f*

dandelion ['dændɪlaɪən] dente *m* di leone

dandruff ['dændrʌf] forfora *f*

Dane [deɪn] danese *m/f*

danger ['deɪndʒə(r)] pericolo *m*; **dangerous** pericoloso

dangle ['dæŋgl] **1** *v/t* dondolare **2** *v/i* pendere

Danish ['deɪnɪʃ] **1** *adj* danese **2** *n* (*language*) danese *m*; **Danish pastry** dolcetto ripieno

dare [deə(r)] **1** *v/i* osare; **~ to do sth** osare fare qc; **how ~ you!** come osi! **2** *v/t*: **~ s.o. to do sth** sfidare qu a fare qc; **daring** audace

dark [dɑːk] **1** *n* buio *m*, oscurità *f* **2** *adj* *room*, *night* buio; *hair*, *eyes*, *colour* scuro; **dark glasses** occhiali *mpl* scuri; **darkness** oscurità *f*

darling ['dɑːlɪŋ] tesoro *m*

dart [dɑːt] **1** *n* *for throwing* freccetta *f* **2** *v/i* scagliarsi; **darts** *game* freccette *fpl*

dash [dæʃ] **1** *n in punctuation* trattino *m*; *of whisky*, *milk* goccio *m*; *of salt* pizzico *m* **2** *v/i* precipitarsi **3** *v/t hopes* stroncare; **dashboard** cruscotto *m*

data ['deɪtə] dati *mpl*; **database** base *f* dati; **data protection** protezione *f* dati

date¹ [deɪt] (*fruit*) dattero *m*

date² [deɪt] data *f*; (*meeting*) appuntamento *m*; **what's**

dated 350

the ~ today? quanti ne abbiamo oggi?; *out of ~ clothes* fuori moda; *passport* scaduto; *up to ~* aggiornato; *(fashionable)* attuale; **dated** superato

daughter ['dɔːtə(r)] figlia *f*; **daughter-in-law** nuora *f*

dawdle ['dɔːdl] ciondolare

dawn [dɔːn] alba *f*; *fig: of new age* albori *mpl*

day [deɪ] giorno *m*; *emphasizing duration* giornata *f*; *the ~ after* il giorno dopo; *the ~ after tomorrow* dopodomani; *the ~ before* il giorno prima; *the ~ before yesterday* l'altro ieri; *in those ~s* a quei tempi; *the other ~ (recently)* l'altro giorno; **daybreak**: *at ~* allo spuntare del giorno; **daydream 1** *n* sogno *m* ad occhi aperti **2** *v/i* essere sovrappensiero; **daylight** luce *f* del giorno; **daytime**: *in the ~* durante il giorno; **day return** biglietto *m* di andata e ritorno in giornata; **daytrip** gita *f* di un giorno

dazed [deɪzd] *by news* sbalordito; *by blow* stordito

dazzle ['dæzl] *of light, fig* abbagliare

dead [ded] **1** *adj* morto; *battery* scarica; *phone* muto **2** *adv* F *(very)* da matti F; *~ beat, ~ tired* stanco morto **3** *n*: *the ~ (dead people)* i morti; **dead end** *street* vicolo *m* cieco; **dead heat** pareggio

m; **deadline** scadenza *f*; *for newspaper* termine *m* per l'invio in stampa; **deadlock** *in talks* punto *m* morto; **deadly** mortale

deaf [def] sordo; **deafening** assordante; **deafness** sordità *f*

deal [diːl] **1** *n* accordo *m*; *a great ~ of* un bel po' di **2** *v/t cards* distribuire

◆ **deal in** trattare; *drugs* trafficare

◆ **deal with** *(handle)* occuparsi di; *situation* gestire; *(do business with)* trattare con

dealer ['diːlə(r)] *(merchant)* commerciante *m*; *(drug ~)* spacciatore *m*, -trice *f*; **dealing** *(drug ~)* spaccio *m*; **dealings** *(business)* rapporti *mpl*

dear [dɪə(r)] caro; *Dear Sir* Egregio Signore

death [deθ] morte *f*; **death penalty** pena *f* di morte; **death toll** numero *m* delle vittime

debatable [dɪ'beɪtəbl] discutibile; **debate 1** *n* dibattimento *m*; POL dibattito *m* **2** *v/i* dibattere **3** *v/t* dibattere su

debit ['debɪt] **1** *n* addebito *m* **2** *v/t* addebitare; **debit card** bancomat *m* inv

debris ['debriː] *of plane* rottami *mpl*; *of building* macerie *fpl*

debt [det] debito *m*; *be in ~*

avere dei debiti; **debtor** debitore *m*, -trice *f*

debug [diːˈbʌg] COMPUT togliere gli errori da

decade [ˈdekeɪd] decennio *m*, decade *f*

decadent [ˈdekədənt] decadente

decaffeinated [diːˈkæfɪneɪtɪd] decaffeinato

decay [dɪˈkeɪ] **1** *n of matter* decomposizione *f*; *of civilization* declino *m*; *(decayed matter)* marciume *m*; *in teeth* carie *f* **2** *v/i of organic matter* decomporsi; *of civilization* declinare; *of teeth* cariarsi

deceased [dɪˈsiːst]: **the ~** il defunto *m*, la defunta *f*

deceit [dɪˈsiːt] falsità *f*, disonestà *f*; **deceitful** falso, disonesto; **deceive** ingannare

December [dɪˈsembə(r)] dicembre *m*

decency [ˈdiːsənsɪ] decenza *f*; **decent** *price, proposition* corretto; *meal, sleep* decente; **a ~ guy** un uomo per bene

decentralize [diːˈsentrəlaɪz] decentralizzare

deception [dɪˈsepʃn] inganno *m*; **deceptive** ingannevole; **deceptively: it looks ~ simple** sembra semplice solo all'apparenza

decide [dɪˈsaɪd] decidere (**to do** di fare); **decided** *(definite)* deciso

decimal [ˈdesɪml] decimale

decipher [dɪˈsaɪfə(r)] decifra-

re

decision [dɪˈsɪʒn] decisione *f*; **decisive** risoluto; *(crucial)* decisivo

deck [dek] *of ship* ponte *m*; *of bus* piano *m*; *of cards* mazzo *m*; **deckchair** sedia *f* a sdraio, sdraio *f inv*

declaration [dekləˈreɪʃn] dichiarazione *f*; **declare** dichiarare

decline [dɪˈklaɪn] **1** *n in number, standards* calo *m*; *in health* peggioramento *m* **2** *v/t invitation* declinare; **~ to comment** esimersi dal commentare **3** *v/i (refuse)* declinare; *(decrease)* diminuire; *of health* peggiorare

decode [diːˈkəʊd] decodificare

decompose [diːkəmˈpəʊz] decomporsi

décor [ˈdeɪkɔː(r)] arredamento *m*

decorate [ˈdekəreɪt] *with paint* imbiancare; *with paper* tappezzare; *(adorn)*, MIL decorare; **decoration** *paint* vernice *f*; *paper* tappezzeria *f*; *(ornament)* addobbi *mpl*; MIL decorazione *f*; **decorator** *(interior ~)* imbianchino *m*

decoy [ˈdiːkɔɪ] *n* esca *f*

decrease [ˈdiːkriːs] **1** *n* diminuzione *f* **2** *v/t* ridurre **3** *v/i* ridursi

dedicate [ˈdedɪkeɪt] *book etc* dedicare; **dedicated** dedito;

dedication *in book* dedica *f*; *to cause, work* dedizione *f*

deduce [dɪ'djuːs] dedurre

deduct [dɪ'dʌkt] detrarre (*from* da); **deduction** *from salary* trattenuta *f*; (*conclusion*) deduzione *f*

deed [diːd] (*act*) azione *f*; LAW atto *m*

deep [diːp] profondo; *colour* intenso; **deepen 1** *v/t* rendere più profondo **2** *v/i* diventare più profondo; *of crisis* aggravarsi; *of mystery* infittirsi; **deep freeze** congelatore *m*

deer [dɪə(r)] cervo *m*

deface [dɪ'feɪs] vandalizzare

defamation [defə'meɪʃn] diffamazione *f*; **defamatory** diffamatorio

default ['dɪfɒlt] COMPUT di default

defeat [dɪ'fiːt] **1** *n* sconfitta *f* **2** *v/t* sconfiggere

defect ['diːfekt] difetto *m*; **defective** difettoso

defence [dɪ'fens] difesa *f*; **defenceless** indifeso

defend [dɪ'fend] difendere; **defendant** accusato *m*, -a *f*; *in criminal case* imputato *m*, -a *f*; **defense** *Am* ☞ **defence**; **Defense Secretary** *Am* POL ministro *m* della difesa; **defensive 1** *n*: **go on the** ~ mettersi sulla difensiva **2** *adj weaponry* difensivo; *person* sulla difensiva

deference ['defərəns] defe-

renza *f*

defiance [dɪ'faɪəns] sfida *f*; **defiant** provocatorio

deficiency [dɪ'fɪʃnsɪ] carenza *f*

deficit ['defɪsɪt] deficit *m inv*

define [dɪ'faɪn] definire

definite ['defɪnɪt] *date, time, answer* preciso; *improvement* netto; (*certain*) certo; **definite article** GRAM articolo *m* determinativo; **definitely** senza dubbio; *smell, hear* distintamente

definition [defɪ'nɪʃn] definizione *f*

definitive [dɪ'fɪnətɪv] *biography* più completo; *performance* migliore

deformity [dɪ'fɔːmɪtɪ] deformità *f inv*

defrost [diː'frɒst] *food* scongelare; *fridge* sbrinare

defuse [diː'fjuːz] *bomb* disinnescare; *situation* placare

defy [dɪ'faɪ] (*disobey*) disobbedire a

degrading [dɪ'greɪdɪŋ] degradante

degree [dɪ'griː] grado *m*; *from university* laurea *f*

dehydrated [diːhaɪ'dreɪtɪd] disidratato

deign [deɪn]: ~ **to** ... degnarsi di ...

dejected [dɪ'dʒektɪd] sconfortato

delay [dɪ'leɪ] **1** *n* ritardo **2** *v/t* ritardare; **be**~**ed** (*be late*) essere in ritardo **3** *v/i* tardare

delegate ['delɪgeɪt] **1** *n* delegato *m*, -a *f* **2** *v/t* delegare; **delegation** *of task* delega *f*; *(people)* delegazione *f*

delete [dɪ'liːt] cancellare; **delete key** COMPUT tasto *m* cancella; **deletion** *act* cancellazione *f*; *that deleted* cancellatura *f*

deliberate 1 [dɪ'lɪbərət] *adj* deliberato **2** [dɪ'lɪbəreɪt] *v/i* riflettere; **deliberately** deliberatamente

delicate ['delɪkət] delicato

delicatessen [delɪkə'tesn] gastronomia *f*

delicious [dɪ'lɪʃəs] delizioso, ottimo

delight [dɪ'laɪt] gioia *f*; **delighted** lieto; **delightful** molto piacevole

deliver [dɪ'lɪvə(r)] consegnare; *message* trasmettere; *baby* far nascere; *speech* tenere; **delivery** *of goods, mail* consegna *f*; *of baby* parto *m*; **delivery date** termine *m* di consegna; **delivery van** furgone *m* delle consegne

de luxe [də'lʌks] di lusso

demand [dɪ'mɑːnd] **1** *n* rivendicazione *f*; COM domanda *f*; **in** ~ richiesto **2** *v/t* esigere; *(require)* richiedere; **demanding** *job* impegnativo; *person* esigente

demented [dɪ'mentɪd] demente

demo ['deməʊ] *(protest)* manifestazione *f*; *of video etc* di-

mostrazione *f*

democracy [dɪ'mɒkrəsɪ] democrazia *f*; **democrat** democratico *m*, -a *f*; **democratic** democratico

demolish [dɪ'mɒlɪʃ] demolire; **demolition** demolizione *f*

demonstrate ['demənstreɪt] **1** *v/t (prove)* dimostrare; *machine* fare una dimostrazione di **2** *v/i politically* manifestare; **demonstration** dimostrazione *f*; *(protest)* manifestazione *f*; **demonstrator** *(protester)* manifestante *m/f*

demoralized [dɪ'mɒrəlaɪzd] demoralizzato; **demoralizing** demoralizzante

demote [diː'məʊt] retrocedere; MIL degradare

den [den] *(study)* studio *m*

denial [dɪ'naɪəl] negazione *f*

denim ['denɪm] denim *m*; **denims** *(jeans)* jeans *m inv*

Denmark ['denmɑːk] Danimarca *f*

denomination [dɪnɒmɪ'neɪʃn] *of money* banconota *f*; REL confessione *f*

dense [dens] fitto; **density** *of population* densità *f inv*

dent [dent] **1** *n* ammaccatura *f* **2** *v/t* ammaccare

dental ['dentl] *treatment* dentario, dentale; *hospital* dentistico

dented ['dentɪd] ammaccato

dentist ['dentɪst] dentista *m/f*; **dentures** dentiera *f*

Denver boot ['denvə(r)] *Am* ceppo *m* bloccaruote

deny [dı'naı] negare; *rumour* smentire

deodorant [di:'əʊdərənt] deodorante *m*

depart [dı'pɑːt] partire; **~ from** (*deviate from*) allontanarsi da

department [dı'pɑːtmənt] *of university* dipartimento *m*; *of government* ministero *m*; *of store, company* reparto *m*; **Department of State** *Am* Ministero *m* degli esteri; **department store** grande magazzino *m*

departure [dı'pɑːtʃə(r)] partenza *f*; (*deviation*) allontanamento *m*; **departure lounge** sala *f* partenze; **departure time** ora *f* di partenza

depend [dı'pend] *that* **~s** dipende; *it* **~s on the weather** dipende dal tempo; **dependable** affidabile; **dependence, dependency** dipendenza *f*; **dependent** **1** *n* persona *f* a carico; *a married man with* **~s** un uomo sposato con famiglia a carico **2** *adj* dipendente; **~ children** figli *mpl* a carico

depict [dı'pıkt] raffigurare

deplorable [dı'plɔːrəbl] deplorevole; **deplore** deplorare, lamentarsi di

deploy [dı'plɔı] (*use*) spiegare; (*position*) schierare

deport [dı'pɔːt] deportare; **deportation** deportazione *f*

deposit [dı'pɒzıt] **1** *in bank* versamento *m*, deposito *m*; *of mineral* deposito *m*; *on purchase* acconto *m*; (*against loss, damage*) cauzione *f* **2** *v/t money* versare, depositare; (*put down*) lasciare; *silt, mud* depositare; **deposit account** libretto *m* di risparmio

depot ['depəʊ] (*bus station*) rimessa *f* degli autobus; *for storage* magazzino *m*; *Am* (*train station*) stazione *f* ferroviaria

depreciate [dı'priːʃıeıt] FIN svalutarsi; **depreciation** FIN svalutazione *f*

depress [dı'pres] *person* deprimere; **depressed** depresso; **depressing** deprimente; **depression** depressione *f*

deprivation [deprı'veıʃn] privazione *f*; (*lack: of sleep, food*) carenza *f*; **deprive**: **s.o. of sth** privare qu di qc; **deprived** socialmente svantaggiato

depth [depθ] profondità *f inv*; **in ~** (*thoroughly*) a fondo

deputy ['depjutı] vice *m/f inv*; **deputy leader** *of party* vice segretario *m*

derail [dı'reıl]: **be ~ed** *of train* essere deragliato

derelict ['derəlıkt] desolato

deride [dı'raıd] deridere; **derision** derisione *f*; **derisory**

amount irrisorio

derivative [dɪ'rɪvətɪv] derivato; **derive** trarre; **be ~d from** of word derivare da

dermatologist [dɜːmə'tɒlədʒɪst] dermatologo m, -a f

derogatory [dɪ'rɒgətrɪ] peggioratorio

descend [dɪ'send] **1** v/t scendere; **be ~ed from** discendere da **2** v/i scendere; of mood, darkness calare; **descendant** discendente m/f; **descent** discesa f; (ancestry) discendenza f

describe [dɪ'skraɪb] descrivere; **description** descrizione f

desegregate [diː'segrəgeɪt] eliminare la segregazione in

desert¹ ['dezət] n deserto m

desert² [dɪ'zɜːt] **1** v/t (abandon) abbandonare **2** v/i of soldier disertare

deserted [dɪ'zɜːtɪd] deserto; **deserter** MIL disertore m; **desertion** abbandono m; MIL diserzione f

deserve [dɪ'zɜːv] meritare

design [dɪ'zaɪn] **1** n design m; technical progettazione f; (pattern) motivo m **2** v/t house, car progettare; clothes disegnare

designate ['dezɪgneɪt] person designare

designer [dɪ'zaɪnə(r)] designer m inv; of building, car, ship progettista m/f; **fashion ~** stilista m/f; **designer**

clothes abiti mpl firmati

desirable [dɪ'zaɪrəbl] desiderabile; (advisable) preferibile; **desire** desiderio m

desk [desk] scrivania f; in hotel reception f inv; **desk clerk** receptionist m/f inv; **desktop publishing** editoria f elettronica

desolate ['desələt] place desolato

despair [dɪ'speə(r)] **1** n disperazione f; **in ~** disperato **2** v/i disperare; **desperate** disperato; **be ~ for sth** morire dalla voglia di qc; **desperation** disperazione f

despicable [dɪs'pɪkəbl] deplorevole; **despise** disprezzare

despite [dɪ'spaɪt] malgrado, nonostante

dessert [dɪ'zɜːt] dolce m, dessert m inv

destination [destɪ'neɪʃn] destinazione f

destiny ['destɪnɪ] destino m

destitute ['destɪtjuːt] indigente

destroy [dɪ'strɔɪ] distruggere; **destroyer** NAUT cacciatorpediniere m; **destruction** distruzione f; **destructive** distruttivo; child scalmanato

detach [dɪ'tætʃ] staccare; **detached** (objective) distaccato; **detached house** villetta f; **detachment** (objectivity) distacco m

detail ['diːteɪl] dettaglio m; **in**

~ dettagliatamente; **detailed**
dettagliato

detain [dɪ'teɪn] trattenere;
detainee detenuto *m*, -a *f*

detect [dɪ'tekt] rilevare; *anxiety, irony* cogliere; **detection**
of crime investigazione *f*; *of
smoke etc* rilevamento *m*;
detective agente *m/f* investigativo; **detector** rilevatore
m

détente ['deɪtɒnt] POL distensione *f*

deter [dɪ'tɜː(r)] dissuadere

detergent [dɪ'tɜːdʒənt] detergente *m*

deteriorate [dɪ'tɪərɪəreɪt] deteriorarsi

determination [dɪtɜːmɪ'neɪʃn] (*resolution*) determinazione *f*; **determine** (*establish*) determinare; **determined** determinato, deciso

deterrent [dɪ'terənt] deterrente *m*

detest [dɪ'test] detestare; **detestable** detestabile

detour ['diːtʊə(r)] deviazione *f*

◆ **detract from** [dɪ'trækt]
merit, value sminuire; *enjoyment* rovinare

devaluation [diːvæljʊ'eɪʃn]
svalutazione *f*; **devalue** svalutare

devastate ['devəsteɪt] *also fig*
devastare

develop [dɪ'veləp] **1** *v/t film,
business* sviluppare; *land, site*
valorizzare; (*originate*) sco-

prire; *illness* contrarre **2** *v/i*
(*grow*) svilupparsi; ~ **into** diventare; **developing country** paese *m* in via di sviluppo; **development** sviluppo
m; *of land, site* valorizzazione *f*; *of origination*) scoperta *f*

device [dɪ'vaɪs] (*tool*) dispositivo *m*

devil ['devl] diavolo *m*

devious ['diːvɪəs] (*sly*) subdolo

devise [dɪ'vaɪz] escogitare

devoid [dɪ'vɔɪd]: **be ~ of** essere privo di

devolution [diːvə'luːʃn] POL
decentramento *m*

devote [dɪ'vəʊt] dedicare;
devoted *son etc* devoto; **devotion** *to a person* attaccamento *m*; *to one's job* dedizione *f*

devour [dɪ'vaʊə(r)] *food,
book* divorare

devout [dɪ'vaʊt] devoto; **a ~
Catholic** un cattolico fervente

dew [djuː] rugiada *f*

diabetes [daɪə'biːtiːz] diabete
m; **diabetic** diabetico *m*, -a *f*

diagnose ['daɪəgnəʊz] diagnosticare; **diagnosis** diagnosi *f inv*

diagonal [daɪ'ægənl] diagonale; **diagonally** diagonalmente

diagram ['daɪəgræm] diagramma *m*

dial ['daɪəl] **1** *n* of clock, meter
quadrante *m* **2** *v/i* TELEC

comporre il numero **3** v/t
TELEC comporre

dialect ['daɪəlekt] dialetto m

'dialling tone, Am **'dial tone**
segnale m di linea libera

dialogue, Am **dialog** ['daɪə-
lɒg] dialogo m

diameter [daɪ'æmɪtə(r)] diametro m

diamond ['daɪəmənd] diamante m; *(shape)* losanga f;
~s in cards quadri mpl

diaper ['daɪəpə(r)] Am pannolino m

diaphragm ['daɪəfræm] diaframma m

diarrhoea, Am **diarrhea**
[daɪə'riːə] diarrea f

diary ['daɪərɪ] *for thoughts*
diario m; *for appointments*
agenda f

dice [daɪs] dado m

dictate [dɪk'teɪt] dettare; **dictator** POL dittatore m; **dictatorship** dittatura f

dictionary ['dɪkʃənrɪ] dizionario m

die [daɪ] morire

◆ **die down** *of noise, fire*
estinguersi; *of storm, excitement* placarsi

◆ **die out** *of custom* scomparire; *of species* estinguersi

diesel ['diːzl] *(fuel)* diesel m

diet ['daɪət] **1** n dieta f **2** v/i *to
lose weight* essere a dieta

differ ['dɪfə(r)] differire; *(disagree)* non essere d'accordo;
difference differenza f; *(disagreement)* divergenza f; **dif-**

ferent diverso, different;
differentiate distinguere; **~
between** *things* distinguere
tra; *people* fare distinzioni
tra; **differently** diversamente, differentemente

difficult ['dɪfɪkəlt] difficile;
difficulty difficoltà f inv;
with ~ a fatica

dig [dɪg] scavare

digest [daɪ'dʒest] *also fig* digerire; **digestion** digestione
f

digit ['dɪdʒɪt] cifra f; **digital**
digitale

dignified ['dɪgnɪfaɪd] dignito-
so; **dignity** dignità f

dilapidated [dɪ'læpɪdeɪtɪd]
rovinato; *house* cadente

dilemma [dɪ'lemə] dilemma
m

dilute [daɪ'luːt] diluire

dim [dɪm] **1** adj *room* buio;
light fioco; *outline* indistinto;
(stupid) idiota; *prospects* vago **2** v/i *of lights* abbassarsi

dime [daɪm] Am *moneta da
dieci centesimi*

dimension [daɪ'menʃn] dimensione f

diminish [dɪ'mɪnɪʃ] diminuire

din [dɪn] baccano m

dine [daɪn] cenare

dinghy ['dɪŋgɪ] *small yacht*
dinghy m; *rubber boat* gommone m

dining car ['daɪnɪŋ] RAIL vagone m ristorante; **dining
room** *in house* sala f da pranzo; *in hotel* sala f ristorante

dinner ['dɪnə(r)] *in the evening* cena *f*; *at midday* pranzo *m*; *formal gathering* ricevimento *m*; **dinner jacket** smoking *m inv*; **dinner party** cena *f*

dinosaur ['daɪnəsɔː(r)] dinosauro *m*

dip [dɪp] **1** *n for food* salsa *f*; *in road* pendenza *f* **2** *v/i of road* scendere

diploma [dɪ'pləʊmə] diploma *m*

diplomacy [dɪ'pləʊməsɪ] diplomazia *f*; **diplomat** diplomatico *m*, -a *f*; **diplomatic** diplomatico

direct [daɪ'rekt] **1** *adj* diretto **2** *v/t play* mettere in scena; *film* curare la regia di; *could you please ~ me to ...?* mi può per favore indicare la strada per ...?; **direction** direzione *f*; *of film, play* regia *f*; *~s (instructions)*, *to a place* indicazioni *fpl*; *for use* istruzioni *fpl*; **directly** *(straight)* direttamente; *(soon, immediately)* immediatamente; **director** *of company* direttore *m*, -trice *f*; *of play, film* regista *m/f*; **directory** elenco *m*; TELEC guida *f* telefonica

dirt [dɜːt] sporco *m*, sporcizia *f*; **dirty 1** *adj* sporco; *(pornographic)* sconcio **2** *v/t* sporcare

disability [dɪsə'bɪlətɪ] handicap *m inv*, invalidità *f inv*; **disabled** handicappato *m*, -a *f*; **the ~** i disabili

disadvantage [dɪsəd'vɑːntɪdʒ] svantaggio *m*; **disadvantaged** penalizzato

disagree [dɪsə'griː] *of person* non essere d'accordo

◆ **disagree with** *of person* non essere d'accordo con; *of food* fare male a

disagreeable [dɪsə'griːəbl] sgradevole; **disagreement** disaccordo *m*; *(argument)* discussione *f*

disallow [dɪsə'laʊ] *goal* annullare

disappear [dɪsə'pɪə(r)] sparire, scomparire; **disappearance** sparizione *f*, scomparsa *f*

disappoint [dɪsə'pɔɪnt] deludere; **disappointed** deluso; **disappointing** deludente; **disappointment** delusione *f*

disapproval [dɪsə'pruːvl] disapprovazione *f*; **disapprove** disapprovare; *~ of* disapprovare; **disapproving** di disapprovazione

disarm [dɪs'ɑːm] **1** *v/t* disarmare **2** *v/i* disarmarsi; **disarmament** disarmo *m*

disaster [dɪ'zɑːstə(r)] disastro *m*; **disastrous** disastroso

disband [dɪs'bænd] **1** *v/t* sciogliere **2** *v/i* sciogliersi

disbelief [dɪsbə'liːf] incredulità *f*

disc [dɪsk] disco *m*

discard [dɪ'skɑːd] sbarazzarsi di

disciplinary [dɪsɪ'plɪnərɪ] di-
sciplinare; **discipline** disciplina *f*

'**disc jockey** disc jockey *m/f*
inv

disclaim [dɪs'kleɪm] negare;
responsibility declinare

disclose [dɪs'kləuz] svelare,
rivelare

disco ['dɪskəu] discoteca *f*

discomfort [dɪs'kʌmfət] disagio *m*; (*pain*) fastidio *m*

disconcert [dɪskən'sɜːt]
sconcertare

disconnect [dɪskə'nekt] (*detach*) sconnettere; *supply, telephones* staccare

disconsolate [dɪs'kɒnsələt]
sconsolato

discontent [dɪskən'tent] mal-
contento *m*; **discontented**
scontento

discontinue [dɪskən'tɪnjuː]
interrompere; **be a ~d line**
essere fuori produzione

discotheque ['dɪskətek] discoteca *f*

discount ['dɪskaunt] sconto
m

discourage [dɪs'kʌrɪdʒ] (*dissuade*) scoraggiare

discover [dɪs'kʌvə(r)] scoprire; **discovery** scoperta *f*

discredit [dɪs'kredɪt] screditare

discreet [dɪs'kriːt] discreto

discrepancy [dɪ'skrepənsɪ]
incongruenza *f*

discretion [dɪ'skreʃn] discrezione *f*

discriminate [dɪ'skrɪmɪneɪt]:
~ against discriminare; **dis-
criminating** esigente; **discrimination** sexual, racial
etc discriminazione *f*

discus ['dɪskəs] SP *object* disco *m*; *event* lancio *m* del disco

discuss [dɪ'skʌs] discutere;
of article trattare di; **discussion** discussione *f*

disease [dɪ'ziːz] malattia *f*

disembark [dɪsəm'bɑːk] sbarcare

disentangle [dɪsən'tæŋgl] di-
stricare

disfigure [dɪs'fɪgə(r)] sfigurare; *fig* deturpare

disgrace [dɪs'greɪs] **1** *n* vergogna *f* **2** *v/t* disonorare; **dis-
graceful** vergognoso

disgruntled [dɪs'grʌntld]
scontento

disguise [dɪs'gaɪz] **1** *n* trave-
stimento *m* **2** *v/t* voice etc camuffare; *fear, anxiety* dissimulare; **~ o.s. as** travestirsi
da

disgust [dɪs'gʌst] **1** *n* disgusto *m* **2** *v/t* disgustare; **disgusting** disgustoso

dish [dɪʃ] piatto *m*; *for cooking* recipiente *m*

disheartening [dɪs'hɑːtnɪŋ]
demoralizzante

disheveled [dɪ'ʃevld] *person,
appearance* arruffato; *after
effort* scompigliato

dishonest [dɪs'ɒnɪst] disonesto; **dishonesty** disonestà *f*

dishonor etc Am ☞ **dishonour** etc

dishonour [dɪs'ɒnə(r)] disonore *m*; **dishonourable** disdicevole

'dishwasher *machine* lavastoviglie *f inv*; *person* lavapiatti *m/f inv*; **dishwashing liquid** Am detersivo *m* per i piatti

disillusion [dɪsɪ'luːʒn] disilludere; **disillusionment** disillusione *f*

disinfect [dɪsɪn'fekt] disinfettare; **disinfectant** disinfettante *m*

disinherit [dɪsɪn'herɪt] diseredare

disintegrate [dɪs'ɪntəɡreɪt] disintegrarsi; *of marriage, building* andare in pezzi

disinterested [dɪs'ɪntərestɪd] (*unbiased*) disinteressato

disjointed [dɪs'dʒɔɪntɪd] sconnesso

disk [dɪsk] disco *m*; (*diskette*) dischetto *m*; **disk drive** COMPUT lettore *m or* drive *m inv* di dischetti; **diskette** dischetto *m*

dislike [dɪs'laɪk] **1** *n* antipatia *f* **2** *v/t*: **I ~ cats** non mi piacciono i gatti

dislocate ['dɪsləkeɪt] lussare

disloyal [dɪs'lɔɪəl] sleale; **disloyalty** slealtà *f*

dismal ['dɪzməl] *weather, news* deprimente; *person* (*sad*), *failure* triste; *person* (*negative*) ombroso

dismantle [dɪs'mæntl] smontare; *organization* demolire

dismay [dɪs'meɪ] costernazione *f*

dismiss [dɪs'mɪs] *employee* licenziare; *suggestion* scartare; *idea* accantonare; **dismissal** *of employee* licenziamento *m*

disobedience [dɪsə'biːdɪəns] disobbidienza *f*; **disobedient** disobbidiente; **disobey** disobbedire a

disorder [dɪs'ɔːdə(r)] (*untidiness*) disordine *m*; (*unrest*) disordini *mpl*; MED disturbo *m*

disorganized [dɪs'ɔːɡənaɪzd] disorganizzato

disoriented [dɪs'ɔːrɪəntɪd], **disorientated** [dɪs'ɔːrɪənteɪtɪd] disorientato

disown [dɪs'əʊn] disconoscere

disparaging [dɪ'spærɪdʒɪŋ] dispregiativo

disparity [dɪ'spærətɪ] disparità *f inv*

dispassionate [dɪ'spæʃənət] spassionato

dispatch [dɪ'spætʃ] (*send*) spedire

disperse [dɪ'spɜːs] *of crowd* disperdersi; *of mist* dissiparsi

display [dɪ'spleɪ] **1** *n* esposizione *f*, mostra *f*; *in shop window* articoli *mpl* in esposizione; COMPUT visualizzazione *f* **2** *v/t emotion* manifestare; *at exhibition* esporre (*for sale*) esporre in vendita; COMPUT visualizzare

displease [dɪs'pliːs] contrariare; **displeasure** disappunto *m*

disposable [dɪ'spəʊzəbl] usa e getta *inv*; **disposable income** reddito *m* disponibile; **disposal** eliminazione *f*; *of waste* smaltimento *m*; **put sth at s.o.'s** ~ mettere qc a disposizione di qu

◆ **dispose of** [dɪ'spəʊz] (*get rid of*) sbarazzarsi di

disposed [dɪ'spəʊzd]: **be ~ to do sth** (*willing*) essere disposto a fare qc; **be well ~ towards** essere ben disposto verso

disprove [dɪs'pruːv] smentire

dispute [dɪ'spjuːt] **1** *n* controversia *f*; *industrial* contestazione *f* **2** *v/t* contestare; (*fight over*) contendersi

disqualification [dɪskwɒlɪfɪ'keɪʃn] squalifica *f*; **disqualify** squalificare

disregard [dɪsrə'gɑːd] **1** *n* mancanza *f* di considerazione **2** *v/t* ignorare

disreputable [dɪs'repjʊtəbl] depravato; *area* malfamato

disrespect [dɪsrə'spekt] mancanza *f* di rispetto; **disrespectful** irriverente

disrupt [dɪs'rʌpt] *train service* creare disagi a; *meeting, class* disturbare; **disruption** *of train service* disagio *m*; *of meeting, class* disturbo *m*

dissatisfaction [dɪssætɪs-'fækʃn] insoddisfazione *f*; **dissatisfied** insoddisfatto

dissident ['dɪsɪdənt] dissidente *m/f*

dissimilar [dɪs'sɪmɪlə(r)] dissimile

dissolute ['dɪsəluːt] *adj* dissoluto

dissolve [dɪ'zɒlv] **1** *v/t* *substance* sciogliere **2** *v/i* *of substance* sciogliersi

distance ['dɪstəns] distanza *f*; **in the** ~ in lontananza; **distant** lontano

distaste [dɪs'teɪst] avversione *f*; **distasteful** spiacevole

distinct [dɪs'tɪŋkt] (*clear*) netto; (*different*) distinto; **distinction** (*differentiation*) distinzione *f*; **hotel of** ~ hotel d'eccezione; **distinctive** caratteristico; **distinctly** distintamente; (*decidedly*) decisamente

distinguish [dɪ'stɪŋgwɪʃ] (*see*) distinguere; ~ **between X and Y** distinguere tra X e Y; **distinguished** (*famous*) insigne; (*dignified*) distinto

distort [dɪs'tɔːt] distorcere

distract [dɪs'trækt] *person* distrarre; *attention* distogliere

distraught [dɪs'trɔːt] affranto

distress [dɪs'tres] **1** *n* sofferenza *f* **2** *v/t* (*upset*) angosciare; **distressing** sconvolgente

distribute [dɪ'strɪbjuːt] distribuire; **distribution** distribuzione f; **distributor** COM distributore m

district ['dɪstrɪkt] quartiere m; **district attorney** Am procuratore m distrettuale

distrust [dɪs'trʌst] diffidenza f

disturb [dɪ'stɜːb] disturbare; **disturbance** (interruption) fastidio m; **~s** (civil unrest) disordini mpl; **disturbed** turbato; psychologically malato di mente; **disturbing** inquietante

disused [dɪs'juːzd] inutilizzato

ditch [dɪtʃ] **1** n fosso m **2** v/t F boyfriend scaricare F; F car sbarazzarsi di

dive [daɪv] **1** n tuffo m; underwater immersione f; of plane picchiata f; F bar etc bettola f F **2** v/i tuffarsi; underwater fare immersione; of submarine immergersi; of plane scendere in picchiata; diver off board tuffatore m, -trice f; underwater sub m/f inv, sommozzatore m, -trice f

diverge [daɪ'vɜːdʒ] divergere

diversification [daɪvɜːsɪfɪ-'keɪʃn] COM diversificazione f; **diversify** COM diversificare; **diversion** for traffic deviazione f; to distract attention diversivo m; **diversity** varietà f inv

divert [daɪ'vɜːt] traffic deviare; attention sviare

divide [dɪ'vaɪd] dividere

dividend ['dɪvɪdend] FIN dividendo m

divine [dɪ'vaɪn] REL, F divino

diving ['daɪvɪŋ] from board tuffi mpl; underwater immersione f; **diving board** trampolino m

division [dɪ'vɪʒn] divisione f; of company sezione f

divorce [dɪ'vɔːs] **1** n divorzio m **2** v/t divorziare da **3** v/i divorziare; **divorced** divorziato; **divorcee** divorziato m, -a f

divulge [daɪ'vʌldʒ] divulgare

DIY [diːaɪ'waɪ] (= **do it yourself**) fai da te m inv, bricolage m

dizziness ['dɪzɪnɪs] giramento m di testa, vertigini fpl; **dizzy** stordito; I feel **~** mi gira la testa

DJ [diː'dʒeɪ] (= **disc jockey**) dj m/f inv; (= **dinner jacket**) smoking m inv

DNA [diːen'eɪ] (= **deoxyribonucleic acid**) DNA m inv (= acido m deossiribonucleico)

do [duː] **1** v/t hair farsi; 100mph etc andare a; **~ the ironing / cooking** stirare / cucinare; **have one's hair done** farsi fare i capelli **2** v/i (be suitable, enough) andare bene; **that will ~!** basta così!; **~ well** (do a good job) essere bravo; (be in good health) stare bene; of busi-

ness andare bene; **well done!** bravo!; **how ~ you ~?** molto piacere

◆ **do away with** abolire

◆ **do up** (*renovate*) restaurare; (*fasten*) allacciare

◆ **do with**: **I could do with ...** mi ci vorrebbe ...

◆ **do without 1** *v/i* farne a meno **2** *v/t* fare a meno di

docile ['dəusaɪl] docile

dock[1] [dɒk] **1** *n* NAUT bacino *m* **2** *v/t of ship* entrare in porto; *of spaceship* agganciarsi

dock[2] [dɒk] LAW banco *m* degli imputati

doctor ['dɒktə(r)] MED dottore *m*, -essa *f*; **doctorate** ['dɒktərət] dottorato *m*

doctrine ['dɒktrɪn] dottrina *f*

document ['dɒkjumənt] documento *m*; **documentary** documentario *m*; **documentation** documentazione *f*

dodge [dɒdʒ] *blow* schivare; *person, issue* evitare; *question* aggirare

dog [dɒg] **1** *n* cane *m* **2** *v/t of bad luck* perseguitare

dogged ['dɒgɪd] accanito

dogma ['dɒgmə] dogma *m*; **dogmatic** dogmatico

'dog-tired F stravolto

do-it-yourself [duːɪtjə'self] fai da te *m*

doldrums ['dɒldrəmz]: **be in the ~** *of economy* essere in stallo; *of person* essere giù di corda

doll [dɒl] *toy*, F *woman* bam-

bola *f*

dollar ['dɒlə(r)] dollaro *m*

Dolomites ['dɒləmaɪts] Dolomiti *mpl*

dolphin ['dɒlfɪn] delfino *m*

dome [dəum] *of building* cupola *f*

domestic [də'mestɪk] domestico; *news, policy* interno; **domestic flight** volo *m* nazionale

dominant ['dɒmɪnənt] dominante; *member* principale; **dominate** dominare; **domination** dominio *m*; **domineering** autoritario

donate [dəu'neɪt] donare; **donation** donazione *f*

donkey ['dɒŋkɪ] asino *m*

donor ['dəunə(r)] donatore *m*, -trice *f*

donut ['dəunʌt] *Am* bombolone *m*, krapfen *m inv*

doodle ['duːdl] scarabocchiare

doom [duːm] *(fate)* destino *f*; *(ruin)* rovina *f*; **doomed** *project* condannato al fallimento

door [dɔː(r)] porta *f*; *of car* portiera *f*; **doorbell** campanello *m*; **doorman** usciere *m*; **doorway** vano *m* della porta

dope [dəup] *(drugs)* droga *f* leggera; F *(idiot)* cretino *m*, -a *f*

dormant ['dɔːmənt]: **~ volcano** vulcano *m* inattivo

dormitory ['dɔːmɪtrɪ] dormitorio *m*; *Am* casa *f* dello studente

dose [dəʊs] dose *f*

dot [dɒt] puntino *m*; *in email address* punto *m*

double ['dʌbl] **1** *n amount* doppio; *(person)* sosia *m inv*; *of film star* controfigura *f* **2** *adj* doppio **3** *adv*: ~ **the amount** il doppio della quantità **4** *v/t & v/i* raddoppiare; **double-bass** contrabbasso *m*; **double bed** letto *m* matrimoniale; **doublecheck** ricontrollare; **double-click** cliccare due volte (**on** su); **doublecross** fare il doppio gioco con; **double glazing** doppi vetri *mpl*; **double park** parcheggiare in doppia fila; **double room** camera *f* doppia; *with double bed* camera *f* matrimoniale; **doubles** *in tennis* doppio *msg*

doubt [daʊt] **1** *n* dubbio *m*; **be in** ~ essere in dubbio; **no** ~ *(probably)* senz'altro **2** *v/t* dubitare di; **doubtful** *look* dubbio; **be** ~ *of person* essere dubbioso; **doubtless** senza dubbio

dough [dəʊ] impasto *m*; **doughnut** bombolone *m*, krapfen *m inv*

dove [dʌv] colomba *f*; *fig* pacifista *m/f*

down [daʊn] **1** *adv (downwards)* giù; ~ **there** laggiù; **£200** ~ *as deposit* un acconto

di £200; ~ **south** a sud; **be** ~ *of price, rate* essere diminuito; *(not working)* non funzionare; F *(depressed)* essere giù **2** *prep* giù da; *(along)* lungo; **walk** ~ **a street** percorrere una strada; **down-and-out** senza tetto *m/f inv*; **downhill** in discesa; **go** ~ *fig* peggiorare; **downhill skiing** discesa *f* libera; **download** COMPUT **1** *v/t* scaricare **2** *n* scaricamento *m*; **downmarket** di fascia medio-bassa; **down payment** deposito *m*, acconto *m*; **downplay** minimizzare; **downpour** acquazzone *m*; **downright 1** *adj*: **it's a** ~ **lie** è una bugia bella e buona; **he's a** ~ **idiot** è un perfetto idiota **2** *adv dangerous etc* assolutamente; **downscale** *Am* di fascia medio-bassa; **downside** *(disadvantage)* contropartita *f*; **downsize** *company* ridimensionare; **the** ~**ed version** *of car* la versione ridotta; **downstairs** al piano di sotto; **downtown** in centro; **downwards** verso il basso

doze [dəʊz] fare un sonnellino

◆ **doze off** assopirsi

dozen ['dʌzn] dozzina *f*

drab [dræb] *adj* scialbo

draft [drɑːft] *of document* bozza *f*; *Am MIL* leva *f*; *Am* ~ **draught 2** *v/t document* fare una bozza di; *Am MIL* arruolare; **draft dodger** Am MIL renitente m alla leva

drag [dræg] **1** v/t (pull) trascinare; (search) dragare **2** v/i of time non passare mai; of show, film trascinarsi

drain [dreɪn] **1** n (pipe) tubo m di scarico; under street tombino m **2** v/t water fare colare; oil fare uscire; vegetables scolare; land drenare; glass, tank svuotare; (exhaust: person) svuotare; **drainage** (drains) fognatura f; of water from soil drenaggio m; **drainpipe** tubo m di scarico

drama ['drɑːmə] arte f drammatica; (excitement) dramma m; (play: on TV) sceneggiato m; **dramatic** drammatico; (exciting) sorprendente; gesture teatrale; **dramatist** drammaturgo m, -a f; **dramatize** story adattare; fig drammatizzare

drapes [dreɪps] Am tende fpl

drastic ['dræstɪk] drastico

draught [drɑːft] of air corrente f (d'aria); ~ (**beer**) birra f alla spina; **draught beer** birra f alla spina; **draughts** game dama f; **draughtsman** disegnatore m industriale; of plan disegnatore m, -trice f; **draughty** pieno di correnti d'aria

draw [drɔː] **1** n in game pareggio m; in lottery estrazione f; (attraction) attrazione f **2** v/t picture disegnare; curtain, ti-

rare; in lottery, gun, knife estrarre; (attract) attirare; (lead) tirare; from bank account ritirare **3** v/i disegnare; in game pareggiare

♦ **draw back 1** v/i (recoil) tirarsi indietro **2** v/t hand ritirare; curtains aprire

♦ **draw out** wallet etc estrarre; money from bank ritirare

♦ **draw up 1** v/t document redigere; chair accostare **2** v/i of vehicle fermarsi

'drawback inconveniente m

drawer [drɔː(r)] of desk etc cassetto m

drawing ['drɔːɪŋ] disegno m; **drawing pin** puntina f

drawl [drɔːl] pronuncia f strascicata

dread [dred] aver il terrore di; **dreadful** terribile; **dreadfully** F (extremely) terribilmente; behave malissimo

dream [driːm] **1** n sogno m **2** v/i sognare; **I~t about you** ti ho sognato

♦ **dream up** sognare

dreary ['drɪərɪ] deprimente; (boring) noioso

dredge [dredʒ] canal dragare

♦ **dredge up** fig scovare

dregs [dregz] of coffee fondi mpl; **the ~ of society** la feccia della società

dress [dres] **1** n for woman vestito m; (clothing) abbigliamento m **2** v/t person vestire; wound medicare; salad condire; **get~ed** vestirsi **3** v/i vestirsi

◆ **dress up** vestirsi elegante; (*wear a disguise*) travestirsi

'**dress circle** prima galleria *f*; **dresser** *in kitchen* credenza *f*; **dressing** *for salad* condimento *m*; *for wound* medicazione *f*; **dressing gown** vestaglia *f*; **dress rehearsal** prova *f* generale

dribble ['drɪbl] *of person* sbavare; *of water* gocciolare; SP dribblare

dried [draɪd] *fruit etc* essicato

drier ['draɪr] ☞ **dryer**

drift [drɪft] *of snow* accumularsi; *of ship* andare alla deriva; (*go off course*) uscire dalla rotta; *of person* vagabondare

◆ **drift apart** *of couple* allontanarsi (l'uno dall'altro)

drifter ['drɪftə(r)] vagabondo *m*, -a *f*

drill [drɪl] **1** *n* (*tool*) trapano *m*; (*exercise*), MIL esercitazione *f* **2** *v/t tunnel* scavare; **~ a hole** fare un foro col trapano **3** *v/i for oil* trivellare; MIL addestrarsi

drily ['draɪlɪ] *remark* ironicamente

drink [drɪŋk] **1** *n* bevanda *f*; **non-alcoholic ~** bibita *f* (analcolica); **a ~ of ...** un bicchiere di ... **2** *v/t & v/i* bere

◆ **drink up 1** *v/i* (*finish drink*) finire il bicchiere **2** *v/t* (*drink completely*) finire di bere

drinkable ['drɪŋkəbl] potabi-

le; **drinker** bevitore *m*, -trice *f*; **drinking water** acqua *f* potabile

drip [drɪp] **1** *n* goccia *f*; MED flebo *f inv* **2** *v/i* gocciolare

drive [draɪv] **1** *n outing* giro *m* in macchina; (*driveway*) viale *m*; (*energy*) grinta *f*; COMPUT lettore *m*; (*campaign*) campagna *f* **2** *v/t vehicle* guidare; (*take in car*) portare (in macchina); TECH azionare **3** *v/i* guidare; **I ~ to work** vado al lavoro in macchina

◆ **drive in** *nail* piantare

drivel ['drɪvl] sciocchezze *fpl*

driver ['draɪvə(r)] guidatore *m*, -trice *f*, conducente *m/f*; *of train* macchinista *m/f*; COMPUT driver *m inv*; **driver's license** *Am* patente *f* (di guida); **driveway** viale *m*; **driving 1** *n* guida *f* **2** *adj rain* violento; **driving lesson** lezione *f* di guida; **driving licence** patente *f* (di guida); **driving school** scuola *f* guida; **driving test** esame *m* di guida

drizzle ['drɪzl] **1** *n* pioggerella *f* **2** *v/i* piovvigginare

drop [drop] **1** *n of rain* goccia *f*; *in price*, *temperature* calo *m* **2** *v/t* far cadere; *from plane* sganciare; *person from car* lasciare; *person from team* scartare; (*stop seeing*) smettere di frequentare; *charges*, *demand etc* abbandonare; (*give up*) lasciare perdere **3**

duster

v/i cadere; (*decline*) calare
◆ **drop in** *v/i* passare
◆ **drop off 1** *v/t person, goods* lasciare **2** *v/i* (*fall asleep*) addormentarsi; (*decline*) calare
◆ **drop out** *from competition, school* ritirarsi
drought [draut] siccità *f inv*
drown [draun] annegare
drowsy ['drauzɪ] sonnolento
drug [drʌg] **1** *n* droga *f*; **be on ~s** drogarsi **2** *v/t* drogare; **drug addict** tossicodipendente *m/f*; **drug dealer** spacciatore *m*, -trice *f* (di droga); **druggist** *Am* farmacista *m/f*; **drugstore** *Am* negozio-bar che vende articoli vari, inclusi medicinali; **drug trafficking** traffico *m* di droga
drum [drʌm] MUS tamburo *m*; (*container*) bidone *m*; **~s** *in pop music* batteria *f*; **drummer** batterista *m/f*; *in brass band* percussionista *m/f*; **drumstick** MUS bacchetta *f*
drunk [drʌŋk] **1** *n* ubriacone *m*, -a *f* **2** *adj* ubriaco; **get ~** ubriacarsi; **drunk driving** guida *f* in stato di ebbrezza
dry [draɪ] **1** *adj* secco **2** *v/t & v/i* asciugare; **dry-clean** pulire *or* lavare a secco; **dry cleaner** tintoria *f*; **dryer** *machine* asciugatrice *f*
dual ['dju:əl] doppio; **dual carriageway** carreggiata *f* a due corsie
dub [dʌb] *movie* doppiare

dubious ['dju:bɪəs] equivoco; (*having doubts*) dubbioso
duchess ['dʌtʃɪs] duchessa *f*
duck [dʌk] **1** *n* anatra *f* **2** *v/i* piegarsi
dud [dʌd] F (*false bill*) falso *m*
due [dju:] dovuto; **the rent is ~ tomorrow** domani scade la rata dell'affitto
duke [dju:k] duca *m*
dull [dʌl] *weather* grigio; *sound, pain* sordo; (*boring*) noioso
duly ['dju:lɪ] (*as expected*) come previsto; (*properly*) debitamente
dumb [dʌm] (*mute*) muto; *Am* F (*stupid*) stupido
dummy ['dʌmɪ] *for clothes* manichino *m*; *for baby* succhiotto *m*
dump [dʌmp] **1** *n for rubbish* discarica *f*; (*unpleasant place*) postaccio *m* **2** *v/t* (*deposit*) lasciare; (*dispose of*) scaricare; *waste* sbarazzarsi di
dune [dju:n] duna *f*
duplex (**apartment**) ['du:pleks] appartamento *m* su due piani
duplicate ['dju:plɪkət] duplicato *m*
durable ['djuərəbl] *material* resistente
during ['djuərɪŋ] durante
dusk [dʌsk] crepuscolo *m*
dust [dʌst] **1** *n* polvere *f* **2** *v/t* spolverare; **dustbin** bidone *m* della spazzatura; **duster**

straccio *m* (per spolverare); **dustpan** paletta *f*; **dusty** *table* impolverato; *road* polveroso

Dutch [dʌtʃ] **1** *adj* olandese **2** *n language* olandese *m*; **the ~** gli Olandesi

duty ['djuːtɪ] dovere *m*; *on goods* tassa *f* doganale, dazio *m*; **be on ~** essere di servizio; **duty free** duty free *inv*

DVD [diːviː'diː] *(= digital versatile disk)* DVD *m inv*

dwarf [dwɔːf] **1** *n* nano *m*, -a *f*

2 *v/t* fare scomparire

dwindle ['dwɪndl] diminuire

dye [daɪ] **1** *n* tintura *f*; *for food* colorante *m* **2** *v/t* colorare, tingere

dying ['daɪɪŋ] morente; *tradition* in via di disparizione

dynamic [daɪ'næmɪk] dinamico; **dynamism** dinamismo *m*

dynasty ['dɪnəstɪ] dinastia *f*

dyslexic [dɪs'leksɪk] **1** *adj* dislessico **2** *n* dislessico *m*, -a *f*

E

each [iːtʃ] **1** *adj* ogni **2** *adv* ciascuno; **they're £1.50 ~** costano £1,50 ciascuno **3** *pron* ciascuno *m*, -a *f*, ognuno *m*, -a *f*; **~ other** l'un l'altro *m*, l'una l'altra *f*; **we know ~ other** ci conosciamo

eager ['iːgə(r)] entusiasta; **be ~ to do sth** essere ansioso di fare qc; **eagerly** ansiosamente; **eagerness** smania *f*

eagle ['iːgl] aquila *f*; **eagle-eyed**: **be ~ eyed** avere l'occhio di falco

ear[1] [ɪə(r)] orecchio *m*

ear[2] [ɪə(r)] *of corn* spiga *f*

earache mal *m* d'orecchi

early ['ɜːlɪ] **1** *adj (not later)* primo; *arrival* anticipato; *(farther back in time)* antico; **~ October** inizio ottobre; **at an ~ age** in giovane età; **let's**

have an ~ supper ceniamo presto **2** *adv (not late)* presto; *(ahead of time)* in anticipo; **early bird** *(early riser)* persona *f* mattiniera

earmark ['ɪəmɑːk] riservare

earn [ɜːn] guadagnare; *interest* fruttare; *holiday, respect etc* guadagnarsi

earnest ['ɜːnɪst] serio

earnings ['ɜːnɪŋz] guadagno *m*

'earphones cuffie *fpl* (d'ascolto); **earring** orecchino *m*; **earshot**: **within ~ a** portata d'orecchio; **out of ~** fuori dalla portata d'orecchio

earth [ɜːθ] **1** *n also* ELEC terra *f* **2** *v/t* ELEC mettere a terra; **earthenware** terracotta *f*; **earthly** terreno; **it's no ~**

use ... F è perfettamente inutile ...; **earthquake** terremoto *m*; **earth-shattering** sconvolgente

ease [iːz] **1** *n* facilità *f*; **feel at ~** sentirsi a proprio agio **2** *v/t* (*relieve*) alleviare; **it will ~ my mind** mi darà sollievo **3** *v/i* of *pain* alleviarsi

♦ **ease off 1** *v/t* (*remove*) togliere con cautela **2** *v/i* of *pain*, *rain* diminuire

easel ['iːzl] cavalletto *m*

easily ['iːzəlɪ] facilmente; (*by far*) di gran lunga

east [iːst] **1** *n* est *m* **2** *adj* orientale **3** *adv travel* a est; **~ of** a est di

Easter ['iːstə(r)] Pasqua *f*; **Easter Day** il giorno *or* la domenica di Pasqua; **Easter egg** uovo *m* di Pasqua

easterly ['iːstəlɪ]: **~ wind** vento *m* dell'est; **in an ~ direction** verso est

Easter 'Monday lunedì *m inv* di Pasqua, Pasquetta *f*

eastern ['iːstən] orientale

Easter 'Sunday il giorno *or* la domenica di Pasqua

eastward ['iːstwəd] verso est

easy ['iːzɪ] facile, (*relaxed*) tranquillo; **easy chair** poltrona *f*; **easy-going**: **he's very ~** gli va bene quasi tutto

eat [iːt] mangiare

♦ **eat out** mangiare fuori

eatable ['iːtəbl] commestibile; *lunch*, *dish* mangiabile

eavesdrop ['iːvzdrɒp]: **~ on**

s.o. origliare qu

ebb [eb] of *tide* rifluire

e-book ['iːbʊk] e-book *m inv*, libro *m* elettronico; **e-business** e-commerce *m*, commercio *m* elettronico

eccentric [ɪk'sentrɪk] **1** *adj* eccentrico **2** *n* eccentrico *m*, -a *f*; **eccentricity** eccentricità *f inv*

echo ['ekəʊ] **1** *n* eco *f* **2** *v/i* risuonare **3** *v/t words* ripetere; *views* condividere

eclipse [ɪ'klɪps] **1** *n* eclissi *f inv* **2** *v/t fig* eclissare

ecofriendly ['iːkəʊfrendlɪ] ecologico

ecological [iːkə'lɒdʒɪkl] ecologico; **ecologically** ecologicamente; **ecologically friendly** ecologico; **ecologist** ecologista *m/f*; **ecology** ecologia *f*

economic [iːkə'nɒmɪk] **1** economico; **economical** (*cheap*) economico; (*thrifty*) parsimonioso; **economics** *science* economia *f*; *financial aspects* aspetti *mpl* economici; **economist** economista *m/f*; **economize** risparmiare, fare economia

♦ **economize on** risparmiare su

economy [ɪ'kɒnəmɪ] economia *f*; **economy class** classe *f* economica

ecosystem ['iːkəʊsɪstm] ecosistema *m*; **ecotourism** agriturismo *m*

ecstasy ['ekstəsı] estasi *f inv*;
ecstatic in estasi
eczema ['eksmə] eczema *m*
edge [edʒ] **1** *n* of knife filo *m*;
of table, seat, lawn bordo *m*;
of road ciglio *m*; of cliff orlo
m; **on ~** teso *2 v/i* (move
slowly) muoversi con cautela; **edgeways: I couldn't
get a word in ~** non sono riuscito a piazzare una parola;
edgy teso
edible ['edɪbl] commestibile
edit ['edɪt] text rivedere; prepare for publication curare;
newspaper dirigere; TV program, film montare; COM-
PUT editare; **edition** edizione *f*; **editor** of text revisore
m; of publication curatore
m, -trice *f*; of newspaper direttore *m*, -trice *f* of TV program responsabile *m/f* del
montaggio; of film tecnico
m del montaggio; **editorial
1** *adj* editoriale; **the ~ staff**
la redazione **2** *n* editoriale *m*
educate ['edjukeɪt] child
istruire; consumers educare;
he was ~d at ... ha studiato
a ...; **educated** istruito; **education** istruzione *f*; **the ~
system** la pubblica istruzione; **educational** didattico;
(informative) istruttivo
eerie ['ɪərɪ] inquietante
effect [ɪ'fekt] effetto *m*; **effective** efficace; (striking) d'effetto
effeminate [ɪ'femɪnət] effe-

minato
efficiency [ɪ'fɪʃənsı] efficienza *f*; of machine rendimento
m; **efficient** efficiente; machine ad alto rendimento; **ef-
ficiently** con efficienza
effort ['efət] sforzo *m*; **effort-
less** facile
e.g. [iː'dʒiː] ad or per esempio
egg [eg] uovo *m*; **eggcup** portauovo *m inv*; **egghead** F in-
tellettualoide *m/f*; **eggplant**
Am melanzana *f*
ego ['iːgəʊ] ego *m*; **egocentric** egocentrico; **egoism**
egoismo *m*; **egoist** egoista
m/f
eiderdown ['aɪdədaʊn] (quilt)
piumino *m*
eight [eɪt] otto; **eighteen** diciotto; **eighteenth** diciottesimo; **eighth** ottavo; **eighth
note** Am MUS croma *f*;
eightieth ottantesimo;
eighty ottanta
either ['aɪðə(r)] **1** *adj* l'uno o
l'altro; (both) entrambi *pl* **2**
pron l'uno o l'altro *m*,
l'una o l'altra *f* **3** *adv* nemmeno, neppure; **I won't go
~** non vado nemmeno or
neppure io **4** *conj*: **~ my
mother or my sister** mia
madre o mia sorella; **he
doesn't like ~ wine or beer**
non gli piacciono né il vino,
né la birra
eject [ɪ'dʒekt] **1** *v/t* espellere **2**
v/i from plane eiettarsi
♦ **eke out** [iːk] usare con par-

emaciated

simonia; *grant etc* arrotondare; *eke out a living* tirare
avanti

el [el] *Am* ferrovia *f* sopraelevata

elaborate 1 [ɪ'læbərət] *adj*
elaborato **2** [ɪ'læbəreɪt] *v/i*
fornire particolari

elapse [ɪ'læps] trascorrere

elastic [ɪ'læstɪk] **1** *adj* elastico
2 *n* elastico *m*; **elasticated**
elasticizzato; **elastic band**
elastico *m*

Elastoplast® [ɪ'læstəplɑːst]
cerotto *m*

elated [ɪ'leɪtɪd] esultante; **el-**
ation esultanza *f*

elbow ['elbəʊ] gomito *m*

elder ['eldə(r)] **1** *adj* maggiore
2 *n* maggiore *m/f*; **elderly 1**
adj anziano; **2** *npl* **the ~** gli
anziani; **eldest 1** *adj* maggiore **2** *n* maggiore *m/f*

elect [ɪ'lekt] eleggere; **elected**
eletto; **election** elezione *f*;
election campaign campagna *f* elettorale; **election**
day giorno *m* delle elezioni;
electorate elettorato *m*

electric [ɪ'lektrɪk] *also fig*
elettrico; **electrical** elettrico; **electric chair** sedia *f*
elettrica; **electrician** elettricista *m/f*; **electricity** elettricità *f*; **electrify** elettrificare;
fig elettrizzare

electrocute [ɪ'lektrəkjuːt]
fulminare

electron [ɪ'lektrɒn] elettrone
m; **electronic** elettronico;

electronics elettronica *f*

elegance ['elɪɡəns] eleganza
f; **elegant** elegante

element ['elɪmənt] elemento
m; **elementary** elementare;
elementary school *Am*
scuola *f* elementare

elephant ['elɪfənt] elefante *m*

elevate ['elɪveɪt] elevare; **ele-**
vated railroad *Am* ferrovia *f*
sopraelevata; **elevation** (*alti-*
tude) altitudine *f*; **elevator**
Am ascensore *m*

eleven [ɪ'levn] undici; **elev-**
enth undicesimo

eligible ['elɪdʒəbl]: *be ~ to do*
sth avere il diritto di fare qc

eliminate [ɪ'lɪmɪneɪt] eliminare; **elimination** eliminazione
f

elite [eɪ'liːt] **1** *n* elite *f inv* **2** *adj*
elitario

eloquence ['eləkwəns] elo-
quenza *f*; **eloquent** eloquente

else [els]: *anything ~* qualco-
s'altro; *nothing ~* nient'altro; *nobody ~* nessun altro;
everyone ~ is going tutti
gli altri vanno; *someone ~*
qualcun altro; *something ~*
qualcos'altro; *let's go*
somewhere ~ andiamo da
qualche altra parte; *or ~* altrimenti; **elsewhere** altrove

elude [ɪ'luːd] sfuggire a; **elu-**
sive *person* difficile da trovare; *quality* raro

emaciated [ɪ'meɪsɪeɪtɪd]
emaciato

e-mail ['iːmeɪl] **1** *n* e-mail *m inv* **2** *v/t person* mandare un e-mail a; *text* mandare per e-mail; **e-mail address** indirizzo *m* e-mail

emancipation [ɪmænsɪ'peɪʃn] emancipazione *f*

embalm [ɪm'bɑːm] imbalsamare

embankment [ɪm'bæŋkmənt] *of river* argine *m*; RAIL massicciata *f*

embargo [em'bɑːgəʊ] embargo *m inv*

embark [ɪm'bɑːk] imbarcarsi

embarrass [ɪm'bærəs] imbarazzare; **embarrassed** imbarazzato; **embarrassing** imbarazzante; **embarrassment** imbarazzo *m*

embassy ['embəsɪ] ambasciata *f*

embezzle [ɪm'bezl] appropriarsi indebitamente di; **embezzlement** appropriazione *f* indebita

emblem ['embləm] emblema *f*

embodiment [ɪm'bɒdɪmənt] incarnazione *f*; **embody** incarnare

embrace [ɪm'breɪs] **1** *n* braccio *m* **2** *v/t (hug, include)* abbracciare **3** *v/i of two people* abbracciarsi

embroider [ɪm'brɔɪdə(r)] ricamare; *fig* ricamare su

embryo ['embrɪəʊ] embrione *m*; **embryonic** *fig* embrionale

emerald ['emərəld] smeraldo *m*; *colour* verde *m* smeraldo

emerge [ɪ'mɜːdʒ] *(appear)* emergere; **it has ~d that ...** è emerso che ...

emergency [ɪ'mɜːdʒənsɪ] emergenza *f*; **emergency exit** uscita *f* di sicurezza; **emergency landing** atterraggio *m* di fortuna; **emergency services** servizi *mpl* di soccorso

emigrant ['emɪgrənt] emigrante *m/f*; **emigrate** emigrare; **emigration** emigrazione *f*

Eminence ['emɪnəns]: REL **His ~** Sua Eminenza; **eminent** eminente

emission [ɪ'mɪʃn] *of gases* emanazione *f*; **emit** *heat, gases* emanare; *light, smoke* emettere; *smell* esalare

emotion [ɪ'məʊʃn] emozione *f*; **emotional** *problems, development* emozionale; *(causing emotion)* commovente; *(showing emotion)* commosso

emperor ['empərə(r)] imperatore *m*

emphasis ['emfəsɪs] enfasi *f*; *on word* rilievo *m*; **emphasize** enfatizzare; *word* dare rilievo a; **emphatic** enfatico

empire ['empaɪə(r)] impero *m*

employ [ɪm'plɔɪ] dare lavoro a; *(take on)* assumere; *(use)* impiegare; **employee** dipendente *m/f*; **employer** datore *m*, -trice *f* di lavoro; **employment** occupazione *f*; (*work*) impiego *m*

emptiness ['emptɪnɪs] vuoto *m*; **empty 1** *adj* vuoto **2** *v/t* vuotare **3** *v/i* of room, street svuotarsi

emulate ['emjʊleɪt] emulare

enable [ɪ'neɪbl] *person* permettere a; *thing* permettere

enchanting [ɪn'ʧɑːntɪŋ] incantevole

encircle [ɪn'sɜːkl] circondare

enclose [ɪn'kləʊz] *in letter* allegare; *area* recintare; **enclosure** *with letter* allegato *m*

encore ['ɒŋkɔː(r)] bis *m inv*

encounter [ɪn'kaʊntə(r)] **1** *n* incontro *m* **2** *v/t* incontrare

encourage [ɪn'kʌrɪdʒ] incoraggiare; **encouragement** incoraggiamento *m*; **encouraging** incoraggiante

encyclopedia [ɪnsaɪklə'piːdɪə] enciclopedia *f*

end [end] **1** *n* (*conclusion, purpose*) fine *m*; (*extremity*) estremità *f inv*; **in the ~** alla fine **2** *v/t* terminare **3** *v/i* finire

◆ **end up** finire

endanger [ɪn'deɪndʒə(r)] mettere in pericolo; **endangered species** specie *f* in via d'estinzione

endeavour, *Am* **endeavor** [ɪn'devə(r)] **1** *n* tentativo *m* **2** *v/t* tentare

endemic [ɪn'demɪk] endemico

ending ['endɪŋ] finale *m*; GRAM desinenza *f*; **endless** interminabile

endorse [en'dɔːs] *candidacy* appoggiare; *product* fare pubblicità a; **endorsement** *of candidacy* appoggio *m*; *of product* pubblicità *f*

end 'product prodotto *m* finale

endurance [ɪn'djʊərəns] resistenza *f*; **endure 1** *v/t* sopportare **2** *v/i* (*last*) resistere; **enduring** durevole

end-user utente *m* finale

enemy ['enəmɪ] nemico *m*, -a *f*

energetic [enə'dʒetɪk] energico; **energy** energia *f*; **energy supply** rifornimento *m* di energia elettrica

enforce [ɪn'fɔːs] far rispettare

engage [ɪn'geɪdʒ] **1** *v/t* (*hire*) ingaggiare **2** *v/i* TECH ingranare; **engaged** *to be married* fidanzato; **get ~** fidanzarsi; TELEC occupato; **engagement** (*appointment*) impegno *m*; *to be married* fidanzamento *m*; MIL scontro *m*; **engagement ring** anello *m* di fidanzamento

engine ['endʒɪn] motore *m*; **engineering** ingegneria *f*; **engineer** ingegnere *m*; *for sound, software* tecnico *m*; NAUT macchinista *m*

England ['ɪŋglənd] Inghilterra *f*; **English 1** *adj* inglese **2** *n* (*language*) inglese *m*;

the ~ gli inglesi; **English Channel** Manica *f;* **Englishman** inglese *m;* **Englishwoman** inglese *f*

engrave [ɪnˈɡreɪv] incidere; **engraving** *(drawing)* stampa *f; (design)* incisione *f*

engrossed [ɪnˈɡrəʊst]: ~ *in* assorto in

engulf [ɪnˈɡʌlf] avvolgere

enhance [ɪnˈhɑːns] accrescere; *performance, reputation* migliorare

enigma [ɪˈnɪɡmə] enigma *m*

enjoy [ɪnˈdʒɔɪ]: *did you* ~ *the film?* ti è piaciuto il film?; *I* ~ *reading* mi piace leggere; ~ *(your meal)!* buon appetito!; ~ *o.s.* divertirsi; **enjoyable** piacevole; **enjoyment** piacere *m,* divertimento *m*

enlarge [ɪnˈlɑːdʒ] ingrandire; **enlargement** ingrandimento *m*

enlighten [ɪnˈlaɪtn] illuminare

enlist [ɪnˈlɪst] MIL arruolarsi

enmity [ˈenmətɪ] inimicizia *f*

enormous [ɪˈnɔːməs] enorme; **enormously** enormemente

enough [ɪˈnʌf] **1** *adj* sufficiente, abbastanza *inv* **2** *pron* abbastanza; *will £50 be* ~*?* saranno sufficienti £50?; *that's* ~*!* basta! **3** *adv* abbastanza; *strangely* ~ per quanto strano

enquire [ɪnˈkwaɪə(r)] chiedere informazioni, informarsi

enrol, *Am* **enroll** [ɪnˈrəʊl] iscriversi

en suite (bathroom) [ˈɒnswiːt] bagno *m* in camera

ensure [ɪnˈʃʊə(r)] assicurare

entail [ɪnˈteɪl] comportare

entangle [ɪnˈtæŋɡl] *in rope* impigliare

enter [ˈentə(r)] **1** *v/t room, house* entrare in; *competition* iscriversi a; COMPUT inserire **2** *v/i* entrare; *in competition* iscriversi **3** *n* COMPUT invio *m*

enterprise [ˈentəpraɪz] *(initiative)* intraprendenza *f; (venture)* impresa *f;* **enterprising** intraprendente

entertain [entəˈteɪn] *(amuse)* intrattenere; *(consider: idea)* considerare; **entertainer** artista *m/f;* **entertaining** divertente; **entertainment** divertimento *m*

enthusiasm [ɪnˈθjuːzɪæzm] entusiasmo *m;* **enthusiast** appassionato *m,* -a *f;* **enthusiastic** entusiasta; **enthusiastically** con entusiasmo

entire [ɪnˈtaɪə(r)] intero; **entirely** interamente

entitle [ɪnˈtaɪtl] dare il diritto a; *be* ~*d to do sth* avere il diritto di fare qc

entrance [ˈentrəns] entrata *f,* ingresso *m;* THEA entrata *f* in scena

entranced [ɪnˈtrɑːnst] incantato

ˈ**entrance exam(ination)**

esame *m* di ammissione

entrant ['entrənt] concorrente *m/f*

entrepreneur [ɒntrəprə'nɜː] imprenditore *m*, -trice *f*; **entrepreneurial** imprenditoriale

entrust [ɪn'trʌst] affidare

entry ['entrɪ] (*way in*) entrata *f*; *in diary* annotazione *f*; *in accounts, dictionary* voce *f*; **entryphone** citofono *m*

envelop [ɪn'veləp] avviluppare

envelope ['envələʊp] busta *f*

enviable ['envɪəbl] invidiabile; **envious** invidioso; **be ~ of s.o.** essere invidioso di qu

environment [ɪn'vaɪərənmənt] ambiente *m*; **environmental** ambientale; **environmentalist** ambientalista *m/f*; **environmentally friendly** ecologico; **environmental protection** tutela *f* dell'ambiente; **environs** dintorni *mpl*

envisage [ɪn'vɪzɪdʒ] prevedere

envoy ['envɔɪ] inviato *m*, -a *f*

envy ['envɪ] **1** *n* invidia *f* **2** *v/t*: **~ s.o. sth** invidiare qc a qu

epic ['epɪk] **1** *n* epopea *f* **2** *adj journey* mitico

epicentre, *Am* **epicenter** ['epɪsentr] epicentro *m*

epidemic [epɪ'demɪk] epidemia *f*

episode ['epɪsəʊd] episodio *m*

epitaph ['epɪtɑːf] epitaffio *m*

epoch ['iːpɒk] epoca *f*

equal ['iːkwl] **1** *adj* uguale **2** *n*: **be the ~ of** essere equivalente a; **treat s.o. as his ~** trattare qualcuno alla pari **3** *v/t* (*be as good as*) uguagliare; **equality** uguaglianza *f*, parità *f*; **equalize 1** *v/t* uniformare **2** *v/i* SP pareggiare; **equalizer** SP gol *m inv* del pareggio; **equally** ugualmente; **equal rights** parità *f* di diritti

equation [ɪ'kweɪʒn] MATH equazione *f*

equator [ɪ'kweɪtə(r)] equatore *m*

equip [ɪ'kwɪp] equipaggiare; **equipment** equipaggiamento *m*; *electrical, electronic* apparecchiature *fpl*

equity ['ekwətɪ] FIN capitale *m* azionario

equivalent [ɪ'kwɪvələnt] **1** *adj* equivalente **2** *n* equivalente *m*

era ['ɪərə] era *f*

eradicate [ɪ'rædɪkeɪt] sradicare

erase [ɪ'reɪz] cancellare; **eraser** gomma *f* (da cancellare)

erect [ɪ'rekt] **1** *adj* eretto **2** *v/t* erigere; **erection** erezione *f*

ergonomic [ɜːgəʊ'nɒmɪk] ergonomico

erode [ɪ'rəʊd] erodere; *fig* intaccare; **erosion** erosione *f*; *fig* diminuzione *f*

erotic [ɪˈrɒtɪk] erotico

errand [ˈerənd] commissione f

erratic [ɪˈrætɪk] irregolare

error [ˈerə(r)] errore m; **error message** COMPUT messaggio m di errore

erupt [ɪˈrʌpt] of volcano eruttare; of violence esplodere; of person dare in escandescenze; **eruption** of volcano eruzione f; of violence esplosione f

escalate [ˈeskəleɪt] of costs aumentare; of war intensificarsi; **escalation** escalation f inv; **escalator** scala f mobile

escape [ɪˈskeɪp] **1** n of prisoner, animal, gas fuga f **2** v/i of prisoner, animal scappare, fuggire; of gas fuoriuscire

escort 1 [ˈeskɔːt] n accompagnatore m, -trice f; (guard) scorta f **2** [ɪˈskɔːt] v/t socially accompagnare; act as guard to scortare

especially [ɪˈspeʃlɪ] specialmente

espionage [ˈespɪənɑːʒ] spionaggio m

espresso (coffee) [esˈpresəʊ] espresso m

essay [ˈeseɪ] saggio m; in school tema m

essential [ɪˈsenʃl] essenziale

establish [ɪˈstæblɪʃ] company fondare; (create, determine) stabilire; **establishment** firm azienda f; restaurant lo-

cale m

estate [ɪˈsteɪt] land tenuta f; of dead person patrimonio m; **estate agent** agente m/f immobiliare; **estate car** giardiniera f

esthetic Am = **aesthetic**

estimate [ˈestɪmət] **1** n stima f, valutazione f; COM preventivo m **2** v/t stimare

estuary [ˈestjʊərɪ] estuario m

etc [etˈsetrə] ecc. (= eccetera)

eternal [ɪˈtɜːnl] eterno; **eternity** eternità f inv

ethical [ˈeθɪkl] etico; **ethics** etica f

ethnic [ˈeθnɪk] etnico; **ethnic minority** minoranza f etnica

e-ticket [ˈiːtɪkɪt] biglietto m acquistato su Internet

EU [iːˈjuː] (= **European Union**) UE f (= Unione europea)

euphemism [ˈjuːfəmɪzm] eufemismo m

euro [ˈjʊərəʊ] euro m inv; **Euro MP** eurodeputato m, -a f

Europe [ˈjʊərəp] Europa f; **European 1** adj europeo **2** n europeo m, -a f; **European Parliament** Parlamento m europeo; **European Union** Unione f europea

euthanasia [juːθəˈneɪzɪə] eutanasia f

evacuate [ɪˈvækjʊeɪt] evacuare

evade [ɪˈveɪd] eludere; taxes evadere

evaluate [ɪ'væljʊeɪt] valutare; **evaluation** valutazione *f*

evaporate [ɪ'væpəreɪt] evaporare; *of confidence* svanire; **evaporation** evaporazione *f*

evasion [ɪ'veɪʒn] elusione *f*; *of taxes* evasione *f*; **evasive** evasivo

eve [iːv] vigilia *f*

even ['iːvn] **1** *adj (regular)* omogeneo; *breathing* regolare; *surface* piano; *(number)* pari *inv*; *players, game* alla pari; **get ~ with ...** farla pagare a ... **2** *adv* persino; **~ bigger** ancora più grande; **not ~** nemmeno, neppure; **~ so** nonostante questo; **~ if** anche se **3** *v/t*: **~ the score** pareggiare

evening ['iːvnɪŋ] sera *f*; **in the ~** di sera; **this ~** stasera; **good~** buona sera; **evening class** corso *m* serale; **evening dress** *for woman* vestito *m* da sera; *for man* abito *m* scuro

evenly ['iːvnlɪ] *(regularly)* in modo omogeneo; *breathe* regolarmente

event [ɪ'vent] evento *m*, avvenimento *m*; SP prova *f*; **eventful** movimentato

eventually [ɪ'ventjʊəlɪ] finalmente, alla fine

ever ['evə(r)] mai; **have you ~ been to ...?** sei mai stato in ...?; **for ~** per sempre; **as ~** come sempre; **~ since he**

left da quando è partito; **everlasting** eterno

every ['evrɪ] ogni; **~ other day** un giorno sì, uno no; **~ now and then** ogni tanto; **everybody** tutti; **everyday** di tutti i giorni; **everyone** tutti *pl*; **everything** tutto; **everywhere** dovunque, dappertutto; *(wherever)* dovunque

evict [ɪ'vɪkt] sfrattare

evidence ['evɪdəns] prova *f*; **give ~** testimoniare; **evident** evidente; **evidently** evidentemente

evil ['iːvl] **1** *adj* cattivo **2** *n* male *m*

evolution [iːvə'luːʃn] evoluzione *f*; **evolve** evolvere

ex [eks] *F wife / husband* ex *m/f inv*

exact [ɪg'zækt] esatto; **exacting** *task* impegnativo; *employer* esigente; *standards* rigido; **exactly** esattamente

exaggerate [ɪg'zædʒəreɪt] esagerare; **exaggeration** esagerazione *f*

exam [ɪg'zæm] esame *m*; **examination** esame *m*; *of patient* visita *f*; **examine** esaminare; *patient* visitare

example [ɪg'zɑːmpl] esempio *m*; **for ~** ad *or* per esempio

excavate ['ekskəveɪt] *(dig)* scavare; *of archaeologist* riportare alla luce; **excavation** scavo *m*

exceed [ɪk'siːd] *(be more than)* eccedere, superare;

(*go beyond*) oltrepassare, superare; **exceedingly** estremamente

excel [ɪkˈsel] **1** v/i eccellere; ~ **at** eccellere in **2** v/t: ~ **o.s.** superare se stesso; **excellence** eccellenza f; **excellent** eccellente

except [ɪkˈsept] eccetto; ~ **for** fatta eccezione per; **exceptional** eccezionale; **exceptionally** (*extremely*) eccezionalmente; **exception** eccezione f

excerpt [ˈeksɜːpt] estratto m

excess [ɪkˈses] **1** n eccesso m **2** adj in eccesso; **excess baggage** eccedenza f di bagaglio; **excessive** eccessivo

exchange [ɪksˈtʃeɪndʒ] **1** n scambio m **2** v/t cambiare (**for** con); **exchange rate** FIN tasso m di cambio

Exchequer [ɪksˈtʃekə(r)] tesoro m

excite [ɪkˈsaɪt] (*make enthusiastic*) eccitare; **excited** eccitato; **get** ~ eccitarsi; **excitement** eccitazione f; **exciting** eccitante, emozionante

exclaim [ɪkˈskleɪm] esclamare; **exclamation** esclamazione f; **exclamation mark**, Am **exclamation point** punto m esclamativo

exclude [ɪkˈskluːd] escludere; **excluding** ad esclusione di; **exclusive** esclusivo

excuse 1 [ɪkˈskjuːs] n scusa f **2** [ɪkˈskjuːz] v/t scusare; ~ **me**

to get attention, interrupting scusami; *to get past* permesso

ex-di'rectory: **be** ~ non comparire sull'elenco telefonico

execute [ˈeksɪkjuːt] *criminal* giustiziare; *plan* attuare; **execution** *of criminal* esecuzione f; *of plan* attuazione f; **executive** dirigente m/f

exempt [ɪgˈzempt]: **be** ~ **from** essere esente da

exercise [ˈeksəsaɪz] **1** n esercizio m; MIL esercitazione f **2** v/t *muscle* fare esercizio con; *dog* far fare esercizio a; *caution* adoperare **3** v/i fare esercizio; **exercise bike** ciclette f inv; **exercise book** EDU quaderno m di esercizi

exhale [eksˈheɪl] esalare

exhaust [ɪgˈzɔːst] **1** n *fumes* gas mpl di scarico; *pipe* tubo m di scappamento **2** v/t (*tire*) estenuare; (*use up*) esaurire; **exhausted** (*tired*) esausto; **exhausting** estenuante; **exhaustion** spossatezza f; **exhaustive** esauriente; **exhaust pipe** tubo m di scappamento

exhibit [ɪgˈzɪbɪt] **1** n *in exhibition* oggetto m esposto; LAW prova f **2** v/t *of artist* esporre; (*give evidence of*) manifestare; **exhibition** esposizione f; *of bad behaviour* manifestazione f; *of skill* dimostrazione f

exhilarating [ɪgˈzɪləreɪtɪŋ] emozionante

exile ['eksaıl] **1** *n* esilio *m*; *person* esiliato *m*, -a *f* **2** *v/t* esiliare

exist [ıg'zıst] esistere; **~ on** vivere di; **existence** esistenza *f*; **in ~** esistente; **existing** attuale

exit ['eksıt] **1** *n* uscita *f* **2** *v/i* COMPUT uscire

exonerate [ıg'zɒnəreıt] scagionare

exorbitant [ıg'zɔːbıtənt] esorbitante

exotic [ıg'zɒtık] esotico

expand [ık'spænd] **1** *v/t* espandere **2** *v/i* espandersi; *of metal* dilatarsi; **expanse** distesa *f*; **expansion** espansione *f*; *of metal* dilatazione *f*

expect [ık'spekt] **1** *v/t* aspettare; *(suppose, demand)* aspettarsi **2** *v/i*: **be ~ing** aspettare un bambino; **I ~ so** immagino di sì; **expectant mother** donna *f* in stato interessante; **expectation** aspettativa *f*

expedition [ekspı'dıʃn] spedizione *f*

expel [ık'spel] espellere

expendable [ık'spendəbl] *person* sacrificabile

expenditure [ık'spendıtʃə(r)] spesa *f*

expense [ık'spens] spesa *f*; **expenses** spese *fpl*; **expensive** caro

experience [ık'spıərıəns] **1** *n* esperienza *f* **2** *v/t pain, pleasure* provare; *difficulty* incon-

trare; **experienced** con esperienza

experiment [ık'sperımənt] **1** *n* esperimento *m* **2** *v/i* fare esperimenti; **experimental** sperimentale

expert ['ekspɜːt] **1** *adj* esperto **2** *n* esperto *m*, -a *f*; **expertise** competenza *f*

expiration date [ıkspı'reıʃn] *Am* data *f* di scadenza; **expire** scadere; **expiry** scadenza *f*; **expiry date** data *f* di scadenza

explain [ık'spleın] spiegare; **explanation** spiegazione *f*; **explanatory** esplicativo

explicit [ık'splısıt] *instructions* esplicito; **explicitly** *state, forbid* esplicitamente

explode [ık'spləʊd] **1** *v/i* of *bomb* esplodere **2** *v/t bomb* fare esplodere

exploit[1] ['eksplɔıt] *n* exploit *m inv*

exploit[2] [ık'splɔıt] *v/t person, resources* sfruttare

exploitation [eksplɔı'teıʃn] sfruttamento *m*

exploration [eksplə'reıʃn] esplorazione *f*; **exploratory** *surgery* esplorativo; **explore** *country, possibility etc* esplorare; **explorer** esploratore *m*, -trice *f*

explosion [ık'spləʊʒn] *also in population* esplosione *f*; **explosive** esplosivo *m*

export ['ekspɔːt] **1** *n* esportazione *f*; *item* prodotto *m* di

esportazione **2** v/t goods,
COMPUT esportare; **exporter**
esportatore m, -trice f
expose [ɪk'spəʊz] (uncover)
scoprire; scandal, person denunciare; **exposure** esposizione f; to cold weather esposizione f prolungata al freddo; of dishonest behaviour
denuncia f; PHOT posa f
express [ɪk'spres] **1** adj (fast,
explicit) espresso **2** n (train)
espresso m **3** v/t esprimere;
expression espressione f;
expressive espressivo; **expressly** espressamente; **expressway** autostrada f
expulsion [ɪk'spʌlʃn] espulsione f
extend [ɪk'stend] **1** v/t estendere; house, repertoire ampliare; runway prolungare;
contract, visa prorogare **2**
v/i of garden etc estendersi;
extension to house annesso
m; of contract, visa proroga
f; TELEC interno m; **extension cable** prolunga f; **extensive** ampio; **extent** ampiezza f; **to a certain ~** fino
a un certo punto
exterior [ɪk'stɪərɪə(r)] **1** adj
esterno **2** n of building esterno m; of person aspetto m
esteriore
exterminate [ɪk'stɜːmɪneɪt]
sterminare
external [ɪk'stɜːnl] (outside)
esterno
extinct [ɪk'stɪŋkt] species

estinto; **extinction** of species
estinzione f; **extinguish** spegnere; **extinguisher** estintore m
extortion [ɪk'stɔːʃn] estorsione f
extra ['ekstrə] **1** n extra m inv
2 adj in più; **be ~** (cost more)
essere a parte **3** adv particolarmente
extract¹ ['ekstrækt] n estratto
m
extract² [ɪk'strækt] v/t estrarre; information estorcere
extraction [ɪk'strækʃn] estrazione f
extradite ['ekstrədaɪt] estradare; **extradition** estradizione f
extramarital [ekstrə'mærɪtl]
extraconiugale
extraordinary [ɪk'strɔːdɪnərɪ]
straordinario
extra 'time SP tempi mpl supplementari
extravagance [ɪk'strævəgəns] stravaganza f; **extravagant** with money stravagante
extreme [ɪk'striːm] **1** n estremo m **2** adj estremo; **extremely** estremamente; **extremist** estremista m/f
extrovert ['ekstrəvɜːt] estroverso m, -a f
exuberant [ɪg'zjuːbərənt]
esuberante
eye [aɪ] **1** n occhio m **2** v/t
scrutare; **eyeball** bulbo m
oculare; **eyebrow** sopracciglio m; **eyecatching** appari-

scente; **eyeglasses** Am occhiali mpl; **eyelid** palpebra f; **eyeliner** eyeliner m inv; **eyeshadow** ombretto m;

eyesight vista f; **eyesore** pugno m in un occhio; **eyewitness** testimone m/f oculare

F

fabric ['fæbrɪk] tessuto m
fabulous [fəˈsɑːd] fantastico
façade [fəˈsɑːd] facciata f
face [feɪs] 1 n viso m, faccia f; ~ **to** ~ faccia a faccia; **lose** ~ perdere la faccia 2 v/t person, sea etc essere di fronte a; facts affrontare
◆ **face up to** affrontare
facecloth guanto m di spugna; **facelift** lifting m inv del viso; **facial** pulizia f del viso
facilitate [fəˈsɪlɪteɪt] facilitare; **facilities** strutture fpl
fact [fækt] fatto m; **in ~, as a matter of ~** in realtà
faction ['fækʃn] fazione f
factor ['fæktə(r)] fattore m
factory ['fæktərɪ] fabbrica f
faculty ['fækəltɪ] facoltà f inv
fad [fæd] mania f passeggera
fade [feɪd] v/i of colours sbiadire; of light smorzarsi; of memories svanire; **faded** colour, jeans sbiadito
fag [fæg] F Br cigarette sigaretta f; Am pej homosexual finocchio m
fail [feɪl] 1 v/i fallire 2 v/t test essere bocciato a; **he never**

~**s to write** non manca mai di scrivere 2 n: **without** ~ con certezza; **failing** difetto m; **failure** fallimento m
faint [feɪnt] 1 adj vago 2 v/i svenire; **faintly** vagamente
fair¹ [feə(r)] (fun ~) luna park m inv; COM fiera f
fair² [feə(r)] 1 adj hair biondo; complexion chiaro; (just) giusto 2 adv: ~ **enough** e va bene
fairly ['feəlɪ] treat giustamente; (quite) piuttosto; **fairness** of treatment giustizia f
fairy ['feərɪ] fata; **fairy tale** fiaba f, favola f
faith [feɪθ] fede f; **faithful** fedele
fake [feɪk] 1 n falso m 2 adj falso 3 v/t (forge) falsificare; (feign) simulare
fall¹ [fɔːl] n Am autunno m
fall² [fɔːl] v/i of person, night cadere; of prices, temperature calare; ~ **ill** ammalarsi 2 n of person, government caduta f; in price, temperature calo m
◆ **fall back on** ricorrere a
◆ **fall behind** with work rimanere indietro
◆ **fall for** (fall in love with) in-

namorarsi di; *(be deceived by)* abboccare a

◆ **fall through** *of plans* andare a monte

fallible ['fæləbl] fallibile

falling star ['fɔ:lɪŋ] stella *f* cadente

false [fɔ:ls] falso; **false start** *in race* falsa partenza *f;* **false teeth** dentiera *f;* **falsify** falsificare

fame [feɪm] fama *f*

familiar [fə'mɪljə(r)] familiare; *(intimate)* intimo; **be ~ with sth** conoscere bene qc; **familiarity** *with subject etc* buona conoscenza *f* **(with** di); **familiarize: ~ o.s. with ...** familiarizzarsi con ...

family ['fæməlɪ] famiglia *f;* **family doctor** medico *m* di famiglia; **family name** cognome *m;* **family planning** pianificazione *f* familiare; **family planning clinic** consultorio *m* per la pianificazione familiare; **family tree** albero *m* genealogico

famine ['fæmɪn] fame *f*

famous ['feɪməs] famoso; **be ~ for ...** essere noto per ...

fan¹ [fæn] *n (supporter)* fan *m/f*

fan² [fæn] **1** *n for cooling: electric* ventilatore *m; handheld* ventaglio *m* **2** *v/t:* **~ o.s.** farsi aria

fanatical [fə'nætɪkl] fanatico; **fanaticism** fanatismo *m*

'fan belt MOT cinghia *f* della ventola

fancy ['fænsɪ] **1** *adj design* stravagante **2** *n:* **as the ~ takes you** quanto ti va; **take a ~ to s.o.** prendere a benvolere qu **3** *v/t* F avere voglia di; **he fancies you** gli piaci; **fancy dress** costume *m*

fantasize ['fæntəsaɪz] fantasticare; **fantastic** *(very good)* fantastico; *(very big)* enorme; **fantasy** fantasia *f*

far [fɑ:(r)] lontano; *(much)* molto; **~ away** lontano; **how ~ is it to ...?** quanto dista ...?; **as ~ as the corner** fino all'angolo; **as ~ as I know** per quanto ne so; **you've gone too ~** *in behaviour* sei andato troppo oltre; **so ~ so good** fin qui tutto bene

farce [fɑ:s] farsa *f*

fare [feə(r)] *n for travel* tariffa *f*

Far 'East Estremo Oriente *m*

farewell [feə'wel] addio *m*

farfetched [fɑ:'fetʃt] inverosimile

farm [fɑ:m] fattoria *f*

◆ **farm out** dare in appalto

farmer ['fɑ:mə(r)] agricoltore *m,* -trice *f;* **farmhouse** cascina *f;* **farming** agricoltura *f;* **farmworker** bracciante *m/f;* **farmyard** cortile *m* di una cascina

far-'off lontano; **farsighted** previdente; *optically* presbite

fart [fɑːt] **1** *n* F scoreggia *f* F, peto *m* **2** *v/i* F scoreggiare F, petare

farther ['fɑːðə(r)] più lontano; **farthest** più lontano

fascinate ['fæsɪneɪt] affascinare; **fascinating** affascinante; **fascination** *with subject* fascino *m*

fascism ['fæʃɪzm] fascismo *m*; **fascist 1** *n* fascista *m/f* **2** *adj* fascista

fashion ['fæʃn] moda *f*; (*manner*) maniera *f*, modo *m*; **in ~** alla moda; **out of ~** fuori moda; **fashionable** alla moda; **fashionably** alla moda; **fashion-conscious** fanatico della moda; **fashion designer** stilista *f* m/f; **fashion show** sfilata *f* di moda

fast[1] [fɑːst] **1** *adj* veloce, rapido; **be ~** *of clock* essere avanti **2** *adv* velocemente; **~ asleep** profondamente addormentato

fast[2] [fɑːst] *n* *not eating* digiuno *m*

fasten ['fɑːsn] **1** *v/t* chiudere; *dress, seat-belt* allacciare; **~ sth onto sth** attaccare qc a qc **2** *v/i* *of dress etc* allacciarsi; **fastener** chiusura *f*

'**fast food** fast food *m*; **fast forward 1** *n* *on video etc* riavvolgimento *m* rapido **2** *v/i* riavvolgere rapidamente; **fast lane** *on road* corsia *f* di sorpasso; **in the ~** *fig*: *of life* a

cento all'ora; **fast train** rapido *m*

fat [fæt] **1** *adj* grasso **2** *n* grasso *m*

fatal ['feɪtl] fatale

fatality [fə'tælɪtɪ] vittima *f*; **fatally**: **~ injured** ferito a morte

fate [feɪt] fato *m*

'**fat free** privo di grassi

father ['fɑːðə(r)] padre *m*; **Father Christmas** Babbo *m* Natale; **fatherhood** paternità *f*; **father-in-law** suocero *m*; **fatherly** paterno

fatigue [fə'tiːg] stanchezza *f*

fatten ['fætn] *animal* ingrassare; **fatty 1** *adj* grasso **2** *n* F *person* ciccione *m*, -a *f* F

faucet ['fɔːsɪt] *Am* rubinetto *m*

fault [fɔːlt] *n* (*defect*) difetto *m*; **it's your / my ~** è colpa tua / mia; **find~ with** criticare; **faultless** impeccabile; **faulty** difettoso

favor etc *Am* ☞ **favour** etc

favour ['feɪvə(r)] **1** *n* favore *m*; **do s.o. a ~** fare un favore a qu; **in ~ of ...** a favore di ... *m* **2** *v/t* (*prefer*) preferire, prediligere; **favourable** favorevole; **favourite 1** *n* prediletto *m*, -a *f*; *food* piatto *m* preferito; *in race, competition* favorito *m*, -a *f* **2** *adj* preferito; **favouritism** favoritismo *m*

fax [fæks] **1** *n* fax *m inv* **2** *v/t* *document* inviare per fax

fear [fɪə(r)] **1** *n* paura *f* **2** *v/t*

avere paura di; **fearless** intrepido; **fearlessly** intrepidamente

feasibility study [fiːzəˈbɪlətɪ] studio *m* di fattibilità; **feasible** fattibile

feast [fiːst] banchetto *m*

feat [fiːt] prodezza *f*

feather [ˈfeðə(r)] piuma *f*

feature [ˈfiːtʃə(r)] **1** *n on face* tratto *m*; *of city, building, style* caratteristica *f*; *in newspaper* servizio *m*; *film* lungometraggio *m*; **make a ~ of ...** mettere l'accento su ... **2** *v/t of film* avere come protagonista; **feature film** lungometraggio *m*

February [ˈfebrʊərɪ] febbraio *m*

federal [ˈfedərəl] federale; **federation** federazione *f*

fed up F: **be ~ with ...** essere stufo di ... F

fee [fiː] tariffa *f*; *of lawyer, doctor etc* onorario *m*

feeble [ˈfiːbl] debole

feed [fiːd] nutrire; *family* mantenere; *baby* dare da mangiare a; **feedback** riscontro *m*, feedback *m*

feel [fiːl] **1** *v/t (touch)* toccare; *(sense)* sentire; *pain, pleasure* sentire; *(think)* pensare **2** *v/i* sentirsi; **it ~s like silk** sembra seta; **I ~ tired** sono stanco; **how are you ~ing today?** come ti senti oggi?; **do you ~ like a drink?** hai voglia di bere qualcosa?; **I**

don't ~ like it non ne ho voglia

◆ **feel up to** sentirsi in grado di

feeler [ˈfiːlə(r)] *of insect* antenna *f*; **feeling** sentimento *m*; *(emotion)* sensazione *f*; *(sensation)* sensibilità *f*

feet [fiːt] *pl* ☞ **foot**

fellow 'citizen concittadino *m*, -a *f*

felony [ˈfelənɪ] delitto *m*

felt [felt] feltro *m*; **felt tip**, **felt-tip(ped) pen** pennarello *m*

female [ˈfiːmeɪl] **1** *adj* femminile; *typical of women* femminile **2** *n* femmina *f*; F *(woman)* donna *f*

feminine [ˈfemɪnɪn] **1** *adj* femminile **2** *n* GRAM femminile *m*; **feminism** femminismo *m*; **feminist 1** *n* femminista *f* **2** *adj* femminista

fence [fens] *n* recinto *m*; **sit on the ~** non prendere partito

fender [ˈfendə(r)] *Am* parafango *m*

fermentation [fɜːmenˈteɪʃn] fermentazione *f*

ferocious [fəˈrəʊʃəs] feroce

ferry [ˈferɪ] traghetto *m*

fertile [ˈfɜːtaɪl] fertile; **fertility** fertilità *f*; **fertilize** fecondare; **fertilizer** *for soil* fertilizzante *m*

fervent [ˈfɜːvənt] fervente

fester [ˈfestə(r)] *of wound* fare infezione

festival [ˈfestɪvl] festival *m*

file

inv; **festive** festivo; **the ~ season** le festività; **festivities** festeggiamenti *mpl*

fetal ['fiːtl] fetale

fetch [fetʃ] andare / venire a prendere; *thing* prendere; *price* rendere

fetus ['fiːtəs] feto *m*

feud [fjuːd] **1** *n* faida *f* **2** *v/i* litigare

fever ['fiːvə(r)] febbre *f*; **feverish** *also fig* febbrile

few [fjuː] **1** *adj* pochi; **a ~ people** alcune persone, qualche persona; **a ~ books** alcuni libri, qualche libro; **quite a ~**, **a good ~** (*a lot*) parecchi **2** *pron* (*not many*) pochi; **a ~** (*some*) alcuni; **quite a ~**, **a good ~** (*a lot*) parecchi; **fewer** meno (**than** di)

fiancé [fɪˈɒnseɪ] fidanzato *m*; **fiancée** fidanzata *f*

fiasco [fɪˈæskəʊ] fiasco *m*

fiber *Am* ☞ **fibre**

fibre ['faɪbə(r)] fibra *f*; **fibre optics** tecnologia *f* delle fibre ottiche; **fibreglass** fibra *f* di vetro

fickle ['fɪkl] incostante

fiction ['fɪkʃn] narrativa *f*, (*made-up story*) storia *f*; **fictional** immaginario; **fictitious** fittizio

fiddle ['fɪdl] **1** *n* F (*violin*) violino *m*; **it's a ~** F 2 è una fregatura F **2** *v/i:* **~ with ...** giocherellare con ...; **~ around with ...** trafficare con ... **3** *v/t accounts* truccare

fidget ['fɪdʒɪt] agitarsi; **fidgety** in agitazione

field [fiːld] campo *m*; (*competitors in race*) formazione *f*; **fielder** SP esterno *m*

fierce [fɪəs] *animal* feroce; *storm* violento; **fiercely** ferocemente

fiery ['faɪərɪ] focoso

fifteen [fɪf'tiːn] quindici; **fifteenth** quindicesimo; **fifth** quinto; **fiftieth** cinquantesimo; **fifty** cinquanta; **fifty-fifty** metà e metà

fig [fɪg] fico *m*

fight [faɪt] **1** *n* lotta *f*; in war combattimento *m*; (*argument*) litigio *m*; in boxing incontro *m* **2** *v/t* combattere; *injustice, fire* lottare contro; in boxing battersi contro **3** *v/i* in war combattere; (*of drunks, schoolkids*) azzuffarsi; (*argue*) litigare; **fighter** combattente *m/f*; *aeroplane* caccia *m inv*; (*boxer*) pugile *m*; **she's a ~** è combattiva; **fighting** risse *fpl*, MIL lotta *f*

figurative ['fɪɡjərətɪv] *use of word* figurato; *art* figurativo

figure ['fɪɡə(r)] *n* (*digit*) cifra *f*; *of person* linea *f*; (*form, shape*) figura *f*

◆ **figure on** F (*plan*) contare (di)

◆ **figure out** (*understand*) capire; *calculation* calcolare

file[1] [faɪl] **1** *n for papers* raccoglitore *m*; *contents* dossier *m inv*; COMPUT file *m inv*; **on ~**

in archivio **2** *v/t documents* schedare

file² [faɪl] *n for wood, finger-nails* lima *f*

filing cabinet ['faɪlɪŋ], *Am* **file cabinet** schedario *m*

fill [fɪl] riempire; *tooth* otturare

♦ **fill in** *form* compilare; *hole* riempire; **fill s.o. in** mettere al corrente qu

♦ **fill out 1** *v/t form* compilare **2** *v/i (get fatter)* arrotondarsi

fillet ['fɪlɪt] filetto *m*

filling ['fɪlɪŋ] **1** *n in sandwich* ripieno *m; in tooth* otturazione *f* **2** *adj food* pesante; **filling station** stazione *f* di rifornimento

film [fɪlm] **1** *n for camera* pellicola *f; at cinema* film *m inv* **2** *v/t* filmare; *scene* girare; **film-maker** regista *m/f;* **film star** stella *f* del cinema

filter ['fɪltə(r)] **1** *n* filtro *m* **2** *v/t* filtrare

filth [fɪlθ] sporcizia *f;* **filthy** sporco; *language etc* volgare

final ['faɪnl] **1** *adj* finale **2** *n* SP finale *f;* **finale** finale *m;* **finalist** finalista *m/f;* **finalize** mettere a punto; **finally** infine; *(at last)* finalmente

finance ['faɪnæns] **1** *n* finanza *f* **2** *v/t* finanziare; **financial** finanziario; **financially** finanziariamente; **financial year** anno *m* fiscale; **financier** finanziatore *m*, -trice *f*

find [faɪnd] trovare

♦ **find out** scoprire

findings ['faɪndɪŋz] *of report* conclusioni *fpl*

fine¹ [faɪn] *day, weather, city* bello; *wine, performance* buono; *distinction, line* sottile; **how's that? – that's ~** com'è? – va benissimo; **that's ~ by me** a me sta bene

fine² [faɪn] **1** *n penalty* multa *f* **2** *v/t* multare

finger ['fɪŋɡə(r)] **1** *n* dito *m* **2** *v/t* passare le dita su; **fingernail** unghia *f;* **fingerprint** impronta *f* digitale

finicky ['fɪnɪkɪ] *person* pignolo; *design* complicato

finish ['fɪnɪʃ] **1** *v/t* finire; **~ doing sth** finire di fare qc **2** *v/i* finire **3** *n of product* finitura *f*

♦ **finish up** *food* finire; **he finished up liking London** Londra ha finito per piacergli

♦ **finish with** *boyfriend etc* lasciare

'finishing line traguardo *m*

Finland ['fɪnlənd] Finlandia *f;* **Finn** finlandese *m/f;* **Finnish 1** *adj* finlandese, finnico **2** *n language* finlandese *m*

fir [fɜː(r)] abete *m*

fire ['faɪə(r)] **1** *n* fuoco *m; (blaze)* incendio *m; bonfire, campfire etc* falò *m inv;* **be on ~** essere in fiamme; **catch ~** prendere fuoco; **set sth on ~, set fire to sth** dare fuoco a qc **2** *v/i (shoot)* sparare **3** *v/t* F *(dismiss)* licenziare; **fire alarm** allarme *m* antincendio; **firearm** arma *f* da fuoco; **fire brigade** vigili *mpl* del fuoco; **firecracker** petardo *m*; **fire department** *Am* vigili *mpl* del fuoco; **fire engine** autopompa *f*; **fire escape** scala *f* antincendio; **fire extinguisher** estintore *m*; **fire fighter** pompiere *m*; **fireman** pompiere *m*; **fireplace** camino *m*; **fire station** caserma *f* dei pompieri; **fire truck** autopompa *f*; **fireworks** fuochi *mpl* d'artificio

firm[1] [fɜːm] *adj* grip, handshake energico; *muscles* sodo; *voice, parents* deciso; *decision* risoluto; *date, offer* definitivo; *control* rigido; *foundations* solido; *believer* convinto

firm[2] [fɜːm] *n* COM azienda *f*

first [fɜːst] **1** *adj* primo **2** *n* primo *m*, -a *f* **3** *adv* arrive, finish per primo; *(beforehand)* prima; **~ of all** *(for one reason)* innanzitutto; **at ~** in un primo tempo, al principio; **first aid** pronto soccorso *m*; **first class 1** *adj* di prima classe **2** *adv* travel in prima classe; **first floor** primo piano *m*; piano *m* terra; **First Lady** First Lady *f inv*; **firstly** in primo luogo; **first name** nome *m* di battesimo; **first night** prima serata *f*; **first-rate** di prima qualità

fiscal ['fɪskl] fiscale; **fiscal year** *Am* anno *m* fiscale

fish [fɪʃ] **1** *n* pesce *m* **2** *v/i* pescare; **fisherman** pescatore *m*; **fish finger** bastoncino *m* di pesce; **fishing** pesca *f*; **fishing boat** peschereccio *m*; **fishing rod** canna *f* da pesca; **fishmonger** pescivendolo *m*; **fish stick** *Am* bastoncino *m* di pesce; **fishy** F *(suspicious)* sospetto

fist [fɪst] pugno *m*

fit[1] [fɪt] *n* MED attacco *m*; **a ~ of jealousy** un accesso di gelosia

fit[2] [fɪt] *adj physically* in forma; *morally* adatto; **keep ~** tenersi in forma

fit[3] [fɪt] **1** *v/t of clothes* andare bene a; *(attach)* installare **2** *v/i of clothes* andare bene; *of piece of furniture etc* starci

fitness ['fɪtnɪs] *physical* forma *f*; **fitting** appropriato; **fittings** equipaggiamento *msg*

five [faɪv] cinque

fix [fɪks] **1** *n (solution)* soluzione *f* **2** *v/t (attach, arrange)* fissare; *(repair)* aggiustare; *lunch* preparare; *(dishonestly): match etc* manipolare; **fixed** *in position* fisso; *timescale, exchange rate* stabilito

fizzy ['fɪzɪ] *drink* gassato

flab [flæb] *on body* ciccia *f*; **flabby** *muscles* flaccido

flag[1] [flæg] *n* bandiera *f*

flag[2] [flæg] *v/i (tire)* soccombere

'flagpole asta f
flagrant ['fleɪɡrənt] flagrante
flair [fleə(r)] (talent) talento m;
(style) stile m
flake [fleɪk] of snow fiocco m;
of paint, plaster scaglia f
flamboyant [flæm'bɔɪənt]
personality esuberante; flamboyantly in modo vistoso
flame [fleɪm] n fiamma f; go
up in ~s incendiarsi
flammable ['flæməbl] infiammabile
flank [flæŋk] 1 n fianco m 2
v/t: be ~ed by essere affiancato da
flannel ['flænl] guanto m di
spugna
flap [flæp] 1 n of envelope,
pocket falda f; of table ribalta
f; be in a ~ F essere in fibrillazione F 2 v/t wings sbattere
3 v/i of flag etc sventolare
♦ flare up [fler] of violence,
illness esplodere; of fire divampare
flash [flæʃ] 1 n of light lampo
m; PHOT flash m inv; in a ~ F
in un istante; ~ of lightning
lampo m 2 v/i of light lampeggiare 3 v/t: ~ one's headlights lampeggiare; flashback in film flashback m
inv; flashlight pila f; PHOT
flash m inv; flashy pej appariscente
flask [flɑːsk] (vacuum ~) termos m inv
flat¹ [flæt] 1 adj piatto; beer
sgassato; battery, tyre a terra;

shoes basso; A / B ~ MUS
la / si bemolle; and that's
~ F punto e basta F 2 adv
MUS sotto tonalità; ~ out
work, run a tutto gas 3 n
gomma f a terra
flat² [flæt] n (apartment) appartamento m
flatly ['flætlɪ] refuse, deny risolutamente; flatmate compagno m, -a f di appartamento;
flat rate tariffa f forfettaria;
flat screen monitor schermo m piatto; flatten land,
road livellare; by bombing,
demolition radere al suolo
flatter ['flætə(r)] adulare; flatterer adulatore m, -trice f;
flattering compliments lusinghiero; Jane's dress is very
~ il vestito di Jane le dona
molto; flattery adulazione f
flavor Am ☞ flavour
flavour ['fleɪvə(r)] 1 n gusto m
2 v/t food insaporire; flavouring aroma m
flaw [flɔː] difetto m; flawless
perfetto
flea [fliː] pulce f
flee [fliː] scappare
fleet [fliːt] NAUT flotta f; of
taxis, trucks parco m macchine
fleeting ['fliːtɪŋ] visit etc di
sfuggita
flesh [fleʃ] carne f; of fruit
polpa f
flex [fleks] 1 v/t muscles flettere 2 n ELEC cavo m; flex(i)-
time orario m flessibile;

flush

flexibility flessibilità f; **flexible** flessibile

flicker ['flɪkə(r)] *of light* tremolare

flier ['flaɪə(r)] (*circular*) volantino *m*

flight [flaɪt] volo *m*; (*fleeing*) fuga f; ~ (**of stairs**) rampa f (di scale); **flight attendant** assistente *m*/f di volo; **flight deck** *in plane* cabina f di pilotaggio; *of aircraft carrier* ponte *m* di decollo; **flight number** numero *m* di volo; **flight path** rotta f (di volo); **flight recorder** registratore *m* di volo; **flight time** *departure* orario *m* di volo; *duration* durata f di volo; **flighty** volubile

flimsy ['flɪmzɪ] *furniture* leggero; *dress, material* sottile; *excuse* debole

flinch [flɪntʃ] sobbalzare

flipper ['flɪpə(r)] *for swimming* pinna f

flirt [flɜːt] **1** *v/i* flirtare **2** *n* flirt *m inv*; **flirtatious** civettuolo

float [fləʊt] galleggiare; FIN fluttuare

flock [flɒk] **1** *n of sheep* gregge *m* **2** *v/i* accorrere in massa

flood [flʌd] **1** *n* inondazione f **2** *v/t of river* inondare; (*fig*) inondazione f; **floodlight** riflettore *m*; **flood waters** acque *fpl* di inondazione

flood [flɔː(r)] pavimento *m*; (*story*) piano *m*; **floorboard**

asse f del pavimento; **floorlamp** *Am* lampada f a stelo

flop [flɒp] **1** *v/i* crollare; (*fail*) fare fiasco **2** *n* F (*failure*) fiasco *m*; **floppy** (*disk*) floppy *m inv*, floppy disk *m inv*

Florence ['florəns] Firenze f; **Florentine 1** *adj* fiorentino **2** *n* fiorentino *m*, -a f

florist ['florɪst] fiorista *m*/f

flour ['flaʊə(r)] farina f

flourish ['flʌrɪʃ] fiorire; *of business, civilization* prosperare; **flourishing** *business, trade* prospero

flow [fləʊ] *v/i of river, traffic, current* scorrere; *of work* procedere **2** *n of river, ideas* flusso *m*; **flowchart** diagramma *m* (di flusso)

flower ['flaʊə(r)] **1** *n* fiore *m* **2** *v/i* fiorire; **flowerpot** vaso *m* per fiori

flu [fluː] influenza f

fluctuate ['flʌktʊeɪt] oscillare; **fluctuation** oscillazione f

fluency ['fluːənsɪ] *in a language* scioltezza f; **fluent** fluente; **he speaks ~ Spanish** parla correntemente lo spagnolo; **fluently** *speak, write* correntemente

fluid ['fluːɪd] fluido *m*

flunk [flʌŋk] *Am* F essere bocciato a

flush [flʌʃ] **1** *v/t toilet* tirare l'acqua di **2** *v/i* (*go red*) diventare rosso **3** *adj* (*level*) a filo; **~ with ...** a filo con ...

flute

flute [fluːt] MUS flauto *m* traverso

flutter ['flʌtə(r)] *of wings* sbattere; *of flag* sventolare; *of heart* battere forte

fly[1] [flaɪ] *n insect* mosca *f*

fly[2] [flaɪ] *n on trousers* patta *f*

fly[3] [flaɪ] **1** *v/i* volare; *of flag* sventolare; *(rush)* precipitarsi; **~ into a rage** perdere le staffe **2** *v/t aeroplane* pilotare; *airline* volare con; *(transport by air)* spedire per via aerea

◆ **fly away** *of bird, plane* volare via

◆ **fly back** *(travel back)* ritornare (in aereo)

◆ **fly past** *of time* volare

flying ['flaɪɪŋ] volare *m*; **flyover** MOT cavalcavia *m inv*

foam [fəʊm] *on liquid* schiuma *f*; **foam rubber** gommapiuma® *f*

focus ['fəʊkəs] *of attention* centro *m*; PHOT fuoco *m*; **be in ~ / be out of ~** PHOT essere a fuoco / non essere a fuoco

◆ **focus on** *issue* focalizzare l'attenzione su; PHOT mettere a fuoco

fodder ['fɒdə(r)] foraggio *m*

fog [fɒg] nebbia *f*; **foggy** nebbioso

foil[1] [fɔɪl] *n* carta *f* stagnola

foil[2] [fɔɪl] *v/t (thwart)* sventare

fold[1] [fəʊld] **1** *v/t paper etc* piegare; **~ one's arms** incrociare le braccia **2** *v/i of business*

chiudere i battenti **3** *n in cloth etc* piega *f*

◆ **fold up** *v/t chairs etc* chiudere; *clothes* piegare **2** *v/i of chair, table* chiudere

folder ['fəʊldə(r)] *for documents* cartellina *f*; COMPUT *directory f inv*; **folding** pieghevole

foliage ['fəʊlɪɪdʒ] fogliame *m*

folk [fəʊk] *(people)* gente *f*; **my ~** *(family)* i miei parenti; **come in, ~s** F entrate, gente F; **folk music** musica *f* folk; **folk singer** cantante *m/f* folk; **folk song** canzone *f* popolare

follow ['fɒləʊ] **1** *v/t (also understand)* seguire **2** *v/i* seguire; *logically* quadrare; **as ~s** quanto segue

◆ **follow up** *v/t inquiry* dare seguito a

follower ['fɒləʊə(r)] *of politician etc* seguace *m/f*; *of football team* tifoso *m*, -a *f*; **following 1** *adj* seguente **2** *n people* seguito *m*; **the ~** quanto segue

fond [fɒnd] *(loving)* affezionato; *memory* caro; **he is ~ of travel** gli piace viaggiare; **I'm very ~ of him** gli voglio molto

fondle ['fɒndl] accarezzare

fondness ['fɒndnɪs] *for person* affetto *m*; *for wine, food* gusto *m*

font [fɒnt] *for printing* carattere *m*; *in church* fonte *f* battesimale

food [fuːd] cibo *m*; *Italian* ~ la cucina italiana; **there's no** ~ **in the house** non c'è niente da mangiare in casa; **foodie** buongustaio *m*, -a *f*; **food poisoning** intossicazione *f* alimentare

fool [fuːl] **1** *n* pazzo *m*, -a *f*; **make a** ~ **of o.s.** rendersi ridicolo **2** *v/t* ingannare; **foolhardy** temerario; **foolish** sciocco; **foolproof** a prova di idiota

foot [fut] (*pl* **feet** [fiːt]) *also measurement* piede *m*; **on** ~ a piedi; **at the** ~ **of the page** a piè di pagina; **put one's** ~ **in it** F fare una gaffe; **footage** pellicola *f* cinematografica; **football** (*soccer*) calcio *m*; *American* football *m* americano; (*ball*) pallone *m* da calcio; *for American* football pallone *m* da football americano; **footballer** calciatore *m*, -trice *f*; **football pitch** campo *m* da calcio; **football player** *soccer* calciatore *m*, -trice *f*; *American style* giocatore *m* di football americano; **foothills** colline *fpl* pedemontane; **footnote** nota *f* a piè di pagina; **footpath** sentiero *m*; **footprint** impronta *f* di piede; **footstep** passo *m*

for [fɔː(r)] per; *a train* ~ ... un treno per ...; *what is this* ~? a cosa serve?; *what* ~? a che

scopo?, perché?; ~ *three days* per tre giorni; *I am* ~ *the idea* sono a favore dell'idea; *how much did you sell it* ~? a quanto l'hai venduto?

forbid [fəˈbɪd] vietare, proibire (*to do* di fare); **forbidden** vietato, proibito; *smoking* ~ vietato fumare; *parking* ~ divieto di sosta; **forbidding** ostile

force [fɔːs] **1** *n* forza *f*; *come into* ~ *of law etc* entrare in vigore; *the* ~*s* MIL le forze armate **2** *v/t door, lock* forzare; ~ *s.o. to do sth* forzare *or* costringere qu a fare qc; **forced** forzato; **forced landing** atterraggio *m* d'emergenza; **forceful** *argument, speaker* convincente; *character* energico

forceps [ˈfɔːseps] MED forcipe *f*

forcibly [ˈfɔːsəblɪ] *restrain* con la forza

foreboding [fəˈbəʊdɪŋ] presentimento *m*; **forecast 1** *n* previsione *f* **2** *v/t* prevedere; **forefathers** antenati *mpl*; **forefinger** indice *m*; **foregone**: *that's a* ~ *conclusion* è una conclusione scontata; **foreground** primo piano *m*; **forehand** *in tennis* diritto *m*; **forehead** fronte *f*

foreign [ˈfɒrən] straniero; *trade, policy* estero; **foreign affairs** affari *mpl* esteri; **foreign body** corpo *m* estraneo; **foreign currency** valuta *f* estera; **foreigner** straniero *m*, -a *f*; **foreign exchange** cambio *m* valutario; **Foreign Office** Ministero *m* degli esteri; **Foreign Secretary** *in UK* ministro *m* degli esteri

'**foreman** caposquadra *m*; **foremost 1** *adv* (*uppermost*) soprattutto **2** *adj* (*leading*) principale

forensic 'medicine [fəˈrenzɪk] medicina *f* legale; **forensic scientist** medico *m* legale

'**forerunner** precursore *m*; **foresee** prevedere; **foresight** lungimiranza *f*

forest [ˈfɒrɪst] foresta *f*; **forestry** scienze *fpl* forestali

fore'tell predire

forever [fəˈrevə(r)] per sempre

foreword [ˈfɔːwɜːd] prefazione *f*

forfeit [ˈfɔːfɪt] *right, privilege etc* perdere

forge [fɔːdʒ] (*counterfeit*) contraffare; *signature* falsificare; **forgery** (*banknote*) falsificazione *f*; (*document*) falso *m*

forget [fəˈget] dimenticare; **forgetful** smemorato

forgive [fəˈgɪv] perdonare; **forgiveness** perdono *m*

fork [fɔːk] *for eating* forchetta *f*; *for gardening* forca *f*; *in road* biforcazione *f*; **forklift truck** muletto *m*

form [fɔːm] **1** *n* (*shape*) forma

f; (*document*) modulo *m*; *in school* classe *f*; **be on / off** ~ essere in / fuori forma **2** *v/t in clay etc* modellare; *friendship* creare; (*constitute*) costituire **3** *v/i* (*take shape, develop*) formarsi; **formal** formale; **formality** formalità *f inv*; **formally** formalmente

format [ˈfɔːmæt] **1** *v/t diskette* formattare; *document* impaginare **2** *n* (*size: of magazine etc*) formato *m*; (*makeup: of programme*) formula *f*

formation [fɔːˈmeɪʃn] formazione *f*

former [ˈfɔːmə(r)] *wife, president* ex *inv*; *statement, arrangement* precedente; **the** ~ quest'ultimo; **formerly** precedentemente

formidable [ˈfɔːmɪdəbl] imponente

formula [ˈfɔːmjʊlə] formula *f*

fort [fɔːt] MIL forte *m*

forthcoming [ˈfɔːθkʌmɪŋ] (*future*) prossimo; *personality* comunicativo

'**forthright** schietto

fortieth [ˈfɔːtɪθ] quarantesimo, -a

fortnight [ˈfɔːtnaɪt] due settimane

fortress [ˈfɔːtrɪs] MIL fortezza *f*

fortunate [ˈfɔːtʃʊnət] fortunato; **fortunately** fortunatamente; **fortune** sorte *f*; (*lot* *of money*) fortuna *f*; **tell s.o.'s ~** predire il futuro a qu; **fortune-teller** chiromante *m/f*

forty ['fɔːtɪ] quaranta

Forum ['fɔːrəm] *Roman* foro *m*

forward ['fɔːwəd] **1** *adv* avanti **2** *adj pej: person* diretto **3** *n* SP attaccante *m* **4** *v/t letter* inoltrare; **forwarding agent** COM spedizioniere *m*; **forward-looking** progressista

fossil ['fɒsəl] fossile *m*

foster ['fɒstə(r)] *child* avere in affidamento; *attitude, belief* incoraggiare; **foster parents** genitori *mpl* con affidamento

foul [faʊl] **1** *n* SP fallo *m* **2** *adj smell* pessimo; *weather* orribile **3** *v/t* SP fare un fallo contro

found [faʊnd] *school etc* fondare; **foundation** *of theory etc* fondamenta *fpl*; (*organization*) fondazione *f*; *(make-up* fondotinta *m*; **foundations** *of building* fondamenta *fpl*; **founder** fondatore *m*, -trice *f*

fountain ['faʊntɪn] fontana *f*

four [fɔː(r)] quattro; **four-star** *hotel etc* a quattro stelle; **fourteen** quattordici; **fourteenth** quattordicesimo; **fourth** quarto; **four-wheel drive** MOT quattro per quattro *m* inv

fox [fɒks] **1** *n* volpe *f* **2** *v/t (puz-*

zle) mettere in difficoltà

foyer ['fɔɪeɪ] atrio *m*

fraction ['frækʃn] frazione *f*; **fractionally** lievemente

fracture ['fræktʃə(r)] **1** *n* frattura *f* **2** *v/t* fratturare

fragile ['frædʒaɪl] fragile

fragment ['frægmənt] frammento *m*

fragrance ['freɪgrəns] fragranza *f*; **fragrant** profumato

frail [freɪl] gracile

frame [freɪm] **1** *n of picture, window* cornice *f*; *of glasses* montatura *f*; *of bicycle* telaio *m*; **~ of mind** stato *m* d'animo **2** *v/t picture* incorniciare; F *person* incastrare F; **framework** struttura *f*

France [frɑːns] Francia *f*

franchise ['fræntʃaɪz] *for business* concessione *f*

frank [fræŋk] franco; **frankly** francamente; **frankness** franchezza *f*

frantic ['fræntɪk] *attempt* frenetico; (*worried*) agitatissimo

fraternal [frə'tɜːnl] fraterno

fraud [frɔːd] frode *f*; *person* impostore *m*, -trice *f*; **fraudulent** fraudolento

frayed [freɪd] *cuffs* liso

freak [friːk] **1** *n unusual event* fenomeno *m* anomalo; *two-headed person etc* scherzo *m* di natura; F *strange person* tipo *m*, -a *f* strambo, -a; **movie ~** F (*fanatic*) fanatico

m, **-a f** del cinema **2** *adj* wind,
storm violento

freckle ['frekl] lentiggine *f*

free [fri:] **1** *adj* libero; (*no cost*)
gratuito; **for ~** *travel, get sth*
gratis **2** *v/t prisoners* liberare;
freedom libertà *f*; **free enterprise** liberalismo *m* economico; **freefone number**
numero *m* verde; **free kick**
in soccer calcio *m* di punizione; **freelance** free lance *inv*;
freely *admit* apertamente;
free sample campione *m*
gratuito; **free speech** libertà
f di espressione; **freeway**
Am autostrada *f*

freeze [fri:z] **1** *v/t* gelare; *wages, account* congelare; *video*
bloccare **2** *v/i* *of water* gelare;
freeze-dried liofilizzato;
freezer freezer *m inv*, congelatore *m*; **freezing 1** *adj* gelato; **it's ~** (*cold*) *of weather* si
gela; *of water* è gelata; **I'm ~**
sono congelato **2** *n:* **10 below ~** 10 gradi sotto zero

freight [freit] carico *m*; *costs*
trasporto *m*; **freighter** *ship*
nave *f* da carico; *plane* aereo
f da carico

French [frentʃ] **1** *adj* francese
2 *n* (*language*) francese *m*;
the ~ i francesi; **French fries**
patate *fpl* fritte; **Frenchman**
francese *m*; **French windows** vetrata *f*; **Frenchwoman** francese *f*

frenzied ['frenzid] *attack, activity* frenetico; *mob* impaz-

zito; **frenzy** frenesia *f*

frequency ['fri:kwənsɪ] fre-
quenza *f*

frequent¹ ['fri:kwənt] *adj* frequente

frequent² [frɪ'kwent] *v/t bar
etc* frequentare

frequently ['fri:kwentlɪ] fre-
quentemente

fresh [freʃ] *fresco; start* nuovo; *Am* (*impertinent*) sfacciato; **fresh air** aria *f* fresca

♦ **freshen up** ['freʃn] **1** *v/i*
rinfrescarsi **2** *v/t room, paintwork* rinfrescare

freshly ['freʃlɪ] appena;
freshman studente *m* del
primo anno, matricola *f*;
freshwater d'acqua dolce

friction ['frɪkʃn] PHYS frizione
f; *between people* attrito *m*

Friday ['fraideɪ] venerdì *m inv*

fridge [frɪdʒ] frigo *m*

fried egg [fraid] uovo *m* fritto

friend [frend] amico *m*, **-a f**;
make ~s fare amicizia;
friendliness amichevolezza
f; **friendly 1** *adj* amichevole;
(*easy to use*) facile da usare;
be ~ with s.o. (*be friends*) essere amico di qu **2** *n* SP amichevole *f*; **friendship** amicizia *f*

fries [fraiz] patate *fpl* fritte

fright [frait] paura *f*; **frighten**
spaventare; **be ~ed** (*of*) aver
paura (di); **frightening** spaventoso

frill [frɪl] *on dress etc* volant *m
inv*; **~s** (*fancy extras*) fronzoli

mpl

fringe [frɪndʒ] frangia *f*; (*edge*) margini *mpl*; **fringe benefits** benefici *mpl* accessori

frisk [frɪsk] frugare F

◆ **fritter away** ['frɪtə(r)] *time, fortune* sprecare

frivolity [frɪ'vɒlətɪ] frivolezza *f*; **frivolous** frivolo

frizzy ['frɪzɪ] *hair* crespo

frog [frɒg] rana *f*; **frogman** sommozzatore *m*

from [frɒm] ◇ *in time* da; ~ **9 to 5 (o'clock)** dalle 9 alle 5; ~ **today on** da oggi in poi ◇ *in space* da; ~ **here to there** da qui a lì ◇ *origin* di; **a letter ~ Jo** una lettera di Jo; **I am ~ Liverpool** sono di Liverpool ◇ (*because of*) di; **tired ~ the journey** stanco del viaggio; **it's ~ overeating** è a causa del troppo mangiare

front [frʌnt] **1** *n* of building lato *m* principale; *of car, statue* davanti *m inv*; *of book* copertina *f*; MIL, *of weather* fronte *m*; **in ~** davanti; **in ~ of** davanti a **2** *adj wheel, seat* anteriore **3** *v/t* TV *programme* presentare; **front door** porta *f* principale

frontier ['frʌntɪə(r)] *also fig* frontiera *f*

'**front line** MIL fronte *m*; **front page** *of newspaper* prima pagina *f*; **front-wheel drive** trazione *f* anteriore

frost [frɒst] brina *f*; **frostbite**

congelamento *m*; **frosting** *Am on cake* glassatura *f*; **frosty** *also fig* gelido

froth [frɒθ] spuma *f*

frown [fraʊn] **1** *n* cipiglio *m* **2** *v/i* aggrottare le sopracciglia

frozen ['frəʊzn] gelato; *wastes* gelido; *food* surgelato; **I'm ~** F sono congelato F

fruit [fruːt] frutto *m*; *collective* frutta *f*; **fruitful** *discussions etc* fruttuoso; **fruit juice** succo *m* di frutta; **fruit machine** slot machine *f inv*; **fruit salad** macedonia *f*

frustrate [frʌ'streɪt] *person* frustrare; *plans* scombussolare; **frustrating** frustrante; **frustration** frustrazione *f*; **sexual ~** insoddisfazione *f* sessuale

fry [fraɪ] friggere; **frying pan** padella *f*

fuck [fʌk] V scopare V; ~ **!** cazzo! V

fuel ['fjuːəl] **1** *n* carburante *m* **2** *v/t fig* alimentare

fugitive ['fjuːdʒətɪv] *n* fuggiasco *m*, -a *f*

fulfil, *Am* **fulfill** [fʊl'fɪl] *dreams* realizzare; *contract* eseguire; *requirements* corrispondere a; **feel ~led** *in job, life* sentirsi soddisfatti; **fulfilment**, *Am* **fulfillment** *of contract* esecuzione *f*; *of dreams* realizzazione *f*; *moral, spiritual* soddisfazione *f*

full [fʊl] pieno (**of** di); *account* esauriente; *life* intenso; ~ **up**

hotel, with food pieno; **in ~ write** per intero; **pay in ~** saldare il conto; **full moon** luna f piena; **full stop** punto m fermo; **full-time** a tempo pieno; **fully booked, recovered** completamente; *understand, explain* perfettamente; *describe* ampiamente

fumble ['fʌmbl] *catch* farsi sfuggire

fumes ['fjuːmz] esalazioni *fpl*

fun [fʌn] **1** *n* divertimento *m*; **it was great ~** era molto divertente; **have ~!** divertiti!; **for ~** per divertirsi; (*joking*) per scherzo; **make ~ of** prendere in giro **2** *adj* F divertente

function ['fʌŋkʃn] **1** *n* (*purpose*) funzione f; (*reception etc*) cerimonia f **2** *v/i* funzionare; **~ as** servire da; **functional** funzionale

fund [fʌnd] **1** *n* fondo m **2** *v/t project etc* finanziare

fundamental [fʌndəˈmentl] fondamentale; **fundamentalist** fondamentalista m/f; **fundamentally** fondamentalmente

funding ['fʌndɪŋ] *money* fondi *mpl*

funeral ['fjuːnərəl] funerale m; **funeral home, funeral parlour** obitorio m

fungus ['fʌŋgəs] fungo m

funicular ('railway) [fjuːˈnɪkjʊlə(r)] funicolare f

funnily ['fʌnɪlɪ] (*oddly*) stra-

namente; (*comically*) in modo divertente; **~ enough** per quanto strano; **funny** (*comical*) divertente; (*odd*) strano

fur [fɜː(r)] pelliccia f; *on animal* pelo m

furious ['fjʊərɪəs] (*angry*) furioso; (*intense*) spaventoso

furnace ['fɜːnɪs] forno m

furnish ['fɜːnɪʃ] *room* arredare; (*supply*) fornire; **furniture** mobili *mpl*; **a piece of ~** un mobile

further ['fɜːðə(r)] **1** *adj* (*additional*) ulteriore; (*more distant*) più lontano; **have you anything ~ to say?** ha qualcosa da aggiungere? **2** *adv walk, drive* oltre; **~, I want to say ...** inoltre, volevo dire ...; **two miles ~ (on)** due miglia più avanti **3** *v/t cause etc* favorire; **furthermore** inoltre; **furthest 1** *adj* più lontano **2** *adv*: **this is the ~ north** è il punto più a nord

furtive ['fɜːtɪv] *glance* furtivo

fury ['fjʊərɪ] furore m

fuse [fjuːz] ELEC **1** *n* fusibile m **2** *v/i* bruciarsi **3** *v/t* bruciare; **fusebox** scatola f dei fusibili

fusion ['fjuːʒn] fusione f

fuss [fʌs] agitazione f; *about film, event* scalpore m; **make a ~** *complain* fare storie; **make a ~ of** be very attentive to colmare qu di attenzioni; **fussy** *person* difficile; *design* *etc* complicato; **be a ~ eater** essere schizzinoso nel mangiare

futile ['fju:taɪl] futile; **futility** futilità *f*

future ['fju:tʃə(r)] **1** *n* futuro *m* **2** *adj* futuro; **futuristic** futuristico

fuzzy ['fʌzɪ] *hair* crespo; *(out of focus)* sfuocato

G

gadget ['gædʒɪt] congegno *m*

gag [gæg] **1** *n* bavaglio *m*; *(joke)* battuta *f* **2** *v/t person* imbavagliare; *the press* azzittire

gain [geɪn] *(acquire)* acquisire, acquistare; **~ 10 pounds** aumentare di 10 libbre

gala ['gɑ:lə] *concert etc* serata *f* di gala

galaxy ['gæləksɪ] galassia *f*

gale [geɪl] bufera *f*

gallery ['gælərɪ] galleria *f*

gallon ['gælən] gallone *m*; *(0,546l, in USA 0,785l)*

gallop ['gæləp] galoppare

gamble ['gæmbl] giocare (d'azzardo); **gambler** giocatore *m*, -trice *f* (d'azzardo); **gambling** gioco *m* (d'azzardo)

game [geɪm] gioco *m*; *(match, in tennis)* partita *f*

gang [gæŋ] banda *f*; **gangster** malvivente *m*, gangster *m inv*; **gangway** passaggio *m*; *for ship* passerella *f*

gap [gæp] *in wall, for parking* buco *m*; *in conversation* vuoto *m*; *in time* intervallo *m*; *in story, education* lacuna *f*; *between personalities* scarto *m*

gape [geɪp] *of person* rimanere a bocca aperta; **gaping** *hole* spalancato

'gap year *anno tra la fine del liceo e l'inizio dell'università dedicato ad altre attività*

garage ['gærɪdʒ] *for parking* garage *m inv*; *for repairs* officina *f*; *for petrol* stazione *f* di servizio

garbage ['gɑ:bɪdʒ] rifiuti *mpl*; *(fig: nonsense)* idiozie *fpl*; **garbage can** *Am* bidone *m* della spazzatura; **garbage truck** *Am* camion *m* della nettezza urbana

garbled ['gɑ:bld] *message* ingarbugliato

garden ['gɑ:dn] giardino *m*; *for vegetables* orto *m*; **gardening** giardinaggio *m*

garish ['geərɪʃ] sgargiante

garlic ['gɑ:lɪk] aglio *m*

garment ['gɑ:mənt] *fml* capo *m* d'abbigliamento

garnish ['gɑ:nɪʃ] guarnire

gas [gæs] gas *m inv*; *Am (gasoline)* benzina *f*

gash [gæʃ] taglio *m*

gasket ['gæskɪt] guarnizione f

gasoline ['gæsəliːn] Am benzina f

gasp [gɑːsp] 1 n sussulto m 2 v/i rimanere senza fiato; ~ **for breath** essere senza fiato

'**gas pedal** Am acceleratore m; **gas pump** Am pompa f della benzina; **gas station** Am stazione f di rifornimento; **gas stove** cucina f a gas

gate [geɪt] cancello m; of city, castle, at airport porta f; **gateway** ingresso m, fig via f d'accesso

gather ['gæðə(r)] 1 v/t facts raccogliere; ~ **speed** acquistare velocità 2 v/i (understand) dedurre; **gathering** (group of people) raduno m

gaudy ['gɔːdɪ] pacchiano

gauge [geɪdʒ] 1 n indicatore m 2 v/t pressure misurare; opinion valutare

gaunt [gɔːnt] smunto

gawky ['gɔːkɪ] impacciato

gawp [gɔːp] F fissare come un ebete F

gay [geɪ] gay inv; **gay marriage** matrimonio m gay

gaze [geɪz] 1 n sguardo m 2 v/i fissare

gear [ɡɪə(r)] (equipment) equipaggiamento m; in vehicles marcia f; **gearbox** MOT scatola f del cambio; **gear lever**, **gear shift** MOT leva f del cambio

geese [ɡiːs] pl ☞ **goose**

gel [dʒel] for hair, shower gel m inv

gem [dʒem] gemma f; fig: book etc capolavoro m; person perla f fra

Gemini ['dʒemɪnaɪ] ASTR Gemelli mpl

gender ['dʒendə(r)] genere m

gene [dʒiːn] gene m

general ['dʒenrəl] 1 n MIL generale m 2 adj generale; **generalization** generalizzazione f; **generalize** generalizzare; **generally** generalmente; ~ **speaking** in generale

generate ['dʒenəreɪt] generare; in linguistics formare; **generation** generazione f; **generator** ELEC generatore m

generosity [dʒenə'rɒsɪtɪ] generosità f; **generous** generoso

genetic [dʒɪ'netɪk] genetico; **genetically** geneticamente; ~ **modified** transgenico; **genetic engineering** ingegneria f genetica; **genetic fingerprint** esame m del DNA; **genetics** genetica f

genial ['dʒiːnɪəl] gioviale

genitals ['dʒenɪtlz] genitali mpl

genius ['dʒiːnɪəs] genio m

Genoa ['dʒenəʊə] Genova f

genocide ['dʒenəsaɪd] genocidio m

gentle ['dʒentl] delicato; breeze, slope dolce; gentleman signore *m*; **he's a real ~** è un vero gentleman; **gentleness** delicatezza *f*; **gently** delicatamente; *blow, slope* dolcemente

gents [dʒents] *toilet* bagno *m* degli uomini

genuine ['dʒenjʊɪn] autentico; (*sincere*) sincero; **genuinely** sinceramente

geographical [dʒɪə'græfɪkl] geografico; **geography** geografia *f*

geological [dʒɪə'lɒdʒɪkl] geologico; **geologist** geologo *m*, -a *f*; **geology** geologia *f*

geometric, **geometrical** [dʒɪə'metrɪk(l)] geometrico; **geometry** geometria *f*

geriatric [dʒerɪ'ætrɪk] **1** *adj* geriatrico **2** *n* anziano *m*, -a *f*

germ [dʒɜːm] *also fig* germe *m*

German ['dʒɜːmən] **1** *adj* tedesco **2** *n person* tedesco *m*, -a *f*; *language* tedesco *m*; **German measles** rosolia *f*; **German shepherd** pastore *m* tedesco; **Germany** Germania *f*

gesture ['dʒestʃə(r)] *also fig* gesto *m*

get [get] prendere; (*fetch*) andare a prendere; (*receive*: *letter*) ricevere; (*receive*: *knowledge, respect etc*) ottenere; (*become*) diventare; (*understand*) afferrare; **~ sth done** *causative* farsi fare qc; **~**

s.o. to do sth far fare qc a qu; **I'll ~ him to do it** glielo faccio fare; **~ to do sth** *have opportunity* avere occasione di fare qc; **~ one's hair cut** tagliarsi i capelli; **~ sth ready** preparare qc; **~ going** (*leave*) andare via; **have got** avere; **I have got to study** devo studiare

◆ **get at** (*criticize*) prendersela con; (*imply, mean*) volere arrivare a

◆ **get back 1** *v/i* (*return*) ritornare; **I'll get back to you on that** ti faccio sapere **2** *v/t* (*obtain again*) recuperare

◆ **get by** (*pass*) passare; *financially* tirare avanti

◆ **get down 1** *v/i from ladder etc* scendere; (*duck etc*) abbassarsi **2** *v/t* (*depress*) buttare giù

◆ **get in 1** *v/i of train, plane* arrivare; (*come home*) arrivare a casa; *to car* salire; **how did they get in?** *of thieves, mice etc* come sono entrati? **2** *v/t to suitcase etc* far entrare

◆ **get into** *house* entrare in; *car* salire in

◆ **get off 1** *v/i from bus etc* scendere; (*finish work*) finire; (*not be punished*) cavarsela **2** *v/t* (*remove*) togliere; *clothes* togliersi

◆ **get off with** F *sexually* rimorchiare F; **get off with a small fine** cavarsela con una piccola multa

◆ **get on 1** v/i to bike, bus, train salire; (be friendly) andare d'accordo; (advance: of time) farsi tardi; (become old) invecchiare; (make progress) procedere; **he's getting on well at school** se la sta cavando bene a scuola **2** v/t: **get on the bus** salire sull'autobus

◆ **get out 1** v/i of car etc scendere; of prison uscire; **get out!** fuori!; **let's get out of here** usciamo da qui **2** v/t nail, something jammed tirare fuori; stain mandare via; gun, pen tirare fuori

◆ **get over** fence, disappointment etc superare; lover etc dimenticare

◆ **get through** on telephone prendere la linea; (make self understood) farsi capire

◆ **get up 1** v/i of person, wind alzarsi **2** v/t (climb: hill) salire su

'**getaway car** macchina f per la fuga; **get-together** ritrovo m

ghastly ['gɑːstlɪ] orrendo

ghetto ['getəʊ] ghetto m

ghost [gəʊst] fantasma m, spettro m; **ghostly** spettrale

ghoul [guːl] persona f morbosa

giant ['dʒaɪənt] **1** n gigante m **2** adj gigante

gibberish ['dʒɪbərɪʃ] F bestialità fpl F

gibe [dʒaɪb] frecciatina f

giddiness ['gɪdɪnɪs] giramenti mpl di testa; **giddy**: **I feel ~** mi gira la testa

gift [gɪft] regalo m; (talent) dono m; **gifted** dotato; **gift token**, **gift voucher** buono m d'acquisto; **giftwrap**: **~ sth** fare un pacco regalo

gig [gɪg] F concerto m

gigabyte ['gɪgəbaɪt] COMPUT gigabyte m inv

gigantic [dʒaɪˈgæntɪk] gigante

giggle [ˈgɪgl] **1** v/i ridacchiare **2** n risatina f

gimmick ['gɪmɪk] trovata f

gin [dʒɪn] gin m inv; **~ and tonic** gin and tonic m inv

ginger ['dʒɪndʒə(r)] **1** n spice zenzero m **2** adj hair rosso carota; cat rosso

gipsy ['dʒɪpsɪ] zingaro m, -a f

giraffe [dʒɪˈrɑːf] giraffa f

girder ['gɜːdə(r)] n trave f

girl [gɜːl] ragazza f; **girlfriend** of boy ragazza f; of girl amica f; **girl guide** giovane esploratrice f; **girlish** tipicamente femminile

gist [dʒɪst] sostanza f

give [gɪv] dare; present fare; (supply: electricity etc) fornire; talk, groan fare; party dare; pain, appetite far venire

◆ **give away** as present regalare; (betray) tradire

◆ **give back** restituire

◆ **give in 1** v/i (surrender) arrendersi **2** v/t (hand in) consegnare

◆ **give onto** (*open onto*) dare su

◆ **give out 1** *v/t leaflets etc* distribuire **2** *v/i of supplies, strength* esaurirsi

◆ **give up 1** *v/t smoking etc* rinunciare a; **give o.s. up to the police** consegnarsi alla polizia **2** *v/i* (*cease habit*) smettere; (*stop making effort*) lasciar perdere

◆ **give way** *of bridge etc* cedere; MOT dare la precedenza

give-and-'take concessioni *fpl* reciproche

gizmo ['gɪzməʊ] *Am* aggeggio *m*

glad [glæd] contento; **gladly** volentieri

glamor ['glæmə(r)] *Am* ☞ **glamour**; **glamorize** esaltare; **glamorous** affascinante; **glamour** fascino *m*

glance [glɑːns] **1** *n* sguardo *m*; **at first** ~ a prima vista **2** *v/i* dare un'occhiata *or* uno sguardo

gland [glænd] ghiandola *f*

glare [gleə(r)] **1** *n of sun, lights* luce *f* abbagliante **2** *v/i of sun, lights* splendere di luce abbagliante

◆ **glare at** guardare di storto

glaring ['gleərɪŋ] *mistake* lampante

glass [glɑːs] *material* vetro *m*; *for drink* bicchiere *m*; **glasses** occhiali *mpl*

glazed [gleɪzd] *expression* assente

gleam [gliːm] **1** *n* luccichio *m* **2** *v/i* luccicare

glee [gliː] allegria *f*; **gleeful** allegro

glib [glɪb] poco convincente; **glibly** in modo poco convincente

glide [glaɪd] *of skier, boat* scivolare; *of bird, plane* planare; **glider** aliante *m*; **gliding** SP volo *m* planato

glimpse [glɪmps] **1** *n* occhiata *f*; **catch a ~ of** intravedere **2** *v/t* intravedere

glint [glɪnt] **1** *n* luccichio *m* **2** *v/i of light, eyes* luccicare

glisten ['glɪsn] scintillare

glitter ['glɪtə(r)] brillare

gloat [gləʊt] gongolare

◆ **gloat over** compiacersi di

global ['gləʊbl] (*worldwide*) mondiale; *without exceptions* globale; **globalization** globalizzazione *f*; **globalize** globalizzare; **global warming** effetto *m* serra; **globe** globo *m*; *model of earth* mappamondo *m*

gloom [gluːm] (*darkness*) penombra *f*; *mood* tristezza *f*; **gloomy** *room* buio; *mood, person* triste; *day* grigio

glorious ['glɔːrɪəs] *weather, day* splendido; *victory* glorioso; **glory** gloria *f*; (*beauty*) splendore *m*

gloss [glɒs] (*shine*) lucido *m*; **glossary** glossario *m*; **gloss paint** vernice *f* lucida;

glossy 1 adj paper patinato **2** n magazine rivista f su carta patinata

glove [glʌv] guanto m; **glove compartment** cruscotto m

glow [gləʊ] **1** n of light, fire bagliore m; in cheeks colorito m vivo; of candle luce f fioca **2** v/i of light brillare; **her cheeks ~ed** è diventata rossa; **glowing** description entusiastico

glucose ['glu:kəʊs] glucosio m

glue [glu:] **1** n colla f **2** v/t: ~ **sth to sth** incollare qc a qc

glum [glʌm] triste

glut [glʌt] eccesso m

glutton ['glʌtən] ghiottone m, -a f

gnaw [nɔ:] bone rosicchiare

go [gəʊ] **1** n (try) tentativo m; **it's my ~** tocca a me; **have a ~ at sth** (try) fare un tentativo in qc; **be on the ~** essere indaffarato; **in one ~** drink, write etc tutto in una volta **2** v/i andare; (leave: of train, plane) partire; (leave: of people) andare via; (work, function) funzionare; (become) diventare; (come out: of stain etc) andare via; (cease: of pain etc) sparire; (match: of colours etc) stare bene insieme; **let's ~!** andiamo!; **how's the work ~ing?** come va il lavoro?; **be all gone** (finished) essere finito; **to ~** Am food da asporto

◆ **go along with** suggestion concordare con

◆ **go away** of person, pain andare via; of rain smettere

◆ **go back** (return) ritornare; (date back) rimontare; **go back to sleep** tornare a dormire

◆ **go by** of car, people, time passare

◆ **go down** scendere; of sun, ship tramontare; of ship affondare; of swelling diminuire

◆ **go in** to room, house entrare; of sun andare via; (fit: of part etc) andare

◆ **go off 1** v/i (leave) andarsene; of bomb esplodere; of gun sparare; of alarm scattare; of light spegnersi; of milk etc andare a male **2** v/t (stop liking) stufarsi di

◆ **go on** (continue) andare avanti; (happen) succedere

◆ **go out** of person uscire; of light, fire spegnersi

◆ **go out with** romantically uscire con

◆ **go over** (check) esaminare

◆ **go through** hard times passare; (check) controllare; (read through) leggere

◆ **go under** (sink) affondare; of company fallire

◆ **go up** salire

◆ **go without 1** v/t food etc fare a meno di **2** v/i farne a meno

'go-ahead 1 n via libera m;

get the ~ avere il via libera **2** *adj* (*enterprising*, *dynamic*) intraprendente

goal [gəʊl] (*sport: target*) rete *f*; (*sport: points*) gol *m inv*; (*objective*) obiettivo *m*; **goalie** F portiere *m*; **goalkeeper** portiere *m*; **goal kick** rimessa *f*; **goalpost** palo *m*

goat [gəʊt] capra *f*

gobble ['gɒbl] tranguiare

gobbledygook ['gɒblɪdɪgu:k] F linguaggio *m* incomprensibile

'go-between mediatore *m*, -trice *f*

god [gɒd] dio *m*; **thank God!** grazie a Dio!; **godchild** figlioccio *m*, -a *f*; **goddess** dea *f*; **godfather** *also in mafia* padrino *m*; **godmother** madrina *f*

gofer ['gəʊfə(r)] F galoppino *m*, -a *f* F

goggles ['gɒglz] occhiali *mpl*

goings-on [gəʊɪŋz'ɒn] vicende *fpl*

gold [gəʊld] **1** n oro *m* **2** *adj* d'oro; **golden** ['gəʊldn] dorato; **golden wedding** (*anniversary*) nozze *fpl* d'oro; **goldfish** pesce *m* rosso; **gold mine** *fig* miniera *f* d'oro

golf [gɒlf] golf *m*; **golf ball** palla *f* da golf; **golf club** *organization* club *m inv* di golf; *stick* mazza *f* da golf; **golf course** campo *m* di golf; **golfer** giocatore *m*, -trice *f* di golf

gondola ['gɒndələ] gondola *f*; **gondolier** gondoliere *m*

good [gʊd] **1** *adj* buono; *weather, film* bello; *actor, child* bravo; *a* ~ **many** un bel po (di); *be* ~ *at* essere bravo in; *be* ~ *for s.o.* fare bene a qu; *be* ~ *for sth* andare bene per qc; ~*! bene!*; *it's* ~ *to see you* è bello vederti **2** n bene *m*; *it did him no* ~ non gli ha fatto bene; *goodbye* arrivederci; *say* ~ *to s.o.* salutare qu; **good-for-nothing** buono *m*, -a *fa* nulla; **Good Friday** venerdì *m inv* santo; **good-humoured**, *Am* **good-humored** di buon umore; **good-looking** attraente; **good-natured** di buon cuore; **goodness** bontà *f*; *thank* ~*!* grazie al cielo; **goods** COM merce *fsg*; **goodwill** buona volontà *f*

goof [gu:f] F fare una gaffe

goose [gu:s] (*pl* **geese** [gi:s]) oca *f*; **gooseberry** uva *f* spina; **goose bumps** pelle *f* d'oca

gorgeous ['gɔ:dʒəs] stupendo; *smell* ottimo

gorilla [gə'rɪlə] gorilla *m*

Gospel ['gɒspl] vangelo *m*

gossip ['gɒsɪp] **1** n pettegolezzo *m*; *person* pettegolo *m*, -a *f* **2** *v/i* spettegolare; **gossip column** cronaca *f* rosa

gourmet ['gʊəmeɪ] n buongustaio *m*, -a *f*

govern ['gʌvn] governare;
government governo *m*;
governor governatore *m*

gown [gaun] *long dress* abito
m lungo; *wedding dress* abito
m da sposa; *of academic,
judge* toga *f*; *of surgeon* camice *m*

grab [græb] afferrare; ~ *some
sleep* farsi una dormita

grace [greɪs] *of dancer etc* grazia *f*; *before meals* preghiera *f*
(prima di un pasto); **graceful** aggraziato; **gracious** *person* cortese; *style* elegante

grade [greɪd] **1** *n* (*quality*)
qualità *f inv*; EDU voto *m* **2**
v/t classificare; **grade crossing** *Am* passaggio *m* a livello; **grade school** *Am* scuola *f* elementare

gradient ['greɪdɪənt] pendenza *f*

gradual ['grædʒʊəl] graduale;
gradually gradualmente

graduate ['grædʒʊət] **1** *n* laureato *m*, -a *f* **2** *v/i from university* laurearsi; **graduation**
laurea *f*; *ceremony* cerimonia
f di laurea

graffiti [grə'fiːtiː] graffiti *mpl*

graft [grɑːft] **1** *n* BOT innesto
m; MED trapianto *m*; F (*hard
work*) duro lavoro *m*; *Am* F
corruzione *f* **2** *v/t* BOT innestare; MED trapiantare

grain [greɪn] cereali *mpl*; *seed*
granello *m*; *of rice, wheat*
chicco *m*; *in wood* venatura *f*

gram [græm] grammo *m*

grammar ['græmə(r)] grammatica *f*; **grammar school**
liceo *m*; **grammatical** grammaticale

grand [grænd] **1** *adj* grandioso; F (*very good*) eccezionale
2 *n* F (*£1000*) mille sterline
fpl; **grandchild** nipote *m/f*;
granddaughter nipote *f*;
grandeur grandiosità *f*;
grandfather nonno *m*;
grand jury *Am* gran giurì
m; **grandmother** nonna *f*;
grandparents nonni *mpl*;
grand piano pianoforte *m*
a coda; **grandson** nipote *m*

granite ['grænɪt] granito *m*

granny ['grænɪ] F nonna *f*

grant [grɑːnt] **1** *n money* sussidio *m*; *for university* borsa *f*
di studio **2** *v/t visa* assegnare;
permission concedere; *wish*
esaudire; **take sth for ~ed**
dare qc per scontato; *he
takes his wife for ~ed* considera quello che fa sua moglie come dovuto

granule ['grænjuːl] granello
m

grape [greɪp] acino *m* d'uva;
~s uva *fsg*; **grapefruit** pompelmo *m*; **grapefruit juice**
succo *m* di pompelmo

graph [grɑːf] grafico *m*;
graphic 1 *adj* grafico; (*vivid*)
vivido **2** *n* COMPUT grafico
m; **~s** grafica *f*

◆ **grapple with** ['græpl] *attacker* lottare con; *problem* *etc* essere alle prese con

grasp [grɑːsp] **1** *n physical* presa *f*; *mental* comprensione *f* **2** *v/t physically, mentally* afferrare

grass [grɑːs] erba *f*; **grasshopper** cavalletta *f*; **grass roots** *people* massa *f* popolare; **grassy** erboso

grate¹ [greɪt] *n metal* grata *f*

grate² [greɪt] **1** *v/t in cooking* grattugiare **2** *v/i of sounds* stridere

grateful ['greɪtfʊl] grato (**to** a); **gratefully** con gratitudine

gratify ['grætɪfaɪ] soddisfare

grating ['greɪtɪŋ] **1** *n* grata *f* **2** *adj sound, voice* stridente

gratitude ['grætɪtjuːd] gratitudine *f*

grave¹ [greɪv] *n* tomba *f*

grave² [greɪv] *adj* grave

gravel ['grævl] ghiaia *f*

'gravestone lapide *f*; **graveyard** cimitero *m*

gravity ['grævətɪ] PHYS forza *f* di gravità

gravy ['greɪvɪ] sugo *m* della carne

gray *Am* → **grey**

graze¹ [greɪz] *v/i of cow, horse* brucare

graze² [greɪz] **1** *v/t arm etc* graffiare **2** *n* graffio *m*

grease [griːs] grasso *m*; **greasy** *food, hair* grasso; *hands, plate* unto

great [greɪt] grande; F (*very good*) fantastico; **Great Britain** Gran Bretagna *f*; **greatly** molto; **greatness** grandezza *f*

Greece [griːs] Grecia *f*

greed [griːd] avidità *f*; *for food* ingordigia *f*; **greedily** con avidità; *eat* con ingordigia; **greedy** avido; *for food* ingordo

Greek [griːk] **1** *n* greco *m*, -a *f*; *language* greco **m 2** *adj* greco

green [griːn] verde; *environmentally* ecologico; **the Greens** POL i verdi; **green beans** fagiolini *mpl*; **green belt** *zona f verde tutt'intorno ad una città*; **green card** *driving insurance* carta *f* verde; *Am* (*work permit*) permesso *m* di lavoro; **greenhouse** serra *f*; **greenhouse effect** effetto *m* serra; **greens** verdura *f*

greet [griːt] salutare; **greeting** saluto *m*

grenade [grɪ'neɪd] granata *f*

grey [greɪ] grigio; *hair* bianco; **grey-haired** con i capelli bianchi; **greyhound** levriero *m*

grid [grɪd] grata *f*; *on map* reticolato *m*; **gridiron** *Am* SP campo *m* da calcio; **gridlock** *in traffic* ingorgo *m*

grief [griːf] dolore *m*; **grief-stricken** addolorato; **grievance** rimostranza *f*; **grieve** essere addolorato (**for** per)

grill [grɪl] **1** *n for cooking* grill *m inv*; *metal frame* griglia *f*;

dish grigliata *f*; *on window* grata *f* **2** *v/t food* fare alla griglia; (*interrogate*) mettere sotto torchio

grille [grɪl] grata *f*

grim [grɪm] cupo; *determination* accanito

grimace ['grɪməs] smorfia *f*

grime [graɪm] sporcizia *f*; **grimy** sudicio

grin [grɪn] **1** *n* sorriso *m* **2** *v/i* sorridere

grind [graɪnd] *coffee, meat* macinare; **~ one's teeth** digrignare i denti

grip [grɪp] **1** *n on rope etc* presa *f* **2** *v/t* afferrare; *of brakes* fare presa su; **be ~ped by sth** *by panic* essere preso da qc; **gripping** avvincente

gristle ['grɪsl] cartilagine *f*

grit [grɪt] **1** *n* (*dirt*) granelli *mpl*; *for roads* sabbia *f* **2** *v/t*: **~ one's teeth** stringere i denti; **gritty** F *book, film etc* realistico

groan [grəʊn] **1** *n* gemito *m* **2** *v/i* gemere

grocer ['grəʊsə(r)] droghiere *m*; **at the ~'s (shop)** dal droghiere; **groceries** generi *mpl* alimentari; **grocery store** *Am* drogheria *f*

groggy ['grɒgɪ] F intontito

groin [grɔɪn] ANAT inguine *m*

groom [gru:m] **1** *n for bride* sposo *m*; *for horse* stalliere *m* **2** *v/t horse* strigliare; (*train, prepare*) preparare; **well ~ed** *in appearance* ben curato

groove [gru:v] scanalatura *f*

grope [grəʊp] **1** *v/i in the dark* brancolare **2** *v/t sexually* palpeggiare

gross [grəʊs] (*coarse, vulgar*) volgare; *exaggeration* madornale; FIN lordo

grotty ['grɒtɪ] F *street, flat* squallido; **I feel ~** sto da schifo F

ground [graʊnd] **1** *n* suolo *m*; (*area, for sport*) terreno *m*; (*reason*) motivo *m*, ragione *f*; *Am* ELEC terra *f*; **on the ~** per terra; **on the ~s of** a causa di **2** *v/t Am* ELEC mettere a terra; **ground floor** pianterreno *m inv*; **grounding** *in subject* basi *fpl*; **groundless** infondato; **ground meat** *Am* carne *f* tritata; **groundwork** lavoro *m* di preparazione

group [gru:p] **1** *n* gruppo *m* **2** *v/t* raggruppare; **groupie** ragazza che segue un gruppo o cantante rock in tutti i concerti

grouse [graʊs] F **1** *n* lamentela *f* **2** *v/i* brontolare

grovel ['grɒvl] *fig* umiliarsi

grow [grəʊ] **1** *v/i* crescere; *of number* aumentare; *of business* svilupparsi; **~ old / tired** invecchiare / stancarsi; **~ into sth** diventare qc **2** *v/t flowers* coltivare

◆ **grow up** *of person* crescere; *of city* svilupparsi

growl [graʊl] **1** *n* grugnito *m* **2** *v/i* ringhiare

gunman

'grown-up **1** *n* adulto *m*, -a *f* **2** *adj* adulto

growth [grəʊθ] *n* of person crescita *f*; of company sviluppo *m*; (*increase*) aumento *m*; MED tumore *m*

grudge [grʌdʒ] **1** *n* rancore *m*; **bear s.o. a** ~ portare rancore a qu **2** *v/t*: ~ **s.o. sth** invidiare qc a qu; **grudging** riluttante; **grudgingly** a malincuore

gruelling, *Am* **grueling** ['gru:əlɪŋ] estenuante

gruff [grʌf] burbero

grumble ['grʌmbl] brontolare; **grumbler** brontolone *m*, -a *f*

grunt [grʌnt] **1** *n* grugnito *m* **2** *v/i* grugnire

guarantee [gærən'ti:] **1** *n* garanzia *f*; ~ **period** periodo *m* di garanzia **2** *v/t* garantire; **guarantor** garante *m*

guard [gɑːd] **1** *n* guardia *f*; **be on one's** ~ **against** stare in guardia contro **2** *v/t* fare la guardia a; **guard dog** cane *m* da guardia; **guarded** *reply* cauto; **guardian** LAW tutore *m*, -trice *f*

guerrilla [gə'rɪlə] guerrigliero *m*, -a *f*; **guerrilla warfare** guerriglia *f*

guess [ges] **1** *n* supposizione *f* **2** *v/t* the answer indovinare; **I** ~ **so** suppongo di sì **3** *v/i* indovinare; **guesswork** congettura *f*

guest [gest] ospite *m/f*; **guesthouse** pensione *f*;

guestroom camera *f* degli ospiti

guidance ['gaɪdəns] consigli *mpl*; **guide 1** *n* person, book guida *f* **2** *v/t* guidare; **guidebook** guida *f* turistica; **guided missile** missile *m* guidato; **guide dog** cane *m* per ciechi; **guided tour** visita *f* guidata; **guidelines** direttive *fpl*

guilt [gɪlt] colpa *f*; LAW colpevolezza *f*; **guilty** *also* LAW colpevole; **have a** ~ **conscience** avere la coscienza sporca

guinea pig ['gɪnɪpɪg] porcellino *m* d'india; *for experiments, fig* cavia *f*

guitar [gɪ'tɑː(r)] chitarra *f*; **guitarist** chitarrista *m/f*

gulf [gʌlf] golfo *m*; *fig* divario *m*

gull [gʌl] *bird* gabbiano *m*

gullet ['gʌlɪt] ANAT esofago *m*

gullible ['gʌlɪbl] credulone

gulp [gʌlp] **1** *n* sorso *m*; *of air* boccata *f* **2** *v/i* in surprise deglutire

◆ gulp down *drink* ingoiare; *food* tranguggiare

gum[1] [gʌm] *in mouth* gengiva *f*

gum[2] [gʌm] (*glue*) colla *f*; (*chewing gum*) gomma *f*

gun [gʌn] *pistol, revolver, rifle* arma *f* da fuoco; (*cannon*) cannone *m*

◆ gun down sparare a morte

'gunfire spari *mpl*; **gunman**

uomo *m* armato; **robber** rapinatore *m*; **gunshot** sparo *m*; **gunshot wound** ferita *f* da arma da fuoco

gurgle ['gɜːgl] *of baby, drain* gorgogliare

guru ['guru] *fig* guru *m inv*

gush [gʌʃ] *of liquid* sgorgare

gust [gʌst] raffica *f*

gusto ['gʌstəʊ]: **with ~** con slancio

gusty ['gʌstɪ] *of weather* ventoso; **~ wind** vento a raffiche

gut [gʌt] **1** *n* intestino *m*; F (*stomach*) pancia *f* **2** *v/t* (*destroy*) sventrare; **guts** (*courage*) fegato *m* F; **gutsy**

F *person* che ha fegato; F *thing to do* che richiede fegato

gutter ['gʌtə(r)] *on pavement* canaletto *m* di scolo; *on roof* grondaia *f*

guy [gaɪ] F tipo *m* F; **hey, you ~s** ei, gente

guzzle ['gʌzl] ingozzarsi di

gym [dʒɪm] palestra *f*; *activity* ginnastica *f*; **gymnast** ginnasta *m/f*; **gymnastics** ginnastica *f*

gynaecologist [gaɪnɪ'kɒlədʒɪst] ginecologo *m*, -a *f*; **gynaecology**, *Am* **gynecology** ginecologia *f*

gypsy ['dʒɪpsɪ] zingaro *m*, -a *f*

H

habit ['hæbɪt] abitudine *f*

habitable ['hæbɪtəbl] abitabile; **habitat** habitat *m inv*

habitual [hə'bɪtjʊəl] solito; *smoker, drinker* incallito

hacker ['hækə(r)] COMPUT hacker *m/f inv*

hackneyed ['hæknɪd] trito

haemorrhage ['hemərɪdʒ] **1** *n* emorragia *f* **2** *v/i* avere un'emorragia

haggard ['hægəd] tirato

haggle ['hægl] contrattare

hail [heɪl] grandine *f*

hair [heə(r)] capelli *mpl*; *single* capello *m*; *on body, of animal* pelo *m*; **hairbrush** spazzola *f* per capelli; **haircut** taglio *m*

di capelli; **hairdo** pettinatura *f*; **hairdresser** parrucchiere *m*, -a *f*; **at the ~'s** dal parrucchiere; **hairdryer** fon *m inv*; **hairpin** forcina *f*; **hairpin bend** tornante *m*; **hair-raising** terrificante; **hair remover** crema *f* depilatoria; **hair-splitting** pedanteria *f*; **hairstyle** acconciatura *f*; **hairstylist** parrucchiere *m*, -a *f*; **hairy** arm, *animal* peloso; F (*frightening*) preoccupante

half [hɑːf] **1** *n* metà *f inv*, mezzo *m*; **~ past ten** le dieci e mezza; **~ an hour** mezz'ora **2** *adj* mezzo **3** *adv* a metà;

half-hearted poco convinto;
half time SP intervallo *m*;
halfway 1 *adj stage, point* intermedio **2** *adv also fig* a metà strada; **~ finished** fatto a metà

hall [hɔːl] *large room* sala *f*;
hallway in house ingresso *m*

Hallowe'en [hæləʊ'iːn] vigilia *f* d'Ognissanti

halo ['heɪləʊ] aureola *f*

halt [hɔːlt] **1** *v/i* fermarsi **2** *v/t* fermare

halve [hɑːv] dimezzare

ham [hæm] prosciutto *m*;
hamburger hamburger *m inv*

hammer ['hæmə(r)] **1** *n* martello *m* **2** *v/i* martellare; **~ at the door** picchiare alla porta

hammock ['hæmək] amaca *f*

hamper[1] ['hæmpə(r)] *n for food* cestino *m*

hamper[2] ['hæmpə(r)] *v/t* (*obstruct*) ostacolare

hamster ['hæmstə(r)] criceto *m*

hand [hænd] *n* mano *m*; *of clock* lancetta *f*; (*worker*) operaio *m*; **at ~, to ~** a portata di mano; **by ~** a mano; **on the one ~ ..., on the other ~ ...** da un lato ..., dall'altro ...; **in ~** (*being done*) in corso; **on your right ~** sulla tua destra; **change ~s** cambiare di mano; **give s.o. a ~** dare una mano a qu

♦ **hand down** passare

♦ **hand out** distribuire

♦ **hand over** consegnare; *child to parent etc* dare

handbag borsetta *f*; **hand baggage** m a mano; **handbrake** freno m a mano; **handcuff** ammanettare; **handcuffs** manette *fpl*; **handheld** COMPUT palmare *m*, PDA *m inv*

handicap ['hændɪkæp] handicap *m inv*; **handicapped** handicappato

handkerchief ['hæŋkətʃɪf] fazzoletto *m*

handle ['hændl] **1** *n* maniglia *f* **2** *v/t goods* maneggiare; *case, deal* trattare; *difficult person* prendere; *let me ~ this* lascia fare a me; **handlebars** manubrio *msg*

hand luggage bagaglio *m* a mano; **handmade** fatto a mano; **hands-free** vivavoce *m inv*; **handshake** stretta *f* di mano; **hands-off** *approach* teorico; *he has a ~ style of management* non partecipa direttamente agli aspetti pratici della gestione

handsome ['hænsəm] bello

hands-'on *experience* pratico; *he has a ~ style of management* partecipa direttamente agli aspetti pratici della gestione

handwriting calligrafia *f*; **handwritten** scritto a mano; **handy** *tool, device* pratico; *it's ~ for the shops* è comodo per i negozi

hang [hæŋ] **1** v/t picture appendere; person impiccare **2** v/i of dress, hair cadere **3** n: get the ~ of F capire
◆ **hang on** (wait) aspettare
◆ **hang up** TELEC riattaccare

hangar ['hæŋə(r)] hangar m inv

hanger ['hæŋə(r)] for clothes gruccia f

hang glider ['hæŋglaɪdə(r)] deltaplano m; **hang gliding** deltaplano m; **hangover** postumi mpl della sbornia

hankie, hanky ['hæŋkɪ] F fazzoletto m

haphazard [hæp'hæzəd] a casaccio

happen ['hæpn] succedere

happily ['hæpɪlɪ] allegramente; (gladly) volentieri; (luckily) per fortuna; **happiness** felicità f; **happy** felice; **happy-go-lucky** spensierato

harass [hə'ræs] tormentare; sexually molestare; **harassed** stressato; **harassment** persecuzione f; **sexual** ~ molestie fpl sessuali

harbour, Am **harbor** ['hɑːbə(r)] **1** n porto m **2** v/t criminal dar rifugio a; grudge covare

hard [hɑːd] **1** adj duro; (difficult) difficile; facts, evidence concreto; drug pesante; ~ of hearing duro d'orecchio **2** adv work con impegno; rain, pull, push forte; **try** ~

impegnarsi; **hardback** libro m con copertina rigida; **hard-boiled** egg sodo; **hard copy** copia f stampata; **hard core** pornography pornografia f hard-core; **hard currency** valuta f forte; **hard disk** disco m rigido, hard disk m inv; **harden 1** v/t indurire **2** v/i of glue indurirsi; of attitude irrigidirsi; **hard hat** casco m; (construction worker) muratore m; **hardheaded** pratico; **hardhearted** dal cuore duro; **hard line** linea f dura; **hardliner** sostenitore m, -trice f della linea dura

hardly ['hɑːdlɪ] a malapena; ~ **ever** quasi mai; **you can** ~ **expect him to** ... non puoi certo aspettarti che lui ...

hardness ['hɑːdnɪs] durezza f; (difficulty) difficoltà f; **hardship** difficoltà fpl economiche; **hard up** al verde; **hardware** ferramenta fpl; COMPUT hardware m; **hardware store** negozio m di ferramenta; **hard-working** che lavora duro; **hardy** resistente

harm [hɑːm] **1** n danno m **2** v/t danneggiare; **harmful** dannoso; **harmless** innocuo

harmonious [hɑː'məʊnɪəs] armonioso; **harmonize** armonizzare; **harmony** armonia f

harp [hɑːp] arpa f

harsh [hɑːʃ] criticism, words

duro; *colour, light* troppo forte; **harshly** duramente

harvest ['hɑːvɪst] raccolto *m*

hash mark [hæʃ] cancelletto
m

haste [heɪst]fretta *f*; **hastily**
in fretta; **hasty** frettoloso

hat [hæt] cappello *m*

hatch [hætʃ] *for serving food*
passavivande *m inv*; *on ship*
boccaporto *m*

◆ **hatch out** *of eggs* schiuder-
si

hatchet ['hætʃɪt] ascia *f*; *bury
the* ~ seppellire l'ascia di
guerra

hate [heɪt] **1** *n* odio *m* **2** *v/t*
odiare; **hatred** odio *m*

haughty ['hɔːtɪ] altezzoso

haul [hɔːl] **1** *n of fish* pescata *f*
2 *v/t (pull)* trascinare; **haul-
age** autotrasporto *m*

haunch [hɔːntʃ] anca *f*

haunt [hɔːnt] **1** *v/t*: *this place
is* ~*ed* qui c'è un fanta-
sma / ci sono i fantasmi **2** *n*
ritrovo *m*

have [hæv] **1** *v/t* ◇ avere;
breakfast, shower fare; *I'll* ~
a coffee prendo un caffè; ~
lunch / dinner pranzare /
cenare ◇ *must:* ~ *(got) to*
dovere; *I* ~ *(got) to go* devo
andare ◇ *causative:* *I had
the printer fixed* ho fatto riparare la stampante **2** *v/aux*
avere; *with verbs of motion*
essere; ~ *you seen her?*
l'hai vista?; *I* ~ *come* sono
venuto

◆ **have on** *(wear)* portare, indossare; *do you have anything on tonight?* *(have
planned)* hai programmi
per stasera?

haven ['heɪvn] *fig* oasi *f inv*

hawk [hɔːk] *also fig* falco *m*

hay [heɪ] fieno *m*; **hay fever**
raffreddore *m* da fieno

hazard ['hæzəd] *n* rischio *m*;
hazard lights MOT luci *fpl*
di emergenza; **hazardous**
rischioso

haze [heɪz] foschia *f*

hazelnut ['heɪzlnʌt] nocciola
f

hazy ['heɪzɪ] *view* indistinto;
memories vago

he [hiː] lui; ~*'s French* è francese; *there* ~ *is* eccolo

head [hed] **1** *n* testa *f*; *(boss,
leader)* capo *m*; *of primary
school* direttore *m*, -trice *f*;
of secondary school preside
m/f; *on beer* schiuma *f*; ~*s
or tails?* testa o croce?; *at
the* ~ *of the list* in cima alla
lista **2** *v/t (lead)* essere a capo
di; *ball* colpire di testa

◆ **head for** *place* dirigersi
verso; *(be destined for)* andare incontro a

'**headache** mal *m* di testa;
headband fascia *f* per i capelli; **header** *in soccer* colpo
m di testa; *in document* intestazione *f*; **headhunter** COM
cacciatore *m* di teste; **heading** *in list* titolo *m*; **head-
lamp** fanale *m*; **headline** *in*

newspaper titolo *m*; **make the ~s** fare titolo; **headmaster** *in primary school* direttore *m*; *in secondary school* preside *m*; **headmistress** *in primary school* direttrice *f*; *in secondary school* preside *f*; **head office** *of company* sede *f* centrale; **head-on 1** *adv* crash frontalmente **2** *adj* crash frontale; **headphones** cuffie *fpl*; **headquarters** sede *fsg*; MIL quartiere *msg* generale; **headrest** poggiatesta *m inv*; **headroom** *for vehicle under bridge* altezza *f* utile; *in car* altezza *f* dell'abitacolo; **headscarf** foulard *m inv*; **headstrong** testardo; **head waiter** capocameriere *m*; **heady** *wine etc* inebriante

heal [hiːl] guarire

health [helθ] salute *f*; *(public ~)* sanità *f*; **your ~!** (alla) salute!; **health care** assistenza *f* sanitaria; **health food** alimenti *mpl* naturali; **health food store** negozio *m* di alimenti naturali; **health insurance** assicurazione *f* contro le malattie; **health resort** stazione *f* termale; **healthy** *also fig* sano

heap [hiːp] *n* mucchio *m*

hear [hɪə(r)] sentire

◆ **hear from** *(have news from)* avere notizie di

hearing ['hɪərɪŋ] udito *m*; LAW udienza *f*; **(be within / out of**

~ **essere / non essere a portata di voce; hearing aid** apparecchio *m* acustico

hearse [hɜːs] carro *m* funebre

heart [hɑːt] cuore *m*; *of problem etc* nocciolo *m*; **know sth by ~** sapere qc a memoria; **heart attack** infarto *m*; **heartbreaking** straziante; **heartbroken** affranto; **heartburn** bruciore *m* di stomaco; **heart failure** infarto *m*

hearth [hɑːθ] focolare *m*

heartless ['hɑːtlɪs] spietato; **heart throb** F idolo *m*; **hearty** *appetite* robusto; *meal* sostanzioso; *person* gioviale

heat [hiːt] calore *m*; *(hot weather)* caldo *m*

◆ **heat up** riscaldare

heated ['hiːtɪd] *pool* riscaldato; *discussion* animato; **heater** *radiator* termosifone *m*; *electric, gas* stufa *f*; *in car* riscaldamento *m*; **heating** riscaldamento *m*; **heatproof, heat-resistant** termoresistente; **heatwave** ondata *f* di caldo

heave [hiːv] *(lift)* sollevare

heaven ['hevn] paradiso *m*; **good ~s!** santo cielo!; **heavenly** F divino

heavy ['hevɪ] pesante; *cold, rain, accent* forte; *traffic* intenso; *food* pesante; *smoker* accanito; *drinker* forte; *loss, casualties* ingente; **heavy-duty** resistente; **heavy-**

heroin

weight SP di pesi massimi

hectic ['hektɪk] frenetico

hedge [hedʒ] siepe f; **hedgehog** riccio m

heel [hiːl] of foot tallone m, calcagno m; of shoe tacco m; **heel bar** calzoleria f istantanea

hefty ['heftɪ] massiccio

height [haɪt] altezza f; of aeroplane altitudine f; **at the ~ of summer** nel pieno dell'estate; **heighten** effect, tension aumentare

heir [eə(r)] erede m; **heiress** ereditiera f

helicopter ['helɪkɒptə(r)] elicottero m

hell [hel] inferno m; **what the ~ are you doing** F che diavolo fai? F; **go to ~!** F va' all'inferno! F

hello [hə'ləʊ] informal ciao; more formal buongiorno; buona sera; TELEC pronto; **say ~ to s.o.** salutare qn

helmet ['helmɪt] of motorcyclist casco m; of soldier elmetto m

help [help] **1** n aiuto m **2** v/t aiutare; **~ o.s.** to food servirsi; **I can't ~ it** non ci posso far niente; **helper** aiutante m/f; **helpful** person di aiuto; advice utile; **he was very ~** mi è stato di grande aiuto; **helping** of food porzione f; **helpless** (unable to cope) indifeso; (powerless) impotente; **helplessness** impotenza

f; **help menu** COMPUT menu m inv della guida in linea

hem [hem] of dress etc orlo m

hemisphere ['hemɪsfɪə(r)] emisfero m

'hemline orlo m

hemorrhage Am ☞ **haemorrhage**

hen [hen] gallina f

'hen party equivalente al femminile della festa d'addio al celibato

hepatitis [hepə'taɪtɪs] epatite f

her [hɜː(r)] **1** adj il suo m, la sua f, i suoi mpl, le sue fpl; **~ sister / brother** sua sorella / suo fratello **2** pron direct object la; indirect object le; after prep lei; **I know ~** la conosco; **I gave ~ the keys** le ho dato le chiavi; **this is for ~** questo è per lei; **who? – ~** chi? - lei

herb [hɜːb] for medicines erba f medicinale; for flavouring erba f aromatica; **herb(al) tea** tisana f

herd [hɜːd] mandria f

here [hɪə(r)] qui, qua; **~'s to you!** as toast salute!; **~ you are** giving sth ecco qui

hereditary [hə'redɪtərɪ] ereditario; **heredity** ereditarietà f inv; **heritage** patrimonio m

hernia ['hɜːnɪə] MED ernia f

hero ['hɪərəʊ] eroe m; **heroic** eroico; **heroically** eroicamente

heroin ['herəʊɪn] eroina f

heroine ['herəʊɪn] eroina f

heroism ['herəʊɪzm] eroismo m

herpes ['hɜːpiːz] MED herpes m

hers [hɜːz] il suo m, la sua f, i suoi mpl, le sue fpl; **a friend of ~** un suo amico

herself [hɜːˈself] reflexive si; emphatic stessa; after prep sé, se stessa; **she hurt ~** si è fatta male

hesitant ['hezɪtənt] esitante; hesitantly con esitazione; hesitate esitare; hesitation esitazione f

heterosexual [hetərəʊˈseksjʊəl] eterosessuale

hi [haɪ] ciao

hibernate ['haɪbəneɪt] andare in letargo

hiccup ['hɪkʌp] singhiozzo m; (minor problem) intoppo m

hidden ['hɪdn] nascosto

hide¹ [haɪd] 1 v/t nascondere 2 v/i nascondersi

hide² [haɪd] n of animal pelle f

hide-and-'seek nascondino m; hideaway rifugio m

hideous ['hɪdɪəs] orrendo; crime atroce

hiding ['haɪdɪŋ] (beating) batosta f; hiding place nascondiglio m

hierarchy ['haɪərɑːkɪ] gerarchia f

high [haɪ] 1 adj alto; wind, speed forte; quality, hopes buono; (on drugs) fatto F 2 n in statistics livello m record

3 adv in alto; highbrow intellettuale; highchair seggiolone m; highclass di (prima) classe; High Court Corte f Suprema; high-frequency ad alta frequenza; high-grade di buona qualità; high-handed autoritario; high-heeled col tacco alto; high jump salto m in alto; high-level ad alto livello; highlight 1 n (main event) clou m inv; in hair colpo m di sole 2 v/t with pen evidenziare; COMPUT selezionare; highlighter evidenziatore m; highly desirable, likely molto; paid profumatamente; **think ~ of s.o.** stimare molto qu; highly strung nervoso; high performance drill, battery ad alto rendimento; high-pitched acuto; high point clou m inv; high-powered engine potente; intellectual di prestigio; high-pressure TECH ad alta pressione; salesman aggressivo; high pressure weather alta pressione f; high school scuola f superiore; high street via f principale; high tech 1 n high-tech m 2 adj high tech; highway Am autostrada f

hijack ['haɪdʒæk] 1 v/t dirottare 2 n dirottamento m; hijacker dirottatore m, -trice f

hike¹ [haɪk] 1 n camminata f 2 v/i fare camminate

hike² [haɪk] *n* in prices aumento *m*

hiker ['haɪkə(r)] escursionista *m/f*; **hiking** escursionismo *m*

hilarious [hɪ'leərɪəs] divertentissimo

hill [hɪl] collina *f*; (*slope*) altura *f*; **hillside** pendio *m*; **hilltop** cima *f* della collina; **hilly** collinoso

hilt [hɪlt] impugnatura *f*

him [hɪm] *direct object* lo; *indirect object* gli; *after prep* lui; **I know** ~ lo conosco; **I gave** ~ **the keys** gli ho dato le chiavi; **this is for** ~ questo è per lui; **who?** – ~ chi? – lui

himself [hɪm'self] se stesso; *after prep* sé, se stesso; **he hurt** ~ si è fatto male

hinder ['hɪndə(r)] intralciare; **hindrance** intralcio *m*

hinge [hɪndʒ] cardine *m*

hint [hɪnt] (*clue*) accenno *m*; (*piece of advice*) consiglio *m*; (*implied suggestion*) allusione *f*; *of sadness, anger etc* punta *f*

hip [hɪp] (*clue*) fianco *m*; **hip pocket** tasca *f* posteriore

hippopotamus [hɪpə'potəməs] ippopotamo *m*

hire ['haɪə(r)] *room, hall* affittare; *workers, staff* assumere; *conjuror* ingaggiare; **hire car** macchina *f* a noleggio; **hire purchase** acquisto *m* rateale

his [hɪz] **1** *adj* il suo *m*, la sua *f*, i suoi *mpl*, le sue *fpl*; ~ **sis-**
ter / **brother** sua sorella / suo fratello **2** *pron* il suo *m*, la sua *f*, i suoi *mpl*, le sue *fpl*; **a friend of** ~ un suo amico

hiss [hɪs] sibilare

historian [hɪ'stɔːrɪən] storico *m*, -a *f*; **historic** storico; **historical** storico; **history** storia *f*

hit [hɪt] **1** *v/t* colpire; (*collide with*) sbattere contro; **I** ~ **my knee** ho battuto il ginocchio; **it suddenly** ~ **me** (*I realized*) improvvisamente ho realizzato **2** *n* (*blow*) colpo *m*; (*success*) successo *m*; *on website* visita *f*

♦ **hit out at** (*criticize*) attaccare

hitch [hɪtʃ] **1** *n* (*problem*) contrattempo *m* **2** *v/t*: ~ **sth to sth** legare qc a qc; ~ **a lift** chiedere un passaggio **3** *v/i* (*hitchhike*) fare l'autostop; **hitchhike** fare l'autostop; **hitchhiker** autostoppista *m/f*; **hitchhiking** autostop *m*

hi-'tech [haɪ] **1** *n* high-tech *m* **2** *adj* high tech

'hitlist libro *m* nero; **hitman** sicario *m*; **hit-or-miss: on a** ~ **basis** affidandosi al caso; **hit squad** commando *m*

HIV [eɪtʃaɪ'viː] (= **human immunodeficiency virus**) HIV *m*

hive [haɪv] *for bees* alveare *m*

HIV-'positive sieropositivo

hoard [hɔːd] **1** *n* provvista *f*; ~

of money gruzzolo *m* **2** *v/t*
accumulare; **hoarding** tabellone *m* per affissioni pubblicitarie

hoarse [hɔːs] rauco

hoax [həʊks] scherzo *m*; *malicious* falso allarme *m*

hobble ['hɒbl] zoppicare

hobby ['hɒbɪ] hobby *m inv*

hobo ['həʊbəʊ] *Am* barbone *m*, -a *f*

hockey ['hɒkɪ] hockey *m* (*su prato*); *Am* hockey *m* sul ghiaccio

hog [hɒg] *esp Am* maiale *m*

hoist [hɔɪst] **1** *n* montacarichi *m inv* **2** *v/t* (*lift*) sollevare; *flag* issare

hold [həʊld] **1** *v/t in hand* tenere; (*support, keep in place*) reggere; *passport* avere; *prisoner, suspect* trattenere; (*contain*) contenere; *job, post* occupare; ~ **hands** tenersi per mano; ~ **one's breath** trattenere il fiato; ~ *that ...* (*believe, maintain*) sostenere che ...; ~ *the line* TELEC resti in linea **2** *n in ship, plane* stiva *f*; *catch ~ of sth* afferrare qc; *lose one's ~ on sth on rope etc* perdere la presa su qc

◆ **hold back 1** *v/t crowds* contenere; *facts* nascondere **2** *v/i* (*hesitate*) esitare

◆ **hold out 1** *v/t hand* tendere; *prospect* offrire **2** *v/i of supplies* durare; (*survive*) resistere

◆ **hold up** *hand* alzare; *bank etc* rapinare; (*make late*) trattenere

holder ['həʊldə(r)] (*container*) contenitore *m*; *of passport* titolare *m*; *of ticket* possessore *m*; *of record* detentore *m*, -trice *f*; **holding company** holding *f inv*; **holdup** (*robbery*) rapina *f*; (*delay*) ritardo *m*

hole [həʊl] buco *m*

holiday ['hɒlədeɪ] vacanza *f*; *public* giorno *m* festivo; (*day off*) giorno *m* di ferie; *go on* ~ andare in vacanza

Holland ['hɒlənd] Olanda *f*

hollow ['hɒləʊ] cavo, vuoto; *cheeks* infossato

holocaust ['hɒləkɔːst] olocausto *m*

hologram ['hɒləgræm] ologramma *m*

holster ['həʊlstə(r)] fondina *f*

holy ['həʊlɪ] santo; **Holy Spirit** Spirito *m* Santo; **Holy Week** settimana *f* santa

home [həʊm] **1** *n* casa *f*; (*native country*) patria *f*; *for old people* casa *f* di riposo; *for children* istituto *m*; *at* ~ a casa; SP in casa; *make yourself at* ~ fai come a casa tua; *work from* ~ lavorare da casa **2** *adv* a casa; *go* ~ andare a casa; *is she* ~ *yet?* è tornata?; **home address** indirizzo *m* di casa; **home banking** home-banking *m*; **homecoming** ritorno *m*; **home**

computer computer *m inv* (per casa); **home game** incontro *m*; **homeless** senza tetto; *the* ~ i senzacasa; **homeloving** casalingo; **homemade** fatto in casa, casalingo; **home match** incontro *m* casalingo; **Home Office** Ministero *m* degli Interni; **home page** home page *f*; **Home Secretary** Ministro *m* degli Interni; **homesick**: **be** ~ avere nostalgia di casa; **home town** città *f inv* natale; **homeward** verso casa; **homework** EDU compiti *mpl* a casa

homicide ['hɒmɪsaɪd] *crime* omicidio *m*; *Am*: *police department* (squadra *f*) omicidi *f*

homophobia [hɒmə'fəʊbɪə] omofobia *f*

homosexual [hɒmə'seksjʊəl] **1** *adj* omosessuale **2** *n* omosessuale *m/f*

honest ['ɒnɪst] onesto; *honestly* onestamente; *~!* ma insomma!; **honesty** onestà *f*

honey ['hʌnɪ] miele *m*; F (*darling*) tesoro *m*; **honeymoon** luna *f* di miele

honk [hɒŋk] *horn* suonare

honor *Am* ☞ **honour**

honour ['ɒnə(r)] **1** *n* onore *m* **2** *v/t* onorare; **honourable** onorevole

hood [hʊd] *over head* cappuc-

cio *m*; *over cooker* cappa *f*; MOT *on convertible* capote *f inv*; *Am* MOT cofano *m*

hoodlum ['huːdləm] gangster *m inv*

hook [hʊk] gancio *m*; *for fishing* amo *m*; **off the** ~ TELEC staccato; **hooked**: **be** ~ **on s.o.** / **sth** essere fanatico di qu / qc; **be** ~ **on sth** *on drugs* essere assuefatto a qc; **hooker** F prostituta *f*; *in rugby* tallonatore *m*

hooligan ['huːlɪgən] teppista *m/f*; **hooliganism** teppismo *m*

hoot [huːt] **1** *v/t horn* suonare **2** *v/i of car* suonare il clacson; *of owl* gufare

hop [hɒp] saltare

hope [həʊp] **1** *n* speranza *f* **2** *v/i* sperare; *for sth* augurarsi qc; *I* ~ **so** spero di sì **3** *v/t*: ~ **that** ... sperare che; **hopeful** ottimista; (*promising*) promettente; **hopefully** *say, wait* con ottimismo; (*I / we hope*) si spera; **hopeless** *position, prospect* senza speranza; (*useless: person*) negato F

horizon [hə'raɪzn] orizzonte *m*; **horizontal** orizzontale

hormone ['hɔːməʊn] ormone *m*

horn [hɔːn] *of animal* corno *m*; MOT clacson *m inv*

hornet ['hɔːnɪt] calabrone *m*

horny ['hɔːnɪ] *Am* F *sexually* arrapato P

horrible ['hɒrɪbl] orribile; **horrify** inorridire; *I was horrified* ero scioccato; **horrifying** *experience* terrificante; *idea, prices* allucinante; **horror** orrore *m*; *the ~s of war* le atrocità della guerra

horse [hɔːs] cavallo *m*; **horse race** corsa *f* di cavalli; **horseshoe** ferro *m* di cavallo

horticulture ['hɔːtɪkʌltʃə(r)] orticoltura *f*

hose [həʊz] tubo *m* di gomma

hospitable [hɒ'spɪtəbl] ospitale

hospital ['hɒspɪtl] ospedale *m*; **hospitality** ospitalità *f*

host [həʊst] *at party, reception* padrone *m* di casa; *of TV programme* presentatore *m*, -trice *f*

hostage ['hɒstɪdʒ] ostaggio *m*; **be taken** ~ essere preso in ostaggio; **hostage taker** sequestratore *m*

hostel ['hɒstl] *for students* pensionato *m*; (*youth* ~) ostello *m* (della gioventù)

hostess ['həʊstɪs] *at party, reception* padrona *f* di casa; *on aeroplane* hostess *f inv*

hostile ['hɒstaɪl] ostile; **hostility** ostilità *f inv*

hot [hɒt] *weather, water* caldo; (*spicy*) piccante; F (*good*) bravo (*at sth* in qc); *it's* ~ fa caldo; *I'm* ~ ho caldo; **hot dog** hot dog *m inv*

hotel [həʊ'tel] albergo *m*

hour ['aʊə(r)] ora *f*

house 1 [haʊs] *n* casa *f*; POL camera *f*; THEA sala *f*; *at your* ~ a casa tua, da te **2** [haʊz] *v/t* alloggiare; **housebreaking** furto *m* con scasso; **household** famiglia *f*; **household name** nome *m* conosciuto; **housekeeper** governante *f*; **House of Representatives** la camera *f* dei rappresentanti; **housewarming (party)** *festa per inaugurare la nuova casa*; **housewife** casalinga *f*; **housework** lavori *mpl* domestici; **housing** alloggi *mpl*; TECH alloggiamento *m*

hovel ['hɒvl] tugurio *m*

hover ['hɒvə(r)] librarsi

how [haʊ] come; ~ *are you?* come stai?; ~ *about ...?* che ne dici di ...?; ~ *much?* quanto?; ~ *much is it?* *of cost* quant'è?; ~ *many?* quanti?; ~ *odd / lovely!* che strano / bello!; **however** comunque; ~ *big they are* per quanto grandi siano

howl [haʊl] *of dog* ululare; *of person in pain* urlare; ~ *with laughter* sbellicarsi dalle risate; **howler** *mistake* strafalcione *m*

hub [hʌb] *of wheel* mozzo *m*; **hubcap** coprimozzo *m*

◆ **huddle together** ['hʌdl] stringersi l'un l'altro

hug [hʌg] **1** *v/t* abbracciare **2** *n* abbraccio *m*

huge [hjuːdʒ] enorme
hull [hʌl] scafo *m*
hum [hʌm] canticchiare; *of machine* ronzare
human [ˈhjuːmən] **1** *n* essere *m* umano **2** *adj* umano; **human being** essere *m* umano
humane [hjuːˈmeɪn] umano
humanitarian [hjuːmænɪˈteərɪən] umanitario
humanity [hjuːˈmænətɪ] umanità *f*; **human race** genere *m* umano; **human resources** risorse *fpl* umane
humble [ˈhʌmbl] umile; *house* modesto
humdrum [ˈhʌmdrʌm] monotono
humid [ˈhjuːmɪd] umido; **humidifier** umidificatore *m*; **humidity** umidità *f*
humiliate [hjuːˈmɪlɪeɪt] umiliare; **humiliating** umiliante; **humiliation** umiliazione *f*; **humility** umiltà *f*
humor *Am* ☞ **humour**
humorous [ˈhjuːmərəs] *person* spiritoso; *story* umoristico; **humour** umorismo *m*; *(mood)* umore *m*; **sense of ~** senso dell'umorismo
hunch [hʌntʃ] *(idea)* impressione *f*; *of detective* intuizione *f*
hundred [ˈhʌndrəd] cento *m*; **a ~ ...** cento ...; **hundredth** centesimo
Hungarian [hʌŋˈgeərɪən] **1** *adj* ungherese **2** *n person* ungherese *m/f*; *language* un-

gherese *m*; **Hungary** Ungheria *f*
hunger [ˈhʌŋgə(r)] fame *f*
hung-'over: *feel* **~** avere i postumi della sbornia
hungry [ˈhʌŋgrɪ] affamato; **I'm ~** ho fame
hunk [hʌŋk] *n* tocco *m*; F *(man)* fusto *m* F
hunt [hʌnt] **1** *n for animals* caccia *f*; *for job, house, missing child* ricerca *f* **2** *v/t animal* cacciare; **hunter** cacciatore *m*, -trice *f*; **hunting** caccia *f*
hurdle [ˈhɜːdl] *also fig* ostacolo *m*
hurl [hɜːl] scagliare
hurray [hʊˈreɪ] urrà!
hurricane [ˈhʌrɪkən] uragano *m*
hurried [ˈhʌrɪd] frettoloso; **hurry 1** *n* fretta *f*; *be in a* **~** avere fretta **2** *v/i* sbrigarsi
◆ **hurry up 1** *v/i* sbrigarsi; **hurry up!** sbrigati! **2** *v/t* fare fretta a
hurt [hɜːt] **1** *v/i* far male; *does it* **~?** ti fa male? **2** *v/t physically* far male a; *emotionally* ferire
husband [ˈhʌzbənd] marito *m*
hush [hʌʃ] silenzio *m*
◆ **hush up** *scandal etc* mettere a tacere
husky [ˈhʌskɪ] *voice* roco
hut [hʌt] capanno *m*
hybrid [ˈhaɪbrɪd] ibrido *m*
hydrant [ˈhaɪdrənt] idrante *m*

hydraulic [haɪˈdrɔːlɪk] idraulico

hydroelectric [haɪdrəʊˈlektrɪk] idroelettrico

hydrogen [ˈhaɪdrədʒən] idrogeno *m*

hygiene [ˈhaɪdʒiːn] igiene *f*; **hygienic** igienico

hymn [hɪm] inno *m* (sacro)

hype [haɪp] pubblicità *f*

hyperactive [haɪpərˈæktɪv] iperattivo; **hypermarket** ipermercato *m*; **hypersensitive** ipersensibile; **hypertext** COMPUT ipertesto *m*

hyphen [ˈhaɪfn] trattino *m*

hypnosis [hɪpˈnəʊsɪs] ipnosi

f; **hypnotize** ipnotizzare

hypocrisy [hɪˈpɒkrəsɪ] ipocrisia *f*; **hypocrite** ipocrita *m/f*; **hypocritical** ipocrita

hypothermia [haɪpəʊˈθɜːmɪə] ipotermia *f*

hypothesis [haɪˈpɒθəsɪs] ipotesi *f inv*; **hypothetical** ipotetico

hysterectomy [hɪstəˈrektəmɪ] isterectomia *f*

hysteria [hɪˈstɪərɪə] isteria *f*; **hysterical** isterico; F (*very funny*) buffissimo; **become** ∼ avere una crisi isterica; **hysterics** *laughter* attacco *m* di risa; MED crisi *f* isterica

I

I [aɪ] io; ∼ **am English** sono inglese; **here** ∼ **am** eccomi

ice [aɪs] ghiaccio *m*; **iceberg** iceberg *m inv*; **icebox** AM frigo *m*; **ice cream** gelato *m*; **ice cube** cubetto *m* di ghiaccio; **iced** *drink* ghiacciato; *cake* glassato; **ice hockey** hockey *m* sul ghiaccio; **ice lolly** ghiacciolo *m*; **ice rink** pista *f* di pattinaggio; **ice skate** pattinare (sul ghiaccio); **ice skating** pattinaggio *m* (sul ghiaccio)

icicle [ˈaɪsɪkl] ghiacciolo *m*

icing [ˈaɪsɪŋ] glassa *f*

icon [ˈaɪkɒn] *cultural* mito *m*; COMPUT icona *f*

icy [ˈaɪsɪ] *road, surface* ghiac-

ciato; *welcome* glaciale

ID [aɪˈdiː] (= *identity*): **have you got any** ∼ **on you?** ha un documento d'identità?

idea [aɪˈdɪə] idea *f*; **good** ∼**!** ottima idea!; **I have no** ∼ non ne ho la minima idea; **ideal** ideale; **idealistic** *person* idealista; **views** idealistico

identical [aɪˈdentɪkl] identico; ∼ **twins** gemelli *mpl* monozigotici; **identification** identificazione *f*, riconoscimento *m*; *papers etc* documento *m* di riconoscimento *or* d'identità; **identify** (*recognize*) identificare, riconoscere; (*point out*) individuare;

identity identità *f inv*; **~ card**
carta *f* d'identità
ideological [aɪdɪə'lɒdʒɪkl]
ideologico; **ideology** ideologia *f*
idiomatic [ɪdɪə'mætɪk] naturale
idiot ['ɪdɪət] idiota *m/f*; **idiotic**
idiota
idle ['aɪdl] **1** *adj person* disoccupato; *threat* vuoto; *machinery* inattivo **2** *v/i of engine* girare al minimo
idol ['aɪdl] idolo *m*; **idolize**
idolatrare
idyllic [ɪ'dɪlɪk] idilli(a)co
if [ɪf] se
ignite [ɪg'naɪt] dar fuoco a; **ignition** *in car* accensione *f*; **~
key** chiave *f* dell'accensione
ignorance ['ɪgnərəns] ignoranza *f*; **ignorant** (*rude*) cafone; **be ~ of sth** ignorare
qc; **ignore** ignorare
ill [ɪl] ammalato; **fall ~, be taken ~** ammalarsi; **feel ~** sentirsi male
illegal [ɪ'liːgl] illegale
illegible [ɪ'ledʒəbl] illeggibile
illegitimate [ɪlɪ'dʒɪtɪmət]
child illegittimo
illicit [ɪ'lɪsɪt] *copy, imports* illegale; *pleasure, relationship* illecito
illiterate [ɪ'lɪtərət] analfabeta
illness ['ɪlnɪs] malattia *f*
illogical [ɪ'lɒdʒɪkl] illogico
ill'treat maltrattare
illuminating [ɪ'luːmɪneɪtɪŋ]
remarks etc chiarificatore

illusion [ɪ'luːʒn] illusione *f*
illustrate ['ɪləstreɪt] illustrare;
illustration illustrazione *f*;
with examples esemplificazione *f*; **illustrator** illustratore *m*, -trice *f*
image ['ɪmɪdʒ] immagine *f*;
(*exact likeness*) ritratto *m*; **image-conscious** attento all'immagine
imaginary [ɪ'mædʒɪnərɪ] immaginario; **imagination** immaginazione *f*, fantasia *f*;
imaginative fantasioso; **imagine** immaginare; *you're
imagining things* è frutto
della tua immaginazione
IMF [aɪem'ef] (= *International
Monetary Fund*) FMI *m* (=
Fondo *m* Monetario Internazionale)
imitate ['ɪmɪteɪt] imitare; **imitation** imitazione *f*
immaculate [ɪ'mækjʊlət] immacolato
immature [ɪmə'tʃʊə(r)] immaturo
immediate [ɪ'miːdɪət] immediato; *the~ family* i familiari
più stretti; **immediately** immediatamente; **~ after the
bank** subito dopo la banca
immense [ɪ'mens] immenso
immerse [ɪ'mɜːs] immergere
immigrant ['ɪmɪgrənt] immigrato *m*, -a *f*; **immigrate** immigrare; **immigration** immigrazione *f*
imminent ['ɪmɪnənt] imminente

immobilize [ɪˈməʊbɪlaɪz] immobilizzare; **immobilizer**
on car immobilizzatore *m*

immoderate [ɪˈmɒdərət]
smodato

immoral [ɪˈmɒrəl] immorale;
immorality immoralità *f inv*

immortal [ɪˈmɔːtl] immortale;
immortality immortalità *f*

immune [ɪˈmjuːn] *to illness,
infection* immune; *from ruling, requirement* esente; **immune system** MED sistema
m immunitario; **immunity**
immunità *f inv*; *from ruling*
esenzione *f*

impact [ˈɪmpækt] *of meteorite,
vehicle* urto *m*; *of new manager etc* impatto *m*; *(effect)*
effetto *m*

impair [ɪmˈpeə(r)] danneggiare

impartial [ɪmˈpɑːʃl] imparziale

impassable [ɪmˈpɑːsəbl] *road*
impraticabile

impassioned [ɪmˈpæʃnd]
speech, plea appassionato

impatience [ɪmˈpeɪʃəns] impazienza *f*; **impatient** impaziente; **impatiently** con impazienza

impeach [ɪmˈpiːtʃ] *President*
mettere in stato d'accusa

impeccable [ɪmˈpekəbl] impeccabile

impede [ɪmˈpiːd] ostacolare;
impediment *in speech* difetto *m*

impending [ɪmˈpendɪŋ] im-

minente

imperative [ɪmˈperətɪv] **1** *adj*
essenziale **2** *n* GRAM imperativo *m*

imperfect [ɪmˈpɜːfekt] **1** *adj*
imperfetto **2** *n* GRAM imperfetto *m*

impersonal [ɪmˈpɜːsənl] impersonale; **impersonate** *as
a joke* imitare; *illegally* fingersi

impertinence [ɪmˈpɜːtɪnəns]
impertinenza *f*; **impertinent**
impertinente

impervious [ɪmˈpɜːvɪəs]: **~ to**
indifferente a

impetuous [ɪmˈpetjʊəs] impetuoso

impetus [ˈɪmpɪtəs] *of campaign etc* impeto *m*

implement [ˈɪmplɪmənt] **1** *n*
utensile *m* **2** *v/t* implementa-
re

implicate [ˈɪmplɪkeɪt] implicare; **implication** conseguenza *f* possibile; **by ~** im-
plicitamente

implicit [ɪmˈplɪsɪt] implicito;
trust assoluto

implore [ɪmˈplɔː(r)] implorare

imply [ɪmˈplaɪ] implicare;
(suggest) insinuare

impolite [ɪmpəˈlaɪt] maleducato

import [ˈɪmpɔːt] **1** *n* importazione *f*; *item* articolo *m* d'importazione **2** *v/t* importare

importance [ɪmˈpɔːtəns] importanza *f*; **important** importante

importer [ɪm'pɔ:tə(r)] importatore *m*, -trice *f*

impose [ɪm'pəʊz] *tax* imporre; ~ **o.s. on s.o.** disturbare qu; **imposing** imponente

impossibility [ɪmpɒsɪ'bɪlɪtɪ] impossibilità *f inv*; **impossible** impossibile

impotence ['ɪmpətəns] impotenza *f*; **impotent** impotente

impractical [ɪm'præktɪkəl] *person* senza senso pratico; *suggestion* poco pratico

impress [ɪm'pres] fare colpo su; **be ~ed by s.o. / sth** essere colpito da qu / qc; **impression** impressione *f*; (*impersonation*) imitazione *f*; **impressionable** impressionabile; **impressive** notevole

imprint ['ɪmprɪnt] *of credit card* impressione *f*

imprison [ɪm'prɪzn] incarcerare; **imprisonment** carcerazione *f*

improbable [ɪm'prɒbəbl] improbabile

improve [ɪm'pru:v] migliorare; **improvement** miglioramento *m*

improvise ['ɪmprəvaɪz] improvvisare

impudent ['ɪmpjʊdənt] impudente

impulse ['ɪmpʌls] impulso *m*; **do sth on an ~** fare qc d'impulso; **impulsive** impulsivo

in [ɪn] **1** *prep* ◇ *place:* ~ **Milan** a Milano; ~ **the street** per strada; ~ **the box** nella scato-

la; **wounded ~ the leg** ferito alla gamba ◇ *time:* ~ **1999** nel 1999; ~ **two hours** *from now* tra due ore; *over period of* in due ore; ~ **the morning** la mattina; ~ **the summer** d'estate; ~ **September** a *or* in settembre ◇ *manner:* ~ **English** in inglese; ~ **a loud voice** a voce alta; ~ **yellow** di giallo ◇ (*while*): ~ **crossing the road** mentre attraversava la strada ◇: **one ~ ten** uno su dieci **2** *adv:* **be ~** *at home* essere a casa; *in the building etc* esserci; *arrived: of train* essere arrivato; *in its position* essere dentro; **is she ~?** c'è?; ~ **here / there** qui / lì (dentro) **3** *adj* (*fashionable, popular*) in, di moda

inability [ɪnə'bɪlɪtɪ] incapacità *f inv*

inaccurate [ɪn'ækjʊrət] inaccurato

inactive [ɪn'æktɪv] inattivo

inadequate [ɪn'ædɪkwət] inadeguato

inadvisable [ɪnəd'vaɪzəbl] sconsigliabile

inanimate [ɪn'ænɪmət] inanimato

inappropriate [ɪnə'prəʊprɪət] inappropriato

inaudible [ɪn'ɔ:dɪbl] impercettibile

inaugural [ɪ'nɔ:gjʊrəl] *speech* inaugurale; **inaugurate** inaugurare

inborn ['ɪnbɔ:n] innato

Inc. [ɪŋk] (= *incorporated*) Inc.

incalculable [ɪn'kælkjʊləbl] incalcolabile

incapable [ɪn'keɪpəbl] incapace (*of doing* di fare)

incense ['ɪnsens] *in church* incenso *m*

incentive [ɪn'sentɪv] incentivo *m*

incessant [ɪn'sesnt] incessante; **incessantly** incessantemente

incest ['ɪnsest] incesto *m*

inch [ɪntʃ] pollice *m*

incident ['ɪnsɪdənt] incidente *m*; **incidental** casuale; **~ expenses** spese accessorie; **incidentally** a proposito

incision [ɪn'sɪʒn] incisione *f*; **incisive** acuto

incite [ɪn'saɪt] incitare; **~ s.o. to do sth** istigare qu a fare qc

inclination [ɪnklɪ'neɪʃn] inclinazione *f*

inclose, inclosure ☞ **enclose, enclosure**

include [ɪn'kluːd] includere, comprendere; **including** compreso, incluso; **inclusive 1** *adj price* tutto compreso **2** *prep:* **~ of VAT** IVA compresa **3** *adv:* **from Monday to Thursday ~** dal lunedì al giovedì compreso

incoherent [ɪnkəʊ'hɪrənt] incoerente

income ['ɪnkəm] reddito *m*; **income tax** imposta *f* sul reddito

incoming ['ɪnkʌmɪŋ] *adj flight, phonecall, mail* in arrivo; *tide* montante; *president* entrante

incomparable [ɪn'kɒmprəbl] incomparabile

incompatibility [ɪnkəmpætɪ'bɪlɪtɪ] incompatibilità *f inv*; **incompatible** incompatibile

incompetence [ɪn'kɒmpɪtəns] incompetenza *f*; **incompetent** incompetente

incomplete [ɪnkəm'pliːt] incompleto

incomprehensible [ɪnkɒmprɪ'hensɪbl] incomprensibile

inconceivable [ɪnkən'siːvəbl] inconcepibile

inconsiderate [ɪnkən'sɪdərət] poco gentile

inconsistent [ɪnkən'sɪstənt] incoerente

inconsolable [ɪnkən'səʊləbl] *adj* inconsolabile

inconspicuous [ɪnkən'spɪkjʊəs] poco visibile; **make o.s. ~** passare inosservato

inconvenience [ɪnkən'viːnɪəns] inconveniente *m*; **inconvenient** scomodo; *time* poco opportuno

incorporate [ɪn'kɔːpəreɪt] includere

incorrect [ɪnkə'rekt] *answer* errato; *behaviour* scorretto; **am I ~ in thinking …?** sbaglio a pensare che …?

increase 1 [ɪn'kriːs] *v/t & v/i* aumentare **2** ['ɪnkriːs] *n* aumento *m*; **on the ~** in aumento; **increasing** crescente; **increasingly** sempre più

incredible [ɪn'kredɪbl] incredibile

incur [ɪn'kɜː(r)] *costs* affrontare; *debts* contrarre; *s.o.'s anger* esporsi a

incurable [ɪn'kjʊərəbl] incurabile

indecent [ɪn'diːsnt] indecente

indecisive [ɪndɪ'saɪsɪv] indeciso; **indecisiveness** indecisione *f*

indeed [ɪn'diːd] *(in fact)* in effetti; *(yes, agreeing)* esatto; **very much ~** moltissimo

indefinable [ɪndɪ'faɪnəbl] indefinibile

indefinite [ɪn'defɪnɪt] indeterminato; **~ article** GRAM articolo *m* indeterminativo; **indefinitely** a tempo indeterminato

indelicate [ɪn'delɪkət] indelicato

independence [ɪndɪ'pendəns] indipendenza *f*; **Independence Day** *in USA festa f dell'indipendenza americana (4 luglio);* **independent** indipendente; **independently** indipendentemente; **~ of** indipendentemente da

indescribable [ɪndɪ'skraɪbəbl] indescrivibile

index ['ɪndeks] indice *m*

India ['ɪndɪə] India *f*; **Indian 1** *adj* indiano **2** *n person* india-

no *m*, *-a f*; *American* indiano *m*, *-a f d'America*

indicate ['ɪndɪkeɪt] **1** *v/t* indicare **2** *v/i when driving* segnalare (il cambiamento di direzione); **indication** indicazione *f*; **indicator** MOT freccia *f*

indict [ɪn'daɪt] incriminare

indifference [ɪn'dɪfrəns] indifferenza *f*; **indifferent** indifferente; *(mediocre)* mediocre

indigestion [ɪndɪ'dʒestʃn] indigestione *f*

indignant [ɪn'dɪgnənt] indignato; **indignation** indignazione *f*

indirect [ɪndɪ'rekt] indiretto; **indirectly** indirettamente

indiscreet [ɪndɪ'skriːt] indiscreto

indiscriminate [ɪndɪ'skrɪmɪnət] indiscriminato

indispensable [ɪndɪ'spensəbl] indispensabile

indisposed [ɪndɪ'spəʊzd] *(not well)* indisposto

indisputable [ɪndɪ'spjuːtəbl] indiscutibile

indistinct [ɪndɪ'stɪŋkt] indistinto

indistinguishable [ɪndɪ'stɪŋgwɪʃəbl] indistinguibile

individual [ɪndɪ'vɪdʒʊəl] **1** *n* individuo *m* **2** *adj (separate)* singolo; *(personal)* individuale; **individually** individualmente

indoctrinate [ɪn'dɒktrɪneɪt]

indottrinare

Indonesia [ɪndəˈniːʒə] Indonesia *f*; **Indonesian 1** *adj* indonesiano *m*, -a *f* **2** *n person* indonesiano *m*, -a *f*

indoor [ˈɪndɔː(r)] *activities, games* al coperto; *arena, pool* coperto; **indoors** *in building* all'interno; *at home* in casa

indorse ☞ **endorse**

indulgent [ɪnˈdʌldʒənt] indulgente

industrial [ɪnˈdʌstrɪəl] industriale; **industrial dispute** vertenza *f* sindacale; **industrialist** industriale *m*; **industrious** diligente; **industry** industria *f*

ineffective [ɪnɪˈfektɪv] inefficace

inefficient [ɪnɪˈfɪʃənt] inefficiente

inept [ɪˈnept] inetto

inequality [ɪnɪˈkwɒlɪtɪ] disuguaglianza *f*

inescapable [ɪnɪˈskeɪpəbl] inevitabile

inevitable [ɪnˈevɪtəbl] inevitabile; **inevitably** inevitabilmente

inexcusable [ɪnɪkˈskjuːzəbl] imperdonabile

inexhaustible [ɪnɪɡˈzɔːstəbl] *supply* inesauribile

inexpensive [ɪnɪkˈspensɪv] poco costoso, economico

inexperienced [ɪnɪkˈspɪərɪənst] inesperto

inexplicable [ɪnɪkˈsplɪkəbl] inspiegabile

infallible [ɪnˈfælɪbl] infallibile

infamous [ˈɪnfəməs] famigerato

infancy [ˈɪnfənsɪ] *of person* infanzia *f*; *of state, institution* stadio *m* iniziale; **infant** bambino *m* piccolo, bambina *f* piccola; **infantile** *pej* infantile

infantry [ˈɪnfəntrɪ] fanteria *f*

infatuated [ɪnˈfætʃʊeɪtɪd]: **be ~ with s.o.** essere infatuato di qu

infect [ɪnˈfekt] *of person* contagiare; *food, water* contaminare; **become ~ed** *of wound* infettarsi; *of person* contagiarsi; **infection** infezione *f*; **infectious** *disease* infettivo, contagioso; *laughter* contagioso

infer [ɪnˈfɜː(r)]: **~ sth from sth** dedurre qc da qc

inferior [ɪnˈfɪərɪə(r)] inferiore; **inferiority** inferiorità *f*; **inferiority complex** complesso *m* d'inferiorità

infertile [ɪnˈfɜːtaɪl] sterile; **infertility** sterilità *f*

infidelity [ɪnfɪˈdelɪtɪ] infedeltà *f inv*

infinite [ˈɪnfɪnət] infinito; **infinitive** infinito *m*

infinity [ɪnˈfɪnɪtɪ] infinito *m*

inflammable [ɪnˈflæməbl] infiammabile; **inflammation** MED infiammazione *f*

inflatable [ɪnˈfleɪtəbl] *dinghy* gonfiabile; **inflate** *tyre, dinghy* gonfiare; *economy* infla-

zionare; **inflation** inflazione
f; **inflationary** inflazionisti-
co

inflexible [ɪnˈfleksɪbl] inflessibile

inflict [ɪnˈflɪkt]: ~ *sth on s.o.*
punishment infliggere qc a
qu; *suffering* procurare qc a
qu

'in-flight: ~ *entertainment* intrattenimento a bordo

influence [ˈɪnfluəns] **1** *n* influenza f **2** *v/t s.o.'s thinking*
esercitare un'influenza su; *a*
decision influenzare; **influ-**
ential *writer, film-maker* autorevole; **she knows ~ peo-**
ple conosce gente influente

inform [ɪnˈfɔːm] **1** *v/t* informare **2** *v/i*: ~ *on s.o.* denunciare
qu

informal [ɪnˈfɔːml] informale; **informality** informalità f

informant [ɪnˈfɔːmənt] informatore m, -trice f; **informa-**
tion informazione f; *a bit of*
~ un'informazione; **informa-**
tion science informatica f;
information technology informatica f; **informative** *arti-*
cle etc istruttivo; *he wasn't*
very ~ non è stato di grande
aiuto; **informer** informatore
m, -trice f

infra-red [ɪnfrəˈred] infrarosso

infrastructure [ˈɪnfrə-
strʌktʃə(r)] infrastruttura f

infrequent [ɪnˈfriːkwənt] raro

infuriate [ɪnˈfjʊərieɪt] far in-

furiare; **infuriating** esasperante

ingenious [ɪnˈdʒiːniəs] ingegnoso

ingot [ˈɪŋgət] lingotto m

ingratitude [ɪnˈgrætɪtjuːd] ingratitudine f

ingredient [ɪnˈgriːdiənt] *for*
cooking ingrediente m; *for*
success elemento m

inhabit [ɪnˈhæbɪt] abitare; **in-**
habitant abitante m/f

inhale [ɪnˈheɪl] **1** *v/t* inalare **2**
v/i when smoking aspirare

inherit [ɪnˈherɪt] ereditare; **in-**
heritance eredità f *inv*

inhibited [ɪnˈhɪbɪtɪd] inibito;
inhibition inibizione f

inhospitable [ɪnhɒˈspɪtəbl]
inospitale

'in-house 1 *adj* aziendale **2**
adv work all'interno dell'a-
zienda

inhuman [ɪnˈhjuːmən] disumano

initial [ɪˈnɪʃl] **1** *adj* iniziale **2**
iniziale f **3** *v/t (write initials*
on) siglare (con le iniziali);
initially inizialmente; **initi-**
ate avviare; **initiation** avviamento m; **initiative** iniziativa f; *do sth on one's own*
~ fare qc di propria iniziativa; *take the* ~ prendere l'iniziativa

inject [ɪnˈdʒekt] iniettare;
capital investire; **injection**
iniezione f; *of capital* investimento m

injure [ˈɪndʒə(r)] ferire; **in-**

jured 1 *adj leg* ferito; *feelings* offeso **2** *npl* feriti *mpl*; **injury** ferita *f*

injustice [ɪn'dʒʌstɪs] ingiustizia *f*

ink [ɪŋk] inchiostro *m*; **inkjet (printer)** stampante *f* a getto d'inchiostro

inland ['ɪnlənd] *areas* dell'interno; *mail* nazionale; **Inland Revenue** fisco *m*

in-laws ['ɪnlɔːz] *famiglia della moglie / del marito*; *(wife's / husband's parents)* suoceri *mpl*

inmate ['ɪnmeɪt] *of prison* detenuto *m*, -a *f*; *of mental hospital* ricoverato *m*, -a *f*

inn [ɪn] locanda *f*

innate [ɪ'neɪt] innato

inner ['ɪnə(r)] interno; **inner city** centro in degrado di una zona urbana; **~ decay** degrado del centro urbano

innocence ['ɪnəsəns] innocenza *f*; **innocent** innocente

innocuous [ɪ'nɒkjuəs] innocuo

innovation [ɪnə'veɪʃn] innovazione *f*; **innovative** innovativo; **innovator** innovatore *m*, -trice *f*

inoculate [ɪ'nɒkjuleɪt] vaccinare; **inoculation** vaccinazione *f*

inoffensive [ɪnə'fensɪv] inoffensivo

'in-patient degente *m/f*

input ['ɪnput] **1** *n* contributo *m*; COMPUT input *m inv* **2**

v/t into project contribuire con; COMPUT inserire

inquest ['ɪnkwest] inchiesta *f* giudiziaria

inquire [ɪn'kwaɪə(r)] domandare; **~ into sth** svolgere indagini su qc; **inquiry** richiesta *f* di informazioni; *(public ~)* indagine *f*

inquisitive [ɪn'kwɪzətɪv] curioso

insane [ɪn'seɪn] pazzo

insanitary [ɪn'sænɪtrɪ] antigienico

insanity [ɪn'sænɪtɪ] infermità *f* mentale

inscription [ɪn'skrɪpʃn] iscrizione *f*

insect ['ɪnsekt] insetto *m*; **insecticide** insetticida *m*

insecure [ɪnsɪ'kjuə(r)] insicuro; **insecurity** insicurezza *f*

insensitive [ɪn'sensɪtɪv] insensibile

insert 1 ['ɪnsɜːt] *n in magazine etc* inserto *m* **2** [ɪn'sɜːt] *v/t* inserire

inside [ɪn'saɪd] **1** *n* interno *m*; *of road* destra *f*; sinistra *f*; **~ out** a rovescio; **turn sth ~ out** rivoltare qc; **know sth ~ out** sapere qc a menadito **2** *prep* dentro; **~ of 2 hours** in meno di due ore **3** *adv* stay, go dentro **4** *adj* interno; **~ information** informazioni riservate; **~ lane** SP corsia *f* interna; *on road* corsia *f* di marcia

inside 'pocket tasca *f* interna; **insider: an ~ from the Department** un impiegato del Ministero; **insider trading** FIN insider trading *m*; **insides** pancia *fsg*; *intestines* budella *fpl*

insignificant [ɪnsɪɡˈnɪfɪkənt] insignificante

insincere [ɪnsɪnˈsɪə(r)] falso; **insincerity** falsità *f*

insinuate [ɪnˈsɪnjʊeɪt] (*imply*) insinuare

insist [ɪnˈsɪst] insistere; *please keep it, I ~* tienilo, ci tengo!

◆ **insist on** esigere; *insist on doing sth* insistere per fare qc

insistent [ɪnˈsɪstənt] insistente

insolent [ˈɪnsələnt] insolente

insoluble [ɪnˈsɒljʊbl] *problem* insolvibile; *substance* insolubile

insolvent [ɪnˈsɒlvənt] insolvente

insomnia [ɪnˈsɒmnɪə] insonnia *f*

inspect [ɪnˈspekt] *work, tickets, baggage* controllare; *factory, school* ispezionare; **inspection** of *work, tickets, baggage* controllo *m*; *of factory, school* ispezione *f*; **inspector** *in factory* ispettore *m*, -trice *f*; *on buses* controllore *m*; *of police* ispettore *m*

inspiration [ɪnspəˈreɪʃn] ispirazione *f*; (*very good idea*) lampo *m* di genio; **inspire**

respect etc suscitare; **be ~d by s.o. / sth** essere ispirato da qu / qc

instability [ɪnstəˈbɪlɪtɪ] instabilità *f inv*

install [ɪnˈstɔːl] installare; **installation** installazione *f*; *military ~* struttura *f* militare; **instalment, Am installment** *of story, TV drama etc* puntata *f*; (*payment*) rata *f*; **installment plan** *Am* acquisto *m* rateale

instance [ˈɪnstəns] (*example*) esempio *m*; *for ~* per esempio

instant [ˈɪnstənt] **1** *adj* immediato **2** *n* istante *m*; *in an ~* in un attimo; **instantaneous** immediato; **instant coffee** caffè *m inv* istantaneo *or* solubile; **instantly** istantaneamente

instead [ɪnˈsted] invece; *~ of* invece di

instinct [ˈɪnstɪŋkt] istinto *m*; **instinctive** istintivo

institute [ˈɪnstɪtjuːt] **1** *n* istituto *m* **2** *v/t new law* introdurre; *enquiry* avviare; **institution** istituto *m*; *sth traditional* istituzione *f*; (*setting up*) avviamento *m*

instruct [ɪnˈstrʌkt] (*order*) dare istruzioni a; (*teach*) istruire; **instruction** istruzione *f*; *~s for use* istruzioni per l'uso; **instructive** istruttivo; **instructor** istruttore *m*, -trice *f*

instrument ['ɪnstrʊmənt] strumento *m*

insubordinate [ɪnsə'bɔ:dɪnət] insubordinato

insufficient [ɪnsə'fɪʃnt] insufficiente

insulate ['ɪnsjʊleɪt] ELEC isolare; *against cold* isolare termicamente; **insulation** ELEC isolamento *m*; *against cold* isolamento *m* termico

insulin ['ɪnsjʊlɪn] insulina *f*

insult 1 ['ɪnsʌlt] *n* insulto *m* 2 [ɪn'sʌlt] *v/t* insultare

insurance [ɪn'ʃʊərəns] assicurazione *f*; **insurance company** compagnia *f* di assicurazioni; **insurance policy** polizza *f* di assicurazione; **insurance premium** premio *m* assicurativo; **insure** assicurare

insurmountable [ɪnsə'maʊntəbl] insormontabile

intact [ɪn'tækt] intatto

integrate ['ɪntɪgreɪt] integrare; **integrity** integrità *f*

intellect ['ɪntəlekt] intelletto *m*; **intellectual** [ɪntə'lektjʊəl] 1 *adj* intellettuale 2 *n* intellettuale *m/f*

intelligence [ɪn'telɪdʒəns] intelligenza *f*; *(information)* informazioni *fpl*; **intelligent** intelligente

intelligible [ɪn'telɪdʒəbl] intelligibile

intend [ɪn'tend]: **~ to do sth** *(do on purpose)* volere fare qc; *(plan to do)* avere intenzione di fare qc

intense [ɪn'tens] intenso; *concentration* profondo; *personality* serio; **intensify 1** *v/t effect, pressure* intensificare 2 *v/i of pain* acuirsi; *of fighting* intensificarsi; **intensity** intensità *f inv*; **intensive** intensivo; **intensive care (unit)** MED (reparto *m* di) terapia *f* intensiva

intention [ɪn'tenʃn] intenzione *f*; **intentional** intenzionale; **intentionally** intenzionalmente

interaction [ɪntər'ækʃn] interazione *f*; **interactive** interattivo

intercept [ɪntə'sept] intercettare

interchange ['ɪntətʃeɪndʒ] MOT interscambio *m*; **interchangeable** interscambiabile

intercom ['ɪntəkɒm] citofono *m*

intercourse ['ɪntəkɔ:s] *sexual* rapporto *m* sessuale

interdependent [ɪntədɪ'pendənt] interdipendente

interest ['ɪntrəst] 1 *n* interesse *m*; *money paid / received* interessi *mpl*; **take an ~ in sth** interessarsi di qc 2 *v/t* interessare; **interested** interessato; **be ~ in sth** interessarsi di qc; **interesting** interessante; **interest rate** FIN tasso *m* d'interesse

interface ['ɪntəfeɪs] 1 *n* interfaccia *f* 2 *v/i* interfacciarsi

interfere [ɪntə'fɪə(r)] interferire; **interference** interferenza *f*; *on radio* interferenze *fpl*

interior [ɪn'tɪərɪə(r)] **1** *adj* interno **2** *n of house* interno *m*; *of country* entroterra *m*; **interior decorator** arredatore *m*, -trice *f*; **interior design** architettura *f* d'interni; **interior designer** architetto *m* d'interni

interlude ['ɪntəluːd] *at theatre, concert* intervallo *m*; *(period)* parentesi *f inv*

intermediary [ɪntə'miːdɪərɪ] intermediario *m*, -a *f*; **intermediate** intermedio

intermission [ɪntə'mɪʃn] *in theatre, cinema* intervallo *m*

internal [ɪn'tɜːnl] interno; **internally**: **he's bleeding ~** ha un'emorragia interna; **not to be taken ~** per uso esterno; **Internal Revenue (Service)** *Am* fisco *m*

international [ɪntə'næʃnl] **1** *adj* internazionale **2** *n match* partita *f* internazionale; *player* giocatore *m*, -trice *f* della nazionale; **internationally** a livello internazionale

Internet ['ɪntənet] Internet *m*; **on the ~** su Internet; **~ service provider** provider *m inv* di servizi Internet

interpret [ɪn'tɜːprɪt] **1** *v/t* tradurre; *piece of music, comment etc* interpretare **2** *v/i* fa-

re da interprete; **interpretation** traduzione *f*; *of piece of music, meaning* interpretazione *f*; **interpreter** interprete *m/f*

interrogate [ɪn'terəɡeɪt] interrogare; **interrogation** interrogatorio *m*; **interrogator** interrogante *m/f*

interrupt [ɪntə'rʌpt] interrompere; **interruption** interruzione *f*

intersect [ɪntə'sekt] **1** *v/t* intersecare **2** *v/i* intersecarsi; **intersection** *of roads* incrocio *m*

interstate ['ɪntəsteɪt] *Am* autostrada *f* interstatale

interval ['ɪntəvl] intervallo *m*; **sunny ~s** schiarite

intervene [ɪntə'viːn] *of person, police etc* intervenire; *of time* trascorrere; **intervention** intervento *m*

interview ['ɪntəvjuː] **1** *n on TV, in paper* intervista *f*; *for job* intervista *f* d'assunzione, colloquio *m* di lavoro **2** *v/t on TV, for paper* intervistare; *for job* sottoporre a intervista; **interviewer** *on TV, for paper* intervistatore *m*, -trice *f*; *(for job)* persona che conduce un'intervista d'assunzione

intimate ['ɪntɪmət] intimo; **be ~ with s.o.** *sexually* avere rapporti intimi con qu

intimidate [ɪn'tɪmɪdeɪt] intimidire; **intimidation** intimidazione f

into ['ɪntu] in; **be ~ sth** F (*like*) amare qc; (*be involved with*) interessarsi di qc; **be ~ drugs** fare uso di droga; **when you're ~ the job** quando sei pratico del lavoro

intolerable [ɪn'tɒlərəbl] intollerabile; **intolerant** intollerante

intoxicated [ɪn'tɒksɪkeɪtɪd] ubriaco

intravenous [ɪntrə'viːnəs] endovenoso

intricate ['ɪntrɪkət] complicato

intrigue 1 ['ɪntriːg] n intrigo m **2** [ɪn'triːg] v/t intrigare; **I would be ~d to know ...** m'interesserebbe molto sapere ...; **intriguing** intrigante

introduce [ɪntrə'djuːs] *person* presentare; *new technique etc* introdurre; **may I ~ ...?** permette che le presenti ...?; **introduction** *to person* presentazione f; *to new food, sport etc* approccio m; *in book, of new technique* introduzione f

introvert ['ɪntrəvɜːt] introverso m, -a f

intrude [ɪn'truːd] importunare; **intruder** intruso m, -a f; **intrusion** intrusione f

intuition [ɪntjuː'ɪʃn] intuito m

invade [ɪn'veɪd] invadere

invalid[1] ['ɪnvælɪd] *adj* non valido

invalid[2] ['ɪnvəlɪd] n MED invalido m, -a f

invalidate [ɪn'vælɪdeɪt] invalidare

invaluable [ɪn'væljubl] prezioso

invariably [ɪn'veɪrɪəblɪ] (*always*) invariabilmente

invasion [ɪn'veɪʒn] invasione f

invent [ɪn'vent] inventare; **invention** invenzione f; **inventive** fantasioso; **inventor** inventore m, -trice f

inventory ['ɪnvəntrɪ] inventario m

invert [ɪn'vɜːt] invertire; **inverted commas** virgolette fpl

invest [ɪn'vest] investire

investigate [ɪn'vestɪgeɪt] indagare su; **investigation** indagine f; **investigative journalism** giornalismo m investigativo

investment [ɪn'vestmənt] investimento m; **investor** investitore m, -trice

invigorating [ɪn'vɪgəreɪtɪŋ] *climate* tonificante

invincible [ɪn'vɪnsəbl] invincibile

invisible [ɪn'vɪzɪbl] invisibile

invitation [ɪnvɪ'teɪʃn] invito m; **invite** [ɪn'vaɪt] invitare

invoice ['ɪnvɔɪs] **1** n fattura f **2** v/t *customer* fatturare

involuntary [ɪn'vɒləntrɪ] involontario

involve [ɪn'vɒlv] *hard work, expense* comportare; (*con-*

cern) riguardare; **what does it ~?** che cosa comporta?; **get ~d with sth** entrare a far parte di qc; **get ~d with s.o.** emotionally, romantically legarsi a qu; **involved** (*complex*) complesso; **involvement** *in a project etc* partecipazione *f*; *in crime, accident* coinvolgimento *m*

invulnerable [ɪn'vʌlnərəbl] invulnerabile

inward ['ɪnwəd] **1** *adj feeling, thoughts* intimo **2** *adv* verso l'interno; **inwardly** dentro di sé

IQ [aɪ'kju:] (= **intelligence quotient**) quoziente *m* d'intelligenza

Iran [ɪ'rɑːn] Iran *m*; **Iranian 1** *adj* iraniano **2** *n* iraniano *m*, -a *f*

Iraq [ɪ'ræk] Iraq *m*; **Iraqi 1** *adj* iracheno **2** *n* iracheno *m*, -a *f*

Ireland ['aɪələnd] Irlanda *f*; **Irish** irlandese; **Irishman** irlandese *m*; **Irishwoman** irlandese *f*

iron ['aɪən] **1** *n* ferro *m*; *for clothes* ferro *m* da stiro **2** *v/t shirts etc* stirare

ironic(al) [aɪ'rɒnɪk(l)] ironico

'ironing board asse *m* da stiro

irony ['aɪərənɪ] ironia *f*

irrational [ɪ'ræʃənl] irrazionale

irreconcilable [ɪrekən'saɪləbl] inconciliabile

irregular [ɪ'regjʊlə(r)] irrego-

lare

irrelevant [ɪ'reləvənt] non pertinente

irreplaceable [ɪrɪ'pleɪsəbl] insostituibile

irrepressible [ɪrɪ'presəbl] *sense of humour* incontenibile; *person* che non si lascia abbattere

irresistible [ɪrɪ'zɪstəbl] irresistibile

irresponsible [ɪrɪ'spɒnsəbl] irresponsabile

irreverent [ɪ'revərənt] irriverente

irrevocable [ɪ'revəkəbl] irrevocabile

irrigate ['ɪrɪgeɪt] irrigare; **irrigation** irrigazione *f*

irritable ['ɪrɪtəbl] irritabile; **irritate** irritare; **irritating** irritante; **irritation** irritazione *f*

Islam ['ɪzlɑːm] Islam *m*; Islamic islamico

island ['aɪlənd] isola *f*; **islander** isolano *m*, -a *f*

isolate ['aɪsəleɪt] isolare; **isolated** isolato; **isolation** isolamento *m*; **in ~** taken etc di solo

ISP [aɪes'piː] (= **Internet service provider**) provider *m inv* di servizi Internet

Israel ['ɪzreɪl] Israele *m*; **Israeli 1** *adj* israeliano **2** *n person* israeliano *m*, -a *f*

issue ['ɪʃuː] **1** *n* (*matter*) questione *f*; (*result*) risultato *m*; *of magazine* numero *m*; **take ~ with s.o. / sth** prendere

434

posizione contro qu / qc **2**
v/t *passports* rilasciare; *sup-plies* distribuire; *coins* emet-tere; *warning* dare

IT [aɪ'tiː] (= *information tech-nology*) IT *f*

it [ɪt] ◇ *as subject:* **what col-our is ~?** - *~* **is red** di che colore è? - è rosso; *~'s rain-ing* piove; *~'s me / him* sono io / è lui; *~'s Charlie here* TELEC sono Charlie; *that's ~!* (*that's right*) proprio così; (*finished*) finito! ◇ *as object* lo *m*, la *f*; *I broke ~* l'ho rotto, -a

Italian [ɪ'tæljən] **1** *adj* italiano **2** *n person* italiano *m*, -a *f*; *language* italiano *m*

italic [ɪ'tælɪk] in corsivo

Italy ['ɪtəlɪ] Italia *f*

itch [ɪtʃ] **1** *n* prurito *m* **2** v/i prudere

item ['aɪtəm] *on agenda* punto *m* (all'ordine del giorno); *on shopping list* articolo *m*; *in accounts* voce *f*; **news** ~ no-tizia *f*; **itemize** *invoice* detta-gliare

itinerary [aɪ'tɪnərərɪ] itinera-rio *m*

its [ɪts] il suo *m*, la sua *f*, i suoi *mpl*, le sue *fpl*

it's [ɪts] ☞ *it is, it has*

itself [ɪt'self] *reflexive* si; *emphatic* stesso; **by ~** (*alone*) da solo; (*automatical-ly*) da sé

J

jab [dʒæb] conficcare

jack [dʒæk] MOT cric *m inv*; *in cards* fante *m*

jacket ['dʒækɪt] *n* giacca *f*; *of book* copertina *f*

jackpot ['dʒækpɒt] primo premio *m*; **hit the ~** vincere il primo premio; *fig* fare un terno al lotto

jagged ['dʒægɪd] frastagliato

jail [dʒeɪl] prigione *f*

jam¹ [dʒæm] *for bread* mar-mellata *f*

jam² [dʒæm] **1** *n* MOT ingorgo *m*; **be in a ~** F (*difficulty*) es-sere in difficoltà **2** *v/t* (*ram*) ficcare; (*cause to stick*) bloc-

care; **be ~med** *of roads* esse-re congestionato; *of door, window* essere bloccato **3** v/i (*stick*) bloccarsi

janitor ['dʒænɪtə(r)] custode *m*

January ['dʒænjʊərɪ] gennaio *m*

Japan [dʒə'pæn] Giappone *m*; **Japanese 1** *adj* giappo-nese **2** *n person* giappone-se *m/f*; *language* giapponese *m*

jar¹ [dʒɑː(r)] *container* baratto-lo *m*

jargon ['dʒɑːɡən] gergo *m*

javelin ['dʒævlɪn] giavellotto *m*

jaw [dʒɔː] mascella *m*

jaywalker ['dʒeɪwɔːkə(r)] pedone *m* indisciplinato

jazz [dʒæz] jazz *m*

jealous ['dʒeləs] geloso; **jealousy** gelosia *f*

jeans [dʒiːnz] jeans *mpl*

jeep [dʒiːp] jeep *f inv*

jeer [dʒɪə(r)] **1** *n* scherno *m* **2** *v/i* schernire; ~ **at** schernire

Jello® ['dʒeləʊ] *Am* gelatina *f*

jelly ['dʒelɪ] *Br* gelatina *f*; marmellata *f*; **jellyfish** f medusa *f*

jeopardize ['dʒepədaɪz] mettere in pericolo

jerk¹ [dʒɜːk] **1** *n* scossone *m* **2** *v/t* dare uno strattone

jerk² [dʒɜːk] *n* F idiota *m/f*

jerky ['dʒɜːkɪ] *movement* a scatti

Jesus ['dʒiːzəs] Gesù *m*

jet [dʒet] **1** *n of water* zampillo *m*; (*nozzle*) becco *m*; *airplane* jet *m inv* **2** *v/i travel* volare; **jetlag** jet-lag *m*

jettison ['dʒetɪsn] gettare; *fig* abbandonare

jetty ['dʒetɪ] molo *m*

Jew [dʒuː] ebreo *m*, -a *f*

jewel ['dʒuːəl] gioiello *m*; *fig*: *person* perla *f*; **jeweller**, *Am* **jeweler** gioielliere *m*

Jewish ['dʒuːɪʃ] ebraico; *people* ebreo

jigsaw (puzzle) ['dʒɪgsɔː] puzzle *m inv*

jilt [dʒɪlt] piantare F

jingle ['dʒɪŋgl] **1** *n song* jingle *m inv* **2** *v/i of keys, coins* tin-

tinnare

jinx [dʒɪŋks] *person* iettatore *m*, -trice *f*; **there's a ~ on this project** questo progetto è iellato

jittery ['dʒɪtərɪ] F nervoso

job [dʒɒb] (*employment*) lavoro *m*; (*task*) compito *m*; **it's a good ~ you ...** meno male che tu ...; **job description** elenco *m* delle mansioni; **jobless** disoccupato

jockey ['dʒɒkɪ] fantino *m*

jog [dʒɒg] **1** *n* corsa *f*; **go for a ~** andare a fare footing **2** *v/i as exercise* fare footing **3** *v/t elbow etc* urtare; ~ **s.o.'s memory** rinfrescare la memoria a qu; **jogger** *person* persona *f* che fa footing; *Am shoe* scarpa *f* da ginnastica; **jogging** footing *m*; **go ~** fare footing

john [dʒɒn] *Am* F gabinetto *m*

join [dʒɔɪn] **1** *n* giuntura *f* **2** *v/i of roads, rivers* unirsi; (*become a member*) iscriversi **3** *v/t* (*connect*) unire; *person* unirsi a; *club* iscriversi a; (*go to work for*) entrare in; *of road* congiungersi a

◆ **join in** partecipare

joint [dʒɔɪnt] **1** *n* ANAT articolazione *f*; *in woodwork* giunto *m*; *of meat* arrosto *m*; *of cannabis* spinello *m* **2** *adj* (*shared*) comune; **joint account** conto *m* comune; **joint venture** joint venture *f inv*

joke [dʒəʊk] **1** n story barzelletta f; (practical ~) scherzo m **2** v/i (pretend) scherzare; **joker** in cards jolly m inv; F burlone m, -a f; **jokingly** scherzosamente

jostle [dʒɒsl] spintonare

journal ['dʒɜːnl] magazine rivista f; diary diario m; **journalism** giornalismo m; **journalist** giornalista m/f

journey ['dʒɜːnɪ] viaggio m

joy [dʒɔɪ] gioia f

jubilant ['dʒuːbɪlənt] esultante; **jubilation** giubilo m

judge [dʒʌdʒ] **1** n giudice m **2** v/t giudicare; competition fare da giudice a **3** v/i giudicare; **judg(e)ment** giudizio m; **an error of ~** un errore di valutazione; **Judg(e)ment Day** il giorno m del giudizio

judicial [dʒuːˈdɪʃl] giudiziario

jug [dʒʌɡ] brocca f

juggle [dʒʌɡl] fare giochi di destrezza con; fig: conflicting demands destreggiarsi tra; figures manipolare; **juggler** giocoliere m

juice [dʒuːs] succo m; **juicy** succoso; news, gossip piccante

July [dʒʊˈlaɪ] luglio m

jumbo (jet) ['dʒʌmbəʊ] jumbo m (jet); **jumbo-sized** gigante

jump [dʒʌmp] **1** n salto m; in (crease) impennata f **2** v/i saltare; (increase) aumentare rapidamente, avere un'impennata; in surprise sobbalzare; **~ to conclusions** arrivare a conclusioni affrettate **3** v/t fence etc saltare; F (attack) aggredire; **~ the queue** non rispettare la fila; **~ the lights** passare col rosso

◆ **jump at** opportunity prendere al balzo

jumper ['dʒʌmpə(r)] Br golf m inv; Am dress scamiciato m; **jumpy** nervoso

junction ['dʒʌŋkʃn] of roads incrocio m

June [dʒuːn] giugno m

jungle ['dʒʌŋɡl] giungla f

junior ['dʒuːnɪə(r)] **1** adj (subordinate) subalterno; (younger) giovane **2** n in rank subalterno m, -a f; **she is ten years my ~** ha dieci anni meno di me; **junior high** Am scuola per ragazzi dai 12 ai 15 anni

junk [dʒʌŋk] robaccia f; **junk food** alimenti mpl poco sani, porcherie fpl; **junkie** F tossico m, -a f; **junk mail** posta f spazzatura

jurisdiction [dʒʊərɪsˈdɪkʃn] LAW giurisdizione f

juror ['dʒʊərə(r)] giurato m, -a f; **jury** giuria f

just [dʒʌst] **1** adj giusto **2** adv (barely) appena; (exactly) proprio; (only) solo; **I've ~ seen her** l'ho appena vista; **~ about** (almost) quasi; **I was ~ about to leave when** ... stavo proprio per andarmene quando ...; **~ now** (*a few moments ago*) proprio ora; (*at the moment*) al momento; **~ you wait!** aspetta un po'!; **~ be quiet!** fai silenzio!; **~ as rich** altrettanto ricco

justice ['dʒʌstɪs] giustizia *f*
justifiable [dʒʌstɪ'faɪəbl] giustificabile; **justifiably** a ra-

gione; **justification** giustificazione *f*; **justify** *also text* giustificare

justly ['dʒʌstlɪ] giustamente

◆ **jut out** [dʒʌt] sporgere

juvenile ['dʒuːvənaɪl] **1** *adj* minorile; *pej* puerile **2** *n fml* minore *m/f*; **juvenile delinquent** delinquente *m/f* minorile

K

k [keɪ] (= *kilobyte*) k (= kilobyte *m inv*); (= *thousand*) mille

kangaroo [kæŋgə'ruː] canguro *m*

keel [kiːl] NAUT chiglia *f*

keen [kiːn] *person* entusiasta; *interest, competition* vivo; **be ~ on sth** essere appassionato di qc; **be ~ to do sth** aver molta voglia di fare qc

keep [kiːp] **1** *v/t* tenere; (*not lose*) mantenere; (*detain*) trattenere; *family* mantenere; *animals* allevare; **~ a promise** mantenere una promessa; **~ s.o. company** tenere compagnia a qu; **~ s.o. waiting** far aspettare qu; **~ sth to o.s.** (*not tell*) tenere qc per sé; **~ sth from s.o.** nascondere qc a qu; **~ s.o. from doing sth** impedire a qu di fare qc; **~ trying!** continua a provare! **2** *v/i* (*remain*) rimanere; *of food, milk*

conservarsi; **~ left** tenere la sinistra; **~ straight on** vai sempre dritto; **~ still** stare fermo

◆ **keep away 1** *v/i* stare alla larga; *keep away from ...* stai alla larga da ... **2** *v/t* tenere lontano; **keep s.o. away from sth** tenere qu lontano da qu

◆ **keep back** (*hold in check*) trattenere; *information* nascondere

◆ **keep down** *voice* abbassare; *costs, inflation* contenere; *food* trattenere

◆ **keep off 1** *v/t* (*avoid*) evitare; **keep off the grass** non calpestare l'erba **2** *v/i*: **if the rain keeps off** se non piove

◆ **keep on 1** *v/i* continuare; **keep on doing sth** continuare a fare qc **2** *v/t employee, coat* tenere

◆ **keep out 1** *v/t the cold* pro-

teggere da; *person* escludere
2 *v/i of room* non entrare (**of**
in); *of argument etc* non immischiarsi (**of** in); **keep out**
as sign vietato l'ingresso

◆ **keep to** *path, rules* seguire;
keep to the point non divagare

◆ **keep up 1** *v/i when running
etc* tener dietro **2** *v/t pace,
payments* stare dietro a;
bridge, pants reggere

◆ **keep up with** stare al passo con; (*stay in touch with*)
mantenere i rapporti con

keeping ['kiːpɪŋ]: *be in ~ with*
essere in armonia con;
keepsake ricordo *m*

kennel ['kenl] canile *m*; **kennels** canile *m*

kerb [kɜːb] orlo *m* del marciapiede

ketchup ['ketʃʌp] ketchup *m
inv*

kettle ['ketl] bollitore *m*

key [kiː] **1** *n to door, drawer,*
MUS chiave *f*; *on keyboard*
tasto *m* **2** *adj* (*vital*) chiave
3 *v/t* COMPUT battere

◆ **key in** *data* immettere

'keyboard COMPUT, MUS tastiera *f*; **keyboarder** COM-
PUT, MUS tastierista *m/f*;
keycard tessera *f* magnetica;
keyed-up agitato; **keyhole**
buco *m* della serratura;
keyring portachiavi *m inv*;
keyword parola *f* chiave

khaki ['kɑːkɪ] cachi *inv*

kick [kɪk] **1** *n* calcio *m*; (*just*)

for~s F (solo) per il gusto di
farlo **2** *v/t* dare un calcio a; F
habit liberarsi da **3** *v/i* dare
calci; SP calciare; *of horse*
scalciare

◆ **kick around** (*treat harshly*)
maltrattare; F (*discuss*) discutere di; **kick a ball
around** giocare a pallone

◆ **kick off** *of player* dare il
calcio d'inizio; F (*start*) iniziare;

◆ **kick out** buttar fuori

'kickback F (*bribe*) tangente
f; **kickoff** SP calcio *m* d'inizio

kid [kɪd] **1** *n* F (*child*) bambino
m, -a *f*; F (*young person*)
ragazzo *m*, -a *f*; *~ brother*
fratello minore **2** *v/t* F prendere in giro **3** *v/i* F scherzare

kidnap ['kɪdnæp] rapire, sequestrare; **kidnapper** rapitore *m*, -trice *f*; **kidnapping** rapimento *m*, sequestro *m* (di
persona)

kidney ['kɪdnɪ] ANAT rene *m*;
in cooking rognone *m*

kill [kɪl] uccidere; *plant, time*
ammazzare; *be ~ed in an
accident* morire in un incidente; *~ o.s.* suicidarsi; **killer**
(*murderer*) assassino *m*, -a *f*;
(*hired ~*) killer *m/f inv*; **kill-
ing** omicidio *m*; *make a ~*
F (*lots of money*) fare un pacco di soldi F

kiln [kɪln] fornace *f*

kilo ['kiːləʊ] chilo *m*; **kilobyte**

kilobyte *m inv*; **kilogram** chilogrammo *m*; **kilometre**, *Am* **kilometer** chilometro *m*

kind¹ [kaɪnd] *adj* gentile

kind² [kaɪnd] *n* (*sort*) tipo *m*; (*make, brand*) marca *f*; *nothing of the ~!* niente affatto!; *~ of sad / strange* F un po' triste / strano

kind-hearted [kaɪnd'hɑ:tɪd] di buon cuore; **kindly** gentile; **kindness** gentilezza *f*

king [kɪŋ] re *m inv*; **kingdom** regno *m*

kinky ['kɪŋkɪ] F particolare F

kiosk ['ki:ɒsk] edicola *f*

kiss [kɪs] **1** *n* bacio *m* **2** *v/t* baciare **3** *v/i* baciarsi

kit [kɪt] kit *m inv*; (*equipment*) attrezzatura *f*

kitchen ['kɪtʃɪn] cucina *f*

kite [kaɪt] aquilone *m*

kitten ['kɪtn] gattino *m*

kitty ['kɪtɪ] *money* cassa *f* comune

knack [næk] capacità *f*; *there's a ~ to it* bisogna saperlo fare

knee [ni:] *n* ginocchio *m*; **kneecap** rotula *f*

kneel [ni:l] inginocchiarsi

'knee-length al ginocchio

knife [naɪf] **1** *n* coltello *m* **2** *v/t* accoltellare

knight [naɪt] *n* cavaliere *m*

knit [nɪt] **1** *v/t* fare a maglia **2** *v/i* lavorare a maglia; **knitwear** maglieria *f*

knob [nɒb] *on door* pomello *m*; *of butter* noce *f*

knock [nɒk] **1** *n on door* colpo *m*; (*blow*) botta *f* **2** *v/t* (*hit*) colpire; *head, knee* battere; F (*criticize*) criticare **3** *v/i at the door* bussare (*at* a); *I ~ed my head* ho battuto la testa

◆ **knock down** *of car* investire; *object, building etc* buttar giù; F (*reduce the price of*) scontare

◆ **knock out** (*make unconscious*) mettere K.O. F; *power lines etc* mettere fuori uso; (*eliminate*) eliminare

◆ **knock over** far cadere; *of car* investire

'knockout *in boxing* K.O. *m inv*

knot [nɒt] **1** *n* nodo *m* **2** *v/t* annodare

know [nəʊ] **1** *v/t* sapere; *person, place* conoscere; (*recognize*) riconoscere; **2** *v/i* sapere; *I don't ~* non so **3** *n: be in the ~* essere beninformato; **know-all** F sapientone *m*, -a *f*; **knowhow** F know-how *m*; **knowing** d'intesa; **knowingly** (*wittingly*) deliberatamente; *smile etc* con aria d'intesa; **know-it-all** *Am* F sapientone *m*, -a *f*; **knowledge** conoscenza *f*; *to the best of my ~* per quanto ne sappia

knuckle ['nʌkl] nocca *f*

Koran [kə'rɑ:n] Corano *m*

Korea [kəˈriːə] Corea f; **Korean 1** adj coreano **2** n coreano m, -a f; language coreano m

kosher [ˈkəʊʃə(r)] REL kasher; F a posto

kudos [ˈkjuːdɒs] gloria f

L

lab [læb] laboratorio m
label [ˈleɪbl] **1** n etichetta f **2** v/t baggage mettere l'etichetta su
labor Am ☞ **labour**
laboratory [ləˈbɒrətrɪ] laboratorio m
laborious [ləˈbɔːrɪəs] laborioso
'labor union Am sindacato m
labour [ˈleɪbə(r)] lavoro m; in pregnancy travaglio m; **be in ~** avere le doglie fpl; **laboured** style, speech pesante; **labourer** manovale m
lace [leɪs] material pizzo m; for shoe laccio m
lack [læk] **1** n mancanza f **2** v/t mancare di **3** v/i: **be ~ing** mancare
lacquer [ˈlækə(r)] lacca f
ladder [ˈlædə(r)] scala f (a pioli); in tights sfilatura f
laden [ˈleɪdn] carico
ladies room [ˈleɪdɪz] bagno m per donne
lady [ˈleɪdɪ] signora f; **ladybird**, Am **ladybug** coccinella f; **ladylike** da signora; **she's not very ~** non è certo una signora
lager [ˈlɑːgə(r)] birra f (bionda)

laidback [leɪdˈbæk] rilassato
lake [leɪk] lago m
lamb [læm] agnello m
lame [leɪm] person zoppo; excuse zoppicante
laminated [ˈlæmɪneɪtɪd] surface laminato; paper plastificato
lamp [læmp] lampada f; **lamppost** lampione m; **lampshade** paralume m
land [lænd] **1** n terreno m; (shore) terra f; (country) paese m; **by~** per via di terra; **on ~** sulla terraferma **2** v/t aeroplane far atterrare; job accaparrarsi **3** v/i of aeroplane atterrare; of ball, sth thrown cadere; **landing** of aeroplane atterraggio m; top of staircase pianerottolo m; **landing strip** pista f d'atterraggio; **landlady** of bar proprietaria f; of rented room padrona f di casa; **landlord** of bar proprietario m; of rented room padrone m di casa; **landmark** punto m di riferimento; fig pietra f miliare; **land owner** proprietario m, -a f terriero, -a; **landscape 1** n paesaggio m; in print landscape, **2** adv print landscape, orizzontale;

landslide frana *f*; **landslide victory** vittoria *f* schiacciante

lane [leɪn] *in country* viottolo *m*; *(alley)* vicolo *m*; MOT corsia *f*

language ['læŋgwɪdʒ] lingua *f*; *(speech, style)* linguaggio *m*; **language lab** laboratorio *m* linguistico

lap[1] [læp] *of track* giro *m* (di pista)

lap[2] [læp] *of water* sciabordio *m*

lap[3] [læp] *of person* grembo *m*

lapel [lə'pel] bavero *m*

lapse [læps] **1** *n (mistake, slip)* mancanza *f*; *of time* intervallo *m*; **~ of memory** vuoto *m* di memoria **2** *v/i* scadere; **~ into** cadere in

'laptop COMPUT laptop *m inv*

larceny ['lɑːsənɪ] furto *m*

larder ['lɑːdə(r)] dispensa *f*

large [lɑːdʒ] grande; **at ~** in libertà; **largely** *(mainly)* in gran parte

laryngitis [lærɪn'dʒaɪtɪs] laringite *f*

laser ['leɪzə(r)] laser *m inv*; **laser printer** stampante *f* laser

lash[1] [læʃ] *with whip* frustare

lash[2] [læʃ] *(eyelash)* ciglio *m*

last[1] [lɑːst] **1** *adj in series* ultimo; *(preceding)* precedente; **~ night** ieri sera; **~ year** l'anno scorso **2** *adv* **he finished ~** ha finito per ultimo; *in race* è arrivato ultimo; **when I ~ saw him** l'ultima volta che

l'ho visto; **at ~** finalmente

last[2] [lɑːst] *v/i* durare

lasting ['lɑːstɪŋ] duraturo; **lastly** per finire

late [leɪt] **1** *adj (behind time)* in ritardo; *in day* tardi; **it's getting ~** si sta facendo tardi; **the ~ 19th century** il tardo XIX secolo **2** *adv* tardi; **lately** recentemente; **later** più tardi; **see you ~!** a più tardi; **~ on** più tardi; **latest 1** *adj* ultimo, più recente **2** *n*: **at the ~** al più tardi

Latin ['lætɪn] **1** *adj* latino **2** *n* latino *m*; **Latin America** America *f* Latina; **Latin American 1** *n* latino-americano *m*, -a *f* **2** *adj* latino-americano

latitude ['lætɪtjuːd] latitudine *f*; *(freedom to act)* libertà *f* d'azione

latter ['lætə(r)]: **the ~** quest'ultimo

laugh [lɑːf] **1** *n* risata *f*; **it was a ~** F ci siamo divertiti **2** *v/i* ridere

◆ **laugh at** ridere di

laughter ['lɑːftə(r)] risata *f*

launch [lɔːntʃ] **1** *n boat* lancia *f*; *of rocket, product* lancio *m*; *of ship* varo *m* **2** *v/t rocket, product* lanciare; *ship* varare

launder ['lɔːndə(r)] lavare e stirare; **~ money** riciclare denaro sporco; **laundrette** lavanderia *f* automatica; **laundromat**® *Am* lavanderia *f* automatica; **laundry**

place lavanderia *f; clothes* bucato *m*

lavatory ['lævətrɪ] gabinetto *m*

lavish ['lævɪʃ] *meal* lauto; *reception, lifestyle* sontuoso

law [lɔː] legge *f;* **criminal** / **civil** ~ diritto *m* penale / civile; **against the** ~ contro la legge; **forbidden by** ~ vietato dalla legge; **law-abiding** che rispetta la legge; **law court** tribunale *m;* **lawful** legale; **lawless** senza legge

lawn [lɔːn] prato *m* (all'inglese); **lawn mower** tagliaerba *m inv*

'**lawsuit** azione *f* legale; **lawyer** avvocato *m*

lax [læks] permissivo

laxative ['læksətɪv] lassativo *m*

lay [leɪ] *(put down)* posare; *eggs* deporre; V *(sexually)* scopare V

◆ **lay off** *workers* licenziare; *temporarily* mettere in cassa integrazione

◆ **lay out** *objects* disporre; *page* impaginare

layer ['leɪə(r)] strato *m*

'**layman** laico *m*

'**lay-out** *of page* impaginazione *f; of garden, room disposizione f*

lazy ['leɪzɪ] *person* pigro; *day* passato a oziare

lb (= *pound*) libbra *f*

lead¹ [liːd] **1** *v/t procession, race* essere in testa a; *compa-*

ny, team essere a capo di; *(guide, take)* condurre **2** *v/i in race, competition* essere in testa; *(provide leadership)* dirigere; **a street ~ing off the square** una strada che parte dalla piazza; **a street ~ing into the square** una strada che sbocca sulla piazza **3** *n in race* posizione *f* di testa; **be in the** ~ essere in testa; **take the** ~ passare in testa

lead² [liːd] *for dog* guinzaglio *m*

lead³ [led] *substance* piombo *m*

leaded ['ledɪd] *petrol* con piombo

leader ['liːdə(r)] capo *m; in race, on market* leader *m/f inv; in newspaper* editoriale *m;* **leadership** *of party etc* direzione *f,* leadership *f;* ~ **contest** lotta *f* per la direzione

lead-free ['ledfriː] *petrol* senza piombo

leading ['liːdɪŋ] *runner* in testa; *company, product* leader *inv;* **leading-edge** *company, technology* all'avanguardia

leaf [liːf] foglia *f*

◆ **leaf through** sfogliare

leaflet ['liːflət] dépliant *m inv*

league [liːɡ] lega *f;* SP campionato *m*

leak [liːk] **1** *n of water* perdita *f; of gas* fuga *f;* **there's been a** ~ **of information** c'è stata una

una fuga di notizie **2** *v/i* of *pipe* perdere; *of boat* far acqua

lean[1] [li:n] **1** *v/i* be at an angle pendere; **~ against sth** appoggiarsi a qc **2** *v/t* appoggiare

lean[2] [li:n] *adj meat* magro

leap [li:p] **1** *n* salto *m* **2** *v/i* saltare; **leap year** anno *m* bisestile

learn [lɜːn] imparare; *(hear)* apprendere; **learner** principiante *m/f*; **learning** *(knowledge)* sapere *m*; *act* apprendimento *m*

lease [li:s] **1** *n* (contratto di) affitto *m* **2** *v/t flat, equipment* affittare

◆ **lease out** dare in affitto

leash [li:ʃ] *for dog* guinzaglio *m*

least [li:st] **1** *adj (slightest)* minimo **2** *adv* meno **3** *n* minimo *m*; **not in the ~** suprised per niente sorpreso; **at ~** almeno

leather ['leðə(r)] **1** *n* pelle *f*, cuoio *m* **2** *adj* di pelle, di cuoio

leave [li:v] **1** *n (holiday)* congedo *m*; MIL licenza *f* **2** *v/t* lasciare; *room, house, office* uscire da; *station, airport* partire da; *(forget)* dimenticare; **~ school** finire gli studi; **~ s.o. / sth alone** lasciare stare qu / qc; **be left** rimanere **3** *v/i of person, plane, bus* partire

◆ **leave behind** *intentionally* lasciare; *(forget)* dimenticare

◆ **leave out** omettere; *(not put away)* lasciare in giro; **leave me out of this** non mi immischiare in questa faccenda

'leaving party festa *f* d'addio

lecture ['lektʃə(r)] **1** *n* lezione *f* **2** *v/i at university* insegnare; **lecture hall** aula *f* magna; **lecturer** professore *m*, -essa universitario, -a

ledge [ledʒ] *of window* davanzale *m*; *on rock face* sporgenza *f*; **ledger** COM libro *m* mastro

left[1] [left] **1** *adj* sinistro; POL di sinistra **2** *n* sinistra *f*; **on / to the** ~ a sinistra **3** *adv* a sinistra; **left-hand** sinistro; **left-handed** mancino; **left luggage** *(office)* deposito *m* bagagli; **left-overs** *food* avanzi *mpl*; **left-wing** POL di sinistra

leg [leg] *of person, table* gamba *f*; *of animal* zampa *f*; *of turkey, chicken* coscia *f*; *of lamb* cosciotto *m*; **pull s.o.'s ~** prendere in giro qu

legacy ['legəsɪ] eredità *f inv*

legal ['li:gl] legale; **legal adviser** consulente *m/f* legale; **legality** legalità *f inv*; **legalize** legalizzare

legend ['ledʒənd] leggenda *f*; **legendary** leggendario

legible ['ledʒəbl] leggibile

legislate ['ledʒɪsleɪt] legiferare; **legislation** legislazione *f*;

legislative legislativo; **legis-lature** POL legislatura *f*

legitimate [lɪ'dʒɪtɪmət] legit-timo

'leg room spazio *m* per le gambe

leisure ['leʒə(r)] svago *m*; **at your ~** con comodo; **leisure-ly** tranquillo

lemon ['lemən] limone *m*; **le-monade** *fizzy* gazzosa *f*; *made from lemon juice* limo-nata *f*

lend [lend] prestare; **~ s.o. sth** prestare qc a qu

length [leŋθ] lunghezza *f*; *piece: of material* taglio *m*; **at ~** *explain* a lungo; (*eventually*) alla fine; **lengthen** allungare; **lengthy** lungo

lenient ['liːnɪənt] indulgente

lens [lenz] *of camera* obiettivo *m*; *of spectacles* lente *f*; *of eye* cristallino *m*

Lent [lent] REL Quaresima *f*

Leo ['liːəʊ] ASTR Leone *m*

leopard ['lepəd] leopardo *m*

leotard ['liːətɑːd] body *m inv*

lesbian ['lezbɪən] **1** *n* lesbica *f* **2** *adj* di / per lesbiche

less [les] (*di*) meno; **~ inter-esting** meno interessante; **~ than £200** meno di £200; **lessen** diminuire

lesson ['lesn] lezione *f*

let [let] (*allow*) lasciare; (*rent*) affittare; **~ s.o. do sth** las-ciar fare qc a qu; **~ me go!** lasciami andare!; **~'s go / stay** andiamo / restia-

mo; **~ alone** tanto meno; **~ go of sth** *of rope, handle* mollare qc

◆ **let down** *hair* sciogliersi; *blinds* abbassare; (*disap-point*) deludere; *dress, trou-sers* allungare

◆ **let in** *to house* far entrare

◆ **let out** *from room* far usci-re; *jacket etc* allargare; *groan, yell* emettere

◆ **let up** (*stop*) smettere

lethal ['liːθl] mortale

lethargic [lɪ'θɑːdʒɪk] fiacco; **lethargy** fiacchezza *f*

letter ['letə(r)] lettera *f*; **letter-box** *on street* buca *f* delle let-tere; *in door* cassetta *f* della posta; **letterhead** *heading* in-testazione *f*; (*headed paper*) carta *f* intestata

lettuce ['letɪs] lattuga *f*

leukemia [luː'kiːmɪə] leuce-mia *f*

level ['levl] **1** *adj surface* pia-no; *in competition, scores* pa-ri; **draw ~ with s.o.** *in match* pareggiare **2** *n* livello *m*; **on the ~** F (*honest*) onesto; **level crossing** passaggio *m* a li-vello; **level-headed** posato

lever ['liːvə(r), *Am* 'levər] **1** *n* leva *f* **2** *v/t*: **~ sth open** aprire qc facendo leva; **leverage** forza *f*; (*influence*) influenza *f*

levy ['levɪ] *taxes* imporre

liability [laɪə'bɪlətɪ] (*responsi-bility*) responsabilità *f inv*; **li-able** responsabile; **it's ~ to**

break (*likely*) è probabile
che si rompa
◆ **liaise with** [lɪ'eɪz] tenere i
contatti con
liaison [lɪ'eɪzɒn] (*contacts*)
contatti *mpl*
liar ['laɪə(r)] bugiardo *m*, -a *f*
libel ['laɪbl] **1** *n* diffamazione *f*
2 *v/t* diffamare
liberal ['lɪbərəl] (*broad-mind-
ed*), POL liberale; *portion
etc* abbondante
liberate ['lɪbəreɪt] liberare;
liberated emancipato; **liberation** liberazione *f*; **liberty**
libertà *f inv*; **at ~** *of prisoner
etc* in libertà; **be at ~ to do
sth** poter fare qc
Libra ['liːbrə] ASTR Bilancia *f*
librarian [laɪ'breərɪən] bibliotecario *m*, -a *f*; **library** biblioteca *f*
Libya ['lɪbɪə] Libia *f*; **Libyan
1** *adj* libico **2** *n person* libico *m*,
-a *f*
lice [laɪs] *pl* ☞ **louse**
licence ['laɪsns] (*driving ~*)
patente *f*; (*road tax ~*) bollo
m (auto); *for TV* canone *m*
(televisivo); *for imports / ex-
ports* licenza *f*; *for dog* tassa *f*
license ['laɪsns] **1** *v/t* (*issue ~
to*) rilasciare la licenza a;
the car isn't ~d la macchina
non ha il bollo **2** *n* Am ☞ **licence**; **license number** il
numero di targa; **license
plate** Am targa *f*
lick [lɪk] **1** *n* leccata *f* **2** *v/t* leccare; *~ one's lips* leccarsi i

baffi
lid [lɪd] coperchio *m*
lie¹ [laɪ] **1** *n* bugia *f*; **tell ~s** dire bugie **2** *v/i* mentire
lie² [laɪ] *v/i of person* sdraiarsi;
of object stare; (*be situated*)
trovarsi
◆ **lie down** sdraiarsi
lieutenant [lef'tenənt, Am lu-
'tenənt] tenente *m*
life [laɪf] vita *f*; *of machine* durata *f*; *of battery* autonomia
f; *that's ~!* così è la vita!; **life
belt** salvagente *m inv*; **lifeboat** lancia *f* di salvataggio;
life expectancy aspettativa *f*
di vita; **lifeguard** bagnino *m*,
-a *f*; **life imprisonment** ergastolo *m*; **life insurance** assicurazione *f* sulla vita; **life
jacket** giubbotto *m* di salvataggio; **lifeless** senza vita;
lifelike fedele; **lifelong** di
vecchia data; **lifesized** a
grandezza naturale; **life-
-threatening** mortale; **lifetime:** *in my ~* in vita mia
lift [lɪft] **1** *v/t* sollevare **2** *v/i of
fog* diradarsi **3** *n in building*
ascensore *m*; *in car* passaggio *m*; *give s.o. a ~* dare
un passaggio a qu; **lift-off**
of rocket decollo *m*
ligament ['lɪgəmənt] lega-
mento *m*
light¹ [laɪt] **1** *n* luce *f*; **have
you got a ~?** hai da accende-
re? **2** *v/t* accendere; (*illuminate*) illuminare **3** *adj not
dark* chiaro

◆ **light up 1** *v/t* (*illuminate*) illuminare **2** *v/i* (*start to smoke*) accendersi una sigaretta

light² [laɪt] **1** *adj not heavy* leggero **2** *adv*: *travel ~* viaggiare leggero

'**light bulb** lampadina *f*

lighten¹ ['laɪtn] *colour* schiarire

lighten² ['laɪtn] *load* alleggerire

lighter ['laɪtə(r)] *for cigarettes* accendino *m*; **light-headed** stordito; **lighting** illuminazione *f*; **lightness** leggerezza *f*; **lightning** fulmine *m*; **lightweight** *in boxing* peso *m* leggero; **light year** anno *m* luce

like¹ [laɪk] **1** *prep* come; *~ this / that* così; *what is she~?* in looks, character com'è?; *it's not ~ him* not his character non è da lui; *look ~ s.o.* assomigliare a qu **2** *conj* (*as*) come; *~ I said* come ho già detto

like² [laɪk] *v/t*: *I ~ it / her* mi piace; *I would ~ ...* vorrei ...; *I would ~ to ...* vorrei ...; *would you ~ ...?* ti va ...?; *would you ~ to ...?* ti va di ...?; *he ~s swimming* gli piace nuotare; *if you ~* se vuoi

likeable ['laɪkəbl] simpatico; **likelihood** probabilità *f*; **likely** probabile; *not ~!* difficile!; **likeness** (*resemblance*) somiglianza *f*; **likewise** altrettanto; **liking** predilizione *f*; *take a ~ to s.o.* prendere qu in simpatia

lily ['lɪlɪ] giglio *m*

limb [lɪm] arto *m*

lime¹ [laɪm] *fruit* limetta *f*

lime² [laɪm] *substance* calce *f*

limit ['lɪmɪt] **1** *n* limite *m*; *that's the ~!* È è il colmo! **2** *v/t* limitare; **limitation** limite *m*; **limited company** società *f inv* a responsabilità limitata

limousine ['lɪməziːn] limousine *f inv*

limp¹ [lɪmp] *adj* floscio

limp² [lɪmp] **1** *n*: *he has a ~* zoppica **2** *v/i* zoppicare

line¹ [laɪn] *n* linea *f*; *of people, trees* fila *f*; *of text* riga *f*; *of business* settore *m*; *the ~ is busy* è occupato; *hold the ~* rimanga in linea; *draw the ~ at sth* non tollerare qc; *~ of inquiry* pista *f*; *~ of reasoning* filo *m* del ragionamento; *stand in ~ Am* fare la fila; *in ~ with ...* (*conforming with*) in linea con ...

line² [laɪn] *v/t* foderare

linear ['lɪnɪə(r)] lineare

linen ['lɪnɪn] *material* lino *m*; *sheets etc* biancheria *f*

liner ['laɪnə(r)] *ship* transatlantico *m*

linesman ['laɪnzmən] SP guardalinee *m inv*

linger ['lɪŋgə(r)] *of person* attardarsi; *of smell, pain* persistere

lingerie ['lænʒəri] lingerie *f*

linguist ['lɪŋgwɪst] linguista *m/f; person good at languages* poliglotta *m/f;* **linguistic** linguistico

lining ['laɪnɪŋ] *of clothes* fodera *f; of brakes* guarnizione *f*

link [lɪŋk] **1** *n* legame *m; in chain* anello *m* **2** *v/t* collegare

lion ['laɪən] leone *m*

lip [lɪp] labbro *m;* **~s** labbra

liposuction ['lɪpəʊsʌkʃən] liposuzione *f*

'**lipread** leggere le labbra; '**lipstick** rossetto *m*

liqueur [lɪˈkjʊə(r)] liquore *m*

liquid ['lɪkwɪd] **1** *n* liquido *m* **2** *adj* liquido; **liquidate** liquidare; **liquidation** liquidazione *f;* **go into ~** andare in liquidazione; liquidità FIN liquidità *f;* **liquidize** frullare; **liquidizer** frullatore *m*

liquor ['lɪkə(r)] superalcolici *mpl;* **liquor store** *Am* negozio *m* di alcolici

lisp [lɪsp] **1** *n* lisca *f* **2** *v/i* parlare con la lisca

list [lɪst] **1** *n* elenco *m*, lista *f* **2** *v/t* elencare

listen ['lɪsn] ascoltare

◆ **listen to** ascoltare

listener ['lɪsnə(r)] *to radio* ascoltatore *m*, -trice *f;* **he's a good ~** sa ascoltare

listings magazine ['lɪstɪŋz] guida *f* dei programmi radio / TV

listless ['lɪstlɪs] apatico

liter *Am* ☞ **litre**

literal ['lɪtərəl] letterale; **literally** letteralmente

literary ['lɪtərəri] letterario; **literature** letteratura *f; (leaflets)* opuscoli *mpl*

litre ['li:tə(r)] litro *m*

litter ['lɪtə(r)] rifiuti *mpl; of animal* cucciolata *f;* **litter bin** bidone *m* dei rifiuti

little ['lɪtl] **1** *adj* piccolo **2** *n:* **the ~ I know** il poco che so; **a ~** un po'; **a ~ wine** un po' di vino **3** *adv:* **~ by ~** (a) poco a poco; **a ~ bigger** un po' più grande

live[1] [lɪv] *v/i (reside)* abitare; *(be alive)* vivere

◆ **live up**: *live it up* fare la bella vita

◆ **live up to** essere all'altezza di

live[2] [laɪv] **1** *adj broadcast* dal vivo; *ammunition* carico **2** *adv broadcast* in diretta; *record* dal vivo

livelihood ['laɪvlɪhʊd] mezzi *mpl* di sostentamento; **earn one's ~** guadagnarsi da vivere; **liveliness** vivacità *f;* **lively** vivace

liver ['lɪvə(r)] fegato *m*

livestock ['laɪvstɒk] bestiame *m*

livid ['lɪvɪd] *(angry)* furibondo

living ['lɪvɪŋ] **1** *adj* in vita **2** *n:* **earn one's ~** guadagnarsi da vivere; **what do you do for a ~?** che lavoro fai?; **living room** salotto *m*, soggiorno *m*

lizard ['lɪzəd] lucertola *f*

load [ləʊd] **1** *n* carico *m*; **~s of**
F un sacco di **2** *v/t* caricare

loaf [ləʊf]: **a ~ of bread** una
pagnotta

◆ **loaf around** F oziare

loafer ['ləʊfə(r)] *shoe* mocassino *m*

loan [ləʊn] **1** *n* prestito *m*; **on
~** in prestito **2** *v/t*: **~ s.o. sth**
prestare qc a qu

loathe [ləʊð] detestare; **loath-
ing** disgusto *m*

lobby ['lɒbɪ] *in hotel, theatre*
atrio *m*; POL lobby *f inv*

lobe [ləʊb] *of ear* lobo *m*

lobster ['lɒbstə(r)] aragosta *f*

local ['ləʊkl] **1** *adj people, bar*
del posto; *produce* locale **2** *n*
persona *f* del posto; **local
call** TELEC telefonata f urbana; **local elections** elezioni
fpl amministrative; **local
government** amministra-
zione *f* locale; **locality** località *f inv*; **localize** localizzare; **locally** live, *work* nella
zona; **local time** ora *f* locale

locate [ləʊ'keɪt] *new factory
etc* situare; *identify position
of* localizzare; **be ~d** essere
situato; **location** (*siting*) ubi-
cazione *f*; *identifying position
of* localizzazione *f*; **on ~** *film*
in esterni

lock¹ [lɒk] *of hair* ciocca *f*

lock² [lɒk] **1** *n on door* serratura *f* **2** *v/t door* chiudere a
chiave

◆ **lock up** *in prison* mettere
dentro

locker ['lɒkə(r)] armadietto
m; **locker room** spogliatoio
m

locust ['ləʊkəst] locusta *f*

lodge [lɒdʒ] **1** *v/t complaint*
presentare **2** *v/i of bullet* conficcarsi

lofty ['lɒftɪ] *peak* alto; *ideals*
nobile

log [lɒg] *wood* ceppo *m*; *written record* giornale *m*

◆ **log in** fare il log in

◆ **log off** disconnettersi
(**from** da)

◆ **log on** fare il log on, connettersi (**to** a)

◆ **log out** fare il log out

log 'cabin casetta *f* di legno

logic ['lɒdʒɪk] logica *f*; **logical**
logico; **logically** a rigor di
logica; *arrange* in modo logico

logistics [lə'dʒɪstɪks] *npl* logi-
stica *f*

logo ['ləʊgəʊ] logo *m inv*

loiter ['lɔɪtə(r)] gironzolare

lollipop ['lɒlɪpɒp] lecca lecca
m inv

London ['lʌndən] Londra *f*

loneliness ['ləʊnlɪnɪs] solitudine *f*; **lonely** *person* solo;
place isolato; **loner** persona
f solitaria

long¹ [lɒŋ] **1** *adj* lungo; **it's a ~
way** è lontano **2** *adv*: **don't
be ~** torna presto **5 weeks
is too ~** 5 settimane è troppo; **will it take ~?** ci vorrà

tanto?; *that was ~ ago* è stato tanto tempo fa; *~ before
then* molto prima di allora;
before ~ poco tempo dopo;
we can't wait any ~er non
possiamo attendere oltre;
he no ~er works here non
lavora più qui; *so ~ as* (*provided*) sempre che; *so ~!* arrivederci!

long² [lɒŋ] *v/i:* **~ for sth** desiderare ardentemente qc; **be
~ing to do sth** desiderare ardentemente qc fare; **long-
-distance** *phonecall* interurbano; *race* di fondo; *flight* intercontinentale; **longevity**
longevità *f*; **longing** desiderio *m*; **longitude** longitudine
f; **long jump** salto *m* in lungo; **long-range** *missile* a lunga gittata; *forecast* a lungo
termine; **long-sleeved** *a*
maniche lunghe; **long-
-standing** di vecchia data;
long-term *plans, investment*
a lunga scadenza; *relationship* stabile; **long wave**
RAD onde *fpl* lunghe

loo [lu:] F gabinetto *m*

look [lʊk] **1** *n* (*appearance*)
aspetto *m*; (*glance*) sguardo
m; **have a ~ at sth** *examine*
dare un'occhiata a qc; *can
I have a ~ around?* in *shop
etc* posso dare un'occhiata?;
~s (*beauty*) bellezza *f* **2** *v/i*
guardare; (*search*) cercare;
(*seem*) sembrare

◆ **look after** badare a

◆ **look ahead** *fig* pensare al
futuro

◆ **look around** in *shop etc*
dare un'occhiata in giro;
(*look back*) guardarsi indietro

◆ **look at** guardare; (*consider*) considerare

◆ **look back** guardare indietro

◆ **look down on** disprezzare

◆ **look for** cercare

◆ **look forward to:** *I'm looking forward to the holidays*
non vedo l'ora che arrivino
le vacanze

◆ **look into** (*investigate*) esaminare

◆ **look onto** *garden, street* dare su

◆ **look out** of *window etc*
guardare fuori; (*pay attention*) fare attenzione; *look
out!* attento!

◆ **look over** *house, translation*
esaminare

◆ **look through** *magazine,
notes* scorrere

◆ **look to** (*rely on*) contare su

◆ **look up 1** *v/i from paper etc*
sollevare lo sguardo; (*improve*) migliorare **2** *v/t word,
phone number* cercare; (*visit*)
andare a trovare

◆ **look up to** (*respect*) avere
rispetto per

'lookout *person* sentinella *f*;
be on the ~ for *accommodation etc* cercare di trovare;
new staff etc essere alla ricer-

ca di

loop [lu:p] cappio *m*; **loop-hole** *in law etc* scappatoia *f*

loose [lu:s] *wire, button* allentato; *clothes* ampio; *tooth* che tentenna; *morals* dissoluto; *wording* vago; **~ change** spiccioli *mpl*; **loosely tied** senza stringere; **worded** vagamente; **loosen** allentare

loot [lu:t] **1** *n* bottino *m* **2** *v/t &* *v/i* saccheggiare; **looter** saccheggiatore *m*, -trice *f*

lop-sided [lɒpˈsaɪdɪd] sbilenco

Lord [lɔ:d] (*God*) Signore *m*; **the (House of) ~s** la camera dei Lord

lorry [ˈlɒrɪ] camion *m inv*; **lorry driver** camionista *m*

lose [lu:z] **1** *v/t object* perdere **2** *v/i* SP perdere; *of clock* andare indietro; **I'm lost** mi sono perso; **get lost!** F sparisci!; **loser** *in contest* perdente *m/f*; F *in life* sfigato *m*, -a *f* F

loss [lɒs] perdita *f*; **make a ~** subire una perdita; **be at a ~** essere perplesso

lost [lɒst] perso; **lost property office,** *Am* **lost and found** ufficio *m* oggetti smarriti

lot [lɒt]: **a ~ (of), ~s (of)** molto; **~s of ice creams** molti gelati; **the ~** tutto

lotion [ˈləʊʃn] lozione *f*

lottery [ˈlɒtərɪ] lotteria *f*

loud [laʊd] *music, voice, noise*

forte; *colour* sgargiante; **loudspeaker** altoparlante *m*; *for stereo* cassa *f* dello stereo

lounge [laʊndʒ] *in house* soggiorno *m*; *in hotel* salone *m*; *at airport* sala *f* partenze

louse [laʊs] (*pl* **lice** [laɪs]) pidocchio *m*; **lousy** F schifoso F

lout [laʊt] teppista *m/f*

lovable [ˈlʌvəbl] adorabile; **love 1** *n* amore *m*; *in tennis* zero *m*; **be in ~** essere innamorato; **fall in ~** innamorarsi; **make ~** fare l'amore (**to** con) **2** *v/t* amare; **~ doing sth** amare fare qc; **love affair** relazione *f*; **lovely** *face, colour, holiday* bello; *meal, smell* buono; **we had a ~ time** siamo stati benissimo; **lover** amante *m/f*; **loving** affettuoso; **lovingly** amorosamente

low [ləʊ] **1** *adj* basso; *quality* scarso; **be feeling ~** sentirsi giù; **be ~ on petrol** avere poca benzina **2** *n in weather* depressione *f*; *in sales, statistics* minimo *m*; **lowbrow** di scarso spessore culturale; **low--calorie** ipocalorico; **low--cut dress** scollato; **lower** *boat, sth to the ground* calare; *flag, hemline* ammainare; *pressure, price* abbassare; **low-fat** a basso contenuto lipidico; **lowkey** discreto

loyal [ˈlɔɪəl] leale; **loyally** leal-

lyrics

mente; **loyalty** lealtà *f inv*

lozenge ['lɒzɪndʒ] rombo *m*; *tablet* pastiglia *f*

Ltd (= *limited*) s.r.l. (= società a responsabilità limitata)

lubricant ['lu:brɪkənt] lubrificante *m*; **lubricate** lubrificare; **lubrication** lubrificazione *f*

lucid ['lu:sɪd] (*clear*) chiaro; (*sane*) lucido

luck [lʌk] fortuna *f*; **bad ~** sfortuna; **hard ~!** che sfortuna!; **good ~** fortuna *f*; **good ~!** buona fortuna!; **luckily** fortunatamente; **lucky** fortunato; **you were ~** hai avuto fortuna; **that's ~!** che fortuna!

lucrative ['lu:krətɪv] redditizio

ludicrous ['lu:dɪkrəs] ridicolo

lug [lʌg] F trascinare

luggage ['lʌgɪdʒ] bagagli *mpl*

lukewarm ['lu:kwɔ:m] tiepido

lull [lʌl] *in fighting* momento *m* di calma; *in conversation* pausa *f*

lumber ['lʌmbə(r)] (*timber*) legname *m*

luminous ['lu:mɪnəs] luminoso

lump [lʌmp] *of sugar* zolletta *f*; (*swelling*) nodulo *m*; **lump sum** pagamento *m* unico; **lumpy** *sauce* grumoso; *mattress* pieno di buchi

lunacy ['lu:nəsɪ] pazzia *f*

lunar ['lu:nə(r)] lunare

lunatic ['lu:nətɪk] pazzo *m*, -a *f*

lunch [lʌntʃ] pranzo *m*; **have ~** pranzare; **lunch box** cestino *m* del pranzo; **lunch break** pausa *f* pranzo; **lunch hour** pausa *f* pranzo; **lunchtime** ora *f* di pranzo

lung [lʌŋ] polmone *m*

lurch [lɜ:tʃ] barcollare

lure [lʊə(r)] **1** *n* attrattiva *f* **2** *v/t* attirare

lurid ['lʊərɪd] *colour* sgargiante; *details* scandaloso

lurk [lɜ:k] *of person* appostarsi; *of doubt* persistere

lush [lʌʃ] *vegetation* lussureggiante

lust [lʌst] libidine *f*

luxurious [lʌg'ʒʊərɪəs] lussuoso; **luxuriously** lussuosamente; **luxury 1** *n* lusso *m* **2** *adj* di lusso

lynch [lɪntʃ] linciare

lyrics ['lɪrɪks] parole *fpl*, testi *mpl*

M

MA [em'eɪ] (= *Master of Arts*) master *m inv*

ma'am [mæm] *Am* signora *f*

machine [mə'ʃiːn] macchina *f*; **machine gun** mitragliatrice *f*; **machinery** macchinario *m*

machismo [mə'kɪzməʊ] machismo *m*

macho [mætʃəʊ] macho *m*

macro ['mækrəʊ] COMPUT macro *f*

mad [mæd] pazzo *m*; F (*angry*) furioso; **be ~ about** F (*keen on*) andar matto per; **drive s.o. ~** far impazzire qu; **madden** (*infuriate*) esasperare; **maddening** esasperante

made-to-'measure su misura

'madhouse *fig* manicomio *m*; **madly** come un matto; **~ in love** pazzamente innamorato; **madman** pazzo *m*; **madness** pazzia *f*

Madonna [mə'dɒnə] Madonna *f*

Mafia ['mæfɪə] Mafia *f*

magazine [mægə'ziːn] *printed* rivista *f*

Magi ['meɪdʒaɪ] REL Re Magi *mpl*

magic ['mædʒɪk] **1** *n* magia *f*; *tricks* giochi *mpl* di prestigio **2** *adj* magico; **magical** magico; **magician** *performer* mago *m*, -a *f*; **magic spell** incantesimo *m*

magnanimous [mæg'nænɪməs] magnanimo

magnet ['mægnɪt] calamita *f*, magnete *m*; **magnetic** calamitato; *also fig* magnetico; **magnetism** *of person* magnetismo *m*

magnificence [mæg'nɪfɪsəns] magnificenza *f*; **magnificent** magnifico

magnify ['mægnɪfaɪ] ingrandire; *difficulties* ingigantire; **magnifying glass** lente *f* d'ingrandimento

magnitude ['mægnɪtjuːd] *of problem* portata *f*

maid [meɪd] *servant* domestica *f*; *in hotel* cameriera *f*

maiden ['meɪdn] nome *m* da ragazza; **maiden voyage** viaggio *m* inaugurale

mail [meɪl] **1** *n* posta *f* **2** *v/t letter* spedire; *person* spedire a; **mailbox** *Am* buca *f* delle lettere; *of house* cassetta *f* delle lettere; COMPUT *f* postale; **mailing list** mailing list *m inv*; **mailman** *Am* postino *m*; **mail-order firm** ditta *f* di vendita per corrispondenza; **mailshot** mailing *m inv*

maim [meɪm] mutilare

main [meɪn] principale; **main course** piatto *m* principale;

mainframe mainframe *m inv*; **mainland** terraferma *f*, continente *m*; **on the ~** sul continente; **mainly** principalmente; **main road** strada *f* principale; **main street** corso *m*

maintain [meɪn'teɪn] *pace, speed, relationship* mantenere; *innocence, guilt* sostenere; **~ that** sostenere che; **maintenance** *of machine, house* manutenzione *f*; *money* alimenti *mpl*; *of law and order* mantenimento *m*

majestic [mə'dʒestɪk] maestoso

major ['meɪdʒə(r)] **1** *adj* (*significant*) importante, principale; **in C ~** MUS in Do maggiore **2** *n* MIL maggiore *m*

◆ **major in** *Am* specializzarsi in

majority [mə'dʒɒrətɪ] *also* POL maggioranza *f*; **be in the ~** essere in maggioranza

make [meɪk] **1** *n* (*brand*) marca *f* **2** *v/t* fare; *decision* prendere; (*earn*) guadagnare; MATH fare; **~ it** *catch bus, train, come, succeed* farcela; **what time do you ~ it?** che ore fai?; **~ believe** far finta; **~ do with** arrangiarsi con; **what do you ~ of it?** cosa ne pensi?; **~ s.o. do sth** (*force to*) far fare qc a qu; (*cause to*) spingere qu a fare qc; **~ s.o. happy** far felice qu, rendere felice qu

◆ **make off with** (*steal*) svignarsela con

◆ **make out** *list* fare; *cheque* compilare; (*see*) distinguere; (*imply*) far capire

◆ **make up 1** *v/i* of woman, actor truccarsi; *after quarrel* fare la pace **2** *v/t story, excuse* inventare; *face* truccare; (*constitute*) costituire; **be made up of** essere composto da; **make it up** *after quarrel* fare la pace

◆ **make up for** compensare

'make-believe finta *f*

maker ['meɪkə(r)] *manufacturer* fabbricante *m/f*; **makeshift** improvvisato; **make-up** (*cosmetics*) trucco *m*

maladjusted [mælə'dʒʌstɪd] disadattato

male [meɪl] **1** *adj* maschile; *animal* maschio **2** *n man* uomo *m*; *animal, bird* maschio *m*; **male chauvinism** maschilismo *m*; **male chauvinist pig** maschilista *m*

malevolent [mə'levələnt] malevolo

malfunction [mæl'fʌŋkʃn] **1** *n* cattivo *m* funzionamento **2** *v/i* funzionare male

malice ['mælɪs] cattiveria *f*, malvagità *f*; **malicious** cattivo, malvagio

malignant [mə'lɪgnənt] *tumour* maligno

mall [mæl] (*shopping ~*) centro *m* commerciale

malnutrition [mælnju:'trɪʃn]

denutrizione f

maltreat [mæl'tri:t] maltrattare; **maltreatment** maltrattamento m

mammal ['mæml] mammifero m

man [mæn] **1** n (pl **men** [men]) uomo m; *humanity* umanità f; *in draughts* pedina f **2** v/t *telephones, front desk* essere di servizio a; *it was ~ned by a crew of three* aveva un equipaggio di tre persone

manage ['mænɪdʒ] **1** v/t *business, money* gestire; *can you ~ the suitcase?* ce la fai a portare la valigia?; *~ to* ... riuscire a ... **2** v/i *cope, financially* tirare avanti; *(financially), can you ~?* ce la fai?; **manageable** *suitcase etc* maneggevole; *hair* docile; *able to be done* fattibile; **management** *(managing)* gestione f; *(managers)* direzione f; **management consultant** consulente m/f di gestione aziendale; **manager** manager m/f inv, direttore m, -trice f; **managerial** manageriale; **managing director** direttore m generale

mandate ['mændeɪt] *(authority, task)* mandato m; **mandatory** obbligatorio

maneuver Am ☞ **manoeuvre**

mangle ['mæŋgl] *(crush)* stritolare

manhandle ['mænhændl] *per-son* malmenare; *object* caricare

manhood ['mænhʊd] *maturity* età f adulta; *(virility)* virilità f; **manhunt** caccia f all'uomo

mania ['meɪnɪə] *(craze)* mania f; **maniac** F pazzo m, -a f

manicure ['mænɪkjʊə(r)] manicure f inv

manifest ['mænɪfest] **1** adj palese **2** v/t manifestare

manipulate [mə'nɪpjʊleɪt] manipolare; **manipulation** manipolazione f; **manipulative** manipolatore

mankind umanità f; **manly** virile; **man-made** sintetico

manner ['mænə(r)] *of doing sth* maniera f, modo m; *(attitude)* modo m di fare; **manners:** *good / bad ~* buone / cattive maniere fpl; *have no ~* essere maleducato

manoeuvre [mə'nu:və(r)] **1** n manovra f **2** v/t manovrare

manpower manodopera f, personale m; **manslaughter** omicidio m colposo

manual ['mænjʊəl] **1** adj manuale **2** n manuale m; **manually** manualmente

manufacture [mænjʊ'fæktʃə(r)] **1** n manifattura f **2** v/t *equipment* fabbricare; **manufacturer** fabbricante m/f; **manufacturing** *industry* manifatturiero

manure [mə'njʊə(r)] letame

m
manuscript ['mænjuskrɪpt] manoscritto *m*; *typed* dattiloscritto *m*
many ['menɪ] **1** *adj* molti; **~ times** molte volte; *not ~ people / taxis* poche persone / pochi taxi; *too ~ problems / beers* troppi problemi / troppe birre **2** *pron* molti *m*, molte *f*; *a great ~, a good ~* moltissimi; *how ~ do you need?* quanti ne servono?; *as ~ as 200* ben 200
map [mæp] cartina *f*; (*street ~*) pianta *f*, piantina *f*
maple ['meɪpl] acero *m*
mar [mɑː(r)] guastare
marathon ['mærəθən] *race* maratona *f*
marble ['mɑːbl] *material* marmo *m*
March [mɑːtʃ] marzo *m*
march [mɑːtʃ] **1** *n* marcia *f*; (*demonstration*) dimostrazione *f*, manifestazione *f* **2** *v/i* marciare; *in protest* dimostrare, manifestare; **marcher** dimostrante *m/f*, manifestante *m/f*
Mardi Gras ['mɑːdɪgrɑː] *Am* martedì *m* grasso
margin ['mɑːdʒɪn] *of page* margine *m*; COM margine *m* di guadagno; *by a narrow ~* di stretta misura; **marginal** (*slight*) leggero; **marginally** (*slightly*) leggermente
marihuana, marijuana

[mærɪ'hwɑːnə] marijuana *f*
marina [mə'riːnə] porticciolo *m*
marine [mə'riːn] **1** *adj* marino **2** *n* MIL marina *f* militare
marital ['mærɪtl] coniugale; **marital status** stato *m* civile
maritime ['mærɪtaɪm] marittimo
mark [mɑːk] **1** *n* (*stain*) macchia *f*; (*sign*, *token*) segno *m*; (*trace*); EDU voto *m* **2** *v/t* (*stain*) macchiare; EDU correggere; (*indicate*) indicare; (*commemorate*) celebrare **3** *v/i of fabric* macchiarsi; **marked** (*definite*) spiccato; **marker** (*highlighter*) evidenziatore *m*
market ['mɑːkɪt] **1** *n* mercato *m* **2** *v/t* vendere; **marketable** commercializzabile; **market economy** economia *f* di mercato; **marketing** marketing *m*; **market leader** leader *m inv* del mercato; **market-place** *in town* piazza *f* del mercato; *for commodities* piazza *f*, mercato *m*; **market research** ricerca *f* di mercato; **market share** quota *f* di mercato
'mark-up ricarico *m*
marmalade ['mɑːməleɪd] marmellata *f* d'arance
marriage ['mærɪdʒ] matrimonio *m*; *event* nozze *fpl*; **marriage certificate** certificato *m* di matrimonio; **married** sposato; *be ~ to ...* essere

sposato con ...; **married life**
vita *f* coniugale; **marry** sposare; *of priest* unire in matrimonio; **get married** sposarsi

marsh [mɑːʃ] palude *f*

marshal ['mɑːʃl] *official*
membro *m* del servizio d'ordine

martial arts [mɑːʃl'ɑːts] arti
fpl marziali; **martial law** legge *f* marziale

martyr ['mɑːtə(r)] martire *m/f*

marvel ['mɑːvl] meraviglia *f*;
marvellous, *Am* **marvelous**
meraviglioso

Marxism ['mɑːksɪzm] marxi-
smo *m*; **Marxist 1** *adj* marxista **2** *n* marxista *m/f*

mascara [mæ'skɑːrə] mascara *m inv*

mascot ['mæskət] mascotte *f
inv*

masculine ['mæskjolɪn] maschile; **masculinity** (*virility*)
virilità *f*

mash [mæʃ] passare, schiacciare; **mashed potatoes** purè *m* di patate

mask [mɑːsk] **1** *n* maschera *f* **2**
v/t feelings mascherare

masochism ['mæsəkɪzm]
masochismo *m*; **masochist**
masochista *m/f*

mass[1] [mæs] **1** *n great amount*
massa *f*; **~es of** *F* un sacco di
F **2** *v/i* radunarsi

mass[2] [mæs] REL messa *f*

massacre ['mæsəkə(r)] **1** *n also fig* massacro *m* **2** *v/t also
fig* massacrare

massage ['mæsɑːʒ] **1** *n* massaggio *m* **2** *v/t* massaggiare;
figures manipolare

massive ['mæsɪv] enorme;
heart attack grave

mass '**media** mass media
mpl; **mass-produce** produrre in serie; **mass production** produzione *f* in serie;
mass transit *Am* i trasporti
pubblici

mast [mɑːst] *of ship* albero *m*;
for radio signal palo *m* del-
l'antenna

master ['mɑːstə(r)] **1** *n of dog*
padrone *m*; *of ship* capitano
m **2** *v/t skill, language* avere
completa padronanza di; *situation* dominare; **master
bedroom** camera *f* da letto
principale; **master key** passe-partout *m inv*; **masterly**
magistrale; **mastermind 1**
n fig cervello *m* **2** *v/t* ideare;
masterpiece capolavoro *m*;
master's (**degree**) master
m inv; **mastery** padronanza
f

mat [mæt] *for floor* tappetino
m; *for table* tovaglietta *f* al-
l'americana

match[1] [mætʃ] *n for cigarette*
fiammifero *m*; *made of wax*
cerino *m*

match[2] [mætʃ] **1** *n* (*competition*) partita *f*; **be no ~ for
s.o.** non poter competere
con qu **2** *v/t* (*be the same
as*) abbinare; (*equal*) uguagliare **3** *v/i of colours*, *pat-

terns intonarsi

matching ['mætʃɪŋ] abbinato

mate [meɪt] **1** *n of animal* compagno *m*, -a *f*; NAUT secondo *m*; F *friend* amico *m*, -a *f* **2** *v/i* accoppiarsi

material [mə'tɪərɪəl] **1** *n fabric* stoffa *f*, tessuto *m*; *substance* materia *f*; **~s** occorrente *m* **2** *adj* materiale; **materialism** materialismo *m*; **materialist** materialista *m/f*; **materialistic** materialistico; **materialize** materializzarsi

maternal [mə'tɜːnl] materno; **maternity** maternità *f*; **maternity leave** congedo *m* per maternità; **maternity ward** reparto *m* maternità

math [mæθ] *Am* ⇨ **maths**; **mathematical** matematico; **mathematician** matematico *m*, -a *f*; **mathematics** matematica *f*; **maths** matematica *f*

matinée ['mætɪneɪ] matinée *f inv*

matriarch ['meɪtrɪɑːk] matriarca *f*

matrimony ['mætrɪmənɪ] matrimonio *m*

matt [mæt] opaco

matter ['mætə(r)] **1** *n (affair)* questione *f*, faccenda *f*; PHYS materia *f*; **as a ~ of fact** a dir la verità; **what's the ~?** cosa c'è?; **no ~ what she says** qualsiasi cosa dica **2** *v/i* importare; **it doesn't ~** non importa; **matter-of-fact** distaccato

mattress ['mætrɪs] materasso *m*

mature [mə'tjʊə(r)] **1** *adj* maturo **2** *v/i of person, insurance policy etc* maturare; *of wine* invecchiare; **maturity** maturità *f*

maximize ['mæksɪmaɪz] massimizzare; **maximum 1** *adj* massimo **2** *n* massimo *m*

May [meɪ] maggio *m*

may [meɪ] ◇ *(possibility)*: **it ~ rain** potrebbe piovere, può darsi che piova; **it ~ not happen** può darsi che non succeda ◇ *(permission)*: **~ I help?** posso aiutare?

maybe ['meɪbiː] forse

mayonnaise [meɪə'neɪz] maionese *f*

mayor ['meə(r)] sindaco *m*

maze [meɪz] *also fig* dedalo *m*, labirinto *m*

MB (= *megabyte*) MB *m* (= megabyte *m inv*)

MBA [embiː'eɪ] (= *master of business administration*) master in amministrazione aziendale

MD [em'diː] (= *Doctor of Medicine*) dottore in medicina

me [miː] mi; *after prep, stressed* me; **she knows ~** mi conosce; **she spoke to ~** mi ha parlato; **it's ~** sono io; **who? - ~?** chi? - io?

meadow ['medəʊ] prato *m*

meagre, *Am* **meager** ['miːgə(r)] scarso

meal [mi:l] pranzo *m*, pasto *m*;
enjoy your ~! buon appetito!

mean[1] [mi:n] *adj with money* avaro; *(nasty)* cattivo

mean[2] [mi:n] **1** *v/t (signify)* significare, voler dire; ***do you ~ it?*** dici sul serio?; ***~ to do sth*** avere l'intenzione di fare qc; ***be ~t for*** essere destinato a; *of remark* essere diretto a **2** *v/i:* **~ well** avere buone intenzioni

meaning ['mi:nɪŋ] *of word* significato *m*; **meaningful** *(comprehensible)* comprensibile; *(constructive)* costruttivo; *glance* eloquente; **meaningless** *sentence etc* senza senso; *gesture* vuoto

means [mi:nz] *financial* mezzi *mpl*; *(nsg: way)* modo *m*; ***~ of transport*** mezzo *m* di trasporto; ***by all ~*** *(certainly)* certamente; ***by no ~ rich*** lungi dall'essere ricco; ***by ~ of*** per mezzo di

meantime ['mi:ntaɪm] intanto

measles ['mi:zlz] morbillo *m*

measure ['meʒə(r)] **1** *n (step)* misura *f* **2** *v/t* prendere le misure di **3** *v/i* misurare
◆ **measure up to** dimostrarsi all'altezza di

measurement ['meʒəmənt] *action* misurazione *f*; *(dimension)* misura *f*; **measuring tape** metro *m* a nastro

meat [mi:t] carne *f*; **meatball** polpetta *f*

mechanic [mɪ'kænɪk] meccanico *m*; **mechanical** *also fig* meccanico; **mechanical engineer** ingegnere *m* meccanico; **mechanically** *also fig* meccanicamente; **mechanism** meccanismo *m*; **mechanize** meccanizzare

medal ['medl] medaglia *f*; **medallist**, *Am* **medalist** vincitore *m*,-trice *f* di una medaglia

meddle ['medl] *(interfere)* immischiarsi; ***~ with*** *(tinker)* mettere le mani in

media ['mi:dɪə] ***the ~*** i mass media *mpl*; **media coverage**: ***it was given a lot of ~*** gli è stato dato molto spazio in TV e sui giornali

mediaeval → medieval

median strip ['mi:dɪən strɪp] *Am* banchina *f* spartitraffico

'media studies scienze *fpl* delle comunicazioni

mediate ['mi:dɪeɪt] fare da mediatore *m*, -trice *f*; **mediation** mediazione *f*; **mediator** mediatore *m*, -trice *f*

medical ['medɪkl] **1** *adj* medico **2** *n* visita *f* medica; **medicated** medicato; **medication** medicina *f*; **medicinal** medicinale; **medicine** medicina *f*

medieval [medɪ'i:vl] medievale

mediocre [mi:dɪ'əʊkə(r)] mediocre; **mediocrity** mediocrità f

meditate ['mediteit] meditare; **meditation** meditazione f

Mediterranean [medrtə'rernrən] **1** adj mediterraneo **2** n: **the** ~ il Mar Mediterraneo; *area* i paesi mediterranei

medium ['mi:dɪəm] **1** adj (average) medio; *steak* cotto al punto giusto **2** n *in size* media f; (vehicle) strumento m; (spiritualist) medium m/f inv; **medium-sized** di grandezza media; **medium wave** RAD onde fpl medie

medley ['medlɪ] (assortment) misto m

meet [mi:t] **1** v/t incontrare; (get to know) conoscere; (collect) andare a o venire a prendere; *in competition* affrontare; *of eyes* incrociare; (satisfy) soddisfare; **I'll ~ you there** ci vediamo lì **2** v/i incontrarsi; *in competition* affrontarsi; *of eyes* incrociarsi; *of committee etc* riunirsi; **have you two met?** (do you know each other?) vi conoscete? **3** n SP raduno m sportivo

◆ **meet with** *person* avere un incontro con; *opposition, approval etc* incontrare; **it met with success / failure** ha avuto successo / è fallito

meeting ['mi:tɪŋ] incontro m; *of committee, in business* riunione f; **he's in a** ~ è in riunione

megabyte ['megabaɪt] COMPUT megabyte m inv

mellow ['meləʊ] **1** adj maturo **2** v/i *of person* addolcirsi

melodious [mɪ'ləʊdɪəs] melodioso

melodramatic [melədrə'mætɪk] melodrammatico

melody ['melədɪ] melodia f

melon ['melən] melone m

melt [melt] **1** v/i sciogliersi **2** v/t sciogliere; **melting pot** fig crogiolo m di culture

member ['membə(r)] *of family* componente m/f; *of club* socio m; *of organization* membro m; **Member of Congress** membro m del Congresso; **Member of Parliament** membro m del Parlamento, deputato m; **membership** iscrizione f; *number of members* numero m dei soci

membrane ['membreɪn] membrana f

memento [me'mentəʊ] souvenir m inv

memo ['meməʊ] circolare f

memoirs ['memwɑːz] memorie fpl

memorable ['memərəbl] memorabile

memorial [mɪ'mɔːrɪəl] **1** adj commemorativo **2** n *also fig* memorial m inv

memorize ['meməraɪz] memorizzare; **memory** (recol-

lection) ricordo *m*; *power of recollection* memoria *f*; COMPUT memory stick **memory stick** *f inv*

men [men] *pl* ☞ **man**

menace ['menɪs] **1** *n* (*threat*) minaccia *f*; *person* pericolo *m* pubblico; (*nuisance*) peste *f* **2** *v/t* minacciare; **menacing** minaccioso

mend [mend] riparare

menial ['miːnɪəl] umile

menopause ['menəpɔːz] menopausa *f*

'**men's room** bagno *m* (degli uomini)

menstruate ['menstrʊeɪt] avere le mestruazioni; **menstruation** mestruazione *f*

mental ['mentl] mentale; F (*crazy*) pazzo; **mental hospital** ospedale *m* psichiatrico; **mental illness** malattia *f* mentale; **mentality** mentalità *f inv*; **mentally** *inwardly* mentalmente; *calculate etc* a mente; **mentally ill** malato di mente

mention ['menʃn] **1** *n* cenno *m* **2** *v/t* accennare a; *don't ~ it* (*you're welcome*) non c'è di che

mentor ['mentɔː(r)] guida *f* spirituale

menu ['menjuː] *also* COMPUT menu *m inv*

mercenary ['mɜːsɪnərɪ] **1** *adj* mercenario **2** *n* MIL mercenario *m*

merchandise ['mɜːtʃəndaɪz]

merce *f*

merchant ['mɜːtʃənt] commerciante *m/f*; **merchant bank** banca *f* d'affari

merciful ['mɜːsɪfʊl] misericordioso; **mercifully** (*thankfully*) per fortuna; **merciless** spietato; **mercy** misericordia *f*; *be at s.o.'s ~* essere alla mercé di qu

mere [mɪə(r)] semplice; *merely* soltanto

merge [mɜːdʒ] *of two lines etc* unirsi; *of companies* fondersi; **merger** COM fusione *f*

merit ['merɪt] **1** *n* (*worth*) merito *m*; (*advantage*) vantaggio *m* **2** *v/t* meritare

mesh [meʃ] *in net* maglia *f*

mess [mes] (*untidiness*) disordine *m*; (*trouble*) pasticcio *m*; *be a ~ of room, desk, hair* essere in disordine; *of situation, s.o.'s life* essere un pasticcio

message ['mesɪdʒ] *also fig* messaggio *m*

messenger ['mesɪndʒə(r)] (*courier*) fattorino *m*, -a *f*

messy ['mesɪ] *room* in disordine; *person* disordinato; *job* sporco; *divorce, situation* antipatico

metabolism [mətæ'bəlɪzm] metabolismo *m*

metal ['metl] **1** *adj in or di* metallo **2** *n* metallo *m*; **metallic** metallico

metaphor ['metəfə(r)] metafora *f*

meter ['miːtɪə(r)] meteora *f*; meteoric *fig* fulmineo; meteorite meteorite *m* or *f*

meteorological [miːtɪərə'lɒdʒɪkl] meteorologico; meteorologist meteorologo *m*, -a *f*; meteorology meteorologia *f*

meter¹ ['miːtə(r)] *for gas etc* contatore *m*; (*parking ~*) parchimetro *m*

meter² *Am* ☞ **metre**

method ['meθəd] metodo *m*; methodical metodico

meticulous [mɪ'tɪkjʊləs] meticoloso

metre ['miːtə(r)] metro *m*

metropolis [mɪ'trɒpəlɪs] metropoli *f inv*; metropolitan metropolitano

mew [mjuː] ☞ **miaow**

Mexican ['meksɪkən] **1** *adj* messicano **2** *n* messicano *m*, -a *f*; Mexico Messico *m*

miaow [mɪaʊ] **1** *n* miao *m* **2** *v/i* miagolare

mice [maɪs] *pl* ☞ **mouse**

'microchip microchip *m inv*; microclimate microclima *m*; microcosm microcosmo *m*; microorganism microrganismo *m*; microphone microfono *m*; microprocessor microprocessore *m*; microscope microscopio *m*; microscopic microscopico; microwave *oven* forno *m* a microonde

midday [mɪd'deɪ] mezzogiorno *m*

middle ['mɪdl] **1** *adj* di mezzo **2** *n* mezzo *m*; **in the ~ of** *of floor, room* nel centro di, in mezzo a; *of period of time* a metà di; *be in the ~ of doing sth* stare facendo qc; middle-aged di mezza età; **Middle Ages** Medioevo *m*; **middle class** borghese; **middle class(es)** la borghesia *f*; **Middle East** Medio Oriente *m*; **middleman** intermediario *m*; **middle name** secondo nome *m*; **middleweight** *boxer* peso *m* medio

midfielder [mɪd'fiːldə(r)] centrocampista *m*

midnight ['mɪdnaɪt] mezzanotte *f*; midsummer piena estate *f*; midweek a metà settimana; Midwest *regione f medio-occidentale degli USA*; midwife ostetrica *f*; midwinter pieno inverno *m*

might¹ [maɪt]: *I ~ be late* potrei far tardi; *it ~ rain* magari piove; *you ~ have told me!* potevi dirmelo!

might² [maɪt] (*power*) forze *fpl*

mighty ['maɪtɪ] **1** *adj* potente **2** *adv* F (*extremely*) molto

migraine ['miːgreɪn] emicrania *f*

migrant worker ['maɪgrənt] emigrante *m*/*f*; migrate emigrare; *of birds* migrare; migration emigrazione *f*; *of birds* migrazione *f*

mike [maɪk] F microfono m;
Milan [mɪˈlæn] Milano f

mild [maɪld] *weather* mite;
cheese, person dolce; *curry*
poco piccante; *punishment,
sedative* leggero; **mildly** gentilmente; (*slightly*) moderatamente; **to put it ~** a dir poco; **mildness** *of weather* mitezza f; *of person, voice* dolcezza f

mile [maɪl] miglio m; **~s better** F molto meglio; **mileage**
chilometraggio m; **mileometer** contachilometri m;
milestone *also fig* pietra f
miliare

militant [ˈmɪlɪtənt] **1** *adj* militante **2** *n* militante *m/f*

military [ˈmɪlɪtrɪ] **1** *adj* militare **2** *n*: **the ~** l'esercito *m*; **military service** servizio *m* militare

militia [mɪˈlɪʃə] milizia f

milk [mɪlk] **1** *n* latte *m* **2** *v/t*
mungere; **milk chocolate**
cioccolato *m* al latte; **milkman** lattaio *m*; **milkshake**
frappé *m inv*

mill [mɪl] *for grain* mulino *m*;
for textiles fabbrica f

millennium [mɪˈlenɪəm] millennio *m*

milligram [ˈmɪlɪɡræm] milligrammo *m*

millimetre, *Am* **millimeter**
[ˈmɪlɪmiːtə(r)] millimetro *m*

million [ˈmɪljən] milione *m*;
millionaire miliardario *m*,
-a f

mime [maɪm] mimare

mimic [ˈmɪmɪk] **1** *n* imitatore
m, -trice f **2** *v/t* imitare

mince [mɪns] *meat* carne f tritata

mind [maɪnd] **1** *n* mente f; **it's
all in your ~** è solo la tua immaginazione; **be out of
one's ~** essere matto; **keep
sth in ~** tenere presente qc;
change one's ~ cambiare
idea; **it didn't enter my ~**
non mi è passato per la testa;
make up one's ~ decidersi;
have sth on one's ~ essere
preoccupato per qc; **keep
one's ~ on sth** concentrarsi
su qc; **speak one's ~** dire
quello che si pensa **2** *v/t*
(*look after*) tenere d'occhio;
children badare a; (*heed*) fare
attenzione a; **I don't ~ what
we do** non importa cosa facciamo; **do you ~ if I smoke?**
le dispiace se fumo?; **~ the
step!** attento al gradino!; **~
your own business!** fatti
gli affari tuoi! **3** *v/i*: **~!** (*be
careful*) attenzione!; **never
~!** non farci caso!; **I don't ~**
è uguale or indifferente;
mind-boggling incredibile;
mindless *violence* insensato

mine[1] [maɪn] *pron* il mio *m*, la
mia f, i miei *mpl*, le mie *fpl*; **a
cousin of ~** un mio cugino

mine[2] [maɪn] *n for coal etc* miniera f

mine[3] [maɪn] **1** *n explosive* mina f **2** *v/t* minare

'minefield *also fig* campo *m* minato; miner minatore *m*

mineral ['mɪnərəl] minerale *m*; **mineral water** acqua *f* minerale

'minesweeper NAUT dragamine *m inv*

mingle ['mɪŋgl] *of sounds* mischiarsi; *at party* mescolarsi

mini ['mɪnɪ] *skirt* mini *f inv*

miniature ['mɪnɪtʃə(r)] in miniatura

minimal ['mɪnɪməl] minimo; minimalism minimalismo *m*; minimize minimizzare; **minimum 1** *adj* minimo **2** *n* minimo *m*; **minimum wage** salario *m* minimo garantito

mining ['maɪnɪŋ] industria *f* mineraria

'miniskirt minigonna *f*

minister ['mɪnɪstə(r)] POL ministro *m*; REL pastore *m*; ministerial ministeriale; **Minister of Defence** ministro *m* della difesa; **ministry** POL ministero *m*

mink [mɪŋk] visone *m*

minor ['maɪnə(r)] **1** *adj* piccolo; *in D~* MUS in Re minore **2** *n* LAW minorenne *m/f*; **minority** minoranza *f*

mint [mɪnt] *herb* menta *f*; *chocolate* cioccolato *m* alla menta; *sweet* mentina *f*

minus ['maɪnəs] **1** *n* (*~ sign*) meno **2** *prep* meno; *~ 10 degrees* 10 gradi sotto zero

minuscule ['mɪnəskjuːl] minuscolo

minute[1] ['mɪnɪt] *n of time* minuto *m*; *in a ~* (*soon*) in un attimo; *just a ~* un attimo

minute[2] [maɪ'njuːt] *adj* (*tiny*) piccolissimo; (*detailed*) minuzioso; *in ~ detail* minuziosamente

minute hand ['mɪnɪt] lancetta *f* dei minuti

minutely [maɪ'njuːtlɪ] (*in detail*) minuziosamente; (*very slightly*) appena

minutes ['mɪnɪts] *of meeting* verbale *m*

miracle ['mɪrəkl] miracolo *m*; miraculous miracoloso; miraculously miracolosamente

mirror ['mɪrə(r)] **1** *n* specchio *m*; MOT specchietto *m* **2** *v/t* riflettere

misanthropist [mɪ'zænθrəpɪst] misantropo *m*

misbehave [mɪsbə'heɪv] comportarsi male; misbehaviour, *Am* misbehavior comportamento *m* scorretto

miscalculate [mɪs'kælkjuleɪt] calcolare male; miscalculation errore *m* di calcolo

miscarriage ['mɪskærɪdʒ] MED aborto *m* spontaneo; *~ of justice* errore *m* giudiziario

miscellaneous [mɪsə'leɪnɪəs] eterogeneo

mischief ['mɪstʃɪf] (*naughtiness*) birichinate *fpl*; mischievous (*naughty*) birichino; (*malicious*) perfido

misconception [mɪskən-'sepʃn] idea *f* sbagliata

misconduct [mɪs'kɒndʌkt] reato *m* professionale

misconstrue [mɪskən'struː] interpretare male

misdemeanour, *Am* **misdemeanor** [mɪsdə'miːnə(r)] infrazione *f*

miser ['maɪzə(r)] avaro *m*, -a *f*

miserable ['mɪzrəbl] (*unhappy*) infelice; *weather, performance* deprimente

miserly ['maɪzəlɪ] *person* avaro; *amount* misero

misery ['mɪzərɪ] (*unhappiness*) tristezza *f*; (*wretchedness*) miseria *f*

misfire [mɪs'faɪə(r)] *of scheme* far cilecca; *of engine* perdere colpi

misfit ['mɪsfɪt] *in society* disadattato *m*, -a *f*

misfortune [mɪs'fɔːtʃən] sfortuna *f*

misgivings [mɪs'gɪvɪŋz] dubbi *mpl*

misguided [mɪs'gaɪdɪd] *attempts, theory* sbagliato

mishandle [mɪs'hændl] *situation* gestire male

misinform [mɪsɪn'fɔːm] informare male

misinterpret [mɪsɪn'tɜːprɪt] interpretare male; **misinterpretation** interpretazione *f* errata

misjudge [mɪs'dʒʌdʒ] giudicare male

mislay [mɪs'leɪ] smarrire

mislead [mɪs'liːd] trarre in inganno; **misleading** fuorviante

mismanage [mɪs'mænɪdʒ] gestire male; **mismanagement** cattiva gestione *f*

misprint ['mɪsprɪnt] refuso *m*

mispronounce [mɪsprə'naʊns] pronunciare male; **mispronunciation** errore *m* di pronuncia

misread [mɪs'riːd] *word, figures* leggere male; *situation* interpretare male

misrepresent [mɪsreprɪ'zent] *facts, truth* travisare

miss¹ [mɪs]: **Miss Smith** signorina Smith; **~!** signorina!

miss² [mɪs] **1** *n*: **give the meeting a ~** non andare alla riunione **2** *v/t* (*not hit*) mancare; *emotionally* sentire la mancanza di; *bus, train, plane* perdere; (*not be present at*) mancare a; **I ~ you** mi manchi **3** *v/i* fallire

misshapen [mɪs'ʃeɪpən] deforme

missile ['mɪsaɪl] (*rocket*) missile *m*

missing ['mɪsɪŋ] scomparso; **be ~** *of person, plane* essere disperso; **there's a piece ~** manca un pezzo

mission ['mɪʃn] (*task, people*) missione *f*

misspell [mɪs'spel] scrivere male

mist [mɪst] foschia *f*

mistake [mɪ'steɪk] **1** *n* errore *m*, sbaglio *m*; **make a ~** fare un errore, sbagliarsi; **by ~** per errore **2** *v/t* sbagliare; **~ sth for sth** scambiare qc per qc; **mistaken** sbagliato; **be ~** sbagliarsi

mister ['mɪstə(r)] ☞ **Mr**

mistress ['mɪstrɪs] *lover* amante *f*; *of dog* padrona *f*

mistrust [mɪs'trʌst] **1** *n* diffidenza *f* **2** *v/t* diffidare di

misty ['mɪstɪ] *weather* nebbioso; *eyes* velato

misunderstand [mɪsʌndə-'stænd] fraintendere; **misunderstanding** *mistake* malinteso *m*, equivoco *m*; *argument* dissapore *m*

misuse 1 [mɪs'ju:s] *n* uso *m* improprio **2** [mɪs'ju:z] *v/t* usare impropriamente

mitigating circumstances ['mɪtɪgeɪtɪŋ] circostanze *fpl* attenuanti

mitt [mɪt] *in baseball* guantone *m*; **mitten** muffola *f*

mix [mɪks] **1** *n* (*mixture*) mescolanza *f*; *in cooking*: *ready to use* preparato *m* **2** *v/t* mescolare **3** *v/i socially* socializzare

◆ **mix up** confondere; **mix sth up with sth** scambiare qc per qc; **be mixed up** *emotionally* avere dei disturbi emotivi; *of figures, papers* essere in disordine; **be mixed up in** essere coinvolto in

mixed [mɪkst] misto; *reac-*

tions, reviews contrastante; **I've got ~ feelings** sono combattuto; **mixer** *for food* mixer *m inv*; *drink* bibita da mischiare a un superalcolico; **mixture** miscuglio *m*; *medicine* sciroppo *m*; **mix-up** confusione *f*

moan [məʊn] **1** *n of pain* lamento *m*, gemito *m*; (*complaint*) lamentela *f* **2** *v/i in pain* lamentarsi, gemere; (*complain*) lamentarsi

mob [mɒb] **1** *n* folla *f* **2** *v/t* prendere d'assalto

mobile ['məʊbaɪl] **1** *adj that can be moved* mobile; **she's less ~ now** non si può muovere tanto, ora **2** *n for decoration* mobile *m inv*; *phone* telefonino *m*; **mobile home** casamobile *f*; **mobile phone** telefono *m* cellulare; **mobility** mobilità *f*

mobster ['mɒbstə(r)] gangster *m inv*

mock [mɒk] **1** *adj exam, election* simulato **2** *v/t* deridere; **mockery** (*derision*) scherno *m*; (*travesty*) farsa *f*

mode [məʊd] *form* mezzo *m*; COMPUT modalità *f inv*

model ['mɒdl] **1** *adj employee, husband, plane* in miniatura **2** *n* (*miniature*) modellino *m*; *boat, plane* modello *m*; (*pattern*) modello *m*; (*fashion ~*) indossatrice *f*; **male ~** indossatore *m* **3** *v/t* indossare **4** *v/i for designer* fare l'indossatore /

-trice; *for artist* posare
modem ['məʊdem] modem *m*
inv
moderate 1 ['mɒdərət] *adj*
moderato **2** ['mɒdərət] *n*
POL moderato *m*, -a *f* **3**
['mɒdəreɪt] *v/t* moderare;
moderately abbastanza;
moderation (*restraint*) moderazione *f*
modern ['mɒdn] moderno;
modernization modernizza-
zione *f*; **modernize 1** *v/t*
modernizzare **2** *v/i* moder-
nizzarsi
modest ['mɒdɪst] modesto;
modesty modestia *f*
modification [mɒdɪfɪ'keɪʃn]
modifica *f*; **modify** modificare
module ['mɒdjuːl] modulo *m*
moist [mɔɪst] umido;
moisten inumidire; **mois-**
ture umidità *f*; **moisturizer**
for skin idratante *m*
molasses [məˈlæsɪz] melassa
f
mold *etc* *Am* ☞ **mould** *etc*
molecule [ˈmɒlekjʊlə(r)] molecola *f*
molest [məˈlest] *child*, *woman*
molestare
mollycoddle ['mɒlɪkɒdl] F
coccolare
molten [ˈməʊltən] fuso
mom [mɒm] F mamma *f*
moment [ˈməʊmənt] attimo
m, istante *m*; **at the ~** al momento; **for the ~** per il momento; **momentarily** (*for a*

moment) per un momento;
Am (*in a moment*) da un momento all'altro; **momentary**
momentaneo; **momentous**
importante
momentum [məˈmentəm] impeto *m*
monarch [ˈmɒnək] monarca
m
monastery [ˈmɒnəstrɪ] monastero *m*; **monastic** mona-
stico
Monday [ˈmʌndeɪ] lunedì *m*
inv
monetary [ˈmʌnɪtrɪ] monetario
money [ˈmʌnɪ] denaro *m*, soldi *mpl*; **money belt** marsu-
pio *m*; **money market** mercato *m* monetario; **money**
order vaglia *m*
mongrel [ˈmʌŋgrəl] cane *m*
bastardo
monitor [ˈmɒnɪtə(r)] **1** *n* COM-
PUT monitor *m inv* **2** *v/t* osservare
monk [mʌŋk] frate *m*, monaco *m*
monkey [ˈmʌŋkɪ] scimmia *f*; F
(*child*) diavoletto *m*; **mon-**
key wrench chiave *f* a rullino
monologue, *Am* **monolog**
[ˈmɒnəlɒg] monologo *m*
monopolize [məˈnɒpəlaɪz] *al-*
so fig monopolizzare; **mo-**
nopoly monopolio *m*
monotonous [məˈnɒtənəs]
monotono; **monotony** monotonia *f*

monster ['mɒnstə(r)] mostro *m*; **monstrosity** obbrobio *m*

month [mʌnθ] mese *m*; **monthly 1** *adj* mensile **2** *adv* mensilmente **3** *n magazine* mensile *m*

monument ['mɒnjʊmənt] monumento *m*

mood [muːd] *(frame of mind)* umore *m*; *(bad ~)* malumore *m*; *of meeting, country* clima *m*; **be in a good / bad ~** essere di cattivo / buon umore; **moody** lunatico; *(bad-tempered)* di cattivo umore

moon [muːn] luna *f*; **moonlight 1** *n* chiaro *m* di luna **2** *v/i* F lavorare in nero; **moonlit** una luna piena

moor [mʊə(r)] *boat* ormeggiare

moose [muːs] alce *m*

mop [mɒp] **1** *n for floor* mocio® *m; for dishes* spazzolino per i piatti **2** *v/t floor* lavare; *eyes, face* asciugare

◆ **mop up** raccogliere; MIL eliminare

moped ['məʊped] motorino *m*

moral ['mɒrəl] **1** *adj* morale; *person* di saldi principi morali **2** *n of story* morale *f*; **~s** principi *mpl* morali

morale [məˈrɑːl] morale *m*

morality [məˈrælətɪ] moralità *f inv*

morbid ['mɔːbɪd] morboso

more [mɔː(r)] **1** *adj* più, altro; **some ~ tea?** dell'altro tè?; **a few ~ sandwiches** qualche altro tramezzino; **for ~ information** per maggiori informazioni; **~ and ~ students / time** sempre più studenti / tempo; **there's no ~ ...** non c'è più ... **2** *adv* più; *with verbs* di più; **~ important** più importante; **~ and ~** sempre di più; **~ or less** più o meno; **once ~** ancora una volta; **~ than 100** oltre 100; **I don't live there any ~** non abito più lì **3** *pron*: **do you want some ~?** ne vuoi ancora?, ne vuoi dell'altro'; **a little ~** un altro po'; **moreover** inoltre

morgue [mɔːg] obitorio *m*

morning ['mɔːnɪŋ] mattino *m*, mattina *f*; **in the ~** di mattina; *(tomorrow)* domattina; **this ~** stamattina; **tomorrow ~** domani mattina; **good ~** buongiorno

moron ['mɔːrɒn] F idiota *m/f*

morphine ['mɔːfiːn] morfina *f*

mortal ['mɔːtl] **1** *adj* mortale **2** *n* mortale *m/f*; **mortality** mortalità *f*

mortar ['mɔːtə(r)] MIL mortaio *m cement* malta *f*

mortgage ['mɔːgɪdʒ] **1** *n* mutuo *m* ipotecario **2** *v/t* ipotecare

mortuary ['mɔːtjʊərɪ] camera *f* mortuaria

mosaic [məʊˈzeɪɪk] mosaico *m*

Moscow ['mɒskəʊ] Mosca *f*

Moslem ☞ *Muslim*

mosque [mɒsk] moschea f

mosquito [mɒsˈkiːtəʊ] zanzara f

moss [mɒs] muschio m

most [məʊst] **1** adj la maggior parte di; **~ Saturdays** quasi tutti i sabati **2** adv (very) estremamente; **the ~ beautiful** il più bello; **the one I like ~** quello che mi piace di più; **~ of all** soprattutto **3** pron la maggior parte (**of** di); at (the) **~** al massimo; **make the ~ of** approfittare (al massimo) di; **mostly** per lo più

MOT [eməʊˈtiː] revisione annuale obbligatoria dei veicoli

motel [məʊˈtel] motel m inv

moth [mɒθ] falena f; (clothes ~) tarma f

mother [ˈmʌðə(r)] **1** n madre f **2** v/t fare da mamma a; **motherhood** maternità f; **Mothering Sunday**, **Mother's Day** Festa f della mamma; **mother-in-law** suocera f; **motherly** materno; **Mother's Day** Festa f della mamma; **mother tongue** madrelingua f

motif [məʊˈtiːf] motivo m

motion [ˈməʊʃn] **1** n (movement) moto m; (proposal) mozione f; **motionless** immobile

motivate [ˈməʊtɪveɪt] person motivare; **motivation** motivazione f; **motive** motivo m

motor [ˈməʊtə(r)] motore m; F car macchina f; **motorbike** moto f; **motorboat** motoscafo m; **motorcycle** motoci-

cletta f; **motorcyclist** motociclista m/f; **motor home** casamobile f; **motorist** automobilista m/f; **motor mechanic** meccanico m; **motor racing** automobilismo m; **motor vehicle** autoveicolo m; **motorway** autostrada f

motto [ˈmɒtəʊ] motto m

mould¹ [məʊld] n on food muffa f

mould² [məʊld] **1** n stampo m **2** v/t also fig plasmare

mouldy [ˈməʊldɪ] food ammuffito

mound [maʊnd] (hillock) collinetta f; (pile) mucchio m; Am: in baseball pedana f del lanciatore

mount [maʊnt] **1** n (horse) cavalcatura f; **Mount McKinlay** il Monte McKinlay **2** v/t steps salire; horse montare a; bicycle montare in; campaign organizzare; jewel montare **3** v/i (increase) aumentare

♦ mount up accumularsi

mountain [ˈmaʊntɪn] montagna f; **mountain bike** mountain bike f inv; **mountaineer** alpinista m/f; **mountaineering** alpinismo m; **mountainous** montuoso

mourn [mɔːn] **1** v/t piangere **2** v/i: **~ for** piangere la morte di; **mourner** persona che partecipa a un corteo funebre; **mournful** triste; **mourning** lutto m; **be in ~** essere in lutto; **wear ~** portare il lutto

mouse [maʊs] (*pl* **mice** [maɪs]) topo *m*; COMPUT mouse *m inv*; **mouse mat** COMPUT tappetino *m* del mouse

moustache [məˈstɑːʃ] baffi *mpl*

mouth [maʊθ] bocca *f*; *of river* foce *f*; *of drink* boc-cone *m*; *of drink* sorsata *f*; **mouthorgan** armonica *f* a bocca; **mouthpiece** *of in-strument* bocchino *m*; *(spokesperson)* portavoce *m/f*; **mouthwash** collutorio *m*; **mouthwatering** che fa venire l'acquolina

move [muːv] **1** *n* (*step, action, in game*) mossa *f*; *change of house* trasloco *m*; **get a ~ on!** F spicciati! **2** *v/t object* spostare, muovere; *(transfer)* trasferire; *emotionally* com-muovere; **~ house** traslocare **3** *v/i* muoversi, spostarsi; *(transfer)* trasferirsi

◆ **move around** *in room* muoversi; *from place to place* spostarsi

◆ **move in** trasferirsi

movement [ˈmuːvmənt] mo-vimento *m*; **movers** *Am firm* ditta *f* di traslochi

movie [ˈmuːvɪ] film *m inv*; **go to a ~ / the ~s** andare al ci-nema; **moviegoer** frequen-tatore *m*, -trice *f* di cinema; **movie theater** *Am* cinema *m inv*

moving [ˈmuːvɪŋ] *which can move* mobile; *emotionally* commovente

mow [məʊ] *grass* tagliare, fal-ciare; **mower** tosaerba *m inv*

MP [emˈpiː] (= **Member of Parliament**) deputato *m*; (= **Military Policeman**) poli-zia *f* militare

mph [empiːˈeɪtʃ] (= **miles per hour**) miglia orarie

Mr [ˈmɪstə(r)] signor

Mrs [ˈmɪsɪz] signora

Ms [mɪz] signora *appellativo usato sia per donne sposate che nubili*

much [mʌtʃ] **1** *adj* molto; **so ~ money** tanti soldi; **how ~ sugar?** quanto zucchero?; **as ~ ... as ...** tanto ... quanto ... **2** *adv* molto; **very ~** mol-tissimo; **too ~** troppo; **as ~ as ...** tanto quanto ... **3** *pron* molto; **nothing ~** niente di particolare

mud [mʌd] fango *m*

muddle [ˈmʌdl] **1** *n* disordine *m*; **I'm in a ~** sono confuso **2** *v/t* confondere

muddy [ˈmʌdɪ] fangoso; *hands,* ecc sporco di fango

muesli [ˈmuːzlɪ] müsli *m*

muffin [ˈmʌfɪn] pasticcino *m*

muffle [ˈmʌfl] *sound* attutire; *voice* camuffare; **muffler** *Am* MOT marmitta *f*

mug¹ [mʌg] *n for tea, coffee* tazzone *m*; F *(face)* faccia *f*

mug² [mʌg] *v/t attack* aggredi-re

mugger ['mʌgə(r)] aggressore *m*; **mugging** aggressione *f*; **muggy** afoso

mule [mju:l] *animal* mulo *m*; *Am (slipper)* mule *f inv*

multicultural [mʌltɪˈkʌltʃərəl] multiculturale

multilateral [mʌltɪˈlætərəl] POL multilaterale

multimedia [mʌltɪˈmiːdɪə] 1 *adj* multimediale 2 *n* multimedialità *f*

multinational [mʌltɪˈnæʃnl] 1 *adj* multinazionale 2 *n* COM multinazionale *f*

multiple ['mʌltɪpl] multiplo; **multiple sclerosis** sclerosi *f* multipla

multiplex (cinema) ['mʌltɪpleks] cinema *m inv* multisale

multiplication [mʌltɪplɪˈkeɪʃn] moltiplicazione *f*; **multiply 1** *v/t* moltiplicare **2** *v/i* moltiplicarsi

multi-storey (car park) [mʌltɪˈstɔːrɪ] parcheggio *m* a più piani

mum [mʌm] mamma *f*

mumble ['mʌmbl] 1 *n* borbottio *m* 2 *v/t & v/i* borbottare

mummy ['mʌmɪ] mamma *f*

mumps [mʌmps] orecchioni *mpl*

munch [mʌntʃ] sgranocchiare

municipal [mjuːˈnɪsɪpl] municipale

mural ['mjuərəl] murale *m*

murder ['mɜːdə(r)] 1 *n* omicidio *m* 2 *v/t* uccidere; *song* rovinare; **murderer** omicida *m/f*

murky ['mɜːkɪ] *also fig* torbido

murmur ['mɜːmə(r)] 1 *n* mormorio *m* 2 *v/t* mormorare

muscle ['mʌsl] muscolo *m*; **muscular** *pain, strain* muscolare; *person* muscoloso

museum [mjuːˈzɪəm] museo *m*

mushroom ['mʌʃrʊm] 1 *n* fungo *m* 2 *v/i* crescere rapidamente

music ['mjuːzɪk] musica *f*; *in written form* spartito *m*; **musical 1** *adj* musicale; *person* portato per la musica; *voice* melodioso **2** *n* musical *m inv*; **musical instrument** strumento *m* musicale; **musician** musicista *m/f*

Muslim ['mʊzlɪm] 1 *adj* islamico 2 *n* musulmano *m*, -a *f*

mussel ['mʌsl] cozza *f*

must [mʌst] ◇ *(necessity)*: **I ~ be on time** devo arrivare in orario; **I ~n't be late** non devo far tardi ◇ *(probability)*: **it ~ be about 6 o'clock** devono essere circa le sei

mustache *Am* ☞ **moustache**

mustard ['mʌstəd] senape *f*

musty ['mʌstɪ] *smell* di stantio; *room* che sa di stantio

mutilate ['mjuːtɪleɪt] mutilare

mutiny ['mjuːtɪnɪ] 1 *n* ammutinamento *m* 2 *v/i* ammutinarsi

mutter ['mʌtə(r)] farfugliare

mutual ['mjuːtjʊəl] *admiration* reciproco; *friend* in comune

muzzle ['mʌzl] **1** *n of animal* muso *m*; *for dog* museruola *f* **2** *v/t:* ~ **the press** imbavagliare la stampa

my [maɪ] il mio *m*, la mia *f*, i miei *mpl*, le mie *fpl*; ~ **sister/brother** mia sorella/mio fratello

myself [maɪ'self] mi; *emphatic* io stesso; *after prep* me stesso; **I've hurt** ~ mi sono fatto male

mysterious [mɪ'stɪərɪəs] misterioso; **mysteriously** misteriosamente; **mystery** mistero *m*; **mystify** lasciare perplesso

myth [mɪθ] *also fig* mito *m*; **mythical** mitico

N

nag [næg] **1** *v/i of person* brontolare di continuo **2** *v/t* assillare; **nagging** *person* brontolone; *doubt, pain* assillante

nail [neɪl] *for wood* chiodo *m*; *on finger, toe* unghia *f*; **nail clippers** *npl* tagliaunghie *m inv*; **nail file** limetta *f* per unghie; **nail polish** smalto *m* per unghie; **nail polish remover** solvente *m* per unghie

naive [naɪ'iːv] ingenuo

naked ['neɪkɪd] nudo

name [neɪm] **1** *n* nome *m*; **what's your** ~? come ti chiami? **2** *v/t* chiamare; **namely** cioè; **namesake** omonimo *m*, -a *f*

nanny ['nænɪ] bambinaia *f*

nap [næp] sonnellino *m*; **have a** ~ farsi un sonnellino

napkin ['næpkɪn] (*table* ~) tovagliolo *m*; (*sanitary* ~) assorbente *m*

Naples ['neɪpəlz] Napoli *f*

nappy ['næpɪ] pannolino *m*

narcotic [nɑː'kɒtɪk] narcotico *m*

narrate [nə'reɪt] raccontare, narrare; **narrative 1** *n story* racconto *m* **2** *adj poem, style* narrativo; **narrator** narratore *m*, -trice *f*

narrow ['nærəʊ] stretto; *views, mind* ristretto; *victory* di stretta misura; **narrowly** *win* di stretta misura; ~ **escape sth** per un pelo F; **narrow-minded** di idee ristrette

nasty ['nɑːstɪ] *person, remark, smell, weather* cattivo; *cut, wound, disease* brutto

nation ['neɪʃn] nazione *f*; **national 1** *adj* nazionale **2** *n* cittadino *m*, -a *f*; **national anthem** inno *m* nazionale; **national debt** debito *m* pubblico; **nationalism** nazionali-

smo *m*; **nationality** nazionalità *f inv*; **nationalize** *industry etc* nazionalizzare
native ['neɪtɪv] **1** *adj* indigeno; ***~ language*** madrelingua *f* **2** *n* (*tribesman*) indigeno *m*, -a *f*; ***she's a ~ of New York*** è originaria di New York; **Native American** indiano *m*, -a *f* d'america; **native speaker**: ***English ~*** persona *f* di madrelingua inglese
NATO ['neɪtəʊ] (= ***North Atlantic Treaty Organization***) NATO *f*
natural ['nætʃrəl] naturale; **naturalist** naturalista *m/f*; **naturalize**: ***become ~d*** naturalizzarsi; **naturally** (*of course*) naturalmente; *behave*, *speak* con naturalezza; (*by nature*) per natura; **nature** natura *f*; **nature reserve** riserva *f* naturale
naughty ['nɔːtɪ] cattivo; *photograph*, *word etc* spinto
nausea ['nɔːzɪə] nausea *f*; **nauseate** (*fig*: *disgust*) disgustare; **nauseating** *smell*, *taste* nauseante; *person* disgustoso; **nauseous**: ***feel ~*** avere la nausea
nautical ['nɔːtɪkl] nautico
naval ['neɪvl] navale; *officer*, *uniform* della marina
navel ['neɪvl] ombelico *m*
navigate ['nævɪgeɪt] *also* COMPUT navigare; *in car* fare da navigatore / -trice; **navigation** navigazione *f*; **navigator** *on ship*, *in aeroplane* ufficiale *m* di rotta; *in car* navigatore *m*, -trice *f*
navy ['neɪvɪ] marina *f* militare; **navy blue 1** *n* blu *m inv* scuro **2** *adj* blu scuro
near [nɪə(r)] **1** *adv* vicino **2** *prep* vicino a; ***do you go ~ the bank?*** va dalle parti della banca? **3** *adj* vicino; ***in the ~ future*** nel prossimo futuro; **nearby** *live* vicino; **nearly** quasi; **near-sighted** miope
neat [niːt] *room*, *desk*, *person* ordinato; *whisky* liscio; *solution* efficace; F (*terrific*) fantastico
necessarily ['nesəserəlɪ] necessariamente; **necessary** necessario; ***it is ~ to ...*** è necessario ..., bisogna ...; **necessity** necessità *f inv*
neck [nek] collo *m*; **necklace** collana *f*; **neckline** *of dress* scollo *m*; **necktie** cravatta *f*
née [neɪ] nata
need [niːd] **1** *n* bisogno *m*; ***if ~ be*** se necessario; ***be in ~*** (*be needy*) essere bisognoso; ***be in ~ of sth*** aver bisogno di qc; ***you don't ~ to wait*** non c'è bisogno che aspetti; ***I ~ to talk to you*** ti devo parlare
needle ['niːdl] *for sewing*, *on dial* ago *m*; **needlework** cucito *m*
needy ['niːdɪ] bisognoso
negative ['negətɪv] negativo
neglect [nɪ'glekt] **1** *n* trascuratezza *f* **2** *v/t* trascurare; **ne-**

glected *gardens*, *author* trascurato

negligence ['neglidʒəns] negligenza *f*; **negligent** negligente; **negligible** *quantity*
trascurabile

negotiable [nɪ'gəʊʃəbl] nego-
ziabile; **negotiate 1** *v/i* trattare **2** *v/t deal, settlement* negoziare; *obstacles* superare;
bend in road affrontare; **negotiation** negoziato *m*; **ne-
gotiator** negoziatore *m*, -tri-
ce *f*

neighbor *etc Am* ☞ **neighbour** *etc*

neighbour ['neɪbə(r)] vicino
m, -a *f*; **neighbourhood** *in
town* quartiere *m*; **in the ~
of** *fig* intorno a; **neighbouring** *house, state* confinante;
neighbourly amichevole

neither ['naɪðə(r)] **1** *adj*: ~
player nessuno dei due gio-
catori **2** *pron* nessuno *m* dei
due, nessuna *f* dei due **3**
adv: ~ ... **nor** ... né ... né
... **4** *conj* neanche; ~ **do I**
neanch'io

neon light ['niːɒn] luce *f* al
neon

nephew ['nevjuː] nipote *m* (di
zii)

nerve [nɜːv] nervo *m*; *(courage)* coraggio *m*; *(impudence)*
faccia *f* tosta; **get on s.o.'s
~s** dare sui nervi a qu;
nerve-racking snervante;
nervous nervoso *m*; **be ~
about doing sth** essere an-

sioso all'idea di fare qc;
nervous breakdown esaurimento *m* nervoso; **nervousness** nervosismo *m*; **nervous wreck**: **be a ~** avere i
nervi a pezzi; **nervy** *Am
(cheeky)* sfacciato

nest [nest] nido *m*

net[1] [net] *n for fishing* retino
m; *for tennis* rete *f*; COMPUT
Internet *f*; **on the ~** su Internet

net[2] [net] *adj* COM netto

nettle ['netl] ortica *f*

'network *of contacts, cells* rete
f; COMPUT network *m inv*;
networking presa di contatti professionali in situazioni
informali

neurologist [njʊə'rɒlədʒɪst]
neurologo *m*, -a *f*

neurosis [njʊə'rəʊsɪs] nevro-
si *f inv*; **neurotic** nevrotico

neuter ['njuːtə(r)] *animal* sterilizzare

neutral ['njuːtrəl] **1** *adj country* neutrale; *colour* neutro **2**
n gear folle *m*; **neutrality**
neutralità *f*; **neutralize** neutralizzare

never ['nevə(r)] mai; ~! *in disbelief* ma va'!; **you're ~ going to believe this** non ci
crederesti mai; **nevertheless** comunque, tuttavia

new [njuː] nuovo; *that's nothing ~* non è una novità; **new-
born** neonato; **newcomer**
nuovo arrivato *m*, nuova ar-
rivata *f*; **newly** *(recently)* re-

centemente; **newly weds** sposini *mpl*

news [nju:z] notizia *f*; *on TV, radio* notiziario *m*; novità *f inv*; **any ~?** ci sono novità?; **that's ~ to me** mi giunge nuovo; **newsagent** giornalaio *m*; **newscast** telegiornale *m*; **newscaster** giornalista *m/f* televisivo, -a; **news flash** notizia *f* flash; **newspaper** giornale *m*; **newsreader** giornalista *m/f* radiotelevisivo, -a; **news report** notiziario *m*; **newsstand** edicola *f*; **newsvendor** edicolante *m/f*

New 'Year anno *m* nuovo; *Happy New Year!* Buon anno!; **New Year's Day** capodanno *m*; **New Year's Eve** San Silvestro *m*

next [nekst] **1** *adj in time* prossimo; *in space* vicino; **the ~ month** il mese dopo; **who's ~?** a chi tocca? **2** *adv* dopo; **~ to** (*beside*) accanto a; (*in comparison with*) a paragone di; **next door 1** *adj:* **~ neighbour** vicino *m*, -a *f* di casa **2** *adv live* nella casa accanto; **next of kin** parente *m/f* prossimo

nibble ['nɪbl] mordicchiare

nice [naɪs] *person* carino, gentile; *day, weather, party* bello; *meal, food* buono; *that's very ~ of you* molto gentile da parte tua!; **nicely** *written, presented* bene

niche [ni:ʃ] nicchia *f*

nick [nɪk] *cut* taglietto *m*; *in the ~ of time* appena in tempo

nickel ['nɪkl] *material* nichel *m*; *Am coin* moneta *f* da 5 centesimi di dollaro

'**nickname** soprannome *m*

niece [ni:s] nipote *f* (di zii)

night [naɪt] notte *f*; (*evening*) sera *f*; **at ~** di notte / di sera; **last ~** ieri notte / ieri sera; **stay the ~** rimanere a dormire; **work ~s** fare il turno di notte; **good ~** buona notte; **nightcap** (*drink*) bicchierino bevuto prima di andare a letto; **nightclub** night(-club) *m inv*; **nightdress** camicia *f* da notte; **night flight** volo *m* notturno; **nightlife** vita *f* notturna; **nightly** ogni sera; *late at night* ogni notte; **nightmare** *also fig* incubo *m*; **night porter** portiere *m* notturno; **night school** scuola *f* serale; **night shift** turno *m* di notte; **nightshirt** camicia *f* da notte (*da uomo*); **nightspot** locale *m* notturno; **nighttime:** *at ~* di notte, la notte

nimble ['nɪmbl] agile

nine [naɪn] nove; **nineteen** diciannove; **nineteenth** diciannovesimo; **ninetieth** novantesimo; **ninety** novanta; **ninth** nono

nip [nɪp] (*pinch*) pizzico *m*; (*bite*) morso *m*

nipple ['nɪpl] capezzolo *m*

nitrogen ['naɪtrədʒn] azoto *m*

no [nəʊ] **1** *adv* no **2** *adj* nessuno; **there's ~ coffee left** non c'è più caffè; **I have ~ money** non ho soldi; **~ smoking** vietato fumare

noble ['nəʊbl] nobile

nobody ['nəʊbədɪ] nessuno; **~ knows** nessuno lo sa; **there was ~ at home** non c'era nessuno in casa

no-brainer [nəʊ'breɪnə(r)] F cretinata *f*; **a real ~ of a decision** una decisione semplicissima

nod [nɒd] **1** *n* cenno *m* del capo **2** *v/i* fare un cenno col capo; **~ in agreement** annuire ◆ **nod off** (*fall asleep*) appisolarsi

noise [nɔɪz] (*sound*) rumore *m*; *loud, unpleasant* chiasso *m*; *noisy* rumoroso; *children, party* chiassoso; **don't be so ~** non fate tanto rumore

nominal ['nɒmɪnl] *amount* simbolico

nominate ['nɒmɪneɪt] (*appoint*) designare; **nomination** (*appointing*) nomina *f*; *person proposed* candidato *m*, -a *f*; **nominee** candidato *m*, -a *f*

nonalco'holic analcolico

nonchalant ['nɒnʃələnt] noncurante

noncommissioned 'officer ['nɒnkəmɪʃnd] sottufficiale *m*

noncommittal [nɒnkə'mɪtl] *person, response* evasivo

nondescript ['nɒndɪskrɪpt] ordinario

none [nʌn] nessuno *m*, -a *f*; **there are ~ left** non ne sono rimasti; **there is ~ left** non ne è rimasto, non è rimasto niente

nonentity [nɒn'entɪtɪ] nullità *f inv*

nonetheless [nʌnðə'les] nondimeno

none'xistent inesistente

non'fiction opere *fpl* non di narrativa

nonin'terference, noninter'vention non intervento *m*

no-'nonsense *approach* pragmatico

non'payment mancato pagamento *m*

nonpol'luting non inquinante

non'resident *in country* non residente *m/f*; (*in hotel*) persona *f* che non è cliente di un albergo

nonre'turnable a fondo perduto

nonsense ['nɒnsəns] sciocchezze *fpl*; **don't talk ~** non dire sciocchezze

non'smoker non fumatore *m*, -trice *f*

non'standard fuori standard, non di serie; *use of a word* che fa eccezione

non'stick *pans* antiaderente

non'stop 1 *adj flight, train* di-

retto; *chatter* continuo **2** *adv*
fly, *travel* senza scalo; *chatter*,
argue di continuo

non'union non appartenente
al sindacato

non'violence non violenza *f*;
nonviolent non violento *m*

noodles ['nuːdlz] spaghetti
mpl cinesi

noon [nuːn] mezzogiorno *m*

'no-one ☞ **nobody**

noose [nuːs] cappio *m*

nor [nɔː(r)] né; ~ **do I** neanch'io, neanche a me

norm [nɔːm] norma *f*; **normal**
normale; **normality** normalità *f*; **normally** (*usually*) di
solito; *in a normal way* normalmente

north [nɔːθ] **1** *n* nord *m* **2** *adj*
settentrionale, nord *inv* **3**
adv verso nord; ~ *of*
a nord di; **North America**
America *f* del Nord; **North
American 1** *n* nordamericano *m*, -a *f* **2** *adj* nordamericano; **northeast** nordest;
northerly *wind* settentrionale; *direction* nord *inv*; **northern** settentrionale; **northerner** settentrionale *m/f*;
North Korea Corea *f* del
Nord; **North Korean 1** *adj*
nordcoreano **2** *n* nordcoreano *m*, -a *f*; **North Pole** polo
m nord; **northward** *travel*
verso nord; **northwest** nordovest *m*

Norway ['nɔːweɪ] Norvegia *f*;
Norwegian 1 *adj* norvegese

2 *n person* norvegese *m/f*;
language norvegese *m*

nose [nəʊz] naso *m*; *right under my* ~*!* proprio sotto il naso!

◆ **nose around** F curiosare

nostalgia [nɒ'stældʒɪə] nostalgia *f*; **nostalgic** nostalgico

nostril ['nɒstrəl] narice *f*

nosy ['nəʊzɪ] F curioso

not [nɒt] non; *I hope* ~ spero
di no; *I don't know* non so;
he didn't help non ha aiutato; ~ *me* io no

notable ['nəʊtəbl] notevole

notch [nɒtʃ] tacca *f*

note [nəʊt] MUS, *comment on
text* nota *f*; *short letter* biglietto *m*; *memo to self* appunto
m; *money* banconota *f*; *take*
~*s* prendere appunti; *take* ~
of sth prendere nota di qc;
notebook taccuino *m*; COMPUT notebook *m inv*; **noted**
noto; **notepad** bloc-notes
m inv; **notepaper** carta *f*
da lettere

nothing ['nʌθɪŋ] niente; ~ *but*
nient'altro che; ~ *much*
niente di speciale; *for* ~
(*for free*) gratis; (*for no reason*) per un nonnulla

notice ['nəʊtɪs] **1** *n on notice
board, in street* avviso *m*; (*advance warning*) preavviso *m*;
in newspaper annuncio *m*; *to
leave job* preavviso *m*; *to
leave house* disdetta *f*; *at
short* ~ con un breve preav-

viso; *until further* ~ fino a nuovo avviso; *hand in one's* ~ *to employer* presentare le dimissioni; *take no* ~ *of s.o.* / *sth* non fare caso a qu / qc 2 *v/t* notare; *notice board* bacheca *f*; **noticeable** sensibile

notify ['nəʊtɪfaɪ] informare

notion ['nəʊʃn] idea *f*

notorious [nəʊ'tɔːrɪəs] famigerato

nought [nɔːt] zero *m*

noun [naʊn] nome *m*, sostantivo *m*

nourishing ['nʌrɪʃɪŋ] nutriente; **nourishment** nutrimento *m*

novel ['nɒvl] romanzo *m*; **novelist** romanziere *m*, -a *f*

novelty ['nɒvltɪ] novità *f inv*

November [nəʊ'vembə(r)] novembre *m*

novice ['nɒvɪs] principiante *m/f*

now [naʊ] ora, adesso; ~ *and again*, ~ *and then* ogni tanto; *by* ~ ormai; *from* ~ *on* d'ora in poi; *just* ~ (proprio) adesso; ~, ~! su, su!; **nowadays** oggigiorno

nowhere ['nəʊweə(r)] da nessuna parte; *it's* ~ *near finished* è ben lontano dall'essere terminato

nuclear ['njuːklɪə(r)] nucleare; **nuclear energy** energia *f* nucleare; **nuclear physics** fisica *f* nucleare; **nuclear**

power energia *f* nucleare; POL potenza *f* nucleare; **nuclear power station** centrale *f* nucleare; **nuclear reactor** reattore *m* nucleare; **nuclear waste** scorie *fpl* radioattive; **nuclear weapon** arma *f* nucleare

nude [njuːd] **1** *adj* nudo **2** *n painting* nudo *m*; *in the* ~ nudo

nudge [nʌdʒ] dare un colpetto di gomito a; *parked car* spostare leggermente

nudist ['njuːdɪst] nudista *m/f*

nuisance ['njuːsns] seccatura *f*; *make a* ~ *of o.s.* dare fastidio

null and 'void [nʌl] nullo

numb [nʌm] intirizzito; *emotionally* impietrito

number ['nʌmbə(r)] **1** *n* numero *m*; *(quantity)* quantità *f inv* **2** *v/t* put a number on numerare; **number plate** *of vehicle* targa *f*

numeral ['njuːmərəl] numero *m*

numerate ['njuːmərət] *adj*: *be* ~ avere buone basi in matematica; *of children* saper contare

numerous ['njuːmərəs] numeroso

nun [nʌn] suora *f*

nurse [nɜːs] infermiere *m*, -a *f*; **nursery** *school* asilo *m*; *in house* stanza *f* dei bambini; *for plants* vivaio *m*; **nursery rhyme** filastrocca *f*;

nursery school scuola *f* materna; **nursing** professione *f* d'infermiere; **nursing home** *for old people* casa *f* di riposo

nut [nʌt] noce *f*; *for bolt* dado *m*; **nutcrackers** schiaccianoci *m inv*

nutrient ['njuːtrɪənt] sostanza *f* nutritiva; **nutrition** alimen-

tazione *f*; **nutritious** nutriente

nuts [nʌts] F (*crazy*) svitato; **be ~ about s.o.** essere pazzo di qu

'nutshell: in a ~ in poche parole

nutty ['nʌtɪ] *taste* di noce; F (*crazy*) pazzo

O

oak [əʊk] *tree* quercia *f*; *wood* rovere *m*

oar [ɔː(r)] remo *m*

oasis [əʊ'eɪsɪs] *also fig* oasi *f inv*

oath [əʊθ] LAW giuramento *m*; (*swearword*) imprecazione *f*

'oatmeal farina *f* d'avena

obedience [ə'biːdɪəns] ubbidienza *f*; **obedient** ubbidiente; **obediently** docilmente

obese [əʊ'biːs] obeso; **obesity** obesità *f*

obey [ə'beɪ] *parents* ubbidire a; *law* osservare

obituary [ə'bɪtjʊərɪ] necrologio *m*

object[1] ['ɒbdʒɪkt] *n* (*thing*) oggetto *m*; (*aim*) scopo *m*; GRAM complemento *m*

object[2] [əb'dʒekt] *v/i* avere da obiettare

objection [əb'dʒekʃn] obiezione *f*; **objectionable** (*unpleasant*) antipatico; **objective 1** *adj* obiettivo **2** *n* obiet-

tivo *m*; **objectively** obiettivamente; **objectivity** obiettività *f*

obligation [ɒblɪ'ɡeɪʃn] obbligo *m*; **obligatory** obbligatorio; **obliging** servizievole

oblique [ə'bliːk] **1** *adj* *reference* indiretto **2** *n in punctuation* barra *f*

obliterate [ə'blɪtəreɪt] *city* annientare; *memory* cancellare

oblivion [ə'blɪvɪən] oblio *m*; **fall into ~** cadere in oblio

oblong ['ɒblɒŋ] **1** *adj* rettangolare **2** *n* rettangolo *m*

obnoxious [əb'nɒkʃəs] offensivo; *smell* sgradevole; *person* odioso; *dog, child* insopportabile

obscene [əb'siːn] osceno; *salary, poverty* vergognoso; **obscenity** oscenità *f inv*

obscure [əb'skjʊə(r)] oscuro; **obscurity** oscurità *f inv*

observant [əb'zɜːvənt] osservante; **observation** osservazione *f*; **observatory** osservatorio *m*; **observe** osservare; **observer** osservatore *m*, -trice *f*

obsess [əb'ses]: *be ~ed with* essere fissato con; **obsession** fissazione *f*; **obsessive** ossessivo

obsolete ['ɒbsəliːt] *model* obsoleto; *word* disusato

obstacle ['ɒbstəkl] *also fig* ostacolo

obstetrician [ɒbstə'trɪʃn] ostetrico *m*, -a *f*; **obstetrics** ostetricia *f*

obstinacy ['ɒbstɪnəsɪ] ostinazione *f*; **obstinate** ostinato

obstruct [əb'strʌkt] *road* ostruire; *investigation, police* ostacolare; **obstruction** *on road etc* ostruzione *f*; **obstructive** *behaviour, tactics* ostruzionista

obtain [əb'teɪn] ottenere; **obtainable** *products* reperibile

obtuse [əb'tjuːs] *fig* ottuso

obvious ['ɒbvɪəs] ovvio, evidente; **obviously** ovviamente, evidentemente

occasion [ə'keɪʒn] occasione *f*; **occasional** sporadico; *I like the ~ whisky* bevo un whisky ogni tanto; **occasionally** ogni tanto

occupant ['ɒkjʊpənt] *of vehicle* occupante *m/f*; *of building* abitante *m/f*; **occupation** (*job*) professione *f*; *of country* occupazione *f*; **occupy** occupare

occur [ə'kɜː(r)] accadere; *it*

~red to me that ... mi è venuto in mente che ...; **occurrence** evento *m*

ocean ['əʊʃn] oceano *m*

o'clock [ə'klɒk]: *at five ~* alle cinque; *it's one ~* è l'una; *it's three ~* sono le tre

October [ɒk'təʊbə(r)] ottobre *m*

octopus ['ɒktəpəs] polpo *m*

odd [ɒd] (*strange*) strano; (*not even*) dispari; *the ~ one out* l'eccezione *f*; *50 ~* 50 e rotti; **oddball** F persona *f* stramba; **odds and ends** *objects* cianfrusaglie *fpl*; *things to do* cose *fpl*; **odds-on**: *the ~ favourite* il favorito; *it's ~ that ...* è praticamente scontato che ...

odometer [əʊ'dɒmətə(r)] *Am* contachilometri *m*

odour, *Am* **odor** ['əʊdə(r)] odore *m*

of [ɒv] di; *the name ~ the street / hotel* il nome della strada / dell'albergo; *it's made ~ steel* è di acciaio; *die ~ cancer* morire di cancro; *a friend ~ mine* un mio amico; *very nice ~ him* molto gentile da parte sua

off [ɒf] **1** *prep*: *a lane ~ the main road* not far from un sentiero poco lontano dalla strada principale; *leading off* un sentiero che parte dalla strada principale; *£20 ~ the price* 20 sterline di sconto **2** *adv*: *be ~ of light,*

TV etc essere spento; *of gas, tap* essere chiuso; *(cancelled)* essere annullato; *of food* essere finito; **she was ~ today** not at work oggi non era al lavoro; **we're ~ tomorrow** leaving partiamo domani; **take a day ~** prendere un giorno libero; **it's 3 miles ~** dista 3 miglia; **it's a long way ~** è molto lontano **3** *adj food* andato a male; **~ switch** interruttore *m* di spegnimento

offence [ə'fens] LAW reato *m*; **take ~ at sth** offendersi per qc; **offend** *(insult)* offendere; **offender** LAW delinquente *m/f*; **offense** *Am* ☞ **offence**; **offensive 1** *adj behaviour, remark,* offensivo; *smell* sgradevole **2** *n* (MIL: *attack*) offensiva *f*

offer ['ɒfə(r)] **1** *n* offerta *f* **2** *v/t* offrire; **~ s.o. sth** offrire qc a qu

off'hand *attitude* disinvolto

office ['ɒfɪs] ufficio *m*; *(position)* carica *f*; **office hours** orario *m* d'ufficio; **officer** MIL ufficiale *m*; *in police* agente *m/f*; **official 1** *adj* ufficiale **2** *n* funzionario *m*, -a *f*; **officially** ufficialmente; **officious** invadente

'off-licence negozio *m* di alcolici

'off-line disconnesso, off-line *inv*; **go ~** disconnettersi

'off-peak *rates* ridotto; **~ elec-**

tricity elettricità *f* a tariffa ridotta

'off-season bassa stagione *f*

'offset *losses* compensare

'offshore *drilling rig, investment* off-shore *inv*

'offside 1 *adj wheel etc* destro; *on the left* sinistro **2** *adv* SP in fuorigioco

'offspring figli *mpl; of animal* piccoli *mpl*

off-the-'record ufficioso

often ['ɒfn] spesso; **how ~ do you go there?** ogni quanto tempo ci vai?

oil [ɔɪl] **1** *n* olio *m; petroleum* petrolio *m; for central heating* nafta *f* **2** *v/t* oliare; **oil change** cambio *m* dell'olio; **oil company** compagnia *f* petrolifera; **oilfield** giacimento *m* petrolifero; **oil painting** quadro *m* a olio; **oil refinery** raffineria *f* di petrolio; **oil rig** piattaforma *f* petrolifera; **oil slick** chiazza *f* di petrolio; **oil tanker** petroliera *f*; **oil well** pozzo *m* petrolifero; **oily** unto

ointment ['ɔɪntmənt] pomata *f*

ok [əʊ'keɪ]: **can I? - ~** posso? - va bene!; **is it ~ with you if I ...?** ti va bene se ...?; **does that look ~?** ti sembra che vada bene?; **that's ~** va bene per me; **are you ~?** well, not hurt stai bene?; **he's ~** *(is a good guy)* è in gamba

old [əʊld] vecchio; (previous) precedente; **how ~ is he?** quanti anni ha?; **old age** vecchiaia f; **old-age pensioner** pensionato m, -a f; **old-fashioned** antiquato

olive ['ɒlɪv] oliva f; **olive oil** olio m d'oliva

Olympic 'Games [ə'lɪmpɪk] Olimpiadi fpl, giochi mpl olimpici

omelette, Am **omelet** ['ɒmlɪt] frittata f

ominous ['ɒmɪnəs] sinistro

omission [ə'mɪʃn] omissione f; **on purpose** esclusione f;

omit omettere; **on purpose** escludere; **~ to do sth** tralasciare di fare qc

on [ɒn] **1** prep su; **~ the table** sul tavolo; **~ the bus** in autobus; **~ TV** alla TV; **~ Sunday** domenica; **~ Sundays** di domenica; **~ the 1st of June** il primo (di) giugno; **I'm ~ antibiotics** sto prendendo antibiotici; **this is ~ me** (I'm paying) offro io; **have you any money ~ you?** hai dei soldi con te?; **~ his arrival** al suo arrivo; **~ hearing this** al sentire queste parole **2** adv: **be ~** of light, TV etc essere acceso; of gas, tap essere aperto; of machine essere in funzione; of handbrake essere inserito; **it's ~ after the news** of programme è dopo il notiziario; **the meeting is ~ scheduled**

to happen la riunione si fa; **with his jacket ~** con la giacca; **what's ~ tonight?** on TV etc cosa c'è stasera?; **I've got something ~ tonight** planned stasera ho un impegno; **you're ~** I accept your offer etc d'accordo; **that's not ~** (not allowed, not fair) non è giusto; **~ you go** (go ahead) fai pure; **talk ~** continuare a parlare; **and ~ and ~** e così via; **~ and ~ talk** etc senza sosta **3** adj: **the ~ switch** l'interruttore m di accensione

once [wʌns] **1** adv (one time) una volta; (formerly) un tempo; **~ again, ~ more** ancora una volta; **at ~** (immediately) subito; **all at ~** (suddenly) improvvisamente; **(all) at ~** (together) contemporaneamente; **~ upon a time there was ...** c'era una volta ... **2** conj non appena; **~ you have finished** non appena hai finito

one [wʌn] **1** n number uno m **2** adj uno, -a; **~ day** un giorno **3** pron uno m, -a f; **which ~?** quale?; **that ~** quello m, -a f; **this ~** questo m, -a f; **by ~, enter, deal with** uno alla volta; **~ another** l'un l'altro, a vicenda; **what can ~ say?** cosa si può dire?; **the little ~s** i piccoli; **one-off 1** n fatto m eccezionale; person persona f eccezionale **2** adj unico; **one-parent family** famiglia *f* monogenitore; **oneself** si; *after prep* se stesso *m*, -a *f*, sé; *cut* ~ tagliarsi; **do sth** ~ fare qc da sé; **one-way street** strada *f* a senso unico; **one-way ticket** biglietto *m* di sola andata

onion ['ʌnjən] cipolla *f*

'on-line connesso, on-line *inv*; **go** ~ connettersi; **on-line banking** telebanking *m*; **on--line shopping** shopping *m* in Rete

onlooker ['ɒnlʊkə(r)] astante *m*

only ['əʊnlɪ] **1** *adv* solo; *not* ~ **X but also** Y non solo X ma anche Y; ~ *just* a malapena **2** *adj* unico; ~ *son* unico figlio maschio

'onset inizio *m*

'onside SP non in fuorigioco

on-the-job 'training training *m inv* sul lavoro

onto ['ɒntuː]: *put sth* ~ *sth* mettere qc su qc

onwards ['ɒnwədz] in avanti; *from ...* ~ da ... in poi

opaque [əʊ'peɪk] *glass* opaco

open ['əʊpən] **1** *adj* aperto; *in the* ~ *air* all'aria aperta **2** *v/i* aprire **3** *v/i* of door, shop aprirsi; of flower sbocciare; **open-air** meeting, concert all'aperto; pool scoperto; **open day** giornata *f* di apertura al pubblico; **open-ended** contract etc aperto; **opening** in wall etc apertura *f*; of film, novel etc inizio *m*; (job going) posto *m* vacante; **openly** (honestly, frankly) apertamente; **open-minded** aperto; **open ticket** biglietto *m* aperto

opera ['ɒpərə] lirica *f*, opera *f*; **opera house** teatro *m* dell'opera; **opera singer** cantante lirico *m*, -a *f*

operate ['ɒpəret] **1** *v/i* of company operare; of airline, bus service essere in servizio; of machine funzionare; MED operare, intervenire **2** *v/t* machine far funzionare

◆ **operate on** MED operare

'operating room *Am* MED sala *f* operatoria; **operating system** COMPUT sistema *m* operativo; **operation** operazione *f*; MED intervento *m* (chirurgico), operazione *f*; of machine funzionamento *m*; **have an** ~ MED subire un intervento (chirurgico); **operator** TELEC centralinista *m/f*; of machine operatore *m*, -trice *f*; (tour ~) operatore *m* turistico

opinion [ə'pɪnjən] opinione *f*, parere *m*; **in my** ~ a mio parere; **opinion poll** sondaggio *m* d'opinione

opponent [ə'pəʊnənt] avversario *m*, -a *f*

opportunist [ɒpə'tjuːnɪst] opportunista *m/f*; **opportunity** opportunità *f inv*

oppose [ə'pəʊz] opporsi a; *be* ~**d to** ... essere contrario a

...; **as ~ to** ... piuttosto che ...

opposite ['ɒpəzɪt] **1** adj direction opposto; meaning, views contrario; house di fronte; **the ~ side of the road** l'altro lato della strada **2** n contrario m; **opposite number** omologo m

opposition [ɒpə'zɪʃn] opposizione f

oppress [ə'pres] people opprimere; **oppressive** rule oppressivo; weather opprimente

optical illusion ['ɒptɪkl] illusione f ottica

optician [ɒp'tɪʃn] dispensing ottico m, -a f; ophthalmic optometrista m/f

optimism ['ɒptɪmɪzm] ottimismo m; **optimist** ottimista m/f; **optimistic** view ottimistico; person ottimista; **optimistically** ottimisticamente

optimum ['ɒptɪməm] **1** adj ottimale **2** n optimum m inv

option ['ɒpʃn] possibilità f inv; option f; **he had no other ~** non ha avuto scelta; **optional** facoltativo

or [ɔː(r)] o; **he can't hear ~ see** non può né sentire né vedere; **~ else!** o guai a te!

oral ['ɔːrəl] orale

orange ['ɒrɪndʒ] **1** adj colour arancione **2** n fruit arancia f; colour arancione m; **orange juice** succo m d'arancia

orator ['ɒrətə(r)] oratore m, -trice f

orbit ['ɔːbɪt] **1** n of earth orbita f **2** v/t the earth orbitare intorno a

orchard ['ɔːtʃəd] frutteto m

orchestra ['ɔːkɪstrə] orchestra f

orchid ['ɔːkɪd] orchidea f

ordain [ɔː'deɪn] priest ordinare

ordeal [ɔː'diːl] esperienza f traumatizzante

order ['ɔːdə(r)] **1** n ordine m; for goods, in restaurant ordinazione f; **in ~ to do sth** così da fare qc; **out of ~** (not functioning) fuori servizio; (not in sequence) fuori posto **2** v/t ordinare; **~ s.o. to do sth** ordinare a qu di fare qc **3** v/i ordinare

orderly ['ɔːdəlɪ] **1** adj room, mind ordinato; crowd disciplinato **2** n in hospital inserviente m/f

ordinarily [ɔːdɪ'neərɪlɪ] (as a rule) normalmente; **ordinary** normale; pej ordinario

ore [ɔː(r)] minerale m grezzo

organ ['ɔːgən] ANAT, MUS organo m; **organic** food, fertilizer biologico; **organically grown** biologicamente; **organism** organismo m

organization [ɔːgənaɪ'zeɪʃn] organizzazione f; **organize** organizzare; **organized** person organizzatore m, -trice f

orgasm ['ɔːgæzm] orgasmo m

orient ['ɔːrɪənt] *Am* orientare;
Oriental 1 *adj* orientale **2** *n*
orientale *m/f*; **orientate**
orientare

origin ['ɔrɪdʒɪn] origine *f*;
original 1 *adj* originale **2** *n*
painting etc originale *m*;
originality originalità *f*;
originally (*at first*) in origine;
~ **he comes from France** è
di origini francesi; **originate**
1 *v/t scheme*, *idea* dare origine a **2** *v/i of idea*, *belief* avere
origine

ornamental [ɔːnə'mentl] ornamentale

ornate [ɔː'neɪt] *style* ornato

orphan ['ɔːfn] orfano *m*, -a *f*

orthodox ['ɔːθədɒks] *also fig*
ortodosso

orthopedic [ɔːθə'piːdɪk] ortopedico

ostensibly [ɒ'stensəblɪ] apparentemente

ostentatious [ɒsten'teɪʃəs]
ostentato

ostracize ['ɒstrəsaɪz] ostra-
cizzare

other ['ʌðə(r)] **1** *adj* altro; **the**
~ **day** l'altro giorno; **every** ~
day a giorni alterni; **every** ~
person una persona su due
2 *n* l'altro *m*, -a *f*; **the** ~**s**
gli altri; *otherwise* alti-
menti; (*differently*) diversamente

ought [ɔːt] **I** / **you** ~ **to know**
dovrei / dovresti saperlo;
you ~ **to have done it** avresti
dovuto farlo

ounce [aʊns] oncia *f*

our ['aʊə(r)] il nostro *m*, la nostra *f*, i nostri *mpl*, le nostre
fpl; ~ **brother** / **sister** nostro
fratello / nostra sorella;
ours il nostro *m*, la nostra
f, i nostri *mpl*, le nostre *fpl*;
ourselves ci; *emphatic* noi
stessi / noi stesse; *after prep*
noi

oust [aʊst] *from office* esauto-
rare

out [aʊt]: **be** ~ *of light*, *fire* essere spento; *of flower* essere
sbocciato; *of sun* splendere;
not at home, *not in building*
essere fuori; *of calculations*
essere sbagliato; (*be pub-
lished*) essere uscito; *of secret*
essere svelato; *no longer in
competition* essere eliminato; (*no longer in fashion*) essere out; **he's** ~ **in the gar-**
den è in giardino; (*get*) ~**!**
fuori!; **that's** ~**!** (*out of the
question*) è fuori discussio-
ne!; **he's** ~ **to win** *fully in-
tends to* è deciso a vincere

outboard 'motor motore *m*
fuoribordo

'outbreak scoppio *m*

'outcast emarginato *m*, -a *f*

'outcome risultato *m*

'outcry protesta *f*

out'dated sorpassato

out'do superare

out'door *toilet*, *activities*, *life*
all'aperto; *pool* scoperto;
outdoors all'aperto

outer ['aʊtə(r)] *wall etc*

esterno

'**outfit** (*clothes*) completo *m*; (*company, organization*) organizzazione *f*

'**outgoing** *flight, mail* in partenza; *personality* estroverso

out'**grow** *habits, interests* perdere

outing ['aʊtɪŋ] (*trip*) gita *f*

out'**last** durare più di

'**outlet** *of pipe* scarico *m*; *for sales* punto *m* di vendita; *Am* ELEC presa *f* (di corrente)

'**outline 1** *n of person, building etc* profilo *m*; *of plan, novel* abbozzo *m* **2** *v/t plans etc* abbozzare

out'**live** sopravvivere a

'**outlook** (*prospects*) prospettiva *f*

out'**number** superare numericamente

out of ◇ *motion* fuori; *fall ~ the window* cadere fuori dalla finestra **◇** *position* su **20 miles ~ Newcastle** 20 miglia da Newcastle **◇** *cause* per; *~ jealousy* per gelosia **◇** (*without*) senza; *we're ~ petrol* siamo senza benzina **◇** *from a group* su *5 ~ 10* **5** su 10

out-of-date *passport* scaduto; *values* superato

'**output 1** *n of factory* produzione *f*; COMPUT output *m inv* **2** *v/t* (*produce*) produrre

'**outrage 1** *n feeling* sdegno *m*; *act* atrocità *f inv* **2** *v/t* indi-

gnare; **outrageous** *acts* scioccante; *prices* scandaloso

'**outright 1** *adj winner* assoluto **2** *adv kill* nettamente; *kill* sul colpo

'**outset**: *at / from the ~* all' / dall'inizio

out'**shine** eclissare

out'**side 1** *adj* esterno **2** *adv sit, go* fuori **3** *prep* fuori da; (*apart from*) al di fuori di **4** *n of building, case etc* esterno *m*; *at the ~* al massimo; **outsider** straneno *m*, -a *f*; *in election, race* outsider *m inv*

'**outsize** *clothing* di taglia forte

'**outskirts** periferia *f*

out'**smart** ☞ **outwit**

'**outsource** dare in appalto a terzi

out'**standing** eccezionale; FIN da saldare

outstretched ['aʊtstretʃt] *hands* teso

outward ['aʊtwəd] *appearance* esteriore; *~ journey* viaggio *m* d'andata; **outwardly** esteriormente

out'**weigh** contare più di

out'**wit** riuscire a gabbare

oval ['əʊvl] ovale

oven ['ʌvn] forno *m*

over ['əʊvə(r)] **1** *prep* (*above*) sopra, su; (*across*) dall'altra parte di; (*more than*) oltre; (*during*) nel corso di; *travel all ~ Brazil* girare tutto il Brasile; *you find them* *all* ~ *Brazil* si trovano dappertutto in Brasile; *we're* ~ *the worst* il peggio è passato; ~ *and above* oltre a **2** *adv:* ~ *(finished)* essere finito; *(left)* essere rimasto; ~ *to you (your turn)* tocca a te; ~*here / there* qui / lì; *it hurts all* ~ mi fa male dappertutto; *painted white all* ~ tutto dipinto di bianco; *I've told you* ~ *and* ~ *again* te l'ho detto mille volte; *do sth* ~ *again* rifare qc

'overall *length* totale; overalls tuta *f* da lavoro

over'awe intimidire

over'balance perdere l'equilibrio

over'bearing autoritario

'overcast *sky* nuvoloso

over'charge *customer* far pagare più del dovuto a

'overcoat cappotto *m*

over'come *difficulties* superare; *be* ~ *by emotion* essere sopraffatto dall'emozione

over'crowded sovraffollato

over'do *(exaggerate)* esagerare; *in cooking* stracuocere; overdone *meat* stracotto

'overdose overdose *f inv*

'overdraft scoperto *m* (di conto); *have an* ~ avere il conto scoperto; overdraw: *be £800* ~*n* essere (allo) scoperto di 800 sterline

over'dressed troppo elegante

'overdrive MOT overdrive *m*

inv

over'estimate sovrastimare

over'expose sovraesporre

'overflow[1] *n pipe* troppopieno *m*

over'flow[2] *v/i of water* traboccare; *of river* strapirare

'overhead *lights, cables* in alto, aereo; *railway* sopraelevato; overheads FIN costi *mpl* di gestione

over'hear sentire per caso

over'heated *room, engine* surriscaldato

overjoyed [əʊvə'dʒɔɪd] felicissimo

'overland via terra

over'lap *(partly cover)* sovrapporsi; *(partly coincide)* coincidere

over'load sovraccaricare

over'look *of tall building etc* dominare, dare su; *deliberately* chiudere un occhio su; *accidentally* non notare

overly ['əʊvəlɪ] troppo; *not* ~ ... non particolarmente ...

'overnight *travel* di notte; *stay* per la notte; *fig change etc* da un giorno all'altro

'overpass cavalcavia *m inv*

over'power *physically* sopraffare

overpriced [əʊvə'praɪst] troppo caro

overrated [əʊvə'reɪtɪd] sopravvalutato

over'ride *decision etc* annulla-

re; (*be more important than*)
prevalere su; **overriding**
concern principale
over'rule *decision* annullare
over'seas all'estero
over'see sorvegliare
over'shadow *fig* eclissare
'oversight svista *f*
oversimplifi'cation semplifi-
cazione *f* eccessiva
over'sleep non svegliarsi in
tempo
over'state esagerare; **over-
statement** esagerazione *f*
over'take *in work, development* superare; MOT sorpassare
over'throw[1] *v/t government*
rovesciare
'overthrow[2] *n of government*
rovesciamento *m*
'overtime 1 *n* straordinario *m*
2 *adv*: **work ~** fare lo straordinario
over'turn 1 *v/t vehicle, object*
ribaltare; *government* rovesciare **2** *v/i of vehicle* ribaltar-

si
'overview visione *f* d'insieme
overwhelming [əʊvə'wel-
mɪŋ] *feeling* profondo; *majority* schiacciante
over'work 1 *n* lavoro *m* eccessivo **2** *v/i* lavorare troppo
owe [əʊ] dovere (**s.o.** a qu);
owing to a causa di
owl [aʊl] gufo *m*
own[1] [əʊn] *v/t* possedere
own[2] [əʊn] **1** *adj* proprio; **my
~ car** la mia macchina; **my
very ~ mother** proprio mia
madre **2** *pron*: **a car of my
~** un'auto tutta mia; **on
my / his ~** da solo
◆ **own up** confessare
owner ['əʊnə(r)] proprietario
m, -a *f*; **ownership** proprietà
f
oxygen ['ɒksɪdʒən] ossigeno
m
oyster ['ɔɪstə(r)] ostrica *f*
ozone ['əʊzəʊn] ozono *m*;
ozone layer fascia *f or* strato
m d'ozono

P

PA [piː'eɪ] (= *personal assistant*) assistente personale
pace [peɪs] (*step*) passo *m*;
(*speed*) ritmo *m*; **pacemaker**
MED *regolatore m inv*; SP
battistrada *m inv*
Pacific [pə'sɪfɪk]: **the ~
(Ocean)** il Pacifico
pacifier ['pæsɪfaɪə(r)] *Am for*

baby succhiotto *m*; **pacifism**
pacifismo *m*; **pacifist** pacifista *m/f*; **pacify** placare
pack [pæk] **1** *n* (*back~*) zaino
m; *of cereal, flour* confezione
f; *of cigarettes* pacchetto *m*;
of peas etc confezione *f*; *of
cards* mazzo *m* **2** *v/t bag* fare;
item of clothing etc mettere in

valigia; *goods* imballare; *groceries* imbustare **2** *v/i* fare la valigia / le valigie; **package 1** *n* (*parcel*) pacco *m*; *of offers etc* pacchetto *m* **2** *v/t* confezionare; **packaging** *also fig* confezione *f*; **packed** (*crowded*) affollato; **packet** confezione *f*; *of cigarettes*, *crisps* pacchetto *m*

pact [pækt] patto *m*

pad¹ [pæd] **1** *n piece of cloth etc* tampone *m*; *for writing* blocchetto *m* **2** *v/t with material* imbottire; *speech, report* farcire

pad² [pæd] *v/i* (*move quietly*) camminare a passi felpati

padding ['pædɪŋ] *material* imbottitura *f*; *in speech etc* riempitivo *m*

paddle ['pædl] **1** *n for canoe* pagaia *f* **2** *v/i in canoe* pagaiare

paddock ['pædək] paddock *m inv*

padlock ['pædlɒk] lucchetto *m*

page¹ [peɪdʒ] *n of book etc* pagina *f*

page² [peɪdʒ] *v/t* (*call*) chiamare con l'altoparlante

pager ['peɪdʒə(r)] cercapersone *m inv*

paid em'ployment occupazione *f* rimunerata

pain [peɪn] dolore *m*; *be in ~* soffrire; *a ~ in the neck* F una rottura *f* di scatole; **painful** (*distressing*) doloro-

so; (*laborious*) difficile; **painfully** (*extremely, acutely*) estremamente; **painkiller** analgesico *m*; **painstaking** accurato

paint [peɪnt] **1** *n for wall, car* vernice *f*; *for artist* colore *m* **2** *v/t wall etc* pitturare; *picture* dipingere; **paintbrush** pennello *m*; **painter** *decorator* imbianchino *m*; *artist* pittore *m*, -trice *f*; **painting** *activity* pittura *f*; (*picture*) quadro *m*; **paintwork** vernice *f*

pair [peə(r)] *of objects* paio *m*; *of animals, people* coppia *f*; *a ~ of shoes* un paio di scarpe

pajamas *Am* ☞ **pyjamas**

Pakistan [pɑːkɪˈstɑːn] Pakistan *m*; **Pakistani 1** *n* pakistano *m*, -a *f* **2** *adj* pakistano

pal [pæl] F (*friend*) amico *m*, -a *f*

palace ['pælɪs] palazzo *m* signorile

palate ['pælət] palato *m*

palatial [pə'leɪʃl] sfarzoso

pale [peɪl] pallido

Palestine ['pæləstaɪn] Palestina *f*; **Palestinian 1** *n* palestinese *m/f* **2** *adj* palestinese

pallet ['pælɪt] pallet *m inv*

pallor ['pælə(r)] pallore *m*

palm [pɑːm] *of hand* palma *f*; **palm tree** palma *f*

paltry ['pɔːltrɪ] irrisorio

pamper ['pæmpə(r)] viziare

pamphlet ['pæmflɪt] volantino *m*

pan [pæn] *for cooking* pentola

f; for frying padella *f;* **pancake** crêpe *f inv*

pandemonium [pændɪ'məʊnɪəm] pandemonio *m*

pane [peɪn]: ~ *(of glass)* vetro *m*

panel ['pænl] pannello *m; of experts* gruppo *m; of judges* giuria *f;* **panelling,** *Am* **paneling** rivestimento *m* a pannelli

panic ['pænɪk] **1** *n* panico *m* **2** *v/i:* **don't** ~ non farti prendere dal panico; **panic-stricken** in preda al panico

panorama [pænə'rɑːmə] panorama *m;* **panoramic** panoramico

pant [pænt] ansimare

panties ['pæntɪz] mutandine *fpl*

pantihose ☞ **pantyhose**

pants [pænts] pantaloni *mpl*

pantyhose ['pæntɪhəʊz] collant *mpl*

papal ['peɪpəl] pontificio

paper ['peɪpə(r)] **1** *n material* carta *f; (news~)* giornale *m; (wall~)* carta *f* da parati; *academic* relazione *f; (examination ~)* esame *m;* ~**s** *(identity ~s, documents)* documenti *mpl* **2** *adj* di carta **3** *v/t room, walls* tappezzare; **paperback** tascabile *m;* **paper clip** graffetta *f;* **paperwork** disbrigo delle pratiche

parachute ['pærəʃuːt] **1** *n* paracadute *m inv* **2** *v/i* paracadutarsi **3** *v/t troops, supplies*

paracadutare

parade [pə'reɪd] **1** *n (procession)* sfilata *f* **2** *v/i* sfilare

paradise ['pærədaɪs] paradiso *m*

paradox ['pærədɒks] paradosso *m;* **paradoxical** paradossale; **paradoxically** paradossalmente

paragraph ['pærəgrɑːf] paragrafo *m*

parallel ['pærəlel] **1** *n (in geometry)* parallela *f,* GEOG, *fig* parallelo *m;* **do two things** ~ *v* fare due cose in parallelo **2** *adj also fig* parallelo **3** *v/t (match)* uguagliare

paralysis [pə'ræləsɪs] *also fig* paralisi *f inv;* **paralyze** *also fig* paralizzare

paramedic [pærə'medɪk] paramedico *m,* -a *f*

parameter [pə'ræmɪtə(r)] parametro *m*

paramilitary [pærə'mɪlɪtrɪ] **1** *adj* paramilitare **2** *n appartenente ad un'organizzazione paramilitare*

paranoia [pærə'nɔɪə] paranoia *f;* **paranoid** paranoico

paraphrase ['pærəfreɪz] parafrasare

parasite ['pærəsaɪt] *also fig* parassita *m*

parasol ['pærəsɒl] parasole *m*

paratrooper ['pærətruːpə(r)] MIL paracadutista *m*

parcel ['pɑːsl] pacco *m*

pardon ['pɑːdn] **1** *n* LAW grazia f; **I beg your ~?** (*what did you say*) prego?; **I beg your ~** (*I'm sorry*) scusi **2** *v/t* scusare; LAW graziare

parent ['peərənt] genitore *m*; **parental** dei genitori; **parent company** società *f inv* madre; **parent-teacher association** *organizzazione composta da genitori e insegnanti*

parish ['pærɪʃ] parrocchia *f*

park[1] [pɑːk] *n* parco *m*

park[2] [pɑːk] *v/t & v/i* MOT parcheggiare

parking ['pɑːkɪŋ] MOT parcheggio *m*; **no ~** sosta *f* vietata; **parking brake** *Am* freno *m* a mano; **parking garage** *Am* parcheggio *m* coperto; **parking lot** *Am* parcheggio *m*; **parking meter** parchimetro *m*; **parking ticket** multa *f* per sosta vietata

parliament ['pɑːləmənt] parlamento *m*

parole [pə'rəʊl] **1** *n* libertà *f* vigilata **2** *v/t* concedere la libertà vigilata

parrot ['pærət] pappagallo *m*

part [pɑːt] **1** *n* parte *f*; *of machine* pezzo *m*; *Am: in hair* riga *f*; **take~ in** prendere parte in **2** *adv* (*partly*) in parte **3** *v/i* separarsi **4** *v/t*: **~ one's hair** farsi la riga; **partial** (*incomplete*) parziale; **be~ to** avere un debole per; **partially** parzialmente

participant [pɑː'tɪsɪpənt] partecipante *m/f*; **participate** partecipare (*in* a); **participation** partecipazione *f*

particular [pə'tɪkjʊlə(r)] (*specific*) particolare; (*fussy*) pignolo; **in ~** in particolare; **particularly** particolarmente

parting ['pɑːtɪŋ] *of people* separazione *f*; *in hair* riga *f*

partition [pɑː'tɪʃn] (*screen*) tramezzo *m*; (*of country*) suddivisione *f*

partly ['pɑːtlɪ] in parte

partner ['pɑːtnə(r)] COM socio *m*, -a *f*; *in relationship* partner *m/f inv*; *in particular activity* compagno *m*, -a *f*; **partnership** COM società *f inv*; *in particular activity* sodalizio *m*

'part-time part-time

party ['pɑːtɪ] **1** *n* (*celebration*) festa *f*; POL partito *m*; (*group*) gruppo *m* **2** *v/i* F far baldoria; **party-pooper** F guastafeste *m/f inv*

pass [pɑːs] **1** *n for entry* passi *m inv*; SP passaggio *m*; *in mountains* passo *m*; **make a ~ at** fare avances a **2** *v/t* (*hand*) passare; (*go past*) passare davanti a; (*overtake*) sorpassare; (*go beyond*) superare; (*approve*) approvare; SP passare; **~ an exam** superare un esame; **~ sentence** LAW emanare la sentenza; **~ the time** passare il tempo **3** *v/i* passare; *in exam* essere pro-

mosso
◆ **pass away** *euph* spegnersi
◆ **pass on** 1 *v/t information, book, savings* passare (**to** a) 2 *v/i* (*euph: die*) mancare
◆ **pass out** (*faint*) svenire
◆ **pass up** *opportunity* lasciarsi sfuggire

passable ['pɑːsəbl] *road* transitabile; (*acceptable*) passabile

passage ['pæsɪdʒ] (*corridor*) passaggio *m*; *from book* passo *m*; *the ~ of time* il passare del tempo

passenger ['pæsɪndʒə(r)] passeggero *m*, -a *f*

passer-by [pɑːsə'baɪ] passante *m/f*

passion ['pæʃn] passione *f*; **passionate** appassionato

passive ['pæsɪv] 1 *adj* passivo 2 *n* GRAM passivo *m*; **passive smoking** fumo *m* passivo

'**passport** passaporto *m*; **passport control** controllo *m* passaporti; **password** parola *f* d'ordine; COMPUT password *f inv*

past [pɑːst] 1 *adj* (*former*) precedente; *in the ~ few days* nei giorni scorsi 2 *n* passato *m*; *in the* ~ nel passato 3 *prep in position* oltre; *it's half ~ two* sono le due e mezza; *it's ~ seven o'clock* sono le sette passate 4 *adv*: *run ~* passare di corsa

pasta ['pæstə] pasta *f*

paste [peɪst] 1 *n* (*adhesive*) colla *f* 2 *v/t* (*stick*) incollare

pastime ['pɑːstaɪm] passatempo *m*

pastry ['peɪstrɪ] *for pie* pasta *f* (sfoglia); (*small cake*) pasticcino *m*

past tense GRAM passato *m*

pasty ['peɪstɪ] *complexion* smorto

pat [pæt] 1 *n* colpetto *m*; *affectionate* buffetto *m* 2 *v/t* dare un colpetto a; *affectionately* dare un buffetto a

patch [pætʃ] 1 *n on clothing* pezza *f*; (*period of time*) periodo *m*; (*area*) zona *f*; *go through a bad ~* attraversare un brutto periodo; *be not a ~ on fig* non essere niente a paragone di 2 *v/t clothing* rattoppare
◆ **patch up** (*repair*) riparare alla meglio; *quarrel* risolvere

patchy ['pætʃɪ] *quality* irregolare; *work* discontinuo, disuguale

patent ['peɪtnt] 1 *adj* palese 2 *n for invention* brevetto *m* 3 *v/t invention* brevettare

paternal [pə'tɜːnl] paterno; **paternalism** paternalismo *m*; **paternalistic** paternalistico; **paternity** paternità *f inv*; **paternity leave** congedo *m* di paternità

path [pɑːθ] sentiero *m*; *fig* strada *f*

pathetic [pə'θetɪk] patetico; F (*very bad*) penoso

pathological [pæθə'lɒdʒɪkl] patologico

patience ['peɪʃns] pazienza f; *card game* solitario m; **patient** 1 n paziente m/f 2 adj paziente; **be ~!** abbi pazienza!; **patiently** pazientemente

patio ['pætɪəʊ] terrazza f

patriot ['peɪtrɪət] patriota m/f; **patriotic** patriottico; **patriotism** patriottismo m

patrol [pə'trəʊl] 1 n pattuglia f 2 v/t streets, border pattugliare; **patrol car** autopattuglia f; **patrolman** agente m/f di pattuglia; **patrol wagon** Am furgone m cellulare

patron ['peɪtrən] of artist patrocinatore m, -trice f; of charity patrono m, -essa f; of shop, cinema cliente m/f; **patronize** person trattare con condiscendenza; **patronizing** condiscendente; **patron saint** patrono m, -a f

pattern ['pætn] on fabric motivo m, disegno m; for sewing (carta) modello m; in behaviour, events schema m

paunch [pɔ:ntʃ] pancia f

pause [pɔ:z] 1 n pausa f 2 v/i fermarsi 3 v/t tape fermare

pave [peɪv] pavimentare; ~ **the way for** fig aprire la strada a; **pavement** Br marciapiede m; Am manto m stradale

paw [pɔ:] 1 n of animal, F (hand) zampa f 2 v/t F palpa-

re

pawn [pɔ:n] in chess pedone m; fig pedina f

pay [peɪ] 1 n paga f 2 v/t pagare; ~ **s.o. a compliment** fare un complimento a qu 3 v/i pagare; (be profitable) rendere; **it doesn't ~ to ...** non conviene ...; ~ **for** purchase pagare

♦ **pay back** person restituire i soldi a; loan restituire; (get revenge on) farla pagare a

♦ **pay off 1** v/t debt estinguere; workers liquidare; corrupt official comprare **2** v/i (be profitable) dare frutti

♦ **pay up** pagare

payable ['peɪəbl] pagabile; **pay cheque**, Am **pay check** assegno m paga; **payday** giorno m di paga; **payee** beneficiario m, -a f; **payment** pagamento m; **pay phone** telefono m pubblico

PC [pi:'si:] (= **personal computer**) PC m inv; (= **politically correct**) politicamente corretto; (= **police constable**) agente m/f di polizia

PDA [pi:di:'eɪ] (= **personal digital assistant**) PDA m inv

pea [pi:] pisello m

peace [pi:s] pace f; **peaceful** tranquillo; demonstration pacifico; **peacefully** tranquillamente; demonstrate pacificamente

peach [pi:tʃ] pesca f; tree pesco *m*

peak [piːk] **1** *n* vetta *f*; *fig* apice *m* **2** *v/i* raggiungere il livello massimo; **peak hours** ore *fpl* di punta

peanut ['piːnʌt] arachide *f*; **get paid ~s** *F* essere pagati una miseria *F*; **peanut butter** burro *m* d'arachidi

pear [peə(r)] pera *f*; *tree* pero *m*

pearl [pɜːl] perla *f*

pebble ['pebl] ciottolo *m*

pecan ['piːkən] noce *f* pecan

peck [pek] **1** *n* (*bite*) beccata *f*; (*kiss*) bacetto *m* **2** *v/t* (*bite*) beccare; (*kiss*) dare un bacetto a

peculiar [pɪ'kjuːlɪə(r)] (*strange*) strano; **~ to** (*special*) caratteristico di; **peculiarity** (*strangeness*) stranezza *f*; (*special feature*) caratteristica *f*

pedal ['pedl] **1** *n* *of bike* pedale *m* **2** *v/i* pedalare; (*cycle*) andare in bicicletta

pedantic [pɪ'dæntɪk] pedante

peddle ['pedl] *drugs* spacciare

pedestrian [pɪ'destrɪən] pedone *m*; **pedestrian crossing** passaggio *m* pedonale; **pedestrian precinct** zona *f* pedonale

pediatric [piːdɪ'ætrɪk] pediatrico; **pediatrician** pediatra *m/f*; **pediatrics** pediatria *f*

pedicure ['pedɪkjʊə(r)] pedicure *f inv*

pedigree ['pedɪgriː] **1** *n* pedigree *m inv* **2** *adj* di razza pura

pee [piː] *F* fare pipì *F*

peek [piːk] **1** *n* sbirciata *F* **2** *v/i* sbirciare *F*

peel [piːl] **1** *n* buccia *f*; *of citrus fruit* scorza *f* **2** *v/t* *fruit, vegetables* sbucciare **3** *v/i* *of nose, shoulders* spellarsi; *of paint* scrostarsi

peep [piːp] ☞ **peek**; **peephole** spioncino *m*

peer¹ [pɪə(r)] *n* (*equal*) pari *m/f inv*

peer² [pɪə(r)] *v/i* guardare; **~ at** scrutare

peg [peg] *for coat* attaccapanni *m inv*; *for tent* picchetto *m*; **off the ~** prêt-à-porter

pejorative [pɪ'dʒɒrətɪv] peggiorativo

pellet ['pelɪt] pallina *f*; (*bullet*) pallino *m*

pen¹ [pen] penna *f*

pen² [pen] (*enclosure*) recinto *m*

pen³ [pen] *Am* ☞ **penitentiary**

penalize ['piːnəlaɪz] penalizzare

penalty ['penltɪ] ammenda *f*; *in soccer* rigore *m*; *in rugby* punizione *f*; **take the ~** battere il rigore / la punizione; **penalty area** SP area *f* di rigore; **penalty clause** LAW penale *f*; **penalty kick** *in soccer* calcio *m* di rigore; *in rugby* calcio *m* di punizione; **penalty shoot-out** rigori *mpl*; **penalty spot** dischetto *m* di rigore

pencil ['pensıl] matita *f*; **pencil sharpener** temperamatite *m inv*

pendant ['pendənt] *necklace* pendaglio *m*

penetrate ['penıtreıt] penetrare in; **penetration** penetrazione *f*

penguin ['peŋgwın] pinguino *m*

penicillin [penı'sılın] penicillina *f*

peninsula [pə'nınsjʊlə] penisola *f*

penis ['pi:nıs] pene *m*

penitence ['penıtəns] penitenza *f*; **penitentiary** *Am* prigione *f*

'**pen name** pseudonimo *m*

pennant ['penənt] gagliardetto *m*

penniless ['penılıs] al verde

'**pen pal** amico *m*, -a *f* di penna

pension ['penʃn] pensione *f*
◆ **pension off** mandare in pensione

'**pension scheme** schema *m* pensionistico

pensive ['pensıv] pensieroso

Pentagon ['pentəgɒn]: **the ~** il Pentagono

pentathlon [pen'tæθlən] pentathlon *m inv*

penthouse ['penthaʊs] attico *m*

pent-up ['pentʌp] represso

penultimate [pe'nʌltımət]

penultimo

people ['pi:pl] gente *f*, persone *fpl*; (*nsg: race, tribe*) popolazione *f*; **the ~** (*the citizens*) il popolo; **the American ~** gli americani; **~ say ...** si dice che ...

pepper ['pepə(r)] *spice* pepe *m*; *vegetable* peperone *m*; **peppermint** *sweet* mentina *f*; *flavouring* menta *f*

per [pɜ:(r)] per a **100 km ~ hour** 100 km all'ora; **£50 ~ night** 50 sterline a notte; **~ annum** all'anno

perceive [pə'si:v] percepire; (*view, interpret*) interpretare

percent [pə'sent] per cento; **percentage** percentuale *f*

perceptible [pə'septəbl] percettibile; **perceptibly** percettibilmente; **perception** percezione *f*; (*insightfulness*) sensibilità *f*; **perceptive** perspicace

percolate ['pɜ:kəleıt] *of coffee* filtrare; **percolator** caffettiera *f* a filtro

perfect 1 ['pɜ:fıkt] *adj* perfetto **2** ['pɜ:fıkt] *n* GRAM passato *m* prossimo **3** [pə'fekt] *v/t* perfezionare; **perfection** perfezione *f*; **perfectionist** perfezionista *m/f*; **perfectly** perfettamente

perforated ['pɜ:fəreıtıd] *line* perforato

perform [pə'fɔ:m] **1** *v/t* (*carry out*) eseguire; *of actors* interpretare **2** *v/i of actor, musi-*

cian, dancer esibirsi; **the car
~s well** la macchina dà ottime prestazioni; **performance** *by actor* interpretazione *f*; (*show*) spettacolo *m*; *of
employee, company etc* rendimento *m*; *of machine* prestazioni *fpl*; **performer** artista *m/f*

perfume ['pɜːfjuːm] profumo
m

perfunctory [pəˈfʌŋktərɪ] superficiale

perhaps [pəˈhæps] forse

peril ['perəl] pericolo *m*

perimeter [pəˈrɪmɪtə(r)] perimetro *m*

period ['pɪərɪəd] *time* periodo
m; (*menstruation*) mestruazioni *fpl*; *Am punctuation
mark* punto *m* fermo; **I don't
want to, ~!** *Am* non voglio,
punto e basta!; **periodic** periodico; **periodical** periodico *m*

peripheral [pəˈrɪfərəl] **1** *adj
not crucial* marginale **2** *n*
COMPUT periferica *f*; **periphery** periferia *f*

perish ['perɪʃ] *of rubber* deteriorarsi; *of person* perire;
perishable *food* deteriorabile

perjure ['pɜːdʒə(r)]: **~ o.s.**
spergiurare; **perjury** falso
giuramento *m*

perk [pɜːk] *of job* vantaggio *m*

perm [pɜːm] **1** *n* permanente *f*
2 *v/t*: **have one's hair ~ed**

farsi fare la permanente;
permanent permanente;
job, address fisso; **permanently** permanentemente

permeate ['pɜːmɪeɪt] permeare

permissible [pəˈmɪsəbl] permesso, ammissibile; **permission** permesso *m*; **permissive** permissivo

permit 1 ['pɜːmɪt] *n* permesso
m **2** [pəˈmɪt] *v/t* permettere
(**s.o. to do** a qu di fare)

perpendicular [pɜːpənˈdɪkjʊlə(r)] perpendicolare

perpetual [pərˈpetʃʊəl] perenne; **perpetually** perennemente

perplex [pəˈpleks] lasciare
perplesso; **perplexity** perplessità *f inv*

persecute ['pɜːsɪkjuːt] perseguitare; **persecution** persecuzione *f*; **persecutor** persecutore *m*, -trice *f*

perseverance [pɜːsɪˈvɪərəns]
perseveranza *f*; **persevere**
perseverare

persist [pəˈsɪst] persistere;
persistent *person, questions*
insistente; *rain, unemployment etc* continuo; **persistently** (*continually*) continuamente

person ['pɜːsn] persona *f*; **in ~**
di persona; **personal** personale; **personal computer**
personal computer *m inv*;
personality personalità *f
inv*; **personally** personal

mente; **don't take it ~** non
offenderti; **personal organizer** agenda *f* elettronica;
personal stereo Walkman®
m inv; **personify** *of person*
personificare

personnel [pɜːsə'nel] *n employees* personale *m*; *department* ufficio *m* del personale

perspective [pə'spektɪv] *in art* prospettiva *f*; **get sth into ~** vedere qc nella giusta prospettiva

perspiration [pɜːspɪ'reɪʃn] traspirazione *f*; **perspire** sudare

persuade [pə'sweɪd] persuadere; **~ s.o. to do sth** persuadere qu a fare qc; **persuasion** persuasione *f*; **persuasive** persuasivo

perturb [pə'tɜːb] inquietare; **perturbing** inquietante

pervasive [pə'veɪsɪv] *influence, ideas* diffuso

perversion [pə'vɜːʃn] *sexual* perversione *f*; **pervert** *sexual* pervertito *m*, -a *f*

pessimism ['pesɪmɪzm] pessimismo *m*; **pessimist** pessimista *m/f*; **pessimistic** *view* pessimistico; *person* pessimista

pest [pest] animale / insetto *m* nocivo; F *person* peste *f*

pester ['pestə(r)] assillare; **~ s.o. to do sth** assillare qu perché faccia qc

pesticide ['pestɪsaɪd] pesticida *m*

pet [pet] **1** *n animal* animale *m* domestico; *(favourite)* favorito *m*, -a *f* **2** *adj* preferito **3** *v/t animal* accarezzare **4** *v/i of couple* pomiciare F

petite [pə'tiːt] minuta

petition [pə'tɪʃn] petizione *f*

petrify ['petrɪfaɪ] terrorizzare

petrochemical [petrəʊ'kemɪkl] petrolchimico

petrol ['petrl] benzina *f*

petroleum [pɪ'trəʊlɪəm] petrolio *m*

'petrol pump pompa *f* della benzina; **petrol station** stazione *f* di rifornimento

petting ['petɪŋ] petting *m*

petty ['petɪ] *person, behaviour* meschino; *details* insignificante; **petty cash** piccola cassa *f*

pew [pjuː] banco *m* (di chiesa)

pharmaceutical [fɑːmə'sjuːtɪkl] farmaceutico; **pharmaceuticals** farmaceutici *mpl*

pharmacist ['fɑːməsɪst] farmacista *m/f*; **pharmacy** *shop* farmacia *f*

phase [feɪz] fase *f*
♦ **phase in** introdurre gradualmente
♦ **phase out** eliminare gradualmente

PhD [piːeɪtʃ'diː] (= *Doctor of Philosophy*) dottorato *m* di ricerca

phenomenal [fɪ'nɒmɪnl] fenomenale; **phenomenon** fenomeno *m* philanthropic [fɪlən'θrɒpɪk] filantropico; **philanthropist** filantropo *m*, -a *f*; **philanthropy** filantropia *f*

Philippines ['fɪlɪpiːnz]: **the ~** le Filippine *fpl*

philosopher [fɪ'lɒsəfə(r)] filosofo *m*, -a *f*; **philosophical** filosofico; **philosophy** filosofia *f*

phobia ['fəʊbɪə] fobia *f*

phon(e)y ['fəʊnɪ] F falso

phone [fəʊn] **1** *n* telefono *m*; **be on the ~** be talking essere al telefono **2** *v/t* telefonare a **3** *v/i* telefonare; **phone book** guida *f* telefonica, elenco telefonico *m*; **phone booth** cabina *f* telefonica; **phone call** telefonata *f*; **phone card** scheda *f* telefonica; **phone number** numero *m* di telefono

photo ['fəʊtəʊ] foto *f*; **photocopier** fotocopiatrice *f*; **photocopy 1** *n* fotocopia *f* **2** *v/t* fotocopiare; **photogenic** fotogenico; **photograph 1** *n* fotografia *f* **2** *v/t* fotografare; **photographer** fotografo *m*, -a *f*; **photography** fotografia *f*

phrase [freɪz] **1** *n* frase *f* **2** *v/t* esprimere

physical ['fɪzɪkl] **1** *adj* fisico **2** *n* MED visita *f* medica; **physically** fisicamente

physician [fɪ'zɪʃn] medico *m*

physicist ['fɪzɪsɪst] fisico *m*, -a *f*; **physics** fisica *f*

physiotherapist [fɪzɪəʊ'θerəpɪst] fisioterapeuta *m/f*; **physiotherapy** fisioterapia *f*

physique [fɪ'ziːk] fisico *m*

pianist ['pɪənɪst] pianista *m/f*; **piano** piano *m*

pick [pɪk] (*choose*) scegliere; *flowers, fruit* raccogliere; **~ one's nose** mettersi le dita nel naso

♦ **pick up 1** *v/t* prendere; *phone* sollevare; *baby* prendere in braccio; *from ground* raccogliere; (*collect*) andare / venire a prendere; *information* raccogliere; *in car* far salire; *man, woman* rimorchiare F; *language, skill* imparare; *habit, illness* prendere; (*buy*) trovare **2** *v/i* (*improve*) migliorare

picket ['pɪkɪt] **1** *n of strikers* picchetto *m* **2** *v/t* picchettare

pickpocket borseggiatore *m*, -trice *f*; **pick-up (truck)** *Am* furgone *m* (aperto), pick up *m inv*; **picky** F difficile (da accontentare)

picnic ['pɪknɪk] **1** *n* picnic *m inv* **2** *v/i* fare un picnic

picture ['pɪktʃə(r)] **1** *n photo* foto *f*; *painting* quadro *m*; *illustration* figura *f*; *film* film *m inv*; **put / keep s.o. in the ~** mettere / tenere al corrente qu **2** *v/t* immaginare; **pictures** cinema *m*; **picturesque** pittoresco

pie [paɪ] *sweet* torta *f*; *savoury* pasticcio *m*

piece [pi:s] pezzo *m*; *a ~ of pie / bread* una fetta di torta / pane; *a ~ of advice* un consiglio; *take to ~s* smontare

♦ **piece together** *broken plate* rimettere insieme; *evidence* ricostruire

piecemeal ['pi:smi:l] poco alla volta

pier [pɪə(r)] *at seaside* pontile *m*

pierce [pɪəs] (*penetrate*) trapassare; *ears* farsi i buchi in; *piercing noise* lacerante; *eyes* penetrante; *wind* pungente

pig [pɪg] *also fig* maiale *m*

pigeon ['pɪdʒɪn] piccione *m*; **pigeonhole** casella *f*

pigheaded [pɪg'hedɪd] testardo; **pigsty** *also fig* porcile *m*

pile [paɪl] mucchio *m*; F *a ~ of work* un sacco di lavoro F

♦ **pile up 1** *v/i of work, bills* accumularsi **2** *v/t* ammucchiare

pile-up ['paɪlʌp] MOT tamponamento *m* a catena

pilfering ['pɪlfərɪŋ] piccoli furti *mpl*

pilgrim ['pɪlgrɪm] pellegrino *m*, -a *f*

pill [pɪl] pastiglia *f*; *be on the ~* prendere la pillola

pillar ['pɪlə(r)] colonna *f*; **pillarbox** buca *f* delle lettere

pillow ['pɪləʊ] guanciale *m*; **pillowcase**, **pillowslip** federa *f*

pilot ['paɪlət] **1** *n of plane* pilota *m/f* **2** *v/t plane* pilotare

pimp [pɪmp] ruffiano *m*

pimple ['pɪmpl] brufolo *m*

PIN [pɪn] (= *personal identification number*) numero *m* di codice segreto

pin [pɪn] **1** *n for sewing* spillo *m*; *in bowling* birillo *m*; (*badge*) spilla *f*; ELEC spinotto *m* **2** *v/t* (*hold down*) immobilizzare; (*attach*) attaccare; *on lapel* appuntare

♦ **pin up** *notice* appuntare

pinafore dress ['pɪnəfɔ:r] scamiciato *m*

pincers ['pɪnsəz] *tool* tenaglie *fpl*; *of crab* chele *fpl*

pinch [pɪntʃ] **1** *n* pizzico *m* **2** *v/t* pizzicare **3** *v/i of shoes* stringere

pine [paɪn] pino *m*; *~ furniture* mobili *mpl* di pino; **pineapple** ananas *m inv*

pink [pɪŋk] rosa *inv*

pinnacle ['pɪnəkl] *fig* apice *m*

pinpoint indicare con esattezza; **pins and needles** formicolio *m*

pint [paɪnt] pinta *f*

pin-up (girl) pin-up *f inv*

pioneer [paɪə'nɪə(r)] **1** *n fig* pioniere *m*, -a *f* **2** *v/t* essere il / la pioniere di; **pioneering work** pionieristico

pious ['paɪəs] pio

pip [pɪp] *of fruit* seme *m*

pipe [paɪp] **1** *n* tubo *m*; *for smoking* pipa *f* **2** *v/t* trasportare con condutture; **pipe-**

line conduttura *f*; **in the ~** *fig* in arrivo

pirate ['paɪərət] **1** *n* pirata *m* **2** *v/t software* piratare

Pisces ['paɪsi:z] ASTR Pesci *m/f inv*

piss [pɪs] **1** *v/i* P (*urinate*) pisciare P **2** *n* (*urine*) piscio *m* P; **take the ~out of s.o.** P prendere qu per il culo P
◆ **piss off** P **1** *v/i* sparire; **piss off!** levati dalle palle! P **2** *v/t*: **it pisses me off** mi fa incazzare

pissed [pɪst] P (*drunk*) sbronzo F; *Am* (*annoyed*) seccato

pistol ['pɪstl] pistola *f*

piston ['pɪstən] pistone *m*

pit [pɪt] (*hole*) buca *f*; (*coal mine*) miniera *f*

pitch¹ [pɪtʃ] *n* MUS intonazione *f*

pitch² [pɪtʃ] *v/t tent* piantare; *ball* lanciare

pitcher¹ ['pɪtʃər] *in baseball* lanciatore *m*

pitcher² ['pɪtʃ(r)] *container* brocca *f*

pitfall ['pɪtfɔːl] tranello *m*

pitiful ['pɪtɪful] *sight* pietoso; *excuse, attempt* penoso; **pitiless** spietato

pittance ['pɪtns] miseria *f*

pity ['pɪtɪ] **1** *n* pietà *f*; **it's a ~ that** è un peccato che; **what a ~!** che peccato!; **take ~ on** avere pietà di **2** *v/t person* avere pietà da

pizza ['piːtsə] pizza *f*

placard ['plækɑːd] cartello *m*

place [pleɪs] **1** *n* posto *m*; *flat, house* casa *f*; **at my / his ~** a casa mia / sua; **in ~ of** invece di; **feel out of ~** sentirsi fuori posto; **take ~** aver luogo; **in the first ~** (*firstly*) in primo luogo **2** *v/t* (*put*) piazzare; **I can't quite ~ you** non mi ricordo dove ci siamo conosciuti; **~ an order** fare un'ordinazione

placid ['plæsɪd] placido

plagiarism ['pleɪdʒərɪzm] plagio *m*; **plagiarize** plagiare

plague [pleɪg] **1** *n* peste *f* **2** *v/t* (*bother*) tormentare

plain¹ [pleɪn] *n* pianura *f*

plain² [pleɪn] **1** *adj* (*clear, obvious*) chiaro; *not fancy* semplice; *not pretty* scialbo; *not patterned* in tinta unita; (*blunt*) franco; **~ chocolate** cioccolato *m* fondente **2** *adv* semplicemente; **plainly** (*clearly*) chiaramente; (*bluntly*) francamente; (*simply*) semplicemente; **plain-spoken** franco

plaintive ['pleɪntɪv] lamentoso

plait [plæt] treccia *f*

plan [plæn] **1** *n* (*project, intention*) piano *m*; (*drawing*) progetto *m* **2** *v/t* (*prepare*) organizzare; (*design*) progettare; **~ to do** avere in programma di **3** *v/i* pianificare

plane¹ [pleɪn] (*aeroplane*) aereo *m*

plane² [pleɪn] *tool* pialla *f*

planet ['plænɪt] pianeta *m*

plank [plæŋk] *of wood* asse *f*;
fig: of policy punto *m*

planning ['plænɪŋ] pianificazione *f*

plant¹ [plɑːnt] **1** *n* pianta *f* **2**
v/t piantare

plant² [plɑːnt] *(factory)* stabilimento *m*; *(equipment)* impianto *m*

plantation [plæn'teɪʃn] piantagione *f*

plaque [plæk] *on wall, teeth* placca *f*

plaster ['plɑːstə(r)] **1** *n on wall* intonaco *m*; *sticking* cerotto *m* **2** *v/t wall* intonacare

plastic ['plæstɪk] **1** *n* plastica *f* **2** *adj* di plastica; **plastic money** carte *fpl* di credito; **plastic surgeon** chirurgo *m* plastico; **plastic surgery** chirurgia *f* plastica

plate [pleɪt] *for food* piatto *m*; *sheet of metal* lastra *f*

plateau ['plætəʊ] altopiano *m*

platform ['plætfɔːm] *(stage)* palco *m*; *of railway station* binario *m*; *fig: political* piattaforma *f*

platinum ['plætɪnəm] **1** *n* platino *m* **2** *adj* di platino

platonic [plə'tɒnɪk] platonico *m*

platoon [plə'tuːn] *of soldiers* plotone *m*

plausible ['plɔːzəbl] plausibile

play [pleɪ] **1** *n* gioco *m*; *in theatre, on TV* commedia *f* **2** *v/i*

of children, SP giocare; *of musician* suonare **3** *v/t* MUS suonare; *game* giocare a; *opponent* giocare contro; *(perform: Macbeth etc)* rappresentare; *particular role* interpretare; ~ **a joke on** fare un scherzo a

◆ **play around** F *(be unfaithful)*: **his wife's been playing around** sua moglie lo ha tradito

◆ **play down** minimizzare

◆ **play up** *of machine* fare noie; *of child* fare i capricci; *of tooth, bad back etc* fare male

player ['pleɪə(r)] SP giocatore *m*, -trice *f*; *musician* musicista *m/f*; *actor* attore *m*, -trice *f*; **playful** *punch, mood* scherzoso; *puppy* giocherellone; **playground** *in school* cortile *m* per la ricreazione; *in park* parco *m* giochi; **playing card** carta *f* da gioco; **playwright** commediografo *m*, -a *f*

plaza ['plɑːzə] *for shopping* centro *m* commerciale

plc [piːel'siː] (= **public limited company**) società *f inv* a responsabilità limitata quotata in borsa

plea [pliː] appello *m*

plead [pliːd]: ~ **guilty / not guilty** dichiararsi colpevole/innocente; ~ **with** supplicare

pleasant ['pleznt] piacevole

please [pli:z] **1** *adv* per favore; *more tea? - yes,* ~ ancora tè? - sì, grazie; ~ *do* fai pure, prego **2** *v/t* far piacere a; ~ *yourself* fai come ti pare; *pleased* contento; ~ *to meet you* piacere!; *pleasing* piacevole; *pleasure* (*happiness, satisfaction*) contentezza *f*; (*as opposed to work*) piacere *m*; (*delight*) gioia *f*; *it's a* ~ (*you're welcome*) è un piacere; *with* ~ con vero piacere

pleat [pli:t] *in skirt* piega *f*

pledge [pledʒ] **1** *n* (*promise*) promessa *f* **2** *v/t* (*promise*) promettere

plentiful ['plentɪful] abbondante; *plenty* abbondanza *f*; ~ *of* molto; *that's* ~ basta così; *there's* ~ *for everyone* ce n'è per tutti

pliable ['plaɪəbl] flessibile

pliers ['plaɪəz] pinze *fpl*

plight [plaɪt] situazione *f* critica

plod [plɒd] *walk* trascinarsi

plook [plu:k] brufolo *m*

plot¹ [plɒt] *n land* appezzamento *m*

plot² [plɒt] **1** *n* (*conspiracy*) complotto *m*; *of novel* trama *f* **2** *v/t & v/i* complottare

plotter ['plɒtə(r)] cospiratore *m*, -trice *f*; COMPUT plotter *m inv*

plough, *Am* **plow** [plaʊ] **1** *n* aratro *m* **2** *v/t & v/i* arare

♦ **plough back** *profits* reinvestire

pluck [plʌk] *eyebrows* pinzare; *chicken* spennare

plug [plʌg] **1** *n for sink, bath* tappo *m*; *electrical* spina *f*; (*spark* ~) candela *f*; *for new book etc* pubblicità *f inv* **2** *v/t hole* tappare; *new book etc* fare pubblicità

♦ **plug in** attaccare (alla presa)

plumage ['plu:mɪdʒ] piumaggio *m*

plumber ['plʌmə(r)] idraulico *m*; *plumbing pipes* impianto *m* idraulico

plummet ['plʌmɪt] *of aeroplane* precipitare; *of share prices* crollare

plump [plʌmp] *person, chicken* in carne; *hands, feet, face* paffuto

plunge [plʌndʒ] **1** *n* caduta *f*; *in prices* crollo *m*; *take the* ~ fare il gran passo **2** *v/i* precipitare; *of prices* crollare **3** *v/t knife* conficcare; *plunging neckline* profondo

plural ['plʊərəl] plurale *m*

plus [plʌs] **1** *prep a* **2** *adj*: *£500* ~ oltre 500 sterline **3** *n symbol* più *m inv*; (*advantage*) vantaggio *m* **4** *conj* (*moreover, in addition*) per di più

plush [plʌʃ] di lusso

plywood ['plaɪwʊd] compensato *m*

PM [pi:'em] (= *Prime Minister*) primo ministro *m*

p.m. [pi:'em] (= *post meridi-*

em): **at 2 ~** alle 2 del pomeriggio; **at 10.30 ~** alle 10.30 di sera

pneumonia [njuːˈməʊnɪə] polmonite f

poach¹ [pəʊtʃ] *cook* bollire; *egg* fare in camicia

poach² [pəʊtʃ] *game* cacciare di frodo; *fish* pescare di frodo

poached egg [pəʊtʃtˈeg] uovo m in camicia

P.O. Box [piːˈəʊbɒks] casella f postale

pocket [ˈpɒkɪt] **1** n tasca f **2** adj (*miniature*) in miniatura **3** v/t intascare; **pocket book** Am (*wallet*) portafoglio m; (*purse*) borsetta f; **pocket calculator** calcolatrice f tascabile

podium [ˈpəʊdɪəm] podio m

poem [ˈpəʊɪm] poesia f; **poet** poeta m, -essa f; **poetic** poetico; **poetic justice** giustizia f divina; **poetry** poesia f

poignant [ˈpɔɪnjənt] commovente

point [pɔɪnt] **1** n of pencil, knife punta f; in competition punto m; (*purpose*) senso m; (*moment*) punto m; in argument, discussion punto m; in decimals virgola f; **that's beside the ~** non c'entra; **be on the ~ of** stare giusto per; **get to the ~** venire al dunque; **that's a ~** questo, in effetti, è vero; **the ~ is ...** il fatto è che ...; **there's**

no ~ in waiting non ha senso aspettare **2** v/i indicare **3** v/t gun puntare (**at** contro)

◆ **point out** sights, advantages indicare

◆ **point to** with finger additare; (*fig: indicate*) far presupporre

pointed [ˈpɔɪntɪd] remark significativo; **pointer** for teacher bacchetta f; (*hint*) consiglio m; (*sign, indication*) indizio m; **pointless** inutile; **point of view** punto m di vista

poise [pɔɪz] padronanza f di sé; **poised** person posato

poison [ˈpɔɪzn] **1** n veleno m **2** v/t avvelenare; **poisonous** velenoso

poke [pəʊk] **1** n colpetto m **2** v/t (*prod*) dare un colpetto a; (*stick*) ficcare

◆ **poke around** F curiosare

poker [ˈpəʊkə(r)] card game poker m

Poland [ˈpəʊlənd] Polonia f

polar [ˈpəʊlə(r)] polare

Pole [pəʊl] polacco m, -a f

pole¹ [pəʊl] of wood, metal paletto m

pole² [pəʊl] of earth polo m

'polevault salto m con l'asta

police [pəˈliːs] polizia f; **police car** auto f della polizia; **policeman** poliziotto m; **police state** stato m di polizia; **police station** commissariato m di polizia; **policewoman** donna f poliziotto

policy[1] ['pɒlɪsɪ] politica *f*

policy[2] ['pɒlɪsɪ] (*insurance* ~) polizza *f*

polio ['pəʊlɪəʊ] polio *f*

Polish ['pəʊlɪʃ] **1** *adj* polacco **2** *n language* polacco *m*

polish ['pɒlɪʃ] **1** *n product* lucido *m*; (*nail* ~) smalto *m* **2** *v/t* lucidare; *speech* rifinire; **polished** *performance* impeccabile

polite [pə'laɪt] cortese; **politely** cortesemente; **politeness** cortesia *f*

political [pə'lɪtɪkl] politico; **politically correct** politicamente corretto; **politician** uomo *m* politico, donna *f* politica; **politics** politica *f*

poll [pəʊl] **1** *n* (*survey*) sondaggio *m*; **go to the ~s** (*vote*) andare alle urne **2** *v/t people* fare un sondaggio tra; *votes* guadagnare

pollen ['pɒlən] polline *m*

'polling station seggio *m* elettorale

pollster ['pɒlstə(r)] esperto *m*, -a *f* di sondaggi

pollutant [pə'luːtənt] sostanza *f* inquinante; **pollute** inquinare; **pollution** inquinamento *m*

'polo shirt polo *f* inv

polyester [pɒlɪ'estə(r)] poliestere *m*

polystyrene [pɒlɪ'staɪriːn] polistirolo *m*

polyunsaturated [pɒlɪʌn'sætjəreɪtɪd] polinsa-

turo

pompous ['pɒmpəs] pomposo

pond [pɒnd] stagno *m*

pontiff ['pɒntɪf] pontefice *m*

pony ['pəʊnɪ] pony *m inv*; **ponytail** coda *f* (di cavallo)

poo(h) [puː] F (*faeces*) popò *f inv*

poodle ['puːdl] barboncino *m*

pool[1] [puːl] *n* (*swimming* ~) piscina *f*; *of water, blood* pozza *f*

pool[2] [puːl] *n game* biliardo *m*

pool[3] [puːl] **1** *n common fund* cassa *f* comune **2** *v/t resources* mettere insieme

'pool hall sala *f* da biliardo; **pool table** tavolo *m* da biliardo

poop [puːp] *Am* F (*faeces*) popò *f inv*

pooped [puːpt] F stanco morto

poor [pʊə(r)] **1** *adj* povero; *not good* misero; **be in ~ health** essere in cattiva salute **2** *n*: **the ~** i poveri; **poorly 1** *adv* male **2** *adj* (*unwell*) indisposto

pop[1] [pɒp] **1** *n noise* schiocco *m* **2** *v/i of balloon etc* scoppiare **3** *v/t cork* stappare; *balloon* far scoppiare

pop[2] [pɒp] **1** *n* MUS pop *m* **2** *adj pop inv*

pop[3] [pɒp] *Am* F papà *m inv*

◆ **pop out** F (*go out for a short time*) fare un salto fuori

◆ **pop up** F (*appear suddenly*)

saltare fuori

'**popcorn** popcorn *m*

pope [pəʊp] papa *m*

Popsicle® ['pɒpsɪkl] *Am* ghiacciolo *m*

popular ['pɒpjʊlə(r)] popolare; *belief, support* diffuso; **popularity** popolarità *f*

populate ['pɒpjʊleɪt] popolare; **population** popolazione *f*

porch [pɔːtʃ] porticato *m*; *Am: outside house* veranda *f*

◆ **pore over** studiare attentamente

pork [pɔːk] maiale *m*

porn [pɔːn] F porno *m* F; **pornographic** pornografico; **pornography** pornografia *f*

port[1] [pɔːt] *n* (*harbour, drink*) porto *m*

port[2] [pɔːt] *adj* (*left-hand*) babordo

portable ['pɔːtəbl] **1** *adj* portatile **2** *n* portatile *m*

porter ['pɔːtə(r)] portiere *m*

porthole ['pɔːthəʊl] NAUT oblò *m inv*

portion ['pɔːʃn] parte *f*; *of food* porzione *f*

portrait ['pɔːtreɪt] **1** *n* ritratto *m* **2** *adv* print verticale; **portray** *of artist* ritrarre; *of actor* interpretare; *of author* descrivere

Portugal ['pɔːtjʊgl] Portogallo *m*; **Portuguese 1** *adj* portoghese **2** *n person* portoghese *m/f*; *language* portoghese *m*

pose [pəʊz] **1** *n* (*pretence*) posa *f* **2** *v/i for artist* posare; **~ as** farsi passare per **3** *v/t problem, threat* creare

posh [pɒʃ] F elegante; *pej* snob

position [pə'zɪʃn] **1** *n* posizione *f*; *what would you do in my* **~** ? cosa faresti al mio posto? **2** *v/t* sistemare, piazzare

positive ['pɒzətɪv] positivo; *be* **~** (*sure*) essere certo; **positively** (*downright*) decisamente; (*definitely*) assolutamente; *think* in modo positivo

possess [pə'zes] possedere; **possession** (*ownership*) possesso *m*; *thing owned* bene *m*; **~s** averi *mpl*; **possessive** *also* GRAM possessivo

possibility [pɒsə'bɪlətɪ] possibilità *f inv*; **possible** possibile; *the best* **~** ... la miglior ... possibile; **possibly** (*perhaps*) forse; *that can't* **~** *be right* non è possibile che sia giusto

post[1] [pəʊst] **1** *n of wood, metal* palo *m* **2** *v/t notice* affiggere; *profits* annunciare; *keep s.o.* **~ed** tenere informato qu

post[2] [pəʊst] **1** *n* (*place of duty*) posto *m* **2** *v/t soldier, employee* assegnare; *guards* piazzare

post[3] [pəʊst] **1** *n* (*mail*) posta *f* **2** *v/t letter* spedire (per posta); (*put in the mail*) imbucare

postage ['pəʊstɪdʒ] affrancatura *f*; **postage stamp** *fml* francobollo *m*; **postal** postale; **postbox** buca *f* delle lettere; **postcard** cartolina *f*; **postcode** codice *m* di avviamento postale; **postdate** postdatare

poster ['pəʊstə(r)] manifesto *m*; *for decoration* poster *m inv*

postgraduate ['pəʊstɡrædjʊɪt] **1** *n* studente *m* / studentessa *f* di un corso post-universitario **2** *adj* post-universitario

posthumous ['pɒstjʊməs] postumo

posting ['pəʊstɪŋ] *(assignment)* incarico *m*

'postman postino *m*; **postmark** timbro *m* postale

postmortem [pəʊst'mɔːtəm] autopsia *f*

'post office ufficio *m* postale

postpone [pəʊst'pəʊn] rinviare; **postponement** rinvio *m*

pot¹ [pɒt] *for cooking* pentola *f*; *for coffee* caffettiera *f*; *for tea* teiera *f*; *for plant* vaso *m*

pot² [pɒt] **F** *(marijuana)* erba *f*

potato [pə'teɪtəʊ] patata *f*; **potato crisps**, *Am* **potato chips** patatine *fpl*

potent ['pəʊtənt] potente

potential [pə'tenʃl] **1** *adj* potenziale **2** *n* potenziale *m*;

potentially *adv* potenzialmente

pothole ['pɒthəʊl] *in road* buca *f*

potter ['pɒtə(r)] vasaio *m*, -a *f*; **pottery** ceramica *f*; *items* vasellame *m*; *place* laboratorio *m* di ceramica

potty ['pɒtɪ] *for baby* vasino *m*

pouch [paʊtʃ] *(bag)* borsa *f*

poultry ['pəʊltrɪ] *birds* volatili *mpl*; *meat* pollame *m*

pound¹ [paʊnd] *n weight* libbra *f*; FIN sterlina *f*

pound² [paʊnd] *n for strays* canile *m* municipale; *for cars* deposito *m* auto

pound³ [paʊnd] *v/i of heart* battere forte; **~ on** *(hammer on)* picchiare su

pour [pɔː(r)] **1** *v/t liquid* versare **2** *v/i*: **it's ~ing (with rain)** sta diluviando

◆ **pour out** *liquid* versare; *troubles* sfogarsi raccontando

pout [paʊt] fare il broncio

poverty ['pɒvətɪ] povertà *f*

powder ['paʊdə(r)] **1** *n* polvere *f*; *for face* cipria *f* **2** *v/t*: **~ one's face** mettersi la cipria

power ['paʊə(r)] **1** *n (strength)* forza *f*; *of engine* potenza *f*; *(authority)* potere *m*; *(energy)* energia *f*; *(electricity)* elettricità *f*; **in ~** POL al potere **2** *v/t*: **~ed by atomic energy** a propulsione atomica; **power cut** interruzione *f* di corrente; **power failure** guasto *m* alla linea elettrica; **powerful** potente; **powerless** impotente; **be ~ to ...** non poter far niente per ...; **power line** linea *f* elettrica; **power outage** *Am* interruzione *f* di corrente; **power station** centrale *f* elettrica; **power steering** servosterzo *m*

PR [pɪ'ɑːr] (= **public relations**) relazioni *fpl* pubbliche

practical ['præktɪkl] pratico; **practically** *behave, think* in modo pratico; *(almost)* praticamente

practice ['præktɪs] **1** *n* pratica *f*; *(training)* esercizio *m*; *(rehearsal)* prove *fpl*; *(custom)* consuetudine *f*; **in ~** *(in reality)* in pratica; **be out of ~** essere fuori allenamento **2** *v/t* & *v/i Am* ☞ **practise**

practise ['præktɪs] **1** *v/t* esercitarsi in; *law, medicine* esercitare **2** *v/i* esercitarsi

pragmatic [præg'mætɪk] pragmatico

prairie ['preərɪ] prateria *f*

praise [preɪz] **1** *n* lode *f* **2** *v/t* lodare; **praiseworthy** lodevole

prawn [prɔːn] gamberetto *m*

pray [preɪ] pregare; **prayer** preghiera *f*

preach [priːtʃ] predicare; **preacher** predicatore *m*, -trice *f*

precarious [prɪ'keərɪəs] precario

precaution [prɪ'kɔːʃn] precauzione *f*; **precautionary** *measure* di precauzione

precede [prɪ'siːd] precedere; **precedent** precedente *m*; **preceding** precedente

precious ['preʃəs] prezioso

precise [prɪ'saɪs] preciso; **precisely** precisamente; **precision** precisione *f*

precocious [prɪ'kəʊʃəs] *child* precoce

preconceived [priːkən'siːvd] *idea* preconcetto

precondition [priːkən'dɪʃn] condizione *f* indispensabile

predator ['predətə(r)] *animal* predatore *m*, -trice *f*; **predatory** rapace

predecessor ['priːdɪsesə(r)] predecessore *m*

predicament [prɪ'dɪkəmənt] situazione *f* difficile

predict [prɪ'dɪkt] predire; **predictable** prevedibile; **prediction** predizione *f*

predominant [prɪ'dɒmɪnənt] predominante; **predominantly** prevalentemente

prefabricated [priː'fæbrɪkeɪtɪd] prefabbricato

preface ['prefɪs] prefazione *f*

prefer [prɪ'fɜː(r)] preferire (**to** a); **preferable** preferibile; **preferably** preferibilmente; **preference** preferenza *f*; **preferential** preferenziale

pregnancy ['pregnənsɪ] gravidanza *f*; **pregnant** incinta; **get ~** restare incinta

prehistoric [pri:hɪs'tɒrɪk] preistorico

prejudice ['predʒʊdɪs] **1** *n* pregiudizio *m* **2** *v/t person* influenzare; *chances* pregiudicare; **prejudiced** prevenuto

preliminary [prɪ'lɪmɪnərɪ] preliminare

premarital [pri:'mærɪtl] prematrimoniale

premature ['premətjʊə(r)] prematuro

premeditated [pri:'medɪtetɪd] premeditato

premier ['premɪə(r)] (*Prime Minister*) premier *m inv*

première ['premɪeə(r)] premiere *f inv*, prima *f*

premises ['premɪsɪz] locali *mpl*

premium ['pri:mɪəm] *in insurance* premio *m*

prenatal [pri:'neɪtl] prenatale

preoccupied [prɪ'ɒkjʊpaɪd] preoccupato

preparation [prepə'reɪʃn] preparazione *f*; **in ~ for** in vista di; **~s** preparativi *mpl*; **prepare 1** *v/t* preparare; **be ~d to do sth** (*willing*) essere preparato a fare qc; **be ~d for sth** (*be expecting*) essere preparato per qc **2** *v/i* prepararsi

preposition [prepə'zɪʃn] preposizione *f*

preposterous [prɪ'pɒstərəs] ridicolo

prerequisite [pri:'rekwɪzɪt] condizione *f* indispensabile

prescribe [prɪ'skraɪb] *of doctor* prescrivere; **prescription** MED ricetta *f* medica

presence ['prezns] presenza *f*; **in the ~ of** in presenza di

present[1] ['preznt] **1** *adj* (*current*) attuale; **be ~** essere presente **2** *n*: **the ~** also GRAM il presente; **at ~** al momento

present[2] ['preznt] *n* (*gift*) regalo *m*

present[3] [prɪ'zent] *v/t* award consegnare; *bouquet* offrire; *programme* presentare; **~ s.o. with sth, ~ sth to s.o.** offrire qc a qu

presentation [prezn'teɪʃn] presentazione *f*; **present-day** di oggi; **presenter** presentatore *m*, -trice *f*; **presently** (*at the moment*) attualmente; (*soon*) tra breve

preservative [prɪ'zɜ:vətɪv] conservante *m*; **preserve 1** *n* (*domain*) dominio *m* **2** *v/t* standards, peace etc mantenere; wood etc proteggere; food conservare

preside [prɪ'zaɪd] *at meeting* presiedere; **presidency** presidenza *f*; **president** presidente *m*; **presidential** presidenziale

press [pres] **1** *n*: **the ~** la stampa **2** *v/t* button premere; (*urge*) far pressione su; (*squeeze*) stringere; *clothes* stirare; *grapes, olives* spremere **3** *v/i*: **~ for** fare pressioni per ottenere; **press con-**

ference conferenza *f* stampa; **pressing** urgente; **press-up** flessione *f* sulle braccia

pressure ['preʃə(r)] **1** *n* pressione *f* **2** *v/t* fare delle pressioni su

prestige [pre'stiːʒ] prestigio *m*; **prestigious** prestigioso

presumably [prɪ'zjuːməblɪ] presumibilmente; **presume** presumere; **presumption** *of innocence, guilt* presunzione *f*

presuppose [priːsə'pəʊs] presupporre

pre-tax ['priːtæks] al lordo d'imposta

pretence [prɪ'tens] finta *f*; **pretend 1** *v/t* fingere **2** *v/i* fare finta; **pretense** *Am* ☞ **pretence**; **pretentious** pretenzioso

pretext ['priːtekst] pretesto *m*

pretty ['prɪtɪ] **1** *adj* carino **2** *adv* (*quite*) piuttosto

prevail [prɪ'veɪl] (*triumph*) prevalere; **prevailing** prevalente

prevent [prɪ'vent] prevenire; **~ s.o. (from) doing sth** impedire a qu di fare qc; **prevention** prevenzione *f*; **preventive** preventivo

preview ['priːvjuː] *of film, exhibition* anteprima *f*

previous ['priːvɪəs] precedente; **~ to** prima di; **previously** precedentemente

prey [preɪ] preda *f*

price [praɪs] **1** *n* prezzo *m* **2** *v/t* COM fissare il prezzo di; **priceless** di valore inestimabile; **price war** guerra *f* dei prezzi; **pricey** F caro

prick[1] [prɪk] **1** *n pain* puntura *f* **2** *v/t* (*jab*) pungere

prick[2] [prɪk] *n* V (*penis*) cazzo *m* V; *person* testa *f* di cazzo V

prickle ['prɪkl] *on plant* spina *f*; **prickly** *plant* spinoso; *beard* ispido; (*irritable*) permaloso

pride [praɪd] **1** *n in person, achievement* orgoglio *m*; (*self-respect*) amor *m* proprio **2** *v/t*: **~ o.s. on** vantarsi di

priest [priːst] prete *m*

primarily [prar'merɪlɪ] principalmente; **primary 1** *adj* principale **2** *n Am* POL (*elezione f*) primaria *f*; **primary school** scuola *f* elementare

prime 'minister primo ministro *m*

primitive ['prɪmɪtɪv] primitivo

prince [prɪns] principe *m*; **princess** principessa *f*

principal ['prɪnsəpl] **1** *adj* principale **2** *n of school* preside *m/f*; **principally** principalmente

principle ['prɪnsəpl] principio *m*; **on ~** per principio; **in ~** in linea di principio

print [prɪnt] **1** *n in book etc* caratteri *mpl*; *photograph* stampa *f*; *mark* impronta *f*; **out of ~** esaurito **2** *v/t* stampare; (*use block capitals*) scrivere in stampatello; **printer** *person* tipografo *m*; *machine* stampante *f*; **printout** stampato *m*

prior ['praɪə(r)] **1** *adj* precedente **2** *prep:* ~ **to** prima di

prioritize [praɪ'ɒrɪtaɪz] (*put in order of priority*) classificare in ordine d'importanza; (*give priority to*) dare precedenza a; **priority** priorità *f inv*; **have** ~ avere la precedenza

prison ['prɪzn] prigione *f*; **prisoner** prigioniero *m*, -a *f*; **take s.o.** ~ fare prigioniero qu; **prisoner of war** prigioniero *m* di guerra

privacy ['prɪvəsɪ] privacy *f*; **private 1** *adj* privato **2** *n* MIL soldato *m* semplice; **in** ~ in privato; **privately** (*in private*) in privato; (*inwardly*) dentro di sé; ~ **owned** privato; **private sector** settore *m* privato; **privatize** privatizzare

privilege ['prɪvəlɪdʒ] privilegio *m*; (*honour*) onore *m*; **privileged** privilegiato; (*honoured*) onorato

prize [praɪz] **1** *n* premio *m* **2** *v/t* dare molto valore a; **prizewinner** vincitore *m*, -trice *f*; **prizewinning** vincente

pro¹ [prəʊ] *n*: **the** ~**s and cons** i pro e i contro

pro² [prəʊ] ☞ **professional**

pro³ [prəʊ] *prep:* **be** ~ … (*in favour of*) essere a favore di …

probability [prɒbə'bɪlətɪ] probabilità *f inv*; **probable** probabile; **probably** probabilmente

probation [prə'beɪʃn] *in job* periodo *m* di prova; LAW libertà *f* vigilata; **on** ~ *in job* in prova

probe [prəʊb] **1** *n* (*investigation*) indagine *f*; *scientific* sonda *f* **2** *v/t* esplorare; (*investigate*) investigare

problem ['prɒbləm] problema *m*; **no** ~ non c'è problema

procedure [prə'siːdʒə(r)] procedura *f*

proceed [prə'siːd] *of people* proseguire; *of work etc* procedere; **proceedings** (*events*) avvenimenti *mpl*; **proceeds** ricavato *m*

process ['prəʊses] **1** *n* processo *m* **2** *v/t food, raw materials* trattare; *data* elaborare; *application etc* sbrigare; ~**ed cheese** formaggio *m* fuso; **procession** processione *f*; **processor** processore *m*

prod [prɒd] **1** *n* colpetto *m* **2** *v/t* dare un colpetto a

prodigy ['prɒdɪdʒɪ]: (*infant*) ~ bambino *m*, -a *f* prodigio

produce¹ ['prɒdjuːs] *n* prodotti *mpl*

produce² [prə'djuːs] *v/t* produrre; (*bring about*) dare origine a; (*bring out*) tirar fuori; *play* mettere in scena

producer [prə'dju:sə(r)] produttore m, -trice f; *of play* regista m/f; **product** prodotto m; (*result*) risultato m; **production** produzione f; *of play* regia f; **a new ~ of ...** una nuova messa in scena di ...; **productive** produttivo; **productivity** produttività f

profess [prə'fes] dichiarare; **profession** professione f; **professional 1** adj professionale; *advice, help* di un esperto; *piece of work* da professionista; **turn ~** passare al professionismo **2** n professionista m/f; **professionally** *play sport* a livello professionistico; (*well, skilfully*) in modo professionale

professor [prə'fesə(r)] professore m (universitario)

proficiency [prə'fɪʃnsɪ] competenza f; **proficient** competente

profile ['prəʊfaɪl] profilo m

profit ['prɒfɪt] **1** n profitto m **2** v/i: **~ from** trarre profitto da; **profitability** redditività f; **profitable** redditizio

profound [prə'faʊnd] profondo

prognosis [prɒg'nəʊsɪs] prognosi f inv

programme, *Am and Br* COMPUT **program** ['prəʊgræm] **1** n programma m **2** v/t programmare; **programmer** COMPUT programmato-

re m, -trice f

progress 1 ['prəʊgres] n progresso m; **in ~** in corso **2** [prə'gres] v/i (*advance in time*) procedere; (*move on*) avanzare; (*make progress*) fare progressi; **progressive** (*enlightened*) progressista; *which progresses* progressivo; **progressively** progressivamente

prohibit [prə'hɪbɪt] proibire; **prohibitive** *prices* proibitivo

project¹ ['prɒdʒekt] n (*plan*) piano m; (*undertaking*) progetto m; EDU ricerca f

project² [prə'dʒekt] **1** v/t *figures, sales* fare una proiezione di; *film* proiettare **2** v/i (*stick out*) sporgere in fuori

projection [prə'dʒekʃn] (*forecast*) proiezione f; **projector** *for slides* proiettore m

prologue, *Am* **prolog** ['prəʊlɒg] prologo m

prolong [prə'lɒŋ] prolungare

prominent ['prɒmɪnənt] *nose, chin* sporgente; (*significant*) prominente

promiscuity [prɒmɪ'skju:ətɪ] promiscuità f; **promiscuous** promiscuo

promise ['prɒmɪs] **1** n promessa f **2** v/t & v/i promettere; **promising** promettente

promote [prə'məʊt] promuovere; **promoter** *of event* promoter m/f inv; **promotion** promozione f; **get ~ in job** essere promosso

prompt [prɒmpt] **1** *adj* (*on time*) puntuale; (*speedy*) tempestivo **2** *adv*: **at two o'clock ~** alle due in punto **3** *v/t* (*cause*) causare; *actor* dare l'imbeccata a; **promptly** (*on time*) puntualmente; (*immediately*) prontamente

prone [prəʊn]: **be ~ to** essere soggetto a

pronoun ['prəʊnaʊn] pronome *m*

pronounce [prə'naʊns] pronunciare; (*declare*) dichiarare

pronto ['prɒntəʊ] F immediatamente

pronunciation [prənʌnsɪ'eɪʃn] pronuncia *f*

proof [pruːf] prova *f*; *of book* bozza *f*

prop [prɒp] **1** *v/t* appoggiare **2** *n* THEA materiale *m* di scena
◆ **prop up** *also fig* sostenere

propaganda [prɒpə'gændə] propaganda *f*

propel [prə'pel] spingere; *of engine, fuel* azionare; **propeller** elica *f*

proper ['prɒpə(r)] (*real*) vero e proprio; (*correct*) giusto; (*fitting*) appropriato; **properly** (*correctly*) correttamente; (*fittingly*) in modo appropriato

property ['prɒpətɪ] proprietà *f inv*; **property developer** impresario *m* edile

proportion [prə'pɔːʃn] proporzione *f*; **proportional** pro-

porzionale; **proportional representation** POL rappresentanza *f* proporzionale

proposal [prə'pəʊzl] proposta *f*; **propose 1** *v/t* (*suggest*) proporre; **~ to do sth** (*plan*) proporsi di fare qc **2** *v/i make offer of marriage* fare una proposta di matrimonio; **proposition 1** *n* proposta *f* **2** *v/t woman* fare proposte sessuali a

proprietor [prə'praɪətə(r)] proprietario *m*, -a *f*

prose [prəʊz] prosa *f*

prosecute ['prɒsɪkjuːt] LAW intentare azione legale contro; *of lawyer* sostenere l'accusa contro; **prosecution** LAW azione *f* giudiziaria; (*lawyers*) accusa *f*

prospect ['prɒspekt] (*chance, likelihood*) probabilità *f inv*; *thought of something in the future* prospettiva *f*; **~s** prospettive *fpl*; **prospective** potenziale

prosper ['prɒspə(r)] prosperare; **prosperity** prosperità *f*; **prosperous** prospero

prostitute ['prɒstɪtjuːt] prostituta *f*; **male ~** prostituto *m*; **prostitution** prostituzione *f*

protect [prə'tekt] proteggere; **protection** protezione *f*; **protective** protettivo; **protector** protettore *m*, -trice *f*

protein ['prəʊtiːn] proteina *f*

protest 1 ['prəʊtest] *n* protesta *f* **2** [prə'test] *v/t* protestare **3** [prə'test] *v/i* protestare; POL manifestare, protestare

Protestant ['prɒtɪstənt] **1** *n* protestante *m/f* **2** *adj* protestante

protester [prə'testə(r)] dimostrante *m/f*, manifestante *m/f*

prototype ['prəʊtətaɪp] prototipo *m*

protrude [prə'truːd] sporgere; **protruding** sporgente

proud [praʊd] orgoglioso, fiero; **be ~ of** essere fiero di; **proudly** con orgoglio

prove [pruːv] dimostrare

proverb ['prɒvɜːb] proverbio *m*

provide [prə'vaɪd] *money, food* fornire; *opportunity* offrire; **~ s.o. with sth** fornire qu di qc; **~d that** (*on condition that*) a condizione che

province ['prɒvɪns] provincia *f*; **provincial** *also pej* provinciale

provision [prə'vɪʒn] (*supply*) fornitura *f*; *of law, contract* disposizione *f*; **provisional** provvisorio

provocation [prɒvə'keɪʃn] provocazione *f*; **provocative** provocatorio; *sexually* provocante; **provoke** (*cause*) causare; (*annoy*) provocare

prowl [praʊl] aggirarsi; **prowler** tipo *m* sospetto

proximity [prɒk'sɪmətɪ] prossimità *f*

proxy ['prɒksɪ] (*authority*) procura *f*; *person* procuratore *m*, -trice *f*, mandatario *m*, -a *f*

prudence ['pruːdns] prudenza *f*; **prudent** prudente

prudish ['pruːdɪʃ] che si scandalizza facilmente

pry [praɪ] essere indiscreto

PS ['piːes] (= **postscript**) P.S. (= *post scriptum*)

pseudonym ['sjuːdənɪm] pseudonimo *m*

psychiatric [saɪkɪ'ætrɪk] psichiatrico; **psychiatrist** psichiatra *m/f*; **psychiatry** psichiatria *f*

psychoanalysis [saɪkəʊə'næləsɪs] psicanalisi *f*; **psychoanalyst** psicanalista *m/f*; **psychoanalyze** psicanalizzare

psychological [saɪkə'lɒdʒɪkl] psicologico; **psychologically** psicologicamente; **psychologist** psicologo *m*, -a *f*; **psychology** psicologia *f*

psychopath ['saɪkəpæθ] psicopatico *m*, -a *f*

psychosomatic [saɪkəʊsə'mætɪk] psicosomatico

pub [pʌb] pub *m inv*

pubic hair [pjuː'bɪk'heə(r)] peli *mpl* del pube

public ['pʌblɪk] **1** *adj* pubblico **2** *n*: **the ~** il pubblico; **in ~** in pubblico; **public transport** mezzi *mpl* pubblici

publication [pʌblɪ'keɪʃn]

pubblicazione f

public 'holiday giorno m festivo

publicity [pʌb'lɪsətɪ] pubblicità f; **publicize** make known far sapere in giro; COM reclamizzare

publicly ['pʌblɪklɪ] pubblicamente

'**public school** Br scuola f privata; Am scuola f pubblica

publish ['pʌblɪʃ] pubblicare; **publisher** editore m; **publishing** editoria f; **publishing company** casa f editrice

pudding ['pudɪŋ] dish budino m; part of meal dolce m

puddle ['pʌdl] n pozzanghera f

puff [pʌf] **1** n of wind, smoke soffio m **2** v/i (pant) ansimare; **puffy** eyes, face gonfio

puke [pjuːk] F vomitare

pull [pul] **1** n on rope tirata f; F (appeal) attrattiva f; F (influence) influenza f **2** v/t (drag) tirare; tooth togliere; **~ a muscle** farsi uno strappo muscolare **3** v/i tirare

◆ **pull ahead** in race, competition portarsi in testa

◆ **pull down** (lower) tirar giù; (demolish) demolire

◆ **pull in** of bus, train arrivare

◆ **pull out 1** v/t tirar fuori; troops (far) ritirare **2** v/i of agreement, competition, MIL ritirarsi; of ship partire

◆ **pull over** of driver accostarsi

◆ **pull through** from an illness farcela F

◆ **pull up 1** v/t (raise) tirar su; plant, weeds strappare **2** v/i of car etc fermarsi

pulley ['pulɪ] puleggia f

pulsate [pʌl'seɪt] of heart, blood pulsare; of rhythm vibrare

pulse [pʌls] polso m

pulverize ['pʌlvəraɪz] polverizzare

pump [pʌmp] **1** n pompa f **2** v/t pompare

pumpkin ['pʌmpkɪn] zucca f

pun [pʌn] gioco m di parole

punch [pʌntʃ] **1** n blow pugno m; implement punzonatrice f **2** v/t with fist dare un pugno a; hole perforare; ticket forare

punctual ['pʌŋktjuəl] puntuale; **punctuality** puntualità f

punctuation ['pʌŋktjuːeɪʃn] punteggiatura f

puncture ['pʌŋktʃə(r)] **1** n foratura f **2** v/t forare

punish ['pʌnɪʃ] punire; **punishing** pace, schedule estenuante; **punishment** punizione f

puny ['pjuːnɪ] person gracile

pup [pʌp] cucciolo m

pupil[1] ['pjuːpl] of eye pupilla f

pupil[2] ['pjuːpl] (student) allievo m, -a f

puppet ['pʌpɪt] burattino m; with strings marionetta f

puppy ['pʌpɪ] cucciolo m

purchase¹ ['pɜːtʃəs] **1** *n* acquisto *m* **2** *v/t* acquistare

purchase² ['pɜːtʃəs] *n* (*grip*) presa *f*

purchaser ['pɜːtʃəsə(r)] *n* acquirente *m/f*

pure [pjʊə(r)] puro; **~ new wool** pura lana *f* vergine;
purely puramente

purge ['pɜːdʒ] **1** *n of political party* epurazione *f* **2** *v/t* epurare

purify ['pjʊərɪfaɪ] purificare

puritan ['pjʊərɪtən] puritano *m*, -a *f*

purity ['pjʊərɪtɪ] purezza *f*

purple ['pɜːpl] viola *inv*

purpose ['pɜːpəs] (*aim*, *object*) scopo *m*; **on ~** di proposito; **purposely** di proposito

purr [pɜː(r)] *of cat* far le fusa

purse [pɜːs] *for money* borsellino *m*; *Am handbag* borsetta *f*

pursue [pə'sjuː] *person* inseguire; *career* intraprendere; *course of action* proseguire; **pursuer** inseguitore *m*, -trice *f*; **pursuit** (*chase*) inseguimento *m*; *of happiness etc* ricerca *f*; *activity* occupazione *f*

push [pʊʃ] **1** *n* (*shove*) spinta *f* **2** *v/t* (*shove*) spingere; *button* premere; (*pressurize*) fare pressioni su; F *drugs* spacciare; **be ~ed for** F essere a corto di **3** *v/i* spingere

◆ **push on** (*continue*) continuare

'pushchair passeggino *m*;
pusher F *of drugs* spacciatore *m*, -trice *f*; **push-up** flessione *f* sulle braccia; **pushy** F troppo invadente

puss, pussy (*cat*) [pʊs, 'pʊsɪ] (kæt)] F micio *m*, -a *f*

put [pʊt] mettere; *question* porre; **~ the cost at** stimare il costo intorno a

◆ **put across** *ideas etc* trasmettere

◆ **put aside** mettere da parte

◆ **put away** *in cupboard etc* mettere via; *in institution* rinchiudere; (*consume*) far fuori; *money* mettere da parte; (*imprison*) mettere dentro F; *animal* abbattere

◆ **put back** (*replace*) rimettere a posto

◆ **put down** mettere giù; *deposit* versare; *rebellion* reprimere; *animal* abbattere; (*belittle*) sminuire; *in writing* scrivere; **put X down to Y** (*attribute*) attribuire X a Y

◆ **put forward** *idea etc* avanzare

◆ **put in** inserire; *overtime* fare; *time*, *effort* dedicare; *request*, *claim* presentare

◆ **put off** *light*, *TV* spegnere; (*postpone*) rimandare; (*deter*) scoraggiare; (*repel*) disgustare

◆ **put on** *light*, *TV* accendere; *music* mettere su; *jacket*, *shoes*, *glasses* mettersi; *makeup* mettere; (*perform*) mettere in scena; (*assume*) affetta-

re; *she's just putting it on*
sta solo fingendo
◆ **put out** *hand* allungare; *fire
light* spegnere
◆ **put together** (*assemble*)
montare; (*organize*) organizzare
◆ **put up** *hand* alzare; *person*
ospitare; (*erect*) costruire;
prices aumentare; *poster* affiggere; *money* fornire; *put
up for sale* mettere in vendita

◆ **put up with** sopportare
putty ['pʌtɪ] mastice *m*
puzzle ['pʌzl] **1** *n* (*mystery*)
mistero *m*; *game* rebus *m
inv*; *jigsaw* puzzle *m inv* **2**
v/t lasciar perplesso; **puzzling** inspiegabile
PVC [piːviːˈsiː] (= *polyvinyl
chloride*) PVC *m* (= polivinilcloruro *m*)
pyjamas [pəˈdʒɑːməz] pigiama *m*
pylon ['paɪlən] pilone *m*

Q

quack [kwæk] *of duck* fare
qua qua
quadrangle ['kwɒdræŋgl] *figure* quadrilatero *m*; *courtyard* cortile *m*
quadruped ['kwɒdruped]
quadrupede *m*
quail [kweɪl] perdersi d'animo
quaint [kweɪnt] *pretty* pittoresco; *eccentric: ideas etc* curioso
quake [kweɪk] **1** *n* (*earthquake*) terremoto *m* **2** *v/i also
fig* tremare
qualification [kwɒlɪfɪˈkeɪʃn]
from university etc titolo *m*
di studio; **qualified** *doctor,
engineer etc* abilitato; (*restricted*) con riserva; **qualify
1** *v/t of degree, course etc* abilitare; *remark etc* precisare **2**
v/i (*get certificate etc*) ottene-

re la qualifica (*as* di); *in
competition* qualificarsi
quality ['kwɒlətɪ] qualità *f
inv*; **quality control** controllo *m* (di) qualità; **quality
time** tempo *m* di qualità
qualm [kwɑːm]: **have no ~s
about ...** non aver scrupoli
a ...
quandary ['kwɒndərɪ] dilemma *m*; **be in a ~** avere un dilemma
quantify ['kwɒntɪfaɪ] quantificare
quantity ['kwɒntətɪ] quantità
f inv
quarantine ['kwɒrəntiːn]
quarantena *f*
quarrel ['kwɒrəl] **1** *n* litigio *m*
2 *v/i* litigare
quarry[1] ['kwɒrɪ] *in hunt* preda
f
quarry[2] ['kwɒrɪ] *for mining*

cava f

quart [kwɔːt] quarto m di gallone (Br 1,136 l, Am 0,946 l)

quarter ['kwɔːtə(r)] quarto m; *part of town* quartiere m; **a ~ of an hour** un quarto d'ora; **(a) ~ to 5** le cinque meno un quarto; **(a) ~ past 5** le cinque e un quarto; **quarter-final** partita f dei quarti m/pl di finale; **quarter-finalist** concorrente m/f dei quarti di finale; **quarterly 1** adj trimestrale **2** adv trimestralmente; **quarters** MIL alloggi m/pl; **quartet** MUS quartetto m

quartz [kwɔːts] quarzo m

quash [kwɒʃ] *rebellion* reprimere; *court decision* annullare

quaver ['kweɪvə(r)] **1** n in *voice* tremolio m; MUS croma f **2** v/i of voice tremolare

quay [kiː] banchina f

queasy ['kwiːzɪ] nauseato

queen [kwiːn] regina f

queer [kwɪə(r)] (*peculiar*) strano

quell [kwel] soffocare

quench [kwentʃ] *also fig* spegnere

query ['kwɪərɪ] **1** n interrogativo m **2** v/t *express doubt about* contestare; *check* controllare

quest [kwest] ricerca f

question ['kwestʃn] **1** n domanda f; *matter* questione f; **it's a ~ of money** è questione di soldi; **that's out**

of the ~ è fuori discussione **2** v/t *person* interrogare; (*doubt*) dubitare di; **questionable** discutibile; (*dubious*) dubbio; **questioning 1** adj look, tone interrogativo **2** n interrogativo m; **question mark** punto m interrogativo; **questionnaire** questionario m

queue [kjuː] **1** n coda f, fila f **2** v/i fare la fila or la coda

quibble ['kwɪbl] cavillare

quick [kwɪk] *person* svelto; *reply, change* veloce; **be ~!** fai presto!, fai in fretta!; **let's have a ~ drink** beviamo qualcosina?; **quickly** rapidamente, in fretta; **quickwitted** sveglio

quid [kwɪd] F sterlina f; **50 ~** 50 sterline

quiet ['kwaɪət] *voice, music* basso; *engine* silenzioso; *street, life, town* tranquillo; **keep ~ about sth** tenere segreto qc; **~!** silenzio!; **quietly** *not loudly* silenziosamente; (*without fuss*) semplicemente; (*peacefully*) tranquillamente; **quietness** *of night, street* tranquillità f, calma f; *of voice* dolcezza f

quilt [kwɪlt] *on bed* piumino m

quinine [kwɪniːn] chinino m

quip [kwɪp] **1** n battuta f (di spirito) **2** v/i scherzare

quirk [kwɜːk] bizzarria f; **quirky** bizzarro

quit [kwɪt] **1** v/t job mollare F **2** v/i (leave job) licenziarsi; COMPUT uscire

quite [kwaɪt] (fairly) abbastanza; (completely) completamente; *is that right? – not* ~ giusto? - non esattamente; ~! esatto!; ~ *a lot* drink, change parecchio; ~ *a lot better* molto meglio; ~ *a few* un bel po'; *it was ~ a surprise* è stata una bella sorpresa

quiver ['kwɪvə(r)] tremare

quiz [kwɪz] **1** n quiz m inv **2** v/t interrogare

quota ['kwəʊtə] quota f

quotation [kwəʊ'teɪʃn] from author citazione f; price preventivo m; **quotation marks** virgolette fpl; **quote 1** n from author citazione f; price preventivo m; (quotation mark) virgoletta f; *in* ~s tra virgolette **2** v/t text citare; price stimare

R

rabbit ['ræbɪt] coniglio m

rabble ['ræbl] marmaglia f; **rabble-rouser** agitatore m, -trice f

rabies ['reɪbiːz] rabbia f, idrofobia f

raccoon [rə'kuːn] procione m

race¹ [reɪs] n of people razza f

race² [reɪs] **1** n SP gara f; *the* ~*s* (horse races) le corse **2** v/i (run fast) correre **3** v/t: *I'll ~ you* facciamo una gara

'racecourse ippodromo m; **racehorse** cavallo m da corsa; **race riot** scontri mpl razziali; **racetrack** pista f; for horses ippodromo m

racial ['reɪʃl] razziale

racing ['reɪsɪŋ] corse fpl; **racing car** auto f inv da corsa; **racing driver** pilota m automobilistico

racism ['reɪsɪzm] razzismo m;

racist 1 n razzista m/f **2** adj razzista

rack [ræk] **1** n for parking bikes rastrelliera f; for bags on train portabagagli m inv; for CDs porta-CD m inv **2** v/t: ~ *one's brains* scervellarsi

racket¹ ['rækɪt] SP racchetta f

racket² ['rækɪt] (noise) baccano m; criminal activity racket m inv

radar ['reɪdɑː(r)] radar m inv

radiance ['reɪdɪəns] splendore m; **radiant** smile splendente; appearance raggiante; **radiate** of heat, light diffondersi; **radiation** PHYS radiazione f; **radiator** in room termosifone m; in car radiatore m

radical ['rædɪkl] **1** adj radicale **2** n radicale m/f; **radicalism**

POL radicalismo *m*; **radically** radicalmente

radio ['reɪdɪəʊ] radio *f inv*; **on the ~** alla radio; **radioactive** radioattivo; **radioactivity** radioattività *f*; **radio alarm** radiosveglia *f*; **radiographer** radiologo *m*, -a *f*; **radiography** radiografia *f*; **radio station** stazione *f* radiofonica, radio *f inv*

radius ['reɪdɪəs] raggio *m*

raft [rɑːft] zattera *f*

rafter ['rɑːftə(r)] travicello *m*

rag [ræg] *for cleaning etc* straccio *m*

rage [reɪdʒ] **1** *n* rabbia *f*, collera *f*; **be all the ~** F essere di moda **2** *v/i of person* infierire; *of storm* infuriare

ragged ['rægɪd] stracciato

raid [reɪd] **1** *n* raid *m inv* **2** *v/t of police, robbers* fare un raid in; *fridge, orchard* fare razzia in; **raider** *on bank etc* rapinatore *m*, -trice *f*

rail [reɪl] *on track* rotaia *f*; *(hand~)* corrimano *m*; *(barrier)* parapetto *m*; **towel ~** portasciugamano *m inv*; **by ~** in treno; **railings** *around park etc* inferriata *f*; **railroad** *Am* ferrovia *f*; **railway** ferrovia *f*; **railway station** stazione *f* ferroviaria

rain [reɪn] **1** *n* pioggia *f*; **in the ~** sotto la pioggia **2** *v/i* piovere; **it's ~ing** sta piovendo; **rainbow** arcobaleno *m*; **raincheck**: *can I take a ~*

on that? *Am* F posso riservarmi di farlo in seguito?; **raincoat** impermeabile *m*; **raindrop** goccia *f* di pioggia; **rainfall** piovosità *f*; **rain forest** foresta *f* pluviale; **rainproof** *fabric* impermeabile; **rainstorm** temporale *m*; **rainy** *day* di pioggia; *weather* piovoso; **it's ~** piove molto

raise [reɪz] **1** *n in salary* aumento *m* **2** *v/t shelf, question* sollevare; *offer* aumentare; *children* allevare; *money* raccogliere

raisin ['reɪzn] uva *f* passa

rake [reɪk] *for garden* rastrello *m*

rally ['rælɪ] *meeting* raduno *m*; MOT rally *m inv*; *in tennis* scambio *m*

RAM [ræm] COMPUT (= *random access memory*) RAM *f inv*

ram [ræm] **1** *n* montone *m* **2** *v/t ship, car* sbattere contro

ramble ['ræmbl] **1** *n walk* escursione *f* **2** *v/i walk* fare passeggiate; *in speaking* divagare; *talk incoherently* vaneggiare; **rambling** *speech* sconnesso

ramp [ræmp] rampa *f*; *for raising vehicle* ponte *m* idraulico

rampant ['ræmpənt] *inflation* dilagante

rampart ['ræmpɑːt] bastione *m*

ramshackle ['ræmʃækl] sgangherato

ranch [rɑːntʃ] ranch *m inv*; **rancher** (*owner*) proprietario *m* di un ranch; **ranchhand** lavoratore *m*, -trice *f* di un ranch

rancid ['rænsɪd] rancido

rancour, *Am* **rancor** ['ræŋkə(r)] rancore *m*

R&D [ɑːrən'diː] (= *research and development*) ricerca *f* e sviluppo *m*

random ['rændəm] **1** *adj* casuale; **~ sample** campione *m* casuale **2** *n*: **at ~** a caso

randy ['rændɪ] F arrapato P

range [reɪndʒ] **1** *n of products* gamma *f*; *of missile, gun* gittata *f*; *of salary* scala *f*; *of voice* estensione *f*; *of mountains* catena *f*; **at close~** a distanza ravvicinata **2** *v/i*: **~ from X to Y** variare da X a Y; **ranger** *Am* guardia *f* forestale

rank [ræŋk] **1** *n* MIL grado *m*; *in society* rango *m*; **the ~s** MIL la truppa **2** *v/t* classificare

◆ **rank among** classificarsi tra

ransack ['rænsæk] saccheggiare

ransom ['rænsəm] riscatto *m*; **ransom money** ((soldi *mpl* del) riscatto *m*

rap [ræp] *n at door etc* colpo *m*; MUS rap *m* **2** *v/t table etc* battere

rape[1] [reɪp] **1** *n* stupro *m* **2** *v/t* violentare

rape[2] [reɪp] *n* BOT colza *f*

rapid ['ræpɪd] rapido; **rapidity** rapidità *f*; **rapidly** rapidamente; **rapids** rapide *fpl*

rapist ['reɪpɪst] violentatore *m*

rare [reə(r)] raro; *steak* al sangue; **rarely** raramente; **rarity** rarità *f inv*

rascal ['rɑːskl] birbante *m/f*

rash[1] [ræʃ] *n* MED orticaria *f*

rash[2] [ræʃ] *adj action* avventato

rashly ['ræʃlɪ] avventatamente

raspberry ['rɑːzbərɪ] lampone *m*

rat [ræt] ratto *m*

rate [reɪt] *of exchange* tasso *m*; *of pay, pricing* tariffa *f*; (*speed*) ritmo *m*; **at this ~** (*at this speed, carrying on like this*)di questo passo; **at any ~** in ogni modo

rather ['rɑːðə(r)] piuttosto; **I would ~ stay here** preferirei stare qui

ratification [rætɪfɪ'keɪʃn] ratifica *f*; **ratify** ratificare

ratings ['reɪtɪŋz] indice *m* d'ascolto

ratio ['reɪʃɪəʊ] proporzione *f*

ration ['ræʃn] **1** *n* razione *f* **2** *v/t supplies* razionare

rational ['ræʃənl] razionale; **rationality** razionalità *f*; **rationalization** razionalizzazione *f*; **rationalize** razionalizzare; **rationally** razionalmente rattle ['rætl] **1** n noise rumore m; toy sonaglio m **2** v/t scuotere **3** v/i far rumore; **rattlesnake** serpente m a sonagli

raucous ['rɔːkəs] sguaiato

rave [reɪv] **1** v/i delirare; ~ **about sth** be very enthusiastic entusiasmarsi per qc **2** n party rave m inv

ravenous ['rævənəs] famelico

'rave review recensione f entusiastica

ravine [rə'viːn] burrone m

ravishing ['rævɪʃɪŋ] incantevole

raw [rɔː] meat, vegetable crudo; sugar, iron grezzo; **raw materials** materia f prima

ray [reɪ] raggio m

razor ['reɪzə(r)] rasoio m; **razor blade** lametta f da barba

re [riː] COM con riferimento a

reach [riːtʃ] **1** n: within ~ vicino (**of** a); within arm's reach a portata (di mano); **out of** ~ non a portata (**of** di); **keep out of** ~ **of children** tenere lontano dalla portata dei bambini **2** v/t city arrivare a; decision, agreement raggiungere; **can you** ~ **it?** ci arrivi?

react [rɪ'ækt] reagire; **reaction** reazione f; **reactionary 1** n POL reazionario m, -a f **2** adj POL reazionario; **reactor** nuclear reattore m

read [riːd] leggere

◆ **read out** aloud leggere a voce alta

◆ **read up on** documentarsi su

readable ['riːdəbl] leggibile; **reader** person lettore m, -trice f

readily ['redɪlɪ] (willingly) volentieri; (easily) facilmente

reading ['riːdɪŋ] also from meter lettura f

readjust [riːə'dʒʌst] **1** v/t regolare **2** v/i to conditions riadattarsi

ready ['redɪ] pronto; get (o.s.) ~ prepararsi; **get sth** ~ preparare qc; **ready cash** contanti mpl; **ready-made** stew etc precotto; solution bell'e pronto; **ready-to-wear** confezionato

real [rɪəl] vero; **real estate** proprietà fpl immobiliari; **real estate agent** agente m/f immobiliare; **realism** realismo m; **realist** realista m/f; **realistic** realistico; **realistically** realisticamente; **reality** realtà f inv; **reality show** TV reality show m inv; **realize** rendersi conto di, realizzare; I ~ **now that ...** ora capisco che ...; **really** veramente; ~? davvero?; **not** ~ (not much) non proprio; **real-time** COMPUT in tempo reale; **real time** COMPUT tempo m reale

realtor ['riːltə(r)] Am agente m/f immobiliare; **realty** Am

proprietà fpl immobiliari
reappear [riːə'pɪə(r)] riapparire; **reappearance** ricomparsa f
rear [rɪə(r)] **1** n of building retro m; of train parte f posteriore **2** adj posteriore
rearm [riː'ɑːm] **1** v/t riarmare **2** v/i riarmarsi
rearrange [riːə'reɪndʒ] furniture spostare; schedule, meetings cambiare
rear-view 'mirror specchietto m retrovisore
reason ['riːzn] **1** n faculty ragione f; (cause) motivo m; **listen to ~** ascoltare ragione **2** v/i: **~ with s.o.** far ragione con qu; **reasonable** person, price ragionevole; weather, health discreto; **a ~ number of people** un discreto numero di persone; **reasonably** act, behave ragionevolmente; (quite) abbastanza; **reasoning** ragionamento m
reassure [riːə'ʃuə(r)] rassicurare; **reassuring** rassicurante
rebate ['riːbeɪt] money back rimborso m
rebel 1 ['rebl] n ribelle m/f **2** [rɪ'bel] v/i ribellarsi; **rebellion** ribellione f; **rebellious** ribelle; **rebelliousness** spirito m di ribellione
rebound [rɪ'baʊnd] of ball etc rimbalzare
rebuild ['riːbɪld] ricostruire

recall [rɪ'kɔːl] richiamare; (remember) ricordare
recap ['riːkæp] F ricapitolare
recapture [riːˈkæptʃə(r)] criminal ricatturare; town riconquistare
recede [rɪ'siːd] of flood waters abbassarsi; **receding** forehead, chin sfuggente; **have a ~ hairline** essere stempiato
receipt [rɪ'siːt] for purchase ricevuta f, scontrino m; **~s** FIN introiti mpl; **receive** ricevere; **receiver** TELEC ricevitore m; for radio apparecchio m ricevente; **receivership: be in ~** essere in amministrazione controllata
recent ['riːsnt] recente; **recently** recentemente
reception [rɪ'sepʃn] reception f inv; formal party ricevimento m; (welcome) accoglienza f; on radio, mobile ricezione f; **reception desk** banco m della reception; **receptionist** receptionist m/f inv; **receptive: be ~ to sth** essere ricettivo verso qc
recess ['riːses] in wall etc rientranza f; of parliament vacanza f; Am EDU intervallo m; **recession** economic recessione f
recharge [riːˈtʃɑːdʒ] battery ricaricare
recipe ['resəpɪ] ricetta f
recipient [rɪ'sɪpɪənt] destinatario m, -a f
reciprocal [rɪ'sɪprəkl] reci-

proco

recite [rɪ'saɪt] *poem* recitare; *details, facts* enumerare

reckless ['reklɪs] spericolato; **recklessly** in modo spericolato; *spend* avventatamente

reckon ['rekən] (*think, consider*) pensare

◆ **reckon on** contare su

reclaim [rɪ'kleɪm] *land* bonificare; *lost property* recuperare

recline [rɪ'klaɪn] sdraiarsi; **recliner chair** poltrona *f* reclinabile

recluse [rɪ'kluːs] eremita *m/f*

recognition [rekəg'nɪʃn] *of state, s.o.'s achievements* riconoscimento *m*; **recognizable** riconoscibile; **recognize** riconoscere

recoil [rɪ'kɔɪl] indietreggiare

recollect [rekə'lekt] rammentare; **recollection** ricordo *m*

recommend [rekə'mend] consigliare; **recommendation** consiglio *m*

recompense ['rekəmpens] ricompensa *f*; LAW risarcimento *m*

reconcile ['rekənsaɪl] *people, differences* riconciliare; *facts* conciliare; **~ o.s. to ...** rassegnarsi a ...; **reconciliation** *of people, differences* riconciliazione *f*; *of facts* conciliazione *f*

recondition [riːkən'dɪʃn] ricondizionare

reconnaissance [rɪ'kɒnɪsns] MIL ricognizione *f*

reconsider [riːkən'sɪdə(r)] **1** *v/t offer* riconsiderare **2** *v/i* ripensare

reconstruct [riːkən'strʌkt] *city, crime, life* ricostruire

record¹ ['rekɔːd] *n* MUS disco *m*; SP *etc* record *m inv*, primato *m*; *written document etc* nota *f*; *in database* record *m inv*; **~s** archivio *m*; **say sth off the ~** dire qc ufficiosamente; **have a criminal ~** avere precedenti penali

record² [rɪ'kɔːd] *v/t electronically* registrare; *in writing* annotare

'record-breaking da record;

recorder [rɪ'kɔːdə(r)] MUS flauto *m* dolce

'record holder primatista *m/f*

recording [rɪ'kɔːdɪŋ] registrazione *f*; **recording studio** sala *f* di registrazione

'record player giradischi *m inv*

re-count ['riːkaʊnt] **1** *n of votes* nuovo conteggio *m* **2** *v/t* (*count again*) ricontare

recount [rɪ'kaʊnt] (*tell*) raccontare

recoup [rɪ'kuːp] *financial losses* rifarsi di

recover [rɪ'kʌvə(r)] **1** *v/t stolen goods* recuperare **2** *v/i from illness* rimettersi; *of economy* riprendersi; **recovery** *of stolen goods* recupero *m*; *from illness* guarigione *f*

recreation [rekrɪ'eɪʃn] ricreazione *f*; **recreational** *done* *for pleasure* ricreativo

recruit [rɪˈkruːt] **1** *n* MIL recluta *f*; *to company* neoassunto *m*, -a *f* **2** *v/t new staff* assumere; *members* arruolare; **recruitment** assunzione *f*; MIL, POL reclutamento *m*

rectangle [ˈrektæŋgl] rettangolo *m*; **rectangular** rettangolare

rectify [ˈrektɪfaɪ] rettificare

recuperate [rɪˈkjuːpəreɪt] recuperare

recur [rɪˈkɜː(r)] *of error, event* ripetersi; *of symptoms* ripresentarsi; **recurrent** ricorrente

recyclable [riːˈsaɪkləbl] riciclabile; **recycle** riciclare; **cycling** riciclo *m*

red [red] rosso; *in the ~* FIN in rosso; **Red Cross** Croce F Rossa

redecorate [riːˈdekəreɪt] ritinteggiare; *change wallpaper* ritappezzare

redeem [rɪˈdiːm] *debt* estinguere; *sinners* redimere; **redeeming feature** aspetto *m* positivo

redevelop [riːdɪˈveləp] *part of town* risanare

red-handed [redˈhændɪd]: *catch s.o. ~* cogliere qu in flagrante; **redhead** rosso *m*, -a *f*; **red light** *at traffic lights* rosso *m*; **red light district** quartiere *m* a luci rosse; **red meat** carni *fpl* rosse; **redneck** *Am* F reazionario

m, -a *f*; **red tape** F burocrazia *f*

reduce [rɪˈdjuːs] ridurre; **reduction** riduzione *f*

redundancy [rɪˈdʌndənsɪ] *at work* licenziamento *m*; **redundant** (*unnecessary*) superfluo; *be made ~ at work* essere licenziato

reef [riːf] *in sea* scogliera *f*; **reef knot** nodo *m* piano

reek [riːk] puzzare (*of* di)

reel [riːl] *of film* rullino *m*; *of thread* rocchetto *m*; *of tape* bobina *f*; *of fishing line* mulinello *m*

re-e'lect rieleggere; **re-election** rielezione *f*

re-'entry *of spacecraft* rientro *m*

ref [ref] F arbitro *m*

◆ **refer to** [rɪˈfɜː(r)] riferirsi a; *dictionary etc* consultare

referee [refəˈriː] SP arbitro *m*; *for job* referenza *f*; **reference** (*allusion*) allusione *f*; *for job* referenza *f*; (~ *number*) (numero *m* di) riferimento *m*; **reference book** opera *f* di consultazione; **reference number** numero *m* di riferimento

referendum [refəˈrendəm] referendum *m inv*

refill [ˈriːfɪl] riempire

refine [rɪˈfaɪn] raffinare; **refinement** *to process, machine* miglioramento *m*; **refinery** raffineria *f*

reflect [rɪˈflekt] **1** *v/t light* riflettere; *be ~ed in* riflettersi in 2 *v/i* (*think*) riflettere; **reflection** (*in water, glass etc*) riflesso *m*; (*consideration*) riflessione *f*; *on ~* dopo averci riflettuto

reflex ['ri:fleks] *in body* riflesso *m*

reform [rɪ'fɔ:m] 1 *n* riforma *f* 2 *v/t* riformare; **reformer** riformatore *m*, -trice *f*

refrain [rɪ'freɪn] *fml*: *please ~ from smoking* si prega di non fumare

refresh [rɪ'freʃ] *person* ristorare; *feel ~ed* sentirsi ristorato; *refreshing drink* rinfrescante; *experience* piacevole; *refreshments* rinfreschi *mpl*

refrigerate [rɪ'frɪdʒəreɪt]: *keep ~d* conservare in frigo; **refrigerator** frigorifero *m*

refuel [ri:'fju:əl] 1 *v/t aeroplane* rifornire di carburante 2 *v/i of aeroplane, car* fare rifornimento

refuge ['refju:dʒ] rifugio *m*; *take ~ from storm etc* ripararsi; **refugee** rifugiato *m*, -a *f*, profugo *m*, -a *f*

refund 1 ['ri:fʌnd] *n* rimborso *m* 2 [rɪ'fʌnd] *v/t* rimborsare

refusal [rɪ'fju:zl] rifiuto *m*

refuse[1] [rɪ'fju:z] rifiutare; *~ to do sth* rifiutare di fare qc

refuse[2] ['refju:s] *n* rifiuti *mpl*

regain [rɪ'geɪn] *control, lost territory, the lead* riconquistare

regard [rɪ'gɑ:d] 1 *n*: *have great ~ for s.o.* avere molta stima di qu; *with ~ to* riguardo a; (*kind*) *~s* cordiali saluti; *with no ~ for* senza alcun riguardo per 2 *v/t*: *~ as* considerare qc/qu come qc; *regarding* riguardo a; *regardless* lo stesso; *~ of* senza tener conto di

regime [reɪ'ʒi:m] (*government*) regime *m*

regiment ['redʒɪmənt] reggimento *m*

region ['ri:dʒən] regione *f*; *in the ~ of* intorno a; *regional* regionale

register ['redʒɪstə(r)] 1 *n* registro *m* 2 *v/t birth, death: by individual* denunciare; *by authorities* registrare; *vehicle* iscrivere; *letter* assicurare; *emotion* mostrare 3 *v/i at university* iscriversi; **registered letter** (lettera *f*) assicurata *f*; **registration** *at university* iscrizione *f*; **registration number** MOT numero *m* di targa; **registry office** ufficio *m* di stato civile

regret [rɪ'gret] 1 *v/t* rammaricarsi di; *missed opportunity* rimpiangere 2 *n* rammarico *m*; *regretful* di rammarico; *regrettable* deplorevole; *regrettably* purtroppo

regular ['regjʊlə(r)] 1 *adj* regolare; (*ordinary*) normale 2 *n at bar etc* cliente *m/f* abituale; **regularity** regolarità *f*

inv; **regularly** regolarmente
regulate ['regjuleɪt] regolare;
regulation (*rule*) regolamento *m*; *control* controllo *m*

rehabilitate [riːhə'bɪlɪteɪt] *ex-criminal* riabilitare; *disabled person* rieducare

rehearsal [rɪ'hɜːsl] prova *f*;
rehearse provare

reign [reɪn] **1** *n* regno *m* **2** *v/i* regnare

reimburse [riːɪm'bɜːs] rimborsare

reinforce [riːɪn'fɔːs] rinforzare; **reinforced concrete** cemento *m* armato; **reinforcements** MIL rinforzi *mpl*

reinstate [riːɪn'steɪt] reintegrare

reiterate [riː'ɪtəreɪt] *fml* ripetere

reject [rɪ'dʒekt] respingere;
rejection rifiuto *m*

relapse ['riːlæps] MED ricaduta *f*

relate [rɪ'leɪt] **1** *v/t story* raccontare **2** *v/i*: **~ to ...** *be connected with* riferirsi a ...; **he doesn't ~ to people** non sa stabilire un rapporto con gli altri; **related** *by family* imparentato; *events, ideas etc* collegato; **relation** *in family* parente *m/f*; (*connection*) rapporto *m*; **business ~s** rapporti d'affari; **relationship** rapporto *m*; **relative 1** *n* parente *m/f* **2** *adj* relativo; **relatively** relativa-

mente

relax [rɪ'læks] **1** *v/i* rilassarsi;
~! rilassati! **2** *v/t* rilassare; **relaxation** relax *m inv*; *of rules etc* rilassamento *m*; **relaxed** rilassato; **relaxing** rilassante

relay [rɪ'leɪ] *v/t* trasmettere **2** *n*: **~ (race)** (corsa *f* a) staffetta *f*

release [rɪ'liːs] **1** *n from prison* rilascio *m*; *of CD etc* uscita *f*; *of software* versione *f* **2** *v/t prisoner* rilasciare; *handbrake* togliere; *film, record* far uscire; *information* rendere noto

relegate ['relɪgeɪt] relegare;
be ~d SP essere retrocesso;
relegation SP retrocessione *f*

relent [rɪ'lent] cedere; **relentless** incessante, implacabile

relevance ['reləvəns] pertinenza *f*

relevant ['reləvənt] pertinente

reliability [rɪlaɪə'bɪlətɪ] affidabilità *f*; **reliable** affidabile; **reliance** dipendenza *f* (*on* da); **reliant: be ~ on** dipendere da

relic ['relɪk] reliquia *f*

relief [rɪ'liːf] sollievo *m*; **relieve** *pressure, pain* alleviare; (*take over from*) dare il cambio a; **be ~d** *at news etc* essere sollevato

religion [rɪ'lɪdʒən] religione *f*;
religious religioso; **religiously** religiosamente

relinquish [rɪ'lɪŋkwɪʃ] rinunciare *v*

relish ['relɪʃ] **1** *n sauce* salsa *f*; (*enjoyment*) gusto *m* **2** *v/t idea, prospect* gradire

relive [riːˈlɪv] rivivere

relocate [riːləˈkeɪt] *of business, employee* trasferirsi

reluctance [rɪˈlʌktəns] riluttanza *f*; **reluctant** riluttante; *be ~ to do sth* essere restio a fare qc; **reluctantly** a malincuore

♦ rely on [rɪˈlaɪ] contare su; *rely on s.o. to do sth* contare su qu perché faccia qc

remain [rɪˈmeɪn] rimanere; **remainder** *also* MATH resto *m*; **remaining** restante; **remains of body** resti *mpl*

remake ['riːmeɪk] *of film* remake *m inv*

remand [rɪˈmɑːnd] **1** *v/t*: *~ s.o. in custody* ordinare la custodia cautelare di qu **2** *n*: *be on ~* essere in attesa di giudizio

remark [rɪˈmɑːk] **1** *n* commento *m* **2** *v/t* osservare; **remarkable** notevole; **remarkably** notevolmente

remarry [riːˈmærɪ] risposarsi

remedy ['remədɪ] rimedio *m*

remember [rɪˈmembə(r)] **1** *v/t* ricordare **2** *v/i* ricordare, ricordarsi

remind [rɪˈmaɪnd]: *~ s.o. of s.o. / sth* ricordare qu / qc a qu; *~ s.o. to do sth* ricordare a qu di fare qc; **reminder** promemoria *m*; COM *for*

payment sollecito *m*

reminisce [remɪˈnɪs] rievocare il passato

remission [rɪˈmɪʃn] REL MED remissione *f*

remnant ['remnənt] resto *m*; *of fabric* scampolo *m*

remorse [rɪˈmɔːs] rimorso *m*; **remorseless** spietato

remote [rɪˈməʊt] *village* isolato; *possibility* remoto; (*aloof*) distante; *ancestor* lontano; **remote control** *for TV* telecomando *m*; **remotely** *related, connected* lontanamente; *just ~ possible* vagamente possibile

removable [rɪˈmuːvəbl] staccabile; **removal** rimozione *f*; *from home* trasloco *m*; **removal firm** ditta *f* di traslochi; **remove** togliere; MED asportare; *doubt, suspicion* eliminare

remuneration [rɪmjuːnəˈreɪʃn] rimunerazione *f*

Renaissance [rɪˈneɪsəns] Rinascimento *m*

rename [riːˈneɪm] ribattezzare; *file* rinominare

rendez-vous ['rɒndeɪvuː] (*meeting*) incontro *m*

renew [rɪˈnjuː] *contract* rinnovare; *feel ~ed* sentirsi rinato; **renewal** *of contract etc* rinnovo *m*

renounce [rɪˈnaʊns] rinunciare a

renovate ['renəveɪt] ristrutturare; **renovation** ristruttura-

reprieve

zione f

rent [rent] **1** n affitto m; **for ~** affittasi **2** v/t apartment affittare; car, equipment, noleggiare; (~ out) affittare; **rental for** apartment affitto m; for car noleggio m; for TV, phone canone m; **rental car** macchina f a noleggio; **rent-free** gratis

reopen [riː'əʊpn] riaprire

reorganization [riːɔːgənaɪ-'zeɪʃn] riorganizzazione f; **reorganize** riorganizzare

repaint [riː'peɪnt] ridipingere

repair [rɪ'peə(r)] **1** v/t riparare **2** n: **in a bad state of ~** in cattivo stato; **~s** riparazioni fpl; **repairman** tecnico m

repatriate [riː'pætrɪeɪt] rimpatriare; **repatriation** rimpatrio m

repay [riː'peɪ] money restituire; person ripagare; **repayment** pagamento m

repeal [rɪ'piːl] law abrogare

repeat [rɪ'piːt] **1** v/t ripetere **2** n programme replica f; **repeatedly** ripetutamente

repel [rɪ'pel] invaders, attack respingere; (disgust) ripugnare; **repellent 1** n (insect ~) insettifugo m **2** adj ripugnante

repercussions [riːpə'kʌʃnz] ripercussioni fpl

repertoire ['repətwɑː(r)] repertorio m

repetition [repɪ'tɪʃn] ripetizione f; **repetitive** ripetitivo

replace [rɪ'pleɪs] (put back) mettere a posto; (take the place of) sostituire; **replacement** person sostituto m, -a f; act sostituzione f; **replacement part** pezzo m di ricambio

replay ['riːpleɪ] **1** n recording replay m inv; match spareggio m **2** v/t match rigiocare

replenish [rɪ'plenɪʃ] container riempire; supplies rifornire

replica ['replɪkə] copia f

reply [rɪ'plaɪ] **1** n risposta f **2** v/t & v/i rispondere

report [rɪ'pɔːt] **1** n (account) resoconto m; by journalist servizio m; EDU pagella f **2** v/t facts fare un servizio su; to authorities denunciare **3** v/i of journalist fare un reportage; (present o.s.) presentarsi

♦ **report to** in business rendere conto a

reporter [rɪ'pɔːtə(r)] giornalista m/f

repossess [riːpə'zez] COM riprendere possesso di

represent [reprɪ'zent] rappresentare; **representative 1** n rappresentante m/f **2** adj (typical) rappresentativo

repress [rɪ'pres] reprimere; **repression** POL repressione f; **repressive** POL repressivo

reprieve [rɪ'priːv] **1** n LAW sospensione f della pena capitale; fig proroga f **2** v/t prisoner sospendere l'esecuzio-

ne di
reprimand ['reprɪmɑːnd] ammonire
reprint ['riːprɪnt] **1** *n* ristampa
f **2** *v/t* ristampare
reprisal [rɪ'praɪzl] rappresaglia *f*; **take ~s** fare delle rap-
presaglie
reproach [rɪ'prəʊtʃ] **1** *n* rimprovero *m*; **be beyond ~** essere irreprensibile **2** *v/t* rimproverare; **reproachful** di
rimprovero
reproduce [riːprə'djuːs] **1** *v/t*
riprodurre **2** *v/i* riprodursi;
reproduction riproduzione
f; **reproductive** riproduttivo
reptile ['reptaɪl] rettile *m*
republic [rɪ'pʌblɪk] repubblica *f*; **republican 1** *n* repub-
blicano *m*, -a *f* **2** *adj* repub-
blicano
repulsive [rɪ'pʌlsɪv] ripugnante
reputable ['repjʊtəbl] rispettabile; **reputation** reputazione *f*; **reputedly** a quanto
si dice
request [rɪ'kwest] **1** *n* richiesta *f*; **on ~** su richiesta **2** *v/t*
richiedere
require [rɪ'kwaɪə(r)] (*need*)
aver bisogno di; **it ~s great
care** richiede molta cura;
as ~d by law come prescritto dalla legge; **required**
(*necessary*) necessario; **requirement** (*need*) esigenza
f, (*condition*) requisito *m*
requisition [rekwɪ'zɪʃn] re-

quisire
reroute [riː'ruːt] *aeroplane etc*
deviare
rerun ['riːrʌn] **1** *n of programme* replica *f* **2** *v/t programme* replicare
reschedule [riː'ʃedjuːl] stabilire di nuovo
rescue ['reskjuː] **1** *n* salvataggio *m*; **come to s.o.'s ~** andare in aiuto a qu **2** *v/t* salvare
research [rɪ'sɜːtʃ] ricerca *f*;
research and development
ricerca *f* e sviluppo *m*; **research assistant** assistente
ricercatore *m*, -trice *f*; **re-
searcher** ricercatore *m*, -tri-
ce *f*
resemblance [rɪ'zembləns]
somiglianza *f*; **resemble**
(*as*)somigliare a
resent [rɪ'zent] risentirsi per;
resentful pieno di risentimento; **resentfully** con risentimento; **resentment** risentimento *m*
reservation [rezə'veɪʃn] *of
room, table* prenotazione *f*;
mental, special area riserva
f; **I have a ~** in hotel, restau-
rant ho prenotato; **reserve 1**
n (*store*) riserva *f*; (*aloofness*)
riserbo *m*; SP riserva *f*; **~s** FIN
riserve *fpl*; **keep sth in ~** tenere qc di riserva **2** *v/t seat,
table* prenotare; *judgment* riservarsi; **reserved** *person,
manner* riservato; *table, seat*
prenotato

reservoir ['rezəvwɑː(r)] *for water* bacino *m* idrico
residence ['rezɪdəns] *fml: house etc* residenza *f*; *(stay)* permanenza *f*; **residence permit** permesso *m* di residenza; **resident** residente *m/f*; **residential** residenziale
residue ['rezɪdjuː] residuo *m*
resign [rɪ'zaɪn] **1** *v/t position* dimettersi da; ~ **o.s. to** rassegnarsi a **2** *v/i from job* dimettersi; **resignation** *from job* dimissioni *fpl*; *mental* rassegnazione *f*
resilient [rɪ'zɪlɪənt] *personality* che ha molte risorse; *material* resistente
resist [rɪ'zɪst] **1** *v/t* resistere a **2** *v/i* resistere; **resistance** resistenza *f*; **resistant** *material* resistente
resolute ['rezəluːt] risoluto; **resolution** *(decision)* risoluzione *f*; *made at New Year etc* proposito *m*; *(determination)* risolutezza *f*; *of problem* soluzione *f*; *of image* risoluzione *f*
resort [rɪ'zɔːt] *place* località *f inv*; *holiday* ~ luogo *m* di villeggiatura; **ski** ~ stazione *f* sciistica; **as a last** ~ come ultima risorsa
◆ **resort to** far ricorso a
◆ **resound with** [rɪ'zaʊnd] risuonare di
resounding [rɪ'zaʊndɪŋ] *success, victory* clamoroso
resource [rɪ'sɔːs] risorsa *f*; **fi-**nancial ~**s** mezzi *mpl* economici; **leave s.o. to his own** ~**s** lasciare qu in balia di se stesso; **resourceful** pieno di risorse
respect [rɪ'spekt] **1** *n* rispetto *m*; **with** ~ **to** riguardo a; **in this / that** ~ quanto a questo; **in many** ~**s** sotto molti aspetti; **pay one's last** ~**s to s.o.** rendere omaggio a qu **2** *v/t* rispettare; **respectability** rispettabilità *f*; **respectable** rispettabile; **respectful** rispettoso; **respective** rispettivo; **respectively** rispettivamente
respiration [respɪ'reɪʃn] respirazione *f*; **respirator** MED respiratore *m*
respite ['respaɪt] tregua *f*; **without** ~ senza tregua
respond [rɪ'spɒnd] rispondere; **response** risposta *f*
responsibility [rɪspɒnsɪ'bɪlətɪ] responsabilità *f inv*; **responsible** responsabile **(for** di**)**; *job, position* di responsabilità
rest¹ [rest] **1** *n* riposo *m*; **set s.o.'s mind at** ~ tranquillizzare qu **2** *v/i* riposare; ~ **on** … *(be based on)* basarsi su …; *(lean against)* poggiare su … **3** *v/t (lean, balance)* appoggiare
rest² [rest]: **the** ~ il resto *m*
restaurant ['restrɒnt] ristorante *m*
restful ['restfʊl] riposante;

rest home casa *f* di riposo;
restless irrequieto; **have a ~ night** passare una notte agitata; **restlessly** nervosamente

restoration [restəˈreɪʃn] restauro *m*; **restore** *building etc* restaurare; (*bring back*) restituire

restrain [rɪˈstreɪn] *dog, troops* frenare; *emotions* reprimere; **~ o.s.** trattenersi; **restraint** (*self-control*) autocontrollo *m*

restrict [rɪˈstrɪkt] limitare; **restricted** *view* limitato; **restriction** restrizione *f*

'rest room *Am* gabinetto *m*

result [rɪˈzʌlt] risultato *m*; **as a ~ of this** in conseguenza di ciò
♦ **result from** risultare da, derivare da
♦ **result in** dare luogo a

résumé [ˈrezumeɪ] *Am* curriculum vitae *m inv*

resume [rɪˈzjuːm] riprendere

resumption [rɪˈzʌmpʃn] ripresa *f*

resurface [riːˈsɜːfɪs] **1** *v/t roads* asfaltare **2** *v/i* (*reappear*) riaffiorare

Resurrection [rezəˈrekʃn] REL resurrezione *f*

retail [ˈriːteɪl] **1** *adv* al dettaglio **2** *v/i* **~ at** essere in vendita a; **retailer** dettagliante *m/f*; **retail price** prezzo *m* al dettaglio

retain [rɪˈteɪn] conservare; re-

tainer FIN onorario *m*

retaliate [rɪˈtælɪeɪt] vendicarsi; **retaliation** rappresaglia *f*

rethink [riːˈθɪŋk] riconsiderare

reticence [ˈretɪsns] riservatezza *f*; **reticent** riservato

retire [rɪˈtaɪə(r)] *from work* andare in pensione; **retired** in pensione; **retirement** pensione *f*; *act* pensionamento *m*; **retirement age** età *f inv* pensionabile; **retiring** riservato

retort [rɪˈtɔːt] **1** *n* replica *f* **2** *v/t* replicare

retract [rɪˈtrækt] *claws* ritrarre; *undercarriage* far rientrare; *statement* rittrattare

re-'train riqualificarsi

retreat [rɪˈtriːt] **1** *v/i* ritirarsi **2** *n* MIL ritirata *f*; *place* rifugio *m*

retrieve [rɪˈtriːv] recuperare; **retriever** *dog* cane *m* da riporto

retroactive [retrəʊˈæktɪv] retroattivo; **retroactively** retroattivamente

retrograde [ˈretrəgreɪd] retrogrado

retrospective [retrəˈspektɪv] retrospettiva *f*

return [rɪˈtɜːn] **1** *n* ritorno *m*; (*giving back*) restituzione *f*; COMPUT (*tasto m*) invio *m*; *in tennis* risposta *f* al servizio; (*~ ticket*) andata e ritorno *m inv*; **by ~** (*of post*) a stretto giro di posta; **~s**

(*profit*) rendimento *m*; **many happy ~s (of the day)** cento di questi giorni; **in ~ for** in cambio di **2** *v/t* (*give back*) restituire; (*put back*) rimettere; *favour, invitation* ricambiare **3** *v/i* (*go back, come back*) ritornare; *of symptoms, doubts etc* ricomparire; **return flight** volo *m* di ritorno; **return ticket** biglietto *m* (di) andata e ritorno

reunification [riːjuːnɪfɪˈkeɪʃn] riunificazione *f*

reunion [riːˈjuːnɪən] riunione *f*; **reunite** riunire

reusable [riːˈjuːzəbl] riutilizzabile; **reuse** riutilizzare

◆ **rev up** [rev] *engine* far andare su di giri

revaluation [riːvæljʊˈeɪʃn] rivalutazione *f*

reveal [rɪˈviːl] (*make visible*) mostrare; (*make known*) rivelare; **revealing** *remark* rivelatore; *dress* scollato; **revelation** rivelazione *f*

revenge [rɪˈvendʒ] vendetta *f*; **take one's ~** vendicarsi

revenue [ˈrevənjuː] reddito *m*

reverberate [rɪˈvɜːbəreɪt] *of sound* rimbombare

revere [rɪˈvɪə(r)] riverire; **reverence** rispetto *m*; **Reverend** REL reverendo *m*; **reverent** riverente

reverse [rɪˈvɜːs] **1** *adj* *sequence* opposto; **in ~ order** in ordine inverso **2** *n* (*opposite*) contrario *m*; (*back*) ro-

vescio *m*; MOT retromarcia *f* **3** *v/t* *sequence* invertire; **~ the charges** TELEC telefonare a carico del destinatario **4** *v/i* MOT fare marcia indietro

review [rɪˈvjuː] **1** *n* *of book, film* recensione *f*; *of troops* rivista *f*; *of situation etc* revisione *f* **2** *v/t* *book, film* recensire; *troops* passare in rivista; *situation etc* riesaminare; **reviewer** *of book, film* critico *m*, -a *f*

revise [rɪˈvaɪz] **1** *v/t* *opinion, text* rivedere; EDU ripassare **2** *v/i* EDU ripassare; **revision** *of opinion, text* revisione *f*; *for exam* ripasso *m*

revival [rɪˈvaɪvl] *of custom, style etc* revival *m inv*; *of patient* ripresa *f*; **revive 1** *v/t* *custom, style etc* riportare alla moda; *patient* rianimare **2** *v/i* *of business etc* riprendersi

revoke [rɪˈvəʊk] *licence* revocare

revolt [rɪˈvəʊlt] **1** *n* rivolta *f* **2** *v/i* ribellarsi; **revolting** schifoso; **revolution** rivoluzione *f*; **revolutionary 1** *n* POL rivoluzionario *m*, -a *f* **2** *adj* rivoluzionario; **revolutionize** rivoluzionare

revolve [rɪˈvɒlv] ruotare; **revolver** revolver *m inv*

revulsion [rɪˈvʌlʃn] ribrezzo *m*

reward [rɪˈwɔːd] **1** *n* *financial* ricompensa *f*; *benefit derived* *m* vantaggio *m* **2** *v/t financially* ricompensare; **rewarding** *experience* gratificante

rewind [riː'waɪnd] *film, tape* riavvolgere

rewrite [riː'raɪt] riscrivere

rhetoric ['retərɪk] retorica *f*

rheumatism ['ruːmətɪzm] reumatismo *m*

rhinoceros [raɪ'nɒsərəs] rinoceronte *m*

rhubarb ['ruːbɑːb] rabarbaro *m*

rhyme [raɪm] **1** *n* rima *f* **2** *v/i* rimare; ~ **with** fare rima con

rhythm ['rɪðm] ritmo *m*

rib [rɪb] ANAT costola *f*

ribbon ['rɪbən] nastro *m*

rice [raɪs] riso *m*

rich [rɪtʃ] **1** *adj* ricco; *food* pesante **2** *n:* **the** ~ **i** ricchi *mpl*; **richly** *deserved* pienamente

ricochet ['rɪkəʃeɪ] rimbalzare

rid [rɪd]: *get* ~ *of* sbarazzarsi di; **riddance**: *good* ~*!* che liberazione!

ride [raɪd] **1** *n on horse* cavalcata *f*; *in vehicle* giro *m*; *(journey)* viaggio *m*; *do you want a ~ into town?* vuoi uno strappo in città? **2** *v/t:* ~ *a horse* andare a cavallo; ~ *a bike* andare in bicicletta **3** *v/i on horse* andare a cavallo; *on bike* andare; *in vehicle* viaggiare; **rider** *on horse* cavallerizzo *m*, -a *f*; *on bike* ciclista *m/f*

ridge [rɪdʒ] *raised strip* sporgenza *f*; *of mountain* cresta

f; *of roof* punta *f*

ridicule ['rɪdɪkjuːl] **1** *n* ridicolo *m* **2** *v/t* ridicolizzare; **ridiculous** ridicolo; **ridiculously** incredibilmente

riding ['raɪdɪŋ] *on horseback* equitazione *f*

rifle ['raɪfl] fucile *m*

rift [rɪft] *in earth* crepa *f*; *in party etc* spaccatura *f*

rig [rɪg] **1** *n* (*oil* ~) piattaforma *f* petrolifera **2** *v/t elections* manipolare

right [raɪt] **1** *adj* (*correct*) esatto; (*proper, just*) giusto; (*suitable*) adatto; *not left* destro; *be* ~ *of answer* essere esatto; *of person* avere ragione; *of clock* essere giusto; *of weather* essere bello; *put things* ~ sistemare le cose **2** *adv* (*directly*) proprio; (*correctly*) bene; (*completely*) completamente; *not left* a destra; ~ *now* (*immediately*) subito; (*at the moment*) adesso **3** *n* *civil, legal etc* diritto *m*; *not left*, POL destra *f*; *on the* ~ a destra; *turn to the* ~, *take a* ~ girare a destra; *be in the* ~ avere ragione; *know* ~ *from wrong* saper distinguere il bene dal male; **right-angle** angolo *m* retto; **rightful** *owner etc* legittimo; **right-hand drive** MOT guida *f* a destra; *car* auto *f* con guida a destra; **righthanded**: *be* ~ usare la (mano) destra; **righthand man** braccio *m* destro; **right of way** *in traffic* (diritto *m* di) precedenza *f*; *across land* diritto *m* di accesso; **right wing** POL destra *f*; SP esterno *m* destro; **right-wing** POL di destra; **right winger** POL persona *f* di destra; **right-wing extremism** POL estremismo *m* di destra

rigid ['rɪdʒɪd] *material, principles* rigido; *attitude* inflessibile

rigor *Am* ☞ **rigour**

rigorous ['rɪgərəs] rigoroso; **rigorously** *check* rigorosamente; **rigour** rigore *m*

rile [raɪl] F irritare

rim [rɪm] *of wheel* cerchione *m*; *of cup* orlo *m*; *of spectacles* montatura *f*

ring[1] [rɪŋ] *(circle)* cerchio *m*; *on finger* anello *m*; *in boxing* ring *m* *inv*, quadrato *m*; *at circus* pista *f*

ring[2] [rɪŋ] **1** *n of bell* trillo *m*; *of voice* suono *m* **2** *v/t bell* suonare; TELEC chiamare **3** *v/i of bell* suonare

'ringleader capobanda *m inv*; **ring-pull** linguetta *f*

rink [rɪŋk] pista *f* di pattinaggio su ghiaccio

rinse [rɪns] **1** *n for hair colour* cachet *m inv* **2** *v/t* sciacquare

riot ['raɪət] **1** *n* sommossa *f* **2** *v/i* causare disordini; **rioter** dimostrante *m/f*; **riot police** reparti *mpl* (di polizia) antisommossa

rip [rɪp] **1** *n in cloth etc* strappo

m **2** *v/t cloth etc* strappare

◆ **rip off** F *customers* fregare F

ripe [raɪp] *fruit* maturo; **ripen** *of fruit* maturare; **ripeness** *of fruit* maturazione *f*

'rip-off F fregatura *f* F

ripple ['rɪpl] *on water* increspatura *f*

rise [raɪz] **1** *v/i from chair etc* alzarsi; *of sun* sorgere; *of price, temperature* aumentare; *of water level* salire **2** *n* aumento *m*; **give** ~ **to** dare origine a; **riser: be an early** ~ **/ be a late** ~ essere mattiniero / alzarsi sempre tardi

risk [rɪsk] **1** *n* rischio *m*; **take a** ~ correre un rischio **2** *v/t* rischiare; **risky** rischioso

ritual ['rɪtjʊəl] **1** *n* rituale *m* **2** *adj* rituale

rival ['raɪvl] **1** *n* rivale *m/f*; *in business* concorrente *m/f* **2** *v/t* competere con; **rivalry** rivalità *f inv*

river ['rɪvə(r)] fiume *m*; **riverbank** sponda *f* del fiume; **riverbed** letto *m* del fiume; **riverside 1** *adj* sul fiume *2 n* riva *f* del fiume

riveting ['rɪvɪtɪŋ] avvincente

Riviera [rɪvɪ'eərə]: *the Italian* ~ la riviera (ligure)

road [rəʊd] strada *f*; *it's just down the* ~ è qui vicino; **roadblock** posto *m* di blocco; **road hog** pirata *m* della strada; **road holding** *of vehicle* tenuta *f* di strada; **road**

map carta *f* automobilistica; **road rage** *comportamento di estrema aggressività da parte di automobilisti*; **road safety** sicurezza *f* sulle strade; **roadsign** cartello *m* stradale; **roadway** carreggiata *f*; **road works** *npl* lavori *mpl* stradali; **roadworthy** in buono stato di marcia

roam [rəʊm] *v/i* vagabondare

roar [rɔ:(r)] **1** *n* of engine rombo *m*; of lion ruggito *m*; of traffic fragore *m* **2** *v/i* of engine rombare; of lion ruggire; of person gridare; **~ with laughter** ridere fragorosamente

roast [rəʊst] **1** *n* beef etc arrosto *m* **2** *v/t* arrostire; *coffee beans, peanuts* tostare **3** *v/i* of food arrostire; in hot room, climate scoppiare di caldo; **roast beef** arrosto *m* di manzo; **roast pork** arrosto *m* di maiale

rob [rɒb] *person, bank* rapinare; **robber** rapinatore *m*, -trice *f*; **robbery** rapina *f*

robe [rəʊb] of judge toga *f*; of priest tonaca *f*; Am (dressing gown) vestaglia *f*

robin ['rɒbɪn] pettirosso *m*

robot ['rəʊbɒt] robot *m inv*

robust [rəʊ'bʌst] robusto

rock [rɒk] **1** *n* roccia *f*; MUS rock *m*; **on the ~s** drink con ghiaccio; marriage in crisi **2** *v/t baby* cullare; cradle far dondolare; (surprise) sconvolgere **3** *v/i on chair* dondolarsi; rock and roll rock and roll *m*; **rock band** gruppo *m* rock; **rock-bottom** prices bassissimo; **rock bottom**: **reach ~** toccare il fondo; **rock climber** rocciatore *m*, -trice *f*; **rock climbing** roccia *f*

rocket ['rɒkɪt] **1** *n* razzo *m* **2** *v/i* of prices etc salire alle stelle

rocking chair ['rɒkɪŋ] sedia *f* a dondolo; **rocking horse** cavallo *m* a dondolo

rock star rockstar *f inv*

rocky ['rɒkɪ] shore roccioso; (shaky) instabile

rod [rɒd] sbarra *f*; for fishing canna *f*

rodent ['rəʊdnt] roditore *m*

rogue [rəʊg] briccone *m*, -a *f*

role [rəʊl] ruolo *m*; **role model** modello *m* di comportamento

roll [rəʊl] **1** *n* of bread panino *m*; of film rullino *m*; (list, register) lista *f* **2** *v/i* of ball etc rotolare; of boat dondolare
♦ **roll over 1** *v/i* rigirarsi **2** *v/t person, object* girare; loan, agreement rinnovare

roll call appello *m*; **roller** for hair bigodino *m*; **roller blade**® roller blade *m inv*; **roller coaster** montagne *fpl* russe; **roller skate** pattino *m* a rotelle

ROM [rɒm] COMPUT (= **read only memory**) ROM *f inv*

Roman ['rəʊmən] **1** adj romano **2** n Romano m, -a f; **Roman Catholic 1** n REL cattolico m, -a f **2** adj cattolico

romance [rə'mæns] (affair) storia f d'amore; (novel) romanzo m rosa f; film film m inv d'amore; **romantic** m romantico

Rome [rəʊm] Roma f

roof [ruːf] tetto m; **roof box** MOT box portabagagli m inv; **roof rack** MOT portabagagli m inv

rookie ['rʊkɪ] Am F pivello m

room [ruːm] stanza f; (bedroom) camera f (da letto); (space) posto m; **room clerk** Am receptionist m/f inv; **room mate** Am compagno m, -a f di stanza; in apartment compagno m, -a f di appartamento; **room service** servizio m in camera; **room temperature** temperatura f ambiente; **roomy** house, car etc spazioso; clothes ampio

root [ruːt] radice f

rope [rəʊp] corda f, fune f

rosary ['rəʊzərɪ] REL rosario m

rose [rəʊz] BOT rosa f

roster ['rɒstə(r)] turni mpl; actual document tabella f dei turni

rostrum ['rɒstrəm] podio m

rosy ['rəʊzɪ] roseo

rot [rɒt] **1** n marciume m **2** v/i marcire

rotate [rəʊ'teɪt] **1** v/i of blades, earth ruotare **2** v/t girare; crops avvicendare; **rotation** rotazione f; **in** ~ a turno

rotten ['rɒtn] food, wood etc marcio; F (very bad) schifoso F

rough [rʌf] **1** adj hands, skin, surface ruvido; ground accidentato; (coarse) rozzo; (violent) violento; crossing movimentato; seas grosso; (approximate) approssimativo; ~ **draft** abbozzo m **2** adv: **sleep** ~ dormire all'addiaccio **3** n in golf erba f alta; **roughage** in food fibre fpl; **roughly** (approximately) circa; (harshly) bruscamente; ~ **speaking** grosso modo

roulette [ruː'let] roulette f inv

round [raʊnd] **1** adj rotondo **2** n of postman, doctor giro m; of toast fetta f; of drinks giro m; of competition girone m; in boxing match round m **3** v/t corner girare **4** adv & prep ☞ **around**

◆ **round up** figure arrotondare; suspects, criminals radunare

roundabout ['raʊndəbaʊt] **1** adj indiretto **2** n on road rotatoria f; **round-the-world** intorno al mondo; **round trip ticket** Am biglietto m (di) andata e ritorno; **round-up** of cattle raduno m; of suspects, criminals retata f; of news riepilogo m

rouse [raʊz] from sleep svegliare; *emotions* risvegliare; **rousing** entusiasmante

route [ruːt] *of car* itinerario *m*; *of plane, ship* rotta *f*; *of bus* percorso *m*

routine [ruːˈtiːn] **1** *adj* abituale **2** *n* routine *f*; **as a matter of ~** d'abitudine

row[1] [rəʊ] *n* (*line*) fila *f*; **5 days in a ~** 5 giorni di fila

row[2] [rəʊ] *v/t boat* remare

row[3] [raʊ] *n* (*quarrel*) litigio *m*; (*noise*) baccano *m*

'rowboat *Am* barca *f* a remi

rowdy [ˈraʊdɪ] turbolento

'rowing boat barca *f* a remi

royal [ˈrɔɪəl] reale; **royalty** (*royal persons*) reali *mpl*; *on book, recording* royalty *f inv*

rub [rʌb] sfregare, strofinare

rubber [ˈrʌbə(r)] **1** *n* gomma *f* **2** *adj* di gomma; **rubber band** elastico *m*

rubbish [ˈrʌbɪʃ] immondizia *f*; (*poor quality*) porcheria *f*; (*nonsense*) sciocchezza *f*; **rubbish bin** pattumiera *f*

rubble [ˈrʌbl] macerie *fpl*

ruby [ˈruːbɪ] *jewel* rubino *m*

rucksack [ˈrʌksæk] zaino *m*

rudder [ˈrʌdə(r)] timone *m*

ruddy [ˈrʌdɪ] *complexion* rubicondo

rude [ruːd] maleducato; *language* volgare; **it's ~ to ...** è cattiva educazione ...; **rudely** (*impolitely*) scortesemente; **rudeness** maleducazione *f*

rudimentary [ruːdɪˈmentərɪ]

rudimentale; **rudiments** rudimenti *mpl*

rueful [ˈruːful] rassegnato; **ruefully** con aria rassegnata

ruffian [ˈrʌfɪən] delinquente *m/f*

ruffle [ˈrʌfl] **1** *n* (*on dress*) gala *f* **2** *v/t hair* scompigliare; *person* turbare; **get ~d** agitarsi

rug [rʌg] tappeto *m*; (*blanket*) coperta *f* (da viaggio)

rugby [ˈrʌgbɪ] rugby *m*; **rugby league** rugby *m* a tredici; **rugby player** giocatore *m* di rugby; **rugby union** rugby *m* a quindici

rugged [ˈrʌgɪd] *coastline* frastagliato; *face, features* marcato

ruin [ˈruːɪn] **1** *n* rovina *f* **2** *v/t* rovinare

rule [ruːl] **1** *n of club, game* regola *f*; (*authority*) dominio *m*; *for measuring* metro *m* (a stecche) **2** *v/t country* governare; **the judge ~d that** ... il giudice ha stabilito che ... **3** *v/i of monarch* regnare

◆ **rule out** escludere

ruler [ˈruːlə(r)] *for measuring* righello *m*; *of state* capo *m*; **ruling 1** *n* decisione *f* **2** *adj party* di governo

rum [rʌm] *drink* rum *m inv*

rumble [ˈrʌmbl] *of stomach* brontolare; *of thunder* rimbombare

rumour, *Am* **rumor** [ˈruː-

mə(r)] **1** n voce f **2** v/t: *it is ~ed that ...* corre voce che ...

rump [rʌmp] *of animal* groppa f

rumple ['rʌmpl] *clothes, paper* spiegazzare

'rumpsteak bistecca f di girello

run [rʌn] **1** n *on foot* corsa f; *Am in tights* sfilatura f; *go for a ~* andare a correre; *go for a ~ in the car* andare a fare un giro in macchina; *make a ~ for it* scappare; *a criminal on the ~* un evaso, un'evasa; *in the short ~ / in the long ~* sulle prime / alla lunga; *a ~ on the dollar* una forte richiesta di dollari **2** v/i *of person, animal* correre; *of river* scorrere; *of trains, buses* viaggiare; *of paint, makeup* sbavare; *of nose* colare; *of play* tenere il cartellone; *of software* girare; *of engine, machine* funzionare; *~ for President in election* candidarsi alla presidenza **3** v/t *run* correre; *(take part in: race)* partecipare a; *business, hotel, project etc* gestire; *software* lanciare; *car* usare; *risk* correre; *can I ~ you to the station?* ti porto alla stazione?

◆ **run across** *(meet)* imbattersi in

◆ **run away** scappare

◆ **run down 1** v/t *(knock down)* investire; *(criticize)*

parlare male di; *stocks* ridurre **2** v/i *of battery* scaricarsi

◆ **run into** *(meet)* imbattersi in; *difficulties* trovare

◆ **run off 1** v/i scappare **2** v/t *(print off)* stampare

◆ **run out** *of contract, time* scadere; *of supplies* esaurirsi

◆ **run out of** *patience* perdere; *supplies* rimanere senza; *I ran out of petrol* ho finito la benzina

◆ **run over 1** v/t *(knock down)* investire; *details* rivedere **2** v/i *of water etc* traboccare

◆ **run up** *debts, bill* accumulare

'runaway ragazzo m, -a f scappato/a da casa; **run-down** *person* debilitato; *area, building* fatiscente

rung [rʌŋ] *of ladder* piolo m

runner ['rʌnə(r)] *athlete* velocista m/f; **runner beans** fagiolini mpl; **runner-up** secondo m, -a f classificato (-a); **running 1** n SP corsa f; *of business* gestione f **2** adj: *for two days ~* per due giorni di seguito; **running water** acqua f corrente; **runny** *substance* liquido; *nose* che cola; **run-up** SP rincorsa f; *in the ~ to* nel periodo che precede; **runway** pista f

rupture ['rʌptʃə(r)] **1** n rottura f; MED lacerazione f; *(hernia)* ernia f **2** v/i *of pipe etc* scoppiare

rural ['rʊərəl] rurale

ruse [ru:z] stratagemma *m*

rush [rʌʃ] **1** *n* corsa *f*; **do sth
in a ~** fare qc di corsa; **be in
a ~** andare di fretta **2** *v/t person*
mettere fretta a; *meal* mangiare in fretta; **~ s.o. to hospital** portare qu di corsa all'ospedale **3** *v/i* affrettarsi;
rush hour ora *f* di punta

Russia ['rʌʃə] Russia *f*; **Russian 1** *adj* russo **2** *n* russo
m, -a *f*; *language* russo *m*

rust [rʌst] **1** *n* ruggine *f* **2** *v/i*
arrugginirsi; **rust-proof** a
prova di ruggine

rusty ['rʌstɪ] *also fig* arrugginito

rut [rʌt] *in road* solco *m*; **be in
a ~** *fig* essersi fossilizzato

ruthless ['ru:θlɪs] spietato;
ruthlessly spietatamente;
ruthlessness spietatezza *f*

rye [raɪ] segale *f*; **rye bread**
pane *m* di segale

S

sabotage ['sæbətɑːʒ] **1** *n* sabotaggio *m* **2** *v/t* sabotare;
saboteur sabotatore *m*, -trice *f*

sachet ['sæʃeɪ] bustina *f*

sack [sæk] **1** *n bag* sacco *m* **2**
v/t F licenziare

sacred ['seɪkrɪd] sacro

sacrifice ['sækrɪfaɪs] **1** *n also
fig* sacrificio *m* **2** *v/t* sacrificare

sacrilege ['sækrɪlɪdʒ] sacrilegio *m*

sad [sæd] triste; *state of affairs*
deplorevole

saddle ['sædl] **1** *n* sella *f* **2** *v/t
horse* sellare; **~ s.o. with sth**
fig affibbiare qc a qu

sadism ['seɪdɪzm] sadismo *m*;
sadist sadista *m/f*; **sadistic**
sadistico

sadly ['sædlɪ] tristemente; (*regrettably*) purtroppo; **sadness** tristezza *f*

safe [seɪf] **1** *adj not dangerous*
sicuro; *not in danger* al sicuro; *driver* prudente **2** *n* cassaforte *f*; **safeguard 1** *n* protezione *f*, salvaguardia *f*; **as a ~
against** per proteggersi contro **2** *v/t* proteggere; **safely**
arrive, complete test *etc* senza
problemi; *drive* prudentemente; *assume* tranquillamente; **safety** sicurezza *f*;
safety pin spilla *f* di sicurezza

sag [sæg] *of ceiling* incurvarsi;
of rope allentarsi

saga ['sɑːɡə] saga *f*

sage [seɪdʒ] *herb* salvia *f*

Sagittarius [ˌsædʒɪ'teərɪəs]
ASTR Sagittario *m*

sail [seɪl] **1** *n of boat* vela *f*; *trip*
veleggiata *f*; **go for a ~** fare
un giro in barca (a vela) **2**
v/t yacht pilotare **3** *v/i* fare
vela; (*depart*) salpare; **sail-**

board 1 *n* windsurf *m inv* **2** *v/i* fare windsurf; **sailboarding** windsurf *m*; **sailboat** sailboat *Am* barca *f* a vela; **sailing** sp vela *f*; **sailing boat** barca *f* a vela; **sailor** marinaio *m*

saint [seɪnt] santo *m*, -a *f*

sake [seɪk]: **for my ~** per il mio bene; **for the ~ of** per

salad ['sæləd] insalata *f*; **salad dressing** condimento *m* per l'insalata

salary ['sælərɪ] stipendio *m*

sale [seɪl] vendita *f*; *at reduced prices* svendita *f*, saldi *mpl*; **for ~ sign** in vendita; **be on ~** essere in vendita; **sales department** reparto *m* vendite; **sales clerk** *Am* in store commesso *m*, -a *f*; **sales figures** fatturato *m*; **salesman** venditore *m*; **sales manager** direttore *m*, -trice *f* delle vendite; **saleswoman** venditrice *f*

salient ['seɪlɪənt] saliente

saliva [sə'laɪvə] saliva *f*

salmon ['sæmən] salmone *m*

saloon [sə'luːn] *(bar)* bar *m inv*; MOT berlina *f*

salt [sɒlt] sale *m*; **salty** salato

salute [sə'luːt] **1** *n* MIL saluto *m* **2** *v/t & v/i* salutare

salvage ['sælvɪdʒ] *from wreck* ricuperare

salvation [sæl'veɪʃn] salvezza *f*

same [seɪm] **1** *adj* stesso **2** *pron* stesso; **the ~** lo stesso, la stessa; **Happy New Year**

– the ~ to you Buon anno!
– grazie e altrettanto!; **it's all the ~ to me** per me è uguale **3** *adv*: **the ~** allo stesso modo; **look / sound the ~** sembrare uguale

sample ['sɑːmpl] campione *m*

sanction ['sæŋkʃn] **1** *n* (*approval*) approvazione *f*; (*penalty*) sanzione *f* **2** *v/t* (*approve*) sancire

sanctity ['sæŋktɪtɪ] santità *f*

sand [sænd] **1** *n* sabbia *f* **2** *v/t with sandpaper* smerigliare

sandal ['sændl] sandalo *m*

sandbag sacchetto *m* di sabbia; **sand dune** duna *f*; **sander** *tool* smerigliatrice *f*; **sandpaper 1** *n* carta *f* smerigliata **2** *v/t* smerigliare

sandwich ['sænwɪdʒ] tramezzino *m*

sandy ['sændɪ] *beach* sabbioso; *full of sand* pieno di sabbia; *hair* rossiccio

sane [seɪn] sano di mente

sanitarium [sænɪ'terɪəm] casa *f* di cura

sanitary ['sænɪtərɪ] *conditions* igienico; *installations* sanitario; **sanitary towel** assorbente *m* (igienico); **sanitation** impianti *mpl* igienici; (*removal of waste*) fognature *fpl*

sanity ['sænɪtɪ] sanità *f* mentale

Santa Claus ['sæntəklɔːz] Babbo *m* Natale

sap [sæp] **1** *n in tree* linfa *f* **2** *v/t*

s.o.'s energy indebolire

sapphire ['sæfaɪə(r)] zaffiro *m*

sarcasm ['sɑːkæzm] sarcasmo *m*; **sarcastic** sarcastico; **sarcastically** sarcasticamente

sardine [sɑː'diːn] sardina *f*

Sardinia [sɑː'dɪnɪə] Sardegna *f*; **Sardinian 1** *adj* sardo **2** *n* sardo *m*, -a *f*

sardonic [sɑː'dɒnɪk] sardonico

Satan ['seɪtn] Satana *m*

satellite ['sætəlaɪt] satellite *m*; **satellite dish** antenna *f* parabolica; **satellite TV** TV *f inv* satellitare

satin ['sætɪn] raso *m*

satire ['sætaɪə(r)] satira *f*; **satirical** satirico; **satirize** satireggiare

satisfaction [sætɪs'fækʃn] soddisfazione *f*; **satisfactory** soddisfacente; *just good enough* sufficiente; **satisfy** soddisfare; *requirement* rispondere a; *I am satisfied that ...* (*convinced*) sono convinto che ...

Saturday ['sætədeɪ] sabato *m*

sauce [sɔːs] salsa *f*, sugo *m*; **saucepan** pentola *f*; **saucer** piattino *m*

Saudi Arabia [saʊdɪə'reɪbɪə] Arabia *f* Saudita; **Saudi Arabian 1** *adj* saudita **2** *n person* saudita *m/f*

sauna ['sɔːnə] sauna *f*

sausage ['sɒsɪdʒ] salsiccia *f*

savage ['sævɪdʒ] **1** *adj animal* selvaggio; *criticism* feroce **2** *n* selvaggio *m*, -a *f*; **savagery** ferocia *f*

save [seɪv] **1** *v/t* (*rescue*) salvare; *money, time, effort* risparmiare; (*collect*) raccogliere; COMPUT salvare; *goal* parare **2** *v/i* (*put money aside*) risparmiare; SP parare **3** *n* SP parata *f*; **saver** *person* risparmiatore *m*, -trice *f*; **savings** risparmi *mpl*; **savings account** libretto *m* di risparmio; **savings and loan** *Am* istituto *m* di credito immobiliare; **savings bank** cassa *f* di risparmio

saviour, *Am* **savior** ['seɪvjə(r)] REL salvatore *m*

savor *etc Am* ☞ **savour** *etc*

savour ['seɪvə(r)] assaporare; **savoury** *not sweet* salato (*non dolce*)

saw [sɔː] **1** *n tool* sega *f* **2** *v/t* segare; **sawdust** segatura *f*

saxophone ['sæksəfəʊn] sassofono *m*

say [seɪ] dire; *that is to ~* sarebbe a dire; **saying** detto *m*

scab [skæb] *on skin* crosta *f*

scaffolding ['skæfəldɪŋ] impalcature *fpl*

scald [skɔːld] scottare; *~ o.s.* scottarsi

scale¹ [skeɪl] *on fish* scaglia *f*

scale² [skeɪl] **1** *n of map*, MUS scala *f*; *of project* portata *f* **2** *v/t cliffs etc* scalare

scales [skeɪlz] *for weighing*

bilancia *fsg*

scallop ['skɒləp] capasanta *f*

scalp [skælp] cuoio *m* capelluto

scalpel ['skælpəl] bisturi *m*

scam [skæm] F truffa *f*

scampi ['skæmpɪ] gamberoni *mpl* in pastella fritti

scan [skæn] **1** *v/t* horizon scrutare; *page* scorrere; *foetus* fare l'ecografia di; *brain* fare la TAC di; COMPUT scannerizzare **2** *n* (*brain ~*) TAC *f inv*; *of foetus* ecografia *f*
◆ **scan in** COMPUT scannerizzare

scandal ['skændl] scandalo *m*; **scandalize** scandalizzare; **scandalous** scandaloso

scanner ['skænə(r)] scanner *m inv*

scanty ['skæntɪ] *clothes* succinto

scapegoat ['skeɪpgəʊt] capro *m* espiatorio

scar [skɑː(r)] **1** *n* cicatrice *f* **2** *v/t face* lasciare cicatrici su; *fig* segnare

scarce [skeəs] *in short supply* scarso; **scarcely** appena; **there was ~ anything left** non rimaneva quasi più niente; **scarcity** scarsità *f inv*

scare [skeə(r)] **1** *v/t* spaventare; **be ~d of** avere paura di **2** *n* (*panic, alarm*) panico *m*; **scaremonger** allarmista *m/f*

scarf [skɑːf] *around neck*

sciarpa *f*; *over head* foulard *m inv*

scarlet ['skɑːlət] scarlatto

scary ['skeərɪ] che fa paura

scathing ['skeɪðɪŋ] caustico

scatter ['skætə(r)] **1** *v/t leaflets, seeds* spargere; *crowd* disperdere **2** *v/i of people* disperdersi; **scatterbrained** sventato; **scattered** *family, villages* sparpagliato; **~ showers** precipitazioni sparse

scavenge ['skævɪndʒ] frugare tra i rifiuti; **scavenger** animale *m* necrofago; *person* persona che fruga tra i rifiuti

scenario [sɪ'nɑːrɪəʊ] scenario *m*

scene [siːn] scena *f*; (*argument*) scenata *f*; **make a ~** fare una scenata; **~s** THEA scenografia *f*; **behind the ~s** dietro le quinte; **scenery** paesaggio *m*; THEA scenario *m*

scent [sent] profumo *m*; *of animal* odore *m*

sceptic ['skeptɪk] scettico *m*, -a *f*; **sceptical** scettico; **scepticism** scetticismo *m*

schedule ['ʃedjuːl] **1** *n of events, work* programma *m*; *for trains* orario *m*; **be on ~** *of work, of train* essere in orario; **be behind ~** *of work, of train etc* essere in ritardo **2** *v/t put on schedule* programmare; **scheduled flight** volo *m* di linea

scheme [skiːm] **1** *n* (*plan*) pia-

no *m*; (*plot*) complotto *m* **2**
v/i (*plot*) complottare, tramare; **scheming** intrigante
schizophrenia [skɪtsə'fri:-
nɪə] schizofrenia *f*; **schizo-
phrenic 1** *n* schizofrenico
m, -a *f* **2** *adj* schizofrenico
scholar ['skɒlə(r)] studioso
m, -a *f*; **scholarly** dotto;
scholarship (*scholarly
work*) erudizione *f*; (*financial award*) borsa *f* di studio
school [sku:l] scuola *f*; *Am*
(*university*) università *f inv*;
school bag cartella *f*;
schoolboy scolaro *m*;
schoolchildren scolari
mpl; **school days** tempi
mpl della scuola; **schoolgirl**
scolara *f*; **schoolteacher** insegnante *m/f*
science ['saɪəns] scienza *f*;
science fiction fantascienza
f; **scientific** scientifico; **scientist** scienziato *m*, -a *f*
scissors ['sɪzəz] forbici *fpl*
scoff[1] [skɒf] *v/t food* sbafare
scoff[2] [skɒf] *v/i* (*mock*) canzonare
scold [skəʊld] sgridare
scoop [sku:p] *n for grain, flour*
paletta *f*; *for ice cream* cucchiaio *m* dosatore; *of ice
cream* pallina *f*; (*story*) scoop
m inv
scooter ['sku:tə(r)] *with motor* scooter *m inv*; *child's*
monopattino *m*
scope [skəʊp] portata *f*; (*freedom, opportunity*) possibilità

f
scorch [skɔ:tʃ] bruciare;
scorching torrido
score [skɔ:(r)] **1** *n* SP punteggio *m*; (*written music*) spartito *m*; *of film etc* colonna *f* sonora; **what's the ~?** SP a
quanto sono / siamo? **2** *v/t
goal, point* segnare; (*cut*) incidere **3** *v/i* segnare; (*keep
the score*) tenere il punteggio; **scoreboard** segnapunti
m inv; **scorer** *of goal, point*
marcatore *m*, -trice *f*
scorn [skɔ:n] **1** *n* disprezzo *m*
2 *v/t idea* disprezzare; **scornful** sprezzante; **scornfully**
sprezzantemente
Scorpio ['skɔ:pɪəʊ] ASTR
Scorpione *m*
Scot [skɒt] scozzese *m/f*;
Scotch (*whisky*) scotch *m
inv*; **Scotch tape**® *Am*
scotch® *m*; **Scotland** Scozia
f; **Scotsman** scozzese *m*;
Scotswoman scozzese *f*;
Scottish scozzese
scoundrel ['skaʊndrəl] birbante *m/f*
scour ['skaʊə(r)] (*search*) setacciare
scowl [skaʊl] **1** *n* sguardo *m*
torvo **2** *v/i* guardare storto
scramble ['skræmbl] **1** *n*
(*rush*) corsa *f* **2** *v/t message*
rendere indecifrabile **3** *v/i*:
he ~d to his feet si rialzò
in fretta; **scrambled eggs**
uova *fpl* strapazzate
scrap [skræp] **1** *n metal* rotta-

me *m*; (*fight*) zuffa *f*; (*little bit*) briciola *m* 2 *v/t plan, project* abbandonare

scrape [skreɪp] **1** *n on paintwork* graffio *m* 2 *v/t paintwork, arm etc* graffiare; **~ a living** sbarcare il lunario

'**scrap metal** rottami *mpl*

scrappy ['skræpɪ] *work, writing* senza capo né coda

scratch [skrætʃ] **1** *n mark* graffio *m*; **start from ~** ricominciare da zero; **not up to ~** non all'altezza **2** *v/t* (*mark*) graffiare; *because of itch* grattare **3** *v/i of cat, nails* graffiare

scrawl [skrɔːl] **1** *n* scarabocchio *m* **2** *v/t* scarabocchiare

scrawny ['skrɔːnɪ] scheletrico

scream [skriːm] **1** *n* urlo *m* **2** *v/i* urlare

screech [skriːtʃ] **1** *n of tyres* stridio *m*; (*scream*) strillo *m* **2** *v/i of tyres* stridere; (*scream*) strillare

screen [skriːn] **1** *n in room, hospital* paravento *m*; *of smoke* cortina *f*; *cinema*, COMPUT, *of television* schermo *m* **2** *v/t* (*protect, hide*) riparare; *film* proiettare; *for security reasons* vagliare; **screenplay** sceneggiatura *f*; **screen saver** COMPUT salvaschermo *m inv*; **screen test** *for movie* provino *m*

screw [skruː] **1** *n* vite *f* (*metallica*) **2** *v/t* avvitare (**to** a); V scopare V; F (*cheat*) fregare

F; **screwdriver** cacciavite *m*; **screwed up** F *psychologically* complessato; **screw top** *on bottle* tappo *m* a vite; **screwy** F svitato

scribble ['skrɪbl] **1** *n* scarabocchio *m* **2** *v/t & v/i* (*write quickly*) scarabocchiare

script [skrɪpt] *for film, play* copione *m*; (*form of writing*) scrittura *f*; **scripture: the (Holy) Scriptures** le Sacre Scritture *fpl*; **scriptwriter** sceneggiatore *m*, -trice *f*

◆ **scroll down** [skrəʊl] COMPUT far scorrere il testo in avanti

◆ **scroll up** COMPUT far scorrere il testo indietro

scrounge [skraʊndʒ] scroccare; **scrounger** scroccone *m*, -a *f*

scrub [skrʌb] *floors, hands* sfregare (con spazzola)

scrum [skrʌm] *in rugby* mischia *f*

scruples ['skruːplz] scrupoli *mpl*; **scrupulous** scrupoloso; **scrupulously** (*meticulously*) scrupolosamente

scrutinize ['skruːtɪnaɪz] *text* esaminare attentamente; *face* scrutare; **scrutiny** attento esame *m*

scuba diving ['skuːbə] immersione *f* subacquea

scuffle ['skʌfl] tafferuglio *m*

sculptor ['skʌlptə(r)] scultore *m*, -trice *f*; **sculpture** scultura *f*

scum [skʌm] *on liquid* schiuma *f*; (*pej: people*) feccia *f*
sea [siː] mare *m*; **by the ~** al mare; **seabird** uccello *m* marino; **seafood** frutti *mpl* di mare; **seafront** lungomare *m inv*; **seagull** gabbiano *m*
seal[1] [siːl] *n animal* foca *f*
seal[2] [siːl] **1** *n on document* sigillo *m*; TECH chiusura *f* ermetica **2** *v/t container* chiudere ermeticamente

'**sea level**: **above / below ~** sopra / sotto il livello del mare
seam [siːm] *on garment* cucitura *f*; *of ore* filone *m*
'**seaman** marinaio *m*; **seaport** porto *m* marittimo
search [sɜːtʃ] **1** *n for s.o. / sth* ricerca *f*; *of person, building* perquisizione *f* **2** *v/t person, building, baggage* perquisire; *area* perlustrare
◆ **search for** cercare
searching ['sɜːtʃɪŋ] *look* penetrante; **searchlight** riflettore *m*
'**seashore** riva *f* (del mare); **seasick**: **be ~** avere il mal di mare; **get ~** soffrire il mal di mare; **seaside**: **at the ~** al mare; **~ resort** località *f inv* balneare
season ['siːzn] stagione *f*; **in / out of ~** in / fuori stagione; **seasonal** stagionale; **seasoned** *wood* stagionato; *traveller, campaigner etc*

esperto; **seasoning** condimento *m*; **season ticket** abbonamento *m*
seat [siːt] **1** *n* posto *m*; *of trousers* fondo *m*; POL seggio *m*; *please take a ~* si accomodi **2** *v/t* (*have seating for*) avere posti a sedere per; **seat belt** cintura *f* di sicurezza
'**sea urchin** riccio *m* di mare; **seaweed** alga *f*
secluded [sɪ'kluːdɪd] appartato
second ['sekənd] **1** *n of time* secondo *m*; *just a ~* un attimo **2** *adj* secondo **3** *adv come in* secondo **4** *v/t motion* appoggiare; **secondary** secondario; **second floor** secondo piano; *Am* primo piano *m*; **second hand** *on clock* lancetta *f* dei secondi; **second-hand** di seconda mano; **secondly** in secondo luogo; **second-rate** di second'ordine; **second thoughts**: *I've had ~ thoughts* ci ho ripensato
secrecy ['siːkrəsɪ] segretezza *f*; **secret 1** *n* segreto *m* **2** *adj* segreto; **secret agent** agente *m* segreto
secretarial [sekrə'teərɪəl] *tasks, job* di segretaria; **secretary** segretario *m*, -a *f*; POL ministro *m*; **Secretary of State** *in USA* Segretario *m* di Stato
secretive ['siːkrətɪv] riservato; **secretly** segretamente;

self-assured

secret service servizio *m* segreto

sect [sekt] setta *f*

section ['sekʃn] sezione *f*

sector ['sektə(r)] settore *m*

secular ['sekjʊlə(r)] laico

secure [sɪ'kjʊə(r)] **1** *adj shelf etc* saldo *feeling* sicuro; *job* stabile **2** *v/t shelf etc* assicurare; *s.o.'s help, finances* assicurarsi; **securities market** FIN mercato *m* dei titoli; **security** sicurezza *f*; *in relationship* stabilità *f*; *for investment* garanzia *f*; **security alert** stato *m* di allarme; **security-conscious** attento alla sicurezza; **security forces** forze *fpl* di sicurezza; **security guard** guardia *f* giurata; **security risk** minaccia *f* per la sicurezza

sedan [sɪ'dæn] *Am* MOT berlina *f*

sedate [sɪ'deɪt] *patient* somministrare sedativi a; **sedation: be under ~** essere sotto l'effetto di sedativi; **sedative** sedativo *m*

sedentary ['sedntərɪ] *job* sedentario

sediment ['sedɪmənt] sedimento *m*

seduce [sɪ'dju:s] sedurre; **seduction** seduzione *f*; **seductive** *smile, look* seducente; *offer* allettante

see [si:] vedere; *(understand)* capire; *I'll ~ you to the door* t'accompagno alla porta; ~

you! F ciao! F

♦ **see off** *at airport etc* salutare; *(chase away)* scacciare

seed [si:d] *single* seme *m*; *collective* semi *mpl*; *in tennis* testa *f* di serie; **seedy** *bar, district* squallido

seeing (that) ['si:ɪŋ] visto che

'seeing eye dog® *Am* cane *m* per ciechi

seek [si:k] cercare

seem [si:m] sembrare; **seemingly** apparentemente

seesaw ['si:sɔ:] altalena *f* (a bilico)

'see-through trasparente

segment ['segmənt] segmento *m*; *of orange* spicchio *m*

segregate ['segrɪgeɪt] separare; **segregation** segregazione *f*

seismology [saɪz'mɒlədʒɪ] sismologia *f*

seize [si:z] *s.o., s.o.'s arm* afferrare; *power* prendere; *opportunity* cogliere; *of police etc* sequestrare

♦ **seize up** *of engine* grippare

seizure ['si:ʒə(r)] MED attacco *m*; *of drugs etc* sequestro *m*

seldom ['seldəm] raramente

select [sɪ'lekt] **1** *v/t* selezionare **2** *adj* *(exclusive)* scelto; **selection** scelta *f*; *that / those chosen* selezione *f*; **selective** selettivo

self [self] io *m*; **self-assurance** sicurezza *f* di sé; **self-assured** sicuro di sé; **self-**

-catering apartment appartamento *m* indipendente con cucina; **self-centred**, *Am* **self-centered** egocentrico; **self-confessed** dichiarato; **self-confidence** fiducia *f* in se stessi; **self-confident** sicuro di sé; **self-conscious** insicuro; *smile* imbarazzato; *feel ~* sentirsi a disagio; **self-consciousness** disagio *m*; **self-control** autocontrollo *m*; **self-defence**, *Am* **self-defense** *personal* legittima difesa *f*; *of state* autodifesa *f*; **self-doubt** dubbi *mpl* personali; **self-employed** autonomo; **self-evident** evidente; **self-expression** espressione *f* di sé; **self-government** autogoverno *m*; **self-interest** interesse *m* personale; **selfish** egoista; **selfless** *person* altruista; *attitude* altruistico; **self-made man** self-made man *m inv*; **self-pity** autocommiserazione *f*; **self-portrait** autoritratto *m*; **self-reliant** indipendente; **self-respect** dignità *f*; **self-satisfied** *pej* soddisfatto di sé; **self-service** self-service; **self-service restaurant** self-service *m inv*; **self-taught** autodidatta

sell [sel] **1** *v/t* vendere **2** *v/i* of products vendere; **sell-by date** data *f* di scadenza; *be past its ~* essere scaduto;

seller venditore *m*, -trice *f*; **selling** COM vendita *f*; **selling point** COM punto *m* forte (che fa vendere il prodotto)

Sellotape® ['seləteɪp] scotch® *m*

semester [sɪ'mestə(r)] semestre *m*

semi ['semɪ, *Am* 'semaɪ] *Br* villa *f* bifamiliare; *Am* **truck** autoarticolato *m*; **semicircle** semicerchio *m*; **semi-colon** punto e virgola *m*; **semiconductor** ELEC semiconduttore *m*; **semidetached (house)** villa *f* bifamiliare; **semifinal** semifinale *f*; **semifinalist** semifinalista *m/f*

seminar ['semɪnɑː(r)] seminario *m*

semi'skilled parzialmente qualificato

senate ['senət] senato *m*; **senator** senatore *m*, -trice *f*

send [send] mandare (*to* a)

◆ **send back** mandare indietro

◆ **send for** *doctor, help* (mandare a) chiamare

◆ **send off** *letter, fax etc* spedire; *footballer* espellere

◆ **send up** (*mock*) prendere in giro

sender ['sendə(r)] *of letter* mittente *m/f*

senile ['siːnaɪl] *pej* rimbambito; **senility** *pej* rimbambimento *m*

senior ['siːnɪə(r)] (*older*) più

servant

anziano; *in rank* di grado superiore; **senior citizen** anziano *m*, -a *f*; **seniority** in job anzianità *f*

sensation [sen'seɪʃn] *(feeling)* sensazione *f*; *(surprise event)* scalpore *m*; **be a ~** essere sensazionale; **sensational** sensazionale

sense [sens] **1** *n (meaning)* significato *m*; *(purpose, point, sight, smell etc)* senso *m*; *(common sense)* buonsenso *m*; *(feeling)* scalpore *m*; **come to one's ~s** tornare in sé; **it doesn't make ~** non ha senso; **there's no ~ in trying** non ha senso provare **2** *v/t* sentire; **senseless** *(pointless)* assurdo

sensible ['sensəbl] *person, decision* assennato; *advice* sensato; *clothes, shoes* pratico; **sensibly** assennatamente

sensitive ['sensɪtɪv] sensibile; **sensitivity** sensibilità *f inv*

sensor ['sensə(r)] sensore *m*

sensual ['sensjʊəl] sensuale; **sensuality** sensualità *f*

sensuous ['sensjʊəs] sensuale

sentence ['sentəns] **1** *n* GRAM frase *m*; LAW condanna *f* **2** *v/t* LAW condannare

sentiment ['sentɪmənt] *(sentimentality)* sentimentalismo *m*; *(opinion)* opinione *f*; **sentimental** sentimentale; **sentimentality** sentimentalismo

m

sentry ['sentrɪ] sentinella *f*

separate 1 ['sepərət] *adj* separato **2** ['sepəreɪt] *v/t* separare **(from** da) **3** ['sepəreɪt] *v/i of couple* separarsi; **separated** *couple* separato; **separately** separatamente; **separation** separazione *f*

September [sep'tembə(r)] settembre *m*

septic ['septɪk] infetto; **go ~** *of wound* infettarsi

sequel ['si:kwəl] seguito *m*

sequence ['si:kwəns] sequenza *f*; **in ~** di seguito

Serbia ['sɜ:bɪə] Serbia *f*; **Serbian 1** *adj* serbo **2** *n* serbo *m*, -a *f*; *language* serbo *m*

serene [sɪ'ri:n] sereno

sergeant ['sɑ:dʒənt] sergente *m*

serial ['sɪərɪəl] serial *m inv*; **serialize** *novel on TV* trasmettere a puntate; **serial killer** serial killer *m/f inv*; **serial number** *of product* numero *m* di serie

series ['sɪərɪːz] serie *f inv*

serious ['sɪərɪəs] *illness, situation* grave; *person, company* serio; **I'm ~** dico sul serio; **seriously** *injured* gravemente; *(extremely)* estremamente; **take s.o. ~** prendere sul serio qu; **seriousness** *of situation, illness etc* gravità *f*; *of person* serietà *f*

sermon ['sɜ:mən] predica *f*

servant ['sɜ:vənt] domestico

m, -a *f*

serve [sɜːv] **1** *n in tennis* servizio *m* **2** *v/t food, customer, one's country* servire; **it ~s you right** ti sta bene **3** *v/i* servire; *as politician etc* prestare servizio; **server** COMPUT server *m inv* in tennis servizio *m*; for machine manutenzione *f*; for vehicle revisione *f*; **~s** servizi; **the ~s** MIL le forze armate **2** *v/t vehicle* revisionare; *machine* fare la manutenzione di; **service charge** servizio *m*; **serviceman** MIL militare *m*; **service provider** COMPUT fornitore *m* di servizi; **service sector** settore *m* terziario; **service station** stazione *f* di servizio; **serving** *of food* porzione *f*

session ['seʃn] *of parliament* sessione *f*; *with consultant etc* seduta *f*

set [set] **1** *n of tools* set *m inv*; *of dishes, knives* servizio *m*; *of books* raccolta *f*; *group of people* cerchia *f*; MATH insieme *m*; (THEA: *scenery*) scenografia *f*; *where a film is made, in tennis* set *m inv* **2** *v/t* (*place*) mettere; *film, novel etc* ambientare; *date, time, limit* fissare; *alarm clock* mettere; *broken limb* ingessare; *jewel* montare; **~ the table** apparecchiare (la tavola); **~ a task for s.o.** assegnare un compito a qu **3**

v/i of sun tramontare; *of glue* indurirsi **4** *adj ideas* rigido; (*ready*) pronto; **be very ~ in one's ways** essere abitudinario; **~ meal** menù *m inv* fisso

◆ **set off 1** *v/i on journey* partire **2** *v/t explosion* causare; *alarm* far scattare

◆ **set out 1** *v/i on journey* partire **2** *v/t ideas, goods* esporre; **set out to do sth** (*intend*) proporsi di fare qc

◆ **set up 1** *v/t company* fondare; *system* mettere in opera; *equipment, machine* piazzare; F (*frame*) incastrare F **2** *v/i in business* mettersi in affari

'**setback** contrattempo *m*

settee [se'tiː] divano *m*

setting ['setɪŋ] *of novel etc* ambientazione *f*; *of house* posizione *f*

settle ['setl] **1** *v/i of bird, dust, beer* posarsi; *of building* assestarsi; *to live* stabilirsi **2** *v/t dispute* comporre; *issue, uncertainty* risolvere; *debts, bill* saldare; *nerves, stomach* calmare; **that ~s it!** è deciso!

◆ **settle down** (*stop being noisy*) calmarsi; (*stop wild living*) mettere la testa a posto; *in an area* stabilirsi

◆ **settle for** (*accept*) accontentarsi di

◆ **settle up** (*pay*) regolare i conti; *in hotel etc* pagare il conto

settled ['setld] *weather* stabile; **settlement** *of dispute* composizione *f*; (*payment*) pagamento *m*; **settler** *in new country* colonizzatore *m*, -trice *f*

'**set-up** (*structure*) organizzazione *f*; (*relationship*) relazione *f*; F (*frameup*) montatura *f*

seven ['sevn] sette; **seventeen** diciassette; **seventeenth** diciassettesimo; **seventh** settimo; **seventieth** settantesimo; **seventy** settanta

sever ['sevə(r)] *arm, cable etc* recidere; *relations* troncare

several ['sevrl] **1** *adj* parecchi **2** *pron* parecchi *m*, -ie *f*

severe [sɪ'vɪə(r)] *illness* grave; *penalty, teacher, face* severo; *winter, weather* rigido; **severely** *punish* severamente; *speak* duramente; *injured, disrupted* gravemente; **severity** *of illness* gravità *f*; *of look etc* durezza *f*; *of penalty* severità *f*; *of winter* rigidità *f*

sew [səʊ] cucire

sewage ['suːɪdʒ] acque *fpl* di scolo; **sewer** fogna *f*

sewing ['səʊɪŋ] cucito *m*

sex [seks] sesso *m*; **have ~ with** avere rapporti sessuali con; **sexist** **1** *adj* sessista **2** *n* sessista *m/f*; **sexual** sessuale; **sexual intercourse** rapporti *mpl* sessuali; **sexuality** sessualità *f*; **sexually** ses-

sualmente; **sexually transmitted disease** malattia *f* venerea; **sexy** sexy *inv*

shabbily ['ʃæbɪlɪ] *dressed in* modo trasandato; *treat in* modo meschino; **shabby** *coat etc* trasandato; *treatment* meschino

shack [ʃæk] baracca *f*

shade [ʃeɪd] **1** *n* for lamp paralume *m*; *of colour* tonalità *f inv*; **in the ~** all'ombra **2** *v/t from sun, light* riparare

shadow ['ʃædəʊ] ombra *f*

shady ['ʃeɪdɪ] *spot* all'ombra; *character* losco

shaft [ʃɑːft] *of axle* albero *m*; *of mine* pozzo *m*

shake [ʃeɪk] **1** *n*: **give sth a good ~** dare una scrollata a qc **2** *v/t* scuotere; *emotionally* sconvolgere; **~ one's head** *in refusal* scuotere la testa; **~ hands with s.o.** stringere la mano a qu **3** *v/i of hands, voice, building* tremare; **shaken** *emotionally* scosso; **shake-up** rimpasto *m*; **shaky** *table etc* traballante; *after illness, shock* debole; *grasp of sth, grammar etc* incerto; *voice, hand* tremante

shall [ʃæl] ◇ *future*: **I ~ do my best** farò del mio meglio ◇ *suggesting*: **~ we go now?** andiamo?

shallow ['ʃæləʊ] *water* poco profondo; *person* superficiale

shambles ['ʃæmblz] casino *m* F

shame [ʃeɪm] **1** *n* vergogna *f*; *what a ~!* che peccato!; *~ on you!* vergognati! **2** *v/t family etc* svergognare; **shameful** vergognoso; **shameless** svergognato

shampoo [ʃæm'puː] shampoo *m inv*

shape [ʃeɪp] **1** *n* forma *f* **2** *v/t clay* dar forma a; *character* forgiare; *the future* determinare; **shapeless** *dress etc* informe; **shapely** *figure* ben fatto

share [ʃeə(r)] **1** *n* parte *f*, FIN azione *f* **2** *v/t* dividere; *s.o.'s feelings* condividere **3** *v/i* dividere; **shareholder** azionista *m/f*

shark [ʃɑːk] squalo *m*

sharp [ʃɑːp] **1** *adj knife* affilato; *mind, pain* acuto; *taste* aspro **2** *adv* MUS in diesis; *at 3 o'clock ~* alle 3 precise; **sharpen** *knife* affilare; *skills* raffinare; **sharp practice** pratiche *fpl* poco oneste

shatter ['ʃætə(r)] **1** *v/t glass* frantumare; *illusions* distruggere **2** *v/i of glass* frantumarsi; **shattered** F (*exhausted*) esausto; (*very upset*) sconvolto; **shattering** *news, experience* sconvolgente

shave [ʃeɪv] **1** *v/t* radere **2** *v/i* farsi la barba **3** *n*: *have a ~* farsi la barba; *that was a close ~* ce l'abbiamo fatta

per un pelo; **shaven** *head* rasato; **shaver** *electric* rasoio *m*

shawl [ʃɔːl] scialle *m*

she [ʃiː] lei; *~ has three children* ha tre figli; *there ~ is* eccola

shears [ʃɪəz] *for gardening* cesoie *fpl*, *for sewing* forbici *fpl*

sheath [ʃiːθ] *for knife* guaina *f*; *contraceptive* preservativo *m*

shed[1] [ʃed] *v/t blood* spargere; *tears* versare; *leaves* perdere

shed[2] [ʃed] *n* baracca *f*

sheep [ʃiːp] pecora *f*; **sheepdog** cane *m* pastore; **sheepish** imbarazzato

sheer [ʃɪə(r)] *madness, luxury* puro; *cliffs* ripido

sheet [ʃiːt] *for bed* lenzuolo *m*; *of paper* foglio *m*; *of metal, glass* lastra *f*

shelf [ʃelf] mensola *f*; *shelves* scaffale *msg*, ripiani *mpl*

shell [ʃel] **1** *n of mussel etc* conchiglia *f*; *of egg* guscio *m*; *of tortoise* corazza *f*; MIL granata *f* **2** *v/t peas* sbucciare; MIL bombardare; **shellfire** bombardamento *m*; **shellfish** crostacei *mpl*

shelter ['ʃeltə(r)] **1** *n* (*refuge*) riparo *m*; *construction* rifugio *m* **2** *v/i* ripararsi **3** *v/t* (*protect*) proteggere; **sheltered** *place* riparato; *lead a ~ life* vivere nella bambagia

shelve [ʃelv] *fig plans* accantonare

shepherd [ˈʃepəd] pastore *m*

sherry [ˈʃerɪ] sherry *m inv*

shield [ʃiːld] **1** *n* scudo *m*; *sports trophy* scudetto *m*; TECH schermo *m* di protezione *f*; *Am badge of policeman* distintivo *m* **2** *v/t* (*protect*) proteggere

shift [ʃɪft] **1** *n* (*change*) cambiamento *m*; *period of work* turno *m* **2** *v/t* (*move*) spostare; *stains etc* togliere **3** *v/i* (*move*) spostarsi; *of wind* cambiare direzione; **shift key** COMPUT tasto *m* shift; **shifty** *pej* losco

shimmer [ˈʃɪmə(r)] luccicare

shin [ʃɪn] stinco *m*

shine [ʃaɪn] **1** *v/i* splendere; *fig: of student etc* brillare **2** *n on shoes etc* lucentezza *f*

shingle [ˈʃɪŋgl] *on beach* ciottoli *mpl*

shiny [ˈʃaɪnɪ] lucido

ship [ʃɪp] **1** *n* nave *f* **2** *v/t* (*send*) spedire; (*send by sea*) spedire via mare **3** *v/i of new product* essere spedito; **shipment** carico *m*; **shipowner** armatore *m*; **shipping** (*sea traffic*) navigazione *f*; (*sending*) trasporto *m*; **shipping company** compagnia *f* di navigazione; **shipshape** in perfetto ordine; **shipwreck 1** *n* naufragio *m* **2** *v/t*: **be ~ed** naufragare; **shipyard** cantiere *m* navale

shirker [ˈʃɜːkə(r)] scansafatiche *m/f inv*

shirt [ʃɜːt] camicia *f*

shit [ʃɪt] **1** *n* P merda *f* P; *bad quality goods, work* stronzata *f* P **2** *v/i* cagare P **3** *int* merda P; **shitty** F di merda P

shiver [ˈʃɪvə(r)] rabbrividire

shock [ʃɒk] **1** *n* shock *m inv*; ELEC scossa *f*; **be in ~** MED essere in stato di shock **2** *v/t* scioccare; **shock absorber** MOT ammortizzatore *m*; **shocking** scandaloso; F (*very bad*) allucinante F

shoddy [ˈʃɒdɪ] *goods* scadente; *behaviour* meschino

shoe [ʃuː] scarpa *f*; **shoe-lace** laccio *m* di scarpa; **shoemaker** calzolaio *m*; **shoe mender** calzolaio *m*; **shoeshop**, *Am* **shoestore** negozio *m* di scarpe

shoot [ʃuːt] **1** *n* BOT germoglio *m* **2** *v/t* sparare; *film* girare; **~ s.o. in the leg** colpire qu alla gamba

◆ **shoot down** *plane* abbattere

◆ **shoot up** *of prices* salire alle stelle; *of children* crescere molto; *of new buildings etc* spuntare

shooting star [ˈʃuːtɪŋ] stella *f* cadente

shop [ʃɒp] **1** *n* negozio *m*; **talk ~** parlare di lavoro **2** *v/i* fare acquisti; **go ~ping** andare a fare spese; **shop assistant** commesso *m*, -a *f*; **shopkeeper** negoziante *m/f*;

shoplifter taccheggiatore *m*, -trice *f*; **shoplifting** taccheggio *m*; **shopper** acquirente *m/f*; **shopping** *items* spesa *f*; **go** ~ andare a fare spese; **do one's** ~ fare la spesa; **shopping bag** borsa *f* per la spesa; **shopping list** lista *f* della spesa; **shopping mall** centro *m* commerciale; **shop window** vetrina *f*

shore [ʃɔː(r)] riva *f*; **on** ~ *not at sea* a terra

short [ʃɔːt] **1** *adj* corto; *in height* basso; *in time* breve; **be** ~ **of** essere a corto di **2** *adv*: **cut** ~ interrompere; **go** ~ **of** fare a meno di; **in** ~ in breve; **shortage** mancanza *f*; **shortcoming** difetto *m*; **shortcut** scorciatoia *f*; **shorten** **1** *v/t* accorciare **2** *v/i* accorciarsi; **shortfall** deficit *m inv*; *in hours etc* mancanza *f*; **shortlist** *of candidates* rosa *f* dei candidati; **short-lived** di breve durata; **shortly** (*soon*) tra breve; ~ **before** / **after** poco prima / dopo; **shortness** *of vision* brevità *f*; *in height* bassa statura *f*; **shorts** calzoncini *mpl*; **shortsighted** *also fig* miope; **short-sleeved** a maniche corte; **short-staffed** a corto di personale; **short-tempered** irascibile; **short-term** a breve termine; **short wave** RAD onda *f* corta

shot [ʃɒt] *from gun* sparo *m*;

(*photograph*) foto *f*; (*injection*) puntura *f*; **like a** ~ *accept, run off* come un razzo; **shotgun** fucile *m* da caccia

should [ʃʊd]: **what~I do?** cosa devo fare?; **you~n't do that** non dovresti farlo; **you~have heard him!** avresti dovuto sentirlo!

shoulder [ˈʃəʊldə(r)] ANAT spalla *f*

shout [ʃaʊt] **1** *n* grido *m*, urlo *m* **2** *v/t & v/i* gridare, urlare; **shouting** urla *fpl*

shove [ʃʌv] **1** *n* spinta *f* **2** *v/t & v/i* spingere

shovel [ˈʃʌvl] **1** *n* pala *f* **2** *v/t* spalare

show [ʃəʊ] **1** *n* THEA, TV spettacolo *m*; (*display*) manifestazione *f*; **on** ~ *at exhibition* esposto; **it's all done for** ~ *pej* è tutta una scena **2** *v/t passport etc* mostrare; *interest, emotion* dimostrare; *at exhibition* esporre; *film* proiettare **3** *v/i* (*be visible*) vedersi; **does it** ~? si vede?; **what's~ing at the cinema?** cosa danno al cinema?

◆ **show in** far entrare

◆ **show off 1** *v/t skills* mettere in risalto **2** *v/i pej* mettersi in mostra

◆ **show up 1** *v/t shortcomings etc* far risaltare **2** *v/i* F (*arrive, turn up*) farsi vedere F; (*be visible*) notarsi

'show business il mondo dello spettacolo; **showcase**

vetrinetta *f*; *fig* vetrina *f*;
showdown regolamento *m*
di conti

shower ['ʃaʊə(r)] **1** *n* of rain
acquazzone *m*; *to wash* doccia *f*; *take a ~* fare una doccia
2 *v/i* fare la doccia; **shower-
proof** impermeabile

'**showjumping** concorso *m*
ippico; **show-off** *pej* esibizionista *m/f*; **showroom**
show-room *m inv*; **showy**
appariscente

shred [ʃred] **1** *n* of paper stri-
sciolina *f*; of cloth brandello
m; of evidence etc briciolo *m*
2 *v/t* paper stracciare; in
cooking sminuzzare; **shred-
der** for documents distrutto-
re *m* di documenti

shrewd [ʃruːd] scaltro; investment oculato; **shrewdness**
oculatezza *f*

shriek [ʃriːk] **1** *n* strillo *m* **2** *v/i*
strillare

shrill [ʃrɪl] stridulo

shrimp [ʃrɪmp] gamberetto *m*

shrine [ʃraɪn] santuario *m*

shrink[1] [ʃrɪŋk] *v/i* of material
restringersi; of support etc diminuire

shrink[2] [ʃrɪŋk] *n* F (psychiatrist) strizzacervelli *m/f inv*

'**shrink-wrapping** process
cellofanatura *f*; material cel-
lophane® *m*

shrivel ['ʃrɪvl] avvizzire

Shrove Tuesday [ʃrəʊv]
martedì *m* grasso

shrub [ʃrʌb] arbusto *m*;

shrubbery arboreto *m*

shrug [ʃrʌɡ]: *~ one's
shoulders* alzare le spalle

shudder ['ʃʌdə(r)] **1** *n* of fear,
disgust brivido *m*; of earth etc
tremore *m* **2** *v/i* with fear, disgust rabbrividire; of earth,
building tremare; *I ~ to think*
non oso immaginare

shuffle ['ʃʌfl] **1** *v/t* cards mescolare **2** *v/i* in walking stra-
scicare i piedi

shun [ʃʌn] evitare

shut [ʃʌt] chiudere **2** *v/i*
of door, box chiudersi; of
shop, bank chiudere; **they
were ~** era chiuso

♦ **shut down 1** *v/t* business
chiudere; computer spegnere
2 *v/i* of business chiudere i
battenti; of computer spegnersi

♦ **shut up** F (be quiet) star
zitto; **shut up!** zitto!

shutter ['ʃʌtə(r)] on window
battente *m*; PHOT otturatore
m

'**shuttlebus** bus *m inv* navetta

shy [ʃaɪ] timido; **shyness** timidezza *f*

Sicilian [sɪˈsɪlɪən] **1** *adj* siciliano **2** *n* siciliano *m*, -a *f*; **Sicily**
Sicilia *f*

sick [sɪk] malato; sense of humour crudele; *I feel ~ about
to vomit* ho la nausea; *be ~
(vomit)* vomitare; *be ~ of
(fed up with)* essere stufo di

sicken ['sɪkn] **1** *v/t* (disgust) disgustare; Am (make ill) fare

ammalare **2** *v/i*: **be ~ing for
sth** covare qc; **sickening**
disgustoso; **sick leave**: **be on ~**
essere in (congedo per) malattia; **sickness** malattia *f*;
(vomiting) nausea *f*

side [saɪd] *of box, house* lato
m; *of person, mountain* fianco *m*; *of page, record* facciata
f; SP squadra *f*; **take ~s** *(favour one side)* prendere posizione; **I'm on your ~** sono
dalla tua (parte); **~ by ~** fianco a fianco; **at the ~ of the
road** sul ciglio della strada;
on the small ~ piuttosto piccolo; **sideboard** *furniture*
credenza *f*; **side effect** effetto *m* collaterale; **sideline 1** *n*
attività *f inv* collaterale **2** *v/t*:
feel ~d sentirsi sminuito;
sidestep scansare; *fig* schivare; **side street** via *f* laterale; **sidewalk** *Am* marciapiede *m*; **sideways** di lato

siege [siːdʒ] assedio *m*; **lay ~
to** assediare

sieve [sɪv] setaccio *m*

sift [sɪft] setacciare

sigh [saɪ] **1** *n* sospiro *m* **2** *v/i*
sospirare

sight [saɪt] vista *f*; **~s** *of city*
luoghi *mpl* da visitare; **catch
~ of** intravedere; **know by ~**
conoscere di vista; **be within
~ of** essere visibile da; **out of
~** non visibile; **lose ~ of** main
objective etc perdere di vista;
sightseeing visita *f* turistica; **go ~** fare un giro turisti-

co; **sightseer** turista *m/f*

sign [saɪn] **1** *n* (indication) segno *m*; *(road ~)* segnale *m*;
outside shop insegna *f* **2** *v/t
& v/i document* firmare

signal ['sɪɡnl] **1** *n* segnale *m* **2**
v/i of driver segnalare

signatory ['sɪɡnətrɪ] firmatario *m*, -a *f*

signature ['sɪɡnətʃə(r)] firma
f

significance [sɪɡ'nɪfɪkəns]
importanza *f*; *(meaning)* significato *m*; **significant**
event etc significativo; *(quite
large)* notevole; **signifi-
cantly** *larger, more expensive*
notevolmente

signify ['sɪɡnɪfaɪ] significare

'sign language linguaggio *m*
dei segni; **signpost** cartello
m stradale

silence ['saɪləns] **1** *n* silenzio
m **2** *v/t* mettere a tacere; **silencer** MOT marmitta *f*; **silent** silenzioso; *film* muto;
stay ~ not comment tacere

silhouette [sɪluː'et] sagoma *f*

silicon ['sɪlɪkən] silicio *m*

silicone ['sɪlɪkəʊn] silicone *m*

silk [sɪlk] **1** *n* seta *f* **2** *adj shirt
etc* di seta; **silky** setoso

silliness ['sɪlɪnɪs] stupidità *f*;
silly stupido

silo ['saɪləʊ] silo *m*

silver ['sɪlvə(r)] **1** *n* argento
m; *objects* argenteria *f* **2** *adj
ring* d'argento; *colour* argentato; **silverware** argenteria *f*

similar ['sɪmɪlə(r)] simile **(to**

a); **similarity** rassomiglianza *f*; **similarly** allo stesso modo

simple ['sɪmpl] semplice; *person* sempliciotto; **simple--minded** *pej* sempliciotto; **simplicity** semplicità *f*; **simplify** semplificare; **simplistic** semplicistico; **simply** (*absolutely*) assolutamente; *in a simple way* semplicemente

simultaneous [sɪml'teɪnɪəs] simultaneo; **simultaneously** simultaneamente

sin [sɪn] **1** *n* peccato *m* **2** *v/i* peccare

since [sɪns] **1** *prep* da; ~ *last week* dalla scorsa settimana **2** *adv* da allora; *I haven't seen him* ~ non lo vedo da allora **3** *conj in expressions of time* da quando; (*seeing that*) visto che

sincere [sɪn'sɪə(r)] sincero; **sincerely** con sincerità; *hope* sinceramente; *Yours* ~ Distinti saluti; **sincerity** sincerità *f*

sinful ['sɪnful] peccaminoso

sing [sɪŋ] cantare

singe [sɪndʒ] bruciacchiare

singer ['sɪŋə(r)] cantante *m/f*

single ['sɪŋgl] **1** *adj* (*sole*) solo; (*not double*) singolo; *bed, sheet* a una piazza; (*not married*) single; *with reference to Europe* unico; *there wasn't a* ~ ... non c'era nemmeno un ...; *in* ~ *file* in fila indiana **2** *n* MUS singolo *m*; (~ *room*) (camera *f*) singola *f*; *ticket*

biglietto *m* di sola andata; *person* single *m/f inv*; ~*s in tennis* singolo; **single-handed** da solo; **single-minded** determinato; **single mother** ragazza *f* madre; **single parent** genitore *m* single; **single parent family** famiglia *f* monoparentale; **single room** (camera *f*) singola *f*

singular ['sɪŋgjʊlə(r)] GRAM **1** *adj* singolare **2** *n* singolare *m*

sinister ['sɪnɪstə(r)] sinistro

sink [sɪŋk] **1** *n* lavandino *m* **2** *v/i of ship* affondare; *of object* andare a fondo; *of sun* calare; *of interest rates etc* scendere **3** *v/t ship* (far) affondare; *funds* investire

◆ **sink in** *of liquid* penetrare; *it still hasn't really sunk in of realization* ancora non mi rendo conto

sinner ['sɪnə(r)] peccatore *m*, -trice *f*

sinusitis [saɪnə'saɪtɪs] MED sinusite *f*

sip [sɪp] **1** *n* sorso *m* **2** *v/t* sorseggiare

sir [sɜː(r)] signore *m*; *Sir Charles* Sir Charles

siren ['saɪrən] sirena *f*

sirloin ['sɜːlɔɪn] controfiletto *m*

sister ['sɪstə(r)] sorella *f*; *in hospital* (infermiera *f*) caposala *f*; **sister-in-law** cognata *f*

sit [sɪt] **1** *v/i* sedere; (*sit down*)

sedersi **2** *v/t exam* dare
◆ **sit down** sedersi

sitcom ['sɪtkɒm] sitcom *f inv*
site [saɪt] **1** *n* luogo *m* **2** *v/t*
new offices etc situare
sitting ['sɪtɪŋ] *of committee,*
court sessione *f; for artist* seduta *f; for meals* turno *m*; **sit-**
ting room salotto *m*
situated ['sɪtjʊeɪtɪd] situato;
be ~ trovarsi; **situation** situazione *f; of building etc* posizione *f*

six [sɪks] sei; **sixteen** sedici;
sixteenth sedicesimo; **sixth**
sesto; **sixtieth** sessantesimo;
sixty sessanta

size [saɪz] dimensioni *fpl; of*
clothes taglia *f*, misura *f; of*
shoes numero *m*; **sizeable**
considerevole

skate [skeɪt] **1** *n* pattino *m* **2**
v/i pattinare; **skateboard**
skateboard *m inv*; **skate-**
boarding skateboard *m*;
skater pattinatore *m*, -trice
f; **skating** pattinaggio *m*;
skating rink pista *f* di pattinaggio

skeleton ['skelɪtn] scheletro
m

skeptic *Am* ☞ **sceptic**
sketch [sketʃ] **1** *n* abbozzo *m*;
THEA sketch *m inv* **2** *v/t* abbozzare; **sketchy** *knowledge*
etc lacunoso

ski [skiː] **1** *n* sci *m inv* **2** *v/i* sciare

skid [skɪd] **1** *n* sbandata *f* **2** *v/i*
sbandare

skier ['skiːə(r)] sciatore *m*,
-trice *f*; **skiing** sci *m*; **go ~**
andare a sciare; **ski instruc-**
tor maestro *m*, -a *f* di sci

skilful, *Am* **skillful** ['skɪlfʊl]
abile; **skilfully**, *Am* **skillfully**
abilmente

ski lift impianto *m* di risalita
skill [skɪl] abilità *f inv*; **what**
~s do you have? quali capacità possiede?; **skilled** abile;
skillful *Am* ☞ **skilful**

skim [skɪm] *surface* sfiorare;
milk scremare

skimpy ['skɪmpɪ] *account etc*
scarso; *dress* succinto

skin [skɪn] **1** *n of* pelle *f; of*
fruit buccia *f* **2** *v/t* scoiare;
skin diving immersioni *fpl*
subacquee

skinny ['skɪnɪ] magro; **skin-**
-tight aderente

skip [skɪp] **1** *n little jump* salto
m **2** *v/i* saltellare; *with skip-*
ping rope saltare **3** *v/t* (*omit*)
saltare

ski pole racchetta *f* da sci
skipper ['skɪpə(r)] NAUT skipper *m inv; of team* capitano
m

ski resort stazione *f* sciistica
skirt [skɜːt] gonna *f*; **skirting**
board battiscopa *m inv*
ski run pista *f* da sci; **ski tow**
sciovia *f*

skull [skʌl] cranio *m*
skunk [skʌŋk] moffetta *f*
sky [skaɪ] cielo *m*; **skylight** lu-
cernaio *m*; **skyline** profilo
m (contro il cielo); **sky-**

scraper grattacielo *m*
slab [slæb] *of stone* lastra *f*; *of cake etc* fetta *f*
slack [slæk] *rope* allentato; *person, work* negligente; *period* lento; **slacken** *rope* allentare; *pace* rallentare; **slacks** pantaloni *mpl* casual
◆ **slag off** [slæg] P parlare male di
slam [slæm] *door* sbattere
slander ['slɑ:ndə(r)] **1** *n* diffamazione *f* **2** *v/t* diffamare; **slanderous** diffamatorio
slang [slæŋ] slang *m inv*; *of a specific group* gergo *m*
slant [slɑ:nt] **1** *v/i* pendere **2** *n* pendenza *f*; *given to a story* angolazione *f*; **slanting** *roof* spiovente
slap [slæp] **1** *n blow* schiaffo *m* **2** *v/t* schiaffeggiare; **slapdash** *work* frettoloso; *person* pressapochista; **slap-up meal** F pranzo *m* coi fiocchi
slash [slæʃ] **1** *n cut* taglio *m*; *in punctuation* barra *f* **2** *v/t skin, painting* squarciare; *prices* abbattere
slaughter ['slɔ:tə(r)] **1** *n of animals* macellazione *f*; *of people, troops* massacro *m* **2** *v/t animals* macellare; *people, troops* massacrare; **slaughterhouse** macello *m*
slave [sleɪv] schiavo *m*, -a *f*
slay [sleɪ] ammazzare; **slaying** *Am* (*murder*) omicidio *m*
sleaze [sli:z] POL corruzione *f*; **sleazy** *bar, characters* sordido

sleep [sli:p] **1** *n* sonno *m*; **go to ~** addormentarsi; **I couldn't get to ~** non sono riuscito a dormire **2** *v/i* dormire
◆ **sleep in** (*have a long lie*) dormire fino a tardi
◆ **sleep on** *proposal, decision* dormire su; **sleep on it** dormirci su
◆ **sleep with** (*have sex with*) andare a letto con
sleeping bag ['sli:pɪŋ] sacco *m* a pelo; **sleeping car** RAIL vagone *m* letto; **sleeping pill** sonnifero *m*; **sleepless** *night* in bianco; **sleep walker** sonnambulo *m*, -a *f*; **sleep walking** sonnambulismo *m*; **sleepy** *child* assonnato; *town* addormentato; **I'm ~** ho sonno
sleet [sli:t] nevischio *m*
sleeve [sli:v] *of jacket etc* manica *f*; **sleeveless** senza maniche
sleight of 'hand [slaɪt] gioco *m* di prestigio
slender ['slendə(r)] snello; *chance, margin* piccolo
slice [slaɪs] **1** *n also fig* fetta *f* **2** *v/t loaf etc* affettare
slick [slɪk] **1** *adj performance* brillante; (*pej: cunning*) scaltro **2** *n of oil* chiazza *f* di petrolio
slide [slaɪd] **1** *n for kids* scivolo *m*; PHOT diapositiva *f* **2** *v/i* scivolare; *of exchange rate etc*

calare **3** *v/t* far scivolare

slight [slaɪt] **1** *adj person, figure* gracile; (*small*) leggero; **no, not in the ~est** no, per nulla **2** *n* (*insult*) offesa *f*; **slightly** leggermente

slim [slɪm] **1** *adj* slanciato; *chance* scarso **2** *v/i* dimagrire; **I'm ~ming** sono a dieta

slime [slaɪm] melma *f*; **slimy** *liquid* melmoso; *person* viscido

sling [slɪŋ] **1** *n for arm* fascia *f* a tracolla **2** *v/t* (*throw*) lanciare

slip [slɪp] **1** *n* (*mistake*) errore *m* **2** *v/i on ice etc* scivolare; *of quality etc* peggiorare; **he ~ped out of the room** è sgattaiolato fuori dalla stanza **3** *v/t* (*put*) far scivolare; **it ~ped my mind** mi è passato di mente

♦ **slip up** (*make a mistake*) sbagliarsi

slipped 'disc [slɪpt] ernia *f* del disco

slipper ['slɪpə(r)] pantofola *f*

slippery ['slɪpərɪ] scivoloso

'slip road rampa *f* di accesso; **slip-up** (*mistake*) errore *m*

slit [slɪt] **1** *n* (*tear*) strappo *m*; (*hole*) fessura *f*; *in skirt* spacco *m* **2** *v/t envelope, packet* aprire (tagliando); *throat* tagliare

sliver ['slɪvə(r)] scheggia *f*

slob [slɒb] *pej* sudicione *m*, -a *f*

slog [slɒg] faticata *f*

slogan ['sləʊgən] slogan *m inv*

slop [slɒp] rovesciare, versare

slope [sləʊp] **1** *n* pendenza *f*; *of mountain* pendio *m* **2** *v/i* essere inclinato; **the road ~s down to the sea** la strada scende fino al mare

sloppy ['slɒpɪ] *work, editing* trascurato; *in dressing* sciatto; (*too sentimental*) sdolcinato

slot [slɒt] fessura *f*; *in schedule* spazio *m*; **slot machine** *for vending* distributore *m* automatico; *for gambling* slot-machine *f inv*

Slovak ['sləʊvæk] **1** *adj* slovacco **2** *n* slovacco *m*, -a *f*; *language* slovacco *m*; **Slovakia** Slovacchia *f*

Slovene ['sləʊviːn] **1** *adj* sloveno **2** *n* sloveno *m*, -a *f*; *language* sloveno *m*; **Slovenia** Slovenia *f*

slovenly ['slʌvnlɪ] sciatto

slow [sləʊ] lento; **be ~** *of clock* essere indietro

♦ **slow down** rallentare

'slowcoach F lumaca *f* F; **slowdown** *in production* rallentamento *m*; **slowly** lentamente; **slow motion: in ~** al rallentatore; **slowness** lentezza *f*; **slowpoke** *Am* F lumaca *f* F

sluggish ['slʌgɪʃ] lento

slum [slʌm] slum *m inv*

slump [slʌmp] **1** *n in trade* crollo *m* **2** *v/i economically* crollare; *of person* accasciarsi

slur [slɜː(r)] **1** *n* calunnia *f* **2** *v/t words* biascicare

slush [slʌʃ] fanghiglia *f*; (*pej: sentimental stuff*) smancerie *fpl*; **slush fund** fondi *mpl* neri

slut [slʌt] *pej* sgualdrina *f*

sly [slaɪ] scaltro

smack [smæk] **1** *n on the bottom* sculacciata *f*; *in the face* schiaffo *m* **2** *v/t child* picchiare; *bottom* sculacciare

small [smɔːl] **1** *adj* piccolo **2** *n*: **the ~ of the back** le reni; **small change** spiccioli *mpl*; **small hours**: **the ~** le ore *fpl* piccole; **small talk** conversazione *f* di circostanza

smart¹ [smɑːt] *adj* (*elegant*) elegante; (*intelligent*) intelligente; *pace* svelto; **get ~ with** fare il furbo con F

smart² [smɑːt] *v/i* (*hurt*) bruciare

'smart card smart card *f inv*; **smartly** *dressed* elegantemente

smash [smæʃ] **1** *n noise* fracasso *m*; (*car crash*) scontro *m*; *in tennis* schiacciata *f* **2** *v/t break* spaccare; *hit hard* sbattere; **~ sth to pieces** mandare in frantumi qc **3** *v/i break* frantumarsi

smattering ['smætərɪŋ] *of a language* infarinatura *f*

smear [smɪə(r)] **1** *n of ink etc*

macchia *f*; MED striscio *m*; *on character* calunnia *f* **2** *v/t character* calunniare

smell [smel] **1** *n* odore *m*; **sense of ~** olfatto *m*, odorato *m* **2** *v/t* sentire odore di; *test by smelling* sentire **3** *v/i unpleasantly* puzzare; (*sniff*) odorare; **what does it ~ of?** che odore ha?; **you ~ of beer** puzzi di birra; **smelly** puzzolente

smile [smaɪl] **1** *n* sorriso *m* **2** *v/i* sorridere

smirk [smɜːk] sorriso *m* compiaciuto

smoke [sməʊk] **1** *n* fumo *m*; **have a ~** fumare **2** *v/t cigarettes etc* fumare; *bacon* affumicare **3** *v/i* fumare; **smoke-free** totalmente non smoking; **smoker** fumatore *m*, -trice *f*; **smoking** fumo *m*; **no ~** vietato fumare; **smoky** *room, air* pieno di fumo

smolder *Am* ☞ **smoulder**

smooth [smuːð] **1** *adj surface, skin, sea* liscio; *sea* calmo; *transition* senza problemi; *pej: person* mellifluo **2** *v/t hair* lisciare; **smoothly** *without problems* senza problemi

smother ['smʌðə(r)] *flames, person* soffocare

smoulder ['sməʊldə(r)] covare sotto la cenere

smudge [smʌdʒ] **1** *n* sbavatura *f* **2** *v/t* sbavare

smug [smʌg] compiaciuto

smuggle ['smʌgl] contrabbandare; **smuggler** contrabbandiere m, -a f; **smuggling** contrabbando m

smutty ['smʌtɪ] joke sconcio

snack [snæk] spuntino m

snag [snæg] (problem) problema m

snail [sneɪl] chiocciola f, in cooking lumaca f; **snail mail** F posta f lumaca

snake [sneɪk] serpente m

snap [snæp] **1** n sound botto m; PHOT foto f **2** v/t break spezzare; (say sharply) dire bruscamente **3** v/i break spezzarsi **4** adj decision immediato; **snappy** person, mood irritabile; F (quick) rapido; (elegant) elegante; **snapshot** istantanea f

snarl [snɑːl] **1** n of dog ringhio m **2** v/i ringhiare

snatch [snætʃ] afferrare; (steal) scippare; (kidnap) rapire

snazzy ['snæzɪ] F chic inv

sneakers ['sniːkəz] Am scarpe fpl da ginnastica

sneaky ['sniːkɪ] F (crafty) scaltro

sneer [snɪə(r)] **1** n sogghigno m **2** v/i sogghignare

sneeze [sniːz] **1** n starnuto m **2** v/i starnutire

snicker ['snɪkə(r)] ridacchiare

sniff [snɪf] **1** v/i to clear nose tirare su col naso; of dog fiutare **2** v/t smell annusare

sniper ['snaɪpə(r)] cecchino m

snivel ['snɪvl] pej frignare

snob [snɒb] snob m/f inv; **snobbery** snobismo m; **snobbish** snob inv

♦ **snoop around** [snuːp] ficcanasare

snooty ['snuːtɪ] snob inv

snooze [snuːz] **1** n sonnellino m; **have a ~** fare un sonnellino **2** v/i sonnecchiare

snore [snɔː(r)] russare; **snoring** russare m

snorkel ['snɔːkl] boccaglio m

snort [snɔːt] sbuffare

snow [snəʊ] **1** n neve f **2** v/i nevicare

♦ **snow under:** be snowed under with ... essere sommerso di ...

'snowball palla f di neve; **snow chains** npl MOT catene fpl da neve; **snowdrift** cumulo m di neve; **snowflake** fiocco m di neve; **snowman** pupazzo m di neve; **snowplough**, Am **snowplow** spazzaneve m inv; **snowstorm** tormenta f; **snowy** weather nevoso; roofs, hills innevato

snub [snʌb] **1** n affronto m **2** v/t snobbare; **snub-nosed** col naso all'insù

snug [snʌg] al calduccio; (tight-fitting) attillato

so [səʊ] **1** adv così; ~ hot così caldo; not ~ much non così tanto; ~ much easier molto più facile; I miss you ~ mi

manchi tanto; **~ am / do I**
anch'io; **and ~ on** e così
via **2** *pron*: **I hope ~** spero
di sì; **I don't think ~** non credo, credo di no **50 or ~** circa
50 **3** *conj* (*for that reason*) così; (*in order that*) così che; **~
(that) I could come too** così
che potessi venire anch'io; **~
what?** E e allora?

soak [səʊk] (*steep*) mettere a
bagno; *of water* inzuppare;
soaked fradicio; **soaking
(wet)** bagnato fradicio

soap [səʊp] *for washing* sapone *m*; **soap (opera)** soap
(opera) *f inv*, telenovela *f*;
soapy *water* saponato

soar [sɔː(r)] *of rocket etc* in-
nalzarsi; *of prices* aumentare
vertiginosamente

sob [sɒb] **1** *n* singhiozzo *m* **2**
v/i singhiozzare

sober ['səʊbə(r)] sobrio; (*serious*) serio
♦ **sober up** smaltire la sbornia

so-'called cosiddetto

soccer ['sɒkə(r)] calcio *m*

sociable ['səʊʃəbl] socievole

social ['səʊʃl] sociale; **social
democrat** socialdemocrati-
co *m*, -a *f*; **socialism** socialismo *m*; **socialist 1** *adj* socialista **2** *n* socialista *m/f*; **socialize** socializzare; **social
life** vita *f* sociale; **social science** scienza *f* sociale; **social security** sussidio *m* della previdenza sociale; **social**

work assistenza *f* sociale;
social worker assistente
m/f sociale

society [sə'saɪətɪ] società *f
inv*; (*organization*) associazione *f*

sociologist [səʊsɪ'ɒlədʒɪst]
sociologo *m*, -a *f*; **sociology**
sociologia *f*

sock[1] [sɒk] *n* calzino *m*

sock[2] [sɒk] *v/t* F (*punch*) dare
un pugno a

socket ['sɒkɪt] *for light bulb*
portalampada *m inv*; *in wall*
presa *f* (di corrente); *of eye*
orbita *f*

soda ['səʊdə] (**~ water**) seltz
m inv; *Am* bibita *f* analcolica

sofa ['səʊfə] divano *m*

soft [sɒft] *pillow* soffice; *chair,
skin* morbido; *light, colour*
tenue; *music* soft *inv*; *voice*
sommesso; (*lenient*) indulgente; **soft drink** bibita *f*;
soft drug droga *f* leggera;
soften *butter etc* ammorbidire; *position* attenuare; *impact, blow* attutire; **softly**
speak sommessamente;
software software *m*

soggy ['sɒgɪ] molle e pesante

soil [sɔɪl] **1** *n* (*earth*) terra *f* **2**
v/t sporcare

solar 'energy ['səʊlə(r)] energia *f* solare; **solar panel** pannello *m* solare

soldier ['səʊldʒə(r)] soldato
m

sole[1] [səʊl] *n of foot* pianta *f*
(del piede); *of shoe* suola *f*

sole² [səʊl] *adj* unico; *(exclusive)* esclusivo

solely ['səʊlɪ] solamente

solemn ['sɒləm] solenne; **solemnity** solennità *f inv*; **solemnly** solennemente

solicit [sə'lɪsɪt] *of prostitute* adescare; **solicitor** avvocato *m*

solid ['sɒlɪd] *(hard)* solido; *(without holes)* compatto; *gold, silver* massiccio; *(sturdy)* robusto; *evidence* concreto; *support* forte; **solidarity** solidarietà *f*; **solidify** solidificarsi; **solidly** *built* solidamente; *in favour of sth* all'unanimità

solitaire ['sɒlɪteə(r)] *card game* solitario *m*

solitary ['sɒlɪtərɪ] *life, activity* solitario; *(single)* solo; **solitude** solitudine *f*

solo ['səʊləʊ] **1** *n* MUS assolo *m* **2** *adj performance* solista; **soloist** solista *m/f*

soluble ['sɒljʊbl] *substance* solubile; *problem* risolvibile; **solution** soluzione *f*

solve [sɒlv] risolvere; **solvent** *financially* solvibile

sombre, *Am* **somber** ['sɒmbə(r)] *(dark)* scuro; *(serious)* tetro

some [sʌm] **1** *adj (amount)* un po' di, del; *(number)* qualche, dei *m*, delle *f*; **~ people say that** ... alcuni dicono che ... **2** *pron (amount)* un po'; *(number)* alcuni *m*, -e

f; **would you like ~?** ne vuoi un po'?; **~ of the students** alcuni studenti; **somebody** qualcuno; **someday** un giorno; **somehow** *(by one means or another)* in qualche modo; *(for some unknown reason)* per qualche motivo; **someone** *☞* **somebody**; **someplace** *☞* **somewhere**

somersault ['sʌməsɔːlt] **1** *n* capriola *f* **2** *v/i* fare una capriola

'something qualcosa; **sometime** *(one of these days)* uno di questi giorni; **~ last year** l'anno scorso; **sometimes** a volte; **somewhat** piuttosto; **somewhere 1** *adv* da qualche parte **2** *pron* un posto; **let's go ~ quiet** diamo in un posto tranquillo

son [sʌn] figlio *m*

song [sɒŋ] canzone *f*; *of birds* canto *m*

'son-in-law genero *m*; **son of a bitch** V figlio *m* di puttana P

soon [suːn] presto; **as ~ as** non appena; **as ~ as possible** prima possibile; **~er or later** presto o tardi; **the ~er the better** prima è, meglio è; **how ~ can you be ready?** fra quanto sei pronto?

soothe [suːð] calmare

sophisticated [sə'fɪstɪkeɪtɪd] sofisticato; **sophistication** *of person* raffinatezza *f*; *of machine* complessità *f*

sophomore ['sɑfəmɔːr] *Am* studente *m/f* del secondo anno

soprano [sə'prɑːnəʊ] soprano *m/f*

sordid ['sɔːdɪd] sordido

sore [sɔː(r)] **1** *adj* (*painful*) dolorante; *is it ~ ?* fa male? **2** *n* piaga *f*; **sore throat** mal *m* di gola

sorrow ['sɒrəʊ] dispiacere *m*, dolore *m*

sorry ['sɒrɪ] *day, sight* triste; (*I'm*) *~!* apologizing scusa!; *polite form* scusi!; *I'm ~ regretting* mi dispiace; *I feel ~ for her* mi dispiace per lei

sort [sɔːt] **1** *n* tipo *m*; *~ of* ... F un po' ...; *is it finished? – ~ of* F è terminato? – quasi **2** *v/t* separare; COMPUT ordinare

SOS [esəʊ'es] SOS *m inv*

so-'so F così così

soul [səʊl] anima *f*; *the poor ~* il poverino, la poverina

sound¹ [saʊnd] **1** *adj* (*sensible*) valido; (*healthy*) sano; *sleep* profondo; *structure* solido **2** *adv*: *be ~ asleep* dormire profondamente

sound² [saʊnd] **1** *n* suono *m*; (*noise*) rumore *m* **2** *v/i*: *~s interesting* sembra interessante

'soundbite slogan *m inv*; **soundly** *sleep* profondamente; *beaten* duramente; **soundproof** insonorizzato; **soundtrack** colonna *f* sonora

soup [suːp] minestra *f*

sour ['saʊə(r)] *apple, orange* aspro; *milk, expression, comment* acido

source [sɔːs] fonte *f*; *of river* sorgente *f*

south [saʊθ] **1** *adj* meridionale, del sud **2** *n* sud *m* **3** *adv travel* verso sud; *~ of* a sud di; **South Africa** Sudafrica *m*, Repubblica *f* Sudafricana; **South African 1** *adj* sudafricano **2** *n* sudafricano *m*, -a *f*; **South America** Sudamerica *m*; **South American 1** *adj* sudamericano **2** *n* sudamericano *m*, -a *f*; **southeast 1** *n* sud-est *m* **2** *adj* sud-orientale **3** *adv* verso sud-est; **southeastern** sud-orientale; **southerly** meridionale; **southern** del sud; **southerner** abitante *m/f* del sud; **southernmost** più a sud; **South Pole** polo *m* sud; **southwards** verso sud; **southwest 1** *n* sud-ovest *m* **2** *adj* sud-occidentale **3** *adv* verso sud-ovest; **southwestern** sud-occidentale

souvenir [suːvə'nɪə(r)] souvenir *m inv*

sovereign ['sɒvrɪn] *state* sovrano; **sovereignty** *of state* sovranità *f*

sow¹ [saʊ] *n* (*female pig*) scrofa *f*

sow² [səʊ] *v/t seeds* seminare

soya sauce ['sɔɪə] salsa *f* di

soia

space [speɪs] spazio *m*; *in car park* posto *m*; **space-bar** COMPUT barra *f* spaziatrice; **spacecraft** veicolo *m* spaziale; **spaceship** astronave *f*; **space shuttle** shuttle *m inv*; **space station** stazione *f* spaziale; **spacious** spazioso

spade [speɪd] *for digging* vanga *f*; *~s in card game* picche *fpl*

spaghetti [spə'geti] spaghetti *mpl*

Spain [speɪn] Spagna *f*

spam [spæm] spam *f*

span [spæn] coprire; *of bridge* attraversare

Spaniard ['spænjəd] spagnolo *m*, -a *f*; **Spanish** 1 *adj* spagnolo 2 *n language* spagnolo *m*

spanner ['spænə(r)] chiave *f* inglese

spare [speə(r)] 1 *v/t* (*do without*) fare a meno di; *can you ~ £50?* mi puoi prestare 50 sterline?; *can you ~ the time?* hai tempo?; *have money / time to ~* avere soldi / tempo d'avanzo 2 *adj in più* 3 *n* ricambio *m*; **spare part** pezzo *m* di ricambio; **spare ribs** costine *fpl* di maiale; **spare room** stanza *f* degli ospiti; **spare time** tempo *m* libero; **spare wheel** MOT ruota *f* di scorta; **sparing**: *be ~ with* andarci piano con; **sparingly** con modera-

zione

spark [spɑːk] scintilla *f*

sparkle ['spɑːkl] brillare; **sparkling wine** vino *m* frizzante

'spark plug candela *f*

sparrow ['spærəʊ] passero *m*

sparse [spɑːs] *vegetation* rado; **sparsely**: *~ populated* scarsamente popolato

spartan ['spɑːtn] spartano

spasmodic [spæz'mɒdɪk] irregolare

spate [speɪt] *fig* ondata *f*

spatial ['speɪʃl] spaziale

speak [spiːk] 1 *v/i* parlare; *~ing* TELEC sono io 2 *v/t foreign language* parlare; *the truth* dire

♦ **speak up** (*speak louder*) parlare ad alta voce

speaker ['spiːkə(r)] oratore *m*, -trice *f*; *of sound system* cassa *f*; *Italian ~* italofono *m*, -a *f*; **speaker phone** telefono *m* con vivavoce

spear [spɪə(r)] lancia *f*

special ['speʃl] speciale; (*particular*) particolare; **special effects** effetti *mpl* speciali; **specialist** specialista *m/f*; **speciality** specialità *f inv*; **specialize** specializzarsi (*in* in); **specially** ☞ **especially**; **specialty** specialità *f inv*

species ['spiːʃiːz] specie *f inv*

specific [spə'sɪfɪk] specifico; **specifically** specificamente; **specifications** *of machine etc* caratteristiche *fpl* tecniche; **specify** specificare

specimen ['spesɪmən] campione *m*

spectacle ['spektəkl] (*impressive sight*) spettacolo *m*; (*a pair of*) ~**s** (un paio di) occhiali *m*; **spectacular** spettacolare

spectator [spek'teɪtə(r)] spettatore *m*, -trice *f*

spectrum ['spektrəm] *fig* gamma *f*

speculate ['spekjυleɪt] fare congetture (*on* su); FIN speculare; **speculation** congetture *fpl*; FIN speculazione *f*; **speculator** FIN speculatore *m*, -trice *f*

speech [spiːtʃ] discorso *m*; *in play* monologo *m*; (*ability to speak*) parola *f*; (*way of speaking*) linguaggio *m*; **speechless** *with shock, surprise* senza parole

speed [spiːd] **1** *n* velocità *f inv*; (*quickness*) rapidità *f inv* **2** *v/i* (*go quickly*) andare a tutta velocità; (*drive too quickly*) superare il limite di velocità

◆ **speed up 1** *v/i* andare più veloce **2** *v/t* accelerare

'speedboat motoscafo *m*; **speed bump** dosso *m* di rallentamento; **speedily** rapidamente; **speeding** *when driving* eccesso *m* di velocità; **speed limit** limite *m* di velocità; **speedometer** tachimetro *m*; **speedy** rapido

spell¹ [spel] **1** *v/t*: *how do you* ~ ...? come si scrive ...?; *could you* ~ *that please?* me lo può dettare lettera per lettera? **2** *v/i* sapere come si scrivono le parole

spell² [spel] *n* (*period of time*) periodo *m*

'spellchecker COMPUT correttore *m* ortografico; **spelling** ortografia *f*

spend [spend] *money* spendere; *time* passare; **spendthrift** *pej* spendaccione *m*, -a *f*

sperm [spɜːm] spermatozoo *m*; (*semen*) sperma *m*

sphere [sfɪə(r)] *also fig* sfera *f*

spice [spaɪs] (*seasoning*) spezia *f*; **spicy** *food* piccante

spider ['spaɪdə(r)] ragno *m*; **spider's web** ragnatela *f*

spike [spaɪk] *on railings* spunzone *m*; *on plant* spina *f*; *on animal* aculeo *m*; *on running shoes* chiodo *m*

spill [spɪl] **1** *v/t* versare **2** *v/i* versarsi **3** *n of oil etc* fuoriuscita *f*

spin¹ [spɪn] **1** *n* giro *m*; *on ball* effetto *m* **2** *v/t* far girare; *ball* imprimere l'effetto a **3** *v/i of wheel* girare

spin² [spɪn] *v/t wool, cotton* filare; *web* tessere

spinach ['spɪnɪdʒ] spinaci *mpl*

spinal ['spaɪnl] spinale; **spinal column** colonna *f* vertebrale, spina *f* dorsale; **spinal cord** midollo *m* spinale '**spin doctor** *esperto che ha il compito di presentare ai media le decisioni di un partito o personaggio politico sotto la luce migliore*

spine [spaɪn] *of person, animal* spina *f* dorsale; *of book* dorso *m*; *on plant, hedgehog* spina *f*; **spineless** (*cowardly*) smidollato

'**spin-off** applicazione *f* secondaria

spinster ['spɪnstə(r)] zitella *f*

spiny ['spaɪnɪ] spinoso

spiral ['spaɪrəl] **1** *n* spirale *f* **2** *v/i* (*rise quickly*) salire vertiginosamente; **spiral staircase** scala *f* a chiocciola

spire ['spaɪə(r)] spira *f*, guglia *f*

spirit ['spɪrɪt] spirito *m*; **spirited** *debate* animato; *defence* energico; *performance* brioso; **spirits** (*morale*) morale *msg*; **be in good / poor ~** essere su / giù di morale; **spiritual** spirituale

spit [spɪt] *of person* sputare

spite [spaɪt] dispetto *m*; **in ~ of** malgrado; **spiteful** dispettoso; **spitefully** dispettosamente

spitting image ['spɪtɪŋ]: **be the ~ of s.o.** essere il ritratto sputato di qu

splash [splæʃ] **1** *n* (*noise*) tonfo *m*; (*small amount of liquid*) schizzo *m*; *of colour* macchia *f* **2** *v/t person* schizzare; *water, mud* schizzare **3** *v/i* schizza-

re; *of waves* infrangersi

'**splashdown** ammaraggio *m*

'**splendid** ['splendɪd] magnifico; **splendour**, *Am* **splendor** magnificenza *f*

splint [splɪnt] MED stecca *f*

splinter ['splɪntə(r)] **1** *n* scheggia *f* **2** *v/i* scheggiarsi

split [splɪt] **1** *n in leather* strappo *m*; *in wood* crepa *f*; (*disagreement*) spaccatura *f*; (*division, share*) divisione *f* **2** *v/t leather* strappare; *wood, logs* spaccare; (*cause disagreement in*) spaccare; (*divide*) dividere **3** *v/i of leather* strapparsi; *of wood* spaccarsi; (*disagree*) spaccarsi

◆ **split up** *of couple* separarsi

splitting ['splɪtɪŋ]: **~ headache** feroce mal *m inv* di testa

spoil [spɔɪl] *child* viziare; *surprise, party* rovinare; **spoilsport** F guastafeste *m/f*; **spoilt** *child* viziato; **be ~ for choice** avere (solo) l'imbarazzo della scelta

spoke [spəʊk] *of wheel* raggio *m*

spokesperson ['spəʊkspɜːsən] portavoce *m/f*

sponge [spʌndʒ] spugna *f*; **sponger** F scroccone *m*, -a *f*

sponsor ['spɒnsə(r)] **1** *n for immigration etc* garante *m/f inv*; *of TV programme, sports event, for fundraising* sponsor *m inv* **2** *v/t for immigra-*

tion, membership garantire per; *TV programme, sports event* sponsorizzare; **sponsorship** sponsorizzazione *f*

spontaneous [spɒn'teɪnɪəs] spontaneo; **spontaneously** spontaneamente

spool [spuːl] bobina *f*

spoon [spuːn] cucchiaio *m*; **spoonful** cucchiaio *f*

sporadic [spə'rædɪk] sporadico

sport [spɔːt] sport *m inv*; **sporting** sportivo; **sports jacket** giacca *f* sportiva; **sports car** auto *f inv* sportiva; **sportsman** sportivo *m*; **sportswear** abbigliamento *m* sportivo; **sportswoman** sportiva *f*; **sporty** sportivo

spot¹ [spɒt] *n* (*pimple*) brufolo *m*; *caused by measles etc* foruncolo *m*; *part of pattern* pois *m inv*

spot² [spɒt] *n* (*place*) posticino *m*; **on the ~** (*in the place in question*) sul posto; (*immediately*) immediatamente

spot³ [spɒt] *v/t* (*notice*) notare; (*identify*) trovare

'spot check controllo *m* casuale; **spotless** pulitissimo; **spotlight** faretto *m*; **spotty** *with pimples* brufoloso

spouse [spaʊs] *fml* coniuge *m/f*

spout [spaʊt] **1** *n* beccuccio *m* **2** *v/i of liquid* sgorgare **3** *v/t* F: **~ nonsense** ciarlare

sprain [spreɪn] **1** *n* slogatura *f*

2 *v/t* slogarsi

sprawl [sprɔːl] stravaccarsi; *of city* estendersi; **send s.o. ~ing** *of punch* mandare qu a gambe all'aria; **sprawling** *city* tentacolare

spray [spreɪ] **1** *n of sea water* spruzzi *mpl*; *for hair* lacca *f*; (*container*) spray *m inv* **2** *v/t* spruzzare; **spraygun** pistola *f* a spruzzo

spread [spred] **1** *n of disease, religion etc* diffusione *f*; F *big meal* banchetto *m* **2** *v/t* (*lay*) stendere; *butter, jam* spalmare; *news, rumour, disease* diffondere; *arms, legs* allargare **3** *v/i* diffondersi; **spreadsheet** COMPUT spreadsheet *m inv*

sprightly ['spraɪtlɪ] arzillo

spring¹ *n* [sprɪŋ] *season* primavera *f*

spring² [sprɪŋ] *n device* molla *f*

spring³ [sprɪŋ] **1** *n* (*jump*) balzo *m*; (*stream*) sorgente *f* **2** *v/i* (*jump*) balzare; **~ from** derivare da

'springboard trampolino *m*; **spring onion** cipollotto *m*; **springtime** primavera *f*

sprinkle ['sprɪŋkl] spruzzare; **~ sth with** cospargere qc di; **sprinkler** *for garden* irrigatore *m*; *in ceiling* sprinkler *m inv*

sprint [sprɪnt] **1** *n*: scatto *m*; **the 100 metres ~** i cento metri piani **2** *v/i* fare uno scatto;

sprinter SP velocista *m/f*

spud [spʌd] F patata *f*

spy [spaɪ] **1** *n* spia *f* **2** *v/i* fare la spia **3** *v/t* (*see*) scorgere
♦ **spy on** spiare

squabble ['skwɒbl] **1** *n* bisticcio *m* **2** *v/i* bisticciare

squalid ['skwɒlɪd] squallido; **squalor** squallore *m*

squander ['skwɒndə(r)] *money* dilapidare

square [skweə(r)] **1** *adj in shape* quadrato; **~ mile** miglio quadrato **2** *n shape* quadrato *m*; *in town* piazza *f*; *in board game* casella *f*; MATH quadrato *m*; **we're back to ~ one** siamo punto e a capo; **square root** radice *f* quadrata

squash[1] [skwɒʃ] *n vegetable* zucca *f*

squash[2] [skwɒʃ] *n game* squash *m*

squash[3] [skwɒʃ] *v/t* (*crush*) schiacciare

squat [skwɒt] **1** *adj in shape* tozzo **2** *v/i* (*sit*) accovacciarsi; *illegally* occupare abusivamente

squeak [skwiːk] **1** *n of mouse* squittio *m*; *of hinge* cigolio *m* **2** *v/i of mouse* squittire; *of hinge* cigolare; *of shoes* scricchiolare; **squeaky** *hinge* cigolante; *shoes* scricchiolante; *voice* stridulo; **squeaky clean** F immacolato

squeal [skwiːl] **1** *n of pain, laughter* strillo *m*; *of brakes* stridore *m* **2** *v/i* strillare; *of brakes* stridere

squeamish ['skwiːmɪʃ]: **be ~** avere lo stomaco delicato

squeeze [skwiːz] **1** *n of hand, shoulder* stretta *f* **2** *v/t hand* stringere; *orange, lemon* spremere; *sponge* strizzare

squid [skwɪd] calamaro *m*

squint [skwɪnt] strabismo *m*

squirm [skwɜːm] (*wriggle*) contorcersi; **~ (with embarrassment)** morire di vergogna

squirrel ['skwɪrəl] scoiattolo *m*

squirt [skwɜːt] **1** *v/t* spruzzare **2** *n* F *pej* microbo *m* F

St *abbr* (= *saint*) S. (= santo *m*, santa *f*); (= *street*) v. (= via *f*)

stab [stæb] accoltellare

stability [stə'bɪlətɪ] stabilità *f*; **stabilize 1** *v/t* stabilizzare **2** *v/i* stabilizzarsi; **stable 1** *adj* stabile; **2** *n for horses* stalla *f*; *establishment* scuderia *f*

stack [stæk] **1** *n* (*pile*) pila *f*; **~s of** F un sacco di F **2** *v/t* mettere in pila

stadium ['steɪdɪəm] stadio *m*

staff [stɑːf] (*employees*) personale *msg*; (*teachers*) corpo *m* insegnante; **staffroom** *in school* sala *f* professori

stage[1] [steɪdʒ] *in life, project etc* fase *f*; *of journey* tappa *f*

stage[2] [steɪdʒ] **1** *n* THEA palcoscenico *m* **2** *v/t play* mettere in scena; *demonstration* organizzare

stagger ['stægə(r)] **1** *v/i* barcollare **2** *v/t* (*amaze*) sbalordire; *holidays, breaks etc* scaglionare; **staggering** sbalorditivo

stagnant ['stægnənt] *also fig* stagnante; **stagnate** *of person, mind* vegetare

'**stag party** (*festa f di*) addio *m* al celibato

stain [steɪn] **1** *n* (*dirty mark*) macchia *f*; *for wood* mordente *m* **2** *v/t* (*dirty*) macchiare; *wood* dare il mordente a **3** *v/i of wine etc* macchiare; *of fabric* macchiarsi; **stained-glass window** vetrata *f* colorata; **stainless steel** acciaio *m* inossidabile

stair [steə(r)] scalino *m*; **the ~s** le scale; **staircase** scala *f*

stake [steɪk] **1** *n of wood* palo *m*; *when gambling* puntata *f*; (*investment*) partecipazione *f*; **be at ~** essere in gioco **2** *v/t tree* puntellare; *money* puntare

stale [steɪl] *bread* raffermo; *air* viziato; *fig: news* vecchio; **stalemate** *in chess* stallo *m*; *fig* punto *m* morto

stalk¹ [stɔːk] *n of fruit* picciolo *m*; *of plant* gambo *m*

stalk² [stɔːk] *v/t animal* seguire; *person* perseguitare (con telefonate, lettere ecc)

stall¹ [stɔːl] *n at market* bancarella *f*; *for cow, horse* box *m inv*

stall² [stɔːl] **1** *v/i of vehicle* fermarsi; (*play for time*) temporeggiare **2** *v/t engine* far spegnere; *people* trattenere

stalls [stɔːlz] platea *f*

stalwart ['stɔːlwət] *supporter* fedele

stamina ['stæmɪnə] resistenza *f*

stammer ['stæmə(r)] **1** *n* balbuzie *f* **2** *v/i* balbettare

stamp¹ [stæmp] **1** *n for letter* francobollo *m*; (*date ~ etc*) timbro *m* **2** *v/t letter* affrancare; *document, passport* timbrare; **~ed addressed envelope** busta *f* affrancata per la risposta

stamp² [stæmp] *v/t*: **~ one's feet** pestare i piedi

stance [stɑːns] (*position*) presa *f* di posizione

stand [stænd] **1** *n at exhibition* stand *m inv*; (*witness ~*) banco *m* dei testimoni; (*support, base*) base *f*; **take the ~** LAW testimoniare **2** *v/i* (*be situated: of person*) stare; *of object, building* trovarsi; *as opposed to sit* stare in piedi; (*rise*) alzarsi in piedi **3** *v/t* (*tolerate*) sopportare; (*put*) mettere; **you don't ~ a chance** non hai alcuna probabilità; **~ s.o. a drink** offrire da bere a qu

♦ **stand by 1** *v/i* (*not take action*) stare a guardare; (*be ready*) tenersi pronto **2** *v/t person* stare al fianco di; *de-*

cision mantenere

◆ **stand down** (*withdraw*) ritirarsi

◆ **stand for** (*tolerate*) tollerare; (*mean*) significare; *freedom etc* rappresentare

◆ **stand out** *of person, building* distinguersi

◆ **stand up 1** *v/i* alzarsi in piedi **2** *v/t F on date* dare buca a F

◆ **stand up for** difendere

◆ **stand up to** far fronte a

standard ['stændəd] **1** *adj* (*usual*) comune; *model* standard *inv* **2** *n* (*level*) livello *m*; (*expectation*) aspettativa *f*; TECH standard *m inv*; *be up to ~* essere di buona qualità; **standardize** standardizzare; **standard of living** tenore *m* di vita

'**standby** *ticket* biglietto *m* stand-by; *on ~ at airport* in lista d'attesa; *on ~ of troops etc* pronto; **standing** *in society etc* posizione *f*; (*repute*) reputazione *f*; *of long ~* di lunga durata; **standoffish** scostante; **standpoint** punto *m* di vista; **standstill**: *be at a ~* essere fermo; *bring to a ~* fermare

staple[1] ['steɪpl] *n* (*foodstuff*) alimento *m* base

staple[2] ['steɪpl] **1** *n* (*fastener*) graffa *f* **2** *v/t* pinzare

stapler ['steɪplə(r)] pinzatrice *f*

star [stɑː(r)] **1** *n in sky* stella *f*;

fig star *f inv* **2** *v/t*: *a film ~ring Julia Roberts* un film interpretato da Julia Roberts; **starboard** a tribordo

stare [steə(r)] fissare; *~ at* fissare

stark [stɑːk] **1** *adj landscape* desolato; *colour scheme* austero; *reminder, contrast etc* brusco **2** *adv*: *~ naked* completamente nudo

starling ['stɑːlɪŋ] storno *m*

starry ['stɑːrɪ] *night* stellato

start [stɑːt] **1** *n* inizio *m*; *get off to a good~* cominciare bene **2** *v/t* iniziare, cominciare; *of engine, car* partire; TECH standard *m inv*; *~ing from tomorrow* a partire da domani **3** *v/t* cominciare; *engine, car* mettere in moto; *business* mettere su; *~ to do sth, ~ doing sth* cominciare a fare qc; **starter** *of meal* antipasto *m*; *of car* motorino *m* d'avviamento; *in race* starter *m inv*; **starting point** punto *m* di partenza; **starting salary** stipendio *m* iniziale

startle ['stɑːtl] far trasalire; **startling** sorprendente

'**start-up** COM nuova azienda *f*

starvation [stɑː'veɪʃn] fame *f*; **starve** soffrire la fame; *I'm starving* F sto morendo di fame

state[1] [steɪt] **1** *n of car, house, part of country* stato *m*; *the States* gli Stati Uniti **2** *adj* di stato; *school* statale; *banquet etc* ufficiale

state[2] [steɪt] *v/t* dichiarare

'State Department Ministero *m* degli Esteri; **statement** *to police* deposizione *f*; *(announcement)* dichiarazione *f*; *(bank* ∼*)* estratto *m* conto; **state of emergency** stato *m* d'emergenza; **state-of-the-art** allo stato dell'arte; **statesman** statista *m*

static (**elec'tricity**) ['stætɪk] elettricità *f* statica

station ['steɪʃn] **1** *n* stazione *f* **2** *v/t guard etc* disporre; **stationery** stazionaria

stationery ['steɪʃənərɪ] articoli *mpl* di cancelleria

'station wagon giardiniera *f*

statistical [stə'tɪstɪkl] statistico; **statistically** statisticamente; **statistician** esperto *m*, -a *f* di statistica; **statistics** *science* statistica *f*; *npl figures* statistiche *fpl*

statue ['stætjuː] statua *f*

status ['steɪtəs] posizione *f*; **status symbol** status symbol *m inv*

statute ['stætjuːt] statuto *m*

staunch [stɔːntʃ] leale

stay [steɪ] **1** *n* soggiorno *m* **2** *v/i in a place* stare; *in a condition* restare; ∼ **in a hotel** stare in albergo; ∼ **right there!** non ti muovere!

◆ **stay behind** rimanere

◆ **stay up** *(not go to bed)* rimanere alzato

steadily ['stedɪlɪ] *improve etc* costantemente; *look* fisso;

steady 1 *adj voice, hands* fermo; *job, boyfriend* fisso; *beat* regolare; *improvement, decline* costante **2** *adv:* **be going** ∼ fare coppia fissa; ∼ **on!** calma! **3** *v/t bookcase etc* rendere saldo

steak [steɪk] bistecca *f*, carne *f* (di manzo)

steal [stiːl] **1** *v/t* rubare **2** *v/i (be a thief)* rubare; ∼ **in / out** entrare / uscire furtivamente

stealthy ['stelθɪ] furtivo

steam [stiːm] **1** *n* vapore *m* **2** *v/t food* cuocere al vapore; **steamed up** F *angry* furibondo; **steamer** *for cooking* vaporiera *f*

steel [stiːl] **1** *n* acciaio *m* **2** *adj* d'acciaio; **steelworker** operaio *m* di acciaieria

steep[1] [stiːp] *adj hill etc* ripido; F *prices* alto

steep[2] [stiːp] *v/t (soak)* lasciare a bagno

steer[1] [stɪr] *n animal* manzo *m*

steer[2] [stɪə(r)] *v/t* manovrare; *person* guidare; *conversation* spostare; **steering** MOT sterzo *m*; **steering wheel** volante *m*

stem[1] [stem] *n of plant, glass* stelo *m*; *of word* radice *f*

stem[2] [stem] *v/t (block)* arginare

'stem cell cellula *f* staminale

stench [stentʃ] puzzo *m*

stencil ['stensıl] **1** *n* stencil *m inv* **2** *v/t pattern* disegnare con lo stencil

step [step] **1** *n* (*pace*) passo *m*; (*stair*) gradino *m*; (*measure*) provvedimento *m*; ~ **by** ~ poco a poco **2** *v/i*: ~ **into** / **out of** salire in / scendere da

◆ **step down** *from post etc* dimettersi

◆ **step up** (*increase*) aumentare

'**stepbrother** fratellastro *m*; **stepdaughter** figliastra *f*; **stepfather** patrigno *m*; **stepladder** scala *f* a libretto; **stepmother** matrigna *f*; **stepsister** sorellastra *f*; **stepson** figliastro *m*

stereo ['sterıəʊ] (*sound system*) stereo *m inv*; **stereotype** stereotipo *m*

sterile ['sterail] sterile; **sterilize** sterilizzare

sterling ['stɜːlıŋ] FIN sterlina *f*

stern¹ [stɜːn] *adj* severo

stern² [stɜːn] *n* NAUT poppa *f*

sternly ['stɜːnlı] severamente

steroids ['sterɔɪdz] anabolizzanti *mpl*

stethoscope ['steθəskəʊp] fonendoscopio *m*

stew [stjuː] spezzatino *m*

steward ['stjuːəd] *on plane, ship* steward *m inv*; *at demonstration, meeting* membro *m* del servizio d'ordine; **stewardess** *on plane, ship* hostess *f inv*

stick¹ [stık] *n wood* rametto *m*; (*walking* ~) bastone *m*; **out in the** ~**s** F a casa del diavolo F

stick² [stık] **1** *v/t with adhesive* attaccare; *needle, knife* conficcare; F (*put*) mettere **2** *v/i* (*jam*) bloccarsi; (*adhere*) attaccarsi

◆ **stick by** F *person* rimanere al fianco di

◆ **stick to** F (*keep to*) attenersi a; F (*follow*) seguire

◆ **stick up for** F difendere

sticker ['stıkə(r)] adesivo *m*; **sticking plaster** cerotto *m*; **stick-in-the-mud** F abitudinario *m, -a f*; **sticky** appiccicoso; *label* adesivo

stiff [stıf] **1** *adj brush, cardboard, leather* rigido; *muscle, body* anchilosato; *paste* sodo; *in manner* freddo; *drink, competition* forte; *fine* salato **2** *adv*: **be bored** ~ F essere annoiato a morte F; **stiffness** *of muscles* indoenzimento *m*; *of material* rigidità *f*; *of manner* freddezza *f*

stifle ['staıfl] *also fig* soffocare; **stifling** soffocante

stigma ['stıgmə] vergogna *f*

stilettos [stı'letəʊz] *npl* (*shoes*) scarpe *fpl* con tacco a spillo

still¹ [stıl] **1** *adj* (*motionless*) immobile; *without wind* senza vento; *drink* non gas(s)ato **2** *adv*: **keep** / **stand** ~! stai fermo!

still² [stɪl] *adv* (*yet*) ancora; (*nevertheless*) comunque; **she ~ hasn't finished** non ha ancora finito; **~ more** ancora più

'stillborn nato morto; **still life** natura *f* morta

stilted ['stɪltɪd] poco naturale

stimulant ['stɪmjʊlənt] stimolante *m*; **stimulate** stimolare; **stimulating** stimolante; **stimulation** stimolazione *f*; **stimulus** (*incentive*) stimolo *m*

sting [stɪŋ] **1** *n from bee* puntura *f*; *from jellyfish* pizzico *m* **2** *v/t of bee* pungere; *of jellyfish* pizzicare **3** *v/i of eyes, scratch* bruciare; **stinging** *criticism* pungente

stingy ['stɪndʒɪ] F tirchio F

stink [stɪŋk] **1** *n* (*bad smell*) puzza *f*; F (*fuss*) putiferio *m* F; **kick up a ~** F fare un casino F **2** *v/i* (*smell bad*) puzzare; F (*be very bad*) fare schifo F

stipulate ['stɪpjʊleɪt] stabilire; **stipulation** condizione *f*

stir [stɜː(r)] **1** *v/t* mescolare **2** *v/i of sleeping person* muoversi; **stirring** *music, speech* commovente

stitch [stɪtʃ] **1** *n in sewing* punto *m*; *in knitting* maglia *f*; **~es** MED punti *mpl* (di sutura); **be in ~es** *laughing* ridere a crepapelle **2** *v/t sew* cucire; **stitching** (*stitches*) cucitura *f*

stock [stɒk] **1** *n* (*reserves*) provvista *f*; COM *of store* stock *m inv*; *animals* bestiame *m*; FIN titoli *mpl*; *for soup etc* brodo *m*; **in ~ / out of ~** disponibile / esaurito; **take ~** fare il punto **2** *v/t* COM vendere; **stockbroker** agente *m/f* di cambio; **stock exchange** borsa *f* valori; **stockholder** azionista *m/f*; **stockist** rivenditore *m*; **stock market** mercato *m* azionario; **stockpile 1** *n of food, weapons* scorta *f* **2** *v/t* fare scorta di

stocky ['stɒkɪ] tarchiato

stodgy ['stɒdʒɪ] *food* pesante

stoical ['stəʊɪkl] stoico; **stoicism** stoicismo *m*

stomach ['stʌmək] **1** *n* stomaco *m*; (*abdomen*) pancia *f* **2** *v/t* (*tolerate*) sopportare; **stomach-ache** mal *m* di stomaco

stone [stəʊn] pietra *f*; (*pebble*) sasso *m*; *in fruit* nocciolo *m*; **stoned** F *on drugs* fatto F; **stone-deaf** sordo (come una campana)

stool [stuːl] *seat* sgabello *m*

stoop¹ [stuːp] *v/i* (*bend down*) chinarsi; (*have bent back*) essere curvo

stoop² [stuːp] *n Am* (*porch*) porticato *m*

stop [stɒp] **1** *n for train, bus* fermata *f*; **put a ~ to** mettere fine a **2** *v/t* (*put an end to*) mettere fine a; (*prevent*) fermare; (*cease*) smettere; *per-*

son, car, bus fermare; *cheque* bloccare; ~ *doing sth* smettere di fare qc **3** v/i (*come to a halt*) fermarsi; *of rain, noise* smettere

◆ **stop over** fare sosta

'**stopgap** *person* tappabuchi m/f inv; *thing* soluzione f temporanea; **stoplight** (*traffic light*) rosso m; (*brake light*) fanalino m d'arresto; **stopover** sosta f; *in air travel* scalo m intermedio; **stopper** tappo m; **stop sign** (segnale m di) stop m inv; **stopwatch** cronometro m

storage ['stɔːrɪdʒ]: **put sth in** ~ mettere qc in magazzino; **store 1** n *large shop* negozio m; (*stock*) riserva f; (*storehouse*) deposito m **2** v/t tenere; COMPUT memorizzare; **storekeeper** Am negoziante m/f; **store window** Am vetrina f

storey ['stɔːrɪ] *of building* piano m

storm [stɔːm] tempesta f; **stormy** tempestoso

story[1] ['stɔːrɪ] (*tale*) racconto m; (*account*) storia f; (*newspaper article*) articolo m; F (*lie*) bugia f

story[2] ['stɔːrɪ] *of building* piano m

stout [staʊt] *person* robusto

stove [stəʊv] *for cooking* cucina f; *for heating* stufa f

stow [stəʊ] riporre

◆ **stow away** imbarcarsi clandestinamente

'**stowaway** passeggero m, -a f clandestino, -a

straight [streɪt] **1** adj *line* retto; *hair, whisky* liscio; *back, knees* dritto; (*honest, direct*) onesto; (*tidy*) in ordine; (*conservative*) convenzionale; (*not homosexual*) etero; **keep a ~ face** non ridere **2** adv dritto; *think* con chiarezza; **go ~** F *of criminal* rigare dritto; **give it to me ~** F dimmi francamente; **~ ahead** avanti dritto; **carry ~ on** proseguire dritto; **~away, ~ off** immediatamente; **~ out** dir sth chiaro e tondo; **straighten** raddrizzare; **straightforward** (*honest, direct*) franco; (*simple*) semplice

strain[1] [streɪn] **1** n *physical* sforzo m; *mental* tensione f **2** v/t (*injure*) affaticare; *finances*, gravare su

strain[2] [streɪn] v/t *vegetables* scolare; *oil, fat etc* filtrare

strained [streɪnd] teso; **strainer** *for vegetables etc* colino m

strait [streɪt] GEOG stretto m; **straitlaced** puritano

strand [strænd] piantare in asso F; **be ~ed** essere bloccato

strange [streɪndʒ] (*odd, curious*) strano; (*unknown, foreign*) sconosciuto; **strangely** (*oddly*) stranamente; **~ enough** strano ma vero;

stranger *person you don't know* sconosciuto *m*, -a *f*; **I'm a ~ here myself** non sono di queste parti

strangle ['stræŋgl] strangolare

strap [stræp] *of bag* tracolla *f*; *of bra, dress* bretellina *f*, spallina *f*; *of watch* cinturino *m*; *of shoe* listino *m*; **strapless** senza spalline

strategic [strə'ti:dʒɪk] strategico; **strategy** strategia *f*

straw [strɔː] paglia *f*; *for drink* cannuccia *f*; **strawberry** fragola *f*

stray [streɪ] **1** *adj animal* randagio; *bullet* vagante **2** *n dog, cat* randagio *m* **3** *v/i of animal* smarrirsi; *of child* allontanarsi; *fig: of eyes, thoughts* vagare

streak [striːk] **1** *n of dirt, paint* striscia *f*; *in hair* mèche *f inv*; *fig: of nastiness etc* vena *f* **2** *v/i move quickly* sfrecciare

stream [striːm] **1** *n* ruscello *m*; *fig: of people, complaints* fiume *m*; **come on ~** entrare in attività; *of oil* arrivare **2** *v/i* riversarsi; **streamline** *fig* snellire; **streamlined** *car, plane* aerodinamico; *organization* snellito

street [striːt] strada *f*; *in address* via *f*; **streetcar** *Am* tram *m inv*; **streetlight** lampione *m*; **street value** *of drugs* valore *m* di mercato; **streetwise** scafato F

strength [streŋθ] forza *f*; *(strong point)* punto *m* forte; **strengthen 1** *v/t* rinforzare **2** *v/i* consolidarsi

strenuous ['strenjʊəs] faticoso; **strenuously** *deny* recisamente

stress [stres] **1** *n (emphasis)* accento *m*; *(tension)* stress *m inv* **2** *v/t syllable* accentare; *importance etc* sottolineare; **stressed out** stressato; **stressful** stressante

stretch [stretʃ] **1** *n of land, water* tratto *m*; **at a ~** *(non-stop)* di fila **2** *adj fabric* elasticizzato **3** *v/t material* tendere; *small income* far bastare; **~ the rules** Fare uno strappo (alla regola); **he ~ed out his hand** allungò la mano **4** *v/i to relax muscles* stirarsi; *to reach sth* allungarsi; *(spread)* estendersi; **stretcher** barella *f*

strict [strɪkt] *person* severo; *instructions* tassativo; **strictly: be brought up ~** ricevere un'educazione rigida; **it is ~ forbidden** è severamente proibito

stride [straɪd] **1** *n* falcata *f*; **take sth in one's ~** affrontare qc senza drammi; **make great ~s** *fig* far passi da gigante **2** *v/i* procedere a grandi passi; **he strode up to me** avanzò verso di me

strident ['straɪdnt] stridulo; *demands* veemente

strike [straɪk] **1** *n of workers* sciopero *m; of oil* scoperta *f; be on* ~ essere in sciopero **2** *v/i of workers* scioperare; *(attack)* aggredire; *of disaster* colpire; *of clock* suonare **3** *v/t (hit)* colpire; *match* accendere (sfregando); *of idea, thought* venire in mente a; *oil* trovare; **she struck me as being ...** mi ha dato l'impressione di essere ...

◆ **strike out** *(delete)* depennare

'**strikebreaker** crumiro *m*, -a *f*; **striker** *person on strike* scioperante *m/f; in football* bomber *m inv*, cannoniere *m*; **striking** *(marked)* marcato; *(eye-catching)* impressionante; *(attractive)* attraente; *colour* forte

string [strɪŋ] *(cord)* spago *m; of violin, tennis racket* corda *f; the* ~**s** MUS gli archi; *a* ~ *of (series)* una serie di; **stringed instrument** strumento *m* ad arco

stringent ['strɪndʒənt] rigoroso

strip [strɪp] **1** *n* striscia *f; (comic* ~*)* fumetto *m; of soccer player* divisa *f* **2** *v/t (remove)* staccare; *bed* disfare; *(undress)* spogliare; ~ *s.o. of sth* spogliare qu di qc **3** *v/i (undress)* spogliarsi; *of stripper* fare lo spogliarello; **strip club** locale *m* di spogliarelli

stripe [straɪp] striscia *f*; MIL gallone *m*; **striped** a strisce

stripper ['strɪpə(r)] spogliarellista *f; male* ~ spogliarellista *m*; **striptease** spogliarello *m*

strive [straɪv] ~ *to do sth* sforzarsi di fare qc; ~ *for sth* lottare per (ottenere) qc

stroke [strəʊk] **1** *n* MED ictus *m inv; when painting* pennellata *f; style of swimming* stile *m* di nuoto; ~ *of luck* colpo di fortuna **2** *v/t* accarezzare

stroll [strəʊl] **1** *n* passeggiata *f; go for a* ~ fare una passeggiata **2** *v/i* fare due passi; **she** ~**ed back to the office** tornò in ufficio in tutta calma; **stroller** *Am for baby* passeggino *m*

strong [strɒŋ] forte; *structure* resistente; *candidate* valido; *taste, smell* intenso; *views, beliefs* fermo; *arguments* convincente; *objections* energico; ~ *support* largo consenso; **strongly** *believe, object* fermamente; *built* solidamente; *feel* ~ *about sth* avere molto a cuore qc; **strong-minded** risoluto; **strong point** (punto *m*) forte *m*; **strongroom** camera *f* blindata; **strong-willed** deciso

structural ['strʌktʃərəl] strutturale; **structure 1** *n something built* costruzione *f; of novel, society etc* struttura *f* **2** *v/t* strutturare

　　　　　　　　　　　　　　　　subdue

struggle ['strʌgl] **1** *n* (*fight*) colluttazione *f*; *fig* lotta *f*; (*hard time*) fatica *f* **2** *v/i with a person* lottare; (*have a hard time*) faticare; **~ to do sth** faticare a fare qc

strut [strʌt] camminare impettito

stub [stʌb] **1** *n* of *cigarette* mozzicone *m*; *of cheque, ticket* matrice *f* **2** *v/t*: **~ one's toe** urtare il dito del piede
♦ **stub out** spegnere

stubble ['stʌbl] *on man's face* barba *f* ispida

stubborn ['stʌbən] *person* testardo; *defence, refusal* ostinato

stubby ['stʌbɪ] tozzo

stuck [stʌk] F: *be~ on s.o.* essere cotto di qu F; **stuck-up** F presuntuoso

student ['stjuːdnt] studente *m*, -essa *f*

studio ['stjuːdɪəʊ] studio *m*; (*recording* ~) sala *f* di registrazione

studious ['stjuːdɪəs] studioso; **study 1** *n* studio *m* **2** *v/t & v/i* studiare

stuff [stʌf] **1** *n* roba *f* **2** *v/t turkey* farcire; **~ sth into sth** ficcare qc in qc; **stuffing** *for turkey* farcia *f*; *in chair, teddy bear* imbottitura *f*; **stuffy room** mal ventilato; *person* inquadrato

stumble ['stʌmbl] inciampare; **stumbling-block** *fig* scoglio *m*

stump [stʌmp] **1** *n* of *tree* ceppo *m* **2** *v/t of question, questioner* sconcertare

stun [stʌn] *of blow* stordire; *of news* sbalordire; **stunning** (*amazing*) sbalorditivo; (*very beautiful*) splendido

stunt [stʌnt] *for publicity* trovata *f* pubblicitaria; *in film* acrobazia *f*; **stuntman** *in movie* cascatore *m*

stupefy ['stjuːpɪfaɪ] sbalordire

stupendous [stjuː'pendəs] (*marvellous*) fantastico; *mistake* enorme

stupid ['stjuːpɪd] stupido; **stupidity** stupidità *f*; **sturdy** ['stɜːdɪ] robusto

stutter ['stʌtə(r)] balbettare

style [staɪl] stile *m*; (*fashion*) moda *f*; (*fashionable elegance*) classe *f*; (*hair~*) pettinatura *f*; **stylish** elegante; **stylist** (*hair* ~) parrucchiere *m*, -a *f*

subcommittee ['sʌbkəmɪtɪ] sottocommissione *f*

subconscious [sʌb'kɒnʃəs] subconscio; **the ~** (*mind*) il subconscio; **subconsciously** inconsciamente

subcontract [sʌbkən'trækt] subappaltare; **subcontractor** subappaltatore *m*, -trice *f*

subdivide [sʌbdɪ'vaɪd] suddividere

subdue [səb'djuː] sottomettere

subheading ['sʌbhedɪŋ] sottotitolo *m*

subhuman [sʌb'hjuːmən] subumano

subject 1 ['sʌbdʒɪkt] *n of monarch* suddito *m*, -a *f*; (*topic*) argomento *m*; EDU materia *f*; GRAM soggetto *m*; **change the ~** cambiare argomento 2 ['sʌbdʒɪkt] *adj*: **be ~ to** essere soggetto a; **~ to availability** nei limiti della disponibilità 3 [səb'dʒekt] *v/t* sottoporre; **subjective** soggettivo

sublet ['sʌblet] subaffittare

subma'chine gun mitra *m*

submarine ['sʌbməriːn] sottomarino *m*, sommergibile *m*

submerge [səb'mɜːdʒ] 1 *v/t* sommergere 2 *v/i of submarine* immergersi

submission [səb'mɪʃn] (*surrender*) sottomissione *f*; *request to committee etc* richiesta *f*; **submissive** sottomesso; **submit** 1 *v/t plan, proposal* presentare 2 *v/i* sottomettersi

subordinate [sə'bɔːdɪnət] 1 *adj employee, position* subalterno 2 *n* subalterno *m*, -a *f*

subpoena [sə'piːnə] 1 *n* citazione *f* 2 *v/t person* citare in giudizio

♦ **subscribe to** [səb'skraɪb] *magazine* abbonarsi a; *theory* condividere

subscriber [səb'skraɪbə(r)] *to*

magazine abbonato *m*, -a *f*; **subscription** abbonamento *m*

subsequent ['sʌbsɪkwənt] successivo; **subsequently** successivamente

subside [səb'saɪd] *of waters, winds* calare; *of building* sprofondare; *of fears* calmarsi

subsidiary [səb'sɪdɪərɪ] filiale *f*

subsidize ['sʌbsɪdaɪz] sovvenzionare; **subsidy** sovvenzione *f*

substance ['sʌbstəns] sostanza *f*

substandard [sʌb'stændəd] scadente

substantial [səb'stænʃl] considerevole; *meal* sostanzioso; **substantially** (*considerably*) considerevolmente; (*in essence*) sostanzialmente

substantive [səb'stæntɪv] sostanziale

substitute ['sʌbstɪtjuːt] 1 *n for person* sostituto *m*, -a *f*; *for commodity* alternativa *f*; SP riserva *f* 2 *v/t*: **~ X for Y** sostituire Y con X 3 *v/i*: **~ for s.o.** sostituire qu; **substitution** (*act*) sostituzione *f*

subtitle ['sʌbtaɪtl] sottotitolo *m*

subtle ['sʌtl] sottile; *flavour* delicato

subtract [səb'trækt] sottrarre

suburb ['sʌbɜːb] sobborgo *m*; **the ~s** la periferia; **subur-**

ban di periferia

subversive [səb'vɜːsɪv] **1** *adj* sovversivo **2** *n* sovversivo *m*, -a *f*

subway ['sʌbweɪ] *Br* sottopassaggio *m*; *Am* metropolitana *f*

sub'zero: **~ temperatures** temperature sottozero

succeed [sək'siːd] **1** *v/i* avere successo; *to throne* succedere; **~ in doing sth** riuscire a fare qc **2** *v/t* (*come after*) succedere a; **success** successo *m*; **be a ~** avere successo; **we ~ completed ...** siamo riusciti a portare a termine ...; **successive** successivo; **three ~ days** tre giorni di seguito; **successor** successore *m*

succinct [sək'sɪŋkt] succinto

succumb [sə'kʌm] (*give in*) cedere

such [sʌtʃ] **1** *adj* (*of that kind*) del genere; **~ a** (*so much of a*) un / una tale; **~ as** come; **he made ~ a fuss** ha fatto una tale scenata; **there is no ~ word as ...** la parola **~** non esiste **2** *adv* così; **~ nice people** gente così simpatica

suck [sʌk] **1** *v/t* lollipop *etc* succhiare **2** *v/i*: **it ~s** P fa schifo P

♦ **suck up to** F leccare i pie-

di a F

sucker ['sʌkə(r)] F *person* pollo F; **suction** aspirazione *f*

sudden ['sʌdn] improvviso; **all of a ~** all'improvviso; **suddenly** improvvisamente

sue [suː] **1** *v/t* fare causa a **2** *v/i* fare causa

suede [sweɪd] pelle *f* scamosciata

suffer ['sʌfə(r)] **1** *v/i* (*be in pain*) soffrire; **be ~ing from** avere; **~ from** soffrire di **2** *v/t loss, setback* subire; **suffering** sofferenza *f*

sufficient [sə'fɪʃnt] sufficiente; **sufficiently** abbastanza

suffocate ['sʌfəkeɪt] soffocare; **suffocation** soffocamento *m*

sugar ['ʃʊgə(r)] **1** *n* zucchero *m* **2** *v/t* zuccherare

suggest [sə'dʒest] proporre, suggerire; **suggestion** proposta *f*, suggerimento *m*

suicide ['suːɪsaɪd] suicidio *m*; **commit ~** suicidarsi; **suicide bomber** kamikaze *m inv*

suit [suːt] **1** *n for man* vestito *m*, completo *m*; *for woman* tailleur *m inv*; *in cards* seme *m* **2** *v/t of clothes, colour* stare bene a; **~ yourself!** F fai come ti pare!; **be ~ed for sth** essere fatto per qc; **suitable** adatto; **suitably** adeguatamente; **suitcase** valigia *f*

suite [swiːt] *of rooms* suite *f inv*; *of furniture* divano *m* e

sulk

poltrone *fpl* coordinati; MUS suite *f inv*

sulk [sʌlk] fare il broncio; **sulky** imbronciato

sullen ['sʌlən] crucciato

sultry ['sʌltrɪ] *climate* afoso; *sexually* sensuale

sum [sʌm] somma *f*; *in arithmetic* addizione *f*

◆ **sum up 1** *v/t* (*summarize*) riassumere; (*assess*) valutare **2** *v/i* LAW riepilogare

summarize ['sʌməraɪz] riassumere; **summary** riassunto *m*

summer ['sʌmə(r)] estate *f*

summit ['sʌmɪt] *of mountain* vetta *f*; POL summit *m inv*

summon ['sʌmən] convocare; **summons** LAW citazione *f*

sun [sʌn] sole *m*; **in the ~** al sole; *out of the ~* all'ombra; **sunbathe** prendere il sole; **sunbed** lettino *m* solare; **sunblock** protezione *f* solare totale; **sunburn** scottatura *f*; **sunburnt** scottato; **Sunday** domenica *f*; **sunglasses** occhiali *mpl* da sole; **sunny** *day* di sole; *spot* soleggiato; *disposition* allegro; *it's* ~ c'è il sole; **sunrise** alba *f*; **sunset** tramonto *m*; **sunshade** ombrellone *m*; **sunshine** (luce *f* del) sole *m*; **sunstroke** colpo *m* di sole; **suntan** abbronzatura *f*; *get a* ~ abbronzarsi

super ['su:pə(r)] F fantastico

superb [su'pɜ:b] magnifico

superficial [su:pə'fɪʃl] superficiale

superfluous [su'pɜ:fluəs] superfluo

super'human sovrumano

superintendent [su:pərɪn'tendənt] *Br of police* commissario *m*; *Am of apartment block* custode *m/f*

superior [su:'pɪərɪə(r)] **1** *adj* (*better*) superiore **2** *n in organization* superiore *m*

superlative [su:'pɜ:lətɪv] **1** *adj* (*superb*) eccellente **2** *n* GRAM superlativo *m*

supermarket supermarket *m inv*, supermercato *m*

super'natural 1 *adj powers* soprannaturale **2** *n*: *the* ~ il soprannaturale

'superpower POL superpotenza *f*

supersonic [su:pə'sɒnɪk] supersonico

superstition [su:pə'stɪʃn] superstizione *f*; **superstitious** superstizioso

supervise ['su:pəvaɪz] supervisionare; **supervisor** *at work* supervisore *m*

supper ['sʌpə(r)] cena *f*

supple ['sʌpl] *person, limbs* snodato; *material* flessibile

supplement ['sʌplɪmənt] supplemento *m*

supplier [sə'plaɪə(r)] COM fornitore *m*; **supply 1** *n* fornitura *f*; ~ *and demand* domanda e offerta; *supplies* rifornimenti **2** *v/t goods* fornire; ~

s.o. **with sth** fornire qc a qu

support [sə'pɔːt] **1** *n for structure* supporto *m*; **2** *(backing)* sostegno *m* **2** *v/t structure, (back)* sostenere; *financially* mantenere; *football team* fare il tifo per; **supporter** sostenitore *m*, -trice *f*; *of football team etc* tifoso *m*, -a *f*; **supportive**: **be ~ towards** *s.o.* dare il proprio appoggio a qu

suppose [sə'pəʊz] *(imagine)* supporre; *it is ~d to ...* *(is meant to)* dovrebbe ...; *(is said to)* dicono che ...; **you are not ~d to ...** *(not allowed to)* non dovresti ...; **supposedly** presumibilmente

suppress [sə'pres] reprimere; **suppression** repressione *f*

supremacy [suːˈpreməsɪ] supremazia *f*; **supreme** supremo; **Supreme Court** Corte *f* Suprema

surcharge ['sɜːtʃɑːdʒ] *for travel* sovrapprezzo *m*; *for mail* soprattassa *f*

sure [ʃʊə(r)] **1** *adj* sicuro; **make ~ that ...** assicurarsi che ... **2** *adv* certamente; *~ enough* infatti; *~!* F certo!; **surely** certamente; *(gladly)* volentieri; *~ that's not right!* non può essere!; **surety** *for loan* cauzione *f*

surf [sɜːf] **1** *n on sea* spuma *f* **2** *v/t the Net* navigare in

surface ['sɜːfɪs] **1** *n* superficie

f; *on the ~* *fig* superficialmente **2** *v/i from water* risalire in superficie; *(appear)* farsi vivo; **surface mail** posta *f* ordinaria

'**surfboard** tavola *f* da surf; **surfer** surfista *m/f*; **surfing** surf *m*; *go ~* fare surf

surge [sɜːdʒ] *in electric current* sovratensione *f* transitoria; *in demand* impennata *f*

surgeon ['sɜːdʒən] chirurgo *m*; **surgery** intervento *m* chirurgico; *place of work* ambulatorio *m*; *~ hours* orario *m* d'ambulatorio; **surgical** chirurgico; **surgically** chirurgicamente

surly ['sɜːlɪ] scontroso

surmount [sə'maʊnt] *difficulties* sormontare

surname ['sɜːneɪm] cognome *m*

surpass [sə'pɑːs] superare

surplus ['sɜːpləs] **1** *n* surplus *m inv* **2** *adj* eccedente

surprise [sə'praɪz] **1** *n* sorpresa *f* **2** *v/t* sorprendere; **be ~d** essere sorpreso; **look ~d** avere l'aria sorpresa; **surprising** sorprendente; **surprisingly** sorprendentemente

surrender [sə'rendə(r)] **1** *v/i of army* arrendersi **2** *v/t weapons* consegnare **3** *n* resa *f*

surrogate 'mother ['sʌrəgət] madre *f* biologica

surround [sə'raʊnd] **1** *v/t* circondare **2** *n of picture etc* bordo *m*; **surrounding** circostante; **surroundings** dintorni *mpl; fig* ambiente *m*

survey 1 ['sɜːveɪ] *n of modern literature etc* quadro *m* generale; *of building* perizia *f*; *poll* indagine *f* **2** [sə'veɪ] *v/t (look at)* osservare; *building* periziare; **surveyor** perito *m*

survival [sə'vaɪvl] sopravvivenza *f*; **survive 1** *v/i* sopravvivere; *his two surviving daughters* le due figlie ancora in vita **2** *v/t* sopravvivere a; **survivor** superstite *m/f*; *he's a ~ fig* se la cava sempre

suspect 1 ['sʌspekt] *n* indiziato *m*, -a *f* **2** [sə'spekt] *v/t person* sospettare; *(suppose)* supporre; **suspected** *murderer* presunto; *cause, heart attack etc* sospetto

suspend [sə'spend] *(hang)*, *from office* sospendere; **suspenders** *Br* giarrettiere *fpl*; *Am for pants* bretelle *fpl*

suspense [sə'spens] suspense *f*; **suspension** MOT, *from duty* sospensione *f*

suspicion [sə'spɪʃn] sospetto *m*; **suspicious** *causing suspicion* sospetto; *feeling suspicion* sospettoso; *be ~ of* sospettare di; **suspiciously** *behave* in modo sospetto; *examine* sospettosamente

sustain [sə'steɪn] sostenere; **sustainable** sostenibile

SUV [esjuː'viː] (= *sports utility vehicle*) Suv *m inv*, gippone *m*

swab [swɒb] tampone *m*

swallow[1] ['swɒləʊ] *v/t & v/i* inghiottire

swallow[2] ['swɒləʊ] *n bird* rondine *f*

swamp [swɒmp] **1** *n* palude *f* **2** *v/t: be ~ped with* essere sommerso da; **swampy** paludoso

swan [swɒn] cigno *m*

swap [swɒp] **1** *v/t: ~ sth for sth* scambiare qc con qc **2** *v/i* fare scambio

swarm [swɔːm] **1** *n of bees* sciame *m* **2** *v/i: the town was ~ing with ...* la città brulicava di ...

swarthy ['swɔːðɪ] scuro

swat [swɒt] *fly* schiacciare

sway [sweɪ] **1** *n (power)* influenza *f* **2** *v/i* barcollare

swear [sweə(r)] **1** *v/i (use swearword)* imprecare; *~ at s.o.* dire parolacce a qu **2** *v/t (promise)* giurare; LAW, *on oath* giurare

♦ **swear in:** *the witness was sworn in* il testimone ha prestato giuramento

'swearword parolaccia *f*

sweat [swet] **1** *n* sudore *m* **2** *v/i* sudare; **sweat band** fascia *f* asciugasudore; **sweater** maglione *m*; **sweats** *Am* tuta *f* (da ginnastica); **sweatshirt** felpa *f*; **sweaty** *hands* sudato; *of sudore*

Swede [swiːd] svedese *m/f*; **Sweden** Svezia *f*; **Swedish**

1 *adj* svedese **2** *n* svedese *m*

sweep [swi:p] **1** *v/t* floor, leaves spazzare **2** *n* (long curve) curva *f*; **sweeping** changes radicale; **a ~ statement** una generalizzazione

sweet [swi:t] **1** *adj* dolce; F (kind) gentile; F (cute) carino **2** *n* caramella *f*; (dessert) dolce *m*; **sweet and sour** agrodolce; **sweetcorn** mais *m*; **sweeten** zuccherare; **sweetheart** innamorato *m*, -a *f*

swell [swel] **1** *v/i* of wound, limb gonfiarsi **2** *n* of the sea mare *m* lungo; **swelling** MED gonfiore *m*

sweltering ['sweltərɪŋ] heat afoso, soffocante

swerve [swɜːrv] of driver, car sterzare (bruscamente)

swift [swɪft] rapido

swim [swɪm] **1** *v/i* nuotare **2** *n* nuotata *f*; **go for a ~** andare a nuotare; **swimmer** nuotatore *m*, -trice *f*; **swimming** nuoto *m*; **swimming costume** costume *m* da bagno; **swimming pool** piscina *f*; **swimsuit** esp Am costume *m* da bagno

swindle ['swɪndl] **1** *n* truffa *f* **2** *v/t* truffare; **~ s.o. out of sth** estorcere qc a qu (con l'inganno)

swing [swɪŋ] **1** *n* of pendulum etc oscillazione *f*; for child altalena *f*; **a ~ to the left** una svolta a sinistra **2** *v/t* far dondolare **3** *v/i* dondola-

re; (turn) girare; of public opinion etc indirizzarsi

Swiss [swɪs] **1** *adj* svizzero **2** *n* person svizzero *m*, -a *f*; **the ~** gli svizzeri

switch [swɪtʃ] **1** *n* for light interruttore *m*; (change) cambiamento *m* **2** *v/t* (change) cambiare **3** *v/i* (change) cambiare; **~ to** passare a

◆ **switch off** spegnere
◆ **switch on** accendere

Switzerland ['swɪtsələnd] Svizzera *f*

swivel ['swɪvl] girarsi

swollen ['swəʊlən] gonfio

sword [sɔːd] spada *f*; **swordfish** pesce *m* spada *inv*

syllable ['sɪləbl] sillaba *f*

syllabus ['sɪləbəs] programma *m*

symbol ['sɪmbəl] simbolo *m*; **symbolic** simbolico; **symbolism** simbolismo *m*; **symbolist** simbolista *m/f*; **symbolize** simboleggiare

symmetrical [sɪ'metrɪkl] simmetrico; **symmetry** simmetria *f*

sympathetic [sɪmpə'θetɪk] (showing pity) compassionevole; (understanding) comprensivo; **be ~ towards an idea** simpatizzare per un'idea

◆ **sympathize with** [ˈsɪmpəθaɪz] person, views capire

sympathizer ['sɪmpəθaɪzə(r)] POL simpatizzante *m/f*; **sympathy** (pity) compassione *f*;

(*understanding*) comprensione *f*

symphony ['sɪmfənɪ] sinfonia *f*

symptom ['sɪmptəm] *also fig* sintomo *m*; **symptomatic: be ~ of** essere sintomatico di

synchronize ['sɪŋkrənaɪz] sincronizzare

synonym ['sɪnənɪm] sinonimo *m*; **synonymous** sinonimo

synthesizer ['sɪnθəsaɪzə(r)] MUS sintetizzatore *m*; **syn-**

thetic sintetico

syphilis ['sɪfɪlɪs] sifilide *f*

Syria ['sɪrɪə] Siria *f*; **Syrian 1** *adj* siriano **2** *n* siriano *m*, -a *f*

syringe [sɪ'rɪndʒ] siringa *f*

syrup ['sɪrəp] sciroppo *m*

system ['sɪstəm] *also computer* sistema *m*; (*orderliness*) ordine *m*; **systematic** sistematico; **systematically** sistematicamente; **systems analyst** COMPUT analista *m*/*f* di sistemi

T

table ['teɪbl] tavolo *m*; *of figures* tabella *f*, tavola *f*; **tablecloth** tovaglia *f*; **table lamp** lampada *f* da tavolo; **table of contents** indice *m*; **tablespoon** cucchiaio *m* da tavola

tablet ['tæblɪt] MED compressa *f*

'table tennis tennis *m* da tavolo, ping pong *m*

tabloid ['tæblɔɪd] *newspaper* quotidiano *m* formato tabloid; *pej* quotidiano *m* scandalistico

taboo [tə'buː] tabù *m inv*

tacit ['tæsɪt] tacito

tack [tæk] **1** *n* (*nail*) chiodino *m* **2** *v/t* (*sew*) imbastire **3** *v/i of yacht* virare di bordo

tackle ['tækl] **1** *n* (*equipment*) attrezzatura *f*; SP *in football,*

hockey contrasto *m*; *in rugby* placcaggio *m* **2** *v/t in football, hockey* contrastare; *in rugby* placcare; *problem, intruder* affrontare

tacky ['tækɪ] *paint* fresco; *glue* appiccicoso; F (*cheap, poor quality*) di cattivo gusto

tact [tækt] tatto *m*; **tactful** pieno di tatto; **tactfully** con grande tatto

tactical ['tæktɪkl] tattico; **tactics** tattica *f*

tactless ['tæktlɪs] privo di tatto

tadpole ['tædpəʊl] girino *m*

tag [tæg] (*label*) etichetta *f*

tail [teɪl] coda *f*; **tailback** coda *f*; **tail light** luce *f* posteriore

tailor ['teɪlə(r)] sarto *m*, -a *f*; **tailor-made** *also fig* (fatto) su misura '**tailpipe** tubo *m* di scappamento

take [teɪk] prendere; (*transport*) portare; (*accompany*) accompagnare; (*accept: money, gift*) accettare; (*maths, French, photograph, exam, shower, stroll*) fare; (*endure*) sopportare; (*require*) richiedere; **how long does it ~?** quanto ci vuole?

◆ **take after** aver preso da

◆ **take away** *pain* far sparire; *object* togliere; MATH sottrarre; **take sth away from s.o.** togliere qc a qu; **to take away** *food* da asporto

◆ **take back** (*return: object*) riportare; (*receive back*) riprendere; *person* riaccompagnare; (*accept back: husband etc*) rimettersi insieme a; *sth said* ritirare; **that takes me back** mi riporta al passato

◆ **take down** *from shelf* tirare giù; *scaffolding* smontare; (*write down*) annotare

◆ **take in** (*take indoors*) portare dentro; (*give accommodation*) ospitare; (*make narrower*) stringere; (*deceive*) imbrogliare; (*include*) includere

◆ **take off** *v/t clothes, 10%* togliere; (*mimic*) imitare; **take a day off** prendere un giorno di ferie **2** *v/i of aeroplane* decollare; (*become popular*) far presa

◆ **take on** *job* intraprendere;

staff assumere

◆ **take out** *from bag, pocket* tirare fuori; *stain, appendix, tooth, word* togliere; *money from bank* prelevare; *to dinner etc* portar fuori; *insurance policy* stipulare, fare; **take it out on s.o.** prendersela con qu

◆ **take over 1** *v/t company etc* assumere il controllo di **2** *v/i of new management etc* assumere il controllo; (*do sth in s.o.'s place*) dare il cambio

◆ **take to** (*like*) prendere in simpatia; (*form habit of*) prendere l'abitudine di; **he immediately took to the new idea** la nuova idea gli è piaciuta subito

◆ **take up** *carpet etc* togliere; (*carry up*) portare sopra; *dress etc* accorciare; *judo, Spanish, new job* incominciare; *offer* accettare; *space, time* occupare; **I'll take you up on your offer** accetto la tua offerta

'**takeoff** *of airplane* decollo *m*; (*impersonation*) imitazione *f*; **takeover** COM rilevamento *m*; **takeover bid** offerta *f* pubblica di acquisto, OPA *f*; **takings** incassi *mpl*

tale [teɪl] storia *f*

talent ['tælənt] talento *m*; **talented** pieno di talento; **talent scout** talent scout *m/f inv*

talk [tɔːk] **1** *v/i* parlare **2** *v/t*

English etc parlare; *business, politics* parlare di; **~ s.o. into doing sth** convincere qu a fare qc **3** *n* (*conversation*) conversazione *f*; (*lecture*) conferenza *f*; **~s** (*negotiations*) trattative *fpl*
◆ **talk back** ribattere
talkative ['tɔːkətɪv] loquace; **talk show** talk show *m inv*
tall [tɔːl] alto; **tall story** bagianata *f*
tally ['tælɪ] **1** *n* conto *m* **2** *v/i* quadrare
tame [teɪm] *animal* addomesticato; *joke etc* blando
◆ **tamper with** ['tæmpə(r)] manomettere
tampon ['tæmpɒn] tampone *m*

tan [tæn] **1** *n from sun* abbronzatura *f*; *colour* marrone *m* rossiccio **2** *v/i su sun* abbronzarsi **3** *v/t leather* conciare
tangent ['tændʒənt] MATH tangente *f*
tangerine [tændʒə'riːn] tangerino *m*
tangible ['tændʒɪbl] tangibile *m*
tangle ['tæŋgl] nodo *m*
tango ['tæŋgəʊ] tango *m*
tank [tæŋk] recipiente *m*; MOT serbatoio *m*; MIL carro armato; *for skin diver* bombola *f* (d'ossigeno); **tanker** *ship* nave *f* cisterna; *truck* autocisterna *f*
tanned [tænd] abbronzato
tantalizing ['tæntəlaɪzɪŋ] allettante; *smell* stuzzicante

tantamount ['tæntəmaʊnt]: **be ~ to** essere equivalente a
tantrum ['tæntrəm] capricci *mpl*; **throw a ~** fare (i) capricci
tap [tæp] **1** *n* rubinetto *m* **2** *v/t* (*hit*) dare un colpetto a; *phone* mettere sotto controllo; **tap dance** *n* tip tap *m*
tape [teɪp] **1** *n magnetic* nastro *m* magnetico; *recorded* cassetta *f*; (*sticky*) nastro *m* adesivo; **on~** registrato **2** *v/t conversation etc* registrare; **~ sth to sth** attaccare qc a qc col nastro adesivo; **tape deck** registratore *m*; **tape drive** COMPUT unità *f inv* di backup a nastro; **tape measure** metro *m* a nastro
taper ['teɪpə(r)] assottigliarsi
'tape recorder registratore *m* a cassette; **tape recording** registrazione *f* su cassetta
tar [tɑː(r)] catrame *m*
tardy ['tɑːdɪ] *Am* tardivo; *arrival* in ritardo
target ['tɑːgɪt] **1** *n* bersaglio *m*; *for sales etc* obiettivo *m* **2** *v/t market* rivolgersi a; **target audience** target *m inv* di pubblico; **target date** data *f* fissata; **target group** COM gruppo *m* target; **target market** mercato *m* target
tariff ['tærɪf] (*price*) tariffa *f*; (*tax*) tassa *f*
tarmac ['tɑːmæk] *at airport* pista *f*
tarnish ['tɑːnɪʃ] *metal* ossida-

re; *reputation* macchiare

tarpaulin [tɑːˈpɔːlɪn] tela *f* cerata

tart [tɑːt] torta *f*

task [tɑːsk] compito *m*; **task force** task force *f inv*

taste [teɪst] **1** *n* gusto *m* **2** *v/t food* assaggiare; (*experience: freedom etc*) provare **3** *v/i*: *it* ~*s like* ... ha sapore di ...; *it* ~*s very nice* è molto buono; **tasteful** di gusto; **tastefully** con gusto; **tasteless** *food* insapore; *remark, person* privo di gusto; **tasting** *of wine* degustazione *f*; **tasty** gustoso

tattered [ˈtætəd] malridotto

tattoo [təˈtuː] tatuaggio *m*

taunt [tɔːnt] **1** *n* scherno *m* **2** *v/t* schernire

Taurus [ˈtɔːrəs] ASTR Toro *m*

taut [tɔːt] teso

tax [tæks] **1** *n* tassa *f*; *before / after* ~ al lordo / al netto di imposte **2** *v/t* tassare; **taxable income** reddito *m* imponibile; **taxation** tassazione *f*; **tax bracket** fascia *f* di reddito; **tax-deductible** deducibile dalle imposte; **tax disc** *for car* bollo *m* (di circolazione); **tax evasion** evasione *f* fiscale; **tax-free** esentasse *inv*; **tax haven** paradiso *m* fiscale

taxi [ˈtæksɪ] taxi *m inv*; **taxi driver** tassista *m/f*

taxing [ˈtæksɪŋ] estenuante

'taxi rank stazione *f* dei taxi

'taxpayer contribuente *m/f*; **tax return** form dichiarazione *f* dei redditi; **tax year** anno *m* fiscale

TB [tiːˈbiː] (= *tuberculosis*) tbc *f* (= tubercolosi *f*)

tea [tiː] *drink* tè *m inv*; *meal* cena *f*; **teabag** bustina *f* di tè

teach [tiːtʃ] *subject* insegnare; *person* insegnare a; ~ *s.o. to do sth* insegnare a qu a fare qc; **teacher** insegnante *m/f*; **teaching** *profession* insegnamento *m*

'tea-cup tazza *f* da tè

teak [tiːk] tek *m*

team [tiːm] *in sport* squadra *f*; *at work* équipe *f inv*; **team mate** compagno *m*, -a *f* di squadra; **team spirit** spirito *m* d'équipe; **teamster** *Am* camionista *m*; **teamwork** lavoro *m* d'équipe

teapot [ˈtiːpɒt] teiera *f*

tear[1] [ter] **1** *n in cloth etc* strappo *m* **2** *v/t paper, cloth* strappare; *be torn between two alternatives* essere combattuto tra due alternative **3** *v/i* (*run fast, drive fast*) frecciare

◆ **tear down** *poster* strappare; *building* buttar giù

◆ **tear out** *page* strappare; *hair* strapparsi

◆ **tear up** *paper* distruggere; *agreement* rompere

tear[2] [tɪr] *n in eye* lacrima *f*; *burst into* ~*s* scoppiare a piangere; *be in* ~*s* essere in lacrime

tearful ['tɪrfʊl] *look, voice* piangente; **tear gas** gas *m* lacrimogeno

tease [tiːz] *person* prendere in giro; *animal* stuzzicare

'teaspoon cucchiaino *m* da caffè

technical ['teknɪkl] tecnico; **technically** tecnicamente; **technician** tecnico *m*; **technique** tecnica *f*

technological [teknə'lɒdʒɪkl] tecnologico; **technology** tecnologia *f*; **technophobia** tecnofobia *f*

teddy bear ['tedɪbeə(r)] orsacchiotto *m*

tedious ['tiːdɪəs] noioso

tee [tiː] *in golf* tee *m inv*

teenage ['tiːneɪdʒ] *problems* degli adolescenti; ~ **fashions** moda giovane; **teenager** adolescente *m/f*

teens [tiːnz] adolescenza *f*; **be in one's** ~ essere adolescente

teeny ['tiːnɪ] F piccolissimo

teeth [tiːθ] *pl* ☞ **tooth**

teethe [tiːð] mettere i denti; **teething problems** difficoltà *fpl* iniziali

teetotal [tiː'təʊtl] *person* astemio; *party* senza alcolici

telecommunications [telɪkəmjuːnɪ'keɪʃnz] telecomunicazioni *fpl*

telegraph pole ['telɪgrɑːfpəʊl] palo *m* del telegrafo

telepathic [telɪ'pæθɪk] telepatico; **telepathy** telepatia *f*

telephone ['telɪfəʊn] **1** *n* telefono *m* **2** *v/t person* telefonare a **3** *v/i* telefonare; **telephone book** guida *f* telefonica; **telephone booth** cabina *f* telefonica; **telephone call** telefonata *f*; **telephone conversation** conversazione *f* telefonica; **telephone directory** elenco *m* telefonico; **telephone number** numero *m* telefonico

telephoto lens [telɪfəʊtəʊ'lenz] teleobiettivo *m*

telesales ['telɪseɪlz] vendita *f* telefonica

telescope ['telɪskəʊp] telescopio *m*

televise ['telɪvaɪz] trasmettere in televisione

television ['telɪvɪʒn] *also set* televisione *f*; **on** ~ alla televisione; **television programme**, *Am* **television program** *m* televisivo; **television studio** studio *m* televisivo

tell [tel] **1** *v/t* dire; *story* raccontare; ~ **s.o. sth** dire qc a qu; ~ **s.o. to do sth** dire a qu di fare qc; **it's hard to** ~ è difficile a dirsi; **you never can** ~ non si può mai dire; ~ **X from Y** distinguere X da Y; **I can't** ~ **the difference between ...** non vedo nessuna differenza tra ... **2** *v/i* (*have effect*) farsi sentire; **time will** ~ il tempo lo dirà;

teller *in bank* cassiere *m*, -a
f; **telling off** rimprovero *m*;
give s.o. a ~ rimproverare
qu; **telltale 1** *adj signs* rivelatore **2** *n* spione *m*, spiona *f*

temp [temp] **1** *n employee* impiegato *m*, -a interinale **2** *v/i*
fare lavori interinali

temper ['tempə(r)] *(bad -)*:
have a terrible ~ essere irascibile; **be in a ~** essere
arrabbiato; **keep one's ~** mantenere la calma; **lose one's ~**
perdere le staffe

temperament ['tempərəmənt]
temperamento *m*; **tempera-
mental** *(moody)* lunatico;
machine imprevedibile

temperate ['tempərət] temperato

temperature ['temprətʃə(r)]
temperatura *f*; *(fever)* febbre
f

temple[1] ['templ] REL tempio
m

temple[2] ['templ] ANAT tempia
f

tempo ['tempəʊ] ritmo *m*;
MUS tempo *m*

temporarily [tempə'reərɪlɪ]
temporaneamente; **temporary** temporaneo, provvisorio

tempt [tempt] tentare; **temptation** tentazione *f*; **tempting** allettante; *meal* appetitoso

ten [ten] dieci

tenacious [tɪ'neɪʃəs] tenace;
tenacity tenacità *f*

tenant ['tenənt] inquilino *m*,
-a *f*, locatario *m*, -a *f*

tend[1] [tend] *v/t (look after)*
prendersi cura di

tend[2] [tend] *v/i*: **~ to do sth**
tendere a fare qc

tendency ['tendənsɪ] tendenza *f*

tender[1] ['tendə(r)] *adj (sore)*
sensibile; *(affectionate)* tenero; *steak* tenero

tender[2] ['tendə(r)] *n* COM offerta *f* ufficiale

tenderness ['tendənɪs] *(sore-
ness)* sensibilità *f*; *of kiss,
steak* tenerezza *f*

tendon ['tendən] tendine *m*

tennis ['tenɪs] tennis *m*; **tennis ball** palla *f* da tennis;
tennis court campo *m* da
tennis; **tennis player** tennista *m/f*

tenor ['tenə(r)] MUS tenore *m*

tense[1] [tens] *n* GRAM tempo
m

tense[2] [tens] *adj voice, person*
teso; *atmosphere* carico di
tensione

tension ['tenʃn] tensione *f*

tent [tent] tenda *f*

tentative ['tentətɪv] esitante

tenterhooks ['tentəhʊks]: **be
on ~** essere sulle spine

tenth [tenθ] decimo

tepid ['tepɪd] tiepido

term [tɜːm] periodo *m*; *of office* durata *f* in carica; EDU
three months trimestre *m*;
two months bimestre *m*;
(condition, word) termine

m; **be on good / bad ~s with s.o.** essere in buoni / cattivi rapporti con qu; **in the long / short ~** a lungo / breve termine; **come to ~s with sth** venire a patti con qc

terminal ['tɜːmɪnl] **1** *n at airport, for containers,* COMPUT terminale *m*; *for buses* capolinea *m inv*; ELEC morsetto *m* **2** *adj illness* in fase terminale; **terminally:~ ill** malato (in fase) terminale; **terminate 1** *v/t contract, pregnancy* interrompere **2** *v/i* terminare; **termination** *of contract, pregnancy* interruzione *f*

terminology [tɜːmɪ'nɒlədʒɪ] terminologia *f*

terminus ['tɜːmɪnəs] *for buses* capolinea *m inv*; *for trains* stazione *f* di testa

terrace ['terəs] *on hillside, at hotel* terrazza *f*; *of houses* fila *f* di case a schiera

terracotta [terə'kɒtə] di terracotta

terrain [tə'reɪn] terreno *m*

terrestrial [tə'restrɪəl] **1** *n* terrestre *m/f* **2** *adj television* di terra

terrible ['terəbl] terribile; **terribly** *play* malissimo; *(very)* molto

terrific [tə'rɪfɪk] eccezionale; **~!** bene!; **terrifically** *(very)* eccezionalmente

terrify ['terɪfaɪ] terrificare; **terrifying** terrificante

territorial [terɪ'tɔːrɪəl] territoriale; **territory** *also fig* territorio *m*

terror ['terə(r)] terrore *m*; **terrorism** terrorismo *m*; **terrorist** terrorista *m/f*; **terrorist attack** attentato *m* terroristico; **terrorize** terrorizzare

terse [tɜːs] brusco

test [test] **1** *n* prova *f*, test *m inv*; *for driving, medical* esame *m*; **blood ~** analisi *f inv* del sangue **2** *v/t soup, bathwater* provare; *machine, theory* testare; *person, friendship* mettere alla prova

testament ['testəmənt]: **Old / New Testament** REL Vecchio / Nuovo Testamento

'test-drive: go for a ~ fare un giro di prova

testicle ['testɪkl] testicolo *m*

testify ['testɪfaɪ] LAW testimoniare

testimony ['testɪmənɪ] LAW testimonianza *f*

'test tube provetta *f*

testy ['testɪ] suscettibile

tetanus ['tetənəs] tetano *m*

text [tekst] **1** *n* testo *m*; *(message)* SMS *m inv*, messaggino *m* **2** *v/t* mandare un SMS a; **textbook** libro *m* di testo

textile ['tekstaɪl] tessuto *m*

'text-message SMS *m inv*, messaggino *m*

texture ['tekstʃə(r)] consistenza *f*

Thai [taɪ] **1** *adj* tailandese **2** *n*

person tailandese *m/f*; *language* tailandese *m*; **Thailand** Tailandia *f*

than [ðæn] che; *with numbers, pronouns, names* di; *older ~ me* più vecchio di me; *more French ~ Italian* più francese che italiana

thank [θæŋk] ringraziare; *~ you* grazie; *no~ you* no, grazie; **thankful** riconoscente; **thankfully** con riconoscenza; *(luckily)* fortunatamente; **thankless** ingrato; *thanks* ringraziamenti *mpl*; *~!* grazie!; *~ to* grazie a; **Thanksgiving (Day)** *in USA* giorno *m* del ringraziamento

that [ðæt] **1** *adj* quel; *with masculine nouns before s+consonant, gn, ps and z* quello; *~ one* quello **2** *pron* quello *m*, -a *f*; *what is ~?* cos'è?; *who is ~?* chi è?; *~'s mine* è mio; *~'s tea* quello è tè; *~'s very kind* è molto gentile **3** *relative pron* che; *the car ~ you saw* la macchina che hai visto; *the day ~ he was born* il giorno in cui è nato **4** *adv (so)* così; *~ expensive* così caro **5** *conj* che; *I think ~ ...* credo che ...

thaw [θɔː] *of snow* sciogliersi; *of frozen food* scongelare

the [ðə] il *m*, la *f*; i *mpl*, le *fpl*; *with masculine nouns before s+consonant, gn, ps and z* lo *m*, gli *mpl*; *before vowel* l' *m/f*, gli *mpl*; *to ~ bathroom* al bagno; *~ sooner ~ better* prima è, meglio è

theatre, *Am* **theater** [ˈθɪətə(r)] teatro *m*; MED sala *f* operatoria

theatrical [θɪˈætrɪkl] *also fig* teatrale

theft [θeft] furto *m*

their [ðeə(r)] il loro *m*, la loro *f*; i loro *mpl*, le loro *fpl*; *(his or her)* il suo *m*, la sua *f*, i suoi *mpl*, le sue *fpl*; **theirs** il loro *m*, la loro *f*; i loro *mpl*, le loro *fpl*; *it was an idea of ~* è stata una loro idea

them [ðem] *direct object* li *m*, le *f*; *referring to things* essi *m*, esse *f*; *indirect object* loro, gli; *after preposition* loro; *referring to things* essi *m*, esse *f*; *(him or her)* lo *m*, la *f*; *I know ~* li / le conosco; *I sold it to ~* gliel'ho venduto, l'ho venduto a loro

theme [θiːm] tema *m*; **theme park** parco *m* a tema

themselves [ðemˈselvz] si; *emphatic* loro stessi *mpl*, loro stesse *fpl*; *after prep* se stessi / se stesse; *they enjoyed ~* si sono divertiti

then [ðen] *(at that time, deducing)* allora; *(after that)* poi; *by ~* allora

theology [θɪˈɒlədʒɪ] teologia *f*

theoretical [θɪəˈretɪkl] teorico; **theoretically** teoricamente; **theory** teoria *f*

therapeutic [θerəˈpjuːtɪk] terapeutico; **therapist** terapista *m/f*, terapeuta *m/f*; **therapy** terapia *f*

there [ðeə(r)] lì, là; *over* ~ là; *down* ~ laggiù; ~ *is* ... c'è; ~ *are* ... ci sono; *is* ~ ...? c'è ...?; *are* ~ ...? ci sono ...?; *isn't* ~? non c'è ...?; *aren't* ~? non ci sono ...?; ~ *you are* giving sth ecco qui; *finding sth* ecco; *completing sth* ecco fatto; ~ *and back* andata e ritorno; ~ *he is!* eccolo!; ~, ~! *comforting* su, dai!; *thereabouts* giù di lì; *therefore* quindi, pertanto

thermometer [θə'mɒmɪtə(r)] termometro *m*

thermos flask ['θɜːməsflɑːsk] termos *m inv*

thermostat ['θɜːməstæt] termostato *m*

these [ðiːz] **1** *adj* questi **2** *pron* questi *m*, -e *f*

thesis ['θiːsɪs] tesi *f inv*

they [ðeɪ] ◇ loro; ~*'re going to the theatre* vanno a teatro; *there* ~ *are* eccoli *mpl*, eccole *fpl* ◇ *if anyone looks at this,* ~ *will see that* ... se qualcuno lo guarda, vedrà che ...; ~ *say that* ... si dice che ...; ~ *are going to change the law* cambieranno la legge

thick [θɪk] spesso; *hair* folto; *fog, forest* fitto; *liquid* denso, F *(stupid)* ottuso; **thicken** *sauce* ispessire; **thick-skinned** *fig* insensibile

thief [θiːf] ladro *m*, -a *f*

thigh [θaɪ] coscia *f*

thin [θɪn] sottile; *person* magro; *hair* rado; *liquid* fluido

thing [θɪŋ] cosa *f*; ~**s** *(belongings)* cose *fpl*; *it's a good* ~ *you told me* è un bene che tu me l'abbia detto

thingumajig ['θɪŋʌmədʒɪg] F coso *m*, cosa *f* F

think [θɪŋk] pensare; *I* ~ *so* penso or credo di sì; *I don't* ~ *so* non credo; *I'm* ~*ing about emigrating* sto pensando di emigrare

◆ **think over** riflettere su

◆ **think through** analizzare a fondo

◆ **think up** *plan* escogitare

'**think tank** comitato *m* di esperti

thin-skinned [θɪn'skɪnd] *fig* sensibile

third [θɜːd] **1** *adj* terzo **2** *n* terzo *m*; **thirdly** in terzo luogo; **third-party** terzi *mpl*; **third-party insurance** assicurazione *f* sulla responsabilità civile; **Third World** Terzo Mondo *m*

thirst [θɜːst] sete *f*; **thirsty** assetato; *be* ~ avere sete

thirteen [θɜː'tiːn] tredici; **thirteenth** tredicesimo; **thirtieth** trentesimo; **thirty** trenta

this [ðɪs] **1** *adj* questo; ~ *one* questo (qui) **2** *pron* questo *m*, -a *f*; ~ *is easy* è facile; ~ *is* ... *introducing s.o.* questo / questa è ... **3** *adv*: ~

high alto così

thorn [θɔːn] spina f; **thorny** *also fig* spinoso

thorough ['θʌrə] *search, knowledge* approfondito; *person* scrupoloso; **thoroughbred** *horse* purosangue *inv*; **thoroughly** *search for* accuratamente; *know, understand, clean* perfettamente; *agree, spoil* completamente; *stupid, rude* extremamente

those [ðəʊz] **1** *adj* quelli; *with masculine nouns before* s+*consonant, gn, ps and* z quegli **2** *pron* quelli *m*, -e *f*; *with masculine nouns before* s+*consonant, gn, ps and* z quegli

though [ðəʊ] **1** *conj* (*although*) benché (+*subj*); **as ~** come se **2** *adv* però

thought [θɔːt] pensiero *m*; **thoughtful** pensieroso; *reply* meditato; (*considerate*) gentile; **thoughtless** considerato

thousand ['θaʊznd] mille; **~s of** migliaia di; **thousandth** millesimo

thrash [θræʃ] picchiare; SP battere

◆ **thrash out** *solution* mettere a punto

thrashing ['θræʃɪŋ] botte *fpl*; SP batosta *f*

thread [θred] **1** *n* filo *m*; *of screw* filettatura *f* **2** *v/t needle* infilare il filo in; *beads* infila-

re; **threadbare** liso

threat [θret] minaccia *f*; **threaten** minacciare; **threatening** minaccioso; **~ letter** lettera *f* minatoria

three [θriː] tre; **three quarters** tre quarti *mpl*

threshold ['θreʃhəʊld] *of house, new era* soglia *f*

thrifty ['θrɪftɪ] parsimonioso

thrill [θrɪl] **1** *n* emozione *f*; *physical pleasure* brivido *m* **2** *v/t*: **be ~ed** essere emozionato; **thriller** giallo *m*; **thrilling** emozionante

thrive [θraɪv] *of plant* crescere rigoglioso; *of business* prosperare

throat [θrəʊt] gola *f*; **have a sore ~** avere mal di gola; **throat lozenge** pastiglia *f* per la gola

throb [θrɒb] pulsare; *of heart* battere; *of music* rimbombare

throne [θrəʊn] trono *m*

throttle ['θrɒtl] **1** *n on motorbike* manetta *f* di accelerazione; *on boat* leva *f* di accelerazione **2** *v/t* (*strangle*) strozzare

through [θruː] **1** *prep* (*across*) attraverso; (*during*) durante; (*by means of*) tramite; **go ~ the city** attraversare la città; **~ the winter** per tutto l'inverno; **arranged ~ him** organizzato tramite lui *2 adj*: **wet ~** completamente bagnato **3** *adj*: **be ~** *of couple* essersi lasciati; *have arrived: of news etc* essere arrivato; **I'm ~ with ...** *(finished with)* ho finito con ...; **I'm ~ with him** ho chiuso con lui; **throughout 1** *prep:* **~ *the night*** per tutta la notte **2** *adv (in all parts)* completamente

throw [θrəʊ] **1** *v/t* lanciare; *into bin etc* gettare; *of horse* disarcionare; *(disconcert)* sconcertare; *party* dare **2** *n* lancio *m*

◆ **throw away** buttare via, gettare

◆ **throw out** *old things* buttare via; *from bar, house etc* buttare fuori; *plan* scartare

◆ **throw up 1** *v/t ball* lanciare **2** *v/i (vomit)* vomitare

'throw-away *remark* buttato lì; *(disposable)* usa e getta *inv*; **throw-in** SP rimessa *f*

thru [θruː] *Am* ☞ **through**

thrust [θrʌst] *(push hard)* spingere; *knife* conficcare; **~ *one's way through the crowd*** farsi largo tra la folla

thud [θʌd] tonfo *m*

thug [θʌg] *hooligan* teppista *m*; *tough guy* bullo *m*

thumb [θʌm] **1** *n* pollice *m* **2** *v/t:* **~ *a lift*** fare l'autostop; **thumbtack** *Am* puntina *f*

thunder [ˈθʌndə(r)] tuono *m*; **thunderous** *applause* fragoroso; **thunderstorm** temporale *m*; **thunderstruck** allibito; **thundery** *weather* temporalesco

Thursday [ˈθɜːzdeɪ] giovedì *m inv*

thus [ðʌs] *(in this way)* così

thwart [θwɔːt] *person, plans* ostacolare

Tiber [ˈtaɪbə(r)] Tevere *m*

tick [tɪk] **1** *n of clock* ticchettio *m*; *in text* segno *m* **2** *v/i of clock* ticchettare **3** *v/t with a* ~ segnare

ticket [ˈtɪkɪt] biglietto *m*; *in cloakroom* scontrino *m*; **ticket machine** distributore *m* di biglietti; **ticket office** biglietteria *f*

ticking [ˈtɪkɪŋ] *noise* ticchettio *m*

tickle [ˈtɪkl] **1** *v/t person* fare il solletico a **2** *v/i of material* dare prurito; *of person* fare il solletico

tidal wave [ˈtaɪdlweɪv] onda *f* di marea

tide [taɪd] marea *f*; **the ~ is in / out** c'è l'alta / la bassa marea

tidiness [ˈtaɪdɪnɪs] ordine *m*; **tidy** ordinato

◆ **tidy up 1** *v/t room, shelves* mettere in ordine; **tidy o.s. up** darsi una sistemata **2** *v/i* mettere in ordine

tie [taɪ] *n (necktie)* cravatta *f*; (SP: *even result*) pareggio *m*; **he doesn't have any ~s** non ha legami **2** *v/t knot, hands* legare **3** *v/i* SP pareggiare

◆ **tie down** *with rope* legare; *(restrict)* vincolare

◆ **tie up** person, laces, hair legare; boat ormeggiare; **I'm tied up tomorrow** sono impegnato domani

tier [tɪə(r)] of hierarchy livello m; in stadium anello m

tiger ['taɪɡə(r)] tigre f

tight [taɪt] **1** adj clothes stretto; security rigido; rope teso; not leaving much time giusto; schedule serrato; F (drunk) sbronzo F **2** adv: **hold s.o. / sth ~** tenere qu / qc stretto; **shut sth ~** chiudere bene qc; **tighten** screw serrare; belt stringere; rope tendere; security intensificare; **tight-fisted** taccagno; **tightly** adv; **tight ~** adv; **tightrope** fune f (per funamboli); **tights** collant mpl

tile [taɪl] on floor mattonella f; on wall piastrella f; on roof tegola f

till[1] [tɪl] ☞ **until**

till[2] [tɪl] (cash register) cassa f

tilt [tɪlt] **1** v/t inclinare **2** v/i inclinarsi

timber ['tɪmbə(r)] legname m

time [taɪm] tempo m; by the clock ora f; (occasion) volta f; **for the ~ being** al momento; **have a good ~!** divertiti!; **what's the ~?** che ora è?, che ore sono?; **the first ~** la prima volta; **take your ~** fai con calma; **for a ~** per un po(di tempo); **at any ~** in qualsiasi momento; **(and) about ~!** era ora!;

two at a ~ due alla volta; **at the same ~** speak, reply etc contemporaneamente; (however) nel contempo; **in ~** in tempo; (eventually) col tempo; **on ~** in orario; **in no ~** in un attimo; **time bomb** bomba f a orologeria; **time difference** fuso m orario; **time-lag** scarto m di tempo; **time limit** limite m temporale; **timely** tempestivo; **time out** SP time-out m inv; **timer** cronometro m; on oven timer m inv; **time-saving** risparmio m di tempo; **timescale** of project cronologia f; **time share** (house, apartment) multiproprietà f inv; **time switch** interruttore m a tempo; **timetable** orario m; **timewarp** trasposizione f temporale; **time zone** zona f di fuso orario

timid ['tɪmɪd] timido

tin [tɪn] metal stagno m; container barattolo m; **tinfoil** carta f stagnola

tinge [tɪndʒ] sfumatura f

tingle ['tɪŋɡl] pizzicare

tinkle ['tɪŋkl] of bell tintinnio m

'tin opener apriscatole m inv

tinsel ['tɪnsl] fili mpl d'argento

tint [tɪnt] **1** n of colour sfumatura f; in hair riflessante m **2** v/t hair fare dei riflessi a; **tinted** glasses fumé inv

tiny ['taɪnɪ] piccolissimo

tip¹ [tɪp] *n of stick, finger* punta *f*; *of cigarette* filtro *m*

tip² [tɪp] **1** *n advice* consiglio *m*; *money* mancia *f* **2** *v/t waiter etc* dare la mancia a
◆ **tip off** fare una soffiata a
'tip-off soffiata *f*

tipped [tɪpt] *cigarettes* col filtro

Tipp-Ex® [tɪpeks] bianchetto *m*

tippy-toe [tɪpɪtəʊ] *Am*: **on** ~ sulla punta dei piedi

tipsy [tɪpsɪ] alticcio

'tip-toe: **on** ~ sulla punta dei piedi

tire¹ [taɪr] *n Am* gomma *f*, pneumatico *m*

tire² [taɪəd] **1** *v/t* stancare **2** *v/i* stancarsi

tired [taɪəd] stanco; **be** ~ **of s.o.** / **sth** essere stanco di qu / qc; **tiredness** stanchezza *f*; **tireless** instancabile; **tiresome** (*annoying*) fastidioso; **tiresome**

tissue [tɪʃuː] ANAT tessuto *m*; (*handkerchief*) fazzolettino *m* (di carta); **tissue paper** carta *f* velina

title [taɪtl] *titolo m*; LAW diritto *m*; **titleholder** SP detentore *m*, -trice *f* del titolo

to [tuː] **1** *prep a*; ~ *Italy* in Italia; ~ *Rome* a Roma; *let's go* ~ *my place* andiamo a casa mia; ~ *the north of* ... a nord di ...; *give sth* ~ **s.o.** dare qc a qu; *from 10* ~ *15 people* tra 10 e 15 persone; *it's 5* ~ *11*

sono le undici meno cinque **2** *with verbs*: ~ *speak*, ~ *see* parlare, vedere; *learn* ~ *drive* imparare a guidare; *nice* ~ *eat* buono da mangiare; ~ *learn Italian in order to* per imparare l'italiano **3** *adv*: ~ *and fro* avanti e indietro

toast [təʊst] **1** *n pane m* tostato; (*drinking*) brindisi *m inv* **2** *v/t bread* tostare; *drinking* fare un brindisi a; **toaster** tostapane *m inv*

tobacco [təbækəʊ] tabacco *m*

today [tədeɪ] oggi

toddler [tɒdlə(r)] bambino *m*, -a *f* ai primi passi

to-'do F casino *m* F

toe [təʊ] dito *m* del piede; *of shoes, socks* punta *f*; *big* ~ alluce *m*; **toenail** unghia *f* del piede

toffee [tɒfɪ] caramella *f* al mou

together [təgeðə(r)] insieme

toilet [tɔɪlɪt] gabinetto *m*; *go* **to the** ~ andare in bagno; **toilet paper** carta *f* igienica; **toiletries** prodotti *mpl* da toilette

token [təʊkən] (*sign*) pegno *m*; *for gambling* gettone *m*; (*gift* ~) buono *m*

tolerable [tɒlərəbl] *pain etc* tollerabile; (*quite good*) accettabile; **tolerance** tolleranza *f*; **tolerant** tollerante; **tolerate** tollerare

toll¹ [təʊl] *v/i* of bell suonare

toll² [təʊl] *n* (deaths) bilancio *m* delle vittime

toll³ [təʊl] *n* for bridge, road pedaggio *m*

'toll booth casello *m*; **toll-free number** *Am* TELEC numero *m* verde; **toll road** strada *f* a pedaggio

tomato [tə'mɑːtəʊ] pomodoro *m*; **tomato ketchup** ketchup *m inv*; **tomato sauce** for pasta etc salsa *f* or sugo *m* di pomodoro; (ketchup) ketchup *m inv*

tomb [tuːm] tomba *f*; **tombstone** lapide *f*

tomcat ['tɒmkæt] gatto *m* (maschio)

tomorrow [tə'mɒrəʊ] domani; **the day after ~** dopodomani; **~ morning** domattina, domani mattina

ton [tʌn] tonnellata *f* (Br 1016kg, Am 907kg)

tone [təʊn] of colour, musical instrument tonalità *f inv*; of conversation etc tono *m*; of neighbourhood livello *m* sociale; **~ of voice** tono di voce; **toner** toner *m inv*

tongue [tʌŋ] lingua *f*

tonic ['tɒnɪk] MED ricostituente *m*; **tonic (water)** acqua *f* tonica

tonight [tə'naɪt] stanotte; (this evening) stasera

tonsillitis [tɒnsə'laɪtɪs] tonsillite *f*

too [tuː] (also) anche; (excessively) troppo; **me ~** anch'io; **~ much rice** troppo riso; **~ many mistakes** troppi errori; **eat ~ much** mangiare troppo

tool [tuːl] attrezzo *m*; fig strumento *m*

tooth [tuːθ] (pl **teeth** [tiːθ]) dente *m*; **toothache** mal *m* di denti; **toothbrush** spazzolino *m* da denti; **toothpaste** dentifricio *m*; **toothpick** stuzzicadenti *m inv*

top [tɒp] **1** *n* of mountain, tree cima *f*; of wall, screen parte *f* alta; of page, list, street inizio *m*; (lid: of bottle etc, pen) tappo *m*; of the class, league testa *f*; (clothing) maglia *f*; (MOT: gear) marcia *f* più alta; **on ~ of** in cima a; **at the ~ of** list, tree, mountain in cima a; league in testa a; page, street all'inizio di; **get to the ~** of company etc arrivare in cima; **get to the ~ of** mountain arrivare alla vetta; **be over the ~** (exaggerated) essere esagerato **2** adj branches più alto; floor ultimo; management di alto livello; official di alto rango; player migliore; speed, note massimo

topic ['tɒpɪk] argomento *m*; **topical** attuale

topless ['tɒplɪs] topless *inv*; **topmost** branches, floor più alto; **topping** on pizza guarnizione *f*

topple ['tɒpl] **1** *v/i* crollare **2**

v/t government far cadere

top 'secret top secret *inv*

topsy-turvy ['topsɪ'tɜːvɪ] sottosopra *inv*

torch [tɔːtʃ] pila *f*; *with flame* torcia *f*

torment ['tɔːment] *n* tormento *m* **2** [tɔː'ment] *v/t* tormentare

tornado [tɔː'neɪdəʊ] tornado *m*

torpedo [tɔː'piːdəʊ] **1** *n* siluro *m* **2** *v/t* silurare; *fig* far saltare

torrent ['torənt] torrente *m*; *of lava* fiume *m*; *of abuse, words* valanga *f*; **torrential rain** torrenziale

tortoise ['tɔːtəs] tartaruga *f*

torture ['tɔːtʃə(r)] **1** *n* tortura *f* **2** *v/t* torturare

toss [tos] **1** *v/t ball* lanciare; *rider* disarcionare; *salad* mescolare; *a coin* fare testa o croce **2** *v/i: ~ and turn* rigirarsi

total ['təʊtl] **1** *n* totale *m* **2** *adj amount, disaster* totale; *stranger* perfetto; **totalitarian** totalitario; **totally** totalmente, completamente

totter ['totə(r)] barcollare

touch [tʌtʃ] **1** *n* tocco *m*; *sense* tatto *m*; *in rugby* touche *f*; *lose one's* ~ perdere la mano; *kick the ball into* ~ calciare la palla fuoricampo; *lose* ~ *with s.o.* perdere i contatti con qu; *keep in* ~ *with s.o.* rimanere in contatto con qu; *be out of* ~ *with*

news non essere al corrente; *with people* non avere contatti **2** *v/t* toccare; *emotionally* commuovere **3** *v/i* toccare; *of two lines etc* toccarsi

◆ **touch down** *of plane* atterrare; *SP* fare meta

'touchdown *of plane* atterraggio *m*; **touching** commovente; **touchline** *SP* linea *f* laterale; **touch screen** schermo *m* tattile; **touchy** *person* suscettibile

tough [tʌf] *person* forte; *question, exam, meat, punishment* duro; *material* resistente

tour [tʊə(r)] **1** *n* giro *m*; *of tourist* giro *m* turistico; *of band* tournée *f inv* **2** *v/t area* girare **3** *v/i of tourist* andare in giro; *of band* andare in tournée; **tour guide** guida *f* turistica; **tourism** turismo *m*; **tourist** turista *m/f*; **tourist industry** industria *f* del turismo; **tourist (information) office** ufficio *m* informazioni turistiche

tournament ['tʊənəmənt] torneo *m*

'tour operator operatore *m* turistico

tow [təʊ] rimorchiare

◆ **tow away** *car* portare via col carro attrezzi

toward(s) [tɔːrdz] verso; *rude* ~ maleducato nei confronti di; *work* ~ *(achieving) sth* lavorare per (raggiungere) qc

towel ['tauəl] asciugamano *m*

tower ['tauə(r)] torre *f*; **tower block** condominio *m* a torre

town [taun] città *f inv*; *opposed to city* cittadina *f*; **town centre,** *Am* **town center** centro *m*; **town council** consiglio *m* comunale; **town hall** municipio *m*

toxic ['tɒksɪk] tossico; **toxin** tossina *f*

toy [tɔɪ] giocattolo *m*

trace [treɪs] **1** *n of substance* traccia *f* **2** *v/t (find)* rintracciare; *(draw)* tracciare

track [træk] *(path)* sentiero *m*; *on race course* pista *f*; *(race course)* circuito *m*; RAIL binario *m*; *on CD* brano *m*; **keep ~ of sth** tenersi al passo con qc

♦ **track down** rintracciare

'**tracksuit** tuta *f* (da ginnastica)

tractor ['træktə(r)] trattore *m*

trade [treɪd] **1** *n* commercio *m*; *(profession, craft)* mestiere *m* **2** *v/i (do business)* essere in attività; **~ in sth** commerciare in qc **3** *v/t (exchange)* scambiare **(for** con); **trade fair** fiera *f* campionaria; **trademark** marchio *m* registrato; **trade** commerciante *m/f*; **trade union** sindacato *m*

tradition [trə'dɪʃn] tradizione *f*; **traditional** tradizionale; **traditionally** tradizionalmente

traffic ['træfɪk] *on roads, in drugs* traffico *m*

♦ **traffic in** *drugs* trafficare

'**traffic circle** *Am* rotatoria *f*; **traffic cop** F vigile *m* (urbano); **traffic jam** ingorgo *m*; **traffic island** isola *f* spartitraffico; **traffic light(s)** semaforo *m*; **traffic police** polizia *f* stradale; **traffic sign** segnale *m* stradale; **traffic warden** ausiliario *m* (del traffico)

tragedy ['trædʒədɪ] tragedia *f*; **tragic** tragico

trail [treɪl] **1** *n (path)* sentiero *m*; *of person, animal* traccia *fpl*; *of blood* scia *f* **2** *v/t (follow)* seguire; *(drag)* trascinare; *caravan etc* trainare **3** *v/i (lag behind)* trascinarsi; **they're ~ing 3-1** stanno perdendo 3 a 1; **trailer** *pulled by vehicle* rimorchio *m*; *of film* trailer *m inv*; *(mobile home)* roulotte *f inv*

train¹ [treɪn] *n* treno *m*; **go by ~** andare in treno

train² [treɪn] *v/t team, athlete* allenare; *employee* formare; *dog* addestrare **2** *v/i of team, athlete* allenarsi; *of teacher etc* fare il tirocinio

trainee [treɪ'niː] apprendista *m/f*; **trainer** SP allenatore *m*, -trice *f*; *of dog* addestratore *m*, -trice *f*; **~s shoes** scarpe *fpl* da ginnastica; **trainers** *shoes* scarpe *fpl* da ginnastica; **training** *of new staff* formazione *f*; SP allenamento *m*; **be in ~** SP allenarsi; **be out of ~** SP essere fuori allenamento

'**train station** stazione *f* ferroviaria

traitor ['treɪtə(r)] traditore *m*, -trice *f*

tram [træm] tram *m inv*

tramp [træmp] barbone *m*, -a *f*

◆ **trample on** calpestare

trampoline ['træmpəliːn] trampolino *m*

tranquil ['træŋkwɪl] tranquillo; **tranquillity**, *Am* **tranquility** tranquillità *f*; **tranquillizer**, *Am* **tranquilizer** tranquillante *m*

transaction [træn'zækʃn] transazione *f*

transatlantic [trænzət'læntɪk] transatlantico

transcript ['trænskrɪpt] trascrizione *f*

transfer 1 [træns'fɜː(r)] *v/t* trasferire; LAW cedere **2** [træns'fɜː(r)] *v/i* cambiare **3** ['trænsfɜː(r)] *n* trasferimento *m*; LAW cessione *f*; *of money* bonifico *m* bancario; **transferable** *ticket* trasferibile; **transfer fee** *for football player* prezzo *m* d'acquisto

transform [træns'fɔːm] trasformare; **transformation** trasformazione *f*; **transformer** ELEC trasformatore *m*

transfusion [træns'fjuːʒn] trasfusione *f*

transit ['trænzɪt]: **in ~** in transito; **transition** transizione *f*; **transitional** di transizione; **transit lounge** *at airport* sala *f* passeggeri in transito; **transit passenger** passeggero *m*, -a *f* in transito

translate [træns'leɪt] tradurre; **translation** traduzione *f*; **translator** traduttore *m*, -trice *f*

transmission [trænz'mɪʃn] trasmissione *f*; **transmit** *news, programme, disease* trasmettere; **transmitter** RAD, TV trasmettitore *m*

transparency [træns'pærənsɪ] PHOT diapositiva *f*; **transparent** trasparente

transplant 1 [træns'plɑːnt] *v/t* MED trapiantare **2** ['trænsplɑːnt] *n* MED trapianto *m*

transport 1 [træn'spɔːt] *v/t* trasportare **2** ['trænspɔːt] *n* *of* trasporto *m*; *means of transport* mezzo *m* di trasporto; **public ~** i trasporti pubblici; **transportation** trasporto *m*

transvestite [træns'vestaɪt] travestito *m*

trap [træp] **1** *n* trappola *f*; *question* tranello *m* **2** *v/t* intrappolare; **trappings** *of power* segni *mpl* esteriori

trash [træʃ] *poor product* robaccia f; *despicable person* fetente m/f; *Am* (*garbage*) spazzatura f; **trashcan** *Am* bidone m della spazzatura; **trashy** *goods*, *novel* scadente

trauma ['trɔːmə] trauma m; **traumatic** traumatico; **traumatize** traumatizzare

travel ['trævl] **1** n viaggiare m; ~**s** viaggi mpl **2** v/i viaggiare; *I ~ to work by train* vado a lavorare in treno **3** v/t *miles* percorrere; **travel agency** agenzia f di viaggio; **travel agent** agente m/f di viaggio; **traveller**, *Am* **traveler** viaggiatore m, -trice f; **traveller's cheque**, *Am* **traveler's check** traveller's cheque m *inv*; **travel expenses** *fpl* di viaggio; **travel insurance** assicurazione f di viaggio

trawler ['trɔːlə(r)] peschereccio m

tray [treɪ] *for food*, *photocopier* vassoio m; *to go in oven* teglia f

treacherous ['tretʃərəs] traditore; **treachery** tradimento m

tread [tred] **1** n passo m; *of staircase* gradino m; *of tyre* battistrada m *inv* **2** v/i camminare

treason ['triːzn] tradimento m

treasure ['treʒə(r)] **1** n *also person* tesoro m **2** v/t *gift etc* custodire gelosamente;

treasurer tesoriere m, -a f; **Treasury Department** *Am* tesoro m

treat [triːt] **1** n trattamento m speciale; *it's my ~* (*I'm paying*) offro io **2** v/t trattare; *illness* curare; ~ *s.o. to sth* offrire qc a qu; **treatment** trattamento m; *of illness* cura f

treaty ['triːtɪ] trattato m

treble ['trebl] **1** *adv*: ~ *the price* il triplo del prezzo **2** v/i triplicarsi

tree [triː] albero m

tremble ['trembl] tremare

tremendous [trɪ'mendəs] (*very good*) fantastico; (*enormous*) enorme; **tremendously** (*very*) incredibilmente; (*a lot*) moltissimo

tremor ['tremə(r)] *of earth* scossa f

trench [trentʃ] trincea f

trend [trend] tendenza f; **trendy** alla moda

trespass ['trespəs] invadere una proprietà privata; *no ~ing* divieto d'accesso; **trespasser** intruso m, -a f

trial ['traɪəl] LAW processo m; *of equipment* prova f; *on ~* LAW sotto processo; *stand ~ for sth* essere processato per qc; *have sth on ~ equipment* avere qc in prova; **trial period** periodo m di prova

triangle ['traɪæŋgl] triangolo m; **triangular** triangolare

tribe [traɪb] tribù f *inv*

tribunal [traɪ'bjuːnl] tribunale *m*

tributary ['trɪbjʊtərɪ] *of river* affluente *m*

trick [trɪk] **1** *n to deceive* stratagemma *m*; *(knack)* trucco *m*; **play a ~ on s.o.** fare uno scherzo a qu **2** *v/t* ingannare; **trickery** truffa *f*

trickle ['trɪkl] **1** *n* filo *m*; *a ~ of replies* poche risposte sporadiche **2** *v/i* gocciolare

tricky ['trɪkɪ] *(difficult)* complicato

trifle ['traɪfl] *n (triviality)* inezia *f*; *pudding* zuppa *f* inglese; **trifling** insignificante

trigger ['trɪgə(r)] *of gun* grilletto *m*

◆ **trigger off** scatenare

trim [trɪm] **1** *adj (neat)* ordinato; *figure* snello **2** *v/t hair, hedge* spuntare; *costs* tagliare; *(decorate: dress)* ornare **3** *n (light cut)* spuntata *f*; **in good ~** in buone condizioni

trinket ['trɪŋkɪt] ninnolo *m*

trio ['triːəʊ] MUS trio *m*

trip [trɪp] **1** *n (journey)* viaggio *m*, gita *f* **2** *v/i (stumble)* inciampare (**over** in) **3** *v/t (make fall)* fare inciampare

◆ **trip up** *v/t (make fall)* fare inciampare; *(cause to make a mistake)* confondere **2** *v/i (stumble)* inciampare; *(make a mistake)* sbagliarsi

triple ['trɪpl] ☞ **treble**

trite [traɪt] trito

triumph ['traɪʌmf] trionfo *m*

trivial ['trɪvɪəl] banale; **trivial-**

ity banalità *f inv*

trolley ['trɒlɪ] *in supermarket, at airport* carrello *m*

trombone [trɒm'bəʊn] trombone *m*

troops [truːps] truppe *fpl*

trophy ['trəʊfɪ] trofeo *m*

tropic ['trɒpɪk] tropico *m*; **tropical** tropicale; **tropics** tropici *mpl*

trot [trɒt] trottare

trouble ['trʌbl] **1** *n (difficulties)* problemi *mpl*; *(inconvenience)* fastidio *m*; *(disturbance)* disordini *mpl*; **the ~ with you is ...** il tuo problema è ...; **get into ~** mettersi nei guai **2** *v/t (worry)* preoccupare; *(bother, disturb)* disturbare; *of back, liver etc* dare dei fastidi a; **troublemaker** attaccabrighe *m/f inv*; **troubleshooting** mediazione *f*; *in software manual* ricerca *f* problemi e soluzioni; **troublesome** fastidioso

trousers ['traʊzəz] pantaloni *mpl*; **a pair of ~** un paio di pantaloni

trout [traʊt] trota *f*

truant ['truːənt]: **play ~** marinare la scuola

truce [truːs] tregua *f*

truck [trʌk] camion *m inv*; **truck driver** camionista *m*; **truck stop** *Am* posto *m* di ristoro per camionisti

trudge [trʌdʒ] **1** *v/i* arrancare; **~ around the shops** trascinarsi nei negozi **2** *n* cammi-

nata *f* stancante
true [truː] vero; **come ~ of** hopes, dream realizzarsi; **truly** davvero; **Yours ~** distinti saluti
trumpet ['trʌmpɪt] tromba *f*
trunk [trʌŋk] *of tree, body* tronco *m*; *of elephant* proboscide *f*; *(large case)* baule *m*; MOT bagagliaio *m inv*
trust [trʌst] **1** *n* fiducia *f*; FIN fondo *m* fiduciario; *v/t* fidarsi di; **trusted** fidato; **trustee** amministratore *m*, -trice *f* fiduciario, -a; **trustful, trusting** fiducioso; **trustworthy** affidabile
truth [truːθ] verità *f inv*; **truthful** *account* veritiero; *person* sincero
try [traɪ] **1** *v/t* provare; LAW processare; **~ to do sth** provare a fare qc, cercare di fare qc **2** *v/i* provare, tentare; *you must ~ harder* devi provare con più impegno **3** *n* tentativo *m*; *in rugby* meta *f*; **trying** *(annoying)* difficile
T-shirt ['tiːʃɜːt] maglietta *f*
tub [tʌb] *(bath)* vasca *f* da bagno; *of liquid* tinozza *f*; *for yoghurt* barattolo *m*; **tubby** tozzo
tube [tjuːb] tubo *m*; *of toothpaste* tubetto *m*; **tubeless** *tyre* senza camera d'aria
Tuesday ['tjuːzdeɪ] martedì *m inv*
tuft [tʌft] ciuffo *m*
tug [tʌg] **1** *n* NAUT rimorchia-

tore *m* **2** *v/t* *(pull)* tirare
tuition [tjuːˈɪʃn] lezioni *fpl*
tulip ['tjuːlɪp] tulipano *m*
tumble ['tʌmbl] ruzzolare; *of wall, prices* crollare; **tumbledown** in rovina, fatiscente; **tumbler** *for drink* bicchiere *m* (senza stelo); *in circus* acrobata *m/f*
tummy ['tʌmɪ] F pancia *f*; **tummy ache** mal *m* di pancia
tumour, *Am* **tumor** ['tjuːmə(r)] tumore *m*
tumult ['tjuːmʌlt] tumulto *m*; **tumultuous** tumultuoso
tuna ['tjuːnə] tonno *m*
tune [tjuːn] **1** *n* motivo *m*; *in ~* *instrument* accordato **2** *v/t* *instrument* accordare; *engine* mettere a punto
◆ **tune up** *v/i* *of orchestra* accordare gli strumenti **2** *v/t* *engine* mettere a punto
tuneful ['tjuːnfʊl] melodioso; **tuner** *(hi-fi)* sintonizzatore *m*, tuner *m inv*; **tune-up** *of engine* messa *f* a punto
tunnel ['tʌnl] galleria *f*, tunnel *m inv*
turbine ['tɜːbaɪn] turbina *f*
turbulence ['tɜːbjʊləns] *in air travel* turbolenza *f*; **turbulent** turbolento
turf [tɜːf] tappeto *m* erboso; *(piece)* zolla *f*
Turin [tjʊˈrɪn] Torino *f*
Turk [tɜːk] turco *m*, -a *f*; **Turkey** Turchia *f*
turkey ['tɜːkɪ] tacchino *m*

Turkish ['tɜːkɪʃ] **1** *adj* turco **2** *n language* turco *m*

turmoil ['tɜːmɔɪl] agitazione *f*

turn [tɜːn] **1** *n (rotation)* giro *m*; *in road* curva *f*; *in variety show* numero *m*; *take ~s in doing sth* fare a turno a fare qc; *it's my ~* è il mio turno, tocca a me; *do s.o. a good ~* fare un favore a qu **2** *v/t wheel, corner* girare **3** *v/i of driver, car, wheel* girare; *(become)* diventare; *it has ~ed cold* è diventato freddo; *he has ~ed 40* ha compiuto 40 anni

◆ **turn around 1** *v/t object* girare; *company* dare una svolta positiva a; (COM *deal with*) eseguire; *order* evadere **2** *v/i of person* girarsi; *of driver* girare

◆ **turn away 1** *v/t (send away)* mandare via **2** *v/i (walk away)* andare via; *(look away)* girarsi dall'altra parte

◆ **turn back 1** *v/t edges, sheets* ripiegare **2** *v/i of walkers etc* tornare indietro; *in course of action* tirarsi indietro

◆ **turn down** *offer, invitation* rifiutare; *volume, heating* abbassare; *edge* ripiegare

◆ **turn in 1** *v/i (go to bed)* andare a letto **2** *v/t to police* denunciare

◆ **turn off 1** *v/t TV, engine* spegnere; *tap* chiudere; F *(sexually)* far passare la voglia a **2** *v/i of driver* svoltare

◆ **turn on 1** *v/t TV, engine* accendere; *tap* aprire; F *(sexually)* eccitare **2** *v/i of machine* accendersi

◆ **turn over 1** *v/i in bed* girarsi; *of vehicle* capottare **2** *v/t object, page* girare; FIN fatturare

◆ **turn up 1** *v/t collar, volume, heating* alzare **2** *v/i (arrive)* arrivare

turning ['tɜːnɪŋ] svolta *f*; **turning point** svolta *f* decisiva; **turnout** *of people* affluenza *f*; **turnover** FIN fatturato *m*; *of staff* ricambio *m*; **turnpike** *Am* strada *f* a pedaggio; **turn signal** *Am* MOT freccia *f*, *Am* **turn-up** *of trousers* risvolto *m*

turquoise ['tɜːkwɔɪz] turchese

turtle ['tɜːtl] tartaruga *f* marina; **turtleneck sweater** maglia *f* a lupetto

Tuscany ['tʌskənɪ] Toscana *f*

tusk [tʌsk] zanna *f*

tutor ['tjuːtə(r)] EDU insegnante universitario che segue un piccolo gruppo di studenti; *(private)* ~ insegnante *m/f* privato, -a

tuxedo [tʌk'siːdəʊ] *Am* smoking *m inv*

TV [tiː'viː] TV *f inv*; *on* ~ alla TV; **TV dinner** piatto *m* pronto; **TV guide** guida *f* dei programmi TV; **TV programme**, *Am* **TV program** programma *m* televisivo

twang [twæŋ] **1** *n in voice* suono *m* nasale *m* **2** *v/t guitar string* vibrare

tweezers ['twi:zəz] pinzette *fpl*

twelfth [twelfθ] dodicesimo; **twelve** dodici

twentieth ['twentɪθ] ventesimo; **twenty** venti; **twenty--four-seven** ventiquattr'ore su ventiquattro, sette giorni su sette

twice [twaɪs] due volte; **~ as much** il doppio; **~ as fast** veloce due volte tanto

twig [twɪg] ramoscello *m*

twilight ['twaɪlaɪt] crepuscolo *m*

twin [twɪn] gemello *m*; **twin beds** due lettini *mpl*

twinge [twɪndʒ] *of pain* fitta *f*

twinkle ['twɪŋkl] *of stars, eyes* scintillare

'**twin room** camera *f* a due letti; **twin town** città *f inv* gemellata

twirl [twɜ:l] **1** *v/t* fare roteare **2** *n of cream etc* ricciolo *m*

twist [twɪst] **1** *v/t* attorcigliare; **~ one's ankle** prendere una storta **2** *v/i of road* snodarsi;

of river serpeggiare **3** *n in rope* attorcigliata *f*; *in road* curva *f*; *in plot* svolta *f*;

twisty *road* contorto

twit [twɪt] F scemo *m*, -a *f*

twitch [twɪtʃ] **1** *n nervous* spasmo *m* **2** *v/i* (*jerk*) contrarsi

twitter ['twɪtə(r)] cinguettare

two [tu:] due; **the ~ of them** loro due

tycoon [taɪ'ku:n] magnate *m*

type [taɪp] **1** *n* (*sort*) tipo *m* **2** *v/t & v/i* (*use a keyboard*) battere (a macchina)

typhoon [taɪ'fu:n] tifone *m*

typhus ['taɪfəs] tifo *m*

typical ['tɪpɪkl] tipico; **that's ~ of you / him!** tipico!; **typically** tipicamente

typist ['taɪpɪst] dattilografo *m*, -a *f*

tyrannical [tɪ'rænɪkl] tirannico; **tyrannize** tiranneggiare; **tyranny** tirannia *f*; **tyrant** tiranno *m*, -a *f*

tyre [taɪr] gomma *f*, pneumatico *m*

Tyrol [tɪ'rɒl] Tirolo *m*; **Tyrolean** tirolese

Tyrrhenian Sea [taɪ'ri:nɪən] mar *m* Tirreno

U

ugly ['ʌglɪ] brutto

UK [ju:'keɪ] (= **United Kingdom**) Regno *m* Unito

ulcer ['ʌlsə(r)] ulcera *f*

ultimate ['ʌltɪmət] (*best, de-*

finitive) definitivo; (*final*) ultimo; (*basic*) fondamentale; **ultimately** (*in the end*) in definitiva

ultimatum [ʌltɪ'meɪtəm] ulti-

matum *m inv*
ultrasound ['ʌltrəsaʊnd]
MED ecografia *f*
ultraviolet [ʌltrə'vaɪələt] ultravioletto
umbrella [ʌm'brelə] ombrello *m*
umpire ['ʌmpaɪə(r)] arbitro *m*
umpteenth [ʌmp'ti:nθ] F ennesimo
UN [ju:'en] (= *United Nations*) ONU *f* (= Organizzazione *f* delle Nazioni Unite)
unable [ʌn'eɪbl]: *be ~ to do sth* not know how to non saper fare qc; *not be in a position to* non poter fare qc
unacceptable [ʌnək'septəbl] inaccettabile
unaccountable [ʌnə'kaʊntəbl] inspiegabile
unanimous [ju:'nænɪməs] *verdict* unanime; **unanimously** all'unanimità
unapproachable [ʌnə'prəʊtʃəbl] *person* inavvicinabile
unarmed [ʌn'ɑːmd] *person* disarmato; *~ combat* combattimento senz'armi
unassuming [ʌnə'sjuːmɪŋ] senza pretese
unattached [ʌnə'tætʃt] (*without a partner*) libero
unattended [ʌnə'tendɪd] incustodito
unauthorized [ʌn'ɔːθəraɪzd] non autorizzato
unavoidable [ʌnə'vɔɪdəbl]

inevitabile
unbalanced [ʌn'bælənst] non equilibrato; PSYCH squilibrato
unbearable [ʌn'beərəbl] insopportabile
unbeatable [ʌn'biːtəbl] *team*, *quality* imbattibile
unbeaten [ʌn'biːtn] *team* imbattuto
unbelievable [ʌnbɪ'liːvəbl] incredibile
unbias(ed) [ʌn'baɪəst] imparziale
unblock [ʌn'blɒk] sbloccare
unbreakable [ʌn'breɪkəbl] *plates* infrangibile; *world record* imbattibile
unbutton [ʌn'bʌtn] sbottonare
uncanny [ʌn'kænɪ] *resemblance*, *skill* sorprendente; (*worrying: feeling*) inquietante
unceasing [ʌn'siːsɪŋ] incessante
uncertain [ʌn'sɜːtn] incerto; *origins* dubbio; *be ~ about sth* non essere certo su qc; **uncertainty** *of the future* incertezza *f*; *there is still ~ about ...* ci sono ancora dubbi su ...
uncle ['ʌŋkl] zio *m*
uncomfortable [ʌn'kʌmftəbl] scomodo; *I feel ~ with him* mi sento a disagio con lui
uncommon [ʌn'kɒmən] raro
uncompromising [ʌn'kɒm-

prəˈmaızıŋ] fermo; *in a negative way* intransigente

uncontrollable [ʌnkənˈtrəʊbl̩] incontrollabile

unconditional [ʌnkənˈdıʃn̩l] incondizionato

unconscious [ʌnˈkɒnʃəs] MED svenuto; PSYCH inconscio; **knock s.o. ~** stordire qu con un colpo; **be ~ of sth** (*not aware*) non rendersi conto di qc

uncontrollable [ʌnkənˈtrəʊləbl̩] incontrollabile

unconventional [ʌnkənˈvenʃn̩l] poco convenzionale

uncooperative [ʌnkəʊˈɒprətıv] poco cooperativo

uncover [ʌnˈkʌvə(r)] scoprire

undamaged [ʌnˈdæmıdʒd] intatto

undecided [ʌndıˈsaıdıd] *question* irrisoluto; **be ~ about sth** essere indeciso su qc

undeniable [ʌndıˈnaıəbl̩] innegabile

under [ˈʌndə(r)] sotto; (*less than*) meno di; **it is ~ investigation** viene indagato

'undercarriage carrello *m* d'atterraggio

'undercover *agent* segreto

under'cut COM vendere a minor prezzo di

under'done *meat* al sangue; (*not cooked enough*) non cotto abbastanza

under'estimate, sottovalutare

under'fed malnutrito

under'go *treatment* sottoporsi a; *experiences* vivere

under'graduate studente *m*, -cssa *f* universitario, -a

'underground 1 *adj passages etc* sotterraneo; POL clandestino **2** *adv work* sottoterra; **go ~** POL entrare in clandestinità **3** *n* RAIL metropolitana *f*

'undergrowth sottobosco *m*

under'hand (*devious*) subdolo

under'line *text* sottolineare

under'lying di fondo

under'mine *s.o.'s position* minare

underneath [ʌndəˈniːθ] sotto

'underpants mutande *fpl* da uomo

'underpass *for pedestrians* sottopassaggio *m*

underprivileged [ʌndəˈprıvılıdʒd] svantaggiato

under'rate sottovalutare

'undershirt *Am* canottiera *f*

understaffed [ʌndəˈstɑːft] a corto di personale

under'stand capire; **I ~ that you ...** mi risulta che tu ...; **understandable** comprensibile; **understandably** comprensibilmente; **understanding 1** *adj person* comprensivo **2** *n* comprensione *f*; (*agreement*) intesa *f*

under'take *task* intraprendere; **~ to do sth** impegnarsi a fare qc; **undertaking** (*enterprise*) impresa *f*; (*promise*) promessa *f*

under'value sottovalutare

'underwear biancheria *f* intima

'underworld *criminal* malavita *f; in mythology* inferi *mpl*

under'write FIN sottoscrivere

undeserved [ʌndɪˈzɜːvd] immeritato

undesirable [ʌndɪˈzaɪərəbl] **1** *adj* indesiderabile **2** *n* persona *f* indesiderata

undisputed [ʌndɪˈspjuːtɪd] *champion* indiscusso

undo [ʌnˈduː] *parcel* disfare; *shirt* sbottonare; *shoes* slacciare; *s.o.'s work* annullare

undoubtedly [ʌnˈdaʊtɪdlɪ] indubbiamente

undress [ʌnˈdres] **1** *v/t* spogliare; **get ~ed** spogliarsi **2** *v/i* spogliarsi

undue [ʌnˈdjuː] (*excessive*) eccessivo; **unduly** (*excessively*) eccessivamente

unearth [ʌnˈɜːθ] *remains* portare alla luce; (*fig: find*) scovare

uneasy [ʌnˈiːzɪ] *relationship, peace* precario; **feel ~ about** non sentirsi di

uneatable [ʌnˈiːtəbl] immangiabile

uneconomic [ʌniːkəˈnɒmɪk] poco redditizio

uneducated [ʌnˈedjʊkeɪtɪd] senza istruzione

unemployed [ʌnɪmˈplɔɪd] **1** *adj* disoccupato **2** *npl:* **the ~** i disoccupati; **unemployment** disoccupazione *f;* **~ benefit** sussidio *m* di disoc-

cupazione

unending [ʌnˈendɪŋ] interminabile

unequal [ʌnˈiːkwəl] disuguale

unerring [ʌnˈerɪŋ] *judgement, instinct* infallibile

uneven [ʌnˈiːvn] *quality* irregolare; *ground* accidentato

uneventful [ʌnɪˈventfʊl] *day, journey* tranquillo

unexpected [ʌnɪkˈspektɪd] inatteso; **unexpectedly** inaspettatamente

unfair [ʌnˈfeə(r)] ingiusto

unfaithful [ʌnˈfeɪθfʊl] *husband, wife* infedele; **be ~ to s.o.** essere infedele a qu

unfamiliar [ʌnfəˈmɪljə(r)] sconosciuto; **be ~ with sth** non conoscere qc

unfasten [ʌnˈfɑːsn] *belt* slacciare

unfavourable, *Am* **unfavorable** [ʌnˈfeɪvərəbl] *report, review* negativo; *weather conditions* sfavorevole

unfinished [ʌnˈfɪnɪʃt] non terminato; **leave sth ~** non terminare qc

unfit [ʌnˈfɪt] *adj physically* fuori forma; **be ~ to ...** morally non essere degno di ...; **~ to eat / drink** non commestibile / non potabile

unfold [ʌnˈfəʊld] **1** *v/t letter* spiegare; *arms* aprire **2** *v/i of story etc* svolgersi; *of view* spiegarsi

unforeseen [ʌnfɔːˈsiːn] imprevisto

unforgettable [ʌnfə'getəbl] indimenticabile

unforgivable [ʌnfə'gɪvəbl] imperdonabile

unfortunate [ʌn'fɔːtʃənət] *people* sfortunato; *event, choice of words* infelice; *that's ~ for you* è spiacevole per lei; **unfortunately** sfortunatamente

unfounded [ʌn'faʊndɪd] infondato

unfriendly [ʌn'frendlɪ] poco amichevole

ungrateful [ʌn'greɪtfʊl] ingrato

unhappiness [ʌn'hæpɪnɪs] infelicità *f*; **unhappy** infelice; *customers etc* non soddisfatto (**with** di)

unharmed [ʌn'hɑːmd] illeso

unhealthy [ʌn'helθɪ] *person* malaticcio; *conditions* malsano; *food, atmosphere* poco sano; *economy* traballante

unheard-of [ʌn'hɜːdɒv] inaudito

unhygienic [ʌnhaɪ'dʒiːnɪk] non igienico

unification [juːnɪfɪ'keɪʃn] unificazione *f*

uniform ['juːnɪfɔːm] **1** *n* divisa *f*; MIL *also* uniforme *f* **2** *adj* uniforme

unify ['juːnɪfaɪ] unificare

unilateral [juːnɪ'lætrəl] unilaterale

unimaginable [ʌnɪ'mædʒɪnəbl] inimmaginabile

unimaginative [ʌnɪ'mædʒɪnətɪv] senza fantasia

unimportant [ʌnɪm'pɔːtənt] senza importanza

uninhabitable [ʌnɪn'hæbɪtəbl] inabitabile; **uninhabited** *building* disabitato; *region* deserto

unintentional [ʌnɪn'tenʃnl] involontario; **unintentionally** involontariamente

uninteresting [ʌn'ɪntrəstɪŋ] poco interessante

uninterrupted [ʌnɪntə'rʌptɪd] ininterrotto

union ['juːnɪən] POL unione *f*; (*trade ~*) sindacato *m*

unique [juː'niːk] unico

unit ['juːnɪt] unità *f inv*; (*department*) reparto *m*

unit 'cost COM costo *m* unitario

unite [juː'naɪt] **1** *v/t* unire **2** *v/i* unirsi; **united** unito; **United Kingdom** Regno *m* Unito; **United Nations** Nazioni *fpl* Unite; **United States (of America)** Stati *mpl* Uniti (d'America); **unity** unità *f inv*

universal [juːnɪ'vɜːsl] universale; **universe** universo *m*

university [juːnɪ'vɜːsətɪ] università *f inv*

unjust [ʌn'dʒʌst] ingiusto

unkind [ʌn'kaɪnd] cattivo

unknown [ʌn'nəʊn] **1** *adj* sconosciuto **2** *n: a journey into the ~** un viaggio nell'ignoto

unleaded [ʌn'ledɪd] senza

piombo

unless [ən'les] a meno che; ~ *he pays us tomorrow* a meno che non ci paghi domani; ~ *I am mistaken* se non mi sbaglio

unlikely [ʌn'laɪklɪ] improbabile

unlimited [ʌn'lɪmɪtɪd] illimitato

unload [ʌn'ləʊd] scaricare

unlock [ʌn'lɒk] aprire (con la chiave)

unluckily [ʌn'lʌkɪlɪ] sfortunatamente; **unlucky** *day, choice, person* sfortunato; *that was so ~ for you!* che sfortuna hai avuto!

unmanned [ʌn'mænd] *spacecraft* senza equipaggio

unmarried [ʌn'mærɪd] non sposato

unmistakable [ʌnmɪ'steɪkəbl] inconfondibile

unnatural [ʌn'næʃrəl] non normale

unnecessary [ʌn'nesəsrɪ] non necessario; *comment, violence* gratuito

unnerving [ʌn'nɜːvɪŋ] inquietante

unobtainable [ʌnəb'teɪnəbl] *goods* introvabile; TELEC non ottenibile

unobtrusive [ʌnəb'truːsɪv] discreto

unoccupied [ʌn'ɒkjʊpaɪd] *building, house* vuoto; *post* vacante; *room* libero

unofficial [ʌnə'fɪʃl] non uffi-ciale; *announcement* ufficioso; *unofficially* non ufficialmente

unorthodox [ʌn'ɔːθədɒks] poco ortodosso

unpack [ʌn'pæk] **1** *v/t* disfare **2** *v/i* disfare le valige

unpaid [ʌn'peɪd] *work* non retribuito

unpleasant [ʌn'pleznt] *person, thing to say* antipatico; *smell, taste* sgradevole

unplug [ʌn'plʌg] *TV, computer* staccare (la spina di)

unpopular [ʌn'pɒpjʊlə(r)] *person* mal visto; *decision* impopolare

unprecedented [ʌn'presɪdentɪd] senza precedenti

unpredictable [ʌnprɪ'dɪktəbl] imprevedibile

unpretentious [ʌnprɪ'tenʃəs] senza pretese

unproductive [ʌnprə'dʌktɪv] *meeting* sterile; *soil* improduttivo

unprofessional [ʌnprə'feʃnl] *workmanship* poco professionale

unprofitable [ʌn'prɒfɪtəbl] non redditizio

unprovoked [ʌnprə'vəʊkt] *attack* non provocato

unqualified [ʌn'kwɒlɪfaɪd] *worker* non qualificato; *doctor, teacher* non abilitato

unquestionably [ʌn'kwestʃnəblɪ] indiscutibile; **unquestioning** *attitude* assoluto

unreadable [ʌnˈriːdəbl] *book* illeggibile

unrealistic [ʌnrɪəˈlɪstɪk] *person* poco realista; *expectations* poco realistico

unreasonable [ʌnˈriːznəbl] *person* irragionevole; *demand* eccessivo

unrelated [ʌnrɪˈleɪtɪd] *issues* senza (alcuna) attinenza; *people* non imparentato

unrelenting [ʌnrɪˈlentɪŋ] incessante

unreliable [ʌnrɪˈlaɪəbl] poco affidabile

unrest [ʌnˈrest] agitazione *f*

unrestrained [ʌnrɪˈstreɪnd] *emotions* incontrollato, sfrenato

unroll [ʌnˈrəʊl] srotolare

unruly [ʌnˈruːlɪ] indisciplinato

unsafe [ʌnˈseɪf] pericoloso; ~ **to drink / eat** non potabile / non commestibile; *it is* ~ *to ...* è rischioso ...

unsanitary [ʌnˈsænɪtrɪ] antigienico

unsatisfactory [ʌnsætɪsˈfæktrɪ] poco soddisfacente

unscathed [ʌnˈskeɪðd] (*not injured*) incolume; (*not damaged*) intatto

unscrew [ʌnˈskruː] svitare

unscrupulous [ʌnˈskruːpjələs] senza scrupoli

unselfish [ʌnˈselfɪʃ] *person* altruista; *act* altruistico

unsettled [ʌnˈsetld] *issue* irrisolto; *weather* instabile; *life-* *style* irrequieto; *bills* non pagato

unshaven [ʌnˈʃeɪvn] non rasato

unskilled [ʌnˈskɪld] non specializzato

unsophisticated [ʌnsəˈfɪstɪkeɪtɪd] *person, beliefs* semplice; *equipment* rudimentale

unstable [ʌnˈsteɪbl] instabile; *person* squilibrato

unsteady [ʌnˈstedɪ] *ladder* malsicuro; *be* ~ *on one's feet* non reggersi bene sulle gambe

unsuccessful [ʌnsəkˈsesfʊl] *writer etc* di scarso successo; *candidate, party* sconfitto; *attempt* fallito; *be tried but was* ~ ha provato ma non ha avuto fortuna; **unsuccessfully** senza successo

unsuitable [ʌnˈsuːtəbl] *partner, clothing* inadatto; *thing to say* inappropriato

unswerving [ʌnˈswɜːvɪŋ] *loyalty* incrollabile

unthinkable [ʌnˈθɪŋkəbl] impensabile

untidy [ʌnˈtaɪdɪ] in disordine

untie [ʌnˈtaɪ] *knot* disfare; *laces* slacciare; *prisoner* slegare

until [ənˈtɪl] **1** *prep* fino a; *from Monday* ~ *Friday* da lunedì a venerdì; *not* ~ *Friday* non prima di venerdì **2** *conj* finché (non); *can you wait* ~ *I'm ready?* puoi aspettare che sia pronta?

untiring [ʌn'taɪrɪŋ] *efforts* instancabile

untold [ʌn'təʊld] *riches* incalcolabile; *suffering* indescrivibile; *story* inedito

untrue [ʌn'truː] falso

unused [ʌn'juːzd] mai usato

unusual [ʌn'juːʒʊəl] insolito; *it's ~ for them not to write* non è da loro non scrivere; *unusually* insolitamente

unveil [ʌn'veɪl] *statue etc* scoprire

unwell [ʌn'wel] *be / feel ~* stare / sentirsi male

unwilling [ʌn'wɪlɪŋ] *be ~ to do* non essere disposto a fare; *unwillingly* malvolentieri

unwind [ʌn'waɪnd] 1 *v/t tape* svolgere 2 *v/i of tape* svolgersi; *of story* dipanarsi; *(relax)* rilassarsi

unwise [ʌn'waɪz] avventato, imprudente

unwrap [ʌn'ræp] aprire, scartare

unzip [ʌn'zɪp] *dress etc* aprire (la chiusura lampo di); COMPUT espandere

up [ʌp] 1 *adv:* ~ *in the sky* / ~ *on the roof* in alto nel cielo / sul tetto; ~ *here / there* quassù / lassù; *be ~ (out of bed)* essere in piedi; *of sun* essere sorto; *of temperature* essere aumentato; *(have expired)* essere scaduto; *what's ~?* F che c'è?; ~ *to the year 1989* fino al 1989;

he came ~ to me mi si è avvicinato; *what are you ~ to these days?* cosa fai di bello?; *what are those kids ~ to?* cosa stanno combinando i bambini?; *be ~ to something (bad)* stare architettando qualcosa; *I don't feel ~ to it* non me la sento; *it's ~ to you* dipende da te; *it is ~ to them to solve it* their duty sta a loro risolverlo; *be ~ and about* after illness essersi ristabilito (bad) 2 *prep:* *further ~ the mountain* più in alto sulla montagna; *they ran ~ the street* corsero per strada; *we travelled ~ to Milan* siamo andati a Milano 3 *n:* ~*s and downs* alti e bassi *mpl*

'upbringing educazione *f*

'upcoming *(forthcoming)* prossimo

up'date *file, records* aggiornare; ~ *s.o. on sth* mettere qu al corrente di qc

up'grade *equipment etc* aggiornare; *memory* potenziare; *passenger* promuovere a una classe superiore; *product* migliorare

upheaval [ʌp'hiːvl] *emotional* sconvolgimento *m*; *physical* scombussolamento *m*; *political, social* sconvolgimento *m*

uphill [ʌp'hɪl] 1 *adv:* *go / walk* ~ salire 2 *adj climb* in salita; *struggle* arduo

up'hold *traditions, rights* sostenere; (*vindicate*) confermare

'**upkeep** manutenzione *f*

'**upload** COMPUT caricare, fare l'upload di

up'**market** *restaurant, hotel* elegante; *product* di qualità

upon [ə'pɒn] ☞ **on**

upper ['ʌpə(r)] superiore; *deck, rooms* di sopra

upper '**class** *adj accent* aristocratico; *family* dell'alta borghesia

'**upright** 1 *adj citizen* onesto 2 *adv sit* (ben) dritto; **upright** (**piano**) pianoforte *m* verticale

'**uprising** insurrezione *f*

'**uproar** trambusto *m*; (*protest*) protesta *f*

'**upscale** *Am restaurant, hotel* elegante; *product* di qualità

up'**set** 1 *v/t drink, glass* rovesciare; (*make sad*) fare stare male; (*distress*) sconvolgere; (*annoy*) seccare 2 *adj* (*sad*) triste; (*distressed*) sconvolto; (*annoyed*) seccato; **be / get** ~ **prendersela** (**about** per); **have an** ~ **stomach** avere l'intestino in disordine; upsetting: *it's so* ~ (*for me*) mi fa stare male, mi turba

upside '**down** capovolto; *turn sth* ~ capovolgere qc

up'**stairs** 1 *adv* di sopra 2 *adj room* al piano di sopra

up'**stream** a monte

up'**tight** F (*nervous*) nervoso; (*inhibited*) inibito

up-to-'**date** *information* aggiornato; *fashions* più attuale

'**up turn** *in economy* ripresa *f*

'**upward** ['ʌpwərd] *in* su; ~ **of 10,000** oltre 10.000

uranium [juˈreɪnɪəm] uranio *m*

urban ['ɜːbən] *areas, population* urbano; *redevelopment* urbanistico

urchin ['ɜːtʃɪn] monello *m*, -a *f*

urge [ɜːdʒ] 1 *n* (forte) desiderio *m* 2 *v/t*: ~ *s.o. to do sth* raccomandare (caldamente) a qd di fare qc; **urgency** urgenza *f*; **the** ~ **of the situation** la gravità della situazione; **urgent** urgente

urinate ['juərɪneɪt] orinare; **urine** urina *f*

US [juː'es] (= *United States*) USA *mpl*

us [ʌs] ci; *when two pronouns are used* ce; *after prep* noi; **don't leave** ~ non ci lasciare, non lasciarci; **she gave them to** ~ ce le ha date; **that's for** ~ quello è per noi; **who's that? – it's** ~ chi è? - siamo noi

USA [juːesˈeɪ] (= *United States of America*) USA *mpl*

usage ['juːzɪdʒ] uso *m*

use 1 [juːz] *v/t tool, skills, knowledge* usare, utilizzare; *word, s.o.'s car* usare; *a lot of petrol* consumare; *pej: person* usare 2 [juːs] *n* uso *m*; **be** *of no ~ to s.o.* non essere d'aiuto a qu; *it's no ~ waiting* non serve a niente aspettare

◆ **use up** finire

used¹ [juːzd] *adj car etc* usato

used² [juːst] *be ~ to* essere abituato a; *get ~ to* abituarsi a

used³ [juːst]: *I ~ to know him* lo conoscevo; *I ~ to like him* un tempo mi piaceva

useful ['juːsfʊl] utile; *person* di grande aiuto; **usefulness** utilità *f*; **useless** *information, advice* inutile; F *person* incapace; *machine* inservibile; *feel ~* sentirsi inutile; **us-**

er *of product* utente *m/f*; **userfriendly** di facile uso

usual ['juːʒʊəl] solito; *it's not ~ for this to happen* non succede quasi mai; *as ~* come al solito; **usually** di solito

utensil [juːˈtensl] utensile *m*

utility [juːˈtɪlɪtɪ] (*usefulness*) utilità *f*; **utility pole** *Am* palo *m* del telegrafo; **utilize** utilizzare

utmost ['ʌtməʊst] **1** *adj* massimo **2** *n*: *do one's ~* fare (tutto) il possibile

utter ['ʌtə(r)] **1** *adj* totale **2** *v/t sound* emettere; *word* proferire; **utterly** totalmente

V

vacancy ['veɪkənsɪ] *at work* posto *m* vacante; *in hotel* camera *f* libera; *~ for a driver as advert* autista cercasi; *"no vacancies"* "completo"; **vacant** *building* vuoto; *room* libero; *look, expression* assente; *position* vacante; **vacantly** con sguardo assente; **vacate** *room* lasciar libero; **vacation** vacanza *f*; *be on ~* essere in vacanza

vaccinate ['væksɪneɪt] vaccinare; **vaccination** vaccinazione *f*; **vaccine** vaccino *m*

vacuum ['vækjʊəm] **1** *n also fig* vuoto *m* **2** *v/t floors* passare l'aspirapolvere su

vagina [vəˈdʒaɪnə] vagina *f*

vagrant ['veɪɡrənt] vagabondo *m*, -a *f*

vague [veɪɡ] vago; *I'm still ~ about it* non ho ancora le idee chiare al riguardo; **vaguely** vagamente

vain [veɪn] **1** *adj person* vanitoso; *hope* vano **2** *n*: *in ~* invano

valiant ['vælɪənt] valoroso

valid ['vælɪd] valido; **validate** *with official stamp* convalidare; *alibi* confermare; **validity** *of reason, argument* validità *f*

valley ['vælɪ] valle *f*

valuable ['væljʊəbl] **1** *adj* prezioso **2** *n*: *~s* oggetti *mpl* di valore; **valuation** valutazione *f*; **value 1** *n* valore *m* **2** *v/t friendship, freedom* tenere a; **have an object** ∼d far valutare un oggetto

valve [vælv] valvola *f*

van [væn] furgone *m*

vandal ['vændl] vandalo *m*; **vandalism** ['vændəlɪzm] vandalismo *m*; **vandalize** vandalizzare

vanilla [və'nɪlə] **1** *n* vaniglia *f* **2** *adj ice cream* alla vaniglia; *flavour* di vaniglia

vanish ['vænɪʃ] sparire

vanity ['vænətɪ] *of person* vanità *f inv*

vapor ['veɪpə(r)] *Am* = **vapour**; **vaporize** vaporizzare; **vapour** vapore *m*

variable ['veərɪəbl] **1** *adj* variabile **2** *n* MATH, COMPUT variabile *f*; **variant** variante *f*; **variation** variazione *f*; **varied** *range, diet* vario; *life* movimentato; **variety** varietà *f inv*; (*type*) tipo *m*; **a** ∼ **of things to do** varie cose da fare; **various** (*several*) vario; (*different*) diverso

varnish ['vɑːnɪʃ] **1** *n for wood* vernice *f*; (*nail* ∼) smalto *m* **2** *v/t wood* verniciare; *nails* smaltare

vary ['veərɪ] variare

vase [vɑːz] vaso *m*

vast [vɑːst] vasto; *improvement* immenso; **vastly** immensamente

VAT [viːeɪ'tiː, væt] *abbr* (= **value added tax**) IVA *f* (= imposta *f* sul valore aggiunto)

Vatican ['vætɪkən]: **the** ∼ il Vaticano

vault¹ [vɔːlt] *n in roof* volta *f*; *cellar* cantina *f*; ∼**s** *of bank* caveau *m inv*

vault² [vɔːlt] **1** *n* SP volteggio *m* **2** *v/t* saltare

VCR [viːsiːˈɑː(r)] (= **video cassette recorder**) videoregistratore *m*

veal [viːl] (*carne f* di) vitello *m*

veer [vɪə(r)] *of car* sterzare; *of wind, party* cambiare direzione

vegetable ['vedʒtəbl] verdura *f*; **vegetarian** [vedʒɪˈteərɪən] **1** *n* vegetariano *m*, -a *f* **2** *adj* vegetariano; **vegetation** vegetazione *f*

vehement ['viːəmənt] veemente

vehicle ['viːɪkl] veicolo *m*; *for information etc* mezzo *m*

veil [veɪl] velo *m*

vein [veɪn] ANAT vena *f*; **in this** ∼ *fig* su questo tono

Velcro® ['velkrəʊ] velcro *m*

velocity [vɪˈlɒsətɪ] velocità *f inv*

velvet ['velvɪt] velluto *m*

vendetta [venˈdetə] vendetta *f*

vending machine ['vendɪŋ] distributore *m* automatico; **vendor** LAW venditore *m*, -trice *f*

veneer [vəˈnɪə(r)] impiallacciatura *f*; *of politeness etc* parvenza *f*

venerable ['venərəbl] venerabile; **veneration** venerazione f

venereal disease [vɪ'nɪərɪəl] malattia f venerea

Venetian [vəˈniːʃn] **1** adj veneziano **2** n veneziano m, -a f; **venetian blind** veneziana f; **Venice** Venezia f

venom ['venəm] veleno m

ventilate ['ventɪleɪt] ventilare; **ventilation** ventilazione f; **ventilator** ventilatore m; MED respiratore m

venture ['ventʃə(r)] **1** n impresa f **2** v/i avventurarsi

venue ['venjuː] for meeting, concert etc luogo m

veranda [vəˈrændə] veranda f

verb [vɜːb] verbo m; **verbal** (spoken) verbale; **verbally** verbalmente

verdict ['vɜːdɪkt] LAW verdetto m; (opinion, judgment) giudizio m

verge [vɜːdʒ] of road bordo m; **be on the ~ of …** ruin, collapse essere sull'orlo di …; **on the ~ of tears** sul punto di piangere

verification [verɪfɪ'keɪʃn] verifica f; **verify** verificare

vermin ['vɜːmɪn] animali mpl nocivi

vermouth ['vɜːməθ] vermut m

versatile ['vɜːsətaɪl] versatile; **versatility** versatilità f

verse [vɜːs] poetry poesia f; part of poem, song strofa f

version ['vɜːʃn] versione f

versus ['vɜːsəs] contro

vertical ['vɜːtɪkl] verticale

vertigo ['vɜːtɪgəʊ] vertigini fpl

very ['verɪ] **1** adv molto; **~ fast** molto veloce, velocissimo; **the ~ best** il meglio **2** adj: **at that ~ moment** in quel preciso momento; **that's the ~ thing I need** è proprio quello che mi serve

vessel ['vesl] NAUT natante m

vest [vest] Br undershirt canottiera f; Am gilè m inv

vestige ['vestɪdʒ] vestigio m; **not a ~ of truth** neanche un'ombra di verità

vet¹ [vet] n (veterinary surgeon) veterinario m, -a f

vet² [vet] v/t applicants etc passare al vaglio

vet³ [vet] n MIL reduce m/f

veteran ['vetərən] **1** n veterano m, -a f; MIL reduce m/f **2** adj veterano

veto ['viːtəʊ] **1** n veto m **2** v/t mettere il veto a

via ['vaɪə] attraverso

viable ['vaɪəbl] in grado di sopravvivere; alternative, plan fattibile

vibrate [vaɪ'breɪt] vibrare; **vibration** vibrazione f

vicar ['vɪkə(r)] parroco m anglicano

vice¹ [vaɪs] vizio m

vice² [vaɪs] tool morsa f

vice 'president vice-presidente m

vice versa [vaɪs'vɜːsə] viceversa

vicious ['vɪʃəs] *dog* feroce; *attack, criticism* brutale; **viciously** brutalmente

victim ['vɪktɪm] vittima *f*; **victimize** perseguitare

victorious [vɪk'tɔːrɪəs] *army* vittorioso; *team* vincente; **victory** vittoria *f*

video ['vɪdɪəʊ] **1** *n* video *m inv*; *tape* videocassetta *f*; (*VCR*) videoregistratore *m* **2** *v/t* registrare; **video camera** videocamera *f*; **video cassette** videocassetta *f*; **video conference** videoconferenza *f*; **video game** videogame *m inv*; **video recorder** videoregistratore *m*; **videotape** videocassetta *f*

vie [vaɪ] competere

Vietnam [vɪet'næm] Vietnam *m*; **Vietnamese 1** *adj* vietnamita **2** *n* vietnamita *m/f*; *language* vietnamita *m*

view [vjuː] **1** *n* veduta *f*; *of situation* parere *m*; *in ~ of* considerato; *be on ~ of paintings* essere esposto; *with a ~ to* con l'intenzione di **2** *v/t* vedere; *TV programme* guardare **3** *v/i* (*watch TV*) guardare la TV; **viewer** *TV* telespettatore *m*, -trice *f*; **viewpoint** punto *m* di vista

vigor ['vɪgə(r)] *Am* ☞ **vigour**, **vigorous** vigoroso; **vigorously** vigorosamente; **vigour** vigore *m*

village ['vɪlɪdʒ] paese *m*; **vil-**

lager abitante *m/f* (del paese)

villain ['vɪlən] cattivo *m*, -a *f*; *F criminal* delinquente *m/f*

vindicate ['vɪndɪkeɪt] (*prove correct*) confermare; (*prove innocent*) scagionare; *I feel ~d by the report* il resoconto mi dà ragione

vindictive [vɪn'dɪktɪv] vendicativo

vine [vaɪn] (*grape~*) vite *f*; *climber* rampicante *m*

vinegar ['vɪnɪgə(r)] aceto *m*

vineyard ['vɪnjɑːd] vigneto *m*

vintage ['vɪntɪdʒ] **1** *n of wine* annata *f* **2** *adj* (*classic*) d'annata

viola [vɪ'əʊlə] MUS viola *f*

violate ['vaɪəleɪt] violare; **violation** violazione *f*; *Am* (*traffic ~*) infrazione *f*

violence ['vaɪələns] violenza *f*; **violent** violento

violin [vaɪə'lɪn] violino *m*; **violinist** violinista *m/f*

VIP [viːaɪ'piː] (= *very important person*) VIP *m/f*

viral ['vaɪərəl] virale

virgin ['vɜːdʒɪn] vergine *m/f*; **virginity** verginità *f*

Virgo ['vɜːgəʊ] ASTR Vergine *f*

virile ['vɪraɪl] virile; **virility** virilità *f*

virtual ['vɜːtjʊəl] effettivo; COMPUT virtuale; **virtually** (*almost*) praticamente

virtue ['vɜːtjuː] virtù *f inv*

virtuoso [vɜːtʊ'əʊzəʊ] MUS virtuoso *m*, -a *f*

virtuous ['vɜːtjʊəs] virtuoso

virus ['vaɪərəs] MED, COMPUT virus *m inv*

visa ['viːzə] visto *m*

vise *Am* ☞ **vice²**

visibility [vɪzə'bɪlɪtɪ] visibilità *f*; **visible** visibile; *anger etc* evidente

vision ['vɪʒn] *(eyesight)* vista *f*; REL *etc* visione *f*

visit ['vɪzɪt] **1** *n* visita *f*; **pay s.o. a** ~ fare una visita a qu **2** *v/t person* andare a trovare; *place, country, city, website* visitare; *doctor, dentist* andare da; **visitor** *(guest)* ospite *m*; *to museum etc* visitatore *m*, -trice *f*; *(tourist)* turista *m/f*

visor ['vaɪzə(r)] visiera *f*

visual ['vɪʒʊəl] *organs, memory* visivo; *arts* figurativo; **visualize** immaginare; *(foresee)* prevedere; **visually** visivamente

vital ['vaɪtl] *(essential)* essenziale; **vitality** vitalità *f*; **vitally**: ~ **important** di vitale importanza

vitamin ['vɪtəmɪn] vitamina *f*; **vitamin pill** (confetto *m* di) vitamina *f*

vivacious [vɪ'veɪʃəs] vivace; **vivacity** vivacità *f*

vivid ['vɪvɪd] vivido; **vividly** in modo vivido

V-neck ['viːnek] maglione *m* con scollo a V

vocabulary [və'kæbjʊlərɪ] vocabolario *m*; *list of words*

vocal ['vəʊkl] *to do with the voice* vocale; *expressing opinions* eloquente; **become** ~ cominciare a farsi sentire; **vocal group** MUS gruppo *m* vocale; **vocalist** MUS cantante *m/f*

vocation [və'keɪʃn] *(calling)* vocazione *f* **(for** a); *(profession)* professione *f*; **vocational** *guidance* professionale

vodka ['vɒdkə] vodka *f inv*

vogue [vəʊg] moda *f*; **be in** ~ essere in voga

voice [vɔɪs] **1** *n* voce *f* **2** *v/t opinions* esprimere; **voice-activated** attivato dalla voce; **voice mail** segreteria *f* telefonica; *message* messagio *m* in segreteria

volatile ['vɒlətaɪl] *personality* volubile

volcano [vɒl'keɪnəʊ] vulcano *m*

volley ['vɒlɪ] *of shots* raffica *f*; *in tennis* volée *f inv*

volt [vəʊlt] volt *m inv*; **voltage** voltaggio *m*; **high** ~ alta tensione *f*

volume ['vɒljuːm] volume *m*

voluntarily [vɒlən'teərɪlɪ] spontaneamente; **voluntary** volontario; ~ **work** volontariato; **volunteer 1** *n* volontario *m*, -a *f* **2** *v/i* offrirsi volontario

vomit ['vɒmɪt] **1** *n* vomito *m* **2** *v/i* vomitare

voracious [vəˈreɪʃəs] vorace
vote [vəʊt] **1** n voto m; *right to
vote* diritto m di voto **2** v/i
POL votare (*for* a favore di,
against contro); **voter** POL
elettore m, -trice f; **voting**
POL votazione f

◆ **vouch for** [vaʊtʃ] *truth* garantire; *person* garantire per

vow [vaʊ] **1** n voto m **2** v/t: ~ *to
do* giurare di fare
vowel [vaʊl] vocale f
voyage [ˈvɔɪɪdʒ] viaggio m
vulgar [ˈvʌlgə(r)] volgare
vulnerable [ˈvʌlnərəbl] vulnerabile
vulture [ˈvʌltʃə(r)] avvoltoio
m

W

waddle [ˈwɒdl] camminare
ondeggiando
wade [weɪd] guadare
wafer [ˈweɪfə(r)] *cookie* cialda
f; REL ostia f
waffle [ˈwɒfl] (*to eat*) tipo di
cialda
wag [wæg] *finger* scuotere;
the dog ~ged its tail il cane
scodinzolò
wages [ˈweɪdʒɪz] paga f
waggle [ˈwægl] far muovere
wail [weɪl] *of person* gemere;
of siren ululare
waist [weɪst] vita f; **waistcoat**
gilè m inv; **waistline** vita f
wait [weɪt] **1** n attesa f **2** v/i
aspettare; *I can't ~ to ...*
non vedo l'ora di ... **3** v/t
meal ritardare

◆ **wait for** aspettare
◆ **wait on** (*serve*) servire
◆ **wait up** restare alzato ad
aspettare
waiter [ˈweɪtə(r)] cameriere
m; **waiting list** lista f d'attesa; **waiting room** sala f d'at-

tesa; **waitress** cameriera f
waive [weɪv] (*renounce*) rinunciare a; (*dispense with*)
fare al meno di
wake [weɪk] **1** v/i: ~ (*up*) svegliarsi **2** v/t svegliare; **wake-
-up call** sveglia f (telefonica)
Wales [weɪlz] Galles m
walk [wɔːk] **1** n camminata f;
go for a ~ fare due passi **2** v/i
camminare; *as opposed to
driving* andare a piedi; (*hike*)
passeggiare **3** v/t *dog* portare
fuori; ~ *the streets* (*walk
around*) girare in lungo e
in largo

◆ **walk out** *of spouse etc, from
theatre* andarsene; (*go on
strike*) scendere in sciopero
◆ **walk out on** *spouse, family*
abbandonare
walker [ˈwɔːkə(r)] (*hiker*)
escursionista m/f; *for baby*
girello m; *for old person*
deambulatore m; *be a
slow / fast ~* avere il passo
lento / spedito; **walking** *as*

opposed to driving camminare *m*; (*hiking*) escursionismo *m*; **it's within ~ distance** ci si arriva a piedi; **Walkman®** walkman *m inv*; **walkout** *strike* sciopero *m* selvaggio; **walkover** (*easy win*) vittoria *f* facile

wall [wɔːl] *also fig* muro *m*; *internal* parete *f*; **~s** *of a city* mura *fpl*; **drive s.o. up the ~** F far diventare matto qu

wallet ['wɒlɪt] portafoglio *m*

'wallpaper 1 *n* tappezzeria *f*, carta *f* da parati **2** *v/t* tappezzare; **wall-to-wall carpet** moquette *f*

waltz [wɔːlts] valzer *m inv*

wan [wɒn] *face* pallido

wander ['wɒndə(r)] (*roam*) gironzolare; (*stray*) allontanarsi

wangle ['wæŋgl] F rimediare F

want [wɒnt] **1** *n*: **for ~ of** per mancanza di **2** *v/t* volere; (*need*) avere bisogno di; **~ to do sth** volere fare qc; **she ~s you to go back** vuole che torni indietro **3** *v/i*: **~ for nothing** non mancare di niente; **wanted** *by police* ricercato

war [wɔː(r)] guerra *f*; *fig* lotta *f*

ward [wɔːd] *in hospital* corsia *f*; *child* minore *m* sotto tutela

◆ **ward off** *blow* parare; *attacker* respingere; *cold* combattere

warden ['wɔːdn] (*traffic* ~) vi-

gile *m* urbano; *of hostel* direttore *m*, -trice *f*; *of nature reserve* guardiano *m*, -a *f*; *of prison* agente *m/f* di custodia; *Am* direttore *m*, -trice *f*

'wardrobe *for clothes* armadio *m*; *clothes* guardaroba *m*

warehouse ['weəhaʊs] magazzino *m*

'warfare guerra *f*; **warhead** testata *f*

warily ['weərɪlɪ] con aria guardinga

warm [wɔːm] caldo; *welcome, smile* caloroso; **it's ~** *of weather* fa caldo

◆ **warm up 1** *v/t* scaldare **2** *v/i* scaldarsi; *of athlete etc* fare riscaldamento

warmly ['wɔːmlɪ] *dressed* con abiti pesanti; *welcome, smile* calorosamente; **warmth** calore *m*; *of welcome, smile* calorosità *f*; **warm-up** riscaldamento *m*

warn [wɔːn] avvertire; **warning** avvertimento *m*; **without ~** senza preavviso

warp [wɔːp] *of wood* deformarsi; **warped** *fig* contorto

'warplane aereo *m* militare

warrant ['wɒrənt] **1** *n* mandato *m* **2** *v/t* giustificare; **warranty** (*guarantee*) garanzia *f*

warrior ['wɒrɪə(r)] guerriero *m*, -a *f*

'warship nave *f* da guerra

wart [wɔːt] verruca *f*

wary ['weərɪ] guardingo; **be ~ of** diffidare di

wash [wɒʃ] **1** n: **have a ~** darsi una lavata **2** v/t lavare; **~ one's hair** lavarsi i capelli **3** v/i lavarsi

◆ **wash up** Br lavare i piatti; Am (wash one's hands and face) lavarsi

washable ['wɒʃəbl] lavabile; **washbasin, washbowl** lavandino m; **washcloth** Am guanto m di spugna; **washed out** sfinito; **washer** for tap etc guarnizione f; **washing** washed clothes bucato m; clothes to be washed biancheria f da lavare; **do the ~** fare il bucato; **washing machine** lavatrice f; **washing-up liquid** detersivo m per i piatti; **washroom** Am servizi mpl

wasp [wɒsp] vespa f

waste [weɪst] **1** n spreco m; from industrial process rifiuti mpl; **it's a ~ of time / money** è tempo sprecato / sono soldi sprecati **2** adj material di scarto **3** v/t sprecare; **waste disposal (unit)** tritarifiuti m inv; **wasteful** person sprecone; methods dispendioso; **wasteland** distesa f desolata; **wastepaper** cartaccia f; **wastepaper basket**, Am **waste basket** cestino m della cartaccia

watch [wɒtʃ] **1** n timepiece orologio m; MIL guardia f; **keep ~** stare all'erta **2** v/t guardare; (spy on) sorveglia-

re; (look after) tenere d'occhio **3** v/i guardare; **watchful** vigile

water ['wɔːtə(r)] **1** n acqua f **2** v/t plant annaffiare **3** v/i of eyes lacrimare; **my mouth is ~ing** ho l'acquolina in bocca; **watercolour**, Am **watercolor** acquerello m; **watered down** fig edulcorato; **waterfall** cascata f; **waterline** linea f di galleggiamento; **waterlogged** allagato; **watermelon** anguria f, cocomero m; **waterproof** impermeabile; **waterside**: **at the ~** sulla riva; **waterskiing** sci m nautico; **watertight** compartment stagno; fig inattaccabile; **waterway** corso m d'acqua navigabile; **watery** acquoso

watt [wɒt] watt m inv

wave[1] [weɪv] n in sea onda f

wave[2] [weɪv] **1** n of hand saluto m (con la mano) **2** v/i with hand salutare (con la mano) **3** v/t flag etc sventolare

'wavelength RAD lunghezza f d'onda; **be on the same ~** fig essere sulla stessa lunghezza d'onda

waver ['weɪvə(r)] vacillare

wavy ['weɪvɪ] ondulato

wax [wæks] for furniture cera f; in ear cerume m

way [weɪ] **1** n (method, manner) modo m; (manner) maniera f; (route) strada f; **this ~** (like this) così; (in this direc-

tion) da questa parte; **by the ~** (*incidentally*) a proposito; **in a ~** (*in certain respects*) in un certo senso; **be under ~** essere in corso; **give ~** MOT dare la precedenza; (*collapse*) crollare; **X has given ~ to Y** (*been replaced by*) Y ha preso il posto di X; **have one's** (*own*) **~** averla vinta; **lead the ~** *also fig* fare strada; **lose one's ~** smarrirsi; **be in the ~** (*be an obstruction*) essere d'intralcio; **it's on the ~ to the station** è sulla strada della stazione; **I was on my ~ to the station** stavo andando alla stazione; **no ~!** neanche per sogno!; **there's no ~ he can do it** è impossibile che ce la faccia **2** *adv* F (*much*): **it's ~ too soon** è veramente troppo presto; **they are ~ behind with their work** sono molto indietro con il lavoro; **way in** entrata *f*; **way of life** stile *m* di vita; **way out** uscita *f*; *fig: from situation* via *f* d'uscita

we [wiː] *noi*; **~'re the best** siamo i migliori

weak [wiːk] debole; *tea, coffee* leggero; **weaken 1** *v/t* indebolire **2** *v/i* indebolirsi; **weakness** debolezza *f*; **have a ~ for sth** (*liking*) avere un debole per qc

wealth [welθ] ricchezza *f*; **a ~ of** una grande abbondanza di; **wealthy** ricco

weapon ['wepən] arma *f*

wear [weə(r)] **1** *n*: **~** (*and tear*) usura *f* **2** *v/t* (*have on*) indossare; (*damage*) logorare **3** *v/i* (*wear out*) logorarsi; (*last*) durare

◆ **wear down** fiaccare
◆ **wear off** *of effect* svanire
◆ **wear out 1** *v/t* (*tire*) estenuare; *shoes* consumare **2** *v/i of shoes, carpet* consumarsi

wearily ['wɪərɪlɪ] stancamente; **weary** stanco

weather ['weðə(r)] **1** *n* tempo *m*; **be feeling under the ~** sentirsi poco bene **2** *v/t crisis* superare; **weather-beaten** segnato; **weather forecast** previsioni *fpl* del tempo; **weatherman** meteorologo *m*

weave [wiːv] **1** *v/t cloth* tessere; *basket* intrecciare **2** *v/i* (*move*) zigzagare

web [web] *of spider* ragnatela *f*; **the Web** COMPUT il web *m*; **web page** pagina *f* web; **web site** sito *m* web

wedding ['wedɪŋ] matrimonio *m*; **wedding anniversary** anniversario *m* di matrimonio; **wedding day** giorno *m* del matrimonio; **wedding dress** abito *m* or vestito *m* da sposa; **wedding ring** fede *f*

wedge [wedʒ] *to hold sth in place* zeppa *f*; *of cheese etc* fetta *f*

Wednesday ['wenzdeɪ] mercoledì *m inv*

weed [wiːd] **1** *n* erbaccia *f* **2** *v/t* diserbare; **weed-killer** diserbante *m*; **weedy** F mingherlino

week [wiːk] settimana *f*; *a ~ tomorrow* una settimana a domani; **weekday** giorno *m* feriale; **weekend** fine *m* settimana, weekend *m inv*; *on the ~* durante il fine settimana; **weekly 1** *adj* settimanale **2** *n magazine* settimanale *m* **3** *adv* settimanalmente

weep [wiːp] piangere

'wee-wee F pipì *f inv* F; *do a ~* fare la pipì

weigh [weɪ] pesare

◆ **weigh up** *(assess)* valutare

weight [weɪt] peso *m*; *put on / lose ~* ingrassare / dimagrire; **weightlessness** assenza *f* di peso; **weightlifter** pesista *m/f*; **weightlifting** sollevamento *m* pesi; **weighty** *fig: important* importante

weir [wɪə(r)] chiusa *f*

weird [wɪəd] strano; **weirdo** F pazzoide *m/f*

welcome ['welkəm] **1** *adj* benvenuto; *make s.o. ~* accogliere bene qu; *you're ~!* prego!; *you're ~ to try some* serviti pure **2** *n also fig* accoglienza *f* **3** *v/t guests etc* accogliere; *fig: decision etc* rallegrarsi di; *she ~s a challenge* apprezza le sfide

weld [weld] saldare

welfare ['welfeə(r)] bene *m*; **welfare check** *Am* sussidio *m* di disoccupazione; **welfare state** stato *m* sociale; **welfare worker** assistente *m/f* sociale

well[1] [wel] *n for water, oil* pozzo *m*

well[2] [wel] **1** *adv* bene; *~ done!* bravo!; *as ~ (too)* anche; *as ~ as in addition to* oltre a; *it's just as ~ you told me* hai fatto bene a dirmelo; *very ~ acknowledging order* benissimo; *reluctantly agreeing* va bene; *~, ~! surprise* bene, bene!; *~ ... uncertainty, thinking* beh ... **2** *adj: be ~* stare bene; *feel ~* sentirsi bene; *get ~ soon!* guarisci presto!

well-'balanced equilibrato; **well-behaved** educato; **well-being** benessere *m*; **well-done** *meat* ben cotto; **well-dressed** ben vestito; **well-earned** meritato; **well-heeled** F danaroso; **well-informed** ben informato; **well-known** famoso; **well-meaning** spinto da buone intenzioni; **well-off** benestante; **well-timed** tempestivo; **well-to-do** abbiente

Welsh [welʃ] **1** *adj* gallese **2** *n language* gallese *m*; *the ~* i gallesi

west [west] **1** *n* ovest *m*, occidente *m*; *the West* POL l'Oc-

cidente **2** *adj* occidentale **3**
adv travel verso ovest; ~ **of**
a ovest di; **westerly** occidentale; **western 1** *adj* occidentale; **Western** occidentale
2 *n* (*film*) western *m inv*; **West-**
erner occidentale *m/f*; **wes-**
ternized occidentalizzato;
West Indian 1 *adj* delle Indie Occidentali **2** *n* nativo
m delle Indie Occidentali;
West Indies: *the* ~ le Indie
Occidentali; **westward** verso ovest

wet [wet] *adj* bagnato; (*rainy*) piovoso; ~ *paint as sign* vernice
fresca; **wet suit** *for diving*
muta *f*

whack [wæk] **1** *n* F (*blow*) colpo *m* **2** *v/t* F colpire;
whacked F stanco morto

whale [weɪl] balena *f*

wharf [wɔːf] *n* banchina *f*

what [wɒt] **1** *pron* (che) cosa;
~ *is that?* (che) cos'è?; ~ *is*
it? (che) cosa c'è?; ~? cosa?;
it's not ~ *I meant* non è
ciò che volevo dire; ~ *about*
some dinner? e se mangias-
simo qualcosa?; ~ *for?* (*why*)
perché? **2** *adj* che *inv*, quale;
~ *colour is the car?* di che
colore è la macchina? **3**
adv: ~ *a brilliant idea!* che
bella idea!; **whatever:** *I'll*
do ~ *you want* farò (tutto)
quello che vuoi; *I do*, *I will*
be a problem qualsiasi cosa
faccia, ci saranno problemi;

~ *people say* qualunque cosa dica la gente; ~ *gave you*
that idea? cosa mai te lo ha
fatto pensare?; *ok*, ~ F va bene, come vuoi / volete

wheat [wiːt] grano *m*, frumento *m*

wheel [wiːl] ruota *f*; (*steering*
~) volante *m*

'wheelchair sedia *f* a rotelle;
wheel clamp ceppo *m* bloccaruote

wheeze [wiːz] ansimare

when [wen] quando; **whenev-**
er (*each time*) ogni volta che;
regardless of when in qualunque momento

where [weə(r)] dove; *this is* ~
I used to live io abitavo qui;
whereabouts 1 *adv* dove **2**
npl: *know s.o.'s* ~ sapere dove si trova qc; **whereas**
mentre; **wherever 1** *conj* dovunque; ~ *you go* dovunque
tu vada **2** *adv*: dove; ~ *can he*
be? dove sarà mai?

whet [wet] *appetite* stuzzicare

whether ['weðə(r)] se

which [wɪtʃ] **1** *adj* quale; ~ *one*
is yours? qual è il tuo? **2**
pron interrogative quale; *rela-*
tive che; *the car* ~ ... la macchina che ...; *on* / *in* ~
su / in cui; **whichever 1** *adj*
qualunque **2** *pron* quello
che *m*, quella che *f*; ~ *of*
the methods qualunque
metodo

whiff [wɪf]: *catch a* ~ *of* sentire

while [waɪl] **1** *conj* mentre; (*although*) benché (+ *subj*) **2** *n*: **a long ~ ago** molto tempo fa; **wait a long ~** aspettare molto or lungo; **for a ~** per un po'; **in a ~** fra poco

whim [wɪm] capriccio *m*

whimper ['wɪmpə(r)] gemere; *of animal* mugolare

whine [waɪn] *of dog* guaire; F (*complain*) piagnucolare

whip [wɪp] **1** *n* frusta *f* **2** *v/t* (*beat*) sbattere; *cream* montare; F (*defeat*) stracciare *f*

'whirlpool *in river* mulinello *m*; *for relaxation* vasca *f* per idromassaggio

whisk [wɪsk] **1** *n* frusta *f*; *mechanical* frullino *m* **2** *v/t* *eggs* frullare

whisky, *Am* whiskey ['wɪskɪ] whisky *m inv*

whisper ['wɪspə(r)] bisbigliare

whistle ['wɪsl] **1** *n* *sound* fischio *m*; *device* fischietto *m* **2** *v/i* fischiare **3** *v/t* fischiettare

white [waɪt] **1** *n* bianco *m*; *person* bianco *m*, -a *f* **2** *adj* bianco; **go ~** sbiancare (in viso); **white coffee** caffè *m inv* con latte *or* panna; **white-collar worker** impiegato *m*, -a *f*; **White House** Casa *f* Bianca; **white lie** bugia *f* innocente; **whitewash 1** *n* calce *f*; *fig* copertura *f* **2** *v/t* imbiancare(con calce); **white wine** vino *m* bianco

whittle ['wɪtl] *wood* intagliare
♦ **whittle down** ridurre

whizzkid ['wɪzkɪd] F mago *m*, -a *f* F

who [huː] *interrogative* chi; *relative* che; **the man ~ I was talking to** l'uomo con cui parlavo; **whoever** chiunque; (*interrogative*) chi mai; **~ can that be?** chi sarà mai?

whole [həʊl] **1** *adj* intero; **the ~ town** tutta la città; **two ~ hours / days** ben due ore / giorni; **it's a ~ lot easier** è molto più facile **2** *n* tutto *m*; **the ~ of the United States** tutti gli Stati Uniti; **on the ~** nel complesso; **whole-hearted** senza riserve; **wholemeal bread** pane *m* integrale; **wholesale** all'ingrosso; *fig* in massa; **wholesaler** grossista *m/f*; **wholesome** sano; **wholly** completamente

whom [huːm] *fml* chi; **to / for ~** a cui

whore [hɔː(r)] puttana *f*

whose [huːz] *interrogative* di chi; *relative* il / la cui; **~ is this?** di chi è questo?; **a man ~ wife ...** un uomo la cui moglie ...

why [waɪ] perché; **the reason ~** il motivo per cui

wicked ['wɪkɪd] (*evil*) malvagio; (*mischievous*) malizioso; P (*great*) grande

wicker ['wɪkə(r)] di vimini

wicket ['wɪkɪt] *Br* SP porta *f*;

Am in station, bank etc porta f

wide [waɪd] largo; *experience* vasto; *range* ampio; *be 12 metres* ~ essere largo 12 metri; **widely** *used, known* largamente; **widen 1** *v/t* allargare **2** *v/i* allargarsi; **wide--open** spalancato; **wide--ranging** di largo respiro; **widespread** diffuso

widow ['wɪdəʊ] vedova f; **widower** vedovo m

width [wɪdθ] larghezza f; *of fabric* altezza f

wield [wiːld] *weapon* brandire; *power* esercitare

wife [waɪf] moglie f

wig [wɪg] parrucca f

wiggle ['wɪgl] *loose screw etc* muovere; ~ *one's hips* ancheggiare

wild [waɪld] **1** *adj animal, flowers* selvatico; *teenager, party* scatenato; *scheme* folle; *applause* fragoroso; *be* ~ *about* ... (*keen on*) andare pazzo per ...; *go* ~ impazzire; (*become angry*) andare su tutte le furie **2** *n*: *the* ~*s* le zone sperdute

wilderness ['wɪldənɪs] deserto m; *fig*: *garden etc* giungla f

wildlife fauna f

wilful ['wɪlfəl] *person* ostinato; *action* intenzionale

will[1] [wɪl] *n* LAW testamento m

will[2] [wɪl] *n* (*willpower*) volontà f inv

will[3] [wɪl] *v/aux*: *I* ~ *let you know tomorrow* te lo farò sapere entro domani; *the car won't start* la macchina non parte; ~ *you tell her that ...?* dille che ...; ~ *you have some more tea?* vuoi dell'altro tè?; ~ *you stop that!* smettila!

willful *Am* ☞ **wilful**

willing ['wɪlɪŋ] disponibile; *are you* ~ *to pay more?* sei disposto a pagare di più?; **willingly** volentieri; **willingness** disponibilità f; **willpower** forza f di volontà

willy-nilly [wɪlɪ'nɪlɪ] (*at random*) a casaccio

wilt [wɪlt] *of plant* appassire

wily ['waɪlɪ] astuto

wimp [wɪmp] F pappamolle m/f

win [wɪn] **1** *n* vittoria f **2** *v/t & v/i* vincere

wince [wɪns] fare una smorfia

wind[1] [wɪnd] *n* vento m; (*flatulence*) aria f

wind[2] [waɪnd] **1** *v/i of path, stream* snodarsi; *of plant* avvolgersi **2** *v/t* avvolgere

◆ **wind up 1** *v/t clock* caricare; *car window* tirar su; *speech* concludere; *affairs, company* chiudere **2** *v/i*: *wind up in hospital* finire in ospedale

'wind-bag F trombone m; **windfall** *fig* colpo m di fortuna

winding ['waɪndɪŋ] tortuoso

window ['wɪndəu] *also* COMPUT finestra *f*; *of shop* vetrina *f*; *of car, train* finestrino *m*; **in the ∼** *of shop* in vetrina; **window box** fioriera *f*; **window seat** *on plane, train* posto *m* di finestrino; **window-shop**: **go ∼ping** guardare le vetrine; **windowsill** davanzale *m*; **windscreen wiper** tergicristallo *m*; **windscreen**, *Am* **windshield** parabrezza *m inv*; **windsurfer** windsurfista *m/f*; **windsurf** windsurf *m inv*; **windsurfing** windsurf *m*; **windy** ventoso; **it's getting ∼** si sta alzando il vento

wine [waɪn] vino *m*; **wine glass** bicchiere *m* da vino; **wine merchant** *company* azienda *f* vinicola; *individual* vinaio *m*, -a *f*; **wine cellar** cantina *f*; **wine list** lista *f* dei vini; **winery** *Am* vigneto *m*

wing [wɪŋ] *also* SP ala *f*; *of car* parafango *m*; **wingspan** apertura *f* alare

wink [wɪŋk] *of person* strizzare gli occhi; **∼ at s.o.** fare l'occhiolino a qu

winner ['wɪnə(r)] vincitore *m*, -trice *f*; **winning** vincente; **winning post** traguardo *m*; **winnings** vincita *fsg*

winter ['wɪntə(r)] inverno *m*; **winter sports** sport *m* invernali; **wintry** invernale

wipe [waɪp] *(dry)* asciugare;

(clean) pulire; *tape* cancellare; **wiper** MOT tergicristallo *m*

wire ['waɪə(r)] filo *m* di ferro; ELEC filo *m* elettrico; **wiring** ELEC impianto *m* elettrico; **wiry** *person* dal fisico asciutto

wisdom ['wɪzdəm] saggezza *f*; **wisdom tooth** dente *m* del giudizio

wise [waɪz] saggio; **wisecrack** F spiritosaggine *f*; **wisely** *act* saggiamente

wish [wɪʃ] **1** *n* desiderio *m*; **best ∼es** *for birthday etc* tanti auguri; *as greetings* cordiali saluti **2** *v/t* volere; **∼ s.o. well** fare tanti auguri a qu

♦ **wish for** desiderare

wisp [wɪsp] *of hair* ciocca *f*; *of smoke* filo *m*

wistful ['wɪstful] malinconico; **wistfully** malinconicamente

wit [wɪt] *(humour)* spirito *m*; *person* persona *f* di spirito; **be at one's ∼'s end** non sapere più che fare; **keep one's ∼s about one** non perdere la testa

witch [wɪtʃ] strega *f*; **witch-hunt** *fig* caccia *f* alle streghe

with [wɪð] con; *(cause)* di; **shiver ∼ fear** tremare di paura; **a girl ∼ blue eyes** una ragazza dagli *o* con gli occhi azzurri; **I'm staying with my uncle** sto da mio zio; **are**

you ~ me? (*do you understand*) mi segui?; **~ no money** senza soldi

with'draw 1 *v/t* ritirare; *money from bank* prelevare **2** *v/i* ritirarsi; **withdrawal** ritiro *m*; *of money* prelievo *m*; **withdrawal symptoms** sindrome *f* da astinenza; **withdrawn** *person* chiuso

wither ['wɪðə(r)] seccare

with'hold *information* nascondere; *consent* rifiutare; *payment* trattenere

with'in (*inside*) dentro; *in expressions of time* nel giro di, entro; *in expressions of distance* a meno di

with'out senza; **~ you / him** senza (di) te / lui; **~ looking** senza guardare

with'stand resistere a

witness ['wɪtnɪs] **1** *n* testimone *m/f* **2** *v/t* essere testimone di; *signature* attestare l'autenticità di

witticism ['wɪtɪsɪzm] arguzia *f*; **witty** arguto

wobble ['wɒbl] *of person* vacillare; *of object* traballare; **wobbly** *person* vacillante; *object* traballante; *voice, hand* tremante

wolf [wʊlf] **1** *n* *animal* lupo *m* **2** *v/t*: **~** (**down**) divorare

woman ['wʊmən] donna *f*; **womanizer** donnaiolo *m*; **womanly** femminile

womb [wuːm] utero *m*

women [wɪmɪn] *pl* ☞ **woman**;

women's lib movimento *m* di liberazione della donna

wonder ['wʌndə(r)] **1** *n* (*amazement*), *of science etc* meraviglia *f*; **no ~!** non mi stupisce!; **it's a ~ that ...** è incredibile che ... **2** *v/i* domandarsi; **I ~ if you could help** mi chiedevo se potessi aiutarmi; **wonderful** stupendo; **wonderfully** (*extremely*) estremamente

won't [wəʊnt] ☞ **will not**

wood [wʊd] legno *m*; *for fire* legna *f*; (*forest*) bosco *m*; **wooded** boscoso; **wooden** *made of wood* di legno; **woodpecker** picchio *m*; **woodwork** *parts made of wood* strutture *fpl* in legno; *activity* lavorazione *f* del legno

wool [wʊl] lana *f*; **woollen**, *Am* **woolen 1** *adj* di lana **2** *n* indumento *m* di lana

word [wɜːd] **1** *n* parola *f*; (*news*) notizie *fpl*; **have ~s** (*argue*) litigare; **have a ~ with s.o.** parlare con qu **2** *v/t* *article, letter* formulare; **word processor** word processor *m inv*

work [wɜːk] **1** *n* lavoro *m*; **out of ~** disoccupato **2** *v/i* *of person* lavorare; *study* studiare; *of machine*, (*succeed*) funzionare

◆ **work out 1** *v/t* *problem* capire; *solution* trovare **2** *v/i* *at gym* fare ginnastica; *of rela-*

tionship etc funzionare
workable ['wɜːkəbl] *solution* realizzabile; **workaholic** F stacanovista *m/f*; **workday** *hours of work* giornata *f* lavorativa; *not a holiday* giorno *m* feriale; **worker** lavoratore *m*, -trice *f*; **workforce** forza *f* lavoro; **work hours** orario *m* di lavoro; **working class** classe *f* operaia; **working-class** operaio; **working hours** ☞ **workhours**; **workload** carico *m* di lavoro; **workman** operaio *m*; **workmanlike** professionale; **workmanship** fattura *f*; **work of art** opera *f* d'arte; **workout** allenamento *m*; **work permit** permesso *m* di lavoro; **workshop** laboratorio *m*; *for mechanic* officina *f*; (*seminar*) workshop *m inv*

world [wɜːld] mondo *m*; **out of this ~** F fantastico; **world-class** di livello internazionale; **World Cup** mondiali *mpl* (*di calcio*); **world-famous** di fama mondiale; **worldly** *goods* materiale; *not spiritual* terreno; *power* temporale; *person* mondano; **world record** record *m inv* mondiale; **world war** guerra *f* ; **worldwide 1** *adj* mondiale **2** *adv* a livello mondiale

worn-'out *shoes, carpet* logoro; *person* esausto

worried ['wʌrɪd] preoccupato; **worry 1** *n* preoccupazione *f* **2** *v/t* preoccupare; (*upset*) turbare **3** *v/i* preoccuparsi; **worrying** preoccupante

worse [wɜːs] **1** *adj* peggiore; *things will get ~* le cose peggioreranno **2** *adv* peggio; **worsen** peggiorare

worship ['wɜːʃɪp] **1** *n* culto *m* **2** *v/t* venerare; *fig* adorare

worst [wɜːst] **1** *adj* peggiore **2** *adv* peggio **3** *n:* *the ~* il peggio; *if the ~ comes to the ~* nel peggiore dei casi; **worst-case scenario:** *the ~* la peggiore delle ipotesi

worth [wɜːθ] **1** *adj:* *be ~* valere; *it's ~ reading* vale la pena leggerlo; *be ~ it* valerne la pena **2** *n* valore *m*; **worthwhile** *cause* lodevole; *be ~* (*worth the effort, worth doing*) valere la pena

worthy ['wɜːðɪ] degno; *cause* lodevole; *be ~ of* (*deserve*) meritare

would [wʊd]: *I ~ help if I could* ti aiuterei se potessi; *~ you like to go to the cinema?* vuoi andare al cinema?; *~ you tell her that …?* le dica che …; *~ you close the door?* le dispiace chiudere la porta?

wound [wuːnd] **1** *n* ferita *f* **2** *v/t* ferire

wow [waʊ] wow

wrap [ræp] *gift* incartare; (*wind, cover*) avvolgere;

wrapper incarto *m*; **wrapping** involucro *m*; **wrapping paper** carta *f* da regalo

wrath [rɒθ] ira *f*

wreath [riːθ] corona *f*

wreck [rek] **1** *n* of ship relitto *m*; of car carcassa *f*; **be a nervous ~** sentirsi un rottame **2** *v/t* ship far naufragare; car demolire; plans, marriage distruggere; **wreckage** of car, plane rottami *mpl*; of marriage, career brandelli *mpl*; **wrecker** Am truck carro *m* attrezzi

wrench [rentʃ] **1** *n* tool chiave *f* inglese **2** *v/t* (pull) strappare

wrestle ['resl] fare la lotta; **wrestler** lottatore *m*, -trice *f*; **wrestling** lotta *f* libera

wriggle ['rɪɡl] (squirm) dimenarsi; along the ground strisciare

wrinkle ['rɪŋkl] in skin ruga *f*; in clothes grinza *f*

wrist [rɪst] polso *m*; **wristwatch** orologio *m* da polso

write [raɪt] scrivere; cheque fare

◆ **write down** annotare, scrivere

◆ **write off** debt cancellare; car distruggere

writer ['raɪtə(r)] autore *m*, -trice *f*; professional scrittore *m*, -trice *f*; **write-up** F recensione *f*

writhe [raɪð] contorcersi

writing ['raɪtɪŋ] as career scrivere *m*; (hand-writing) scrittura *f*; (words) scritta *f*; (script) scritto *m*; **in ~** per iscritto; **writing paper** carta *f* da lettere

wrong [rɒŋ] **1** *adj* sbagliato; **be ~** of person sbagliare, avere torto; of answer, morally essere sbagliato; **get the ~ train** sbagliare treno; **what's ~?** cosa c'è?; **there is something ~ with the car** la macchina ha qualcosa che non va **2** *adv* in modo sbagliato; **go ~** of person sbagliare; of marriage, plan etc fallire **3** *n* immoral action torto *m*; immorality male *m*; **be in the ~** avere torto; **wrongful** illegale; **wrongly** erroneamente; **wrong number** numero *m* sbagliato

wry [raɪ] beffardo

X

xenophobia [zenəʊ'fəʊbɪə] xenofobia *f*

X-ray ['eksreɪ] **1** *n* radiografia *f* **2** *v/t* radiografare

Y

yacht [jɒt] *for pleasure* yacht *m inv*; *for racing* imbarcazione *f* da diporto; **yachting** navigazione *f* da diporto

Yank [jæŋk] F yankee *m inv*

yank [jæŋk] dare uno strattone a

yard[1] [jɑːd] *of prison, institution etc* cortile *m*; *for storage* deposito *m* all'aperto; *Am behind house* giardino *m*

yard[2] [jɑːd] *measurement* iarda *f*

'yardstick *fig* metro *m*

yarn [jɑːn] *(thread)* filato *m*; F *story* racconto *m*

yawn [jɔːn] 1 *n* sbadiglio *m* 2 *v/i* sbadigliare

year [jɪə(r)] anno *m*; **be six ~s old** avere sei anni; **yearly 1** *adj* annuale 2 *adv* annualmente; **twice ~** due volte (al)l'anno

yeast [jiːst] lievito *m*

yell [jel] 1 *n* urlo *m* 2 *v/t & v/i* urlare

yellow ['jeləʊ] giallo; **yellow pages**® pagine *fpl* gialle

yelp [jelp] 1 *n* guaito *m* 2 *v/i* guaire

yes [jes] sì; **say ~** dire di sì; **yes-man** *pej* yes man *m inv*

yesterday ['jestədeɪ] ieri; **the day before ~** l'altro ieri

yet [jet] 1 *adv* finora; **the fast-est ~** il più veloce finora; **as ~ up to now** per ora; **have you finished ~?** (non) hai (ancora) finito?; **he hasn't arrived ~** non è ancora arrivato; **~ bigger** ancora più grande 2 *conj* eppure

yield [jiːld] 1 *n* *from fields etc* raccolto *m*; *from investment* rendita *f* 2 *v/t* fruit, harvest dare, produrre; *interest* fruttare 3 *v/i* *(give way)* cedere

yob [jɒb] P teppista *m/f*

yoga ['jəʊgə] yoga *m*

yoghurt ['jɒgət] yogurt *m inv*

yolk [jəʊk] tuorlo *m*

you [juː] ◇ *subject: familiar singular* tu; *familiar polite plural* voi; *polite singular* lei; **do ~ know him?** lo conosci / conosce / conoscete? ◇ *direct object: familiar singular* ti; *familiar polite plural* vi; *polite singular* la; **he knows ~** ti / vi / la conosce ◇ *indirect object: familiar singular* ti; *when two pronouns are used te*; *familiar polite plural* vi; *when two pronouns are used* ve; *polite singular* le; **did he talk to ~?** ti / vi / le ha parlato?; **I told ~** te / ve l'ho detto, glielo ho detto ◇ *after prep: familiar singular* te; *familiar polite plural* voi; *polite singular* lei;

this is for ~ questo è per te / voi / lei ◇ *impersonal:* **~ have to pay** si deve pagare; **fruit is good for ~** la frutta fa bene

young [jʌŋ] giovane; **youngster** ragazzo *m*, -a *f*

your [jɔː(r)], **yours** [jɔːz] *familiar singular* il tuo *m*, la tua *f*, i tuoi *mpl*, le tue *fpl*; *polite singular* il suo *m*, la sua *f*, i suoi *mpl*, le sue *fpl*; *familiar & polite plural* il vostro *m*, la vostra *f*, i vostri *mpl*, le vostre *fpl*; **your brother** tuo / suo / vostro fratello; **a friend of yours** un tuo / suo / vostro amico; **yours ... at end of letter** saluti ...; **yours sincerely** distinti saluti

your'self ti; *reflexive polite* si; *emphatic* tu stesso *m*, tu stessa *f*; *emphatic polite* lei stesso *m*, lei stessa *f*; **did you hurt ~?** ti sei / si è fatto male?

your'selves vi; *emphatic* voi stessi *mpl*, voi stesse *fpl*; **did you hurt ~?** vi siete fatti male?

youth [juːθ] gioventù *f*; (*young man*) ragazzo *m*; (*young people*) giovani *mpl*; **youth club** circolo *m* giovanile; **youthful** giovanile; **ideas giovane**

yo-yo [ˈjəʊjəʊ], *no pl* yo-yo *m inv*; **yo-yo dieting** dieta *f* yo-yo

yuppie [ˈjʌpɪ] F yuppie *m/f inv*

Z

zap [zæp] F COMPUT (*delete*) cancellare; (*kill*) annientare; (*hit*) colpire; (*send*) mandare

zeal [ziːl] zelo *m*

zebra [ˈzebrə] zebra *f*; **zebra crossing** strisce *fpl* pedonali

zero [ˈzɪərəʊ] zero *m*

zest [zest] (*enthusiasm*) gusto *m*; (*peel*) scorza *f*

zigzag [ˈzɪɡzæɡ] **1** *n* zigzag *m inv* **2** *v/i* zigzagare

zilch [zɪltʃ] F un bel niente

zip [zɪp] (cerniera *f*) lampo *f*

◆ **zip up** *dress, jacket* allacciare; COMPUT zippare

zip code *Am* codice *m* di avviamento postale; **zipper** *Am* (cerniera *f*) lampo *f*

zit [zɪt] *Am* brufolo *m*

zone [zəʊn] zona *f*

zonked [zɒŋkt] P (*exhausted*) stanco morto

zoo [zuː] zoo *m inv*

zoology [zuːˈɒlədʒɪ] zoologia *f*

zoom lens [zuːm] zoom *m inv*

zucchini [zuːˈkiːnɪ] *Am* zucchino *m*

Verbi irregolari inglesi

Si riportano le tre forme principali di ciascun verbo:
infinito, passato, participio passato.

arise - arose - arisen

awake - awoke - awoken, awaked

be (am, is, are) - was (were) - been

bear - bore - borne

beat - beat - beaten

become - became - become

begin - began - begun

bend - bent - bent

bet - bet, betted - bet, betted

bid - bid - bid

bind - bound - bound

bite - bit - bitten

bleed - bled - bled

blow - blew - blown

break - broke - broken

breed - bred - bred

bring - brought - brought

broadcast - broadcast - broadcast

build - built - built

burn - burnt, burned - burnt, burned

burst - burst - burst

buy - bought - bought

cast - cast - cast

catch - caught - caught

choose - chose - chosen

cling - clung - clung

come - came - come

cost (*v/i*) - cost - cost

creep - crept - crept

cut - cut - cut

deal - dealt - dealt

dig - dug - dug

dive - dived, dove [dəʊv] (1) - dived

do - did - done

draw - drew - drawn

dream - dreamt, dreamed - dreamt, dreamed

drink - drank - drunk

drive - drove - driven

eat - ate - eaten

fall - fell - fallen

feed - fed - fed

feel - felt - felt

fight - fought - fought

find - found - found

flee – fled – fled
fling – flung – flung
fly – flew – flown
forbid – forbad(e) – forbidden
forecast – forecast(ed) – forecast(ed)
forget – forgot – forgotten
forgive – forgave – forgiven
freeze – froze – frozen
get – got – got, gotten (2)
give – gave – given
go – went – gone
grind – ground – ground
grow – grew – grown
hang – hung, hanged – hung, hanged (3)
have – had – had
hear – heard – heard
hide – hid – hidden
hit – hit – hit
hold – held – held
hurt – hurt – hurt
keep – kept – kept
kneel – knelt, kneeled – knelt, kneeled
know – knew – known
lay – laid – laid
lead – led – led

lean – leaned, leant – leaned, leant (4)
leap – leaped, leapt – leaped, leapt (4)
learn – learned, learnt – learned, learnt (4)
leave – left – left
lend – lent – lent
let – let – let
lie – lay – lain
light – lighted, lit – lighted, lit
lose – lost – lost
make – made – made
mean – meant – meant
meet – met – met
mow – mowed – mowed, mown
pay – paid – paid
plead – pleaded, pled – pleaded, pled (5)
prove – proved – proved, proven
put – put – put
quit – quit(ted) – quit(ted)
read – read [red] – read [red]
ride – rode – ridden
ring – rang – rung
rise – rose – risen
run – ran – run

saw - sawed - sawn, sawed

say - said - said

see - saw - seen

seek - sought - sought

sell - sold - sold

send - sent - sent

set - set - set

sew - sewed - sewed, sewn

shake - shook - shaken

shed - shed - shed

shine - shone - shone

shit - shit(ted), shat - shit(ted), shat

shoot - shot - shot

show - showed - shown

shrink - shrank - shrunk

shut - shut - shut

sing - sang - sung

sink - sank - sunk

sit - sat - sat

slay - slew - slain

sleep - slept - slept

slide - slid - slid

sling - slung - slung

slit - slit - slit

smell - smelt, smelled - smelt, smelled (4)

sow - sowed - sown, sowed

speak - spoke - spoken

speed - sped, speeded - sped, speeded

spell - spelt, spelled - spelt, spelled (4)

spend - spent - spent

spill - spilt, spilled - spilt, spilled (4)

spin - spun - spun

spit - spat - spat

split - split - split

spoil - spoiled, spoilt - spoiled, spoilt (4)

spread - spread - spread

spring - sprang, sprung - sprung

stand - stood - stood

steal - stole - stolen

stick - stuck - stuck

sting - stung - stung

stink - stunk, stank - stunk

stride - strode - stridden

strike - struck - struck

swear - swore - sworn

sweep - swept - swept

swell - swelled - swollen

swim - swam - swum

swing - swung - swung

take - took - taken

teach - taught - taught

tear - tore - torn

tell - told - told	**wake** - woke, waked -
think - thought -	woken, waked
thought	**wear** - wore - worn
thrive - throve - thriven,	**weave** - wove - woven (7)
thrived (6)	**weep** - wept - wept
throw - threw - thrown	**win** - won - won
thrust - thrust - thrust	**wind** - wound - wound
tread - trod - trodden	**write** - wrote - written

1) **dove** non si usa nell'inglese britannico
2) **gotten** non si usa nell'inglese britannico
3) **hung** per i quadri, ma **hanged** per gli omicidi
4) l'inglese parlato in America ha di solito la forma in **-ed**
5) **pled** si usa nell'inglese parlato in America e in Scozia
6) **thrived** è la forma più comune
7) ma **weaved** quando significa *zigzagare*

Numbers / Numerali

Cardinal Numbers / Numerali cardinali

  0 *zero* zero
  1 *one* uno
  2 *two* due
  3 *three* tre
  4 *four* quattro
  5 *five* cinque
  6 *six* sei
  7 *seven* sette
  8 *eight* otto
  9 *nine* nove
10 *ten* dieci
11 *eleven* undici
12 *twelve* dodici
13 *thirteen* tredici
14 *fourteen* quattordici
15 *fifteen* quindici
16 *sixteen* sedici
17 *seventeen* diciassette
18 *eighteen* diciotto
19 *nineteen* diciannove
20 *twenty* venti
21 *twenty-one* ventuno
22 *twenty-two* ventidue
23 *twenty-three* ventitrè
28 *twenty-eight* ventotto
29 *twenty-nine* ventinove
30 *thirty* trenta

40	*forty*	quaranta
50	*fifty*	cinquanta
60	*sixty*	sessanta
70	*seventy*	settanta
80	*eighty*	ottanta
100	*one/a hundred*	cento
101	*one/a hundred and one*	centouno
102	*one/a hundred and two*	centodue
200	*two hundred*	duecento
201	*two hundred and one*	duecentouno
300	*three hundred*	trecento
400	*four hundred*	quattrocento
500	*five hundred*	cinquecento
600	*six hundred*	seicento
700	*seven hundred*	settecento
800	*eight hundred*	ottocento
900	*nine hundred*	novecento
1,000	*one/a thousand*	mille
1,001	*one/a thousand and one*	milleuno/mille e uno
2,000	*two thousand*	duemila
3,000	*three thousand*	tremila
4,000	*four thousand*	quattromila
5,000	*five thousand*	cinquemila
10,000	*ten thousand*	diecimila
100,000	*one/a hundred thousand*	centomila
1,000,000	*one/a million*	un milione
2,000,000	*two million*	due milioni
1,000,000,000	*one/a billion*	un miliardo

Note: i) 1,000,000 (in inglese) = 1.000.000 (in Italian)

ii) 1.25 (one point two five) = 1,25 (uno virgola
venticinque)

Ordinal numbers / Numerali ordinali

1st	*first*	1°	il primo, la prima
2nd	*second*	2°	secondo
3rd	*third*	3°	terzo
4th	*fourth*	4°	quarto
5th	*fifth*	5°	quinto
6th	*sixth*	6°	sesto
7th	*seventh*	7°	settimo
8th	*eighth*	8°	ottavo
9th	*ninth*	9°	nono
10th	*tenth*	10°	decimo
11th	*eleventh*	11°	undicesimo
12th	*twelfth*	12°	dodicesimo
13th	*thirteenth*	13°	tredicesimo
14th	*fourteenth*	14°	quattordicesimo
15th	*fifteenth*	15°	quindicesimo
16th	*sixteenth*	16°	sedicesimo
17th	*seventeenth*	17°	diciassettesimo
18th	*eighteenth*	18°	diciottesimo
19th	*nineteenth*	19°	diciannovesimo
20th	*twentieth*	20°	ventesimo
21st	*twenty-first*	21°	ventunesimo
22nd	*twenty-second*	22°	ventiduesimo
30th	*thirtieth*	30°	trentesimo
40th	*fortieth*	40°	quarantesimo
50th	*fiftieth*	50°	cinquantesimo
60th	*sixtieth*	60°	sessantesimo

70th	*seventieth*	**70°**	settantesimo
80th	*eightieth*	**80°**	ottantesimo
90th	*ninetieth*	**90°**	novantesimo
100th	*hundredth*	**100°**	centesimo
101st	*hundred and first*	**101°**	centunesimo
103rd	*hundred and third*	**103°**	centotreesimo
200th	*two hundredth*	**200°**	duecentesimo
1000th	*thousandth*	**1000°**	millesimo
1001st	*thousand and first*	**1001°**	millesimo primo
2000th	*two thousandth*	**2000°**	duemillesimo
1,000,000th	*millionth*	**1.000.000°**	milionesimo

Note: Italian ordinal numbers are ordinary adjectives and consequently must agree:

her 13th granddaughter
la sua tredicesima nipote

Dates / Date

1996	nineteen ninety-six	*millenovecentonovantasei*
2005	two thousand and five	*duemilacinque*

the 10/11th of November,
Am **November 10/11 (ten/eleven)**
il dieci/undici novembre

the first of March, *Am* **March 1 (first)**
il primo marzo